UTB 2919

AF635528

**Eine Arbeitsgemeinschaft der Verlage**

Beltz Verlag Weinheim · Basel
Böhlau Verlag Köln · Weimar · Wien
Verlag Barbara Budrich Opladen · Farmington Hills
facultas.wuv Wien
Wilhelm Fink München
A. Francke Verlag Tübingen und Basel
Haupt Verlag Bern · Stuttgart · Wien
Julius Klinkhardt Verlagsbuchhandlung Bad Heilbrunn
Lucius & Lucius Verlagsgesellschaft Stuttgart
Mohr Siebeck Tübingen
C. F. Müller Verlag Heidelberg
Orell Füssli Verlag Zürich
Verlag Recht und Wirtschaft Frankfurt am Main
Ernst Reinhardt Verlag München · Basel
Ferdinand Schöningh Paderborn · München · Wien · Zürich
Eugen Ulmer Verlag Stuttgart
UVK Verlagsgesellschaft Konstanz
Vandenhoeck & Ruprecht Göttingen
vdf Hochschulverlag AG an der ETH Zürich

Christian Grethlein

# Grundinformation Kasualien

## Kommunikation des Evangeliums an Übergängen des Lebens

Vandenhoeck & Ruprecht

Christian Grethlein, *1954 in Nürnberg; Studium der ev. Theologie und Philosophie in München, Göttingen und Erlangen; 1978–1980 Vikariat in München; 1980–1984 Pfarrer und Religionslehrer in Regensburg; 1983 Promotion; 1984–1988 Wissenschaftlicher Assistent am Seminar für Praktische Theologie der Universität Erlangen; 1986 Habilitation; 1988–1992 Professor für Praktische Theologie an der Kirchlichen Hochschule Berlin; 1992–1997 Professor für Religionspädagogik an der Universität Halle-Wittenberg; seit 1997 Professor für Praktische Theologie an der Universität Münster; Mitglied der Liturgischen Konferenz; Vorsitzender des Ev.-Theol. Fakultätentages; Mitglied der Landessynode der Ev. Kirche von Westfalen; Mitherausgeber des International Journal of Practical Theology, der Zeitschrift für Theologie und Kirche, der Theologischen Literaturzeitung u. a.; Forschungsschwerpunkte: Religionspädagogik, Fachdidaktik Religion, Gemeindepädagogik, Liturgik.

Bibliografische Information der Deutschen Nationalbibliothek

Die Deutsche Nationalbibliothek verzeichnet diese Publikation in der Deutschen Nationalbibliografie; detaillierte bibliografische Daten sind im Internet über http://dnb.d-nb.de abrufbar.

ISBN 978-3-8252-2919-1 (UTB)
ISBN 978-3-525-03620-4 (Vandenhoeck & Ruprecht)

© 2007 Vandenhoeck & Ruprecht GmbH & Co. KG, Göttingen.
Internet: www.v-r.de
Alle Rechte vorbehalten. Das Werk und seine Teile sind urheberrechtlich geschützt. Jede Verwertung in anderen als den gesetzlich zugelassenen Fällen bedarf der vorherigen schriftlichen Einwilligung des Verlages.
Hinweis zu § 52a UrhG: Weder das Werk noch seine Teile dürfen ohne vorherige schriftliche Einwilligung des Verlages öffentlich zugänglich gemacht werden. Dies gilt auch bei einer entsprechenden Nutzung für Lehr- und Unterrichtszwecke. – Printed in Germany.

Umschlaggestaltung: Atelier Reichert, Stuttgart
Satz: ⊕Hubert & Co., Göttingen
Druck und Bindung: BoD, Norderstedt

ISBN 978-3-8252-2919-1 (**UTB-Bestellnummer**)

# Inhalt

Vorwort ... 13

**Prolegomena** ... 15

§ 1 Vorklärungen ... 15
1. Begriffe ... 16
2. Gegenstandsbereich ... 18
3. Zusammenfassung ... 19

§ 2 Kasualien als Thema der Praktischen Theologie ... 20
1. Kasualien in Lehrbüchern ... 21
2. Kasualien als eigenständiges Thema ... 23
3. Zusammenfassung ... 31

§ 3 Kasualien als Kommunikation des Evangeliums an Übergängen im Leben 31
1. Kommunikation ... 32
2. Übergänge im Leben ... 33
3. Evangelium ... 34
4. Zusammenfassung ... 36

§ 4 Methodische Konsequenzen ... 36
1. Aufbau des Buchs ... 37
2. Praktisch-theologische Methodologie ... 39

**Erster Teil: Grundlagen einer Theorie der Kasualien** ... 41

**1. Kapitel: Grundsätzliche Perspektiven** ... 41

§ 5 Religionstheoretische Perspektive: Kasualien in der Spannung zwischen primärer und sekundärer Religionserfahrung ... 42
1. Religionswissenschaftliche Differenzierung ... 42
2. Vermittlungsformen in der jüdisch-christlichen Tradition ... 45
3. Primäre Religionserfahrung in der Gegenwart ... 47
4. Kritik an der primären Religionserfahrung ... 49
5. Missionstheologischer Ausblick ... 50
6. Zusammenfassung ... 52

§ 6 Ritualtheoretische Perspektive: Kasualien als Rituale am Übergang im Leben ... 52
1. Ritual als kulturwissenschaftliches Konzept ... 53
2. Schwellenrituale in der jüdisch-christlichen Tradition ... 56
3. Schwellenrituale in der Gegenwart ... 57
4. Alternative Rituale ... 61
5. Rituale und Alltag ... 62
6. Zusammenfassung ... 63

§ 7 Segenstheologische Perspektive: Kasualien als Segenshandlungen ... 63
1. Segen in der Bibel ... 64
2. Benediktionen in der Christentumsgeschichte ... 66
3. Segen in der Gegenwart ... 69
4. Neues römisch-katholisches Benediktionale ... 70
5. Inflation der Segnungen? ... 72
6. Zusammenfassung ... 73

**2. Kapitel: Grundsätzliche Herausforderungen** ... 74

§ 8 Familientheoretische Herausforderungen: Kasualien als familiäre Feiern ... 74
1. Familiales Zusammenleben in der Bibel ... 75
2. Historische Veränderungen von und in Familien ... 77
3. Pluralisierung der Lebensformen in der Gegenwart ... 80
4. Gefährdungen von Familie ... 84
5. Familiengottesdienste als Erfahrungsfeld ... 85
6. Zusammenfassung ... 86

§ 9 Kirchentheoretische Herausforderungen: Kasualien als kirchliche Feiern ... 87
1. Kirche in der Bibel ... 88
2. Organisation der Kommunikation des Evangeliums in der Christentumsgeschichte ... 90
3. Evangelische Kirche in der Gegenwart ... 93
4. International ökumenische Perspektive ... 95
5. Kasualien an kirchlichen Orten ... 97
6. Zusammenfassung ... 98

**Zweiter Teil:**
**Das christliche Initiationsritual als grundlegende Kasualie(n)** ... 99

**3. Kapitel: Taufe – Grund und Bezugspunkt des Christseins** ... 101

§ 10 Biblische Einsichten ... 101
1. Religionsgeschichtliche Grundlage ... 102
2. Allgemeinheit der Taufe ... 102

3. Christusbezug . . . 103
4. Einzelne Inhalte . . . 104
5. Zusammenfassung . . . 105

§ 11 Geschichtliche Entwicklung . . . 105
1. Zentrum der Alten Kirche . . . 106
2. Drei Reduktionen . . . 110
3. Theologisierung bei Luther . . . 114
4. Marginalisierung in der Neuzeit . . . 117
5. Zusammenfassung . . . 120

§ 12 Heutige Praxis . . . 120
1. Statistische Befunde . . . 121
2. Motive des Taufbegehrens . . . 124
3. Kirchenrechtliche Bestimmungen . . . 126
4. Agenden . . . 128
5. Probleme . . . 131
6. Zusammenfassung . . . 134

§ 13 Ökumenische Anregungen . . . 135
1. Taufe als Grundlage der „rites of passage“ (Lutherischer Weltbund) . . . 135
2. Liturgisch gestuftes Erwachsenen-Katechumenat (römisch-katholische Kirche) . . . 137
3. Zusammenfassung . . . 139

§ 14 Innovative Impulse . . . 140
1. „Integrative Taufpraxis“ . . . 140
2. Taufsymbole . . . 141
3. Taufe in unterschiedlichen Altersstufen . . . 144
4. Tauftermine als Schlüsselproblem . . . 146
5. Zusammenfassung . . . 148

§ 15 Anhang: Kindersegnung . . . 148
1. Liturgische Form . . . 148
2. Gründe für Kindersegnung . . . 149
3. Probleme . . . 150
4. Zusammenfassung . . . 152

**4. Kapitel: Konfirmandenarbeit – Begleitung Heranwachsender** . . . 152

§ 16 Kirchliche Regelungen . . . 154
1. Gesetzliche Bestimmungen . . . 154
2. Agenden . . . 156
3. Zusammenfassung . . . 160

§ 17 Geschichtliche Entwicklung .......... 160
1. Herausbildung der Firmung als eigenständiges Ritual .......... 161
2. Reformatorischer Neuansatz zwischen katechetischem und rituellem Profil .......... 163
3. Subjektbezogene Impulse in Pietismus und Aufklärung .......... 166
4. Konfirmation als Projekt der Kirchenreform .......... 168
5. Religionspädagogische Reformbemühungen .......... 169
6. Zusammenfassung .......... 171

§ 18 Heutige Praxis .......... 172
1. Statistische Befunde .......... 173
2. Erwartungen und Bedürfnisse der Jugendlichen .......... 175
3. Einschätzungen der Pfarrer .......... 178
4. Erwartungen der Eltern .......... 180
5. Organisatorische, didaktische und liturgische Gestaltung .......... 181
6. Zusammenfassung .......... 184

§ 19 Ökumenische Anregungen .......... 184
1. Firmung (römisch-katholische Kirche) .......... 185
2. Reformbemühungen in den USA .......... 186
3. Internatskonfirmation in Schweden .......... 189
4. Zusammenfassung .......... 190

§ 20 Innovative Impulse .......... 190
1. „Liturgische Bildung“ als gemeindepädagogisches Konzept .......... 191
2. „Frei-Zeiten“ .......... 194
3. Konfirmandenunterricht mit 9/10-Jährigen .......... 198
4. Zusammenfassung .......... 199

§ 21 Anhang: Jugendweihe .......... 202
1. Geschichte .......... 203
2. Entwicklungen nach der Wende .......... 208
3. Kirchliche Reaktionen .......... 209
4. Zusammenfassung .......... 211

**Dritter Teil:**
**Kasualien an elementaren Übergängen im privaten Leben** .......... 212

**5. Kapitel: Trauung – Segnung eines Ehepaares** .......... 213

§ 22 Biblische Einsichten .......... 214
1. Religionsgeschichtliche Grundlage .......... 214
2. Ehe im Alten Testament .......... 215

3. Ehe im Neuen Testament ... 216
4. Zusammenfassung ... 217

§ 23 Geschichtliche Entwicklung ... 218

1. Eheschließung „im Herrn“ ... 218
2. Entwicklung zur Brauttorvermählung und Formpflicht ... 221
3. Reformatorische Impulse ... 224
4. Eheschluss als staatliche Aufgabe ... 226
5. Zusammenfassung ... 229

§ 24 Heutige Praxis ... 229

1. Rechtlicher Rahmen ... 230
2. Statistische Befunde ... 232
3. Kirchliche Bestimmungen und Agenden ... 235
4. Einstellungen zu Ehe und Trauung ... 242
5. Heutige Feierpraxis ... 244
6. Zusammenfassung ... 247

§ 25 Ökumenische Anregungen ... 248

1. Segnen einer Ehe (Lutherischer Weltbund) ... 249
2. Traupastoral (römisch-katholische Kirche) ... 249
3. Zusammenfassung ... 251

§ 26 Innovative Modelle ... 251

1. „Liturgische Arbeit mit den Beteiligten“ ... 252
2. Traupredigt ... 255
3. Umgang mit „Zumutungen“ ... 257
4. Ehejubiläen ... 261
5. Zusammenfassung ... 262

§ 27 Anhang: Segnung anderer Lebensformen? ... 263

1. Pluriformität von Lebensformen in der Geschichte ... 263
2. Segnung anlässlich einer Eingetragenen Partnerschaft? ... 265
3. Segnung anlässlich einer Ehescheidung? ... 267
4. Zusammenfassung ... 268

**6. Kapitel: Bestattung – Begleitung der Toten und der Trauernden** ... 268

§ 28 Biblische Einsichten ... 269

1. Religionsgeschichtliche Grundlage ... 270
2. Tod im Alten Testament ... 271
3. Tod im Neuen Testament ... 272
4. Zusammenfassung ... 274

§ 29 Geschichtliche Entwicklung ..... 274
1. Beerdigung in der Alten Kirche ..... 275
2. Sterbe- und Begräbnisrituale im Mittelalter ..... 277
3. Reformatorischer Protest ..... 281
4. Rituelle Konstanz und lebensweltliche Veränderungen ..... 284
5. Zusammenfassung ..... 289

§ 30 Heutige Praxis ..... 290
1. Rechtlicher Rahmen ..... 290
2. Statistische Befunde ..... 292
3. Kirchliche Bestimmungen und Agenden ..... 294
4. Einstellungen zu Sterben und Tod ..... 298
5. Probleme ..... 302
6. Zusammenfassung ..... 304

§ 31 Ökumenische Anregungen ..... 304
1. Bestattung – trans- und kontrakulturell (Lutherischer Weltbund) ..... 305
2. Begräbnis als österliches Ritual (römisch-katholische Kirche) ..... 306
3. Zusammenfassung ..... 307

§ 32 Innovative Impulse ..... 307
1. „Herausforderungen evangelischer Bestattungskultur“ ..... 308
2. Plädoyer für umfassende Trauerbegleitung ..... 310
3. Totengedenken in der Zeit ..... 312
4. Begleitung angesichts frühen Todes ..... 314
5. Zusammenfassung ..... 317

§ 33 Anhang: Gottesdienste angesichts von Katastrophen ..... 318
1. Herausforderung durch religiöse Pluralität ..... 318
2. Inhaltliche Herausforderung ..... 320
3. Mediale Herausforderung ..... 321
4. Zusammenfassung ..... 322

**Vierter Teil: Kasualien an elementaren Übergängen im Kontext großer sozialer Organisationen – Anregungen zu ihrer Entwicklung** 323

§ 34 Weitung des Konzepts Kasualien ..... 323
1. Grundbestand der Kasualien ..... 323
2. Erweiterung ..... 325
3. Zusammenfassung ..... 328

**7. Kapitel: Einschulungsgottesdienst – rituelles Handeln beim Eintritt in die Leistungsgesellschaft** ..... 328

§ 35 Schule als Organisation und Lebensraum ..... 330

1. Schule als Organisation ... 330
2. Schule als Lebensraum ... 332
3. Zusammenfassung ... 333

§ 36 Geschichtliche Entwicklung ... 334
1. Bedeutung von Kirche bei der Entstehung von Schule ... 334
2. Verstaatlichung der Schule ... 336
3. Rückgang der liturgischen Prägung ... 337
4. Zusammenfassung ... 339

§ 37 Heutige Praxis ... 339
1. Rechtliche Regelungen ... 340
2. Einschulung als Übergang im Leben ... 340
3. Entwicklung der Einschulung als Kasualie ... 343
4. Zusammenfassung ... 344

§ 38 Innovative Modelle ... 345
1. „Nachbarschaft von Schule und Gemeinde" ... 345
2. „Mit Anderen feiern" ... 348
3. Zusammenfassung ... 350

§ 39 Anhang: Schulgottesdienst ... 351
1. Historischer Vorlauf ... 351
2. Religionspädagogische Zugänge ... 353
3. Pluriformität der Schulgottesdienste ... 354
4. Beispiel: Abschlussgottesdienst ... 356
5. Zusammenfassung ... 358

**8. Kapitel: Krankensalbung – rituelles Handeln angesichts von Krankheit** ... 358

§ 40 Biblische Einsichten ... 360
1. Religionsgeschichtliche Grundlagen ... 360
2. Krankheit und Heilung im Alten Testament ... 361
3. Krankheit und Heilung im Neuen Testament ... 363
4. Zusammenfassung ... 366

§ 41 Geschichtliche Entwicklung ... 367
1. Entwicklung bis zur Karolinger-Zeit ... 367
2. Karolingische Reform bis zu Reformation und Tridentinum ... 368
3. Neue Impulse ... 371
4. Zusammenfassung ... 372

§ 42 Heutige Praxis ... 372
1. Krankheit als naturwissenschaftliches Konzept ... 373
2. Kranken(haus)seelsorge ... 375

3. Liturgischer „Dienst am Kranken“ ... 377
4. Moderne Heiler ... 378
5. Zusammenfassung ... 380

§ 43 Ökumenische Anregungen ... 380
1. „Healing rites“ (Lutherischer Weltbund) ... 381
2. Krankensalbung (römisch-katholische Kirche) ... 382
3. Zusammenfassung ... 384

§ 44 Hinweise zur konzeptionellen Weiterentwicklung ... 384
1. Krankensalbung als Kasualie ... 384
2. Theologische Grundlage der Krankensalbung ... 386
3. Gebet und Segen im Kontext moderner Medizin ... 386
4. Modifikationen in der Praxis ... 388
5. Zusammenfassung ... 389

**Zusammenfassung und Ausblick: Kasualien als Stationen auf dem Taufweg** ... 390

§ 45 Wandel in der Kasualpraxis ... 391
1. Zurückgehende Häufigkeit der Kasualien ... 391
2. Zurückgehende Selbstverständlichkeit der Kasualien ... 394
3. Zusammenfassung ... 396

§ 46 Kommunikative Profilierung: Liturgische Arbeit mit Beteiligten ... 396
1. Zurückgehende Selbstverständlichkeit von Traditionen ... 397
2. Kasualien als Bildungsaufgabe ... 398
3. Zusammenfassung ... 402

§ 47 Inhaltliche Profilierung: Kasualien als Rituale auf dem Taufweg ... 402
1. Kasualien und Taufe ... 403
2. Kommunikation des Evangeliums als Begleitung des Taufwegs ... 406
3. Zusammenfassung ... 407

Personenregister ... 408

Sachregister ... 413

# Vorwort

Mit diesem Buch lege ich einen Beitrag zur Bearbeitung der mich seit langem beschäftigenden Aufgabe einer zeitgemäßen Form des Christseins vor.

Nach den ersten Erkundungen im Rahmen meiner Habilitationsschrift zur Taufpraxis führten mich meine Überlegungen auf traditionell getrennte Felder der Praktischen Theologie: Liturgik, schulische Religionsdidaktik und Gemeindepädagogik; kleinere Abstecher galten der Kybernetik und Seelsorge sowie neuerdings der Medientheorie. Die Integration der hier ausgearbeiteten Wissensbestände ermöglicht neue Perspektiven, im doppelten Sinne: als kritische Bestandsaufnahme bestehender Theorien und als Durchsicht auf Weiterführendes. Die Umzüge auf Grund beruflicher Veränderungen gaben meinen Überlegungen immer wieder neue Impulse, die einer zusammenfassenden Sichtung bedurften. Die Kasualien kristallisierten sich dabei als die Handlungen heraus, in denen sich für die meisten Menschen in Deutschland Christsein konkretisiert. Ihnen gebührt deshalb praktisch-theologisch besondere Aufmerksamkeit.

Es bleibt mir die angenehme Pflicht, vielen Menschen zu danken:

Zwei zusätzliche Freisemester schenkten mir Ruhe und Zeit, meine in den letzten zwanzig Jahren unternommenen Erkundungen und Überlegungen auf dieses Thema hin zu bündeln. In dieser Zeit vertrat Michael Domsgen souverän meinen Lehrstuhl.

Mit meinen Fachkollegen Jan Hermelink, Michael Meyer-Blanck und Bernd Schröder konnte ich in freundschaftlicher Atmosphäre die Fragen der praktisch-theologischen Grundkonzeption mehrfach diskutieren.

Viele jüngere Kollegen, deren akademische Qualifikationsschriften ich in den letzten Jahren betreuen durfte, gaben mir immer wieder neue Impulse, u. a.: Christhard Lück, Michael Domsgen, Lutz Friedrichs.

Hilfreich waren die Einladungen zu verschiedenen Pfarrkonventen und Pastoralkollegs, vor denen ich meine Überlegungen vortragen konnte. Die kritischen Anfragen und konstruktiven Hinweise haben Konzept und einzelne Teile wiederholt verändert.

Mein inzwischen emeritierter Kollege Klemens Richter, Liturgiewissenschaftler an der Katholisch-Theologischen Fakultät in Münster, mit dem ich mehrere liturgiewissenschaftliche Hauptseminare durchführen konnte, gab mir wichtige Einblicke in den liturgischen und spirituellen Reichtum der katholischen Kirche.

Frau cand. theol. Lisa Krengel überprüfte als erste studentische Leserin zu ihrer eigenen Examensvorbereitung nicht nur die Lesbarkeit des Manuskripts, sondern war mir eine stets anregende Gesprächspartnerin, der ich zahlreiche Korrekturen verdanke.

Frau Claudia Maria Rüdiger unterstützte mich wie gewohnt engagiert vor allem bei Internet-Recherchen und in der Endphase der Manuskript-Fertigstellung.

Schließlich wäre auch dieses Buch ohne Beate Hannig-Grethlein nicht möglich gewesen.

Ich widme es in tiefer Dankbarkeit unseren beiden geliebten Kindern Jonas und Hannah, jungen Erwachsenen, die mittlerweile ihre eigenen Wege gehen – ich habe beim Schreiben dieses Buchs oft an sie gedacht.

Münster, Ende 2006 Christian Grethlein

# Prolegomena

## § 1 Vorklärungen

Literatur: CH. ALBRECHT, Kasualtheorie. Geschichte, Bedeutung und Gestaltung kirchlicher Amtshandlungen (Praktische Theologie in Geschichte und Gegenwart 2), Tübingen 2006, 1–7 – P. CORNEHL, Sakramente oder Kasualien? Zur unterschiedlichen Wahrnehmung der lebenszyklischen Handlungen in evangelischer und katholischer Sicht, in: DERS., „Die Welt ist voll von Liturgie“. Studien zu einer integrativen Gottesdienstpraxis (PTHe 71), hg. v. U. WAGNER-RAU, Stuttgart 2005, 337–349 – W.-E. FAILING, Die kleine Lebenswelt und der umfassende Sinn. Weisheit des Alltags und kasuelles Handeln der Kirche, in: DERS./H.-G. HEIMBROCK, Gelebte Religion wahrnehmen. Lebenswelt – Alltagskultur – Religionspraxis, Stuttgart 1998, 200–232 – CH. GRETHLEIN, Kasualien. Überlegungen zu einem praktisch-theologischen Konzept, in: ThLZ 130 (2005), 896–914 – R. KACZYNSKI, Die Benediktionen, in: B. KLEINHEYER/E. V. SEVERUS/R. KACZYNSKI, Sakramentliche Feiern II (GdK 8), Regensburg 1984, 237–274, 237–240 – R. MESSNER, Sakramentalien, in: TRE 29 (1998), 648–663 – M. MEZGER, Die Amtshandlungen der Kirche, Bd. 1, München 1957, 15–36 – F. SCHLEIERMACHER, Die praktische Theologie nach den Grundsäzen der evangelischen Kirche im Zusammenhange dargestellt, hg. v. J. FRERICHS, Berlin 1850, 321–326 – R. VOLP, Liturgik. Die Kunst, Gott zu feiern, Bd. 1, Gütersloh 1992, 587–594 – E. WINKLER, Tore zum Leben. Taufe – Konfirmation – Trauung – Bestattung, Neukirchen-Vluyn 1995, 24–33.

Das Thema „Kasualien“ findet sich ausdrücklich erst seit dem 19. Jahrhundert. Damit reagieren Praktische Theologen auf die lebensweltlich begründete Notwendigkeit, das pastorale Handeln personen- und familienbezogen zu orientieren.

Kirche und Familie als Bezugsgrößen der Kasualien

Es taucht zuerst bei Friedrich Schleiermacher im Rahmen der Homiletik auf. Er behandelt dort die „Casualreden“ gesondert. Denn diese unterscheiden sich nicht nur nach Länge und Thematik, sondern auch wegen der besonderen persönlichen, seelsorgerlichen Note von der sonntäglichen, kirchlichen Predigt. Kirche und Familie sind nämlich, so die Erklärung Schleiermachers, die beiden grundlegenden Bezugsgrößen der Handlungen, innerhalb derer die „Casualrede“ gehalten wird (SCHLEIERMACHER; ausführlicher bei ALBRECHT).

Mit dem Bezug des pastoralen Handelns gleichermaßen auf Kirche und Familie ist bereits die empirisch grundlegende Gemeinsamkeit der Kasualien genannten Handlungen festgestellt. Ansonsten ist weder hinsichtlich der Begrifflichkeit noch des Gegenstandsbereichs ein Konsens erreicht. Die gesellschaftlichen und kulturellen Veränderungen sowie der unklare theologische Begründungszusammenhang verhindern dies bis heute.

## 1. Begriffe

Begriffsvielfalt

1.1 Manfred Mezger stellt 1957 in knapper Form die *unterschiedlichen Bezeichnungen* für die Kasualien vor (von ihm noch häufig „Amtshandlungen" genannt):

> Schleiermacher spricht von den „Geschäften des Geistlichen außerhalb des Kultus". Uhlhorn nennt die Amtshandlungen „kirchliche Handlungen" [...] Zugleich heißt er sie auch „liturgisch festgeordnete Gemeindehandlungen" oder „liturgische Kultushandlungen". Pfennigsdorf und Kliefoth haben die Bezeichnung „kirchliche Handlungen", Achelis „selbständig auftretende liturgische Handlungen", Schian fasst sie als „gottesdienstliche Handlungen besonderer Art", Fendt behandelt sie unter dem „Spende- und Feieramt" der Kirche. Trillhaas begreift die „Kasualien" als „kirchliche Feiern"; sie „sollten darum Gemeindegottesdienste sein"; Niebergall hebt auf ihren missionarischen Charakter ab und betitelt sie als „vorgeschobene Posten im Lande der Unkirchlichkeit". [...] (Mezger 16f)

Deutlich tritt in den meisten dieser Zitate der kirchliche Charakter der Handlungen hervor.

Kasualien als pastorale Aufgabe

1.2 Diesen spitzt der lange Zeit gebräuchliche Begriff „*Amtshandlungen*" auf den pastoralen Dienst zu (Albrecht 4f). Hiermit ist ein wichtiges Charakteristikum dieser Rituale in den evangelischen Kirchen bezeichnet. Sie werden von Pfarrern durchgeführt, vor- und (eventuell) nachbereitet.[1] Ein Seitenblick auf die Praxis der römisch-katholischen Kirche zeigt, dass dies keineswegs selbstverständlich ist. Sachlich beinhaltet diese – theologisch keineswegs notwendige – Anbindung der Kasualien an den Pfarrer bzw. die Pfarrerin deren ekklesiologische Wertschätzung. Sie bringt zum Ausdruck, dass hier in kirchlichem Auftrag gehandelt wird.

Allerdings bringt der Terminus „Amtshandlung" auch Probleme mit sich, die seine Verwendung heute wenig geraten erscheinen lassen:

Entgegen der Einsicht in die Bedeutung der Beteiligung der Gemeinde am liturgischen Geschehen hebt dieser Begriff einseitig das Handeln des Amtsträgers hervor. Dies kann eine problematische Pfarrerzentrierung von Kirche unterstützen (Winkler 25).

Weiter suggeriert „Amtshandlungen" eine amtlich handelnde Form von Kirche, die sich an der Arbeitsweise von staatlichen Behörden orientiert, aber dadurch ihre Aufgabe als Organisation in einer Zivilgesellschaft verfehlt.

---

1 Eine Ausnahme bildet in Deutschland seit kurzem die Evangelische Kirche im Rheinland, in der gemäß dem zum 1. April 2005 in Kraft getretenen neuen Ordinationsgesetz auch Nichtpfarrer ordiniert werden können. Die in zwei östlichen Landeskirchen ordinierten Gemeindepädagogen können ebenfalls Kasualien vollziehen, werden aber wohl meist von den Menschen als Pfarrer wahrgenommen.

1.3 Demgegenüber rückt der Begriff „*Kasualien*" den konkreten Anlass der Handlung in den Mittelpunkt. Er leitet sich von „casus" (lateinisch: Fall) ab und profiliert den Bezug zu einer besonderen konkreten Situation, also dem jeweiligen „Fall".

Lebenswelt als Kontext der Kasualien

Dieser wird allerdings nicht individualisiert verengt, sondern in seinem lebensweltlichen Kontext wahrgenommen. „Lebenswelt" bezeichnet dabei den „Inbegriff einer Wirklichkeit, die erlebt, erfahren und erlitten wird".[2]

Wolf-Eckart Failing führt für die Kasualien-Theorie aus:

> Lebenswelt widerspricht der Sache nach einer ausnahmslosen Temporalisierung des Lebens im Sinne einer Reduktion auf Lebenslauf und Lebensgeschichte. Sie enthält nicht nur biographische Verlaufsgeschichten, die je individuell ‚auf die Reihe zu bringen wäre'. […] Es geht um die Aneignung von Lebenswelt und nicht nur Lebensgeschichte, die Welt zur Bühne von Subjektivität veräußerlicht oder verdinglicht – in jedem Fall als etwas Sekundäres verkennt.
>
> Nie steht […] in einer Kasualie […] nur eine biographische Station im engeren Sinne allein zur Debatte: immer schreiten auch die Erwartungen der Teilnehmer und Teilnehmerinnen aus auf Umgreifendes: im Anlaß eines konkreten Toten stoßen sie auf den Tod, in der Taufe des Patenkindes auf neues Leben, in der Trauung auf nie enden wollende Sehnsucht der Menschen nach Einssein in Sexualität, Erotik und gelebter Sozialität etc. (Failing 225)

Hier ist der Ausgangspunkt also nicht eine aus kirchlicher Ordnung oder Lehrauffassung resultierende amtliche Aufgabe, sondern die persönliche Situation von Menschen. Sie suchen Begleitung durch die Kirche bzw. einen Pfarrer oder eine Pfarrerin. Konkret geht es um das Begehen von Übergängen im Leben, in denen Menschen Gewohntes verlassen und sich neuen Herausforderungen stellen müssen. Entsprechend der empirischen Orientierung der Praktischen Theologie seit den 70er Jahren des 20. Jahrhunderts tritt der Begriff „Kasualien" zunehmend an die Stelle von „Amtshandlungen".

Katholische Begrifflichkeit

1.4 In der römisch-katholischen Theologie finden sich mit „*Sakrament*" und „*Sakramentalien*" weitere Begriffe, die wiederum den kirchlichen Kontext betonen, jetzt aber in einer Zuspitzung auf den heilsvermittelnden Charakter der Kirche (Cornehl 342 f). Neben der Taufe zählen auch Firmung, Trauung sowie Krankensalbung in der römisch-katholischen Kirche zu den Sakramenten. Sie werden hier nicht als mögliche Partizipationsformen an Kirche auch durch sonst nicht kirchlich Interessierte verstanden, sondern führen in die Mitte der im II. Vaticanum entwickelten eucharistischen Ekklesiologie. Mit diesen Handlungen ist also der Anspruch verbunden, sich umfassend, etwa durch sonntäglichen Empfang der Eucharistie am kirchlichen Leben zu beteiligen. Von daher ist bei vielen katholischen Pastoraltheologen eine deutliche Reserve zu spüren gegenüber der bei katholischen Kirchenmitgliedern zunehmenden Teilnahme nur an den „Kasualien".

2 A. Schütz/Th. Luckmann, Strukturen der Lebenswelt, Bd. 2, Frankfurt 1984, 11.

## 2. Gegenstandsbereich

2.1 Auch beim Gegenstandsbereich, der unter der Überschrift „Kasualien" behandelt wird, lässt sich eine *Verschiebung von kirchlich zu lebensweltlich begründeten Handlungen* beobachten (GRETHLEIN 898).

Bei Schleiermacher wird neben der Rede bei Taufe, Trauung und Begräbnis noch die Ansprache bei der Beichte bedacht. Anderswo finden sich Ordination, Kirchen- und Friedhofseinweihungen oder auch Konversionen.

Vorschläge zur Ausweitung des Gegenstandsbereichs

Neuerdings weitet sich der Kreis der möglichen Kasualien auf Grund lebensweltlicher Veränderungen aus. So nennt Ulrike Wagner-Rau verschiedenste von Menschen als prekär empfundene Situationen als Anlässe und Gelegenheiten für Kasualien:

> Geburt, Kindergartenabschluß, Schulbeginn, Übergang zum Erwachsenwerden mit den jeweils unterschiedlichen Situationen und Erfahrungen von Mädchen/Frauen und Jungen/Männern, Volljährigkeit, Bildung dauerhafter Paare und Lebensgemeinschaften, Trennungen/Scheidungen, Familienbildung/Kinder und Beruf, Berufs- und Wohnortwechsel, Trennung von den Kindern, Krisen der Lebensmitte, lebensbedrohliche oder chronische Erkrankungen, Älterwerden/Wechseljahre, Ende der Berufstätigkeit/Beginn des Alters, einschneidendes Abnehmen der Lebenskräfte und Wirkmöglichkeiten, Vorbereitung aufs Sterben und auf die Begleitung von Sterbenden, Tod, Trauer/Totengedenken. (WAGNER-RAU 189f)

Tatsächlich werden aber nur wenige dieser „Fälle" in Form einer rituellen Handlung kirchlich begangen.

Grundanliegen der Kasualien

2.2 Kann also der Gegenstandsbereich der Kasualien offensichtlich nicht genau zeitübergreifend durch die Nennung einzelner Handlungen bzw. Vollzüge bestimmt werden, so haben sie doch ein gemeinsames Grundanliegen: Sie bahnen an bestimmten Übergängen im Leben den *Kontakt zwischen dem persönlichen, meist familiären Leben und dem Evangelium bzw. überindividuell formuliert: der Kirche und der Lebenswelt* an.

Die auch im Folgenden verwendete Parallelisierung des Verhältnisses von Kirche und Lebenswelt bzw. Evangelium und persönlichem Leben soll darauf hinweisen: Bei den Kasualien sind gleichermaßen theologische und erfahrungswissenschaftliche Aspekte zu berücksichtigen, die sowohl den privaten als auch den öffentlichen Bereich betreffen.

Dabei haben sich im Lauf der Zeit in den evangelischen Kirchen die Taufe am Übergang der Geburt, die Konfirmation am Übergang zum Erwachsen-Werden, die Trauung am Übergang zur Paarbildung und die Bestattung am Übergang vom Leben zum Tod eingebürgert.

Veränderungen in der Lebenswelt

Bei näherem Hinsehen wird aber deutlich, dass diese gebräuchliche Zuordnung sowohl empirisch als auch theologisch problematisch ist:

Das Alter der Täuflinge nimmt zu, die Taufe löst sich zunehmend von der Geburt ab. Theologisch ist die Taufe das grundlegende Ritual des Christwerdens, abgesehen vom jeweiligen Lebensalter. Sie ist – im Gegensatz zu den anderen Kasualien – konstitutiv für Kirche.

Angesichts der Zerdehnung der Jugendphase wird der soziale Ort der Konfirmation unbestimmter. Zudem ist sie theologisch nur als ein Teil der Taufpraxis zu verstehen. Das äußert sich z. B. praktisch darin, dass bei der Taufe von Erwachsenen in der Regel die Konfirmation entfällt.

Im Umfeld der Trauung ist ebenfalls ein Undeutlich-Werden des Übergangs, eben bei der Paarbildung, unübersehbar. Dazu hat hier der Staat einen eigenen Ritus etabliert, der allein rechtsgültig ist. Heute findet die kirchliche Trauung oft einige Wochen oder Monate nach der standesamtlichen Eheschließung und oft Jahre nach dem ersten sexuellen Kontakt statt.

Allein bei der Bestattung scheint ein (medizinisch) klarer Übergang gegeben, der kirchlich begleitet wird. Doch selbst hier dehnt sich das Intervall zwischen Tod und Bestattung z. B. bei Urnenbeisetzungen auf mehrere Wochen.

In diesem Wandel spiegelt sich die Auflösung sog. Normalbiographien als Folge der sozialen und kulturellen Dynamisierung wider. Sie wird in den materialen Ausführungen der Hauptteile rekonstruiert. Da die Kasualien Inkulturationsformen des Christentums sind, sind sie direkt an allgemeine Veränderungen in Gesellschaft und Kultur angeschlossen.

Dazu gehört nicht nur die Transformation bestehender, sondern auch die Ausbildung neuer Rituale bzw. die Wiederentdeckung vergessener Handlungen. Seit einiger Zeit erfreut sich die rituelle Begleitung der Einschulung von Kindern besonderer Nachfrage und die Krankensalbung als liturgische Feier mit Kranken zieht vermehrte Aufmerksamkeit auf sich. In beiden, im Einzelnen sehr unterschiedlichen Ritualen begleiten Vertreter und Vertreterinnen der Kirche offensichtlich Übergänge im Leben, die für heutige Menschen gravierend sind.

Andere, teilweise in den Massenmedien breit diskutierte Riten wie etwa anlässlich Eingetragener Partnerschaften Homosexueller oder von Ehescheidungen bzw. Trennungen finden dagegen nur vereinzelt statt und sind meist auf den Kreis kirchlich besonders Engagierter beschränkt.

## 3. Zusammenfassung

Der Begriff „Kasualien" bezeichnet keinen eindeutigen Gegenstand. Er formuliert vielmehr *ein praktisch-theologisches Konzept*, das verschiedene lebensweltlich begegnende, kirchliche Handlungen in ihrem theologisch und erfahrungswissenschaftlich zu formulierenden Zusammenhang darstellt. Sie sind durch einen meist im familiären Kontext verankerten Übergang im Leben bedingt.

*Inhaltlich bringen die Kasualien im Medium pastoralen Handelns das Evangelium und das persönliche Leben der Menschen bzw. Kirche und Lebenswelt in Kontakt.*

Entsprechend den Veränderungen in der Lebenswelt ist der Umfang der Kasualien nicht endgültig festzuschreiben. Die theologische Bestimmung ihres Zusammenhangs bedarf der Klärung.

## § 2 Kasualien als Thema der Praktischen Theologie

Literatur: E.CH. ACHELIS, Lehrbuch der Praktischen Theologie, Bd. 1, Leipzig [3]1911, 509–532 – CH. ALBRECHT, Kasualtheorie. Geschichte, Bedeutung und Gestaltung kirchlicher Amtshandlungen (Praktische Theologie in Geschichte und Gegenwart 2), Tübingen 2006, 123–125, 195–201 – R. BOHREN, Unsere Kasualpraxis – eine missionarische Gelegenheit? (TEH 147), München 1960 – G. DEHN, Die Amtshandlungen der Kirche, Stuttgart 1950 – K. FECHTNER, Kirche von Fall zu Fall. Kasualpraxis in der Gegenwart – eine Orientierung, Gütersloh 2003 – W. GRÄB, Lebensgeschichten – Lebensentwürfe – Sinndeutungen, Gütersloh 1998 – CH. GRETHLEIN, Die Kasualien. Empirische Aspekte, in: H.-CH. SCHMIDT-LAUBER/M. MEYER-BLANCK/ K.-H. BIERITZ (Hg.), Handbuch der Liturgik, Göttingen [3]2003, 463–470 – H. LINDNER, Kirche am Ort. Ein Entwicklungsprogramm für Ortsgemeinden, Stuttgart 2000 – J. MATTHES, Volkskirchliche Amtshandlungen, Lebenszyklus und Lebensgeschichte. Überlegungen zur Struktur volkskirchlichen Teilnahmeverhaltens, in: DERS. (Hg.), Erneuerung der Kirche – Stabilität als Chance? Gelnhausen 1975, 83–112 – E. MEUSS, Die gottesdienstlichen Handlungen von individueller Beziehung in der evangelischen Kirche, Gotha 1892 – F. NIEBERGALL, Praktische Theologie, Bd. 2, Tübingen 1919, 237–242 – C.I. NITZSCH, Praktische Theologie, Bd. 3/1. Die eigenthümliche Seelenpflege des evangelischen Hirtenamtes mit Rücksicht auf die innere Mission, Bonn 1857 – G. RAU, Die Kasualhandlungen im Gottesdienst, in: DERS./H.-R. REUTER/K. SCHLAICH (Hg.), Das Recht der Kirche, Bd. 3, Gütersloh 1994, 49–70 – D. RÖSSLER, Grundriß der Praktischen Theologie, Berlin 1986, 198–237 – F. SCHLEIERMACHER, Die praktische Theologie nach den Grundsätzen der evangelischen Kirche im Zusammenhange dargestellt, hg. v. J. FRERICHS, Berlin 1850 – Y. SPIEGEL, Der Prozeß des Trauerns, Gütersloh [8]1995 – U. WAGNER-RAU, Segensraum. Kasualpraxis in der modernen Gesellschaft (PTHe 50), Stuttgart 2000 – E. WINKLER, Tore des Lebens. Taufe – Konfirmation – Trauung – Bestattung, Neukirchen-Vluyn 1995.

Schwierige enzyklopädische Verortung der Kasualien

Ein Blick in wichtige Lehrbücher der Praktischen Theologie zeigt: Es fällt offensichtlich schwer, den Ort der Kasualien in der Praktischen Theologie systematisch zu bestimmen. Dies liegt daran, dass deren herkömmliche disziplinäre Einteilung – etwa in Liturgik, Homiletik, Poimenik, Diakonik, Katechetik/Religionspädagogik – die Kasualien nur partiell in den Blick kommen lässt. Denn die rituelle Gestaltung der Kasualien gehört in die Liturgik, die Kasualrede wird in der Homiletik bedacht, das Kasualgespräch in der Poimenik, eventuelle Hilfeleistungen in der Diakonik und schließlich finden sich – nicht nur bei der Konfirmation – religionspädagogisch relevante Aspekte. Bei solch separater Behandlung geht aber die Besonderheit der Kasualien als Kontaktstelle zwischen Kirche bzw. dem Evangelium und der Lebenswelt bzw. dem persönlichen Leben der Menschen verloren.

Die Vermittlung zwischen diesen Bereichen geschieht zum einen *in unterschiedlichen Kommunikationsformen wie Ritual, Predigt, Gespräch, praktischer Hilfe und eventuell Unterricht.* Diese ergänzen sich gegenseitig und werden erst in ihrem Zusammenhang umfassend lebensrelevant. Zum anderen vollzieht sich der Kontakt in unterschiedlichen Etappen, die entweder in einer lebensverändernden Begegnung mit dem Evangelium oder in den Herausforderungen begründet sind, die die einzelnen Lebensstadien mit sich bringen. Die lebensbegleitende Bedeutung der Kasualien erschließt sich umfassend ebenfalls erst in diesem Zusammenhang.

Nur langsam entwickelt sich eine eigenständige Behandlung des Themenbereichs. Sie wird wesentlich durch die empirische Einsicht befördert, dass die Kasualien wichtige Kontaktstellen der meisten Evangelischen zu ihrer Kirche bilden und in ihnen das Evangelium biographie- und lebensweltbezogen kommuniziert werden kann.

## 1. Kasualien in Lehrbüchern

Die schon bei der Bestimmung von Begriff und Gegenstand konstatierte Uneinheitlichkeit findet sich auch hinsichtlich des systematischen Orts, der den Kasualien in der Praktischen Theologie zugeschrieben wird.[3]

Kasualien zwischen Kirche und Familie

1.1 Bei *Schleiermachers* posthum herausgegebener Praktischer Theologie werden – wie erwähnt – nur die „Casualreden“ eigens bedacht. Ihr Ort unter der Überschrift „Uebergang zum zweiten Abschnitt“, also zwischen „Der Cultus“ (1. Abschnitt) und „Von den Geschäften des Geistlichen außerhalb des Cultus“ (2. Abschnitt), entspricht der von Schleiermacher erfassten Spannung: dem doppelten Bezug der Kasualien zu Kirche und Familie.

Ausdrücklich von „Amtshandlungen“ spricht *Carl Immanuel Nitzsch* im Zusammenhang der Seelsorge in § 444 f des 3. Bandes seiner Praktischen Theologie. Sie werden als Gelegenheiten und Anlässe zur Seelsorge verstanden und ermöglichen, „unter der Kanzel den Ernst und die Würde freundlicher Gemeinschaft zu bewahren“ (Nitzsch 89). Von daher thematisiert Nitzsch die an die Amtshandlung anschließende familiäre Feier als „viel Raum für fruchtbare Belehrungen“ (Nitzsch 88).

Kasualien in der Liturgik

In dem großen, dreimal aufgelegten (und dabei stets erweiterten) Lehrbuch von *Ernst Christian Achelis* werden die Kasualien als „Benediktionshandlungen“ am Ende des II. Teils „Die Lehre von der Betätigung der Einheitlichkeit der Kirche oder die Lehre vom

3 Die im Folgenden genannten Lehrbücher der Praktischen Theologie werden mit biographischem und kulturgeschichtlichem Schwerpunkt vorgestellt in: Ch. Grethlein/M. Meyer-Blanck (Hg.), Geschichte der Praktischen Theologie – dargestellt anhand ihrer Klassiker (APrTh 12), Leipzig 1999 (2000).

Kultus“ – nach den Sakramentshandlungen Taufe und Abendmahl – dargestellt. Neben wichtigen konfessionskundlichen und agendarischen Informationen begegnen hier – damals – aktuelle Diskussionen, etwa hinsichtlich des Begräbnisses von „Selbstmördern“ (§ 118) und der Feuerbestattung (§ 119).

Kasualien und Aberglauben

Bei *Friedrich Niebergall* finden sich die – jetzt auch so genannten – Kasualien ebenfalls im Abschnitt „Liturgie“. Sie werden knapp in einem – von 91 – Paragraphen (§ 62) abgehandelt, wobei Niebergall auf wichtige Spannungen zwischen dem leitenden „Wunsch, böse Mächte abzuwehren und gute herbeizurufen“ (Niebergall 237), und den damit unvermittelten kirchlichen Lehren aufmerksam macht.

Niebergall wittert in dem Begehren vieler Kasualien „abergläubische“ oder „katholische“ Tendenzen:

> Die Zähigkeit der Kirchen und Gemeinden will gerade an diesen Handlungen nicht gern im Sinn eines geistig verstandenen Christentums etwas geändert haben; freilich ist es recht sehr nötig, daß der mit der Reformation begonnene Vorgang der Vergeistigung der alten Zauberbräuche in ihrem Geiste fortgesetzt werde, damit alles heidnische und römische Unwesen ganz und gar hinauskommt. Auch muß jeder Versuch beseitigt werden, wie das dogmatische Engigkeit so gern tut, die liturgische Feier zu einer Vergewaltigung des Glaubens und des Gewissens zu mißbrauchen, wie sie in der Aufdrängung des Apostolischen Glaubensbekenntnisses besteht. Warum kann man denn nicht Gliedern der Kirche, die nun einmal anders denken, Feiern möglich machen, die sie ohne Bedenken und solches Ärgernis zur Höhe reiner Empfindung weihevoller Freude erheben? (Niebergall 238)

Kasualien im Rahmen der Christentumstheorie

1.2 Erst bei *Dietrich Rössler* werden die Kasualien in einem den liturgischen – bzw. homiletischen – Rahmen übersteigenden Kontext präsentiert. Hier bewährt sich die christentumstheoretisch begründete Systematik der Rösslerschen Praktischen Theologie, insofern sie lebensweltlich relevante Veränderungen in der Konstitution christlicher Religion aufnimmt.

Demnach äußert sich das neuzeitliche Christentum in drei Dimensionen, für die Einzelner, Kirche und Gesellschaft stehen:

> Das neuzeitliche Christentum ist von Anfang an in doppelter Gestalt aufgetreten: als kirchliches Christentum und als das Christentum der Gesellschaft oder der Öffentlichkeit. […] In dem Maße, in dem die Kirche sich hinter ihre eigenen Mauern zurückzog und in dem also kirchliches und öffentliches Christentum auseinandertraten, wurde der einzelne Mensch in religiöser Hinsicht sich selbst überlassen: Er kann im Rahmen des öffentlichen Christentums zwischen den verschiedensten Formen der Beteiligung am expliziten religiösen Leben der Kirche wählen unter Einschluß selbstverständlich auch aller Formen der Ablehnung. (Rössler 81; der christentumstheoretische Ansatz wird dargestellt ebd. 78–92)

Die „Amtshandlungen“ werden dem ersten Teil, also dem privaten Christentum („Der Einzelne“) zugeordnet und erscheinen dort im Anschluss an die Seelsorgelehre. Auf Grund der analytischen Feststellung einer eigenständigen „‚lebenszyklischen‘

Frömmigkeit“ bei den Kasualien rückt Rössler „deren seelsorgerliche Perspektiven in den Vordergrund“ (RÖSSLER 204)

1.3 Bei diesem kurzen Durchgang durch wichtige Lehrbücher der Praktischen Theologie begegnen also drei mögliche Zuordnungen der Kasualien innerhalb der Praktischen Theologie: zur Homiletik, zur Liturgik, zur Poimenik.

Kasualien als eigenständiges Thema Praktischer Theologie

Der Zugriff Rösslers weitet diesen Horizont, wenn er die traditionellen praktisch-theologischen Disziplinen seiner christentumstheoretischen Differenzierung in kirchliche, öffentliche und private Religion einordnet. Wenigstens ansatzweise erscheinen bei ihm die *Kasualien als ein eigenständiges, nicht den praktisch-theologischen Disziplinen subsumierbares Thema.*

Ihre Zuordnung zum privaten Christentum ist jedoch aus empirischen Gründen unbefriedigend, insofern dadurch die „Symbiose von öffentlichen und privaten Lebensformen“[4] ausgeblendet wird. Durch den Lebensweltbezug kommt in jeder Kasualie zumindest potenziell die öffentliche Dimension des Evangeliums zum Ausdruck.

Theologisch geht damit eine Unterbestimmung ihres Inhaltes, eben des Evangeliums, einher. Denn dieses lässt sich nicht auf den individuellen Bereich beschränken.

Von daher ist zu fragen: Ist überhaupt eine angemessene Einordnung des Kasualien-Themas in ein Gesamtsystem der Praktischen Theologie möglich? Vielleicht bildet sich im Konzept „Kasualien“ eine neue, stärker lebensweltlich ausgerichtete Form der Praktischen Theologie heraus? In sie wären dann gleichsam umgekehrt die klassischen Themenbestände einzuordnen.

## 2. Kasualien als eigenständiges Thema

Verschiedene konzeptionelle Zugänge

Seit dem Ende des 19. Jahrhunderts entwickeln sich die Kasualien zu einem eigenständigen Thema innerhalb der Praktischen Theologie. Dabei lassen sich typisierend sieben verschiedene konzeptionelle Zugangsweisen rekonstruieren:

Liturgisch (2.1),
homiletisch (2.2),
ekklesiologisch (2.3),
sozialpsychologisch (2.4),
religionssoziologisch (2.5),
kybernetisch (2.6),
kulturhermeneutisch (2.7).

Sie lösen einander – forschungsgeschichtlich gesehen – ab:

4 W. STECK, Praktische Theologie, Bd. 1, Stuttgart 2000, 86.

Bezug zum Lebenslauf

2.1 Die erste Monographie zum Thema legt 1892 *Eduard Meuß* mit seinem Buch „Die gottesdienstlichen Handlungen von individueller Beziehung in der evangelischen Kirche" vor. Damit nimmt er eine *liturgische Perspektive* ein. Konzeptionell findet sich bei ihm bereits die später weithin selbstverständlich gewordene und einen Zugang zu erfahrungswissenschaftlichen Einsichten eröffnende Orientierung am Lebenslauf des Einzelnen: „Die allgemeine Gottesordnung schon bringt in so bedeutungsvollen Momenten des menschlichen Daseins wie Geburt, Geschlechtsreife, Ehe, Beruf, Tod, ebenso viele Aufforderungen zum Aufblick nach oben für den Christen." (Meuss 29)

Meuß unterscheidet die Kasualien in dreifacher Hinsicht:

„Gottesdienstliche Einführung in das der Gemeinde eigene Gnadenverhältnis" durch die Taufe und die Konfirmation;

„Gottesdienstliche Fortführung des der Gemeinde eigenen Gnadenverhältnisses auf einzelne Personen" durch Trauung, Ordination, Privatbeichte sowie Privatkommunion;

„Gottesdienstliche Überführung aus dem der diesseitigen Gemeinde eigenen Gnadenverhältnis in das Jenseits" durch Begleitung von Sterbenden und Begräbnis.

Allerdings verbleibt die Durchführung des Bandes in konventionell liturgischen Bahnen: „Der Charakter der Feier ist es nun eben, welchen sie mit dem Gemeindegottesdienst teilen. Er beruht in einem allgemeinen Bedürfnis der Gemeinde, ihr Verhältnis zu Gott in bestimmten Momenten förmlich zu begehen, teils um sich ihrer Gemeinschaft in diesem Verhältnis zu versichern, teils um von da aus in das Leben Einzelner in Gottes Namen einzugreifen […]" (Meuss 33)

Taufe als Ausgangspunkt der Kasualien

Umsichtig benennt Meuß den Ausgangs- und Ansatzpunkt der Kasualien-Theorie: „[…] so wendet sich zufolge der Taufstiftung die Gemeinde mit ihrem Gnadenbesitze mitteilend und segnend an einzelne Personen, welche, sei es ihr selbst zugeeignet oder in Rücksicht auf eigentümliche Zwecke von ihrer Glaubensgemeinschaft umschlossen werden sollen. Die Taufe ist nicht bloß erstes Beispiel für diese Kategorie der Feier, sie ist auch der reale Ausgangspunkt dafür." (Meuss 30)

Nicht dogmatische, sondern liturgische Gründe sind also hier für die Sonderstellung der Taufe als Ausgangspunkt für die Kasualtheorie verantwortlich. Die Voraussetzung dafür, nämlich dass die Kinder kurz nach der Geburt getauft werden, ist Anfang des 20. Jahrhunderts noch selbstverständlich.

2.2 Im Zuge der Dominanz der sog. dialektischen Theologie geraten die Kasualien ins Abseits. Karl Barth erwähnt diesen Begriff nur einmal in seiner vierzehnbändigen Dogmatik und bezeichnet Trauung, Konfirmation und Beerdigung „eine christlich und dann auch menschlich ebenso problematische Angelegenheit".[5] Die Fixierung auf das „Wort Gottes" und damit einhergehend auf das Bekenntnis der Men-

5 Die kritische Position Karl Barths zu den Kasualien findet sich äußerst knapp in KD III,4 255.

schen verhindert eine nähere Beschäftigung mit der kasuellen Praxis der Kirche. Pointiert resümiert Gerhard Rau: „Weder ein Säugling in seinem Taufkissen noch ein Verstorbener in seinem Holzsarg ist zu einem solchen bewussten und dann auch noch verbalisierten Bekennen in der Lage; auch sogenannte Konfirmandengelübde dürften bei den bekannten Reifeproblemen Vierzehnjähriger theologischen Gelöbnisansprüchen kaum genügen." (RAU 52)

Kasualpredigt als Verkündigung

Die beiden vom Barthschen Ansatz geprägten Monographien zu den „Amtshandlungen" von *Günter Dehn* und Manfred Mezger gehen von einer Entleerung der Kasualien aus. Dem soll durch die verkündigende Predigt begegnet werden, wobei Mezger im Wesentlichen den knappen, aber systematisch präzisen Überlegungen Dehns folgt: „Das, worauf es ankommt, ist dies, daß in den Casus das Evangelium hineingestellt wird mit seiner richtenden und erneuernden Kraft." (DEHN 13)

Allerdings kann die besondere Chance der Kasualien, auch dem sonntäglichen Gottesdienst Fernbleibende zu erreichen, nur genutzt werden, wenn die Verkündigung zugleich „ausgesprochen seelsorgerlich" ist: „Seelsorge soll dabei ganz im zentralen Sinn gemeint sein: Verkündigung des gnädigen Gottes an den einzelnen in der Angefochtenheit oder vielleicht auch gerade in der Nichtangefochtenheit der Lage, in der er sich befindet." (DEHN 15)

Insgesamt versuchen Dehn und Mezger, durch *homiletische Impulse* wie die strikte Bindung der Kasualpredigt an einen biblischen Text die als schwierig empfundene, von „natürlicher Theologie" bedrohte[6] Situation zu verbessern.

2.3 Dagegen sieht *Rudolf Bohren* in einer allgemeines Aufsehen erregenden Streitschrift nur die Möglichkeit zu einer grundsätzlichen Neubesinnung in *ekklesiologischer Perspektive.*

Gegen Dehn und Mezger wendet er ein: „Ich glaube nicht, daß die Kasualpraxis vom Kerygma der Kasualrede her gesunden kann. Die Kasualpraxis ist als Praxis unwahrhaftig geworden und muß daher als Praxis geändert werden." (BOHREN 23)

In seinem grundsätzlichen Protest macht er auf mehrere Zusammenhänge aufmerksam, die bisher noch nicht im Blick waren:

Zum einen weist er pastoraltheologisch darauf hin, dass zumindest in Großstädten manche Pfarrer durch die Fülle der Kasualien überfordert sind. In der polemischen Diktion Bohrens: „Die Kasualpraxis ist für den Pfarrer unmenschlich geworden. So geht's nicht mehr." (BOHREN 14)

Grundlegende Kritik: Baal versus Christus

Gravierender sind seine grundsätzlichen theologischen Anfragen. Er sieht einen unauflöslichen Widerspruch zwischen der Kasualhandlung und dem Evangelium: „Man versucht, das Evangelium zu verkünden, und dabei verwandelt sich der Christus unmerklich zum

6 S. hierzu anschaulich M. MEZGER, Die Amtshandlungen der Kirche, Bd. 1, München 1957, 166f Anm. 115.

Baal, zu dem Gott, der das kreatürliche Leben segnet, zum Gott der Fruchtbarkeit, zum Garanten von Eheglück und gelungener Erziehung. Man preist Christus als den Gott und Bringer des Lebens und vergißt, daß Jesu Leben in der Welt Ohnmacht ist und Leiden und Kreuz." (Bohren 19)

Damit weist Bohren auf ein wichtiges Problem der Kasualpraxis hin. Auf Grund seiner an verbaler Eindeutigkeit interessierten Kerygma-Theologie kann er dieses aber nur als theologischen Gegensatz fassen, nämlich zwischen Baal und Christus. Sein Versuch, diesen Gegensatz aufzulösen, scheitert. Die praktischen Vorschläge hierzu, angefangen vom Aufruf zum Kasualstreik der Pfarrer bis hin zur Ermächtigung der „Hausväter" zu den Kasualien, werden in der Praxis nicht aufgenommen. Unter religionswissenschaftlicher Perspektive wird dieses Problem als sachliche Spannung (nicht als Gegensatz) noch einmal begegnen. Es erweist sich dann als hermeneutischer Schlüssel, um die mit den Kasualien verbundenen Einstellungen religionstheoretisch zu verstehen (→ § 5 1.).

Kasualien und Diakonie

Schließlich erkennt Bohren Zusammenhänge zwischen den Problemen der Kasualpraxis und anderen kirchlichen Handlungsfeldern. Zum einen fordert er, die Reform der Kasualien in der „Diakonie der Kirche" zu verankern. Dahinter steht die Einsicht, dass hinter den Kasualien Problemlagen stehen, die weder nur homiletisch noch liturgisch bearbeitet werden müssen. Vielmehr geht es oft auch um konkrete Hilfeleistung.

Für die Taufe bedeutet dies z. B.: „Ist die Kirche Diakonia, dann wird sie nicht länger Kinder taufen können, ohne zu fragen, was mit ihnen geschieht. Die Industriegesellschaft gibt uns neu auf das Problem der arbeitenden Mütter, der Schlüsselkinder. Die Gemeinde bezeugt, daß sie die Taufe, die der Pfarrer vollzieht, nicht ernst nimmt, wenn sie sich nicht um die getauften Kinder kümmert." (Bohren 29)

Zum anderen sieht er einen Zusammenhang zwischen der misslichen Kasualpraxis und einer verfehlten Katechetik. Gegenüber der üblichen Konzentration der Unterrichtstätigkeit auf die Kinder empfiehlt er – analog zur Praxis im alten Israel –, die „Hausväter" so zuzurüsten, dass sie ihre Kinder selbst unterrichten können. Zwar leitet er dies aus dem Ideal einer „Hauskirche" ab, ohne die neuzeitlichen Differenzierungsprozesse zu berücksichtigen – und entsprechend wirkungslos bleibt der Vorschlag. Allerdings nimmt er intuitiv einen gemeindepädagogischen Reformansatz in der Konfirmandenarbeit vorweg (→ § 21 1.), der die Bedeutung der Familie als Lernort didaktisch profiliert.

Insgesamt leiden Bohrens im Einzelnen anregenden Hinweise vor allem darunter, dass er die gegenwärtige Praxis durch eine exklusiv kerygmatheologische Brille nur negativ wahrnimmt. So werden Spannungen, deren Bearbeitung fruchtbar ist, zu Gegensätzen verzerrt, die eine Entscheidung verlangen. Es fehlt das Bemühen, den psychologischen und sozialen Prozessen auf die Spur zu kommen, die sich bei Kasualien ereignen.

2.4 Hier setzen im Folgenden verschiedene Studien in *sozialpsychologischer Perspektive* an. Sie beziehen sich jeweils auf konkrete Vollzüge, stoßen aber zu grundsätzlichen Einsichten zum Verständnis der Kasualien vor:

Kasualien als rites de passage

Besondere Bedeutung bekommt hier das ethnologische Konzept der „rites de passage“, der Übergangsriten (→ § 6 1.1). Sie begleiten Übergänge eines Individuums von einer sozialen Gruppe zu einer anderen – etwa von den Kindern zu den Erwachsenen oder von den Lebenden zu den Toten. Dabei kann – nach Arnold van Gennep – zwischen Ritualen der Trennung, des Übergangs und der Eingliederung unterschieden werden.[7] Das Ritual dient demnach zur stabilisierenden Begleitung eines Statusübergangs: „Der Statusübergang, der psychisch gesehen zumeist einen langwierigen Prozeß der Trennung von dem bisherigen und Adaption an den neuen Status bedeutet, wird im Ritual vorweggenommen und symbolisch dargestellt, wobei derjenige vor allem zum Symbolträger wird, der den Statuswechsel vollzieht.“ (Spiegel 101)

*Yorick Spiegel* nimmt dieses Konzept für die Erklärung von Trauer und Bestattungsritus auf. Anschaulich rekonstruiert er die verschiedenen Phasen der Trauer und zeigt an diesem Beispiel, in welchem sozialpsychologischen Kontext die Kasualien stattfinden. Mit „Schwellenritual“ führt er ein Instrumentarium in die praktisch-theologische Diskussion ein, mit dem sowohl die besondere Bedeutung der liturgischen Handlung im Blick behalten als auch deren Bezug zur Lebenswelt der Feiernden differenziert erfasst werden kann.

Vor allem die seelsorgerliche Dimension tritt dadurch stärker hervor und löst die bisherige Konzentration auf den liturgischen Vollzug bzw. die homiletische Aufgabe ab. Die theologischen Anfragen der vorausgehenden dialektisch-theologischen Bemühungen rücken in den Hintergrund.

2.5 In enger Verbindung mit dem eben skizzierten Ansatz beginnen die Kasualien in *religionssoziologischer Perspektive* zu interessieren. Die ersten Umfragen zur Kirchenmitgliedschaft am Anfang der 70er Jahre des 20. Jahrhunderts[8] weisen auf den hohen Stellenwert der Kasualien für die Mehrheit der Kirchenmitglieder hin.

Integrale Amtshandlungspraxis

Der Soziologe *Joachim Matthes* entwickelt daraufhin ein Modell der „integralen Amtshandlungspraxis“. Er geht zum einen davon aus, dass die starke Inanspruchnahme der Kasualien kein traditionelles Relikt früherer Kirchlichkeit, sondern eine den veränderten Lebensverhältnissen adäquate Partizipationsform an Kirche ist. Zum anderen konstatiert er vor diesem Hintergrund ein Seelsorgedefizit. Die Kasualien werden nicht ernst genug genommen. Demgegenüber schlägt er eine „Verknüpfung der verschie-

7 A. van Gennep, Les Rites de passage, Paris 1909 (deutsch: Übergangsriten, Frankfurt 1986); vgl. zur kritischen Weiterführung knapp zusammenfassend W.-E. Failing, Die kleine Lebenswelt und der umfassende Sinn. Weisheit des Alltags und kasuelles Handeln der Kirche, in: Ders./H.-G. Heimbrock, Gelebte Religion wahrnehmen. Lebenswelt – Alltagskultur – Religionspraxis, Stuttgart 1998, 200–232, 203–210.

8 S. grundlegend – auch für Nachfolgeuntersuchungen – H. Hild (Hg.), Wie stabil ist die Kirche? Bestand und Erneuerung, Gelnhausen 1974.

denen an der einzelnen Amtshandlungspraxis beteiligten Lebenswirklichkeiten“ und die „Erweiterung des Amtshandlungsgeschehens um fortsetzendes seelsorgerliches Handeln im Hinblick auf die verschiedenen beteiligten Lebenswirklichkeiten“ vor (MATTHES 101).

Dieser sozialempirische Ansatz überwindet die bisher verbreitete Disqualifikation der Kirchenmitglieder, die „nur“ an den Kasualien teilnehmen. Die hinter dieser Kritik stehende Norm des regelmäßigen sonntäglichen Gottesdienstbesuchs und der Teilnahme am sog. Gemeindeleben wird als für das Gros der Kirchenmitglieder illusionär entlarvt (→ § 9 2.4). Erst auf der Grundlage dieser Einsicht kann das Thema Kasualien in der Praktischen Theologie „von der Peripherie ins Zentrum“ (WAGNER-RAU 19) rücken.

2.6 Dadurch werden bestimmte bereits genannte Tendenzen verstärkt. Der Lebensweltbezug wird genauer profiliert. Zudem entstehen neue Verstehenshilfen und Handlungsorientierungen.

Kasualien und Gemeindeaufbau

Dies wird zuerst in *kybernetischer Perspektive* ausgearbeitet. So unterstreicht *Eberhard Winkler* mit seiner gelungenen Metapher von den Kasualien als „Toren des Lebens“ deren Bedeutung für einen einladenden Gemeindeaufbau:

„Nur eine theologisch gut begründete Verbindung von Kasualpraxis und Gemeindeaufbau entbindet die in den Kasualien und in der Volkskirche liegenden Chancen, und ohne diese Verbindung ist die Kasualpraxis in der nachvolkskirchlichen Situation zum allmählichen Absterben verurteilt.“ (WINKLER 34)

Dabei macht ihn der ostdeutsche Kontext – Winkler war Professor für Praktische Theologie in Halle und versah zugleich eine Gemeindepfarrstelle – auf die große Chancen aufmerksam, die das Begehren der Kasualien eröffnet (und die in vielen ostdeutschen Regionen so nicht mehr bestehen).

*Herbert Lindner* empfiehlt dementsprechend in seinem Gemeindeentwicklungs-Konzept für die Parochie, „die Begleitung der Übergänge des Lebens zum Fokus der gemeindlichen Angebote zu machen“ (LINDNER 121): „Ein kasuell-lebensbegleitendes Angebot führt in die Breite der Gemeinde. So wird die Chance steigen, mehr Menschen als bisher anzusprechen.“ (LINDNER 135)

Kasualien und Kirchenjahr

Durch zeittheoretische Überlegungen sowie Beobachtungen im familiären Alltag und in den Kirchengemeinden erweitert Lindner den kasualtheoretischen Horizont um die Dimension des Kirchenjahres: „Jahreskreis und Lebensübergänge sind durch das Kirchenjahr und die Kasualien vielfältig verwoben. Sie sind die Stützen der kirchlichen Mitgliedschaft und Orte, an denen nach Kirche gefragt wird.“ (LINDNER 134)

Er versucht so, zu einer engeren Vernetzung der gemeindlichen Angebote zu kommen als dies allein durch die Kasualien möglich ist. Dazu weist er auch auf neu entstehende „kleine Kasualien“ hin.

> An der Schwelle zu den „neuen Übergängen“ stehen die „kleinen Kasualien“. Sie sind Gedenktage aus der Kirchenbiographie (wie silberne und goldene Konfirmation, Hochzeitsjubiläen), oder aus der „weltlichen“ Biographie wie der Einschnitt des Schuleintritts. [...] Jenseits der gewohnten Leben(s)entwürfe entstehen neue Übergänge: Trennung, Verbindung auf Zeit, Neukonstitution eines familiären Verbandes aus verschiedenen Ursprungsfamilien. (LINDNER 185)

2.7 Schließlich richten sich heute vornehmlich *kulturhermeneutische bzw. lebensweltlich interessierte Perspektiven* auf die Kasualien.

Kasualien als Rechtfertigung von Lebensgeschichten

Nicht primär auf die Ortsgemeinde bezogen, sondern durchaus kirchenkritisch ausgerichtet ist der lebensweltlich ansetzende Beitrag von *Wilhelm Gräb*. Ihm geht es um die „Öffnung der Kirche für die vielgestaltige, plural verfaßte Lebenswelt“ (GRÄB 180). Ausgangspunkt seiner Überlegungen ist folgende Einsicht: Kirche hat nur noch durch die Kasualien einen Zugang zur Öffentlichkeit. Dabei hebt Gräb – wie Lindner – die Passagen im Lebenszyklus und im Jahreskreis als zur Kasualpraxis gehörend hervor, ohne allerdings Letzteres auszuführen. Für die Übergänge im Leben konstatiert er eine neue Situation durch den Wegfall der Selbstverständlichkeit der Kasualien. Doch sieht er auf dem dadurch entstandenen „Markt“ durchaus eine wichtige Rolle des kirchlichen Angebots. Denn nur die Religion kann die Transzendenzbezüge, die zu jedem Übergang im Leben gehören, angemessen zur Darstellung bringen: „Implizit liegt das Religiöse eben schon in jeder Schwellenerfahrung. Sie ist Transzendenzerfahrung im Sinne des offenen, nicht festgelegten, in seinen Folgen prinzipiell unbestimmten Überschreitens des bisherigen Status, einer Lebensphase.“ (GRÄB 189)

Theologisch stellt er mit dem Begriff der „Rechtfertigung“ eine Verbindung zwischen der christlichen Tradition und der heutigen Lebenswelt her: „Es geht um eine solche Rechtfertigung von Lebensgeschichten, die in der unbedingten Anerkennung des einzelnen durch Gott in der Person Jesu Christi ihren anschaulichen Grund hat und deshalb jedem Anspruch auf Selbstrechtfertigung widerstreitet.“ (GRÄB 197)

Allerdings „entsubstantialisiert“ (GRÄB 214) Gräb bei diesem auf das einzelne Subjekt reduzierten Ansatz den Begriff „Rechtfertigung“ hinsichtlich seines christologischen Gehalts. Ihn interessiert nur die Funktion der „Rechtfertigung“ für die Selbstdeutung des Einzelnen, nicht ihr dogmatischer, bei Paulus bis in die kosmologische Dimension ausgeführter christologischer Gehalt.

Kasualien als „Vermittlung“

Ähnlich bestimmt *Christian Albrecht* die Aufgabe der Kasualien als die „Vermittlung zwischen individueller Lebensgeschichte und christlich-kirchlicher Deutungstradition: Kasualien leisten die Rekonstruktion von lebensgeschichtlich manifester Abhängigkeitserfahrung mit dem Ziel der Anerkennung und Relativierung individuellen Geschicks im Horizont der allgemeinen und unverfügbaren Bedingungen des Lebens.“ (ALBRECHT 195; im Original Kursivsetzung) Er geht dabei anthropologisch von der Grunderfahrung des Menschen aus, „daß das Leben mehr ist als in den vom

Menschen selbst überschaubaren Lebensmöglichkeiten vorhersehbar ist“ (ALBRECHT 199). Sie kann sich sowohl auf Erfahrungen der Erfüllung als auch des Mangels beziehen, in denen sich jeweils die Unverfügbarkeit menschlichen Lebens spiegelt. In beiden Fällen bieten die Kasualien eine Möglichkeit zur Anerkennung und gleichermaßen zur Relativierung des Erfahrenen.

Es gelingt diesem sich auf die vier „klassischen Kasualien“ beschränkenden Konzept, deren Integrationsleistung zu erweisen. Seine Grenzen hat es u. a. darin, dass eine gewisse Selbstverständlichkeit der Inanspruchnahme der Kasualien vorausgesetzt wird. Die zunehmenden Alternativen zu ihnen kommen nur am Rand in den Blick (ALBRECHT 123–125). Hier zeigt sich – ähnlich wie bei Gräb – eine inhaltliche Unterbestimmung.

Kasualien im Segensraum

In pastoralpsychologischer Perspektive nähert sich *Ulrike Wagner-Rau* den Kasualien mit ihrem Konzept des „Segensraums“. Diese Metapher wird von ihr gebraucht, um die „unterschiedliche(n) Dimensionen der Beziehung zwischen Gott und Mensch […] zu benennen“ (WAGNER-RAU 9). Dabei nimmt sie die Vorstellung vom intermediären Raum des Psychoanalytikers Donald Winnicott auf, also einer sowohl Zusammengehörigkeit als auch Unterscheidung zwischen Subjekt und Objekt repräsentierenden Instanz: „Er (sc. der intermediäre Raum, Ch. G.) gibt Sicherheit in der Gewissheit, getragen und gehalten zu sein. Und er setzt frei zum Spiel, zur Kreativität, zur Selbstwerdung. In dieser doppelten Bestimmung ist der intermediäre Raum bzw. die Beziehung, die ihn entstehen läßt, eine wesentliche Basis für die Ausbildung von Identität.“ (WAGNER-RAU 10)

Der Bezugspunkt dieser Kasualtheorie ist wiederum die „Lebensgeschichte in der Moderne“ (WAGNER-RAU 13). Wagner-Rau will die in den letzten dreißig Jahren sich vollziehenden Veränderungen in der Lebenswelt sorgfältig berücksichtigen. Der klassische Kasualzyklus (Taufe, Konfirmation, Trauung, Bestattung) steht demnach in seiner Linearität zunehmend in Spannung zu den Lebensgeschichten der Menschen. Der Begriff „Segensraum“ bietet hier die Möglichkeit, die christliche Tradition mit der jeweiligen individuellen Lebensgeschichte und ihren besonderen Orten und Zeiten zu verschränken. Von daher kommt – wie in § 1 2.1 erwähnt – eine Vielzahl weiterer Kasualien in den Blick, insofern durch die jeweiligen Übergänge besondere Anforderungen an die Person und ihre Identität gestellt werden.

Demgegenüber ist aber das theologische Fundament im Segensbegriff nur wenig ausgearbeitet:

> Der Raum des Segens in der Kasualpraxis hat eine dreifache Bedeutung: Einerseits werden die Lebensgeschichten in dem, was sie sind, gewürdigt und wertgeschätzt. Andererseits gibt er die Möglichkeit dazu, Atem zu holen von dem latenten Zwang, das Leben aus sich heraus mit Erfüllung und Sinn zu verstehen. Und schließlich ist er die Erinnerung an die Angewiesenheit der menschlichen Existenz und damit an die Grenze, die Menschen zu Menschen macht und sie vor Unbarmherzigkeit bewahrt gegenüber sich selbst und gegenüber allem, was lebt. (WAGNER-RAU 173)

Für die Kasualtheorie von *Kristian Fechtner* ist ebenfalls der Bezug auf die modernen bzw. spätmodernen Lebensverhältnisse charakteristisch. Er weist dabei – in Anknüpfung an Matthes – auf das mehrfache Integrationspotenzial der Kasualien hin:

Integrationspotenzial der Kasualien

(1) Unter pastoraltheologischen Vorzeichen integriert die Kasualpraxis die klassischen Handlungsfelder des Pfarramtes: Gottesdienst – Predigt – Seelsorge – Unterricht. [...] (2) In den Kasualien integrieren sich evangelische Christen in den gegenwärtigen Lebenszusammenhang des volkskirchlichen Christentums. [...] (3) In der Kasualfrömmigkeit werden Kirchlichkeit und christlich geprägte Lebensorientierungen lebensweltlich integriert. [...] (4) Die Kasualpraxis integriert auf verschiedenen Ebenen die sozialen Belange des Individuums. (FECHTNER 32, 33, 34, 36)

Dabei sind für Fechtner die vier traditionellen Kasualien Taufe, Konfirmation, Trauung und Bestattung ein wichtiger Ausgangspunkt – ihnen kommt hervorgehobene Bedeutung dadurch zu, „dass sie in besonderer Weise biographische, kirchliche und kulturelle Praxis konstellieren und sich in ihnen eine Theologie lebensgeschichtlicher Übergänge verdichtet." (FECHTNER 144) Zugleich ist das kasuelle Feld aber grundsätzlich offen.

Bei Fechtner ist die Kasualtheorie zu einer Praktischen Theologie spätmodernen Lebens in nuce angewachsen. Hier „‚lernt' Praktische Theologie gewissermaßen ihren eigenen Ort, ihren methodischen und hermeneutischen Zuschnitt sowie ihre spezifische Aufgabe kennen." (FECHTNER 20)

### 3. Zusammenfassung

Insgesamt lässt sich die Entwicklung des Konzeptes Kasualien als ein *Prozess von einer stärker kirchlich fokussierten zu einer vornehmlich kulturhermeneutisch-lebensweltlich, konkret: vor allem biographisch interessierten Theorie-Bildung* verfolgen. Entsprechend der empirischen Wende Praktischer Theologie gewinnen die Kasualien damit als eigenständiges Thema Interesse und können sogar als Integrationsthema der Praktischen Theologie gelten. Dabei treten aber die in früheren Phasen dominierenden theologischen Gesichtspunkte in den Hintergrund.

## § 3 Kasualien als Kommunikation des Evangeliums an Übergängen im Leben

Literatur: W. ENGEMANN, Personen und Zeichen im Prozeß der Kommunikation des Evangeliums. Praktische Theologie als Theorie der Lebensäußerungen der Gemeinde, in: DERS., Personen, Zeichen und das Evangelium (APrTh 23), Leipzig 2003, 37–50 – CH. GRETHLEIN, Kommunikation des Evangeliums in der Mediengesellschaft (ThLZ.F 10), Leipzig 2003 – R. PREUL, Kirchentheorie. Wesen, Gestalt und Funktionen der Evangelischen Kirche, Berlin 1997, 153–177.

Ergebnisse der Forschungsgeschichte

Der knappe Durchgang durch die Forschungsgeschichte im vorhergehenden § 2 ergibt einige grundlegende Einsichten, die bei einer praktisch-theologischen Konzeption der Kasualien zu beachten sind:

Sie ist *gleichermaßen erfahrungswissenschaftlich und theologisch* auszuarbeiten. Denn nur so kann die spezifische Vermittlungsaufgabe der Kasualien, zwischen Kirche und Lebenswelt bzw. Evangelium und persönlichem Leben, angemessen reflektiert werden.

Sie überschreitet die traditionellen Grenzen der praktisch-theologischen Disziplinen. Denn die Kasualien umfassen unterschiedliche Kommunikationsformen und -orte.

Konkret ist bei manchen jüngeren monographischen Kasualtheorien ein Zurücktreten der theologischen Dimension zu beobachten. Dies ist eine verständliche Reaktion auf die vorhergehenden theologisch deduktiven Bestimmungen der „Amtshandlungen". Doch birgt eine theologische Unterbestimmung die Gefahr eines inhaltlichen Substanzverlustes in sich. Das ist nicht zuletzt pragmatisch dysfunktional angesichts der sich auch in Deutschland anbahnenden Situation eines religiösen Marktes mit verschiedenen Anbietern.

Vor diesem Hintergrund schlage ich vor, die Kasualien als Kommunikation des Evangeliums an Übergängen im Leben zu bestimmen.

Dadurch werden theologische und erfahrungswissenschaftliche Perspektiven sowie Einsichten der praktisch-theologischen Disziplinen so zusammengeführt, dass neben den lebensweltlich integrierenden auch die kulturkritischen Aspekte des Evangeliums Berücksichtigung finden.

## 1. Kommunikation

Problematische Reduktion des Gegenstandsbereichs

1.1 In früheren Arbeiten finden sich an der Stelle der Kasualien-Theorie, an der ich „Kommunikation des Evangeliums" verwende, Begriffe wie „*Verkündigung*" oder „Kerygma". Sie sollen die inhaltliche Bestimmtheit der Kasualien sicher stellen. De facto kommt es aber zu einer Reduktion der Kasualien auf die Predigt, die nur einseitig hinsichtlich ihres vom Prediger intendierten Inhalts bedacht wird. Die eigenständige Rezeption durch die Zuhörenden bleibt ausgeblendet.

1.2 Demgegenüber hat „Kommunikation" einen mehrfachen inhaltlichen und wissenschaftstheoretischen Vorzug:

Komplexität von „Kommunikation"

Inhaltlich wehrt der Begriff „Kommunikation" dem Missverständnis, bei den Kasualien erfolge primär die „Übermittlung von ‚Heilsinformationen'". Vielmehr geht es in ihnen darum, „daß die Kommunikanden mit Gott und untereinander neu (bzw. überhaupt) in

Beziehung treten sowie an seinem Reich und aneinander partizipieren, wodurch sie sich dann auch selbst in einem anderen Licht sehen können." (ENGEMANN 42)

Dazu umfasst „Kommunikation" sowohl verbale als auch nonverbale Verständigungsformen. Eine die tatsächliche Begegnungssituation verfehlende Konzentration nur auf die Kasualrede oder die Worte der Agende wird dadurch ausgeschlossen.

Wissenschaftstheoretisch ermöglicht „Kommunikation" den Anschluss der Kasualtheorie an die allgemeine Kommunikationswissenschaft. Dadurch können wichtige Rahmenbedingungen und Probleme genauer erfasst und Anregungen für eine bessere Gestaltung gewonnen werden.

Dieser interdisziplinär ausgerichtete Forschungsansatz analysiert nach der berühmten Lasswellschen Formel Kommunikation in folgender Hinsicht: „Who says what in which channel to whom with what effect."[9] Dazu wird der Zusammenhang von Zeichen und Bedeutung in Kommunikationsprozessen untersucht. Schließlich beschäftigen zunehmend die elektronischen Massenmedien und die durch sie initiierten Kommunikationsprozesse die Forschung.

## 2. Übergänge im Leben

Sozialpsychologischer Ort der Kasualien

2.1 „Übergänge im Leben" bezeichnet den sozialpsychologischen Ort, an dem das Evangelium in Auslegung und Aneignung bei den Kasualien kommuniziert wird.

Ein solcher Übergang kann durch das Evangelium selbst bewirkt sein: Ein Mensch beginnt sein Leben im Horizont des Evangeliums zu sehen, „ändert seinen Sinn" (griechisch: metanoia; z.B. Mt 4,17) und lässt sich taufen. Häufiger führen aber zumindest in Westdeutschland Veränderungen im sozialen Sinn in eine Übergangssituation: Menschen werden geboren; sie treten in die Schule ein und damit in eine Institution der Leistungsgesellschaft; sie wachsen heran mit den damit verbundenen körperlichen und sozialen Veränderungen; sie gehen eine Ehe ein; sie erleiden eine schwere Krankheit; schließlich sterben sie und lassen trauernde Menschen zurück.

2.2 Abgrenzungen gegen anderweitig übliche Begriffe, nämlich „Lebenszyklus" bzw. „Familienzyklus" und „Lebenslauf", lassen die Intention dieser Bestimmung deutlicher hervortreten:

Innerhalb der Familiensoziologie diente der Begriff „*Familienzyklus*" („family cycle") dazu, statische Auffassungen von Familie zu dynamisieren. Familiengründung durch Heirat, Geburt der Kinder, deren Auszug und schließlich der Tod eines Elternteils markieren wesentliche Phasen der Familienentwicklung.[10]

9 Zitiert und medientheoretisch interpretiert in: J. HÖRISCH, Der Sinn und die Sinne. Die Geschichte der Medien, Frankfurt 2001, 73.

10 S. z.B. P.C. GLICK, The Family Cycle, in: ASR 12 (1947), 164–174.

Individualisierung des Lebens

Allerdings weicht seit einigen Jahrzehnten die hier vorausgesetzte Normalität einer Individualisierung, die der verallgemeinerbaren Regelmäßigkeit des Lebens entgegensteht.

Das vermindert den Erklärungswert einer Kasualien-Theorie, die von einer stabilen Aufeinanderfolge der genannten Handlungen ausgeht. Vor allem fallen die bei der Taufpraxis zu beobachtenden Veränderungen nicht nur theologisch, sondern auch zunehmend empirisch aus dem Schema heraus.

Zudem fokussiert der Begriff „*Lebenslauf*" auf die Biographie des Einzelnen. Die Kasualien aber richten sich nicht nur an den bzw. die konkreten Menschen, die sie begehren. Vielmehr nehmen – meist – noch zahlreiche andere Menschen an ihnen teil, in sehr unterschiedlichem Bezug zum konkreten Anlass.

Übergang im Leben als Ort der Kasualien

2.3 Von daher erscheint mir der weitere Begriff „*Übergänge im Leben*" adäquater für eine Kasualien-Theorie:

Er betont zum einem mit „Leben" den dem Kasualien-Konzept zugrunde liegenden Lebensweltbezug (→ § 1 1.3).

Zum anderen spezifiziert „Übergänge" den Ort der Kasualien in einer zu interpretierenden Weise und öffnet damit die Kasualien-Theorie für sich neu bildende „Übergänge". Eine genauere Bestimmung des Charakters der „Übergänge", die für eine Kasualien-Theorie Bedeutung haben, ist eine Aufgabe der sachlichen Grundlegung (→ § 6 1.).

## 3. Evangelium

*Die inhaltliche Seite der Kommunikation bestimmt sich durch „Evangelium".* An der Stelle dieses Begriffs finden sich in früheren Arbeiten häufig „Kirche" oder „Gemeinde", gegenwärtig meist „Religion". „Kommunikation des Evangeliums", ein aus dem Kontext der Ökumenischen Bewegung stammender Begriff, ist hierzu kein direkter Gegenbegriff, akzentuiert aber anders. Für die deutsche Diskussion ist seine Rezeption durch Ernst Lange wichtig und grundlegend.[11]

Kirche als exklusiver Bezugspunkt?

3.1 Der exklusive Bezug Praktischer Theologie auf das Handeln der *Kirche* als Organisation oder die Gemeinde als soziale Größe vor Ort genügt weder empirisch noch theologisch:

Er erfasst die christentumstheoretisch beschreibbaren Differenzierungsprozesse zu wenig. Nicht zuletzt die offensichtlich unumkehrbare Marginalisierung der kirchlichen Organisationen unterstreicht die Dringlichkeit, den Blick praktisch-theologischer Forschung über sie hinaus zu weiten.

11 E. LANGE, Versuch einer Bilanz, in: DERS., Kirche für die Welt. Aufsätze zur Theorie kirchlichen Handelns, hg. v. R. SCHLOZ, München 1981, 101–129.

Theologisch ist an die biblische Differenz zwischen Kirche und Reich Gottes sowie die für reformatorische Theologie unerlässliche Unterscheidung von sichtbarer und unsichtbarer Kirche (PREUL 102f) zu erinnern. Sie steht einer statischen Festschreibung des Bestehenden als normativ entgegen.

Religion als hinreichender Bezugspunkt?

3.2 Doch befriedigt auch der allgemeine Begriff *„Religion"* nicht, und zwar ebenfalls aus mehreren Gründen:

Empirisch unterläuft ein allgemeiner Religionsbegriff die Tatsache, dass in der Lebenswelt nur konkrete Religionsformen begegnen.

Zudem ist die lange Zeit in Deutschland auch umgangssprachlich übliche Gleichsetzung von „Religion" mit dem Christentum angesichts der wachsenden Zahl von hier lebenden Menschen mit anderer Religionszugehörigkeit nicht mehr haltbar.

Theologisch gesehen läuft eine allgemeine Rede von „Religion" als Bezeichnung für das Christentum Gefahr, die religionskritischen Impulse des Evangeliums auszublenden. Sie verhindern jedoch beim Thema der Kasualien ein Abgleiten in die bloße Affirmation des Bestehenden.

3.3 Angesichts solcher Probleme bevorzuge ich den Begriff *„Evangelium"*. Denn er vermeidet einerseits die theologisch und empirisch schwierige Reduzierung auf die Kirche als Organisation, ist aber zugleich inhaltlich präziser als „Religion".

Evangelium als Übertragungs- und Speichermedium

Empirisch, bzw. genauer: medientheoretisch führt der Begriff „Evangelium" in eine Problemlage ein, die für jedes praktisch-theologische Handlungsfeld von Bedeutung ist und noch einmal die Spannung zwischen Tradition und Gegenwart beschreiben hilft (GRETHLEIN 21–23):

„Evangelium" kann ein Übertragungsmedium bezeichnen, also den Vorgang, dass einem Menschen in personaler Kommunikation das Evangelium nahe gebracht wird. Schon das Neue Testament erzählt anhand des Wirkens Jesu, dass dies in unterschiedlicher Weise geschehen kann:

bei Streitgesprächen,
durch das Heilen Kranker,
beim gemeinsamen Essen und Trinken.[12]

„Evangelium" steht zugleich für ein Speichermedium, also das in Buchform zugängliche Evangelium etwa des Matthäus. Solche Transformation des Evangeliums zu einem Speichermedium war – und ist – unverzichtbar, weil sonst sein Bezug zum Ursprungsimpuls verloren ginge. Zugleich besteht aber bei Dominanz des speichermedialen Charakters die Gefahr, dass das Evangelium historisiert bzw. musealisiert wird und so seinen lebendigen, auch heute Menschen verändernden Charakter ver-

12 Ausgeführt hat den hier nur stichwortartig angedeuteten Zusammenhang J. BECKER, Jesus von Nazareth, Berlin 1996, 100–398.

liert. Deshalb ist das Evangelium als Übertragungsmedium etwa im Gespräch, der Feier, in konkreter Hilfeleistung oder im Unterricht immer wieder aufs Neue zur Darstellung zu bringen – und zwar nicht als vorgelesener Text, sondern als gegenwärtiges Leben erschließende und personal kommunizierte Perspektive.

Inhaltliche Prägnanz von „Evangelium"

Theologisch enthält „Evangelium" durch seine Ausrichtung auf Wirken und Geschick Jesu eine inhaltliche Bestimmung, die jeder bloßen funktionalen Formalisierung entgegensteht. Dabei verhindern die biblischen Evangelien in ihrer Vielfalt, dass „Evangelium" zu einer eindimensionalen Lehre verkümmert. Vielmehr stellen sie anschaulich den personal kommunikativen Grundcharakter des Evangeliums Jesu Christi heraus. Damit initiieren sie während der ganzen Christentumsgeschichte kommunikative Prozesse der Auslegung und Aneignung.

### 4. Zusammenfassung

Das *Verständnis der Kasualien als Kommunikation des Evangeliums an Übergängen im Leben* ist anschlussfähig an erfahrungswissenschaftliche Methoden und Einsichten. Es bezieht sich nicht nur auf die konkreten, eine Kasualhandlung begehrenden Menschen, sondern auch auf die lebensweltlichen Gegebenheiten als Kontext. Zugleich ist es auf die inhaltliche Grundlage christlicher Daseins- und Wertorientierung konzentriert.

## § 4 Methodische Konsequenzen

Literatur: Ch. Bäumler, Zum Verhältnis von Theologie und empirischer Sozialforschung, in: Ders. u. a., Methoden empirischer Sozialforschung in der Praktischen Theologie, München 1976, 239–255 – A. Bucher, Einführung in die empirische Sozialwissenschaft. Ein Arbeitsbuch für Theologen/Innen, Stuttgart 1994 – Ch. Grethlein, Praktische Theologie, in: I. Dalferth (Hg.), Eine Wissenschaft oder viele? Die Einheit evangelischer Theologie in der Sicht ihrer Disziplinen, Leipzig 2006 (ThLZ.F 17), 99–119 – H.-G. Heimbrock, Öffnung zum Leben. Ein Forschungsbericht zur Phänomenologie in der neueren Praktischen Theologie, in: IJPT 4 (2000), 253–283 – B. Schröder, Praktische Theologie im Zeichen der Internationalisierung, in: ThLZ 126 (2001), 873–890

Aus dieser Bestimmung des Kasualien-Themas ergeben sich sowohl Konsequenzen für den Aufbau des vorliegenden Bandes als auch für die methodische Differenzierung der einzelnen Themenbereiche.

## 1. Aufbau des Buchs

1.1 Folgende Gesichtspunkte aus dem bisher Ausgeführten bestimmen den Aufbau des Buchs:

Es sind sowohl erfahrungswissenschaftliche als auch theologische Perspektiven zu beachten.

Grundanliegen der Kasualien

Die Kasualien sind in ihrem Bemühen darzustellen, Evangelium und persönliches Leben bzw. Kirche und Lebenswelt am Ort von Übergängen im Leben in Kontakt miteinander zu bringen.

Über diesen Zusammenhang hinaus müssen aber auch *die Besonderheiten der einzelnen Kasualien* thematisiert werden:

Sie sind zum einen theologisch begründet. Die Taufe ist auf Grund ihrer biblischen Begründung als einzige Kasualie unverzichtbar; zugleich ist sie am wenigsten an eine bestimmte Situation gebunden. Sie markiert den Übergang im Leben zum Christen und steht allen Ungetauften abgesehen von ihrem Alter, ihrem Familienstand o. Ä. offen.

Zum anderen sind die jeweiligen historischen Entstehungs- und Entwicklungszusammenhänge sowie die thematisierten Konstellationen im Leben sehr verschieden. In der heutigen kirchlichen Praxis stellen sich dementsprechend die einzelnen Kasualien recht unterschiedlich dar.

Auswahlkriterien für „Kasualien"

Grundsätzlich ist sogar ihre Zahl – wie die Forschungsgeschichte zeigte – nicht genau festgelegt. Zwei Gesichtspunkte leiten mich bei der Auswahl:

Der in der Kasualie begangene Übergang im Leben bezieht sich auf ein biographisch und lebensweltlich grundlegendes Ereignis;

er wird rituell durch die evangelische Kirche, in der Regel einen Pfarrer oder eine Pfarrerin, begleitet.

1.2 Dementsprechend enthält der vorliegende Band – nach den Prolegomena – fünf Teile:

Er beginnt mit einem *Grundlagenteil*, in dem ich *das den Kasualien (weithin) Gemeinsame* thematisiere. Dabei skizziere ich zum einen religions- und ritualtheoretische sowie segenstheologische Grundlagen, zum anderen wichtige Herausforderungen auf Grund von Veränderungen in Familie und Kirche als den beiden wesentlichen Bezugsgrößen der Kasualien.

Der *zweite Teil* präsentiert das *christliche Initiationsritual*, die Taufe. Sie steht theologisch am Übergang zum Christsein, unterliegt aber lebensweltlich unterschiedlichen Deutungen. Durch ihren grundlegenden Charakter als Ausdruck des Christwerdens liegt sie allen weiteren Kasualien zu Grunde. Denn in den Kasualien begleitet die Kirche ihre Glieder, also die Getauften, an Übergängen im Leben. Unmittelbar zur Taufe gehört die Konfirmation. Sie ist sachlich – wie historisch und systematisch zu zeigen ist – ein Bestandteil der Taufe, der sich rituell verselbstständigt hat.

Der Einsatz beim christlichen Initiationsritual ist nicht nur die Konsequenz eines (evangelisch) theologischen und damit an den biblischen Perspektiven orientierten Ansatzes. Er liegt auch aus erfahrungswissenschaftlicher, genauer organisations- und wissenssoziologischer Perspektive nahe. Denn die Taufe ist für die Organisation evangelischer Kirche nach ihrer rechtlichen Verfasstheit und dem Selbstverständnis ihrer Mitglieder grundlegend.

Der *dritte Teil* behandelt die Kasualien an *elementaren Übergängen im privaten Leben*, die in den deutschen evangelischen Kirchen seit langem rituell begangen werden: die Trauung und die Bestattung.

Im *vierten Teil* kommen zwei Handlungen in den Blick, die zwar ebenfalls auf elementare Übergänge bezogen sind, aber bisher in den Abhandlungen zu den Kasualien und in den kirchlichen Bestimmungen und Agenden nur wenig Aufmerksamkeit erfahren: der Einschulungsgottesdienst und die Krankensalbung. Bei ihnen tritt der Mensch explizit in zwei *große, sozial grundlegende Konstellationen bzw. Systeme* ein: in den Bereich der Leistungsgesellschaft bzw. das Bildungssystem und in den Bereich der Gesundheitspflege bzw. das Medizinsystem.

Durch eine Einbeziehung dieser beiden Rituale, deren Bedeutung für den Kontakt von persönlichem Leben und Evangelium bzw. Lebenswelt und Kirche erst langsam bewusst wird, versuche ich, ein zu Beginn des Konzeptes Kasualien beobachtbares Problem (→ § 8 2.3) konstruktiv aufzunehmen: die zunehmende Ausgliederung des (berufs)bildenden und medizinisch-pflegerischen Bereichs aus den Familien.

Noch deutlicher würde dieses Anliegen profiliert, wenn man – wie Christian Eyselein[13] – die Einweihungshandlungen unter die Kasualien zählte. Allerdings erscheint mir dies problematisch. Zwar kennen die lutherischen Kirchen hierfür ein liturgisches Formular und vor allem in Gegenden, in denen die Bevölkerungsmehrheit katholisch ist, haben Einweihungen eine nicht zu unterschätzende Bedeutung im öffentlichen Leben; systematisch gesehen kommt hier der öffentliche bzw. zivilreligiöse Charakter der Kommunikation des Evangeliums zum Ausdruck. Doch fehlt bei diesen Handlungen in der Regel ein elementarer Übergang im Leben. Es ist ein theologischer und psychologischer Unterschied, ob Abschied von einem Verstorbenen genommen oder ein neues Feuerwehrhaus „eingeweiht" wird.

Den Abschluss bildet ein *Ausblick*, in dem drei im Zuge der bisherigen Ausführungen angesprochene Themenbereiche von grundsätzlicher Bedeutung noch einmal eigens aufgenommen werden: *Der Wandel in der Praxis der Kasualien sowie die daraus resultierenden kommunikativen und inhaltlichen Herausforderungen.*

Diesem Gesichtspunkt tragen auch die Anhänge an die Darstellung der einzelnen Kasualien Rechnung. Sie behandeln rituelle Vollzüge, die im Kontext der jeweiligen Kasualien platziert sind und diese noch einmal aus anderer Perspektive beleuchten.

13 Ch. Eyselein, Segnet Gott, was Menschen schaffen? Kirchliche Einweihungshandlungen im Bereich des öffentlichen Lebens (CThM 20), Stuttgart 1993, 253–268.

## 2. Praktisch-theologische Methodologie

2.1 „Kasualien“ sind ein praktisch-theologisches Thema. Von daher legt sich ein Aufbau der einzelnen Paragraphen entsprechend einer Methodik nahe, die die spezifisch praktisch-theologische Integrationsaufgabe von theologischen und erfahrungswissenschaftlichen Gesichtspunkten durchsichtig macht (GRETHLEIN 115f).

Die im Folgenden in Klammern gesetzten arabischen Ziffern finden sich als Gliederungspunkte in den Paragraphen der Hauptteile, geben also die argumentative Grundstruktur der materialen Ausführungen wieder. Allein im 4. Hauptteil kommt es zu kleineren Abweichungen. Sie sind der Tatsache geschuldet, dass sich die dort thematisierten Handlungen erst in der Entwicklung zu Kasualien im strengen Sinne befinden.

Methodische Schritte

Ausgangspunkt praktisch-theologischer Arbeit sind *normative Vorentscheidungen* (1.). Sie sind entsprechend dem doppelten Bezug der Kasualien zum Evangelium bzw. zur Kirche und zum persönlichen Leben bzw. zur Lebenswelt entweder biblisch-theologisch oder erfahrungswissenschaftlich begründet.

Ein genauerer Blick zeigt, dass diese Unterscheidung zwar didaktisch unerlässlich ist, aber sachlich Zusammengehörendes nicht trennen darf. Denn auch die biblischen Aussagen beziehen sich auf spezifische Lebensumstände und werden durch sie geprägt. Zugleich sind in den heutigen erfahrungswissenschaftlichen Konzepten durchaus Spuren des Christentums zu entdecken. Dies zeigt ein Seitenblick auf dezidiert nichtchristliche Gesellschaften und deren andere Wissenssysteme.

Da jeder praktisch-theologische Gegenstand (einschließlich der diese erfassenden Konzepte) sich historischen Prozessen verdankt, empfiehlt sich als zweiter methodischer Schritt ein knapper *geschichtlicher Überblick* (2.). Ihn leitet ein problemgeschichtliches Interesse.

Der Blick in die Geschichte ist also an der Gegenwart orientiert. Praktisch-theologische Arbeit ist nicht primär daran interessiert, historische Zusammenhänge und Entwicklungen als solche zu erfassen, sondern die gegenwärtige Situation mit historischer Tiefenschärfe wahrzunehmen.

Diese historische Aufklärung ist nicht zuletzt eine wichtige Voraussetzung für den dritten Schritt, die *empirische Analyse* (3.) (BÄUMLER). Dabei geht es freilich nicht vorrangig um das Zusammentragen von Daten, sondern um das Verstehen der gegenwärtigen Situation (HEIMBROCK).

Das erfordert unterschiedliche methodische Schritte, angefangen von der Auswertung statistischer Daten über die Analyse quantitativer und qualitativer Untersuchungen bis hin zur Diskussion wissenssoziologischer Theorien.

Viertens empfiehlt sich zur Horizonterweiterung ein *komparativer Blick* (4.) (SCHRÖDER). Hier kommt die ökumenische Perspektive ins Spiel, und zwar in doppelter Hinsicht: Ökumene im Sinne verschiedener konfessioneller Traditionen und im Sinne der Internationalität des Christentums.

Zum Ersten konzentriere ich mich auf die römisch-katholische Kirche. Denn hier werden interessante Anregungen ausgearbeitet, die nicht nur im Sinne ökumenischer Kooperation von Interesse sind. Vielmehr sind bei den meisten Kasualien in evangelischen Kirchen auch katholische Christen anwesend, die die Vorstellungen und Praxis ihrer Kirche mitbringen.

Zum Zweiten ziehe ich für die internationale Perspektive exemplarisch die Ergebnisse einer Studienkommission des Lutherischen Weltbundes zu den „rites of passage" heran. Dort liegen Berichte aus unterschiedlichen Ländern und Kulturen vor und werden theologisch ausgewertet.

Erst vor diesem Hintergrund kann dann die *handlungsorientierende Perspektive* (5.) eingenommen werden. Hier kommen konzeptionelle Vorschläge und Modelle zur Darstellung, die Innovationspotenzial enthalten.

2.2 Dieses Vorgehen spiegelt wissenschaftstheoretisch die *interdisziplinäre Struktur praktisch-theologischer Arbeit* wider:

Bündelung durch Bezug auf „Evangelium" und „Kommunikation"

Die Einsichten der biblischen, kirchengeschichtlichen und systematisch-theologischen Forschung sind unverzichtbar, um die theologische Perspektive in angemessener Differenzierung auszuarbeiten, wie sie das Evangelium initiiert. Zugleich bedarf es eines Ausgriffs in die sog. Erfahrungswissenschaften: Psychologie, Soziologie, Pädagogik, aber auch Religionswissenschaft, Ethnologie, Jura und Betriebswirtschaft. Denn nur so können die Perspektiven angemessen erfasst werden, die ich im Begriff „Kommunikation" bündle.

Der Sachverhalt wird dadurch komplizierter, dass die theologischen und erfahrungswissenschaftlichen Disziplinen wiederum interdisziplinär arbeiten, um ihren Gegenständen wie der Familie oder rituellen Vollzügen gerecht zu werden.

Es dürfte unmittelbar einleuchten, dass ein Lehrbuch über einen so komplexen Gegenstand wie die Kasualien die skizzierte Interdisziplinarität nicht im Einzelnen vorführen kann. Trotzdem ist es zur Beurteilung von Kasualtheorien hilfreich, die hierbei herangezogenen theologischen und erfahrungswissenschaftlichen Einsichten zu unterscheiden und in ihrer Gewichtung zu analysieren. Dadurch gewinnen die Leserinnen und Leser die Möglichkeit zu einem eigenständigen und differenzierten praktisch-theologischen Urteil, das wiederum das Potenzial zur Selbstkritik enthält.

Die unübersehbaren Differenzen in den gegenwärtigen kasualtheoretischen Arbeiten sind vor allem in der unterschiedlichen Gewichtung der einzelnen genannten wissenschaftlichen Zugänge begründet. Diese hängt eng mit dem konkreten Lebenskontext der einzelnen Autoren und Autorinnen zusammen.

# Erster Teil: Grundlagen einer Theorie der Kasualien

Schon im Forschungsüberblick (§ 2) wird deutlich: Das Konzept Kasualien verdankt sich einer bestimmten kulturellen, gesellschaftlichen und theologischen Konstellation: Der Kontakt zwischen der Kirche und der Lebenswelt bzw. dem Evangelium und dem persönlichen Leben gestaltet sich weniger traditionsgeleitet. Seine soziale Absicherung nimmt ab, kurz: er verliert an Selbstverständlichkeit und wird brüchig. Die Kasualien eröffnen hier eine Kontakt- und Integrationsmöglichkeit.

In den nächsten fünf Paragraphen werden die Grundlagen dafür rekonstruiert:

Zuerst sondiere ich das Praxisfeld in drei unterschiedlichen Perspektiven. Sie haben sich in der Forschung dadurch als besonders nützlich erwiesen, dass sie die die Praxis belastende Grundspannung differenziert beschreiben lassen.

Sodann sind die beiden grundlegenden Herausforderungen zu bedenken, vor die sich jede Theorie der Kasualien in der Gegenwart gestellt sieht: die Veränderungen in den beiden sozialen Bezugspunkten der Kasualien, nämlich der Familie und der Kirche.

## 1. Kapitel: Grundsätzliche Perspektiven

In diesem Kapitel schreite ich vom Allgemeinen zum Besonderen voran: Ich gehe von einem religionstheoretischen Ansatz aus, interpretiere dann den besonderen kommunikativen Charakter der Kasualien als Rituale und bestimme schließlich theologisch deren wesentlichen religiösen Inhalt, das segnende Handeln.

Grundspannung der Kasualien

Dabei begegnet in allen drei Zugängen strukturell ein und dasselbe Problem, das für eine Theorie der Kasualien konstitutiv ist: *die Spannung zwischen den unmittelbaren, anthropologisch bzw. lebensweltlich verankerten Bedürfnissen der Menschen und dem diese transzendierenden Horizont des Evangeliums.*

Dass dies kein Gegensatz ist, zeigt die Entfaltung der Reich-Gottes-Botschaft in den Gleichnissen Jesu. Denn Jesus setzt bei alltäglichen Notwendigkeiten und Gegebenheiten an und führt diese dadurch über ihre herkömmliche Logik hinaus, dass er sie in den Horizont des Willens Gottes rückt (→ § 5 2.2).

Diese Spannung wahrzunehmen und für die Begleitung der Menschen an Übergängen im Leben hilfreich und anregend zu gestalten, ist die grundlegende Aufgabe der Kasualien. Deren Theorie soll dazu die Wahrnehmungs- und Urteilsfähigkeit schärfen.

## § 5 Religionstheoretische Perspektive: Kasualien in der Spannung zwischen primärer und sekundärer Religionserfahrung

Literatur: R. Albertz, Religionsgeschichte Israels in alttestamentlicher Zeit, Bd. 1 (ATD Ergänzungsreihe 8/1), Göttingen 1992, 45–68, 143–157, 161 – J. Becker, Jesus von Nazaret, Berlin 1996, 155–168, 388–398 – C. Colpe, Art. Religionstypen, in: HrwG Bd. 4 (1998), 425–434 – A. Feldtkeller, Theologie und Religion. Eine Wissenschaft in ihrem Sinnzusammenhang (ThLZ.F 6), Leipzig 2002, 46–81 – Th. Sundermeier, Primäre und sekundäre Religionserfahrung, in: Ders. Was ist Religion? Religionswissenschaft im theologischen Kontext, Gütersloh 1999, 34–42.

Bohren setzt bei seiner – in § 2 skizzierten – fundamentalen Kritik an der Kasualpraxis pastoraltheologisch an. In der Tat ist das Missbehagen bei Pfarrerinnen und Pfarrern an diesem Punkt nach wie vor weit verbreitet. Viele fühlen sich theologisch unqualifizierten bzw. sogar in die Irre führenden Erwartungen und Ansprüchen der Familien ausgesetzt, die zunehmend deutlicher und selbstbewusster geäußert werden. Auseinandersetzungen um Musikwünsche, das Fotografieren während des Kasualgottesdienstes oder die Zulassung zur Kasualie selbst sind die Spitze eines Eisbergs.

Religionshermeneutische Aufgabe

Grundsätzlich stellt sich – vor dem pastoralen Agieren – die religionshermeneutische Aufgabe, die Logik der geäußerten (oder erspürten) Wünsche und Erwartungen zu verstehen, also z. B. zu begreifen, warum Menschen, die sonst nicht in die Kirche gehen oder Kontakt zur Gemeinde suchen, unbedingt ihren Sohn taufen oder ihre Tochter konfirmieren lassen wollen.

### 1. Religionswissenschaftliche Differenzierung

1.1 In der Religionswissenschaft kam es in Verbindung mit dem Ringen um einen konsistenten Religionsbegriff zu verschiedenen Vorschlägen von Typisierungen bzw. Differenzierungen (Colpe). Diese rekonstruieren die „Religion“ oft als evolutionäre Entwicklung, wobei die dabei verwendeten normativen Annahmen sich eher dem jeweiligen Vorverständnis der Forscher als den zu untersuchenden Phänomenen verdanken.

Unterscheidung primärer und sekundärer Religionserfahrung

Dagegen kommt einer von Theo Sundermeier vorgeschlagenen Unterscheidung für das Kasualien-Thema hoher Erklärungswert zu. Er nimmt systematisch die bereits von Nathan Söderblom entworfene und durch Friedrich Heiler ausgearbeitete Unterscheidung von mystischer und prophetischer Religion auf. Aber er verändert diese Typologie dadurch, dass er die meist vernachlässigten Stammesreligionen als konstitutiv für das Religionsverständnis heranzieht (Sundermeier).

Sundermeier, und dann sein Schüler Andreas Feldtkeller, folgt dabei keinem Evolutions-Modell, sondern konstatiert *zwei verschiedene, sich bis heute überlagernde Formen von Religion*:

Die früher als „primitiv" abqualifizierte Form religiöser Praxis wird zur „primären" Religionserfahrung, die auch in den Hochreligionen die Grundlage der Religiosität bildet. Zu ihr treten die Inhalte der jeweiligen konkreten Religion hinzu, die sich wesentlich durch ihre schriftliche Überlieferungsform auszeichnen (sekundäre Religionserfahrung).

In vorliegendem kasualtheoretischen Zusammenhang geht es nicht um die allgemeine religionswissenschaftliche Angemessenheit dieser Theoriebildung. Zumindest der diesbezügliche Fachdiskurs folgt gegenwärtig der Sundermeierschen Unterscheidung nicht; vielmehr versucht man, die eurozentrischen Implikationen des Religionsbegriffs durch möglichst genaue Beschreibung konkreter Praxis zu überwinden. Doch erweist sich die Differenzierung zwischen primärer und sekundärer Religionserfahrung als gutes hermeneutisches Instrument für die Analyse der gegenwärtigen Kasualpraxis in den evangelischen Kirchen Deutschlands.

Strukturell ähnlich ist die Unterscheidung von „Magie" und „Religion", wenn beide Begriffe dadurch unterschieden werden, dass in ihnen das Lebensgefühl der „Einheit" (Magie) bzw. der „Differenz" (Religion) grundlegend ist.[1] Auf der gesellschaftsanalytischen Ebene nimmt die Differenzierung zwischen „zivilreligiös" und „christlich" dieses Anliegen auf.[2]

Wenn ich im Folgenden die Unterscheidung von primärer und sekundärer Religionserfahrung verwende, dient sie dazu, die Spannung in der gegenwärtigen evangelischen Kasualpraxis in Deutschland religionstheoretisch zu beschreiben und zu verstehen. Allgemein religionswissenschaftliche Ansprüche verfolge ich nicht.

Kennzeichen primärer Religionserfahrung

1.2 Die „primäre Religion" reicht wesentlich in die Zeit vor Verschriftlichung der religiösen Botschaften zurück und kann als „grundlegende Schicht menschlicher Religiosität" gelten.

Sie hat ihren Ort zunächst dort, wo Menschen die Welt ebenso wie ihre eigene Existenz als etwas erfahren, was sie nicht selbst gewährleisten können, sondern was ihnen gegeben ist und was sie einer Instanz verdanken, die außerhalb ihrer selbst liegt. Religion benennt in diesem Zusammenhang konkret, worin der Sinn des Weltganzen besteht und wer oder was die Instanz ist, der die Menschen sich selbst verdanken zusammen mit allem, was sie in der Welt vorfinden. (Feldtkeller 48)

1 L. Friedrichs, Magie – was ist das? Versuch einer Begriffsunterscheidung in praktisch-theologischer Absicht – Mit einem Ausblick auf das gottesdienstliche Segnen, in: PrTh 34 (1999), 197–212.

2 L. Friedrichs, Dem Unbegreiflichen Sprache geben. Zivilreligiöse Kasualgottesdienste als Herausforderung an Kirchen heute, in: I. Mildenberger/W. Ratzmann (Hg.), Liturgie mit offenen Türen. Gottesdienst auf der Schwelle zwischen Kirche und Gesellschaft (Beiträge zur Liturgie und Spiritualität 13), Leipzig 2005, 139–152, 149–151.

Drei Zusammenhänge sind hierbei konstitutiv:

Zum Ersten bezieht sich primäre Religion auf die konkrete „*Abstammungsgemeinschaft*“.

Diese wird konstituiert durch drei Beziehungen:
- durch die Beziehung von Mann und Frau, die durch eine erotische Spannung aufgeladen ist und in der das Geheimnis menschlicher Fruchtbarkeit erfahrbar wird. Aus Zeugung und Geburt entsteht
- die Beziehung zwischen Eltern und Kindern, in der das Verdankt-Sein des eigenen Lebens am unmittelbarsten erfahrbar ist, jedoch so, dass es in der Rolle als Kind noch selbstverständlich hingenommen wird, während es sich in seiner Tiefe erst durch eigene Elternschaft erschließt.
- Da die Beziehung zwischen Eltern und Kind sehr häufig nicht auf ein Kind beschränkt bleibt, tritt als dritte Grundbeziehung noch die Beziehung zwischen Geschwistern hinzu. (Feldtkeller 49)

Sodann wird die *Erde* als „tragender Grund des eigenen Daseins“ (Feldtkeller 49) erfahren. Fruchtbarkeit der Vegetation und Vielfalt der Tierwelt als Grundlage menschlicher Ernährung spielen hier eine große Rolle.

Schließlich gehört zur primären Religion ein spezifischer Umgang mit *Zeit*, insofern diese in mehrfacher Hinsicht „als tragende Grundlage und ordnende Macht des menschlichen Lebens erfahren wird“ (Feldtkeller 50). Neben Tages-, Mond- und Jahreszyklus gibt der menschliche Lebenszyklus Anlass zu religiöser Praxis.

Kennzeichen sekundärer Religionserfahrung

1.3 Feldtkeller überträgt diese religionswissenschaftliche Theorie in die Gegenwart. Demnach bildet die primäre Religionserfahrung die Grundlage auch für die heutigen, *wesentlich durch schriftliche Zeugnisse geprägten Religionen.* Vorzügliches Beispiel hierfür sind ihm im Christentum die Kasualien: „In fast jedem Taufbegehren, in fast jeder Anmeldung zur Konfirmation, bei jeder Trauung und Bestattung äußert sich von den handelnden Menschen her auch das Bedürfnis nach Begleitung bei einem Übergang im Lebenslauf – ein genuin primärreligiöses Anliegen also.“ (Feldtkeller 69)

Zugleich aber findet sich im Christentum – wie in anderen Religionen – eine *kritische Auseinandersetzung mit der primären Religion.* Die Gottesvorstellung, die Repräsentation des Göttlichen, die Kultpraxis, das Verhältnis zur Welt sowie die religiösen Lebensordnungen werden von spezifischen Erfahrungen her einer Kritik unterworfen. Das Transzendente relativiert das Kreatürliche. Doch auch hierfür gilt: Kritik und Relativierung bleiben auf die primärreligiöse Grundschicht bezogen und damit angewiesen. Denn diese ermöglicht den Bezug zu den Bedürfnissen und Erfahrungen der Menschen.

Kasualtheoretische Bedeutung der Unterscheidung

1.4 Für die Kasualien-Theorie ist diese Unterscheidung von Interesse, weil sie die soziale Spannung widerspiegelt, innerhalb derer die Kasualien heute stattfinden. Die primäre Religionserfahrung hat nämlich ihren Ort in der Kleingruppe, die sekundäre dagegen in umfassenderen Sozialformen. Tatsächlich treffen in den Kasualien diese beiden Ebenen aufeinander, heute in Form von Familie und Kirche. Die dabei entstehenden Spannungen können mit der Unterscheidung von primärer und sekundärer Religion religionstheoretisch in einen größeren Kontext gestellt und damit die Balance zwischen beiden als wichtige pastorale Aufgabe bestimmt werden. Unfruchtbare Streitigkeiten um die Dominanz im Geschehen, wie sie etwa in Bohrens Baals-These begegnet, werden vermieden.

Die eben skizzierte religionswissenschaftliche Konstruktion – de facto begegnen meist Mischungen der beiden Religionsformen – liefert einen *hermeneutischen Schlüssel für die heutige Kasualien-Praxis in Deutschland.* Sie eröffnet zum einen den Blick auf das menschheits- und kulturgeschichtlich tief reichende Fundament mancher Bedürfnisse heutiger Menschen. Zum anderen zeigt sie, dass bei Anerkennung dieser Basis auch kritische Anfragen notwendig und weiterführend sind. Denn die primäre Religionserfahrung beschränkt sich ganz auf den irdischen Lebensvollzug – auch eventuelle Jenseitsvorstellungen schreiben ihn lediglich fort. Die Endlichkeit des einzelnen Menschen bleibt so unbewältigt.

Demnach besteht – gegen Bohren – keine Alternative zwischen Baal als Gott der Fruchtbarkeit und Christus als Erlöser. Vielmehr kommt es darauf an, den Glauben an einen allgemeinen Lebensgrund durch die hoffnungsvolle Perspektive des Evangeliums zu weiten und zu korrigieren.

## 2. Vermittlungsformen in der jüdisch-christlichen Tradition

Familienreligion im alten Israel

2.1 Im *Alten Testament* machte Rainer Albertz frühzeitig auf einen – mit der eben skizzierten religionswissenschaftlichen Theorie gut erklärbaren – „religionsinternen Pluralismus" aufmerksam (Albertz 144). Dabei setzt er bei dem unter dem Begriff „Vätergottheiten" diskutierten Phänomen an. In den alttestamentlichen Berichten begegnen zur vorstaatlichen Zeit Nachrichten über eine familienbezogene religiöse Praxis, bei der der (spätere) offizielle Jahwe-Kult keine bzw. kaum eine Rolle spielt: „Der Vater ist noch Priester (Gen 13,18; 35,7), der Kult ist noch weitgehend Familienkult, und die religiösen Erfahrungen und Vorstellungen sind primär vom Horizont und den Bedürfnissen familiären Lebens bestimmt." (Albertz 53)

Kennzeichen dieser Familienreligiosität und ihrer Gottesvorstellung ist eine funktionale Ausrichtung auf die Kernbedürfnisse der Kleingruppe; Abgrenzungen gegenüber anderen Gottesvorstellungen sind ohne Bedeutung. „Soweit erkennbar ist, war in den frühisraelitischen Familien die Verehrung ihres Familiengottes mehr oder minder monolatrisch, aber dieser praktischen Ein-Gott-Verehrung fehlten noch völlig die Ausschließlichkeit und Unduldsamkeit, die für die Jahwereligion später so charakteristisch werden sollte." (Albertz 57)

Auch in der Richter- und frühen Königszeit findet Albertz eine entsprechende Religiosität, die erst langsam in die Jahwe-Religion transformiert wurde. So sind viele Klagepsalmen im Kreatürlichen verankert; die geschichtlichen Gotteserfahrungen spielen dagegen keine Rolle (ALBERTZ 146). „Der Gott, der in ihnen (sc. den Klagepsalmen, Ch. G.) angesprochen ist bzw. zu Worte kommt, trägt die Züge eines persönlichen Schutzgottes (‚mein Gott'), zwischen ihm und dem Beter besteht ein weithin unbedingtes und weithin unverlierbares Vertrauensverhältnis wie zwischen einem kleinen Kind und seinen Eltern." (ALBERTZ 153)

Albertz weist selbst auf den engen Zusammenhang dieser religionsgeschichtlichen Einsichten und der Probleme heutiger Kasualien-Praxis hin.[3]

Zwar tilgen weitere Tradenten und Redaktoren in den alttestamentlichen Schriften die Spuren solcher primärer Religion. Die bundestheologische und das Handeln Gottes in der Geschichte Israels betonende Religion gewinnt im offiziellen Kult die Oberhand. Doch bleiben in weisheitlichen Texten, die sich auf konkrete Fragen und Probleme des Alltags beziehen, die Grundlagen primärer Religion präsent.

2.2 In der *Verkündigung Jesu* treten die heilsgeschichtlichen Topoi der Jahwe-Religion wieder zurück; vielmehr begegnen zahlreiche Bezugnahmen auf weisheitliche Traditionen. Vor allem der Bezug auf die Schöpfung, also das religionswissenschaftlich mit „Erde" Bezeichnete, stellt eine konstitutive Grundlage der jesuanischen Botschaft dar. So resümiert Jürgen Becker:

> Jesu Aussagen zur Gottesherrschaft schieben heilsgeschichtliche Motive (Jerusalem, Tempel, Landverheißung, Messias, Rückführung des zerstreuten Israels usw.) praktisch ganz in den Hintergrund. Jesu zentrales Stichwort ist nicht durch diese gekennzeichnet, sondern durch Schöpfungsaussagen. [...] Jesu Gottesreichsbotschaft ist nicht durch die Heilsgeschichte Israels, sondern durch die Wirklichkeit als Schöpfung bestimmt. (BECKER 166f)

Transformation primärer Religionserfahrung bei Jesus

Zugleich ist aber bei Jesus ein besonderer Umgang mit weisheitlichen Traditionen zu beobachten. Er ordnet sie in den eschatologischen Horizont des Reiches Gottes ein. Exemplarisch tritt dies in Mt 6,25–34 (Lk 12,22–31) hervor (BECKER 162–166). Ein Vergleich zu Spr 6,6–8 zeigt, dass der Bezug auf die Schöpfung durch die Integration in die Reich-Gottes-Botschaft inhaltlich einen neuen Akzent erhält. Während in weisheitlicher Tradition der Verweis auf die Schöpfergüte keineswegs vom tätigen Handeln entbindet (Spr 6,6: „Geh hin zur Ameise, du Fauler, sieh ihr Tun an und lerne von ihr!"), betont Jesus umgekehrt die Freiheit von der Sorge (Mt 6,31: „Darum sollt ihr nicht sorgen [...]").

In den meisten Gleichnissen ist ebenfalls die hier skizzierte Rezeption und Neuausrichtung primärreligiöser Einstellungen zu beobachten. Demnach ist also das Wirken Jesu, wie es in den Evangelien berichtet wird, ein gutes Beispiel für den un-

3 S. R. ALBERTZ, Persönliche Frömmigkeit und offizielle Religion (CThM 9), Stuttgart 1977, 198–210.

trennbaren Zusammenhang von primärreligiöser Grundlage und hieran anknüpfender kritischer Veränderung.

Die kritische Ausrichtung tritt besonders in Jesu Umgang mit der Familie zu Tage. Die neue Familie Gottes tritt in der durch sein Wirken beginnenden Endzeit teilweise schroff an die Stelle der bisherigen kreatürlich begründeten Familienbindungen (s. z.B. Lk 9,59 f; BECKER 388–390). Aber der Bezug auf Familie in ihrem lebensweltlichen Sinn in den Gleichnissen Jesu zeigt: Primärreligiöse Vorstellungen sind unverzichtbar, um die Beziehung Gottes zu den Menschen zu erklären. So wird im Gleichnis vom Verlorenen Sohn Gott als gütiger Vater auf dem Hintergrund einer dramatischen Familienauseinandersetzung dargestellt (Lk 15,11–32), die Nachfolge selbst als Kindsein charakterisiert (Mk 10,15). Damit knüpft Jesus an einen breiten Strom alttestamentlicher Texte an, in denen familiäre Verhältnisse die Beziehung Gottes zu den Menschen veranschaulichen.[4]

Formen primärer Religiosität im Christentum

2.3 Auch in der weiteren *Christentumsgeschichte* ist die primäre Religionserfahrung als Grundlage des Glaubens der meisten Christen unübersehbar. Deutliche Ausdrucksformen solcher primärer Religiosität sind:

die Bedeutung sakraler Orte;

die sich über viele Jahrhunderte erstreckende, aber bis heute nicht abgeschlossene Herausbildung dessen, was dann ab dem 16. Jahrhundert in seinem Zusammenhang als „Kirchenjahr" identifiziert wird;

die „Kasualien" als rituelle Handlungen an bestimmten Übergängen im Leben.

Auf jeden Fall ist der Versuch durch die dialektischen Theologen, die Verbindung des christlichen Glaubens zur primären Religiosität zu kappen, gescheitert. Er reduziert zum einen die Wirklichkeitssicht durch einen exklusiv theologisch deduktiven Ausgangspunkt; zum anderen setzt er eine partielle Perspektive des Christentums, nämlich die religionskritische, absolut.

Die Lebenswelt stellt demgegenüber offensichtlich Anforderungen, die ohne „natürliche" Theologie für die meisten Menschen nicht zu meistern sind – die theologische Frage ist, ob diese Religiosität eine kritische Erweiterung durch die Reich-Gottes-Botschaft erfährt (oder vielleicht durch Versatzstücke aus anderen Religionen angereichert wird).

## 3. Primäre Religionserfahrung in der Gegenwart

Spuren primärer Religionserfahrung in der Gegenwart

3.1 Zwar gibt es keine repräsentativen Umfragen, um die religionswissenschaftliche Differenzierung zwischen „primärer" und dann durch konkrete religiöse Botschaften gefüllter „se-

4 M. DOMSGEN, Familie und Religion. Grundlagen einer religionspädagogischen Theorie der Familie (APrTh 26), Leipzig 2004, 266–269.

kundärer" Religion zu verifizieren. Allerdings stößt man bei veröffentlichtem Interview-Material immer wieder in erstaunlicher Weise auf Spuren primärer Religionserfahrung, und zwar besonders im Zusammenhang mit den Kasualien. Dies sei am *Beispiel eines Interviews* verdeutlicht. Es wurde im Rahmen der 3. EKD-Mitgliedschaftsumfrage mit einer 39-jährigen Ärztin geführt, geschieden, ein Kind aus erster Ehe, mit einem Partner in einer sächsischen Großstadt lebend:[5]

„Ja, also Begegnung mit der Religion, für mich eigentlich als Kind, ja aufgewachsen in 'nem Haushalt, wo also die Großmutter zum Beispiel regelmäßig in die Kirche gegangen ist, äh, viel drauf gehalten hat und, äh, in der Familie eigentlich auch alle getauft wurden, konfirmiert wurden, kirchlich getraut wurde, äh, evangelisch [...]

Wir haben geheiratet (sc. ihr Mann stammt aus einer katholischen Familie und hat sich von diesem religiösen Hintergrund bewusst gelöst, Ch. G.), haben bewußt nich kirchlich geheiratet [...].

Wir haben [...] ein Kind bekommen, 1979, und da stellt sich eigentlich dann wieder die Frage, zum Beispiel Taufen, ne. Da kam wieder dieser Punkt, ne, zur Religion die Frage. [...] Wir haben den n' bißchen rausgeschoben [...] haben das Kind (sc. nach fünf Jahren, Ch. G.) evangelisch taufen lassen [...], und zwar haben wir das Kind in meinem Heimatdorf, in meiner Kirche, [...] wo ich praktisch getauft wurde, aufgewachsen bin, wo ich eigentlich meine, doch meine Beziehung zur Religion und meine Wurzeln hab', in der Kirche haben wir sie auch taufen lassen. Das war auch 'ne [...] Beziehung wieder zu meinen Eltern [...]"

(Nach schweren Erkrankungen sterben beide Eltern der Interviewten kurz hintereinander)

„[...] und, äh, als der Pfarrer praktisch zum Gespräch kam, wegen der Beerdigung meines Vaters, da ergab sich eigentlich wieder 'n Faden. [...] Da hat sich eigentlich zum Pfarrer 'ne ziemlich persönliche, fast persönliche Verbindung ergeben [...].

Also ich hab' nun auch wieder 'n gewissen Abstand dadurch, daß ich hier in der Gemeinde nich so mitarbeite und. Aber zum Beispiel wenn ich nach Haus fahre, in meinen Heimatort, ich bin jetzt nach dem Tode meiner Mutter, das war im Juli, durch diese ganze berufliche Hektik eigentlich nur dreimal dort gewesen, das war am Todestag meines Vaters, äh, am Geburtstag [...] und dann erst wieder am Geburtstag meiner Mutter, daß ich mir dann wirklich gesagt [...] hab', das is 'n Punkt, egal, ob du irgendwelche Termine hast oder irgendetwas am Wochenende vorhast, ich hab' mich dann ins Auto gesetzt, bin nach Hause gefahren, bin am Grab gewesen und bin auch im Gottesdienst gewesen [...].

Also zum Beispiel zur Taufe meiner Tochter [...] da hatte ich auch dieses, hatte ich irgendwo 'n ganz, äh, rührendes Gefühl dabei und daß ich doch, äh, das Gefühl hatte, daß es richtig is und wichtig is, ja doch, irgendwo doch mit dem Segen irgendwo durch's Leben zu gehen, mit dem Segen [...] Gottes, ne. Das is. – Manchmal hab' ich auch gedacht, daß meine Ehe gescheitert is dadran, daß der Segen gefehlt hätte. [...] Das sind manchmal so Gedanken, so m-. Ich denke, ich neige auch dazu, daß ich, äh, ph, manchmal mich irgendwo unbeschützt gefühlt hab', ne. [...] Und zum Beispiel dem Kind gegenüber, [...] man kann als Eltern bis zum gewissen Grad sein Kind beschützen, und dann gibt's irgendwo so 'n Punkt, wo man weiß, da kannste nich mehr die Hand drüberhalten. [...] Und, äh, da denk' ich schon, daß es so ganz

5 Das Interview ist als ganzes abgedruckt in: Studien- und Planungsgruppe der EKD, Quellen religiöser Selbst- und Weltdeutung. Die themenorientierten Erzählinterviews der dritten EKD-Erhebung über Kirchenmitgliedschaft, Bd. 1, Hannover 1998, 411–439; eine Kommentierung findet sich im gleichnamigen 2. Band dieser Publikation, 211–229.

gut war, das so zu machen, oder ich hab's zumindest auch so empfunden, [...] daß es 'ne ganz richtige Entscheidung war, das Kind taufen zu lassen. [...].

Aber die Erkenntnis immer wieder oder der Gedanke, daß die Eltern nich mehr da sind, [...] das is schwierig. Also hab' ich mich selber dabei ertappt, daß ich letztens beim Muttertag gedacht hab', so auf die Art und Weise, mußte nach Haus fahren, weil das immer so Punkte waren, wo man halt auch nach Hause gefahren is', Feiertagen, [...]ja. Das hätte man also nie, wär' mir nie in die, auf die Idee gekommen, meinswegen Weihnachten nich wenigstens einen Tag mal nach Hause zu fahren, oder zu Ostern oder zu Pfingsten [...]

Verschiedene Haftpunkte heutiger Religiosität

3.2 Hier begegnen dicht beieinander die verschiedenen Haftpunkte der primären Religionserfahrung:

Grundlegend für das Verhältnis der Interviewten zur Religion ist ihre „*Abstammungsgemeinschaft*", und zwar sowohl hinsichtlich der Herkunft als auch der neu gegründeten Familie. Der Tod der Eltern und die Geburt der Tochter führen sie zu neuer Nachdenklichkeit. Die hiermit jeweils verbundenen Kasualien, wobei die Taufe der Tochter erst einige Jahre nach der Geburt erfolgt, stellen einen expliziten Kontakt zur Kirche her. Bei der Beschreibung der Taufe tritt deutlich das für Primärreligiosität grundlegende Motiv des Schutzes hervor, das von der Interviewten mit dem Segen verbunden wird. Dieses Konzept wendet sie auch – mit gewissem Zögern – auf ihre gescheiterte Ehe an.

Beachtlich ist unter dem Gesichtspunkt von „*Erde*" die Rolle, die bei einer in der („Internationalismus" propagierenden) DDR sozialisierten Ärztin der Heimatort für die Religiosität spielt: Die Tochter wird dort getauft; es zieht die Interviewte immer wieder an diesen Ort zurück, an dem sich auch die Gräber ihrer Eltern befinden; der Gottesdienstbesuch gehört offensichtlich mit zu dieser Rückkehr zu den eigenen Wurzeln.

Unterstützt wird diese Verbundenheit durch bestimmte *Zeiten.* Auffällig treten dabei die christlichen Feste in den Vordergrund, allerdings nicht primär als christologisch oder pneumatologisch bestimmte Daten, sondern als Zeiten der Rückkehr ins Elternhaus.

Es geht aus dem Interview nicht hervor, inwieweit diese sich immer wieder an Übergängen im Leben konkretisierende Religiosität durch spezifisch christliche Perspektiven erweitert bzw. korrigiert wurde. Christliche Religion begegnet nur in Person des Pfarrers. Über die inhaltliche Seite seiner Begleitung macht die Interviewte keine Mitteilung.

## 4. Kritik an der primären Religionserfahrung

Religiöse Religionskritik

4.1 Wie erwähnt beschränkt sich die primäre Religiosität auf den unmittelbaren Bereich des Alltags. Dogmatische Entscheidungen und Verwerfungen sind ihr fremd.

Hier setzt die Kritik der heute verbreiteten Religionen an (FELDTKELLER 53–62). So ist in Judentum, Christentum und Islam Kritik am Polytheismus grundlegend. Die von Menschen gemachten Götterbilder werden destruiert, bestimmte Kultformen wie die Opferpraxis kritisiert. Auch die Relativierung der Welt durch den Verweis auf ihr – mehr oder weniger nahe bevorstehendes – Ende gehört hierzu. Schließlich wird das natürliche Abstammungsverhältnis gegenüber der Bedeutung gemeinsamen religiösen Bekenntnisses und daraus resultierender Verbundenheit relativiert.

All dies eröffnet den Gläubigen einen weiten Horizont. Er führt über die Grenzen des irdischen Lebens hinaus, auf das sich die primäre Religiosität ausschließlich bezieht.

Unterschiede zwischen den Weltreligionen

4.2 Allerdings stellt sich auch in den heutigen Religionen die Aufgabe, den Menschen bei Übergängen im Leben, also bei der Bewältigung des Alltags, beizustehen. Hier gehen die einzelnen Religionen unterschiedliche Wege:

Im *Christentum* findet sich z. B. in Form des Kirchenjahrs eine enge Verbindung zwischen der Erinnerung an das Handeln Gottes in der Geschichte und dem Naturjahr. Diese ermöglicht – wie das eben in Ausschnitten zitierte Interview zeigt –, die familiäre Biographie zu strukturieren und mit dem kirchliche Leben, konkret dem Gottesdienst, zu verknüpfen.

Im *Islam* mit seiner kalendarischen Ausrichtung am Mondzyklus fallen dagegen religiöser Festkalender und natürlicher Jahreszyklus auseinander. Interessanterweise zeigt sich bei in Deutschland lebenden Muslimen, dass sie sich gern den hier üblichen christlichen Festbräuchen, vor allem in der Weihnachtszeit anschließen, ohne allerdings erkennbar den christlichen Gehalten der ebenfalls im Koran überlieferten Geburtsgeschichte Jesu (Sure 3,37–41) näher zu treten.

Umgekehrt ist im Islam die Religion direkt mit den – nur in nichtislamischer Perspektive davon zu unterscheidenden – Bereichen der Politik, des Rechts (Scharia) und spezifischen Lebensformen verbunden. Insofern ist in islamischen Ländern der Alltag unmittelbar religiös geprägt. Dass dies zu erheblichen Irritationen in christlich geprägten Gesellschaften führt, tritt anschaulich in der Berichterstattung der Tagespresse hervor.

Sehr weitgehend adaptieren Formen des *Buddhismus* die primäre Religiosität. Erst bei bestimmter Reife werden religionskritische Anfragen gegenüber den volkstümlichen religiösen Praktiken gestellt, in manchen Formen wie dem Theravada-Buddhismus sogar nur den Mönchen.

## 5. Missionstheologischer Ausblick

Vernachlässigung primärer Religionserfahrung

5.1 Unter der Perspektive der Unterscheidung von primärer und sekundärer Religion kommt *Andreas Feldtkeller* in missionstheologischer Perspektive zur folgenden provozierenden These: Die gegenwärtigen Probleme der christlichen Kirchen sind wesentlich auf eine jahrzehntelange Vernachlässigung bzw. Bekämpfung der lange Zeit selbstverständlich in den Familien gepflegten primären Religion zurückzuführen. Er konstatiert:

Unabsichtlich hat die Kirche in unserer Gesellschaft eine Art Großversuch durchgeführt, wie lange eine ihrem Wesen nach missionarische Religion ohne Bodenkontakt zur primären Religion überleben kann. Dieser Versuch darf heute als abgeschlossen betrachtet werden, und das Ergebnis steht fest: vierzig Jahre [...] In der näheren Zukunft wird sich entscheiden, ob sich das Christentum in Deutschland reduziert auf eine kleine, in ihrer kategorischen Ablehnung von ‚Religion' beeindruckende Minderheit, oder ob es noch einmal Wurzeln schlägt in einem Erdboden, der ihm zwar nicht der liebste ist, aber ohne den es nicht leben kann.[6]

5.2 Diese Kritik konkretisiert Feldtkeller anhand der Kasualien. Hier kann es weder darum gehen, nur die Empfindungen primärer Religiosität zu reproduzieren – dies würde die Menschen letztlich im Bereich der Immanenz (theologisch formuliert: des Gesetzes) belassen; noch ist eine absolute Kritik ihrer primärreligiösen Bedürfnisse sinnvoll, weil sie den Lebensweltbezug des Christentums zerstört.

Religiöse Suche heutiger Menschen

De facto ist bei vielen Kirchenmitgliedern gegenwärtig eine Suche nach Orientierung und Vergewisserung unübersehbar, nicht zuletzt an prekären Übergängen im Leben. Techniken der Esoterik, des New Age o. Ä. werden bemüht. Feldtkeller rät in der Auseinandersetzung mit ihnen zu Augenmaß. Die in solchen Versuchen zum Ausdruck kommende *Sehnsucht* und die mit ihnen gemachten Erfahrungen sind ernst zu nehmen. Zugleich sind sie in den Kontext des christlichen Lebensverständnisses zu stellen, das über das biologische Leben hinausgeht – die griechische Sprache erlaubt im Neuen Testament die Differenzierung zwischen „bios" und „zoe".

Taufe als vermittelndes Ritual

5.3 Im weiteren Durchgang durch die Kasualien zeigt sich, dass in diesem Bemühen der *Taufe* eine besondere Bedeutung zukommt. Sie ist einerseits – das zitierte Interview zeigt dies – in der Sphäre der primären Religiosität verwurzelt (Sehnsucht nach Schutz; Segen); zugleich weist sie durch den Bezug auf Christus und sein Geschick darüber hinaus (→ § 10 1.). Die verbal-diskursive Darstellung dieses Sachverhaltes führt notgedrungen zu einer Entgegensetzung. Die im Ritual mögliche symbolische Kommunikation eröffnet hingegen einen besonderen Raum, in dem primäre und sekundäre Religionserfahrung komplementär in Kontakt zueinander treten. Hier kann sich jede Teilnehmende und jeder Teilnehmer mit ihren bzw. seinen Erfahrungen und Hoffnungen bzw. Ängsten platzieren.

6 A. Feldtkeller, Pluralismus – was nun? Eine missionstheologische Standortbestimmung, in: Ders./Th. Sundermeier (Hg.), Mission in pluralistischer Gesellschaft, Frankfurt 1999, 26–52, 49.

## 6. Zusammenfassung

*Die religionstheoretische Unterscheidung von primärer und sekundärer Religion ist ein hermeneutischer Schlüssel*, um die Spannungen heutiger Kasualpraxis als sachgemäß und nicht einseitig auflösbar zu begreifen. In den Kasualien begegnen nämlich gleichermaßen menschheits- und kulturgeschichtlich tief verankerte Bedürfnisse und der eschatologische Horizont des Evangeliums. Für eine lebensweltbezogene und theologisch verantwortete Kommunikation des Evangeliums sind beide Religionserfahrungen unverzichtbar. Das zeigt bereits ein Blick auf die jesuanische Botschaft vom Reich Gottes, die sich auf die primäre Religionserfahrung bezieht und sie in die Perspektive des Willens Gottes rückt.

# § 6 Ritualtheoretische Perspektive: Kasualien als Rituale am Übergang im Leben

Literatur: G. Bader, Art. Ritus III. Kirchengeschichtlich und systematisch-theologisch, in: TRE Bd. 29 (1998), 270–279 – M. N. Ebertz, Einseitige und zweiseitige liturgische Handlungen – Gottes-Dienst in der entfalteten Moderne, in: B. Kranemann/E. Nagel/E. Nübold (Hg.), Heute Gott feiern. Liturgiefähigkeit des Menschen und Menschenfähigkeit der Liturgie, Freiburg 1999, 14–38 – T. Förster, Victor Turners Ritualtheorie. Eine ethnologische Lektüre, in: ThLZ 128 (2003), 703–716 – A. van Gennep, Übergangsriten, Frankfurt 1986 (franz.: Rites de passage, Paris 1909) – J.Ch. Gertz, Art. Ritus/Ritual II.2., in: RGG[4] Bd. 7 (2004), 550 f – M. Kramer-Abebe, Aufbruch zu neuen Ritualen. Eine Annäherung an die Praxis freiberuflicher Ritualbegleiter und Ritualbegleiterinnen, in: JLH 39 (2000), 35–64 – D. Lüddeckens, Neue Rituale für alle Lebenslagen. Beobachtungen zur Popularisierung des Ritualdiskurses, in: ZRGG 56 (2004), 37–53 – P. Post, Rituell-liturgische Bewegungen. Erkundungen von Trends und Perspektiven, in: A. Gerhards/B. Kranemann (Hg.), Christliche Begräbnisliturgie und säkulare Gesellschaft (EThS 30), Leipzig 2002, 25–60 – R. Preul, Art. Ritus/Ritual IIcβ.,III.,IV.,V., in: RGG[4] Bd. 7 (2004), 555–559 – Th. Sundermeier. Art. Ritus I., in: TRE Bd. 29 (1998), 259–265 – V. Turner, The Ritual Process: Structure and Anti-Structure, Ithaca 1969 (deutsch: Das Ritual. Struktur und Anti-Struktur, Frankfurt 2000).

*Die Kasualien sind in kulturgeschichtlicher Perspektive Rituale bzw. genauer: Schwellenrituale.*

Diese aus der Ethnologie stammende, mittlerweile in die Umgangssprache vorgedrungene Begrifflichkeit hilft, die sozialpsychologische Leistungsfähigkeit der Kasualien zu bestimmen und damit auch ihre Attraktivität zu verstehen. Allerdings deuten neuere Forschungen die Grenzen solcher Handlungen in der gegenwärtigen Gesellschaft an. Darüber hinaus eröffnen sie einen Zugang zu aktuellen Entwicklungen im Bereich rituellen Handelns.

## 1. Ritual als kulturwissenschaftliches Konzept

*Rituale sind geregelte Handlungsvollzüge, innerhalb derer symbolisch kommuniziert wird.* Sie begleiten oft Übergänge im Leben („Schwellen"), um deren Bewältigung zu erleichtern.

Entwicklung des Begriffs „Ritus" bzw. „Ritual"

1.1 Die Begriffsentwicklung ist kompliziert und spiegelt sachliche Problemlagen wider. Grob können vier Etappen unterschieden werden (BADER):

„Ritus" kommt in der lateinischen Übersetzung der Bibel (Vulgata) nur im Alten, nicht im Neuen Testament vor. Der Begriff bezeichnet Phänomene fremder Religionen. Davon werden die unblutigen liturgischen Praktiken der Christen abgesetzt.

Während „Riten" in vorreformatorischer Zeit die nicht glaubensmäßig trennenden Unterschiede zu den Ostkirchen benennen, verändert sich ihre Bedeutung in den konfessionellen Auseinandersetzungen des 16. Jahrhunderts. Jetzt markieren die Riten Differenzen, die die Glaubenspaltung nach sich ziehen. Die Gründung der Ritenkongregation (Congregatio Sanctorum Rituum) 1588 sowie die Herausgabe des in der römischen Kirche verbindlichen Rituale Romanum 1614 sind äußere Fixpunkte dieser Entwicklung.

Für die lutherischen Kirchen hält der Kirchenartikel der Confessio Augustana (Art. 7) ausdrücklich fest: „Nec necesse est ubique similes esse traditiones humanas seu ritus aut cerimonias ab hominibus institutas" („Und ist nicht not zur wahren Einigkeit der christlichen Kirche, daß allenthalben gleichformige Ceremonien, von den Menschen eingesetzt, gehalten werden [...]") (BSLK 61). Auf reformierter Seite ist man dagegen zurückhaltender damit, bestimmte Riten als „adiaphoron" (griechisch: gleichgültig, indifferent) zu akzeptieren. Hier breitet sich generell eine Reserve gegenüber der rituellen Dimension im Gottesdienst aus; das Wort dominiert. In dieser konfessionellen Tradition ist es noch für Schleiermacher selbstverständlich, dass die „Vorstellungen" größere Bedeutung für die Theologie haben als die „symbolische(n) Handlungen".[7]

Ende des 19. Jahrhunderts nehmen Religionswissenschaftler den Begriff Ritus bzw. Ritual auf, um Phänomene der Antike und von Stammesreligionen beschreiben zu können. Auch Biologen bedienen sich seiner, um bestimmtes Verhalten von Tieren zu benennen.

Im Deutschen ist – im Gegensatz etwa zum Englischen oder Französischen – eine Unterscheidung zwischen „Ritual" und „Ritus" möglich. Mit Ritual bezeichne ich ein umfassenderes, aus einzelnen Riten bestehendes Handlungsgefüge, ohne dass diese Differenzierung aber trennscharf fixiert werden kann.

---

7 S. F. SCHLEIERMACHER, Kurze Darstellung des theologischen Studiums zum Behuf einleitender Vorlesungen, hg. v. H. SCHOLZ, Darmstadt 1973, 1 (§ 2).

Rites des passage

1.2 Besondere Bedeutung für die Kasualien-Theorie bekommen Anfang des 20. Jahrhunderts die – bereits in § 2 2.4 kurz genannten, an prämodernen Gruppen gewonnenen – Beobachtungen des Ethnologen *Arnold van Gennep*. Er stellt an wichtigen Übergängen stets gleich strukturierte Handlungsmuster fest, sog. Passagerituale (rites de passage). Sie können in drei Schritte gegliedert werden:

Trennungsriten (rites de séperation);
Schwellen- bzw. Übergangsriten (rites de marge);
Angliederungsriten (rites d'agrégation).

Diese Riten, die gemeinsam ein Ritual bilden, dienen dazu, die mit einem Übergang verbundenen Probleme und Ängste zu überwinden.

Grundsätzlich ergeben die ethnologischen und sozialpsychologischen Forschungen zu den Übergangsritualen deren kommunikativen Eigenwert. Solche Vollzüge können nicht durch Worte ersetzt werden und sind grundlegend für Religion.

Mehrdimensionalität der Rituale

Das ist wesentlich in ihrer Mehrdimensionalität begründet (Sundermeier 263 f):

Rituale haben eine soziale Funktion; sie helfen, Gefühlsregungen zu kanalisieren, und ermöglichen damit das Weiterleben.

Sie haben eine expressiv-ästhetische Dimension und erleichtern so, aus dem Alltag herauszutreten und diesen dann wieder besser zu ertragen. Dabei kommt der den ganzen Menschen, also auch seine Leiblichkeit umfassenden Durchführung große Bedeutung zu.

In Ritualen werden nicht nur mythische Erinnerungen wiederholt, sondern zugleich neu inszeniert, wobei Einzelne und Kollektiv oft spielerisch aufeinander bezogen werden.

Rituale haben zugleich eine pädagogische Funktion, indem sie in eine Daseins- und Wertorientierung einweisen und wichtige Einsichten weitergeben.

Dazu markieren sie rechtliche Übergänge und haben so für den zukünftigen Alltag Bedeutung.

Sie bringen im Vollzug eine begrenzte Gruppe in ihrem Zusammenhalt zur Darstellung und schließen damit Andere als nicht zugehörig aus.

Und schließlich haben Rituale eine religiöse Dimension, indem sie das Nicht-Verfügbare zur Darstellung bringen und die Teilnehmenden in Zusammenhang mit ihrem Lebensgrund setzen.

Trotz dieser Leistungen von Ritualen dauert es Jahrzehnte, bis das Ritualkonzept in der Kasualien-Theorie Berücksichtigung findet. Es ist die konfessionsgeschichtlich geprägte Ausrichtung in der evangelischen Theologie auf das Wort (konkret: die Predigt) zu überwinden (s. auch § 7 2.2). Erst langsam löst man sich von der Gegenüberstellung von Wort und Handlung/Ritus und entdeckt das Eigenrecht der Riten als spezifischer Verbindung von Handlung und Wort.[8] Die Auswanderung des Kon-

8 Grundlegend hierfür ist die Studie von W. Jetter, Symbol und Ritual. Anthropologische Elemente im Gottesdienst, Göttingen 1978.

zeptes Ritual aus der Theologie in die Religionswissenschaft und Ethologie (Verhaltensforschung) ist dabei eine Hilfe. Denn so kann es rezipiert werden, ohne die jahrhundertealten konfessionellen Auseinandersetzungen zu berücksichtigen.

Liminale Phase im Ritual

1.3 Inzwischen entwickelte vor allem *Victor Turner* das Konzept van Genneps in der Ethnologie weiter. Seine Hinweise eröffnen neue Einsichten zur genaueren Bestimmung der mittleren, sog. liminalen Phase. Hier hat die Person, die das Ritual durchläuft, einen „no longer/not yet"-Status. Turner spricht von „liminal personae". Sie sind „neither here nor there; they are betwixt and between the positions assigned und arrayed by law, custom, convention [...]" (TURNER 95)

Einen wesentlichen Ausdruck findet diese Phase „betwixt and between" durch die Aufhebung aller bisherigen und zukünftigen Struktur in der Gemeinschaft („communitas") der Beteiligten. Sie sind in dieser Phase alle gleich. Zudem kommt es in dieser Passage, die unterschiedlich lange dauern kann, zu tief greifenden Veränderungen der Einzelnen.

Auch die nähere Analyse unterstreicht die Einsicht, dass es sich bei Ritualen um eine eigene Form der religiösen Praxis handelt: „A ritual is a stereotyped sequence of activities, involving gestures, words, and objects, performed in a sequestered place, and designed to influence preternatural entities or forces on behalf of the actors' goals and interests."[9]

Die den Höhepunkt eines Rituals bildende Liminalität, also der Raum der Nichtmehr-Zugehörigkeit zum verlassenen Status und der noch-nicht-erreichten neuen Sozialform, setzt aber dessen allgemeine Verbindlichkeit in der entsprechenden Sozialität voraus. Und hier besteht ein tief greifender Unterschied zwischen früheren und der heutigen modernen Gesellschaft. Gab es früher für die Menschen keine Alternative zur Bewältigung eines Übergangs als die Teilnahme an dem dazu gehörigen Ritual, steht heute jedes Ritual unter dem grundsätzlichen Vorzeichen der Option. Man könnte auch anders – und weiß darum. Terminologisch drückt Turner diese Veränderung durch die Unterscheidung von „liminal" und „liminoid" aus.

Aktuelle Veränderungen im Bereich von Ritualen

1.4 Dem entspricht die bei der Behandlung der einzelnen Kasualien genauer zu entfaltende Tendenz zur zeitlichen Zerdehnung der Übergänge im Leben. Die ihnen zugeordneten Rituale verändern dabei ihre Funktion von „rite de passage" zu *„rite de confirmation"*.[10] Nicht mehr der Übergang wird dabei begangen; vielmehr halten die Menschen innerhalb eines Prozesses inne und vergewissern sich des gegenwärtig erreichten Status.

9 V. TURNER, Symbols in African Ritual, in: Science 179 (1972), 1100–1105, 1101.

10 So z. B. R. NAVE-HERZ, Die Hochzeit. Ihre heutige Sinnzuschreibung seitens der Eheschließenden. Eine empirisch-soziologische Studie (Religion in der Gesellschaft 5), Würzburg 1997, 47f

Dorothea Lüddeckens macht mittlerweile auf die Notwendigkeit einer weiteren Differenzierung des Ritual-Konzepts aufmerksam. Im Buchhandel wie auch auf einschlägigen Web-Sites im Internet begegnen Ritual-Ratgeber, die *extrem individualistisch* ausgerichtet sind und den bisherigen Zusammenhang von Ritualen und Gemeinschaft hinter sich zu lassen scheinen (LÜDDECKENS). Nur das Befinden des Einzelnen entscheidet hier über Durchführung und Gestaltung eines „Rituals", das dadurch auch ohne Wiederholung bleibt. Es fehlen noch empirische Studien, ob und in welchem Ausmaß solche individualistischen „rituellen Collagen" tatsächlich vollzogen werden. Ihre intendierte Funktion entspricht auf jeden Fall der der traditionellen Rituale.

## 2. Schwellenrituale in der jüdisch-christlichen Tradition

Wie auch sonst in der Religionsgeschichte begegnen im Bereich der jüdisch-christlichen Tradition Schwellenrituale, wobei Handlungen und Worte selbstverständlich ineinander übergehen.

Unterschiedliche Rituale im Alten Testament

2.1 Im *Alten Testament* finden sich zahlreiche Hinweise zu unterschiedlichen Ritualen (GERTZ). Im Vordergrund steht die Unterscheidung von rein und unrein; Rituale dienen zur Wiederherstellung der kultischen Reinheit. Hiermit eng verbunden sind Riten zur Heilung (z.B. Lev 13f zum Aussatz). Selbstverständlich sind auch Riten der Trauer (z.B. 2 Sam 3,31f). Allerdings finden sich keine Überlieferungen von gesamten Ritualen. Diese waren zur Darstellung wohl zu selbstverständlich und voll von einzelnen Hantierungen; eher haben die entsprechenden Texte „exemplarisch-reflektierende Funktion" (GERTZ 551).

Im antiken *Judentum* begegnen bereits Rituale an den Übergängen im Leben, die auch in den evangelischen Kasualien begangen werden: Beschneidung anlässlich der Geburt, Bar Mitzwa, Hochzeit und Beerdigung. Sie werden im Einzelnen jedoch erst im Mittelalter ausgestaltet.

Taufe als antikes Initiationsritual

2.2 In den *frühen Christengemeinden* wird ein Ritual begangen, dessen Vollzug religionsphänomenologisch genau die von van Gennep beschriebenen Phasen der Segregation, des Übergangs und der Aggregation begeht: die Taufe. Paulus beschreibt dies in Röm 6,4–11: Der Getaufte ist mit Christus gekreuzigt und in dessen Tod hineingenommen. So ist er der Macht der Sünde entnommen und wird Anteil an der Auferstehung Jesu Christi haben. Sozial wird der Getaufte durch die Trennung von der „Welt" in die christliche Gemeinde eingegliedert, religionsgeschichtlich formuliert: initiiert. Von daher macht auch die Gleichsetzung der Taufe mit der Beschneidung in der Paulus-Schule Sinn (Kol 2,11; Eph 2,11).

Rituell breit ausgeführt ist dieses Verständnis in der ersten Überlieferung eines Taufrituals, das sich in der von der Tradition dem Hippolyt zugeschriebenen Traditio Apostolica findet (→ § 11 1.2). Sorgfältig werden hier nach mehrjähriger Vorbereitung die Taufbewerber und Taufbewerberinnen u. a. mit zahlreichen Exorzismen und Salbungen von der unreinen Welt getrennt und in die reine Gemeinde überführt. Die Wasserhandlung steht in der Mitte der liminalen Phase.

Allerdings ist die Taufe nicht an biologischen Übergängen orientiert. Es werden Menschen unterschiedlichen Alters getauft. Angesichts des Horizonts der Naherwartung steht auch das rituelle Leben unter dem Vorzeichen des durch Christus eröffneten Heils, das dem Einzelnen von Anfang der christlichen Gemeinde an in der Taufe zugeeignet wird.

Ansonsten findet sich im Neuen Testament explizit nur noch die Nachricht von einem Heilungsritual (Jak 5,13–18; → § 40 3.3).

Vielzahl von Benediktionen im Mittelalter

2.3 Erst langsam ändert sich dies, dann im *Mittelalter* jedoch nachhaltig.

Wie in den historischen Teilen zu den einzelnen Kasualien im Zweiten und Dritten Teil ausgeführt wird, lagert sich an die ursprünglich in den Familien vollzogenen Riten an Übergängen im Leben christliche Begleitung an. Sie mündet schließlich in eine Verkirchlichung der Handlungen. Dazu treten weitere Riten und Rituale an prekär empfundenen Situationen. Es entsteht ein kaum mehr übersehbares, regional im Einzelnen unterschiedlich gestaltetes Benediktionswesen. Immer wieder versuchen Kirchenführer Reduktionen durchzusetzen. Theologisch stringent bekämpfen die Reformatoren die ohne (erkennbaren) Zusammenhang zum biblischen Evangelium stehende Benediktionspraxis ihrer Zeit, die teilweise eng mit dem Ablasswesen verknüpft ist. Allerdings überdauern die Schwellenrituale wie Trauung und Beerdigung; dazu tritt später die Konfirmation hinzu, die sich auf der phänomenologischen Ebene als Äquivalent zur Firmung entwickelt.

## 3. Schwellenrituale in der Gegenwart

3.1 Betrachtet man heute die Kasualien in der *Statistik*, fallen gegenläufige Entwicklungen auf:

Weitgehende Stabilität bei Bestattung und Taufe

Insgesamt bleibt der Anteil der *in der evangelischen Kirche vollzogenen Taufen und evangelischen Bestattungen* in der Relation zu dem jeweiligen allgemeinen Übergang im Leben in den letzten vierzig Jahren etwa stabil.[11]

Bei den Taufen sieht das Verhältnis zu den Geburten folgendermaßen aus:

11 Die folgenden Zahlen sind den veröffentlichten Statistiken des Deutschen Bundesamtes für Statistik bzw. des Kirchenamtes der EKD entnommen. Die Zahlen von 1960 und 1980 beziehen sich auf die damalige Bundesrepublik, die von 2000 auf das vereinigte Deutschland.

1960: 1.261.614 Geburten und 425.053 Taufen; entspricht 34 %;
1980: 865.789 Geburten und 232.442 Taufen, entspricht 27 %;
2000: 766.999 Geburten und 253.930 Taufen, entspricht 33 %;
2003: 706.721 Geburten und 227.024 Taufen, entspricht 32 %.

Die in § 13 dargestellte Zunahme von späteren Taufen dürfte den Rückgang 1980 erklären, der inzwischen durch die vermehrte Zahl der Taufen von etwas älteren Kindern und Jugendlichen ausgeglichen wird.

Bei den evangelischen Bestattungen sieht das Verhältnis zu den Todesfällen folgendermaßen aus:
1960: 876.721 Todesfälle und 292.069 Bestattungen, entspricht 33 %;
1980: 952.371 Todesfälle und 347.498 Bestattungen, entspricht 36 %;
2000: 838.797 Todesfälle und 331.218 Bestattungen, entspricht 39 %;
2003: 853.946 Todesfälle und 326.209 Bestattungen, entspricht 38 %.

Hier nimmt – wie andere Statistiken zeigen – die Zahl der von einem evangelischen Pfarrer bestatteten Nichtkirchenmitglieder zu und erhöht den prozentualen Anteil der Bestattungen.

Rückgang bei Trauungen

Anders verhält es sich bei den *evangelischen Trauungen*, deren Zahl absolut und relativ sinkt.
1960: 689.028 Eheschließungen und 203.515 Trauungen, entspricht 30 %;
1980: 496.603 Eheschließungen und 94.447 Trauungen, entspricht 19 %;
2000: 418.550 Eheschließungen und 69.645 Trauungen, entspricht 17 %;
2003: 382.911 Eheschließungen und 56.094 Trauungen, entspricht 15 %.

Der Vergleich dieser beiden Tendenzen zeigt: Die Kasualien sind keineswegs eo ipso selbstverständlich. Sie spiegeln vielmehr den Zusammenhang bzw. die Diastase zwischen der Kommunikation des Evangeliums und dem jeweiligen Übergang im Leben in der Einstellung der Menschen wider.

Rückgang in katholischer Kirche

Eine zusätzliche Akzentuierung erhält dieser Befund, wenn man die entsprechenden *Daten aus der römisch-katholischen Kirche* hinzunimmt. Es fällt hier auf, dass insgesamt die Nachfrage nach den Kasualien geringer als in der evangelischen Kirche ist: 2003 werden 204.376 Taufen in der katholischen Kirche vollzogen, was in Bezug auf die Geburten einem Anteil von 29 % entspricht; 270.536 katholische Bestattungen sind ein Anteil von 31,7 % am Gesamt der Todesfälle. Schließlich werden nur noch 50.885 Trauungen in der katholischen Kirche vollzogen, was einem Anteil von 13 % an allen Eheschließungen entspricht.

Rechnet man die kirchlichen Handlungen in den evangelischen und katholischen Kirchen Deutschlands zusammen, so ergibt sich folgendes Bild: *Gut 60 % aller Menschen eines Jahrgangs werden im Laufe ihres Lebens getauft; etwa 70 % aller Bestattungen werden kirchlich vollzogen; ein gutes Viertel aller Ehen wird kirchlich gesegnet.*

Demnach begegnet volkskirchliches Partizipationsverhalten vor allem bei der Bestattung und etwas eingeschränkt bei der Taufe. Angesichts der stärkeren kirchlichen Bindung in der älteren Generation verwundert dieser Befund nicht. Bei der Trauung ist das kirchliche Ritual mittlerweile zur Angelegenheit einer Minderheit geworden. Insgesamt ist noch beachtlich, dass es der evangelischen Kirche offenkundig etwas besser gelingt, die Kasualien attraktiv zu gestalten; bei der katholischen Kirche sind schon bei der Bestattung Rückgänge unübersehbar.

Ein- und zweiseitige liturgische Handlungen

3.2 Religionssoziologisch bietet sich zur Deutung des uneinheitlichen statistischen Befunds die Unterscheidung zwischen ein- und zweiseitigen liturgischen Handlungen an, wie sie der (römisch-katholische) Religionssoziologe *Michael Ebertz* vorschlägt. Demnach muss bei liturgischen Angeboten, zu denen neben dem Sonntagsgottesdienst auch die Kasualien zählen, unterschieden werden: Haben sie nur einen innerkirchlichen Sinn oder werden sie auch im alltäglichen Kontext als hilfreich empfunden? Ebertz analysiert:

> Während die Funktionsträger der Kirchen ihre Erwartungen gegenüber den Kirchenmitgliedern vor allem auf deren Befolgung ekklesiastischer Kriterien und Normen richten und etwa am sonntäglichen Kirchgang messen, konzentrieren sich die Erwartungen der Mehrheit der übrigen Kirchenmitglieder auf den Gesichtspunkt, ob die kirchlichen Deutungsschemata und symbolischen Handlungen ihnen helfen, ihre Interaktionen fortzuführen und ihre jeweilige Lebenssituation zu bestehen, symbolisch zu markieren und festlich zu begehen, und zwar unabhängig von sonstigen kirchlichen Bedingungen, die über das Getauftsein und die Zahlung von Kirchensteuern hinausgehen. (Ebertz 29)

Für die katholische Kirche kann Ebertz von daher die unterschiedliche Inanspruchnahme einzelner Handlungen erklären, etwa den weitgehenden Wegfall der Einzelbeichte oder das Zurückgehen des Interesses an der Firmung bei gleichzeitiger hoher Inanspruchnahme der Bestattung. Ein wesentlicher Faktor ist dabei die Konsonanz bzw. Diastase zwischen kirchlichen Werten und denen der Kirchenmitglieder. Bei Fragen der Sexualethik ist der Meinungsunterschied in der katholischen Kirche besonders ausgeprägt, mit Konsequenzen für die – etwa gegenüber der Taufe erheblich niedrigere – Trau-Ziffer.

Diese Interpretation von Ebertz deckt sich strukturell mit der in § 5 skizzierten Unterscheidung von primärer und sekundärer Religion. Auch hier geht es um einen Anschluss von zwei in Spannung zueinander stehenden Gesichtspunkten, nämlich der an unmittelbarer Funktionalität interessierten familiären Frömmigkeit und der auf Transzendierung und theologische Unterscheidung ausgerichteten offiziellen Religion. Wenn beide Perspektiven in einen exklusiven Gegensatz geraten, wie etwa beim Widerspruch zwischen katholischem Sündenverständnis und dem Lebensgefühl der meisten Menschen, verschwinden einseitig kirchlich begründete Rituale wie die Einzelbeichte. Anders verhält es sich, wenn ein kirchliches Ritual und dessen Transzendenzangebot an die Sorgen und Nöte der Menschen anschließt. Die im Vierten Teil vorgestellten Einschulungsgottesdienste sind mit ihrer wachsenden Attraktivität dafür ein Beispiel.

3.3 Bei den Kasualien vollziehen sich vielerorts *neue Entwicklungen.*

Ästhetisierung der Kasualien

Zuerst fällt die steigende Bedeutung der ästhetischen Dimension bei den Wünschen und Erwartungen vieler Menschen auf. Nicht nur der Kleidung, sondern auch dem Blumenschmuck, der musikalischen Ausgestaltung bis hin zur Auswahl der Kirche etwa bei Trauungen wird häufig großer Wert zugemessen. Die dabei entstehenden Kosten können (auch) als Ausdruck der Wertschätzung des Rituals interpretiert werden.

„Musealisierung" der Kasualien?

Zugleich ist in vielen Kasualgottesdiensten aber eine Distanz der Mitfeiernden zum liturgischen (und homiletischen) Geschehen zu beobachten. Dann ist es kaum möglich, gemeinsam ein Lied zu singen, beim Vaterunser bleiben nicht wenige stumm, die Predigt gibt Anlass zu stetem Blick auf die Uhr usw.

Der niederländische (römisch-katholische) Liturgiewissenschaftler Paul Post fasst solche Erfahrungen konzeptionell in der These von der „Musealisierung" der Kasualien zusammen:

> Die Skala ritueller Erfahrung ist meistens dreigliedrig, kann jedoch durch weitere Phasen ergänzt werden. Im Zentrum stehen die Phasen des Mythos, der Folklore und des Theaters/Museums. Man bezeichnet sie auch als sakral, spielerisch und ästhetisch. Auf der einen Seite der Skala gibt es die mythische Phase, jene des mythischen, kollektiven Feierns. Dann folgt die Phase der Folklore: Die Feier wird in ihr mehr aufgeführt, gezeigt und betrachtet – es entsteht Abstand. Die kollektive mythische Form wird durch das Zuschauen ersetzt. [...] Schließlich kann das Ganze im Theater oder im Museum landen – und der Abstand hat sich damit nochmals vergrößert. Die Messe oder die Vesper werden von Ensembles aufgeführt, die sich auf alte Musik spezialisiert haben. (Post 43)

Allerdings beruht diese Einschätzung auf einem Ritualverständnis, bei dem aktive Teilnahme die Norm ist, bloßer „Konsum" dagegen abgelehnt wird. Hier ist genauer zu fragen, wie anscheinend Außenstehende eine Kasualie erleben. Das in § 5 3. zitierte Interview warnt vor schnellen Urteilen; äußere Distanz muss eine innere Teilnahme nicht ausschließen.

Zunahme der Anlässe für Riten

Schließlich ist eine Zunahme der Anlässe zu verzeichnen, die Menschen mehr oder weniger ausdrücklich ritualisiert begehen. Innerhalb der Kirche zeigt sich das darin, dass vermehrt sog. Jubiläen liturgisch gefeiert werden, etwa die Goldene Konfirmation, die Silberhochzeit o. Ä. Innerfamiliär nehmen große Geburtstags- oder Examensfeiern zu, deren ritueller Charakter unverkennbar ist (z. B. Tischreden, Trinksprüche, Gesänge). Den materiellen Hintergrund hierfür bildet die ökonomische Prosperität in vielen Familien, die häufigeres und ausgiebigeres Feiern als früher erlaubt. Doch gibt es noch weitere, den Einstellungsbereich der Menschen betreffende Erklärungen:

Soziologisch ist zum einen auf die Individualisierung und die damit gegebene Notwendigkeit zur Biographiearbeit hinzuweisen. Weil der Rückhalt durch Tradition und Schichtzugehörigkeit geringer wird, erscheint es für eine zunehmende Zahl von Menschen wichtig, Übergänge ausdrücklich zu begehen. Dadurch wird auch soziale Integration bei Familie, Freunden und Nachbarn gesucht.

Zum anderen spiegelt sich – hiermit eng zusammenhängend – in der genannten Feierpraxis die Unsicherheit von Menschen wider. Das Wissen darum, dass Wohlstand, soziale Sicherheit und Gesundheit nicht selbstverständlich sind, tritt zumindest in der öffentlichen Diskussion Deutschlands deutlicher hervor als vor etwa zwei Jahrzehnten.

Mitunter kommt es vor allem bei Jüngeren zu kreativen Neubildungen von Riten bzw. Ritualen. In ihnen werden unterschiedliche familiäre, kulturelle und auch religiöse Traditionen miteinander verbunden.

## 4. Alternative Rituale

Abnehmende Bedeutung der Kasualien

4.1 Trotz hoher Inanspruchnahme der Kasualien nimmt deren Bedeutung als kirchliche Handlungen für die Gesamtbevölkerung ab. Nach einer EMNID-Umfrage kann sich ein gutes Drittel der Deutschen (37,9 %) vorstellen, bestimmte Rituale auch von nichtkirchlichen Anbietern in Anspruch zu nehmen (zitiert bei Ebertz 33). Demnach verbirgt sich hinter der konstatierten weitgehenden Stabilität der Praxis im Einstellungsbereich eine *weniger eindeutige Haltung der Menschen.* Von daher sind mittel- und längerfristig Veränderungen möglich.

Kasualien auf dem Markt der Rituale

4.2 Tatsächlich begegnen seit einiger Zeit unterschiedliche Alternativen zu einzelnen Kasualien. Dieser Entwicklung wird im Einzelnen noch nachzugehen sein, hier genügt ein grober Überblick:

Im Bestattungsbereich und in Ostdeutschland im Umfeld der Konfirmation haben sich mittlerweile organisierte Alternativen herausgebildet (Kramer-Abebe).

Daneben behelfen sich Familien bzw. Sozialgruppen selbst. Sie gestalten Übergänge in Eigenregie, z. T. auch solche, für die die Kirchen kein Ritual anbieten. Dafür werden auf dem Buchmarkt (Lüddeckens) und im Internet Ratgeber angeboten.

Schließlich verzichten nicht wenige Menschen auf Rituale an Übergängen in ihrem Leben. Früher als Übergang Wahrgenommenes und rituell Begangenes mündet ohne besondere Zäsur in den Strom des Alltags ein. So erfordert die Geburt eines Kindes zuerst praktische Umstellungen, die Partnerschaft hat sich im Lauf der Zeit zu einer Wohngemeinschaft verändert, beim Tod bleibt die sog. anonyme Bestattung usw.

Dazwischen bilden sich Mischformen: Rituale, in denen ein Pfarrer ohne Talar gleichsam als Mitmensch, ausdrücklich aber nicht als Amtsträger fungiert; Bestattungen, bei denen eine säkulare Rednerin auf Wunsch ein Vaterunser spricht; „Trauungen“ im Fernsehen, in denen die Partner zwar „Ja“ zueinander sagen, aber ohne rechtliche Konsequenz usw.

Die Kirchen sind also mit den Kasualien zunehmend Anbieter auf einem unübersichtlichen Markt. *Es konkurrieren organisierte und private, religiöse und säkulare Angebote sowie vielfältige Mischformen.*

## 5. Rituale und Alltag

Zusammenhang von Lebenswelt und Kirche

5.1 *Kirchliches Handeln auf dem Gebiet der Rituale ist ein Balance-Akt.* Es geht darum, persönliches Leben und Evangelium bzw. Lebenswelt und Kirche in Kontakt zu bringen.

Die Herausbildung der Kasualien in der Christentumsgeschichte zeigt das Bemühen, die Kommunikation des Evangeliums auf die Übergänge im Leben und damit die Lebenswelt der Menschen zu beziehen. Insofern ist das Unbehagen von Pfarrern und Pfarrerinnen gegenüber den Kasualien ein Signal für einen entsprechenden pastoralen Kontaktverlust. Um dem zu begegnen, ist eine Öffnung für die Lebenswelt unerlässlich. Sozialempirische Analysen vermitteln dazu hilfreiche Einsichten.

Zugleich findet sich in der Kirchengeschichte mitunter die Tendenz, die rituelle Begleitung von Übergängen affirmativ an die Wünsche der Menschen anzupassen und auf die Horizonterweiterung durch das Evangelium zu verzichten. Hiergegen ist die prophetische, von Jesus aufgenommene Kritik ein deutlicher Einspruch: gegen einen vom Alltag isolierten, an der Unterscheidung von rein und unrein orientierten Kult. Aktualisiert wird er vom reformatorischen Protest gegen eine werkgerechte Ritualisierung.

Um diese Perspektive darstellen zu können, bedarf es theologischer Klärungen. Sie ist um der Menschen willen unerlässlich, weil nur so die Horizonterweiterung über das irdische Leben hinaus durch das Evangelium Raum greifen kann.

Passung Lebenswelt – Rituale

5.2 Es kommt also darauf an, zum einen analytisch das Passungsverhältnis der veränderten Lebenswelt zu den überkommenen Ritualen und Riten zu bestimmen. Zum anderen ist zu überlegen, wie das Evangelium so dargestellt werden kann, dass Menschen an den Übergängen des Lebens eine Hilfestellung erfahren und dabei ihr Blick für die Dimension des Reiches Gottes geöffnet wird.

Es ist eine Lehre aus der Religionsgeschichte: Die Horizonterweiterung auf das Transzendente hin, etwa das Reich Gottes, kann nur beschränkt verbal in Szene gesetzt werden. Sie bedarf der *rituellen und damit der symbolischen Kommunikation.* Kommunikationstheoretisch gesehen bieten Rituale dadurch, dass sie leibliches Agieren, Darstellung von Symbolen und Worte umfassen, einzigartige Verständigungsmöglichkeiten. Im verbalen Diskurs gegensätzlich Erscheinendes kann im Ritual als miteinander Verbundenes kommuniziert werden. Beim Gelingen christlicher Rituale, wozu kommunikationstheoretisch gesehen der Rezipient beizutragen hat, werden Alltag und Reich Gottes zueinander geöffnet.

## 6. Zusammenfassung

Im Mittelpunkt der Kasualpraxis stehen Rituale. Ethnologisch handelt es sich hierbei um sog. Passagerituale, die den Übergang von einer Lebensphase zu einer anderen markieren, ermöglichen und begleiten. *Kommunikationstheoretisch gesehen können Rituale den diskursiv nur als Gegensatz formulierbaren, komplementären Zusammenhang primärer und sekundärer Religionserfahrung darstellen.* Inhaltlich eröffnen die Kasualien als Rituale die Perspektive, die Übergänge im Leben im weiten Horizont des Evangeliums wahrzunehmen.

# § 7 Segenstheologische Perspektive: Kasualien als Segenshandlungen

Literatur: M. Frettlöh, Theologie des Segens. Biblische und dogmatische Wahrnehmungen, Gütersloh 1998 – L. Friedrichs, Magie – was ist das? Versuch einer Begriffsunterscheidung in praktisch-theologischer Absicht – Mit einem Ausblick auf das gottesdienstliche Segnen, in: PrTh 34 (1999), 197–212 – D. Greiner, Segen und Segnen. Eine systematisch-theologische Grundlegung, Stuttgart 1998 – Ch. Grethlein, Benediktionen und Krankensalbung, in: H.-Ch. Schmidt-Lauber/M. Meyer-Blanck/K.-H. Bieritz (Hg.), Handbuch der Liturgik, Göttingen $^3$2003, 551–574 – U. Heckel, Der Segen im Neuen Testament. Begriff, Formeln, Gesten (WUNT 150), Tübingen 2002 – R. Kaczynski, Benediktionen, in: B. Kleinheyer/E. v. Severus/R. Kaczynski, Sakramentliche Feiern II (GdK 8), Regensburg 1984, 237–274, 237–258 – Liturgische Institute Salzburg/Trier/Zürich (Hg.), Benediktionale. Studienausgabe für die katholischen Bistümer des deutschen Sprachgebietes, erarbeitet von der internationalen Arbeitsgemeinschaft der liturgischen Kommissionen im deutschen Sprachgebiet, Einsiedeln 1978 – F. Schulz, Segnende Kirche und christlicher Glaube, in: Gemeinsame Arbeitsstelle 28 (1997), 42–65 – U. Wagner-Rau, Segensraum. Kasualpraxis in der modernen Gesellschaft (PTHe 50), Stuttgart 2000.

Bei der Begriffsklärung (§ 1), beim Forschungsüberblick (§ 2), aber auch im biographischen Interview (§ 5 3.) kam das Thema „Segen" bereits in den Blick. In der römisch-katholischen Liturgik begegnet noch heute der Begriff „Benediktionen", also Segenshandlungen. Er hat zwar in dieser Tradition auf Grund des anderen Sakramentsverständnisses und der Praxis der Sachbenediktionen einen konfessionsspezifischen Inhalt; doch zeigt ein Blick in ältere evangelische Lehrbücher der Praktischen Theologie – wie das von Achelis[12] –, dass auch auf evangelischer Seite die Kasualien als „Benediktionen" bezeichnet werden können. Und in der Tat steht der Segen agendarisch und im Empfinden der Menschen an zentraler Stelle in den Kasualien. Im zitierten Interview verwendet z.B. die Befragte „Segen" tastend als Begriff für das, was sie in der Taufe an Schutz für ihre Tochter erhofft und was ihrer inzwischen geschiedenen, nur standesamtlich geschlossenen Ehe vielleicht fehlte.

12 E.Ch. Achelis, Lehrbuch der Praktischen Theologie, Bd. 1, Leipzig $^3$1911, 509–513.

Segen in der Spannung zwischen primärer und sekundärer Religionserfahrung

Deshalb ist es für eine Theorie der Kasualien unerlässlich, das Verständnis von Segen zu klären. Dabei stößt man schnell auf eine Spannung, und zwar zwischen einer vorchristlichen, an kreatürlichem Wohlergehen interessierten Auffassung von Segen und einem diese transzendierenden Glauben, der um die Unbegreiflichkeit Gottes weiß. Sie entspricht dem bereits religions- und kulturtheoretisch formulierten Befund. Er erweist primäre und sekundäre Religionserfahrung sowie Ritual und Ritualkritik als Dimensionen auch des Christentums.

## 1. Segen in der Bibel

Kraft des Wortes als Grunderfahrung des Segens

1.1 *Religionsgeschichtlich* reicht der Segen in vor-theologische Zeit. Sein Ort ist die Familie bzw. Sippe. Er basiert auf der allgemeinen Bedürftigkeit und Bedrohtheit der Menschen und auf der Erfahrung der zauberhaften Kraft des Wortes. In ihm geht es ursprünglich um die Fruchtbarkeit von Menschen und Vieh, gute Ernten, Wohlstand und Gesundheit. Dieser Güter versucht man sich durch wirkkräftige Worte und Gesten zu versichern. Spuren solchen archaischen Segens- (und Fluch-) Verständnisses finden sich noch im Alten Testament, dort aber jeweils schon theologisch integriert.

So tritt in Gen 27, der Erzählung des Erstgeborenensegens, ein im Familienverband verhaftetes Segensverständnis entgegen. Dieser Segen spendet Lebenskraft, die der Vater an einen Sohn weitergeben kann; er kann nicht widerrufen oder wiederholt werden. Seine Übertragung kostet viel Kraft; der Spender muss deshalb vorher gut essen und trinken. Die Segnung selbst vollzieht sich durch unmittelbare sinnliche Wahrnehmung (Berührung, Geruch).

In den Bereich archaischen, magischen (s. Greiner 101–137) Handelns führt Num 22–24. Hier wird von Bileam, einem segens- und fluchkräftigen Mann berichtet. Der Moabiterkönig Balak versucht vergeblich, dessen magische Fähigkeiten für sich nutzbar zu machen.

Dabei sind von Anfang an Handlung und Wort untrennbar verbunden.

Segen als pluriformes Konzept

1.2 Im *Alten Testament* fällt auf, dass dem Segen recht unterschiedliche Bedeutung zukommt. So kann „segnen" (hebräisch: brk) von Gott und von Menschen ausgesagt werden.

Texte, in denen der Alltag und dessen Zusammenhang mit dem kreatürlichen Leben Thema sind, enthalten häufig Aussagen zum göttlichen Segen. Schon die priesterschriftliche Schöpfungserzählung erzählt vom göttlichen Segnen der Tiere (allerdings ohne eigene Nennung von Landtieren) und des Menschen (sowie des Sabbat) (Gen 1,22.28; [2,3]). Später wird dann dieser universale Schöpfungssegen speziell auf Israel bezogen (Dtn 28,3–6). Dabei stehen die Fruchtbarkeit und damit die Verbindung zu Gottes Schöpfungshandeln selbstverständlich im Vordergrund.

Dieses Segenskonzept erweitert sich auf das Handeln Jahwes in der Geschichte (s. z. B. Ex 23,25–27). Dazu finden sich zahlreiche Berichte von segnenden Menschen (Priestern, Königen, Eltern, Propheten).[13]

Aaronitischer Segen

Wirkungsgeschichtlich besondere Bedeutung erlangt der aaronitische Segen (Num 6,22–27). Dazu trägt vor allem die Tatsache bei, dass Luther diese Segensformel – nach alternativer Erwähnung in der Formula missae – in der Deutschen Messe als Schlusssegen des Messgottesdienstes verwendet (WA 19,102).

Gleichsam als „Audienz" Gottes[14] kommt in der jussivischen bzw. optativischen Formulierung die zwischen Transzendenz und Immanenz vermittelnde Form des Segens gut zum Ausdruck. Inhaltlich zeigt sich hier Gott im Segen als behütend, gnädig und Frieden stiftend.

In der prophetischen Tradition tritt der Segen als expliziter Begriff hinter die Rede vom richtenden und rettenden Gott zurück; doch bleibt er für die Väter als selbstverständlicher Bezugspunkt präsent (s. z. B. Hos 2,1) (Greiner 85 f).

So fasst Timo Veijola zutreffend den vielschichtigen Befund zusammen: „Die Kraft des göttlichen Segens manifestiert sich als Fruchtbarkeit, Wachstum und Gedeihen bei Menschen [...], Tier [...] und Acker [...] Der vornehmste Wirkungsbereich des göttlichen Segens sind die bleibenden Ordnungen der Schöpfung, aber er wird auch in den einmaligen Ereignissen der Geschichte erfahren."[15]

1.3 Von daher verwundert es nicht, dass im *Neuen Testament* von Jesus nur zwei explizite Segenshandlungen (an Menschen) berichtet werden: die sog. Kindersegnung (Mk 10,16) und die Segnung der Jünger beim Abschied (Lk 24,50). Allerdings zeigen Berichte in den Evangelien, dass die Menschen von ihm Segenskraft erhoffen, und zwar sogar in Form der Berührungs-Magie (Lk 6,19). Jesus gilt offensichtlich als segenskräftiger Mann. Dazu spricht er selbstverständlich die Berakah, also den im Judentum üblichen dankenden Segen, über Brot und Wein (Mk 6,41; 8,6; 14,22; 1 Kor 10,16).

Grundsätzlich stehen die Autoren des Neuen Testaments in der alttestamentlichen Segenstradition, auch wenn bei ihnen Segen in der christologisch begründeten Umbruchsituation keine große Rolle spielt. Sie setzen die kreatürliche Segenskraft voraus (z. B. Mt 6,26–31; Hebr 6,7) und weiten sie sogar auf das Wachsen des Glaubens und der Gemeinde aus (Heckel 100–110).

Christus als Segen

Theologisch bedeutungsvoll ist, dass schon bald Christus selbst als „Segen" verstanden (Eph 1,3–14) bzw. vom „Segen Christi" (Röm 15,29) gesprochen wird. Dabei wird an die alttestamentliche Segensverheißung für Abraham angeknüpft (z. B. Apg 3,25 f; Gal 3,16.29; s. ausführlich Heckel 238–241).

13 S. die Zusammenstellung einschlägiger biblischer Belege bei H. U. Steymans, Art. Segen und Fluch II., in: RGG[4] Bd. 7 (2004), 1132–1134, 1134.

14 K. Seybold, Der aaronitische Segen. Studien zu Numeri 6,22–27, Neukirchen-Vluyn 1977, 50.

15 T. Veijola, Art. Segen/Segen und Fluch II., in: TRE Bd. 31 (2000), 76–79, 77.

Segen und Taufe

Von hieraus liegt dann die Verbindung zwischen Segen und Taufe nahe. Rituell begegnet sie in der zum Segen gehörigen Handauflegung bei der Taufe (Apg 8,17; 19,6; Hebr 6,2), die dann auch den Zusammenhang von weiteren Segenshandlungen mit der Taufe sinnlich wahrnehmbar macht. Theologisch stellt Eph 1,3–14 dies in einen umfassenden theologischen Bezugsrahmen (Schulz 55–63). Die Christologisierung des Segens findet so – zumindest in angedeuteter Form – eine Konkretion in dem von Beginn des Christentums an üblichen Taufritual. Dabei kommt auch die ethische Seite des Segens in den Blick, wie z. B. 1 Petr 3,9 klar formuliert, und zwar unter Rückgriff auf die weisheitliche Tradition von Ps 34,13–17 (1 Petr 3,10–12). So kann sogar die traditionelle Verbindung von Segen und Fluch dahingehend transformiert werden, dass der Fluch eine lediglich den Segen unterstützende Funktion erhält (s. Heckel 245 f).

Ulrich Heckel systematisiert den skizzierten Befund und konstatiert „eine kreatürliche, eine soteriologische und eine spirituell-ekklesiologische Seite“, also eine implizit trinitätstheologische Struktur des Segens im Neuen Testament (Heckel 24).

## 2. Benediktionen in der Christentumsgeschichte

2.1 Bereits am religionsgeschichtlich rekonstruierten Beginn des Konzepts Segen besteht ein enger Zusammenhang mit Bereichen, die den Alltag prägen. Von daher ist es verständlich, dass nach dem Zurückgehen der Naherwartung und mit der Verbreitung des Christentums der Segen in der familiären und kirchlichen Praxis an Bedeutung gewinnt (Grethlein 555–562). Der Alltag muss bewältigt werden.

So begegnen in der – bereits erwähnten – Traditio Apostolica ausgeführte Benediktionen, z. B. über dem Licht und den ersten Früchten. Der dabei im Vordergrund stehende Dank weicht im Laufe der Entwicklung der Bitte; die Abwehr des Bösen, ritualisiert in Exorzismen, gewinnt Raum und prägt zunehmend die Segenshandlungen.

Magische Tendenzen im Mittelalter

Diese Tendenzen verstärken sich im *Mittelalter.* Das Eindringen der römischen Liturgie in den germanischen Kulturraum transformiert das Christentum entsprechend. Unterstützt durch die vorwiegend mündliche Weitergabe der Riten sowie die Notlagen der unter widrigen Umständen lebenden Menschen bekommen die lateinischen Formeln einen magischen Klang („Hokuspokus“). Die mittelalterlichen Bußbücher überliefern vielfältige Beschreibungen von Zauberbräuchen, Hexenkünsten u.Ä. Zwar finden sich hier oft Überreste der tauftheologisch konkretisierten Christologisierung des Segens, insofern Wasser eine bedeutende Rolle spielt. Doch dieses „Weih-Wasser“ gewinnt jetzt seine Dignität durch Beschwörungsformeln, mit Hilfe derer man den Beistand Gottes herbeizwingen und Dämonen fernhalten will.

Diese vor allem für die Sachbenediktionen beobachtbare Tendenz gilt ebenfalls für die Benediktion von Personen. Die Anlässe eines Segensrituals sind zahlreich, angefangen bei Benediktionen von Schwangeren über die eines jungen Mannes anlässlich der ersten Rasur bis hin zur Behandlung von Krankheiten, Besessenheiten usw.[16]

In diesem Klima entfalten sich – wie im Einzelnen noch gezeigt wird – die heute Kasualien genannten Handlungen. Die Taufe rückt z.B. möglichst nah an die Geburt, um das Heil des Kindes zu gewährleisten. Sie und die anderen Handlungen dienen dazu, Gott als Beistand in den Unsicherheiten des Lebens (bzw. des Todes) zu gewinnen. Dafür zahlen die Menschen bereitwillig die sog. Stolgebühren (→ § 9 2.2).

Konzentration auf die Sakramente

2.2 *Martin Luther* protestiert nicht zuletzt auf Grund seiner Erfahrungen in der Seelsorge gegen diese Benediktionspraxis. Er setzt ihr eine klare Unterscheidung entgegen: zwischen den Handlungen, die auf Gottes Gebot zurückgehen und Heil verheißen, eben den Sakramenten, und den anderen von Menschen erfundenen Zeremonien:

> Darumb hat nu Ecclesia, das heilige Christliche Volck, nicht schlecht eusserliche wort, Sacrament oder Empter, wie der Gottesaffe Satan auch und viel mehr hat, Sondern hat sie von Gott geboten, gestifft und geordent [...] Ja solch stück feilet in des Teuffels Sacramenten und Kirchen, da kann niemand sagen: Gott hats geboten, befolhen, eingesetzt, gestifft [...] Sondern so mus man sagen: Gott hats nicht geboten, befolhen, eingesetzt, gestifft [...] Sondern so mus man sagen: Gott hats nicht geboten, sondern verboten, Menschen habens ertichtet oder viel mehr der Gottes Affe hats ertichtet und die Leute damit verfüret. (WA 50,647)

Vor allem kritisiert Luther die reichliche Verwendung des Weihwassers, da er hierin eine Verspottung der Taufe sieht. Sie steht seinem Ziel, die Bedeutung der Taufe als Gabe Gottes herauszustellen, entgegen: „So haben wir inn unser kirchen dis vorgenommen, Das wir die Zeit von der Tauff und dieser erscheinung reden, das wir die tauffe nicht geringe haltten oder fur ein tandt und spiegelfechten halten, Denn vor der Zeit ist die Tauffe seer geringert von den leidigen Ceremonien. Denn das weihewaßer ist viel großer gehaltten denn die Tauff" (WA 49,675).

Tatsächlich kommt es im Zuge der Reformation lediglich gegenüber der Firmung zu einer zumindest mittelfristig wirksamen Infragestellung. Die Trauung, von Luther selbstverständlich als kirchliche Segnung apostrophiert (BSLK 529,7), wird ebenso wie die Beerdigung in den evangelischen Gemeinden beibehalten (→ § 23 3.); dabei werden jetzt das biblische Wort und das Gebet als wichtige Bestandteile des Segens betont.

Problematische Unterscheidung: irdischer und geistlicher Segen

Eine nähere Analyse des Segensverständnisses Luthers stößt aber auf ein grundlegendes Problem, das die bis in die Gegenwart reichende Segensvergessenheit evangelischer Theologie erklären hilft und ein direktes materiales Anknüpfen der Kasual-Theorie an den Reformator schwierig macht. Luther unterscheidet zwischen irdi-

16 Anschauliches Material präsentiert A. Franz, Die kirchlichen Benediktionen im Mittelalter, Bd. 2, Freiburg 1909, 176–615.

schem und geistlichem Segen (s. hierzu ausführlich und kritisch Greiner 211–249). Letzterer ist allein Gottes Werk, während der irdische Segen auch in den Bereich menschlichen Tuns hineinreicht. Der geistliche Segen kommt für Luther genauso zum Menschen wie das Evangelium, nämlich durch die Predigt. So schreibt er z. B.: „Dis ist yhe hoechlich gesegnet, wird yederman angeboten: Wiltu gesegnet sein, so gleube an Christum, Daruemb ist es nichts anders denn das Euangelion predigen, ynn wilchem der segen teglich gesprochen wird." (WA 24,252,29–31) Von daher kann er z. B. bei der Auslegung des Melchisedek-Segens (Gen 14,19) ohne jeden Anhalt im Text ausführen, „daß Melchisedek eine Predigt gehalten hat von mehr als einer Stunde mit dialektischen Argumenten und rhetorischen Meisterstücken" (Greiner 230).

Dieses nicht biblisch orientierte Segensverständnis des Reformators wirft mehrere *Probleme* auf: Die Gleichsetzung von Segen und Predigt verdeckt die in der Mehrdimensionalität rituellen Handelns begründete kommunikative Besonderheit des Segens. Dazu bleibt die biblische Vermittlung von Kreatürlichem und Transzendentem ausgeblendet.

Von hieraus sind Tendenzen in der Aufklärungstheologie zu verstehen, in denen Segenshandlungen überflüssig zu werden scheinen. „Segen" (bzw. „Seegen") bezeichnet in der berühmten Pastoraltheologie Johann Spaldings weithin das Resultat der moralpädagogischen Bemühungen des guten Predigers.[17]

Kasualien als private Optionen

2.3 Einen tiefen Einschnitt in die kirchliche Praxis von Segenshandlungen an Übergängen im Leben stellt bis zur Gegenwart die *Bismarcksche Personenstandsgesetzgebung* von 1875 dar. Hiermit werden die bisher mit dem kirchlichen Handeln verbundenen Rechtsfolgen an das staatliche Standesamt übertragen. Die kirchlichen Rituale verlieren damit ein wichtiges Charakteristikum von rites de passage.

Aufsehen erregte dies vor allem hinsichtlich der Bestimmungen zur Zivilehe. Seitdem kann die Ehe in Deutschland rechtsgültig nur noch vor einem Standesbeamten, nicht mehr – wie bis dahin üblich – vor einem Pfarrer geschlossen werden. Damit vermindert sich der performative Charakter der kirchlichen Segenshandlung. Langfristig werden die Kasualien zu Optionen der Lebensgestaltung und rücken damit aus dem öffentlichen in den privaten Bereich. Wirkmächtig wird weiter die jetzt gegebene Möglichkeit, vor einer staatlichen Stelle einen Konfessionswechsel zu vollziehen bzw. ohne Bindung an eine Religionsgemeinschaft zu leben.

17 S. J. J. Spalding, Ueber die Nutzbarkeit des Predigtamtes und deren Beförderung, hg. v. T. Jersak, Tübingen 2002, 9, 85, 122, 274.

## 3. Segen in der Gegenwart

Segensbedürftigkeit heutiger Menschen

Seit etwa zwanzig Jahren zieht in Deutschland das Thema Segen verstärkt Aufmerksamkeit auf sich, zuerst in der religiösen Praxis, mittlerweile auch in der Theologie. Im Folgenden gehe ich den Motiven der von Magdalene Frettlöh festgestellten „wachsende(n) Segensbedürftigkeit" (FRETTLÖH 15) nach.

Verschiedene Impulse für die Segens-Praxis

3.1 Dorothea Greiner nennt vier Ebenen, auf denen sich das *neue Interesse am Segen* artikuliert (GREINER 20f):

Nicht selten treten charismatische Gruppen spektakulär hervor. Sie zelebrieren eigene Segensgottesdienste. Dabei kommt es mitunter zu Heilungen.

In frauenbewegten bzw. feministischen Gruppen wird über die verstärkte Hinwendung zur Leiblichkeit der Segen als eine wichtige religiöse Praxis neu entdeckt. Für die einzelnen Mädchen und Frauen wichtige Übergänge im Leben wie Einsetzen der Regelblutung oder der Beginn des Klimakteriums, aber auch Gewalterfahrungen bilden Anlässe für Segensrituale. Diese können sowohl christlich als auch bewusst nichtchristlich ausgerichtet sein.

Wichtige Impulse gehen von den anglikanischen „healing ministries" aus, Gottesdiensten, in denen Bitte und Segen für Kranke im Mittelpunkt stehen.

Verbreitet sind, wenn man z.B. in die Veranstaltungsangebote von Szene- und Stadtmagazinen blickt, Segensrituale auch außerhalb der Kirchen und des christlichen Horizonts. Es erscheinen Bücher als Ratgeber für den privaten Gebrauch.[18]

Heilung durch Segen

3.2 Einen instruktiven Einblick in die Vielschichtigkeit der *Verbindungen von Alltag, Biographie und christlicher Religion* ergibt folgender Bericht eines Pfarrers von der Begegnung mit einer suizidgefährdeten Frau:

Frau B. erscheint nach einem Gottesdienst in der Sakristei, um mir in bewegten Worten für diesen Gottesdienst zu danken. Sie habe seit vielen Jahren keine Kirche mehr von innen gesehen, aber heute habe ihr die Verzweiflung bis zum Hals gestanden, sie habe ständig mit Selbstmordgedanken kämpfen müssen, und da sei sie einfach den Glocken gefolgt und habe die Kirche aufgesucht. Sie müsse ehrlich gestehen, daß sie sich zunächst gar nicht wohl gefühlt habe, alles sei ihr so fremd und ungewohnt gewesen. Auch von der Predigt habe sie leider wenig verstanden, sie sei wohl zu sehr mit sich selbst beschäftigt gewesen. Schon habe sich ihrer ein tiefes Enttäuschungsgefühl bemächtigt, aber da ganz am Schluß, da habe sie mich mit erhobenen Händen am Altar stehen sehen, und da habe ich etwas gesagt, was sie wie ein Lichtblitz plötzlich getroffen habe, und auf einmal sei ein ganz tiefer Friede in ihr eingekehrt, das Gefühl, daß ihr eigentlich doch nichts passieren könne. Es sei ein Gefühl gewesen, wie sie es seit ihrer Kindheit nicht mehr erlebt habe, und sie möchte doch gern, daß ich ihr das auf-

18 Verschiedene solche Publikationen stellt vor: D. LÜDDECKENS, Neue Rituale für alle Lebenslagen. Beobachtungen zur Popularisierung des Ritualdiskurses, in: ZRGG 56 (2004), 37–53.

schreibe, was ich da gesagt habe, es sei etwas mit einem leuchtenden Angesicht gewesen und vom Frieden, und sie habe an den Erzengel Michael denken müssen, als sie mich so habe stehen sehen. Wenn ich ihr jetzt die wenigen Worte, die sie so tief getroffen haben, aufschreiben würde, dann könne sie das sicher auswendig lernen und sie sei sicher, daß sie besser mit ihren Schwierigkeiten würde umgehen können, wenn sie sich diese Worte ins Gedächtnis riefe.[19]

Deutlich tritt hier das Ineinander von aktueller Problemlage der Frau und dem aaronitischen Segen als einem Ritus hervor. Der Segen aktiviert bei ihr in die Kindheit zurückreichende Selbstheilungskräfte. Dabei bringen einzelne Symbole, in Verbindung mit der – die Frau an den Erzengel Michael erinnernden – liturgischen Segens-Geste, ein Gefühl der Geborgenheit hervor, das die Möglichkeiten des nur Verbalen übersteigt.

3.3 Vor allem Greiner bemüht sich darum, auf dem Hintergrund solcher Erfahrungen *Grundzüge einer Segens-Theologie* zu entwerfen. Dabei hebt sie u. a. kommunikationstheoretisch die Vielschichtigkeit des Segens hervor: „Segen [...] weist alle vier Aspekte der Kommunikation auf: den Aspekt der Aussage über sich selbst, den der Beziehung zur angesprochenen Person, den der Sachinformation und den des Verhaltensappelles." (Greiner 65)

Anthropologisch und kulturanalytisch zugleich verweist sie auf die tiefe „Sehnsucht" von Menschen nach Schutz, auf die der Segen antwortet (Greiner 124).

Voraussetzungslosigkeit des Segens

Dazu erfordert der Segen keinen Glauben, sondern lediglich die passive Bereitschaft, den Segen zu empfangen. Dies kommt vielen Menschen entgegen, die religiös suchen oder unentschieden sind.

Theologisch interpretiert Greiner den Segen als die einmalige Form, in der „Bei-Sich-Sein" und „Bei-Gott-Sein" koinzidieren (können): „Der Segen empfangende Mensch kann bei sich und seinen Sehnsüchten sein. Er kann bei sich sein, ohne daß dieses ‚Bei-Sich-Sein' unter das Verdikt des ‚esse incurvatus [...] in se ipsum' fiele. Es ist ein ‚Bei-Sich-Sein' im Kontext des ‚Bei-Gott-Seins'." (Greiner 40)

## 4. Neues römisch-katholisches Benediktionale

Wie bereits angedeutet unterscheidet sich das benediktionelle Handeln in der römisch-katholischen Kirche und in der Praxis vieler ihrer Mitglieder von dem der evangelischen Kirchen und Christen. Während sich in der katholischen Volksfrömmigkeit – von gewissen vatikanischen und episkopalen Kreisen mitunter unterstützt – durchaus noch Praktiken finden, gegen die die Reformatoren biblisch begründeten Protest einlegten, sind doch umgekehrt benediktionelle Defizite in den evangeli-

19 J. Scharfenberg, Einführung in die Pastoralpsychologie, Göttingen 1985, 61.

schen Kirchen unübersehbar. Hier geben biblisch-theologisch verantwortete Impulse aus dem Umfeld des II. Vatikanischen Konzils Anregungen.

4.1 1978 geben die katholischen Bischöfe des deutschen Sprachgebiets ein Benediktionale heraus. Schon die außergewöhnliche Tatsache, dass es sich dabei um einen von der zuständigen römischen Kongregation gebilligten Text handelt, für den noch kein römisches Modellritual vorliegt, lässt aufmerken. In der Tat ist es hier gelungen, deutschsprachige Rituale zu entwerfen, die heutige Lebenssituationen aufnehmen, zugleich aber biblisch ausgerichtet sind.

In der *„Pastoralen Einführung“* bemühen sich die Bischöfe um ein breites religiöses, zugleich aber biblisch begründetes Fundament: „Das Segnen gehört zu den Urgesten des Menschen. Es ist in allen Religionen anzutreffen. Eine besondere Bedeutung gewinnt der Segen in der Geschichte Israels. Mit einem Segen eröffnet Gott seinen Dialog mit Abraham (vgl. Gen 12,1–3), mit einem Segen nimmt Gott die Gemeinschaft mit den Menschen auf.“ (Benediktionale 11) Im Weiteren wird auf das Heilshandeln Jesu Christi und den daraus resultierenden Auftrag der Kirche verwiesen.

1 Tim 4,4 f als Basis des Benediktionale

Den Sinn der Benediktionen sieht das Ritenbuch darin, dass sie „das Leben der einzelnen und der menschlichen Gemeinschaft in seinen verschiedenen Phasen und Bereichen aus dem Glauben deuten und gestalten“ (Benediktionale 13). Als biblischer Beleg wird u.a. die für Luthers Segenstheologie zentrale Stelle 1 Tim 4,4 f genannt.

Diese biblische Ausrichtung zeigt sich auch im Aufbau der einzelnen Riten. Sie enthalten auf jeden Fall eine Schriftlesung sowie ein Psalmgebet.

4.2 Insgesamt umfasst das Benediktionale 99 Rituale, wobei auch Anregungen für weitere Fälle gegeben werden („99. Segnung jeglicher Dinge“). Ekklesiologisch verdient die dreifache Grobgliederung Beachtung: *„Segnungen im Leben der Pfarrgemeinde“; „Segnungen im Leben der Familie“; „Segnungen im Leben der Öffentlichkeit“.* Sie benennt die drei sozialen Ebenen, in denen modernes Christentum sich realisiert. Dadurch besteht strukturell eine vorbildliche Lebensnähe, die durch Beschränkung nur auf den Bereich der Pfarrgemeinde nicht zu erreichen wäre.

Benediktionen in der Familie

Kasualtheoretisch von besonderem Interesse sind die familiären Benediktionen. Sie zeigen zum einen, dass (katholische) Christen durch ihre Taufe (und Firmung) zum Segnen befugt sind. Zum anderen wird der bereits notierten Tatsache Rechnung getragen, dass sich durch die Auflösung von Normalbiographien neue Übergänge im Leben ergeben, die von der kirchlichen Kasualpraxis nicht erreicht werden. So findet sich ein Ritual „Segnung Jugendlicher vor besonderen Lebensabschnitten“. Auch Krankheit wird als benediktioneller Anlass berücksichtigt („Segnung eines kranken Kindes“; „Segnung eines Kranken“).

Diese benediktionelle Profilierung von Familie ist ein wichtiger Akzent gegen die mitunter bei evangelischen Theologinnen und Theologen zu beobachtenden Bemühungen, im Raum der Kirche noch mehr Kasualien zu platzieren. Vielmehr gilt es, sonstige Sozialformen, in denen Christen leben, wie z.B. Familien, ekklesiologisch und segenstheologisch ernst zu nehmen. Segen hat schon biblisch seinen Ort nicht primär in der Gemeindeversammlung, sondern im familiären Kontext.

## 5. Inflation der Segnungen?

5.1 Sieht man in neuere erbauliche Literatur, die Veranstaltungsprogramme kirchlicher Erwachsenenbildungswerke, aber auch die Terminkalender von Pfarrern und Pfarrerinnen in manchen Gegenden, gewinnt man den *Eindruck benediktioneller Hochkonjunktur* (FRETTLÖH 15f).[20] Für vieles wird – vor allem in katholisch geprägten Regionen – der kirchliche Segen erbeten: Schulen, Geschäftsräume, Sportplätze, Straßen usw.

Zu begrüßen ist an dieser Entwicklung, dass sie dem den biblischen Texten fremden Rückzug von Religion auf einen engen kirchlichen Bereich entgegensteht. Zunehmend spüren mehr Menschen, dass Segen ihr Leben in seinen verschiedenen Dimensionen fördert.

Offene ethische Fragen

Allerdings werfen konkrete Fälle, wie z.B. die Segnung eines Flughafens, ethische Fragen auf. Zwar ist hier die Unterscheidung zwischen der Sache und den involvierten Menschen wichtig. Im evangelischen Verständnis – und weithin nach dem neuen römisch-katholischen Benediktionale – werden nur Menschen gesegnet, die in Beziehung zu der jeweiligen Sache stehen, also etwa Flughafenpersonal oder hier abfliegende Urlauber usw. Doch ist diese Personalisierung benediktioneller Handlungen zum einen schwer öffentlich zu kommunizieren; zum anderen löst sie die ethische Problemstellung nicht. Eine genauere inhaltliche Auseinandersetzung ist hier nicht notwendig, da diese Probleme nicht in den Bereich der Kasualien-Theorie fallen (→ § 4 1.1).

Segen angesichts der Endlichkeit

5.2 Noch grundsätzlicher, nämlich ins Fundament des Segenskonzepts reichend ist die *Spannung zwischen kreatürlichem Bezug und transzendenter Ausrichtung.* Es darf nicht unterschlagen werden, dass der Segen den leiblichen Tod nicht erspart. Vielmehr ist daran zu erinnern, dass das Wesentliche des Segens für Menschen in der Haltung des Empfangens liegt. Greiner stellt zu Recht fest: „Der Segen wirkt. [...] Aber er wirkt manchmal anders als von den am Akt Beteiligten intendiert." Und: „Nicht jede Sehnsucht kann durch den Segen erfüllt werden, vor allem solche Sehnsüchte nicht, die den Menschen seiner Endlichkeit und Sterblichkeit und darin auch eines wesentlichen Teiles seines Menschseins berauben. Segen hilft zum Leben als Mensch [...], wie der Schöpfer, Versöhner und die Neuschöpferin uns gedacht hat." (GREINER 207)

20 Zu den noch weitergehenden Entwicklungen im englischsprachigen Raum s. z.B. A.R. EVANS, Healing Liturgies For The Seasons Of Life, Louisville 2004.

Hier begegnet – religionstheoretisch formuliert – für den Bereich des Segens die Horizonterweiterung der primären Religionserfahrung durch das Evangelium. Neutestamentlich gesehen ist der Segen nicht die Erfüllung des an irdischen Gütern interessierten Lebenswillens, sondern Ausdruck des Einverständnisses in den Willen Gottes, auch wenn dieser – wie in Gethsemane (Mt 26,42) – unverständlich ist.

Von daher ist es bei Kasualien wichtig, dass Raum bleibt, sich an die eigene Endlichkeit und die Freiheit des Wirkens Gottes zu erinnern. Lutz Friedrichs zeigt am Beispiel des aaronitischen Segens:

> Aus handlungstheoretischer Sicht ist dieser Segen am Ende des Gottesdienstes (in seiner Illokution) nicht eindeutig. Der Segenstext ist nicht performativ, also nicht im Sinn eines wirkkräftigen Zuspruchs, strukturiert. Zwar wird das Verb „segnen" gebraucht, aber nicht indikativisch („Der Herr segnet dich und behütet dich ..."), sondern im Optativ (bzw. Jussiv, Ch. G.), der einen Wunsch zum Ausdruck bringt: „Der Herr segne dich und behüte dich ..." (im Hebräischen steht eine Imperfektform, die präsentisch als Indikativ oder Optativ, aber auch futurisch übersetzt werden kann). Demgegenüber suggeriert die Gestik der erhobenen Arme, obwohl kein direkter Körperkontakt hergestellt wird, der Segen werde, priesterlich vermittelt, als schützende Macht unmittelbar wirksam. (FRIEDRICHS 210)

Das Miteinander des gestischen Vollzugs – die ausgebreiteten Arme des Pfarrers bzw. der Pfarrerin – und die Formulierung des Segens im Optativ bzw. Jussiv können religionstheoretisch als Zusammentreten von primärer und sekundärer Religionserfahrung interpretiert werden. Auf keines von Beidem kann verzichtet werden, ohne den kreatürlichen Zusammenhang oder die Wahrhaftigkeit der Handlung zu verlieren. Allein die Taufe als Grundform christlichen Segens verweist durch die symbolische Inkorporation in Christus auf eine über den Tod hinausreichende Hoffnung.

## 6. Zusammenfassung

In den Kasualien werden Menschen gesegnet. Dabei handelt es sich um eine menschheitsgeschichtlich alte Kommunikationsform. Sie drückt die Sehnsucht nach Geborgen- und Behütetsein angesichts vielfältiger Bedrohungen aus.

*Christlicher Segen im Ineinander von Segensgeste und iussivischer bzw. optativischer Segensformulierung führt in die Grundhaltung christlichen Glaubens Gott gegenüber ein, das Empfangen.* In der Taufe wird diese durch die Hoffnung auf das Mit-Christus-Auferstehen über den Tod hinaus transformiert.

# 2. Kapitel: Grundsätzliche Herausforderungen

Wie erwähnt tritt schon zu Beginn des Konzepts Kasualien (bzw. Amtshandlungen) die Familie ins Blickfeld. So hebt Nitzsch die Familienfeier anlässlich von Kasualien als einen wichtigen Ort pastoralen Handelns hervor.

Zugleich taucht immer wieder in Spannung zur Familie die Kirche als der Ort auf, an dem die Kasualhandlungen stattfinden. Ihre Botschaft wird teilweise als Widerspruch zu den Erwartungen der Familien wahrgenommen.

Neue Funktion und neues Profil von Familie und Kirche

Verändert stellt sich diese Situation dadurch dar, dass sich seit Aufkommen des Konzeptes Kasualien Familie und Kirche tief greifend in Funktion und Profil verändern. Pointiert formuliert:

*Aus der großen Haushaltsfamilie mit vielfältigen ökonomischen, bildenden und pflegerischen Funktionen wird die moderne Kleinfamilie, in deren Mittelpunkt die binnenfamiliären emotionalen Beziehungen stehen.*

*Aus den als Staatsorgan auftretenden, amtlich handelnden Landeskirchen werden Anbieter auf dem religiösen Markt.*

Diese Entwicklungen beinhalten große Herausforderungen für Praxis und Theorie der Kasualien.

## § 8 Familientheoretische Herausforderungen: Kasualien als familiäre Feiern

Literatur: M. Domsgen, Familie und Religion. Grundlagen einer religionspädagogischen Theorie der Familie (APrTh 26), Leipzig 2004 – H. Engstler/S. Menning, Die Familie im Spiegel der amtlichen Statistik. Lebensformen, Familienstrukturen, wirtschaftliche Situation der Familien und familiendemographische Entwicklung in Deutschland, hg. v. Bundesministerium für Familie, Senioren, Frauen und Jugend, Berlin 2003 – Ch. Grethlein, Religionspädagogik, Berlin 1998, 312–347 – F.-X. Kaufmann, Zukunft der Familie. Gesellschaftliche und politische Bedingungen, München 1995 – R. Nave-Herz, Familie heute. Wandel der Familienstrukturen und Folgen für die Erziehung, Darmstadt 1994 – R. Peuckert, Familienformen im Wandel, Wiesbaden [5]2004 – W. Ratzmann, Familiengottesdienst, in: H.-Ch. Schmidt-Lauber/M. Meyer-Blanck/K.-H. Bieritz (Hg.), Handbuch der Liturgik, Göttingen [3]2003, 820–831 – H. Tyrell, Familie und Religion im Prozeß der gesellschaftlichen Differenzierung, in: V. Eid/L. Vascovics (Hg.), Wandel der Familie – Zukunft der Familie, Mainz 1982, 19–74 – I. Weber-Kellermann, Die Familie. Eine Kulturgeschichte der Familie, Frankfurt 1996 (1976).

Nicht wenige Pfarrer und Pfarrerinnen sehen Familie und deren Wünsche im Gegensatz zu den „eigentlichen Inhalten“ der Kasualien.

Unterschiedliche Einschätzungen von Familie im Christentum

Eine biblisch-theologische Reflexion ergibt einen mehrschichtigen Befund:

Grundlegend wird familiales Zusammenleben in der Bibel als Modell für Gottes Verhältnis zu den Menschen durchsichtig gemacht.

Daneben begegnen im Wirken Jesu familienkritische Äußerungen.

Sie führen lange Jahrhunderte in Verbindung mit einer sexualfeindlichen Grundeinstellung zur Abwertung von Familie.

Erst die Reformatoren betonen wieder die Bedeutung des Hauses, jetzt vornehmlich in erzieherischem und katechetischem Zusammenhang. Allerdings gelingt es ihnen nicht, das familiale Zusammenleben in seinem theologischen Sinn nachhaltig zu profilieren.

Auch differenzieren sich die traditionell durch die Haushaltsfamilie wahrgenommenen Funktionen seit dem 18. Jahrhundert aus und werden anderweitig wahrgenommen.

Mittlerweile ist Familie, vor allem das Vater- und Mutter-Werden, zu einer Lebensoption neben anderen geworden. Die daraus – unterstützt durch andere Entwicklungen – sich ergebende Kinderarmut hat für das Begehen und die Bedeutung von Kasualien unmittelbare Konsequenzen. Denn diese Feiern finden in den klein gewordenen Familien und Verwandtschaften nur noch selten statt.

## 1. Familiales Zusammenleben in der Bibel

1.1 Michael Domsgen macht zu Recht in einer biblisch-theologischen Reflexion zu Familie darauf aufmerksam: Familie ist ein *Begriff*, den die biblischen Autoren nicht kennen. Man spricht in der Antike von „Haus“ (hebräisch: bajit; griechisch: oikos). „Nur allmählich, beginnend im 3. Jahrhundert n.Chr., wurde der Begriff Familie, besonders in den Schriften christlicher Autoren, wie z.B. Tertullian, dazu benutzt, um Blutsverwandtschaftsbeziehungen zwischen den Angehörigen der familia zu bezeichnen.“[21]

Zur großen Haushaltsfamilie – so der kulturgeschichtliche Fachterminus – gehören nicht nur die (blutsverwandten und angeheirateten) Familienangehörigen, sondern auch die sonstigen im Haushalt Lebenden, etwa Sklaven, Knechte, Mägde. Wesentliches Kriterium der Zugehörigkeit ist die Wirtschaftsgemeinschaft. Doch spielen in diesem Rahmen die Verhältnisse zwischen den durch Zeugung und Geburt verbundenen Menschen, die heute zur Familie im engeren Sinn gezählt werden, eine bedeutende theologische Rolle.

„Familiales Zusammenleben“

So schlägt Domsgen überzeugend vor, im biblischen Zusammenhang statt „Familie“ den Begriff „familiales Zusammenleben“ zu verwenden (Domsgen 265). Denn nicht rechtlich-institutionelle Konstruktionen, sondern die Beziehungen der einzelnen „Familien“-Mitglieder, also zwischen Vater, Mutter und Kind(ern), werden biblisch thematisiert. Allerdings muss auch bei dieser Begrifflichkeit präsent bleiben, dass „familial“ im biblischen Kontext wirtschaftliche, rechtliche, (berufs-)bildende und pflegerische Funktionen umfasst.

21 Ch. J. Reid, Die Geschichte der Familie, in: Conc(D) 31 (1995), 293–298, 294.

Gottesvorstellungen im familialen Kontext

1.2 Dem unvoreingenommenen Leser des *Alten Testaments* fällt auf: Wichtige Aussagen zu Gott und seinem Verhältnis zu den Menschen werden unter Rückgriff auf familiale Beziehungen gemacht. Gott wird als Vater (Dtn 5,32; 2 Sam 7,14; Ps 68,6; Jes 63,16; Jer 3,19; 31,9; Mal 1,6; 2,10), als Mutter (Jes 66,13) oder Ehemann (Hos 2,18), der König als sein Sohn (2 Sam 7,14; Ps 2,7), Israel als Tochter Zion (2 Kön 19,21; Jes 1,8; 62,11; Jer 6,2; 31,22 usw.) bezeichnet. In dramatischer Weise gilt dem Propheten Hosea seine Ehe mit einer Dirne als Abbild des Verhältnisses Israels zu Gott (Hos 1 f).

Dahinter steht die Erfahrung in antiken Gesellschaften, dass der bzw. die Einzelne nicht ohne den Sozialverband Haus leben kann. Allerdings taucht am Rande bereits der mögliche Konflikt zwischen der Zugehörigkeit zur Abstammungsgemeinschaft und der Treue zu Gott auf. Die Beziehung zu Gott hat nach deuteronomistischer Auffassung absoluten Vorrang gegenüber zum Götzendienst verführenden Verwandten (z. B. Dtn 13,7–12).

Stellung Jesu zur Familie

1.3 Im *Neuen Testament* nimmt Jesus diese familienkritische Linie auf. Mehrfach empfiehlt er nach synoptischen Berichten, das eigene Haus und die engsten Verwandten zu verlassen, um ihm nachzufolgen (z. B. Mk 10,29 f). Selbst familiäre Treuepflichten, wie das Bestatten des Vaters, werden der Nachfolge radikal untergeordnet (Mt 8,21 f). Auch wird von Spannungen Jesu zu seiner Herkunftsfamilie berichtet (s. Mk 3,21.31–35). Zugleich zeigt sich in Jesu Reden eine wichtige Transformation des Konzepts Familie. Nicht mehr die natürliche Abstammung, sondern die sich aus der Nachfolge ergebende Gemeinschaft, eine neue Familie, ist Jesus wichtig. Und schließlich bleibt er nach neutestamentlichem Bericht ehelos und ohne Nachkommen – für einen jüdischen Mann angesichts des Gebots, Nachkommen zu zeugen, ein ungewöhnliches Verhalten.

Scheinbar im Widerspruch hierzu stellt die Haushaltsfamilie den selbstverständlichen Hintergrund für Jesu Entfaltung des Evangeliums dar. Im sog. Gleichnis vom verlorenen Sohn (Lk 15,11–32) wird Gott eindrücklich und wirkmächtig als gütiger Vater präsentiert. Die Anrede im Herrengebet nimmt diese Zuversicht auf. Ethisch äußert sich Jesus radikal – und im Dissens zur jüdischen Auffassung – gegen Ehescheidung (Mk 10,1–12 par.).

Im weiteren Neuen Testament finden sich Belege für beide Orientierungen, die familienfreundliche und -kritische. In den sog. Haustafeln (Kol 3,18–4,1; Eph 5,22–6,9; 1 Petr 2,13–3,12) wird u. a. das familiale Zusammenleben geordnet und damit stabilisiert. In 1 Kor 7,1–9 gibt der Apostel der Ehelosigkeit den Vorzug, ohne jedoch diese zum Prinzip zu machen. Dazu lassen sich Einzelne taufen, was zu häuslichen Konflikten führt (1 Kor 7,12–19; 1 Petr 3,1 f).

1.4 So kann zusammengefasst werden: *Biblisch gesehen sind die Erfahrungen als Vater, Mutter, Ehemann oder -frau, Sohn oder Tochter grundlegend für das Verständnis des Verhältnisses der Menschen zu Gott. Zugleich wird aber das familiale Zusammenle-*

*ben relativiert.* Die Beziehung zu Gott, im Neuen Testament durch die Nachfolge realisiert, hat absoluten Vorrang. Ihre Darstellung rekurriert aber wiederum auf familiale Verhältnisse.

Dieser Befund lässt sich gut von der erwähnten religionstheoretischen Differenzierung zwischen primärer und sekundärer Religionserfahrung aus interpretieren. Denn zur ersteren gehört die Hochschätzung der Abstammungsgemeinschaft, die dann durch den Transzendenzbezug relativiert wird. Die Konstruktion eines Gegensatzes auf Grund einzelner Spitzenaussagen blendet aus, dass auch diese Kritik als Fundament die selbstverständliche Hochschätzung des familialen Zusammenlebens und seiner hermeneutischen Bedeutung für das Gottesverständnis voraussetzt.

## 2. Historische Veränderungen von und in Familien

Familie als Grundlage des Lebens

Grundlegend bleibt bis weit ins 20. Jahrhundert für die meisten Menschen das Haus bzw. die Familie eine Notwendigkeit zum Überleben. Nichtverheiratete Menschen schließen sich deshalb dem Haushalt verheirateter Verwandter an. Die Verbreitung der Single-Existenz ist erst eine ganz junge Erscheinung. Sie setzt ökonomische Prosperität, eine differenzierte Dienstleistungsgesellschaft sowie ein intaktes Sozialversicherungs-, Renten- und Medizinsystem voraus. Der sog. Hagestolz bezeichnet im Mittelalter einen allein lebenden Mann, der nur so wenig Grund und Boden („Hag“) besitzt, dass er keinen eigenen Hausstand gründen kann – eine armselige Existenz (Weber-Kellermann 14).

Allein aus religiösen Gründen gilt – unterstützt durch sexualfeindliche Tendenzen – Ehelosigkeit als Ideal. Sie führt in neue Gemeinschaften wie die eines Ordens oder Domkapitels.

2.1 Trauung und Bestattung sind – wie im Einzelnen bei der Behandlung dieser Kasualien noch gezeigt wird – in den antiken Gesellschaften Riten der Haushaltsfamilie, in denen der Hausvater bzw. dessen Vertreter handeln. Erst im Laufe der Jahrhunderte verstärkt sich die Mitwirkung von Priestern.

Im *Mittelalter* vollzieht sich dann – regional unterschiedlich – die Transformation dieser Riten zu kirchlichen Handlungen. Damit geht die zunehmende Kontrolle über Ehe und Familie durch Vertreter der Kirche einher.

Familienkritische Tendenzen im Christentum

Diese Entwicklung wird von familienkritischen Tendenzen begleitet. Die von Paulus ausgehende kritische Sicht der Sexualität, dogmatisch in Augustins Erbsündenlehre wirkmächtig ausgearbeitet, relativiert die Bedeutung des familialen Zusammenlebens im christlichen Mittelalter. Dies tritt – neben den Beichtspiegeln – an zwei Punkten unübersehbar hervor:

Zum einen stellt das Patenamt bei der Taufe als dem etwa seit dem 5. Jahrhundert (bzw. nach der Missionierung eines Stammes) kurz nach der Geburt üblichen Ritual grundsätzlich die religiöse Bedeutung der Abstammungsgemeinschaft in Frage. Denn die Eltern dürfen schon bald keine Paten mehr werden. Und später gilt – erst von Luther kritisiert – die Patenschaft sogar als eine geistliche Verwandtschaft, die in Konkurrenz zur natürlichen tritt (konkret: Heiratsverbot zwischen Pate und Patenkind).

Zum anderen impliziert das schließlich auf dem Laterankonzil (1139) durchgesetzte Zölibatsgebot für die Priester die religiöse Minderwertigkeit sexueller Beziehungen und damit auch des familialen Zusammenlebens.

Katechetische Aufgabe von Familie

2.2 Erst die *Reformation* beendet diese theologische Marginalisierung von Familie, ja führt zur Aufwertung ihrer religiösen Bedeutung.

Zwar finden sich auch in den Schriften und Predigten des (früheren) Augustiner-Mönchs Luther sexualfeindliche Passagen. Doch wendet er sich positiv aus erzieherischem und katechetischem Interesse dem Haus zu. Für dieses, konkret den Hausvater, verfasst er den Kleinen Katechismus.

Die theologische Bedeutung, die er dem Hausvater grundsätzlich zumisst, kommt z. B. in dessen Charakterisierung als „Episcopus" (lateinisch: Bischof) der zum Haus Gehörigen (WA 27,444,20) zum Ausdruck. Deshalb veröffentlicht Luther z. B. auch Postillen auf Deutsch, um den Hausvätern Predigthilfen zu geben.[22]

Familiensoziologisch ist dies ein wichtiger Impuls für die seit dem 17. Jahrhundert zu beobachtende Intimisierung der sich aus den großen Haushalten herausbildenden kleineren Familien (Tyrell). Seitdem kommt dem Haus und dann der Familie im Protestantismus eine grundlegende religiöse Bedeutung zu. Sie ist in der Destruktion klerikaler Ansprüche begründet, die positiv den Blick für den unmittelbaren Zugang jedes und jeder Einzelnen zu Gott frei macht.

Bürgerliches Familienideal

2.3 Im *18. Jahrhundert* bildet sich dann – vor dem Hintergrund teilweise misslicher ökonomischer Bedingungen bei den Ärmeren – in den höheren Schichten ein neues Familienideal aus. Es beginnen sich die bis dahin in der großen Haushaltsfamilie integrierten Funktionen (Berufs-)Bildung und Pflege bzw. Medizin zu verselbstständigen. So öffnet die erste Staatskrankenanstalt, die Charité in Berlin, 1729 ihre Tore. Die Gründung und der Ausbau von Schulen gehen voran, etwa durch das General-Landschulreglement Friedrichs des Großen 1763 gefördert.

Die Familie verändert sich zu einer zunehmend auf die Binnenbeziehungen ihrer blutsverwandten Mitglieder bezogenen Sozialform:

Die geistige Bewegung der Aufklärung begann, diese realen Veränderungen gedanklich zu verarbeiten und Leitbilder einer neuen, freiheitlicheren Gesellschaftsform zu entwickeln, deren

22 S. die entsprechende Zusammenstellung bei H. Zschoch, Predigten, in: A. Beutel (Hg.), Luther Handbuch, Tübingen 2005, 315–321, 317.

letzte Bezugspunkte das Individuum als Träger aller persönlichen Rechte und das Privateigentum als Bündelung aller Rechte an einer Sache in einer Hand sein sollten. Alte Ordnungsstrukturen, welche persönliche Rechte an Standeszugehörigkeit und sachliche Rechte an das Feudalverhältnis banden, wurden auch real abgeschafft. Damit wurde der bisherigen hausherrschaftlichen Ordnung ihre Grundlage entzogen. (KAUFMANN 19; ohne Kursivsetzungen im Original)

Durch diesen soziologisch als Differenzierung beschreibbaren Prozess entsteht langsam, aber stetig eine eigene Familienkultur, die sich auch auf moralischem und religiösem Gebiet als produktiv erweist:

Das Erscheinen der bald weit verbreiteten „Moralischen Wochenschriften", meist im intimen Familienkreis vorgelesen, ist sichtbarer Ausdruck dieser Entwicklung.

Auch das typisch deutsche, „gemütliche" Weihnachtsfest nimmt hier seinen Ausgang.[23]

Ein rechtlicher Ausdruck dieser Veränderung ist die Tatsache, dass im Allgemeinen Landrecht für die Preußischen Staaten (1794) zwischen „Haus" und „Familie" unterschieden wird, wobei letztere durch Ehe und Elternschaft bestimmt ist.

Von der Haushalts- zur Kleinfamilie

Die hier skizzierte Transformation, schlagwortartig von der großen Haushaltsfamilie zur Kleinfamilie, ist in ihrer Bedeutung für die Kasualien-Theorie kaum zu überschätzen. Denn bei der Erarbeitung des Konzeptes Kasualien geht es um den Kontakt zwischen Kirche und Lebenswelt, der wesentlich über die Familie hergestellt wird. Allerdings entsteht das Konzept Kasualien erst, als die Familie wesentliche erzieherische und pflegerische Funktionen abgibt, dadurch aber an emotionaler Bedeutung für die in ihr verbundenen Menschen zunimmt. So steht also dem Gewinn der Praxisform Kasualien, der Nähe zu dem emotional entscheidenden Kommunikationsraum Familie, ein Verlust des Kontaktes zu anderen Lebensbereichen gegenüber, die in der Haushaltsfamilie noch integriert waren.

2.4 Weitere Veränderungen, die insgesamt die Eigenständigkeit und Privatisierung von Familie unterstützen, gehen für das *19. Jahrhundert* aus Statistiken hervor (GRETHLEIN 322–324): Die durchschnittliche Kinderzahl in den Familien fällt; gleichzeitig steigt die Lebenserwartung der Menschen; die Industrialisierung führt zu einer räumlichen Trennung von Erwerbsarbeit und Haushalt. Damit wird der für die Haushaltsfamilie grundlegende ökonomische Bereich aus der Familie ausgegliedert.

Emotionalisierung von Familie

Alles dies steigert die Individualisierung und Emotionalisierung der Familienbeziehungen (GRETHLEIN 322–327), jedenfalls dort, wo es nicht ausbeuterische Arbeitsverhältnisse und gesundheitsschädliche Wohnbedingungen verhindern. Diese Entwicklung äußert sich hinsichtlich der Religion in einem Differenzierungsprozess. Die religiöse Erziehung

23 S. I. WEBER-KELLERMANN, Das Weihnachtsfest. Eine Kultur- und Sozialgeschichte der Weihnachtszeit, München ²1987.

verlagert sich in eigene Veranstaltungen, wie den Konfirmanden- und Religionsunterricht bzw. den in der zweiten Hälfte des 19. Jahrhunderts entstehenden Kindergottesdienst. In der Pfarrerschaft mehren sich zugleich die Klagen darüber, dass die Familien ihrer Aufgabe der religiösen Erziehung nicht mehr nachkommen.

2.5 Im *20. Jahrhundert* setzt sich, abgesehen von den Sonderbedingungen in den Kriegs- und Nachkriegszeiten, diese Entwicklung fort:

Technische Erfindungen erleichtern die Hausarbeit. Die innerfamiliären Beziehungen gestalten sich tendenziell symmetrisch.

Die überkommene Rollenverteilung zwischen Mann und Frau wird brüchig, zunehmend werden Frauen erwerbstätig.

Der Erziehungsstil ändert sich, deutlich am Rückgang körperlicher Züchtigung ablesbar.

In der Rechtssprache tritt an die Stelle der „elterlichen Gewalt" die „elterliche Sorge". So heißt es in § 1626,2 des Bürgerlichen Gesetzbuchs von 1980: „Bei der Pflege und Erziehung berücksichtigen die Eltern die wachsende Fähigkeit und das wachsende Bedürfnis des Kindes zu selbständigem verantwortungsbewußten Handeln. Sie besprechen mit dem Kind, soweit es nach dessen Entwicklungsstand angezeigt ist, Fragen der elterlichen Sorge und streben Einvernehmen an."

2.6 Die hier nur in einigen Strichen skizzierbare *Entwicklung von der großen Haushaltsfamilie zur modernen Kleinfamilie und dann deren zunehmende Eigenständigkeit mit emotionalem Schwerpunkt* ist auf dem Hintergrund des vorher erarbeiteten Befunds von großem Interesse. Denn die in den biblischen Texten im Mittelpunkt stehenden Beziehungen zwischen den einzelnen Mitgliedern der Abstammungsgemeinschaft sind auch unter den veränderten Lebensumständen von Bedeutung.

Auslagerung von Lebensbereichen aus der Familie

Allerdings umfassen sie nur noch ein Teilgebiet des Lebens. Ökonomie und Recht, Bildung und dann auch Pflege bzw. Medizin werden in spezialisierte Institutionen ausgelagert. Zugleich intensivieren sich die Intimität und Emotionalität des familialen Zusammenlebens. Die hier platzierten Übergänge im Leben werden deshalb als prekär wahrgenommen. Von daher verwundert es nicht, dass sich seit Anfang des 19. Jahrhunderts in Form des Konzepts Kasualien (bzw. Amtshandlungen) eine eigenständige thematische Erfassung der wesentlich auf Familie bezogenen kirchlichen Handlungen herausbildet.

## 3. Pluralisierung der Lebensformen in der Gegenwart

Attraktivität von Familie

Seit den 60er Jahren des 20. Jahrhunderts sind verschiedene Veränderungen in den Familien bzw. die Familien betreffend zu beobachten. Vor einer genaueren Analyse muss – gleichsam als Vorzeichen – die große Attraktivität von Familie für das Gros der Bevölkerung in

Erinnerung gerufen werden. So stimmen die Evangelischen 2002 bei der Frage nach dem „Wichtigen" im Leben in höchstem Maß der Vorgabe „eine Familie/Kinder haben" zu (62 % der westdeutschen und 80 % der ostdeutschen Evangelischen votieren auf einer Siebener-Skala für 7 oder 6).[24]

3.1 Insgesamt ist in Deutschland eine *Pluralisierung der Lebensformen* unübersehbar. Die entsprechende Publikation des Bundesministeriums für Familie, Senioren, Frauen und Jugend fasst die hier nicht im Einzelnen präsentierbaren Befunde knapp zusammen:

> In Westdeutschland ist über einen Zeitraum von knapp 30 Jahren eine deutliche Umschichtung privater Lebensformen festzustellen: Während der Anteil der klassischen Familienform des verheirateten Paares mit Kindern in diesem Zeitraum um 13 Prozentpunkte zurückging, gewannen andere Formen des Zusammenlebens, vor allem partnerschaftliche Lebensformen ohne Kinder, stärkeres Gewicht. Einen Zuwachs erfuhr aber auch die Lebensform der Alleinlebenden. Diese Veränderung der Lebensformen hat es auch in Ostdeutschland gegeben. (Engstler/Menning 24)

Zunahme der Ein-Personen-Haushalte

Mittlerweile ist etwa jeder dritte Haushalt in Deutschland (2000: 36,1%) ein Ein-Personen-Haushalt, mit steigender Tendenz (Engstler/Menning 48). Unterschiedliche Faktoren unterstützen diese Entwicklung:

> Hauptfaktoren [...] sind: die Alterung der Bevölkerung in Verbindung mit der höheren Lebenserwartung der Frauen, die zeitliche Entkoppelung zwischen dem Auszug aus dem Elternhaus und dem Zusammenziehen mit einem festen Partner, die gesunkene Stabilität der Paarbeziehungen, der Anstieg partnerlos Bleibender (v.a. Männer), die Zuwanderung von Personen ohne Partner(in) und die Zunahme an Paaren mit getrennten Haushalten. (Engstler/Menning 49)

Kleiner werdende Familien

3.2 Auch sonst werden die Familien und Haushalte kleiner. Während 1955 ein Haushalt noch durchschnittlich etwa drei Personen (2,99) umfasste, geht diese Zahl seitdem um über ein Viertel zurück (2000: 2,17). Die Haushalte bestehen zu zwei Dritteln aus Menschen einer Generation, sind also Einzel- oder Paarhaushalte (Engstler/Menning 33).

Dies hängt – neben dem Älterwerden der Bevölkerung – mit der *Veränderung hinsichtlich der Geburten* zusammen. Seit der Mitte der 60er Jahre sinken – mit kleinen Unterbrechungen – die Geborenenzahlen in Deutschland. Mittlerweile (2000) werden durchschnittlich pro Frau etwa 1,36 Kinder geboren (Engstler/Menning 71). Das hat zwei Gründe: Zum einen steigt die Zahl der Frauen und Männer, die keine Eltern werden; zum anderen scheint sich eine Tendenz zur Ein-Kind-Familie abzuzeichnen (Engstler/Menning 73).

24 W. Huber/J. Friedrich/P. Steinacker (Hg.), Kirche in der Vielfalt der Lebensbezüge. Die vierte EKD-Erhebung über Kirchenmitgliedschaft, Gütersloh 2006, 475.

Die Kasualien, die herkömmlich ihre Haftpunkte im Umfeld von Geburt und Tod haben, kommen damit seltener im Leben der meisten Deutschen vor.

Veränderungen der familiären Struktur

3.3 Diese und andere, im Folgenden kurz zu nennenden Entwicklungen hat Hans Bertram auf den Begriff der „*multilokalen Mehrgenerationenfamilie*“ gebracht.[25]

In diesen Begriff fließt die Erkenntnis ein, dass sich in Deutschland die familiären Strukturen von der Breite (Vielzahl von Geschwistern, Tanten, Onkeln usw.) in die Länge entwickeln (Mehrgenerationenfamilie). Auf Grund der gestiegenen Lebenserwartung erleben die meisten Menschen heute noch ihre Enkel; auch Urgroßeltern sind keine Seltenheit mehr; in manchen Familien finden sich sogar bereits Angehörige von fünf Generationen. Zwar leben diese Generationen nur selten unter einem Dach. Doch unterhalten sie großenteils intensive soziale Beziehungen: „61,3 Prozent der befragten Eltern, die Kinder außerhalb des Haushalts haben, gaben an, im gleichen Ort wie die Kinder zu wohnen, 12,3 Prozent sogar im gleichen Haus und 19,4 Prozent in der Nachbarschaft. Weiter als 2 Stunden vom nächsten Kind entfernt wohnten nur 10,1 Prozent der Eltern.“ (Engstler/Menning 145)

Die Eltern unterstützen die Jüngeren teilweise finanziell (30,3 %) und helfen durch Enkelbetreuung (34,6 %) oder Mitarbeit im Haushalt (25,3 %). Umgekehrt geben die Jüngeren an, sich um die Eltern zu kümmern (Engstler/Menning 146).

Offensichtlich bildet sich hier eine neue Familienform heraus, die zwar ortsnah organisiert ist, aber in der Regel die Grenzen der Kirchengemeinden überschreitet. Die bisher parochial strukturierte Kasualien-Praxis steht also in Spannung zu dieser lebensweltlichen Veränderung. Familien schaffen sich – wie exemplarisch im in § 5 3. zitierten Interview deutlich wird – auch lokal ihre eigenen Kasualien-Traditionen.

Komplizierte Familienkonstellationen

3.4 Eine wichtige Veränderung im Raum Familie stellt deren zunehmende Fragilität dar. Mittlerweile ist damit zu rechnen, dass über ein Drittel (37 %) der geschlossenen Ehen nicht mit dem Tod, sondern einer *Scheidung* endet (Engstler/Menning 81). Davon sind zunehmend Kinder betroffen. Etwa ein Fünftel der in den 90er Jahren Geborenen dürfte in seiner Herkunftsfamilie eine Scheidung erleben (Engstler/Menning 84). Im Jahr 2000 waren nur noch 64 % der westdeutschen und 59 % der ostdeutschen Eheschließungen Erst-Ehen (Engstler/Menning 69).

Für die Kasualien bedeutet dies, dass mit komplizierter zusammengesetzten und konfliktträchtigen Familienkonstellationen gerechnet werden muss. Bei Konfirmationen, Trauungen oder Bestattungen treffen Geschiedene, vielleicht mit neuen Partnern und Kindern, aufeinander usw. Nicht selten bringen Partnerwechsel für Kinder neue religiöse Einflüsse mit sich.

25 H. Bertram, Die verborgenen familiären Beziehungen in Deutschland, in: M. Kohli/M. Szydlik (Hg.), Generationen in Familie und Gesellschaft, Opladen 2000, 97–121, 118.

3.5 Nur langsam dringt in das Bewusstsein der Öffentlichkeit, dass vor allem kleinere Kinder zu den materiell besonders Bedürftigen in der deutschen Gesellschaft zählen, und zwar mit wachsender Tendenz: „1980 erhielten im früheren Bundesgebiet 2,1 Prozent der deutschen Kinder (sc. unter sieben Jahren, Ch. G.) laufende Hilfe zum Lebensunterhalt, 1990 waren es 4,5 Prozent und Ende 2000 erreichte die Quote 7,5 Prozent." Die *materielle Kinderarmut* ist besonders bei ausländischen Kindern ausgeprägt. Sie erhalten (Ende des Jahres 2000) zu 13 % sog. Sozialhilfe (ENGSTLER/MENNING 155).

Diakonische Dimension der Kasualien

Da sich die Kasualien bei den meisten Taufen, den Konfirmationen und auch den Trauungen mehr oder weniger auf Kinder beziehen, besteht hier eine erhebliche Herausforderung. Der Hinweis Rudolf Bohrens auf die diakonische Dimension der Kasualien (→ § 2 2.3) bekommt Dringlichkeit und Aktualität.

3.6 Schließlich ergibt ein Studium der einschlägigen Statistiken das Anwachsen der Zahl *ausländischer Menschen in Deutschland.* Ende 1999 lebten rund 7,3 Millionen Ausländer in Deutschland, was einem Bevölkerungsanteil von 8,9 % entspricht. Der Anteil der Paare, bei denen mindestens ein Partner Ausländer ist, liegt mit knapp 11 % noch höher. Vor allem aber bekommen Ausländer durchschnittlich mehr Kinder als Deutsche: „Während der Anteil der Ehepaare mit Kind(ern) bei deutschen Ehepaaren nur bei 48,6 Prozent lag, war dieser Wert für binationale Ehepaare mit 58,4 Prozent (Ehefrau Ausländerin) bzw. 61,3 Prozent (Ehemann Ausländer) deutlich höher. Er lag jedoch noch unter dem Wert für Ehepaare, bei denen beide Partner eine ausländische Staatsangehörigkeit haben (72,8)." (ENGSTLER/MENNING 54). Dazu tritt die Tatsache, dass aus Verbindungen mit einem oder zwei Ausländern häufiger drei oder mehr Kinder hervorgehen (ENGSTLER/MENNING 56).

Multikulturelle Herausforderung

Diese eindeutige Tendenz steigert die Komplexität der Kommunikation bei Kasualien in doppelter Weise: Zum einen ist zunehmend damit zu rechnen, dass kulturell und damit auch religiös nicht in deutschen Herkunftsfamilien sozialisierte Menschen entweder Kasualien begehren oder an den Handlungen als Gäste teilnehmen. Zum anderen bringen Ausländer aus ihren Herkunftsländern Riten bzw. Rituale mit, die zumindest langfristig eine potenzielle Konkurrenz für das kirchliche Angebot darstellen.

3.7 Schon diese knappen Schlaglichter machen auf zahlreiche *neue Herausforderungen für die Praxis der Kasualien* aufmerksam:

Die Pluralisierung der Lebensformen wirft die Frage auf: Kann die exklusive Bindung der kirchlichen Segenshandlung an die Ehe aufrecht erhalten werden oder sind neue Kasualhandlungen für andere Lebensformen zu kreieren?

Der Rückgang der Geburten nötigt ebenfalls zum Nachdenken: Wie ist der selteneren Beteiligung der meisten evangelischen Christen an Kasualien Rechnung zu tragen?

Dazu stehen Konsequenzen bei der Organisation der Kasualien hinsichtlich des Ortes der Handlungen an. Die Parochie verliert den Kontakt zu prägenden Sozialformen und Lebensbezügen.

Eine kontinuierliche Kasualpraxis wird durch die Fragilität von Familie erschwert.

Sozialstatistische Befunde zur Lage von Kindern rücken die diakonische Dimension ins Blickfeld.

Schließlich entstehen neue Anforderungen durch die multikulturellen und -religiösen Lebensverhältnisse.

## 4. Gefährdungen von Familie

4.1 Betrachtet man die eben genannten Befunde aus größerer Distanz und versucht sie in die kulturgeschichtliche Entwicklung familialen Zusammenlebens einzuordnen, fallen nicht nur quantitative, sondern *grundsätzliche Veränderungen* auf. Für einen nicht geringen Teil von Menschen in Deutschland – zukünftig wohl etwa ein gutes Drittel – beschränkt sich Familie auf ihre Herkunftsfamilie. Sie selbst zeugen kein neues menschliches Leben mehr.

Kinderlosigkeit in segenstheologischer Perspektive

Damit bleibt ihnen eine für die meisten Menschen bis vor vierzig Jahren selbstverständliche Zukunftsdimension menschlichen Lebens verschlossen. Segenstheologisch formuliert: Der ihnen in Taufe und Konfirmation zugesprochene Segen Gottes wird von ihnen nicht kreatürlich weitergegeben.

Angesichts der mehrfach religionstheoretisch, biblisch und theologisch begegnenden Relativierung des Kreatürlichen kann dies nicht pauschal als Fehlentwicklung bezeichnet werden. Es gab schon immer Menschen, die aus unterschiedlichen, nicht zuletzt religiösen Gründen keine Familien gründeten. Jedoch macht das Ausmaß dieser Entwicklung segenstheologisch nachdenklich.

Zwei weitere Entwicklungen unterstreichen die Problemlage:

Zum einen stellen Kinder heute ein großes Armutsrisiko dar. Zwei Kinder bedeuten für ein Paar gegenüber einem kinderlosen eine „Wohlstandseinbuße von ca. 50 %" (PEUCKERT 400–406). Denn die Eltern müssen nicht nur die anfallenden Unterhaltskosten bestreiten, sondern haben auch reduzierte Möglichkeiten der Teilnahme am Erwerbsleben.

Zum anderen klafft eine merkwürdige Kluft zwischen der hohen Wertschätzung von Familie und deren häufigem Scheitern durch eine Ehescheidung. Der Soziologie Franz-Xaver Kaufmann konstatiert: „Die tatsächlich zu beobachtende Pluralisierung familialer Lebensformen ist [...] nicht als Signal einer neuen Familienauffassung zu werten, sondern als Symptom für die zunehmenden Schwierigkeiten, dem nach wie vor gültigen Familienleitbild zu entsprechen." (KAUFMANN 151 f)

Kinderlosigkeit als sozialethische Anfrage

4.2 Wesentliche gesellschaftliche Systeme, allen voran das der Ökonomie, aber auch zahlreiche Angebote der Freizeitindustrie und das in ihnen implizierte Bild vom guten Leben gehen von Erwachsenen aus, die ohne Verantwortung für Kinder zeitlich frei disponieren können und materiell wohlhabend sind. Eine Kirche, die ihre Kommunikation biblisch ausrichtet, kann diesen Befund nicht einfach hinnehmen. Denn in der Bibel wird Gott vornehmlich anhand von Konstellationen familialen Zusammenlebens vorgestellt. Vater- und Muttersein, Tochter- und Sohnsein sind wesentliche Erfahrungen, an die traditionell die Kommunikation des Evangeliums anknüpft.

Von daher beeinträchtigen die Entwicklungen, die die Gründung von und das Leben in Familie erschweren, auch die Kommunikation des Evangeliums. Dabei geht es nicht nur um eine methodische Frage, insofern die familialen Beziehungen wesentliches Anschauungsmaterial für die Kommunikation des Evangeliums sind. Angesichts der Elementarität dieser Beziehungen ist zu fragen: Begegnet in der frei gewählten Verbreitung der Kinderlosigkeit nicht eine Haltung, die einen *Widerspruch zu schöpfungsmäßigen Grundlagen* impliziert? Kasualien beinhalten so mit ihrem Bezug auf familiär begangene Übergänge im Leben einen sozialethischen Impuls.

## 5. Familiengottesdienste als Erfahrungsfeld

Familie als liturgische Zielgruppe

5.1 Seit Ende der 60er, Anfang der 70er Jahre des 20. Jahrhunderts erproben Pfarrer und Pfarrerinnen und engagierte Gemeindeglieder *liturgische Innovationen.* Von den zahlreichen Versuchen, den Beat- und Jazz-Messen, Politischen und Liturgischen Nachtgebeten, Kommentargottesdiensten usw., haben sich allein die sog. Familiengottesdienste auf Dauer in vielen Gemeinden durchgesetzt. Sie verdienen im Rahmen einer Kasualien-Theorie Interesse, weil hier – z. T. familiensoziologisch reflektiert – Gottesdienst auf die Zielgruppe Familie mit (kleinen) Kindern hin gestaltet wird. Angesichts des zurückgehenden Kirchgangs am Sonntagvormittag in der Gruppe der jüngeren bis mittelalten Erwachsenen versucht man, für diese eine attraktive Gottesdienstform zu kreieren. Im Folgenden seien einige Erträge aus der Entwicklung des Familiengottesdienstes referiert, die für die Praxis der Kasualien anregend sind (und bereits verschiedentlich in der Praxis aufgegriffen werden):

Liturgische Beteiligung

5.2 Ein wichtiges Element in vielen Familiengottesdiensten ist die *Beteiligung* von nicht hauptamtlich beschäftigten Gemeindegliedern an Vorbereitung und Durchführung des Gottesdienstes. Nicht die Tradition, sondern der Alltag der Menschen ist Ausgangspunkt für die Kommunikation des Evangeliums. Auch für Kasualien gilt: Die Familien, aus denen heraus die Kasualien begehrt werden, haben wichtige Gesichtspunkte zur liturgischen und homiletischen Gestaltung beizutragen. Zudem finden sich in vielen Familien, Freundeskreisen und Nachbarschaften Menschen, die gerne bei der Gestaltung des Gottesdienstes mithelfen.

Große Bedeutung für das Mitfeiern eines Familiengottesdienstes und von Kasualien kommt ansprechender *Musik* zu. Das gilt für Instrumentalmusik und vor allem Gesang. Nachdrücklich unterstreicht Manfred Josuttis die oft übersehene, tief reichende Bedeutung des Singens:

> Singen ist archaische Praxis des Lebens. Auf präverbale Weise gestalten Körper, Seele und Geist in der Ordnung der Töne die Einsicht, daß die Welt letztlich in Ordnung ist. Im Akt des Singens findet Vereinigung statt, Integration innerhalb des singenden Menschen, Kommunikation mit anderen bei Arbeit und Spiel, Initiation in das symbolische Universum der jeweiligen Gesellschaft. […] Singen ist ein Verhalten mit transzendenter Tendenz.[26]

Hier spielen die Kirchenmusiker und -musikerinnen eine wichtige Rolle. Dementsprechend sind sie rechtzeitig bei der Vorbereitung zu beteiligen.

Nicht nur Kindern, sondern auch ungeübten Gottesdienstbesuchern fällt es schwer, einer Predigt zu folgen. Deshalb wird in vielen Familiengottesdiensten mittels verschiedener Medien wie Anspiel, Film o. Ä. die christliche Perspektive auf ein Thema eröffnet bzw. vertieft. Besonders haben sich *Symbole* bewährt, anhand derer Menschen mit unterschiedlichen kognitiven Voraussetzungen und verschiedenen Lebenserfahrungen jeweils für sie Anregendes entdecken können. In den Kasualhandlungen werden vielfältige Symbole verwendet (s. als Beispiel bei der Taufe § 14 2.2). Sie bieten sich zur Meditation, kreativen Entfaltung o. Ä. an.

Schließlich nehmen Familiengottesdienste vielfach Impulse des *Kirchenjahrs* auf. Besonders im Weihnachts- und Osterfestkreis ermöglicht dies eine Verbindung von familiärem Brauchtum und Kommunikation des Evangeliums. Bei den Kasualien kann das in Deutschland über die Feiertage bis hin zum Geschäftsleben präsente Kirchenjahr wichtige Impulse zum Verstehen und Erinnern geben. Denn die Symbole des Kirchenjahrs vermitteln die Ebenen von primärer und sekundärer Religionserfahrung in einer nicht nur kognitiv verständlichen Weise.

## 6. Zusammenfassung

*Das familiale Zusammenleben bietet biblisch die grundlegende Anschauungsform für das Verhältnis Gottes zu den Menschen.* Jesus selbst spricht Gott als „Vater“ an.

So ist Familie ein wichtiger Ort für christliche Praxis. Von daher ist es keineswegs defizitär, dass die auf Familie bezogenen Kasualien für die meisten Menschen die wichtigste Partizipationsform an Kirche sind.

Allerdings unterliegt Familie in den letzten zwei Jahrhunderten tief greifenden Veränderungen. In einem allgemeinen Differenzierungsprozess gibt sie Aufgaben in

26 M. Josuttis, Der Weg in das Leben. Eine Einführung in den Gottesdienst auf verhaltenswissenschaftlicher Grundlage, München 1991, 178.

den Bereichen Ökonomie, Bildung und Pflege bzw. Medizin an spezialisierte Organisationen ab. Demnach ermöglicht die vorherrschende Konzentration auf die im Raum der Familie gefeierten Kasualien zwar persönliche Nähe der Kommunikation des Evangeliums, aber um den Preis der Ausblendung dieser wichtigen Lebensbereiche. Deshalb wird eine lebensweltlich ausgerichtete und am Evangelium orientierte Theorie der Kasualien über die innerfamiliären nach weiteren Kontaktstellen suchen.

## § 9 Kirchentheoretische Herausforderungen: Kasualien als kirchliche Feiern

Literatur: A. ANGENENDT, Geschichte der Religiosität im Mittelalter, Darmstadt 1997, 325–330 – Chicago Statement on Worship and Culture: Baptism and Rites of Life Passage, abgedruckt in: A. STAUFFER (Hg.), Baptism, Rites of Passage, and Culture, Genf 1999, 13–24 – F. HAHN, Theologie des Neuen Testaments, Bd. 2, Tübingen 2002, 442–736 – G. HOLTZ, Die Parochie. Geschichte und Problematik (Handbücherei für Gemeindearbeit 40), Gütersloh 1967 – H. LINDNER, Kirche am Ort. Ein Entwicklungsprogramm für Ortsgemeinden, Stuttgart 2000 – U. POHL-PATALONG, Ortsgemeinde und übergemeindliche Arbeit im Konflikt. Eine Analyse der Argumentationen und ein alternatives Modell, Göttingen 2003 – R. PREUL, Kirchentheorie. Wesen, Gestalt und Funktionen der Evangelischen Kirche, Berlin 1997 – R. ROOSEN, Die Ortsgemeinde – Sozialsystem im Wandel. Analysen und Anregungen für die Reform der evangelischen Gemeindearbeit (APrTh 9), Berlin 1997.

Die Kasualien werden in der Regel durch eine Pfarrerin bzw. einen Pfarrer vollzogen. Sie sind (meist) organisatorisch kirchliche Veranstaltungen.

Grundlage und Ausdifferenzierung von „Kirche"

Bei genauerem Hinsehen enthält das Attribut „kirchlich" einen breiten Interpretationsspielraum, und zwar in mehrfacher Hinsicht. Bereits im Neuen Testament begegnen unterschiedliche ekklesiologische Ansätze. Deren Grundlage bilden die *Zugehörigkeit zu Jesus Christus und die Aufgabe, diese im jeweiligen politischen und kulturellen Kontext zu gestalten.*

In der Christentumsgeschichte finden sich – bis heute – verschiedene Formen, Christsein sozial zu organisieren. Dabei verdienen beim Thema Kasualien in Deutschland die Parochie sowie deren Infragestellung besonderes Interesse. Denn diese Rituale sind seit langem in der Spannung zwischen Ortsgemeinde und anderen kirchlichen Organisationsformen angesiedelt.

Gegenwärtig sind die Kirche und damit die Situation der Kasualien durch teilweise gegenläufige Entwicklungen gekennzeichnet: die Marginalisierung der Kirche als Organisation und das gleichzeitige lebhafte religiöse Interesse in der Öffentlichkeit.

In international-ökumenischer Perspektive sind die geringe theologische Profilierung und weitere Defizite der gegenwärtigen Kausalpraxis in Deutschland unübersehbar. Konkret fallen mangelnder Taufbezug und das Fehlen von „healing rites" auf.

Handlungsorientierend stelle ich abschließend einen Reformvorschlag zur Kirchenorganisation vor. Das Konzept „kirchliche Orte" berücksichtigt in hohem Maße die unterschiedlichen Erwartungen von Menschen, die Kasualien begehren.

## 1. Kirche in der Bibel

Die umgangssprachlich übliche Gleichsetzung von „Kirche" mit dem erst Ende des 19. Jahrhunderts entstandenen sog. Gemeindeleben prägt die Einstellung vieler Pfarrer und Pfarrerinnen und engagierter Gemeindeglieder zu den Kasualien. Sie ist oft Grund für die Kritik an den sog. Kasualchristen, also Menschen, die an Kirche vornehmlich durch Kasualien partizipieren, sich aber vom „Gemeindeleben" fernhalten (LINDNER 66–83).

Um diese zeitbezogen verständliche Auffassung von Kirche als einer vereinsmäßigen Organisation nicht normativ fest zu schreiben, ist es wichtig, sich kurz der biblischen Perspektiven zu Kirche zu versichern.

Nachfolge Jesu als Grundlage von Kirche

1.1 Grundlegend für ein biblisch fundiertes Kirchenverständnis ist der Ruf Jesu in die Nachfolge (HAHN 442–451). Die nahende Gottesherrschaft, von Jesus angekündigt, ermöglicht den Menschen die Hinwendung zu Gott („metanoia"). „Das beinhaltet zweierlei: Derjenige, dem man nachfolgt, tut etwas, was der ‚Jünger' (noch) nicht zu tun braucht; außerdem bindet der Nachfolgende seine eigene Existenz an diejenige des ‚Meisters'. Bei Nachfolge geht es um personale Verbundenheit und Abhängigkeit." (HAHN 444)

Die Nachfolge wird u. a. als *Meister-Jünger-Verhältnis zu Jesus* formuliert. Dazu gehört zunächst auch die Übernahme der Wanderexistenz und asketischen Lebensführung Jesu. Jedoch nennt schon die Apg ortsansässige Jesusanhänger „Jünger" (Apg 6,1 f; 9,1, u. ö.).

1.2 Biblisch bietet die alttestamentliche Vorstellung vom „Volk Jahwes" eine gute Grundlage, die aus der Bindung von Menschen an Jesus resultierende Gemeinsamkeit begrifflich zu fassen. Sie wird von dem griechischen *„Ekklesia" Gottes* aufgenommen, wodurch es allerdings zu „einem gewissen Transformationsprozeß" kommt: „Nach griechisch-hellenistischem Verständnis geht es bei der ekklesia primär um die Versammlung der Volksgemeinschaft bzw. deren Repräsentanten in einer Polis. […] Daraus resultierte die für das Neue Testament kennzeichnende Doppelbedeutung von ekklesia im Sinn von ‚Kirche' (Gesamtgemeinschaft der Christen) und ‚Gemeinde' (Ortsgemeinschaft)." (HAHN 481; im Original ist „ekklesia" in griechischen Buchstaben gesetzt)

Bedeutungsweite von „Kirche"

Auch sonst ist diese Bedeutungsweite für „Kirche" aufweisbar (POHL-PATALONG 65):

Das eine Extrem benennt das berühmte Logion in Mt 18,20, wonach zwei oder drei im Namen Jesu Versammelte sich dessen Gegenwart gewiss sein können.

Das andere Extrem findet sich in der Bezeichnung der weltweiten Christenheit (z. B. Mt 16,18), wie sie auch der (deutero)paulinischen Vorstellung vom „Leib Christi" zu Grunde liegt (z. B. Eph 1,22 f) (HAHN 485–487).

Gleichsam in der Mitte steht die Zusammenkunft der Christen eines Orts (z. B. Röm 16,1).

Demnach gibt es biblisch keine eindeutige organisatorische Gestalt für die Kirche. Je nach Situation bedarf es konkreter Bemühungen, die Gemeinschaft mit Jesus Christus zu organisieren (zu den ekklesiologischen Ansätzen von Paulus, Markus und Johannes s. ROOSEN 282–307). Lediglich die Christusbindung, aus der dann auch ethische Konsequenzen resultieren, ist verbindlich. Sie ist etymologisch im deutschen Begriff „Kirche" verankert, insofern sich dieser vom Griechischen als Adjektivableitung von „Kyrios" (griechisch: Herr) erklären lässt.[27]

Lehre des Evangeliums und Feier der Sakramente als Kennzeichen von Kirche

1.3 Die klassische reformatorische *Bestimmung von Kirche* im Artikel VII der Confessio Augustana fasst diesen biblischen Befund in der Sprache der damaligen Zeit prägnant zusammen: „[…] die Versammlung aller Glaubigen, bei welchen das Evangelium rein gepredigt und die heiligen Sakrament lauts des Evangelii gereicht werden" (lateinisch: „[…] congregatio sanctorum, in qua evangelium pure docetur et recte administrantur sacramenta") (BSLK 61).

Die hier genannten Kennzeichen von Kirche, Lehre des Evangeliums und Sakramentsverwaltung, sind besonderer Ausdruck der Christusverbundenheit. In heutiger Sprache formuliert: In der verbalen Kommunikation des Evangeliums und der rituellen Feier von Taufe und Abendmahl drückt sich konstitutiv die Zugehörigkeit zu Christus aus. Darüber hinaus bedarf vielleicht noch die ethische Konsequenz aus dem Evangelium einer ausdrücklichen Nennung. Sie ist in Jesu Nachfolgeruf unüberhörbar; Paulus nimmt sie in der Taufparänese (z. B. Röm 6,12–23) auf. Allerdings ist auch hier der evangelische Grundcharakter zu bewahren:

> Jesu ethische Forderungen werden nur recht erfasst, wenn sie im Sinn einer unter dem Anbruch der Gottesherrschaft stehenden Ermöglichung zu rechtem Handeln verstanden werden. Sie sind Anweisungen zu einem Leben, das realisierbar geworden ist. Sie haben den Charakter von Ermutigungen, ein Leben in der Jüngerschaft mit dieser Zielsetzung zu führen. (HAHN 685)

Von daher ist also von den Kasualien nur die Taufe konstitutiv für Kirche.

Lediglich an einer Stelle im Neuen Testament wird ausdrücklich eine Segenshandlung überliefert, die über die konkrete Situation hinaus verallgemeinert wird: ein

27 G. WENZ, Kirche I. Zum Begriff, in: RGG[4] Bd. 4 (2001), 997–999, 997.

Heilungsritus in Jak 5,13–18. Die anderen Handlungen wie Konfirmation, Trauung, Bestattung und Einschulungsgottesdienst sind später entstanden und haben sich situationsbezogen in ihrer Bedeutung für die Kommunikation des Evangeliums und die damit verbundene Lebensführung auszuweisen. Von daher ist immer wieder neu zu überlegen, ob die kirchliche Praxis einer Korrektur oder Ergänzung bedarf.

## 2. Organisation der Kommunikation des Evangeliums in der Christentumsgeschichte

2.1 In der ganzen Christentumsgeschichte bleibt die Organisation der Kirche vielgestaltig, soweit dies überhaupt den Quellen der *Alten Kirche* zu entnehmen ist.

Die in § 5 1. eingeführte religionstheoretische Differenzierung zwischen primärer und sekundärer Religionserfahrung hilft, die Entwicklung zur Integration des Christlichen in Staat und Gesellschaft zu verstehen. Sie kann anhand des Bedeutungswandels von „paroikia" veranschaulicht werden.

Bedeutungswandel von „paroikia"

Ursprünglich bezeichnet dieser griechische Begriff den Aufenthalt in der Fremde, z.B. Israels Leben in Ägypten (Apg 13,17). So kennzeichnet er die besondere Existenz der Christen gegenüber der „Welt" (1 Petr 1,17). Im Laufe des 2. Jahrhunderts bezeichnet dann „paroikia" zunehmend die Einzelgemeinde und wird im 4. Jahrhundert zum offiziellen Ausdruck hierfür. Eine Zeitlang bezieht sich paroikia teilweise noch auf die Gemeinde des Bischofs (später: Diözese), also des sich seit dem 2. Jahrhundert ausbildenden kirchenleitenden Amtes. Die Latinisierung („paroecia") fördert die Begriffsentwicklung hin zur bis heute gebräuchlichen Bezeichnung für das kirchliche Verwaltungsgebiet (Parochie), das von einem Pfarrer (Parochus) betreut wird.

Etwa parallel hierzu öffnen sich die bisher in der Familie platzierten Segnungshandlungen anlässlich eines Todesfalls bzw. einer Hochzeit für die Beteiligung kirchlicher Funktionsträger. Im Weiteren gehen dann die parochiale Gliederung und die später Kasualien genannten Handlungen eine enge Verbindung ein. Der Bezug zu den Konstitutiva primärer Religionserfahrung, Erde sowie Abstammungsgemeinschaft und Zeit(einteilung), prägt zunehmend die Kirche. Die Rituale sind dafür wichtige Kommunikationsformen.

Über sie besteht auch eine mehrfache Verbindung zwischen Ortsgemeinde und Bischof. Zum einen bleibt die Weihe des für die Taufe notwendigen Chrisam dem Bischof vorbehalten bzw. später die Spendung der Firmung; zum anderen weiht der Bischof wichtige Voraussetzungen für die liturgische Begleitung von Übergängen: Kirchengebäude (ecclesia baptismalis; Taufkirche), Altar und Friedhof ebenso wie die Priester.

Pfarrer als Leiter der Rituale

2.2 Unterstützt wird diese Entwicklung im *Mittelalter* durch die Notwendigkeit der Finanzierung des priesterlichen Dienstes (zum Sonderproblem des Eigenkirchenwesens s. Angenendt

327) sowie das Interesse an Überwachung der Gemeindeglieder (s. auch zum Folgenden POHL-PATALONG 64–131). Bei Taufe, Trauung und Bestattung werden, wenngleich kirchenoffiziell nicht gern gesehen, sog. Stolgebühren fällig. Diese Bezeichnung leitet sich davon ab, dass bei den entsprechenden Handlungen der Pfarrer die Stola als Zeichen seiner geistlichen Würde und Vollmacht tragen muss.

Solche Zahlungen sind bis ins 19. Jahrhundert hinein wichtiger Bestandteil des Priester-Einkommens (und werden von den evangelischen Kirchen in Form der Gebührenpflicht für bestimmte Amtshandlungen übernommen). Von daher sind Auseinandersetzungen zwischen Priestern in einer Parochie und Mönchen zu verstehen, in denen die Erstgenannten Letzteren das Recht zu solchen Handlungen bestreiten.

Zugleich stabilisiert die enge Verkoppelung der Amtshandlungen mit dem Einkommen der Geistlichen die historisch langsam gewachsene Dominanz der Pfarrer in diesen Ritualen.

Daneben wird im 6./7. Jahrhundert der sonntägliche Messbesuch der Bevölkerung als Pflicht eingeschärft (ANGENENDT 326), was ebenfalls das Gewicht der Kleriker erhöht.

Stärkung der Einzelgemeinden in der Reformation

2.3 Die *Reformation* stärkt die Bedeutung der Einzelgemeinden. Zum einen tritt die Verwaltungsebene der Diözese zurück, weil sich keine Bischöfe an die neue Bewegung anschließen. Zum anderen werden der Ortsgemeinde wichtige, bisher dem hierarchisch geordneten Lehramt zugestandene Aufgaben übertragen. Programmatisch hat dies Luther 1523 in folgender Schrift formuliert: „Dass eine christliche Versammlung oder Gemeine Recht oder Macht habe, alle Lehre zu urteilen und Lehrer zu berufen, ein- und abzusetzen, Grund und Ursach aus der Schrift“ (WA 11,408–416).

Auch entspricht die parochiale Struktur in hohem Maß der damaligen Lebenssituation der Menschen. Bürger- und Kirchengemeinde sind eine Einheit – mit Ausnahme der rechtlich besonders gestellten Juden – und decken sich verwaltungsmäßig.

Ansonsten kommt es gemäß dem funktionalen Verständnis der Organisation von Kirche auf evangelischer Seite zu keiner Vereinheitlichung der Kirchenordnungen. So kennen z. B. bis zum Anfang des 19. Jahrhunderts manche evangelischen Gemeinden keine Konfirmation, während diese anderswo bereits seit längerem feierlich begangen wird (→ § 18 1.).

2.4 Schließlich führen Bevölkerungswachstum und mit der Industrialisierung zusammenhängende soziale Umbrüche ab der Mitte des *19. Jahrhunderts* in den Städten zu einer Krise der parochialen Gliederung von Kirche und zugleich der Kasualien. Gemeindegrößen von einigen zehntausend Gliedern machen jede Seelsorge unmöglich. Sog. Massentaufen entleeren das Sakrament jeder Würde. So konstatiert

Friedrich Niebergall: „Die Massentaufen in großen Städten, wo oft an die hundert Kinder zusammengetauft werden, sind doch eine ganz abnorme Sache […].“[28]

Entstehung des „Gemeindelebens“

Der Pfarrer Emil Sulze entwickelt in dieser Situation viel beachtet das Konzept des Gemeindelebens. Er strebt eine „überschaubare Gemeinde“ an und gibt damit ein bis heute wirksames Stichwort für den Gemeindeaufbau. Dieses nimmt dann in den 80er Jahren des 20. Jahrhunderts der Herner Superintendent Fritz Schwarz auf und entwickelt von daher eine „Theologie des Gemeindeaufbaus“, die vor allem in evangelikalen Kreisen viel Beachtung findet.[29]

Konkret versucht Sulze, das Gemeindeleben durch die Unterteilung der Parochien in Seelsorgebezirke und diese wiederum in weitere Einheiten zu organisieren. Besondere Bedeutung hat dabei – neben den Aspekten der Diakonie und der Kirchenzucht – die Geselligkeit in Form von Vereinen, wie sie in der zweiten Hälfte des 19. Jahrhunderts um sich greift. In Konkurrenz zu ihnen wollen Sulze und seine Mitstreiter „lebendige Gemeinden“ schaffen.[30]

Gemeindehäuser als Zentren des Gemeindelebens

Architektonischer Ausdruck dieses Konzepts sind die am Beginn des 20. Jahrhunderts vielerorts entstehenden sog. Gemeindehäuser. Neben der Kirche als Ort des Gottesdienstes sollen sie der Raum für die Geselligkeit der lebendigen Gemeinde sein. Die Unterdrückung des Christentums durch die Nazis fördert diese Tendenz indirekt – deren Religionspolitik lässt nur den Kirchengemeinden einen gewissen Freiraum, christliche Vereine werden dagegen mit den staatlichen Organisationen gleichgeschaltet.

Das Ideal des vereinsmäßig organisierten Gemeindelebens hat(te) große Plausibilität – bis heute bei nicht wenigen Pfarrern und Pfarrerinnen und in der Kirchengemeinde engagiert Mitarbeitenden. Es stellt aber hinsichtlich der Kasualien ein erhebliches Konfliktpotenzial dar. Denn es ist ein wesentlicher Grund für die oft geäußerte Klage über die nur an den Kasualien interessierten Kirchenmitglieder. Diese genügen nämlich nicht der Norm des Gemeindelebens: häufige Präsenz und aktives Engagement in den Räumen der Kirchengemeinde.

Insgesamt ist es nicht gelungen, die Kirchengemeinden dauerhaft zu Vereinen zu transformieren. Erst langsam wird deutlich, dass die dabei vollzogene Gleichsetzung von Ortsgemeinde und „Gemeinde“ bzw. „Kirche“ theologisch und sozialpsychologisch kurzschlüssig und die vereinsmäßige Sozialform nur für Menschen eines bestimmten Milieus attraktiv ist (Lindner 82).

28 F. Niebergall, Praktische Theologie. Lehre von der kirchlichen Gemeindeerziehung auf religionswissenschaftlicher Grundlage, Bd. 2, Tübingen 1919, 238.

29 Die drei von Fritz Schwarz (z. T. mit Anderen) verfassten Publikationen „Überschaubare Gemeinde“ (Gladbeck 1980/1980/1981) münden in den weit wirkenden Band: F. Schwarz/Ch. A. Schwarz, Theologie des Gemeindeaufbaus. Ein Versuch, Neukirchen-Vluyn 1984.

30 Ch. Möller, Lehre vom Gemeindeaufbau, Bd. 1, Göttingen $^{2}$1987, 138–159.

## 3. Evangelische Kirche in der Gegenwart

Auf dem Hintergrund der eben dargestellten, sich historisch ergebenden engen Verbindung von Kasualien und Parochie bzw. Pfarrer stehen diese beiden Faktoren im Vordergrund der folgenden Hinweise. Zuvor muss aber als Kontext die spannungsvolle Gesamtlage evangelischer Kirche in der Gegenwart skizziert werden.

Integration von Kirche in die Gesellschaft

3.1 Von außen gesehen ist Kirche in mehrfacher Hinsicht fest *mit wichtigen Bereichen gegenwärtiger Gesellschaft verbunden*:

Sie spielt eine wichtige soziale Rolle in Form der organisierten *Diakonie.* Deren Spektrum reicht von Beratungsstellen zu unterschiedlichen Problemlagen über regionale Diakonie-Stationen bis hin zu großen diakonischen Anstalten, die Krankenhäuser, Pflege- und Altersheime, Arbeitsstätten für Behinderte u.Ä. unterhalten.

Fest verankert ist die Kirche auch im *Bildungswesen*: über die in Deutschland mehrheitlich kirchlich getragenen Kindergärten, den grundgesetzlich garantierten, schulischen Religionsunterricht, Kirchliche Schulen unterschiedlichster Form und theologische Einrichtungen an den Hochschulen.

In *großen Institutionen* wie Bundeswehr, Strafvollzug und Krankenhäusern bestehen Pfarrstellen und sichern die kirchliche Präsenz.

Schließlich verfügt die Kirche über Sitze in Rundfunkräten; es gibt kirchliche Abteilungen in den öffentlich-rechtlichen Sendeanstalten; Kirche unterhält eigene Presse-Organe. So hat sie mehrfache Zugänge zum Bereich der *publizistischen Medien.*

Dazu tritt die Tatsache, dass die in Deutschland sonn- und feiertagsrechtlich geltende, das alltägliche Leben strukturierende *Zeiteinteilung* sich wesentlich dem christlichen Festtagskalender verdankt. Räumlich ist Kirche im Ortsbild durch die unübersehbaren *Kirchengebäude* präsent.

Schwinden des kirchlichen Einflusses

Trotzdem ist unübersehbar: Gesamtgesellschaftlich schwindet der kirchliche Einfluss.

Deutlich tritt dies in *finanziellen Problemen* hervor, die ein Aufrechterhalten der genannten Einflussbereiche erschweren: Die ersten diakonischen Werke stehen vor dem Konkurs; nicht wenige Kirchengemeinden und -kreise denken über die Aufgabe von Kindergärten nach; kirchliche Bildungseinrichtungen hängen in hohem Maß von staatlichen Zuwendungen ab, deren Höhe und Stetigkeit nicht mehr gewährleistet erscheinen. Auch kirchliche Zeitschriften werden vom Markt genommen bzw. müssen fusionieren und verlieren an Reichweite.

Dazu treten unübersehbare *Minderungen an Einfluss*: Die Abschaffung des Buß- und Bettags und die Einführung von LER (Lebensgestaltung-Ethik-Religionskunde) anstelle des inhaltlich durch die Kirchen verantworteten Religionsunterrichts an Brandenburger Schulen sind Spitzen eines Eisbergs. Beide Vorhaben wurden öffentlich breit diskutiert – was jeweils mit einer Niederlage der evangelischen Kirche endete. Noch gravierender ist vielleicht der zurückgehende Einfluss der Kirchen auf die allgemeine ethische Urteilsbildung; die erwähnten rapide sinkenden Trauungsziffern markieren nur ein Feld, auf dem die (traditionelle) kirchliche Position kaum noch Gehör findet.

Neues Interesse an Religion

Zugleich ist aber eine neue Aufmerksamkeit für das Religions-Thema in der Öffentlichkeit unübersehbar. Hier ist das Interesse der Öffentlichkeit an bestimmten Kasualgottesdiensten erstaunlich. Hunderte von Millionen Menschen verfolgten die Bestattung der englischen Prinzessin Diana sowie die Grablegung Papst Johannes Paul II. Berichte über Trauungen und Taufen füllen die Spalten der Regenbogenpresse. Dazu treten vermehrt Erwägungen zur Bedeutung von Religion in den Tages- und Wochenzeitungen, seitdem sich Islamisten mit Gewalt weltweit Gehör verschaffen.

Im privaten Bereich begegnet ebenfalls neues Interesse an religiöser Praxis, wie z. B. beim Thema Segen bereits erwähnt (→ § 7 3.1). Meditationstechniken, esoterische Angebote, spirituelle Workshops u.Ä. florieren. Offenkundig kommt diese neue Aufmerksamkeit für Religion aber den Kirchen nur wenig zugute. Es gelingt ihnen kaum, diese – religionstheoretisch formuliert – Impulse primärer Religion in den Horizont des Evangeliums zu überführen.

Veränderte kirchliche Rahmenbedingungen der Kasualien

3.2 Für die Praxis der Kasualien geben die eben skizzierten Konstellationen den allgemeinen Hintergrund ab. Konkret wird sie u. a. von folgenden kirchlichen Veränderungen tangiert:

Die *Bedeutung von Parochie* geht zurück. Schon seit längerem wird das Auseinanderfallen dieser Organisationsform und der tatsächlichen, durch wachsende Mobilität gekennzeichneten Lebensweise vieler Menschen bemerkt. Neuerdings verstärkt sich diese Tendenz durch die Reduktion von Pfarrstellen und wirkt sich jetzt auch im ländlichen Raum aus. Dazu ist in den 70er und 80er Jahren des 20. Jahrhunderts eine Ausweitung der sog. Sonderpfarrämter zu verzeichnen.[31]

Mit dieser Entwicklung hängt das sich abzeichnende Ende des Pfarrhauses[32] eng zusammen. Der nicht nur von jüngeren Pfarrern und Pfarrerinnen geäußerte Anspruch auf Privatsphäre, neue Lebensformen, die Zunahme von Teilzeit-Pfarrstellen, die Reduktion des Dienstumfangs von Pfarrstellen und neuerdings die finanziellen Probleme mit dem baulichen Unterhalt verstärken sich gegenseitig. Das Aufgeben bzw. Abschotten von Pfarrhäusern durch Sprechstunden erhöht gerade für die sog. Kasualchristen die Schwelle, in sozialen Kontakt zum Pfarrer bzw. zur Pfarrerin zu treten.

Ob der Krise des Pfarrhauses ein nennenswerter Rückgang von Kirchengebäuden in absehbarer Zukunft entsprechen wird, ist gegenwärtig nicht abzusehen. Angesichts der bereits festgestellten Bedeutung des konkreten Orts für Kasualien im Be-

31 K.-W. DAHM, Pfarrer/Pfarrerin VI. Statistisch, in: RGG[4] Bd. 6 (2003), 1204–1212, 1206–1208.

32 M. GREIFFENHAGEN (Hg.), Das evangelische Pfarrhaus. Eine Kultur- und Sozialgeschichte, Stuttgart [2]1991.

wusstsein von Menschen wäre die mancherorts diskutierte Umwidmung von Kirchen ein tief greifender Einschnitt.

Bereits heute zeigt die zurückgehende Selbstverständlichkeit von Kirchenmitgliedschaft Auswirkungen. Sie äußert sich spektakulär in der seit Ende der 60er Jahre stetigen, zwischen 0,5 bis 1,0 % der Gemeindeglieder schwankenden Zahl von jährlichen Kirchenaustritten.

Weiter führte die Ansiedlung von Flüchtlingen nach dem II. Weltkrieg zu einer für Deutschland bisher ungewöhnlichen *konfessionellen Vermischung*. Mittlerweile sind viele Familien bikonfessionell zusammengesetzt, was z. B. bei Taufen konkrete Entscheidungen hinsichtlich der Kirchenmitgliedschaft erfordert. Auch ist die Zunahme von Menschen anderer, vor allem islamischer Religionszugehörigkeit in Deutschland zu nennen. Zunehmender religiöser Pluralismus ist die Folge, die etwa in Form neu gebauter Moscheen auch öffentlich präsent ist.

Freie Entscheidung an Übergängen im Leben

3.3 Die kirchliche Begleitung an Übergängen im Leben in Form von Kasualien verändert sich durch die genannten Entwicklungen. Die lange Jahrhunderte dominierende amtliche Seite der Kasualien („Amtshandlungen") verliert an Gewicht. Demgegenüber gewinnt die Komponente der freiwilligen Entscheidung an Bedeutung – für oder gegen das Begehren einer Kasualie. Dass dies nicht immer mit der eigenen Kirchenmitgliedschaft in eins fällt, ist eines der Probleme heutiger Kasualien-Praxis.

## 4. International ökumenische Perspektive

Zwischen 1993 und 1998 beschäftigte sich eine Studiengruppe des Lutherischen Weltbundes – unter Mitarbeit römisch-katholischer Gelehrter – mit „Baptism and Rites of Life Passage", also mit den Kasualien. Sie erstellte das sog. „*Chicago Statement on Worship and Culture: Baptism and Rites of Life Passage*". Für die deutsche Diskussion sind dabei drei Einsichten anregend:

Kasualien und Kultur

4.1 Das Papier nimmt ein bei der vorhergehenden Tagung in Nairobi 1996 („Nairobi Statement on Worship and Culture: Contemporary Challenge and Opportunities")[33] erstelltes *liturgiehermeneutisches Schema* auf. Es unterscheidet bei liturgischen Handlungen vier Dimensionen (Vorwort zu Chicago Statement, 10):

„Transkulturell" („transcultural") bezeichnet das kulturübergreifend Gleichbleibende eines Rituals.

„Kontextuell" („contextual") nimmt die Prägungen durch den jeweiligen Kontext in den Blick. Dabei wird noch einmal zwischen „dynamic equivalence", dem Erset-

33 Abgedruckt in: A. Stauffer (Hg.), Christlicher Gottesdienst: Einheit in kultureller Vielfalt. Beiträge zu einer Gestaltung des Gottesdienstes heute, Genf 1996/Hannover 1997, 29–35.

zen liturgischer Elemente durch aus der umgebenden Kultur Stammendes, und „creative assimilation", dem Hinzufügen von kulturell Bekanntem zum besseren Verständnis, unterschieden.

„Gegenkulturell" („counter-cultural") erfasst Elemente, die im Widerspruch zur jeweiligen Kultur stehen.

„Kulturübergreifend" („cross-cultural") thematisiert gegenseitige Befruchtungen zwischen den Kulturen.

Diese Unterscheidungen ermöglichen eine präzise Analyse christlicher Rituale. Fehlt eine der Dimensionen, muss überlegt werden, ob hierdurch nicht die Kommunikation des Evangeliums Schaden nimmt. Während etwa im Zuge der Wort-Gottes-Theologie die kontextuelle Dimension ausgeblendet wurde, wird im gegenwärtig vorherrschenden kulturhermeneutischen Zugriff die kontrakulturelle Perspektive kaum bzw. nicht berücksichtigt. Religionstheoretisch formuliert resultiert daraus im ersten Fall eine Ausklammerung der primären bzw. im zweiten Fall der sekundären Religionserfahrung. Beides behindert die Kommunikation des Evangeliums.

Zugleich eröffnet das Schema des Nairobi Statement einen internationalen Horizont, der zu Bereicherungen der rituellen Gestaltung führen kann.

Übergangsrituale als Tauferinnerung

4.2 Thematisch betont das Chicago Statement nachdrücklich die grundlegende Bedeutung der *Taufe* für die anderen Übergangsrituale: „All other changes and transitions in the life of a Christian must be seen to reflect this basic transition and this basic dignity. [...] Baptism thus informs and shapes rites related to the life-cycle." (Chicago Statement 14)

Damit ist die Taufe das grundlegende Übergangsritual. Deshalb soll in den anderen, hiervon abgeleiteten Ritualen an sie erinnert werden, um die Menschen zu stärken.

Auch die Raumgestaltung und die Musik sollen „the baptismal values in the rites" veranschaulichen (Chicago Statement 16).

4.3 Inhaltlich schließt sich das Dokument – auf der Basis des grundlegenden Taufbezugs – an allgemein kulturelle Entwicklungen an: „In almost all cultures, giving birth, coming to adulthood, marrying, reconciling, leave-taking, passage into and sometimes through sickness, and dying and grieving, among several other transitions, are marked by diverse communal rites [...]" (Chicago Statement 14)

Bitte um Heilung als Anlass einer Kasualie

Aus deutscher Sicht fällt auf, dass die *„healing rites"* nach der Taufe als erstes Übergangsritual genannt werden, dann folgen noch Bestattung und Trauung. In den meisten Ländern kommt solchen Heilungs- bzw. Salbungsritualen große Bedeutung zu. Dies verwundert nicht angesichts der Bedeutung von Krankheit und Hoffnung auf Heilung, aber auch auf Grund der biblischen Erwähnung in Jak 5,13–18 – und macht auf ein Defizit in den deutschen evangelischen Kirche und der hiesigen Praktischen Theologie aufmerksam.

## 5. Kasualien an kirchlichen Orten

Ausgelöst durch die gegenwärtigen finanziellen Probleme von Kirche kommt es u. a. zu Auseinandersetzungen, ob vorzüglich Gemeinde- oder Sonderpfarrstellen entbehrlich sind. In diesem Zusammenhang entwickelt Uta Pohl-Patalong eine Kirchentheorie, die wichtige Anregungen auch für die kirchliche Platzierung der Kasualien gibt.

5.1 Pohl-Patalong rekonstruiert konflikttheoretisch die Stärken und Schwächen der parochialen und überparochialen Arbeitsformen. Das ergibt, dass beide notwendig, aber auch gegenseitig ergänzungsbedürftig sind. Um ein unfruchtbares und jeweils einseitiges Gegeneinander zu vermeiden, schlägt Pohl-Patalong vor, von *„kirchlichen Orten"* zu sprechen. Dieser Begriff umfasst „ebenso bisherige Parochien, die in der Regel baulich durch eine Kirche und ein Gemeindehaus repräsentiert werden, wie Tageshäuser, kirchlich genutzte Räume in Krankenhäusern, Schulen und Gefängnissen und jegliche Gebäude, in denen bisher kirchliche Arbeit geleistet wird […]" (Pohl-Patalong 228)

Vereinsmäßige und inhaltliche Bestimmtheit kirchlicher Orte

Als Grundprinzip eines kirchlichen Ortes gilt, dass er sowohl ein vereinsähnliches Leben als auch inhaltlich qualifizierte Arbeitsbereiche umfasst. Beides soll jedoch unterschieden werden. Das Gemeinschaftsleben ist von den Beteiligten selbst zu organisieren; dieser Bereich wird von Ehrenamtlichen geleitet und gestaltet. Die inhaltlich bestimmten Arbeitsbereiche erfordern dagegen die Profilierung durch Hauptamtliche, die durch Ehrenamtliche unterstützt werden.

5.2 Auf das Gebiet der Kasualien übertragen eröffnet dieses Konzept die Möglichkeit, deren bisher oft lebensweltlich problematische Anbindung an die Parochie zu überwinden und den Menschen ein qualitativ besseres Angebot zu machen (Pohl-Patalong 247–250).

Pohl-Patalong unterscheidet *zwei potenzielle Adressatengruppen*:

Diejenigen, die eine wohnortnahe Anbindung an Kirche suchen und Taufe, Trauung bzw. Bestattung „im Kontext ihres vereinskirchlichen Lebens" feiern wollen;

die, die eher an der Ästhetik des Gebäudes (Stichwort: Hochzeitskirche) interessiert sind.

Für die Ersten muss die Gelegenheit gegeben werden, an einem kirchlichen Ort nahe des Wohnortes die Kasualie zu feiern.

Kasualkirchen

Den Zweiten sollen Orte angeboten werden, die sich in ihrem Arbeitsgebiet auf Kasualien spezialisiert haben. Die Handlung findet dann in einer „Kasualkirche" statt. Im Umfeld werden spezifische Angebote entwickelt wie Seminare. Wenn sich daraus vereinsmäßig organisiertes Leben entwickelt, etwa in Form einer Eltern-Kind-Gruppe, ist dieses – unter Hilfestellung der Hauptberuflichen – von den Teilnehmenden selbst zu organisieren.

Auch für die Konfirmation deutet Pohl-Patalong eine entsprechende Alternative an: entweder Besuch einer wohnortnahen Gruppe oder eines besonderen an bestimmten Zentren vorgehaltenen Angebots.

Wie ein Blick in die Interviews der 3. EKD-Mitgliedschaftsumfrage zeigt, nimmt dieses Konzept Ansätze auf, die bereits in der Praxis begegnen. Kasualien werden von Manchen in besonderen Kirchen begehrt, zu denen persönliche Beziehungen bestehen, vielleicht auch auf Grund ästhetischer Attraktivität. Zugleich suchen Andere Wohnortnähe und sozialen Anschluss. Beide Formen werden in Pohl-Patalongs Modell als gleichwertig angesehen. Die Kasualien finden an einem „kirchlichen Ort" statt.

## 6. Zusammenfassung

*Die Kasualien sind – abgesehen von der grundlegenden Taufe – im Laufe der Christentumsgeschichte entstandene Handlungen, in denen Kirche und Lebenswelt in engen Kontakt treten.* Lange Zeit sind sie in der Ortsgemeinde verankert.

Soziale und ökonomische Veränderungen vermindern aber das Potenzial der parochialen Gliederung für die lebensweltlich und biographisch ausgerichtete Kommunikation des Evangeliums. Es bilden sich neue Partizipationsformen an Kirche, die in der Kasualpraxis begegnen und den Bereich der Parochie überschreiten.

Der Vorschlag, die Kasualien an „kirchlichen Orten" zu verankern, eröffnet einen konzeptionellen Rahmen, um die bisherige parochialbezogene Praxis entsprechend den veränderten Lebensgewohnheiten organisatorisch weiter zu entwickeln.

# Zweiter Teil: Das Initiationsritual als grundlegende Kasualie(n)

Wie bereits in § 6 2.2 erwähnt, ist die Taufe in der Antike ein Initiationsritual. Sie führt den Menschen in eine neue Gemeinschaft ein, nämlich in die mit Jesus Christus. Damit bildet der bzw. die Getaufte mit den anderen Getauften eine neue Gemeinschaft, die Kirche (wörtlich: die zum Herrn Gehörigen).

Begriff Initiationsritual

In den letzten Jahrzehnten greifen vorwiegend katholische Liturgiewissenschaftler bei der Behandlung der Taufe auf diesen religionsphänomenologischen Begriff zurück.[1]

Der erstmals 1724 bei Joseph-François Lafitau (1681–1746) begegnende Ausdruck kommt von „initium“ (lateinisch: Eintritt) und bezeichnet das in vielen Kulten und Religionen zu beobachtende rituelle Gefüge, das sich um den Eintritt in einen neuen Status rankt.

In seinem bis heute grundlegenden Werk zur Initiation führt der Religionswissenschaftler Mircea Eliade dazu aus:

> Im allgemeinen versteht man unter Initiation eine Gesamtheit von Riten und mündlichen Unterweisungen, die die grundlegende Änderung des religiösen und gesellschaftlichen Status des Einzuweihenden zum Ziel haben. Philosophisch gesagt entspricht die Initiation einer ontologischen Veränderung der existentiellen Ordnung. Am Ende seiner Prüfungen erfreut sich der Neophyt einer ganz anderen Seinsweise als vor der Initiation: er ist ein anderer geworden.[2]

Im Einzelnen werden religionswissenschaftlich *verschiedene Typen von Initiationsritualen* unterschieden, z. B.:

- age group initiation (vor allem Pubertätsriten als Übergang in den Status des Erwachsenen);
- esoteric initiation (Übertritt in eine besondere Gesellschaft);
- vocational initiation (wie die Berufung zum Schamanen; dieser Typ unterscheidet sich vom eng verwandten zweiten vor allem durch die zentrale Bedeutung des ekstatischen Moments).[3]

1 Z. B. R. Messner, Einführung in die Liturgiewissenschaft, Paderborn 2001, 59–64.
2 M. Eliade, Das Mysterium der Wiedergeburt. Versuch über einige Initiationstypen, Frankfurt (1961; franz. 1958) 1997, 11.
3 Messner, Einführung 60; vgl. E. Grohs, Initiation, in: HrwG Bd. 3 (1993), 238–249.

Die Charakteristik der *Taufe als Initiationsritual* ist in dreifacher Hinsicht für die Kasualtheorie weiterführend:

Prozesscharakter der Taufe

Zum ersten ist die Initiation ein mehrere Riten, Unterweisungen u.Ä. umfassender Prozess. Dadurch wird dem Missverständnis gewehrt, die Taufe sei ein auf wenige Minuten reduzierbarer Wasser-Ritus. Vielmehr tritt deren Zusammenhang mit weiteren Riten und Ritualen in den Blick. *Die Feier des Abendmahls und die Konfirmation gehören historisch und sachlich zum christlichen Initiationsritual* und sind erst später von der Wasserhandlung abgespalten worden. Dieser prozessuale Charakter der Taufe ist sachlich notwendig, weil das in ihr verheißene Mit-Christus-Auferstehen erst nach dem Tod erfolgt. Dann ist die Initiation in die Gemeinschaft mit Christus abgeschlossen, der Taufprozess zu seinem Ende gekommen. Von daher können die Feier des Abendmahls und die weiteren Kasualien, einschließlich der Bestattung, als Stationen auf dem Taufweg interpretiert werden.

Ökumenischer Charakter der Taufe

Weiter wird deutlich, dass die Taufe weder nur ein innerfamiliäres noch ein nur kirchengemeindliches Ritual ist. Es führt – wie erwähnt – in eine große Gemeinschaft ein, nämlich die der mit Christus Verbundenen. So hat die Taufe grundlegend ökumenischen Charakter, der die konfessionellen Spaltungen relativiert und regionale Begrenztheiten überschreitet.

Taufe als „age group initiation" und als „esoteric initiation"

Schließlich kann durch die eben genannte Binnendifferenzierung des Begriffs Initiationsritual die Grundspannung benannt werden, innerhalb derer sich der Wandel gegenwärtiger Taufpraxis vollzieht. Es ist die Spannung zwischen der Taufe als „age group initiation“ und als „esoteric initiation“. Bis zum Personenstandsgesetz von 1875 war in deutschen Landen die Taufe eindeutig für alle Kinder von christlichen Eltern ein Ritual am Beginn des Lebens („age group initiation“). Mittlerweile nimmt die Zahl derer zu, die erst später für sich die Taufe begehren (→ § 12 1.2). In dieser regional unterschiedlich weit vorangeschrittenen Entwicklung spiegelt sich die veränderte Stellung des Christentums in der gegenwärtigen Gesellschaft. Die selbstverständliche Traditionsleitung verliert an Kraft, langsam nimmt die bewusste Hinwendung zum Evangelium zu – aber auch die Abwendung von Kirche und christlichem Glauben. Die Taufe wird – wieder – zu einem bewussten Schritt im Leben („esoteric initiation“).

In dieser Situation gewinnt die Initiation, der Eintritt ins Christentum, neue Bedeutung. An ihr wird brennpunktartig deutlich, auf wen Christen vertrauen und worauf sie hoffen. Dass die Initiation als Ritual – und nicht etwa als bloße Predigt – vollzogen wird, ergibt sich aus dem besonderen Charakter des Evangeliums. Die Zugehörigkeit zu Jesus Christus betrifft den ganzen Menschen, nicht nur seinen durch Worte erreichbaren Verstand. Daran erinnert auch die für christliches Leben konstitutive Feier des Abendmahls.

## 3. Kapitel: Taufe – Grund und Bezugspunkt des Christseins

In allen großen christlichen Kirchen gilt die Taufe als grundlegend für das Christsein. Der katholische Liturgiewissenschaftler Reinhard Meßner formuliert diesen Konsens präzise: „Der Taufgottesdienst bringt den Status des Christseins symbolisch zur Darstellung und bewirkt ihn dadurch. Christsein und Kirche sind ohne Taufe – ohne den Prozeß der Initiation – undenkbar.“[4]

In den vorhergehenden Paragraphen tritt bereits mehrfach die besondere Bedeutung der Taufe hervor. Sie ist biblisch fundiert und für christliche Kirche konstitutiv, was sonst für keine andere Kasualie gilt. Deshalb setze ich bei der normativen Klärung zu Beginn ihrer Behandlung (in § 10) biblisch-theologisch ein.

Angesichts der großen theologischen Bedeutung der Taufe, wie sie sich dogmatisch in ihrer Bezeichnung als Sakrament niederschlägt,[5] ist ihr heute geringer Stellenwert in vielen evangelischen Gemeinden Deutschlands ein Problem. Dieser Missstand ist das Resultat unterschiedlicher jahrhundertelanger Entwicklungen. Sie sind historisch zu rekonstruieren, um Ansatzpunkte für eine Reform zu finden.

Die anschließende empirische Analyse ergibt interessante Veränderungen in der heutigen Taufpraxis.

Um die sich daraus ergebenden Chancen zu nutzen, verdienen konzeptionelle und projektbezogene Anregungen aus der Ökumene Beachtung.

Schließlich begegnen zunehmend innovative Impulse in Theorie und Praxis.

In einem Anhang ist noch ein Vorstoß zu einem neuen Ritus im Umfeld der Taufe zu diskutieren, der insgesamt aber mehr Fragen aufwirft als Probleme löst.

## § 10 Biblische Einsichten

Literatur: F. Avemarie, Taufe II. Neues Testament, in: RGG[4] Bd. 8 (2005), 52–59 – G. Barth, Die Taufe in frühchristlicher Zeit (BThS 4), Neukirchen-Vluyn 1981 ([2]2002) – Ch. Grethlein, Taufpraxis heute. Praktisch-theologische Überlegungen zu einer theologisch verantworteten Gestaltung der Taufpraxis im Raum der EKD, Gütersloh 1988, 143–183 – F. Hahn, Theologie des Neuen Testaments, Bd. 2, Tübingen 2002, 507–532 – U. Schnelle, Taufe II. Neues Testament, in: TRE Bd. 32 (2001), 663–674.

Die Taufe ist zwar ein originär christliches Ritual. Sie nimmt aber als kommunikativer Vollzug Symbole auf, die kultur- und religionsgeschichtlich von großer Bedeutung sind. Grundlegend ist dabei das Wasser als das zur Taufe – in der Regel – notwendige Element. Es eröffnet einen weiten semantischen Raum für Interpretation und Aneignung des rituellen Geschehens, der aber durch die Ausrichtung auf Christus klar geprägt ist.

4 R. Messner, Einführung 60.

5 In das evangelische Sakramentsverständnis führt historisch und systematisch ein: U. Kühn, Sakramente (HST 11), Gütersloh 1985, 306–313.

## 1. Religionsgeschichtliche Grundlage

Ambivalenz des Wassers

Wasser, das Grundelement der Taufe, spielt in der Religionsgeschichte eine große Rolle. Es begegnet *als lebensspendendes, aber auch bedrohendes Element* in vielen Kulten. Das Gebet um Regen ist tief in der primären Religiosität von Ackerbauern verwurzelt, die Bitte um den Schutz vor alles verschlingenden Fluten begleitet ebenso die Menschen an Küsten.

Angesichts dieser Elementarität verwundert es nicht, dass Wasser eine bedeutende Rolle in den verschiedenen Mythologien spielt, auch in der biblischen. Schon in der Kosmologie begegnet das Wasser als Urstoff und muss – wie in Gen 1,6 f – gebändigt werden. Es findet auch bei der Schilderung eschatologischer Vorgänge Verwendung. So entspringt in der Vision des Ezechiel der Tempelschwelle Wasser, das zum Strom des Lebens wird (Ez 47,1–13) und am Ende des Neuen Testaments wieder begegnet (Apk 22,1).

Fundamentale Bedeutung für das Christentum bekommt das Wasser durch seinen zentralen Platz in der Taufe. Sie gilt deshalb religionsphänomenologisch als ein Lustrationsritual (Reinigungsritual), das im Lauf der Zeit viele weitere Bedeutungen anlagert(e). Dabei schwingen die eben angedeuteten Sinngehalte mit, werden aber durch die christologische Konzentration transformiert.

## 2. Allgemeinheit der Taufe

Selbstverständlichkeit der Taufe

2.1 *Soweit historisch feststellbar hat die Christenheit von Anfang an getauft:*

> Wer sich dem neuen Glauben zuwandte, wurde durch die Taufe in die Gemeinde aufgenommen. So forderte nach der Apostelgeschichte der Pfingstprediger Petrus seine fragend gewordenen Zuhörer wie selbstverständlich zur Taufe auf: „Bekehrt euch, und jeder von euch lasse sich auf den Namen Jesu Christi taufen zur Vergebung eurer Sünden […]" (2,38) […] Entsprechend führt die Mission des Philippus in Samarien zur Taufe (8,12). Der Kämmerer aus Äthiopien (8,38) und der Hauptmann Kornelius (10,48), Saulus (9,18), Lydia (16,15) und der Kerkermeister in Philippi (16,33) werden nach ihrer Bekehrung getauft, und der Missionserfolg des Paulus zeigt sich nach 18,8 daran, daß „viele gläubig wurden und sich taufen ließen". (Barth 11)

Dabei ist erkennbar, dass anfangs keine besonderen Voraussetzungen für die Taufe bestehen. Den berichteten Taufen gehen unterschiedliche Ereignisse voraus: überzeugende Predigten (Apg 8,12), Schriftstudium mit Gespräch hierüber (Apg 8,30–35), allgemeine Glaubenskommunikation (Apg 16,14), Geistempfang, der sich in Zungenrede äußert (Apg 10,44–46), oder auch Audition mit anschließender Heilung (Apg 9,3–19).

Taufe als Primärdatum christlicher Existenz

2.2 Sachlich ist das Gewicht der Taufe für die ersten Christen wohl kaum zu überschätzen: „Die Taufe ist im gesamten Urchristentum das Primärdatum christlicher Existenz." (SCHNELLE 663)

Dieser exegetische Commonsense besteht trotz der Tatsache, dass die Taufe im Neuen Testament nicht häufig explizit genannt wird. Vielmehr ist sie für die ersten Christen so selbstverständlich, dass sich ihre direkte Erwähnung erübrigt. Für diese Annahme spricht, dass vielfach indirekt mit Begriffen wie „waschen", „Bad", „Wasser", „Wiedergeburt" o. Ä. auf die Taufe angespielt wird.

Dazu ist die Taufe eng mit den grundlegenden theologischen Konzepten im Neuen Testament verbunden: In der Taufe werden die Rechtfertigung und Heiligung (1 Kor 6,11), die Kindschaft Abrahams und damit dessen Segen (Gal 3,27–29) empfangen. Hymnisch wird die Integration der Taufe in Gottes Segen in Eph 1,3–14 gefeiert.

## 3. Christusbezug

Grundlegend ist für das neutestamentliche Verständnis der Taufe deren Christusbezug.

3.1 Zum einen hat die christliche Taufe historisch in der *Taufe Jesu durch Johannes* einen wesentlichen Grund. Nach übereinstimmendem synoptischen Zeugnis unterzieht sich Jesus der Taufe des Johannes (Mk 1,9–12; Mt 3,13–17; Lk 3,21 f) (SCHNELLE 664 f).

Offensichtlich fällt den Evangelisten – wie die Kürze ihrer Hinweise vermuten lässt – der Bericht über die Taufe Jesu nicht leicht. Sie fürchten wohl, dass Jesus dem Johannes untergeordnet werden könnte. Bei Joh fehlt sogar jede Erwähnung der Taufe Jesu; vielmehr findet sich ein missverständlicher (Joh 3,22), gleich wieder korrigierter (Joh 4,2) Hinweis auf eine eigene Tauftätigkeit Jesu, für die es anderweitig keinen Beleg gibt.

Übereinstimmung mit Johannestaufe

Die Johannestaufe war in mehrfacher Hinsicht rituell und inhaltlich vorbildlich für die christliche Taufpraxis.

Grundlegend ist: Die Taufe vollzieht sich nicht – wie religionsgeschichtlich meist üblich – als Selbsttaufe, sondern wird von einem Anderen vollzogen. Kein Mensch kann sich selbst taufen, er muss getauft werden (Passiv!). Von daher verfehlen alle ethischen Deutungen der Taufe, wie sie in der Tradition Zwinglis etwa Karl Barth entwickelt,[6] den rituellen Grundcharakter der Taufe. Sie sind einseitig aus einem anderweitigen systematischen Vorverständnis abgeleitet, ohne Anhalt am tatsächlichen rituellen Vollzug.

6 KD IV,4 (1967) 141 f, wo Barth sich explizit mit Zwinglis Taufauffassung auseinandersetzt.

Die Taufe ist ein einmaliger Akt. Selbst die schwierige, bald kontrovers diskutierte Frage nach der sog. zweiten Buße (s. Hebr 6,6), wenn ein Getaufter noch einmal fehlt, führt zu keiner Wiederholung der Taufe.

Die Taufe geschieht durch Untertauchen in fließendem Wasser. Dieser Taufmodus wird zwar von den ersten Christen übernommen (s. die entsprechende Vorschrift in Did 7,1), doch mit Ausnahmen versehen, die dann bald zur Regel werden.

Inhaltlich zielt die Johannestaufe auf die Vergebung der Sünden und damit ein neues Verhältnis des Getauften zu Gott.

Besonderheit christlicher Taufe

3.2 Zum anderen unterscheidet sich die christliche Taufe in einem wesentlichen Punkt von der Johannestaufe, der dann weitere inhaltliche Konsequenzen hat. Christen werden *„auf den Namen des Herrn Jesus Christus"* o. Ä. (z. B. 1 Kor 6,11; Apg 2,38) getauft.

Für diese Formulierung wurden unterschiedliche religionsgeschichtliche und philologische Herleitungen versucht, ohne dass eine davon rundum überzeugt (BARTH 49–55). Inhaltlich weist diese Wendung darauf hin, dass die Taufe den Menschen in den Heilsraum einbezieht, den Gott in Jesus Christus eröffnet hat.

Begrifflich und sachlich anregend hat dies Paulus in *Röm 6,3–6* ausgeführt: Hier wird das Geschick des Getauften mit dem Jesu Christi parallelisiert. Der Mensch wird auf den Tod Christi getauft, mit ihm begraben und wird zukünftig an seiner Auferstehung Anteil haben.

Gerade mit Letzterem, der zukünftigen Auferweckung, durchbricht Paulus wohl die ihm vorliegende Tradition.[7] Er akzentuiert dadurch das christliche Taufverständnis an einer wichtigen Stelle neu. Die Taufe ist der Anfang eines Weges, auf dem sich der Christ zu bewähren hat. Deshalb schließt an die Entfaltung der Taufe ab Röm 6,12 eine Paränese an. Der Christusbezug der Taufe, wie er rituell in der – im Einzelnen etwas unterschiedlichen – Taufformel zum Ausdruck kommt, ist also keine statische Wesenszuschreibung. Sie eröffnet vielmehr einen neuen Weg.

Diese eschatologische Akzentuierung der Taufe ist in den weiteren Schriften des Neuen Testaments unterschiedlich – und teilweise nur zurückhaltend (vgl. Eph 2,6) – rezipiert worden. Doch kann sie insgesamt als ein gemeinsames Kennzeichen christlicher Taufauffassung gelten (HAHN 528).

## 4. Einzelne Inhalte

4.1 Von der Johannestaufe übernommen ist die Aussage der *Sündenvergebung* (z. B. Apg 2,38; 10,43; 22,16; Röm 6,6; 1 Kor 6,11; Kol 2,13; Eph 5,26 f; 1 Petr 3,21; 2 Petr 1,9; Hebr 9,14; 10,22; Tit 3,3–6). Dem liegen wohl Nachrichten von Jesu eigenem Wirken zu Grunde (z. B. Mt 9,2.6). Mit der Sündenvergebung wird die Basis für ein

7 U. SCHNELLE, Gerechtigkeit und Christusgegenwart. Vorpaulinische und paulinische Tauftheologie (GTA 24), Göttingen $^{2}$1986, 75–88.

neues Leben des Menschen gelegt. Denn erst wenn die gestörte Beziehung des Menschen zu Gott geheilt, also die Sünde vergeben ist, kann es zu einer Neuorientierung kommen.

4.2 Dem entspricht, dass die neutestamentlichen Autoren mit der Taufe die *Gabe des heiligen Geistes* verbinden (z.B. Apg 1,5; 2,38; 9,17f; 10,44–48; 1 Kor 6,11; 12,13; 2 Kor 1,22) (GRETHLEIN 175–179). Das bringt die grundlegende Veränderung des Menschen anschaulich und radikal zum Ausdruck. So wird dem Getauften ein neues Ethos ermöglicht. In Tit 3,5 führt die Verbindung von Taufe und Geistempfang zum Motiv der „Wiedergeburt".

4.3 Schließlich führt die Taufe in eine *neue Gemeinschaft* hinein. Zwar finden sich hierzu nicht so viele, dafür gewichtige biblische Belege:

Paulus hat dies unter Rückgriff auf das Bild des „Leibes" (griechisch: soma) anschaulich in 1 Kor 12,13 dargestellt und zugleich die Konsequenzen daraus gezogen: Bisher bestehende Gegensätze – zwischen Juden oder Griechen, Unfreien oder Freien, Männern oder Frauen – sind durch die Taufe aufgehoben (Gal 3,27f). Die Kirche ist demnach als eine nichthierarchische Gemeinschaft begründet.

## 5. Zusammenfassung

Hochschätzung der Taufe

So findet sich im Neuen Testament eine überwältigende Hochschätzung der Taufe: *Durch sie wird der/die Einzelne in die den Tod überdauernde Gemeinschaft mit Christus integriert (Passiv!).* Dazu gehören Heilung des zerstörten Gottesverhältnisses durch Sündenvergebung, Ermöglichung eines neuen Lebens durch die Gabe des heiligen Geistes und die Eingliederung in die neue Gemeinschaft der durch den gemeinsamen Anteil an Jesus Christus auch untereinander Verbundenen.

Angesichts dieses Befundes, der in der Dogmatik zur Rede von der Heilsnotwendigkeit der Taufe führte (s. etwa Confessio Augustana Art. IX), ist die heute eher marginale Stellung der Taufe erstaunlich. Wie kam es dazu?

# § 11 Geschichtliche Entwicklung

Literatur: CH. GRETHLEIN, Grundfragen der Liturgik. Ein Studienbuch zur zeitgemäßen Gottesdienstgestaltung, Gütersloh 2001, 190–198 – A. JILEK, Die Taufe, in: H.-CH. SCHMIDT-LAUBER/M. MEYER-BLANCK/K.-H. BIERITZ (Hg.), Handbuch der Liturgik, Göttingen [3]2003, 285–318 – B. KLEINHEYER, Sakramentliche Feiern I. Die Feiern der Eingliederung in die Kirche (GdK 7,1), Regensburg 1989, 20–171, 237–245 – G. KRETSCHMAR, Die Geschichte des Taufgottesdienstes in der alten Kirche (Leiturgia 5), Kassel 1970 – H. LUTTERBACH, Erste Taufe, Zweite

Taufe, Wiedertaufe – Im Ringen um entschiedenes Christentum. Ein kulturhistorischer Durchblick, in: B. KRANEMANN/G. FUCHS/J. HAKE (Hg.), Wiederkehr der Rituale. Zum Beispiel die Taufe, Stuttgart 2004, 17–46 – R. MESSNER, Einführung in die Liturgiewissenschaft, Paderborn 2001, 85–136 – R. ROOSEN, Taufe lebendig. Taufsymbolik neu verstehen, Hannover 1990 – G. SCHARFFENORTH, Taufe und Kirchengliedschaft in der Theologie Luthers und in den Kirchenordnungen der Reformation, in: DIES., Den Glauben ins Leben ziehen. Studien zu Luthers Theologie, München 1972, 71–121 – E. YARNOLD, Taufe III. Alte Kirche, in: TRE Bd. 32 (2001), 674–696.

Die Taufe bleibt zwar während der gesamten Christentumsgeschichte unbestritten das Ritual am Beginn des Christseins. Allerdings geht ihre Bedeutung mit dem Selbstverständlich-Werden des Christentums zurück. Sie verliert wichtige rituelle Teile und semantische Zusammenhänge.

Martin Luther entdeckt wieder ihre theologische Potenz, die die vielen Benediktionen und vor allem die Firmung weitgehend verbargen. Allerdings tragen auch die Reformatoren wirkungsgeschichtlich durch die Konzentration auf das Wort zu einer weiteren Marginalisierung der Taufe bei.

Erst in jüngster Zeit begünstigt der Rückgang der Selbstverständlichkeit des Christseins eine erneute Hinwendung zur Taufe und ihren Verheißungen.

## 1. Zentrum der Alten Kirche

Taufe als zentrales Datum antiker Christen

1.1 Die Taufe ist in der Alten Kirche *das zentrale Ritual.* Hier kommt zum Ausdruck, was es heißt Christ zu sein. Dazu gehört auch, dass der Zutritt zur Gemeinde als Leib Christi rituell inszeniert wird. Georg Kretschmar leitet seine bis heute nicht überholte Geschichte der Taufe in der Alten Kirche mit dem Satz ein: „Wenn man einen Christen im dritten Jahrhundert nach der zentralen gottesdienstlichen Handlung der Kirche gefragt hätte, dann hätte er in seiner Antwort von der Taufe, nicht vom sonntäglichen Herrenmahl gesprochen.“ (KRETSCHMAR 7)

1.2 Dementsprechend wird die Taufe rituell reich ausgestaltet. Als ein gutes Beispiel kann hier das in der sog. *Traditio Apostolica* überlieferte Tauf-Ritual dienen. Dieses für die Geschichte christlicher Liturgie einzigartige Dokument ist historisch nicht einfach zu bestimmen. Es handelt sich um eine nur in späteren Abschriften und Übersetzungen überlieferte Kirchenordnung, die in der Tradition dem römischen Presbyter Hippolyt zugeschrieben wurde. Wahrscheinlich reicht der Text zurück bis ins späte 2. Jahrhundert nach Ägypten.[8]

8 S. zu diesen schwierigen Fragen CH. MARKSCHIES, Wer schrieb die sogenannte Traditio Apostolica, in: W. KINZIG/CH. MARKSCHIES/M. VINCENT, Tauffragen und Bekenntnis (AKG 74), Berlin 1999, 1–79.

Praktisch-theologisch ist dieser Bericht eines Taufrituals deshalb wichtig, weil er – wie in § 13 2. ausgeführt – heute wichtige Impulse für eine Reform der kirchlichen Praxis hinsichtlich erwachsener Taufbewerber und -bewerberinnen gibt.

Symbolischer Reichtum der Taufe

Nach ausführlichen Bestimmungen zu den Gründen für die Ablehnung von Taufbewerbungen folgen Hinweise zum dreijährigen Katechumenat und zum rechten Verhalten der Katechumenen im Gottesdienst. Nachdem etliche Exorzismen absolviert sind, die die Reinheit der Katechumenen gewährleisten sollen, tritt die Vorbereitung in die Endphase, die in der Taufe in der Osternacht gipfelt:

Die Täuflinge sollen am Freitag und Samstag der Woche fasten. Am Samstag soll der Bischof die Täuflinge an einem Ort versammeln und ihnen allen befehlen, zu beten und niederzuknien. Und wenn er seine Hand auf sie legt, soll er alle fremden Geister exorzieren, daß sie aus ihnen entfliehen und von da an nicht mehr zurückkehren. Wenn er mit dem Exorzieren fertig ist, soll er ihnen ins Gesicht blasen, und wenn er ihre Stirn, ihre Ohren und ihre Nase gesiegelt hat, soll er sie aufstehen lassen.

Die ganze Nacht sollen sie wach zubringen, indem man ihnen vorliest und sie belehrt. Die Täuflinge sollen nichts anderes mit sich nehmen als das, was jeder für die Eucharistiefeier mit sich nimmt. Denn für den, der würdig geworden ist, ziemt es sich, sein Opfer zur gleichen Stunde darzubringen.

Wenn der Hahn kräht, soll zunächst über dem Wasser gebetet werden. Es soll reines und fließendes Wasser sein [...] Wenn aber eine dauernde und dringende Notlage besteht, so benutzt das Wasser, das ihr findet. Dann sollen sie sich entkleiden.

Zuerst sollt ihr die Kinder taufen. Alle, die für sich sprechen können, sollen sprechen. Für die aber, die nicht sprechen können, sollen die Eltern sprechen oder ein anderer, der zu ihrer Familie gehört. Danach tauft die Männer. Schließlich die Frauen, nachdem sie ihre Haare vollständig aufgelöst und die Schmucksachen aus Gold, die sie trugen, abgelegt haben. Niemand soll einen fremden Gegenstand mit sich ins Wasser nehmen.

Zu der für das Taufen festgesetzten Zeit soll der Bischof über dem Öl danksagen und es in ein Gefäß gießen. Man nennt es „Öl der Danksagung". Dann nimmt er wieder ein anderes Öl, das er exorzieren soll. Man nennt es „Öl des Exorzismus". Ein Diakon bringt das Öl des Exorzismus und stellt sich links vom Presbyter auf, während ein anderer Diakon das Öl der Danksagung nimmt und sich rechts vom Presbyter aufstellt. Wenn dann der Presbyter jeden einzelnen von den Täuflingen fasst, soll er ihm befehlen, mit folgenden Worten abzuschwören: „Ich sage mich los von dir, Satan, von deinem Dienst und allen deinen Werken." Wenn er alles abgeschworen hat, soll er ihn mit dem Öl des Exorzismus salben und dabei sprechen: „Möge jeder (unreine) Geist sich von dir entfernen."

Und so soll er ihn dem Bischof nackt übergeben oder dem Presbyter, der am Wasser steht und tauft. Der Diakon soll mit ihm hinabsteigen. Wenn derjenige, der getauft werden soll, ins Wasser hinabgestiegen ist, soll der Täufer ihm die Hand auflegen und fragen: „Glaubst du an Gott, den allmächtigen Vater?" Und der, der getauft wird, sagt: „Ich glaube." (Während er weiterhin die Hand auf den Kopf gelegt hält), tauft er ihn zum erstenmal. Danach soll er fragen: „Glaubst du an Jesus Christus, Gottes Sohn, [...]?" Und wenn dieser spricht: „Ich glaube", wird er zum zweitenmal getauft. Und wiederum soll er sprechen: „Glaubst du an den Heiligen Geist [...]?" Der, der getauft wird, sagt: „Ich glaube" und wird dann zum drittenmal getauft. Und nachdem er herausgestiegen ist, wird er von dem Presbyter mit den Worten: „Ich salbe dich mit dem (heiligen) Öl im Namen Jesu Christi“ mit dem Öl der Danksagung gesalbt. Dann zieht sich jeder an, nachdem er sich abgetrocknet hat.

Nun sind sie in der Kirche versammelt. Der Bischof legt ihnen die Hand auf und spricht die Anrufung: „Herr, Gott, [...]“

Dann sagt er, indem er das (geheiligte) Öl aus seiner Hand ausgießt und sie auf seinen Kopf legt: „Ich salbe dich mit dem Heiligen Öl in Gott, dem allmächtigen Vater, und in Jesus Christus und dem Heiligen Geist.“ Und nachdem er ihn an der Stirn gesiegelt hat, gibt er ihm einen Kuß und sagt: „Der Herr sei mit dir.“ Und der, der gesiegelt worden ist, sagt: „Und mit deinem Geist.“ So wird er es mit jedem machen. Und von da an beten sie gemeinsam mit dem ganzen Volk. Sie beten nämlich nicht mit den Gläubigen, bevor sie das alles erhalten haben. Und wenn sie gebetet haben, dann geben sie den Friedenskuß.

Dann wird dem Bischof von den Diakonen die Opfergabe gereicht. Er sagt Dank über dem Brot, denn es ist der Antitypos des Fleisches Christi und über dem Kelch mit dem Wein, denn er ist dem Blut Christi ähnlich, das für all die, die an ihn glauben, vergossen worden ist. Über der Milch und dem vermischten Honig, um die Erfüllung der Verheißung anzuzeigen, die an die Väter erging: in der er von dem Land, in dem Milch und Honig fließen, gesprochen hat; der Christus sein Fleisch gegeben hat; von dem sich die Gläubigen wie kleine Kinder ernähren; der durch die Lieblichkeit des Wortes die Bitterkeit des Herzens süß macht. Über dem Wasser als Kennzeichen der Taufe, damit der innere Mensch, d.h. die Seele, das gleiche gewinnt wie der Körper. Von all diesen Dingen legt der Bischof denen, die empfangen, Rechenschaft ab.

Wenn er das Brot bricht, sagt er, wobei er den einzelnen die Stücke darreicht: „Das Himmelsbrot in Christus Jesus.“ Derjenige, der es erhält, antwortet: „Amen.“ Wenn es nicht genug Presbyter gibt, tragen die Diakone auch die Kelche, und sie stellen sich in guter Ordnung auf: als erster der, der das Wasser hält, als zweiter der, der die Milch hält, als dritter der, der den Wein hält. Diejenigen, die empfangen, schmecken dreimal von jedem der Kelche. Der, der gibt, sagt: „In Gott, dem allmächtigen Vater.“ Und der, der erhält, antwortet: „Amen.“ „Und in dem Herrn Jesus Christus.“ [...] Und er sagt: „Amen.“ „Und im Heiligen Geist und der Heiligen Kirche.“ Und er sagt: „Amen.“ Man hält es so mit einem jeden. Wenn das beendet ist, verpflichtet sich jeder, gute Werke zu tun, Gott zu gefallen (und sich gut zu verhalten), sich der Kirche zu widmen, das, was er gelernt hat, zu tun und in der Verehrung Gottes fortzuschreiten. (Textfassung nach Roosen 10–13)[9]

Eindrücklich tritt hier ein reichhaltiges Ritual voller Symbole entgegen.

Liminale Phase in der Osternacht

Die Grundstruktur ist – Rudolf Roosen hat dies herausgearbeitet (Roosen 20–24) – die eines Schwellenrituals. In der liminalen Phase der Osternacht lassen die Taufbewerber und -bewerberinnen biologisch notwendige Verrichtungen hinter sich: Sie essen, schlafen und waschen sich nicht. So geraten sie physiologisch gesehen in einen Außenzustand besonderer Erlebnisfähigkeit.

9 Die genauere Begründung für die zu Grunde liegenden textkritischen und sonstigen historischen Überlegungen s. im Manuskript der diesem Buch zu Grunde liegenden Dissertation, die Roosen noch unter seinem Geburtsnamen abschloss: R. Fleischer, Verständnisbedingungen religiöser Symbole am Beispiel von Taufritualen – ein semiotischer Versuch –, Diss. theol. Mainz 1984, 15–52.

Die einzelnen Symbole parallelisieren das Geschick des Täuflings mit den letzten Stunden Jesu.

1.3 Insgesamt stellt sich die Taufe als ein komplexes Ritual dar. Es umfasst nach dem Katechumenat und vorbereitenden Exorzismen die Wasserhandlung (mit dreimaligem Fragen), die postbaptismale Salbung mit dem Öl der Danksagung sowie die aufwändig gestaltete Taufeucharistie. Es leuchtet wohl unmittelbar ein, dass jeder so Getaufte sich sein Leben lang an dieses Ritual erinnern wird.

Bei vielen *Symbolen des Taufrituals* fällt deren sinnliche Evidenz auf. Ihre natürlichen bzw. kulturell plausiblen Eigenschaften eröffnen zahlreiche religiöse Deutungsmöglichkeiten.

Eigenschaften des Wassers als Grundlage der Taufsemantik

Das tritt schon beim Grundelement der Taufe, dem Wasser, zu Tage. Drei Eigenschaften sind hier grundlegend und bieten den Ansatz zu unterschiedlichen religiösen bzw. theologischen Interpretationen, wobei diese im Einzelnen ineinander übergehen und nur analytisch unterschieden werden können:

Wasser ist lebensspendend – Leben ohne Wasser ist undenkbar.

Wasser ist lebensbedrohend – Menschen können ertrinken.

Wasser ist ein universales Reinigungsmittel.

Im Ritual der Traditio Apostolica werden alle drei Bedeutungen inszeniert:

Der Hinweis auf das fließende Wasser hebt dessen reinigende Kraft hervor.

Das Untertauchen symbolisiert die todbringende Bedeutung.

Die lebensspendende Kraft begegnet u. a. gegen Ende des Rituals in Form des Wasserschlucks.

Im Laufe der Theologiegeschichte haben sich weitere Merkmale des Wassers als Bedeutungsträger ergeben, die ein tieferes Verständnis der Taufe ermöglichen. So fügt Thomas v. Aquin zu den genannten Eigenschaften noch zwei weitere hinzu (s. Roosen 32):

Wasser hat kühlende Kraft; das verdeutlicht ihm, dass die Taufe die Glut der Begierde schwächt.

Wasser ist durchsichtig; es kann Licht aufnehmen und steht so für die Erleuchtung in der Taufe.

Bedeutungsmöglichkeiten von Öl

Ähnliches lässt sich auch für andere Symbole zeigen, wie für das in der Antike vielfach verwendete Öl:

> Es sind vor allem drei Eigenschaften des Öls, die für die Ausdeutung des Taufrituals wichtig waren. Öl wurde in der Antike als Reinigungsmittel verwendet und konnte deshalb die Reinigungssymbolik des Wassers unterstützen. Öl legt sich wie ein Schutzfilm um den Körper, wenn man es als Salböl verwendet. Mit dieser Eigenschaft machte es die apotropäische (sc. Geister abwehrende, Ch. G.) Bedeutung der praebaptismalen Salbung erfahrbar. Und schließlich kommt noch ein Moment der Kräftigung, Stärkung und Kraftübertragung hinzu, das bei der postbaptismalen Salbung, vor allem aber bei der geistverleihenden dritten Salbung in der Kirche zu berücksichtigen sein dürfte. (Roosen 33)

Ikonische Zeichen als Verstehenshilfen

Semiotisch gesprochen handelt es sich hier – wie auch beim Anblasen (exsufflatio), der Taufzeit am Übergang von der Nacht zum Tag, dem Kuss, dem Essen von Brot und Wein – um ikonische Zeichen. Bei ihnen ergeben sich die semantischen Merkmale aus den Eigenschaften des Objekts bzw. der Handlung. Solche Zeichen sind deshalb gut auch für Außenstehende verständlich.

1.4 Noch ein wichtiges Element des Gesamtgefüges Taufe sind neben dem vorbereitenden Katechumenat die *Mystagogischen Katechesen* in der Woche nach der Taufe. Während sich das der Taufe vorausgehende Katechumenat vor allem auf den ethischen Bereich erstreckt, ist die Glaubenslehre, etwa die Lehre von Taufe und Herrenmahl, Gegenstand dieser Predigten. Theologisch erscheint es erst dem (in der Taufe) mit dem Heiligen Geist Begabten möglich zu sein, wesentliche christliche Glaubenslehren zu verstehen.

Hochschätzung ritueller Kommunikation

Dahinter steht – in heutigen Kategorien formuliert – die Einsicht in die Besonderheit ritueller Kommunikation. Demnach ist der Inhalt der Taufe nicht ohne vorhergehendes Erleben dieser Handlung verständlich. Der heute weitgehend verbreitete Primat der diskursiven Kommunikation, etwa in Form von gesprächsorientiertem Unterricht, ist also für die Kommunikation des Evangeliums keineswegs selbstverständlich, sondern eine späte Entwicklung.

1.5 Schließlich sind seit dem 3. Jahrhundert *feste Tauftermine* zu beobachten. Ein so aufwändiges Ritual erfordert terminliche Konzentration.

Ostern und Epiphanias als Tauftermine

In engem Zusammenhang hiermit beginnt sich das, was viel später Kirchenjahr genannt wird, herauszubilden. Vor allem Ostern (Osternacht) als Fest der Auferstehung und auch Epiphanias als Fest der Lichter, an dem das Evangelium von der Taufe Jesu verlesen wird, werden zu festen Taufterminen. Die Advents- und Passionszeit sind ursprünglich Zeiten der unmittelbaren Vorbereitung auf die Taufe. Sie werden deshalb als Bußzeiten begangen. Hierbei zeigt sich noch einmal, wie sehr in den ersten Jahrhunderten die Taufe im Zentrum christlicher Gemeinde steht. Sie gibt den Zeittakt an.

## 2. Drei Reduktionen

Während im Osten die Komplexität des Taufrituals beibehalten wird – bis heute feiern die orthodoxen Kirchen bei der Taufe Wasserhandlung, Salbung und Erstkommunion in einem Ritual –, kommt es im Westen zu folgenreichen Abspaltungen:

*In den folgenden Jahrhunderten löst sich in der westlichen Tradition der Zusammenhang der Taufe*
*mit dem Katechumenat,*
*mit der (postbaptismalen) Salbung*
*und der Eucharistie.*

Die Taufe verliert so wichtige Kontexte, wie die folgende problemgeschichtliche Rekonstruktion zeigt (YARNOLD).

2.1 Drei Entwicklungen destruieren den altkirchlich festen *Zusammenhang zwischen Katechumenat und Taufe*:

Die anspruchsvolle, in der Regel etwa drei Jahre dauernde Form des Katechumenats bildet sich in einer Situation heraus, in der die Kirche eine deutlich von der übrigen Gesellschaft abgegrenzte Sondergemeinschaft ist. Der – am genannten Beispiel aus der Traditio Apostolica exemplarisch erkennbare – persönliche Kontakt zwischen Bischof und Taufbewerber bzw. Taufbewerberin setzt kleine Zahlen voraus. Als Anfang des 4. Jahrhunderts die Zahl der Taufaspiranten ansteigt, ist diese Form der Vorbereitung nicht mehr allgemein aufrecht zu erhalten.

Taufaufschub

Die Marginalisierung des Taufkatechumenats wird durch die Praxis des Taufaufschubs gefördert (historisches Beispiel: Kaiser Konstantin). Jetzt lassen sich Menschen, obgleich christlich gesinnt, erst auf dem Sterbebett taufen. Die hohen ethischen Standards christlichen Lebens stehen für sie in Widerspruch zu den Anforderungen des täglichen Lebens. Sie wollen sicher gehen, sündenfrei vor den Richterstuhl Christi zu treten.

Schließlich setzt das Katechumenat erwachsene Taufbewerber und -bewerberinnen voraus. Sobald – vor allem ab dem 5. Jahrhundert – die Zahl der Kindertaufen steigt, ist das nicht mehr gegeben. Zwar bleiben die Elemente der katechumenalen Prüfung (Skrutinium; vor allem durch Exorzismen) im Ritual erhalten, sie schrumpfen jetzt aber zu bloßen Formeln innerhalb des Taufgottesdienstes zusammen (sog. Skrutinien).

Verlust der katechetischen Dimension

Die Auswirkungen dieser Entwicklung sind gravierend. Die Taufe verliert ihren katechetischen Kontext. Besonders krass tritt dies im Mittelalter in den Massen- und Zwangstaufen hervor. Hier werden – entsprechend der germanischen Herrscher-Ideologie – zum einen ganze Sozialverbände getauft, ohne die Menschen vorher in den christlichen Glauben einzuführen. Zum anderen gerät in der karolingischen Ära die Christianisierung zum außenpolitischen Instrument. So werden Sachsen, Slawen und Awaren gewaltsam getauft – später auch Juden. Die Grundintention der Taufe ist in ihr Gegenteil verkehrt.

Firmung als neues Ritual der Geistgabe

2.2 Ebenfalls mit der Taufpraxis nicht originär zusammenhängende Entwicklungen führen zur *Abspaltung der postbaptismalen Salbung*. Die Salbung wird – ausgehend von der stärkenden Kraft des Öls – zum Zeichen für die Geistmitteilung.

Salbungen spielen schon in der Bibel als Ausdruck eines neuen Status eine große Rolle. Priester, Könige und Propheten werden zur Amtseinführung gesalbt. „Messias“ bzw. „Christus“, hebräisch bzw. griechisch „Gesalbter“, wird zum Ehrentitel Jesu.

Von daher zieht die Taufe als Schwellenritual nicht nur die Begrifflichkeit (2 Kor 1,21), sondern auch den Ritus der Salbung an. Der Mensch wird durch die Taufe „Christ“; zu diesem neuen Status wird er gesalbt, auch als Ausdruck der mit der Taufe verbundenen Verleihung des Heiligen Geistes.

Bald wird der Wasserritus in Deutung der reinigenden Kraft des Elements als Sündenvergebung, die Handauflegung mit Salbung als Geistverleihung interpretiert, ohne aber deren Zusammenhang im Gesamtritual zu bestreiten.

Zu einer Abtrennung der Salbung kommt es erst in Zusammenhang mit der Vergrößerung der Bischofssprengel und der Zunahme der Kindertaufen. Die Verbreitung des Christentums im 4. Jahrhundert führt dazu, dass die in den Städten angesiedelten Bischöfe weit von den neu entstehenden Landgemeinden entfernt sind. Zugleich macht ein soteriologisch ausgeprägtes Taufverständnis bei gleichzeitiger Zunahme der Kindertaufen ein kurzfristiges Taufen dringlich. Nicht zuletzt wegen der hohen Säuglingssterblichkeit sind die Eltern an einer möglichst umgehenden Taufe ihrer Kinder interessiert. Da dies die Bischöfe nicht mehr leisten können, erlauben sie den vor Ort befindlichen Presbytern den Vollzug des Wasserritus; die Handauflegung mit Salbung, jetzt exklusiv als Geistmitteilung verstanden, behalten sich die Bischöfe aber selbst vor. So entsteht – wie im nächsten Kapitel genauer gezeigt wird – die Firmung als ein eigenständiger Akt.

Besonders problematisch an dieser Entwicklung ist, dass der zentrale Wasserritus dem niedrigrangigeren Presbyter übertragen wird, die Bischöfe aber Handauflegung und Salbung für sich reklamieren. In hierarchisch strukturierten Gesellschaften wie der antiken oder der mittelalterlichen ist damit zugleich eine Abwertung der Taufe verbunden.

Die immer wieder, zuletzt in der bereits erwähnten Tauflehre des späten Karl Barth versuchte Unterscheidung von Wasser- und Geisttaufe[10] ist gleichsam der Schlusspunkt dieser Fehlentwicklung. Sie ist schon exegetisch nicht haltbar.[11]

2.3 Schließlich geht im Westen der *Zusammenhang von Taufe und Taufeucharistie* verloren. Bis etwa 1200 gehört die Eucharistie selbstverständlich zur Taufe. Auch der getaufte Säugling kommuniziert – wie bis heute in den orthodoxen Kirchen. Wahrscheinlich geschah dies so, dass dem Säugling ein in Wein getauchter Finger gereicht wird (Kleinheyer 240). Joh 6,53 ist lange unangefochten der biblische Beleg für diese Praxis. Wie die Taufe gilt auch die Eucharistie als heilsnotwendig.

Demgegenüber beginnt ab etwa 1200 eine fälschlicherweise Augustin zugeschriebene Interpretation von 1 Kor 10,17 die Schriftgrundlage für eine neue Praxis zu werden. Danach inkorporiert die Taufe allein in den Leib Christi. Den neu getauften Unmündigen wird die Eucharistie vorenthalten. Lange halten sich Ersatzriten, wie das Verabreichen von unkonsekriertem Wein.

10 KD IV,4 112.

11 E. Dinkler, Die Taufaussagen des Neuen Testaments. Neu untersucht in Hinblick auf Karl Barths Tauflehre, in: F. Viering (Hg.), Zu Karl Barths Lehre von der Taufe, Gütersloh 1971, 60–153.

Liturgische Isolierung der Taufe

Kasualtheoretisch wichtig ist, dass die Abtrennung der Eucharistie von der Taufe zugleich deren ekklesiologische Anbindung verändert. Die Taufe ist jetzt nicht mehr mit dem Mittelpunkt der sonntäglichen Gemeindefeier verbunden. Ihre Isolation von der sonstigen Liturgie beginnt. Die Voraussetzungen für den Empfang der Taufe erscheinen geringer als die für die Kommunion. Damit ist liturgisch ein Prozess eingeleitet, der zu der später beklagten „Verweltlichung der Taufe" – bei gleichzeitiger „Verkirchlichung des Abendmahls" – führt.[12]

Grundlegende Veränderung des Ritualcharakters der Taufe

2.4 Bei den skizzierten Entwicklungen spielt die *Veränderung im Taufalter* eine Rolle. Dabei kann die Frage ausgeklammert werden, ob von Anfang an Kinder getauft wurden. Sie ist historisch offensichtlich nicht zu beantworten.[13] Für die Ritualgestalt ist es dagegen wichtig, dass sie unverändert beibehalten wird, auch als in der Regel nicht mehr Erwachsene für sich, sondern für ihre Kinder die Taufe begehren. So beantworten Paten bzw. Eltern die an den Täufling nach wie vor gerichteten Fragen, die Exorzismen werden – wie berichtet – nur noch pro forma vollzogen usw. Dadurch wird nicht nur der Sinngehalt des Rituals entleert. Sein Charakter ändert sich grundlegend. Religionswissenschaftlich formuliert: Aus einer „esoteric initiation" wird eine „age group initiation". Theologisch gesehen wird der biblisch selbstverständliche Zusammenhang zwischen Taufe und Glaube zumindest unanschaulich.

Zunehmend wandert die Entschiedenheit des Christseins in das Mönchtum aus. Bezeichnend ist, dass der Eintritt in diesen Stand als „zweite Taufe" bezeichnet und rituell parallel zur Taufe inszeniert wird (Lutterbach 30–34).

2.5 Zusammenfassend ist also festzustellen:

*In einem etwa eintausend Jahre umfassenden Prozess verliert die Taufe im Westen wesentliche Dimensionen: Sie wird um die katechetische Dimension reduziert;*

*es wird die (postbaptismale) Salbung und damit ein wichtiges Zeichen für die Geistverleihung abgetrennt (Firmung); mit der Taufeucharistie geht die Verbindung zum liturgischen Zentrum der Gemeinde verloren.*

Unterstützt werden diese Tendenzen durch die Umstellung von der Erwachsenen- zur Kindertaufe. Sie findet rituell keine Berücksichtigung, verändert aber den Charakter der Taufe grundlegend.

12 P. Schempp, Die Verweltlichung der Taufe, in: Ders., Gesammelte Aufsätze (TB 10), München 1960, 146–158.

13 F. Hahn, Theologie des Neues Testaments, Bd. 2, Tübingen 2002, 530 f.

## 3. Theologisierung bei Luther

Nur von dieser Vorgeschichte her ist verständlich, warum die besonders bei Luther ausgeprägte theologische Hochschätzung der Taufe (Scharffenorth) nicht zu einer durchgreifenden Erneuerung der Taufpraxis führt. Der Reformator nimmt die um wichtige Teile des christlichen Initiationsrituals reduzierte Taufe als selbstverständlich hin. Dazu trägt er wirkungsgeschichtlich – entgegen seiner theologischen Intention – zu einer weiteren Marginalisierung der Taufe bei. Sein Taufbüchlein (in der Fassung von 1526) hat bis heute weit reichenden Einfluss in den deutschen evangelischen Kirchen.

3.1 *Theologisch* betont Luther durchgehend die hohe Bedeutung der Taufe.[14] Schon 1519 schreibt er in seinem „Sermon von dem heiligen hochwürdigen Sakrament der Taufe“: „Drumb ist kein grösser trost auff erden, dan die tauf, durch wilch wir yn der gnaden und barmhertzigkeit urteyll treten, die die sund nit richtet, sondern mit vielen ubungen auß treybt.“ (WA 2,731,202–22)

Prozesscharakter der Taufe

Zugleich hebt Luther ihren Prozesscharakter hervor. Immer wieder, vor allem bei der Behandlung der Buße, kann man sich auf die Taufe beziehen und durch sie neu ausrichten lassen (WA 2,733,28 f). Die Taufe selbst kommt erst im Tod zur Vollendung:

> Das sacrament odder zeychen der tauff ist bald geschechen, wie wir vor augen sehen, aber die bedeutung die geystliche tauff, die erseuffung der sund, weret die weyl wir leben, und wirt aller erst, ym tod voln bracht, da wirt der mensch recht yn die tauff gesenckt, unnd geschicht, was die tauff bedeut. Drumb ist diß ganz leben nit anders, dan eyn geystlich tauffen an unterlaß, biß yn denn todt. (WA 2,728)[15]

Im Kleinen Katechismus kleidet Luther diese theologische Einsicht in das anschauliche Bild vom täglichen Ersäufen des „alten Adam“ (BSLK 516,32 f).

Taufbüchlein Luthers

3.2 *Rituell* dringt allerdings der Reformator nicht zu einer grundlegenden Reform der Taufe durch. Agendarisch schließt er sich an mittelalterliche Formulare, konkret die ermländische Agenda communis von 1512/1520 an (Kleinheyer 139 f). Auf Grund von Protesten gegen die konservative, d. h. viele der traditionellen Elemente übernehmende Fassung des 1523 veröffentlichten Taufbüchleins streicht er 1526 in einer Überarbeitung etliches: Die Exsufflatio (Anhauchen des Kindes), die Salzgabe (datio salis), Ephata-Ritus (Berührung der Nase und des Mundes mit Speichel [später: Öl]), zwei Exorzismen und die Taufkerze entfallen.

14 M. Brecht, Gelebte Taufe nach Martin Luther, in: Das Sakrament der Heiligen Taufe (Veröffentlichungen der Luther-Akademie Ratzeburg 27), Erlangen 1997, 21–39.

15 O. H. Pesch, Theologie des Todes bei Martin Luther, in: H. Becker/B. Einig/P.-O. Ullrich (Hg.), Im Angesicht des Todes. Ein interdisziplinäres Kompendium I (PiLi 3), St. Ottilien 1987, 709–789, 742–753.

So umfasst das Taufritual nach dem Taufbüchlein von 1526 (BSLK 535–541), das später in den Anhang des Kleinen Katechismus aufgenommen und wirkmächtig wird, folgende Elemente:

Beschwörung des Bösen
Bezeichnung mit dem Kreuz auf Stirn und Brust
Gebet
Sintflutgebet
Exorzismus: Ich beschwör dich
Evangelienlesung Mk 10,13–16
Handauflegung mit Vaterunser (kniend)
Zug zur Taufe mit Segenswort
Absage
Glaubensbekenntnis
Tauffrage (an das Kind; Antwort durch Paten)
Taufe (einmaliges Eintauchen; trinitarische Taufformel)
Begleitwort und Überreichung des Westerhemdes
Friedensgruß.

Ganz deutlich tritt hier das katechetische Bemühen hervor, durch Streichung symbolischer Handlungen das Wesentliche der Taufe deutlicher zur Darstellung zu bringen. Allerdings bleibt es bei einer Verbesserung nur auf der quantitativen Ebene. Die Fiktion des Erwachsenenrituals bleibt bestehen – das Kind wird gefragt, die Paten antworten.

Hier geht Zwingli mit seiner Taufordnung von 1525 (abgedruckt in: Jilek 298) weiter. Explizit werden die Paten angesprochen und gefragt.

In dem 1614 erstellten Rituale Romanum wird zwar zwischen einer Ordnung für Unmündige und Erwachsene unterschieden, doch geht es hier lediglich um die Verkürzung einiger Ritualelemente, nicht um eine grundlegende Neugestaltung.

Auch fehlt die Eucharistie weiter. In einer Tischrede räumt 1532 allerdings Luther die Möglichkeit ein, Kindern das Abendmahl zu reichen (WATR 1,157,17–24, Nr. 365).

Schließlich ist ein katechetischer Impuls – abgesehen von der deutschen Sprache des Taufformulars – nicht erkennbar.

Sintflutgebet Luthers

3.3 Prägend für die Folgezeit bis heute wird der *hermeneutische Umgang Luthers mit den Zeichen.* Er kann exemplarisch an dem sog. Sintflutgebet Luthers, einer Betrachtung zum Wasser, studiert werden:[16]

Allmächtiger, ewiger Gott, der Du hast durch die Sintflut nach Deinem gestrengen Gericht die ungläubige Welt verdammpt und den gläubigen Noe selbacht nach Deiner großen Barmherzigkeit erhalten und den verstockten Pharao mit allen Seinen im roten Meer ersäuft und Dein Volk Israel trocken durchhin gefuhrt, damit dies Bad Deiner heiligen Taufe zukunftig

16 S. zur schwierigen historischen Frage nach eventuellen Vorlagen A. Peters, Kommentar zu Luthers Katechismen, Bd. 5, hg. von G. Seebass, Göttingen 1994, 163–172.

bezeichnet, und durch die Taufe Deines lieben Kindes, unsers Herrn Jesu Christi, den Jordan und alle Wasser zur seligen Sintflut und reichlicher Abwaschung der Sunden geheiliget und eingesetzt, wir bitten durch dieselbe Deine grundlose Barmherzigkeit, Du wolltest diesen N. gnädiglich ansehen und mit rechtem Glauben im Geist beseligen, daß durch diese heilsame Sintflut an ihm ersaufe und untergehe alles, was ihm von Adam angeborn ist und er selb dazu getan hat, und er, aus der Ungläubigen Zahl gesundert, in der heiligen Arca der Christenheit trocken und sicher behalten, allzeit brunstig im Geiste, fröhlich in Hoffnung Deinem Namen diene, auf daß er mit allen Gläubigen Deiner Verheißung ewiges Leben zu erlangen wirdig werde durch Jesum Christum, unsern Herrn, Amen. (BSLK 539)

Grandios fügt hier Luther die unterschiedlichen biblischen Wasser-Traditionen zusammen und bringt das biblische Gewicht der Taufe zur Sprache.

Im katholischen Ritual von 1614 fehlt dagegen solch ein großes Gebet. Dies hat seinen Platz in der österlichen Weihe des Taufwassers – eine ungünstige Abtrennung, die abergläubische Praktiken mit „geweihtem" Wasser unterstützt.

Doch folgt Luther in anderer Hinsicht dem überkommenen Procedere. So fehlt in seinem Formular der Taufbefehl; dieser hatte ebenfalls seinen liturgischen Ort bei der österlichen Wasserweihe.

Luthers Taufhermeneutik

Luthers Taufhermeneutik ist – theologiegeschichtlich gesehen, entsprechend seiner theologischen Ausbildung – nominalistisch. Die natürlichen Eigenschaften des Wassers finden keine Beachtung. Die entscheidende Größe für Luthers Taufverständnis ist der im Wort gegründete Glaube. Er allein lässt die Zeichen des Rituals verstehen.

Deutlich tritt dieser Ansatz in der berühmten Antwort des Kleinen Katechismus auf die Frage: „Wie kann Wasser solche große Dinge tun?" zu Tage: „Wasser tut's freilich nicht, sondern das Wort Gottes, so mit und bei dem Wasser ist, und der Glaube, so solchem Wort Gottes im Wasser trauet; denn ohn Gottes Wort ist das Wasser schlecht Wasser und keine Taufe, aber mit dem Wort Gottes ist's eine Taufe [...]" (BSLK 516,11–18).

Arbitrarisierung der Zeichen

Mit Wasser und dem Westerhemd (alba vestis), also dem Taufschleier,[17] übernimmt Luther zwar zwei in der Alten Kirche ikonisch verwendete Zeichen. Sie werden ihm aber zu arbiträren, also willkürlich festgesetzten Zeichen und müssen – wie das Sintflutgebet exemplarisch zeigt – wortreich erklärt werden. Auch die Worte zum Anziehen des Westerhemds durch den Priester sind ohne Bezug zu dem Zeichen der Bekleidung: „Der allmächtige Gott und Vater unsers Herrn Jesu Christi, der Dich anderweit geborn hat durchs Wasser und den heiligen Geist und hat Dir alle Deine Sunde vergeben, der stärke Dich mit seiner Gnade zum ewigen Leben, Amen." (BSLK 541,4–9)

Der Unterschied zu dem am Beispiel des Taufrituals in der Traditio Apostolica gezeigten altkirchlichen Verständnis kann nicht größer sein. Werden dort ikonische Zeichen verwendet, durch die sich der religiöse Bedeutungsgehalt der Handlung

17 S. zu diesem besonderen Kleidungsstück näher B. Jordahn, Der Taufgottesdienst im Mittelalter bis zur Gegenwart, in: Leiturgia Bd. 5, Kassel 1970, 349–640, 396f.

leicht erschließen lässt, so setzt Luther einseitig auf das „Wort" bzw. den „Glauben". In einer Predigt von 1522 kann Luther sogar formulieren:

> Es kann auch ainer glauben, wenn er gleich nit getaufft ist, denn der tauff ist nit meer dann ain eüsserlich zaichen, Das unns der göttlichen verhayssung ermanen soll: kann man sy haben so ists gut, so näm mann sy. Dann niemandts soll es verachten. Wenn man sy aber nit haben künd oder ainem versagt wurde, ist er dannocht nit verdampt, wann er nun das Euangelium glaubt, dann wo das Euangelium ist, da ist auch tauff und alles was ain Christen mensch bedarff [...]. (WA 10 III, 142,18–24)

Differenz von Sinn- und Feiergestalt der Taufe

3.4 So leitet das Taufbüchlein von 1526 eine Entwicklung in der evangelischen Taufpraxis ein, bei der die Abkehr vom ikonischen Zeichengehalt und die Betonung von Wort und Gebet einander entsprechen. Ein Resultat davon ist, dass sich Tauflehre und -ritual voneinander entfernen. Der sakramentstheologisch behaupteten heilvollen Bedeutung der Taufe steht eine symbolentleerte, knappe Handlung gegenüber. Sinn- und Feiergestalt entsprechen sich nicht.

Zugespitzt formuliert: *Ein der katechetischen Dimension entkleidetes, um Salbung und Eucharistie reduziertes Ritual wird jetzt radikal theologisiert und verbalisiert.* Die dem Ritual eigenen Möglichkeiten symbolischer Kommunikation verschwinden hinter vielen Worten.

Von daher verwundert es nicht, dass – entgegen der theologischen Intention Luthers – im Bereich reformatorischer Theologie immer wieder Stimmen aufkommen, die grundsätzlich nach der Bedeutung der Taufe fragen: Reicht nicht das „Wort" vom Kreuz? In dieser Weise sieht sich z. B. die japanische Mukyokai-Bewegung in der Tradition der Reformation und relativiert beide Sakramente radikal.[18]

## 4. Marginalisierung in der Neuzeit

Die bisher zusammengetragenen Veränderungen des Taufrituals gegenüber seinen altkirchlichen Ursprüngen haben bis heute Bestand:

*Das Initiationsritual bleibt geteilt.*

*Ein neues Ritual breitet sich unter dem Namen Konfirmation in den evangelischen Kirchen aus.*

*Die Erstkommunion wird mit diesem neuen Ritual verbunden.*

Die die Folgezeit prägenden Bewegungen wie Aufklärung und Pietismus entwickeln kein großes Interesse an der Taufe. Rationale Einsicht bzw. Bekehrung und Herzensfrömmigkeit bedürfen keiner rituellen Darstellung. Zwar steht in dieser Zeit die Taufe – abgesehen von Sondergruppen wie den Quäkern (LUTTERBACH 39–42) – kaum grundsätzlich in Frage. Es wird – unterstützt durch die Gesetzgebung, die bis zum Bismarckschen Personenstandsgesetz für die Kinder christlicher Eltern eine

18 H. KIMURA-ANDRES, Mukyokai. Fortsetzung der Evangeliums-Geschichte (Erlanger Monographien aus Mission und Ökumene 1), Erlangen 1984, 127–131, 136–138, 165–169.

Taufpflicht vorsieht – selbstverständlich getauft. Doch brechen seit der Reformation immer wieder Diskussionen zur Taufpraxis auf. Die Diskrepanz zwischen Sinn- und Feiergestalt wird aber nicht überwunden.

4.1 Eine die weitere Entwicklung zumindest untergründig und teilweise explosiv begleitende Frage ist die nach der Berechtigung der *Taufe Unmündiger.* Die immer wieder in der Kirchengeschichte diskutierte Frage nach der Kindertaufe ist – so ergeben die Debatten im Rückblick – historisch nicht zu lösen.[19]

Der Streit um die Kindertaufe ist eng verknüpft mit anderen Themen wie der Gestaltung des Taufaktes (Stichworte: Untertauchtaufe [Immersion]; Übergießungstaufe [Superfusion]),[20] der Organisation von Kirche (Stichworte: Volkskirche, Freiwilligenkirche) und dem Glaubensverständnis (Bedeutung der notitia fidei).

Problematische Unterscheidung Geist- und Wassertaufe

Schon zur Reformationszeit spaltet sich der radikale Flügel der Reformation nicht zuletzt auf Grund der Kritik an der Kindertaufpraxis ab. Die Dissidenten, die dann zunehmend unter politischen Druck geraten, haben eine Gemeinsamkeit: Sie differenzieren in der Taufe zwischen dem Wasserritus und dem eigentlich wichtig erscheinenden Geistakt. Dabei geht die Geisttaufe voraus; ihr folgt als Bekenntnisakt das Begehren der Wassertaufe.

Schon Balthasar Hubmaier, der Theoretiker der oberdeutschen und Schweizer Taufgesinnten in der Reformationszeit, vertritt eine klare Reihenfolge der Heilsgewinnung: „I. Wort II. Gehör III. Glaub IIII. Tauff v. Werck."[21] Daraus resultiert direkt die Ablehnung der Kindertaufe.

Ritualgeschichtlich ist dies ein weiterer Schritt auf dem Weg der Marginalisierung der Taufe, die ja wesentlich eine Wasserhandlung ist.

Praktisches Problem der sog. Gläubigentaufe

Praktisch bekommen die neu gegründeten Gemeinschaften mit ihrer Forderung nach der sog. Gläubigen-Taufe spätestens ab der dritten Generation das Problem des rechten Taufzeitpunktes. Es markiert ein religionssoziologisches und rituelles Dilemma. Pointiert gefragt: Wann empfangen Kinder aus christlichen Familien den Heiligen Geist?

Inzwischen geht die Entwicklung über diese Auseinandersetzung hinaus. Auf der einen Seite schafft die in § 13 zu entfaltende Pluralisierung des Taufzeitpunktes in den an der Säuglingstaufe festhaltenden Kirchen eine neue Situation; auf der anderen Seite etablieren sich in den Nachfolge-Kirchen der Taufgesinnten übliche Zeitpunkte für das Taufbegehren, etwa um das 14. Lebensjahr herum.[22]

19 H. Hubert, Der Streit um die Kindertaufe. Eine Darstellung der von Karl Barth 1943 ausgelösten Diskussion um die Kindertaufe und ihre Bedeutung für die heutige Tauffrage, Frankfurt 1972.

20 Die Taufe durch Besprengung (Aspersion) war nur in Ausnahmefällen bei Kranken möglich.

21 Zitiert nach K.-H. zur Mühlen, Taufe V. Reformationszeit, in: TRE Bd. 32 (2001), 701–710, 706.

22 S. z. B. für die Baptisten B. Marchlowitz, Freikirchlicher Gemeindeaufbau. Geschichtliche und empirische Untersuchung baptistischen Gemeindeverständnisses (APrTh 2), Berlin 1995, 160–162.

4.2 Ebenfalls strittig ist die Frage nach dem angemessenen *Ort der Taufe*, und zwar auf zwei Ebenen:

Zum einen geht es um den Ort der Taufhandlung. In der reformierten Tradition wird – vom hier dominierenden Verständnis der Taufe als Bundeszeichen her verständlich – die Taufe in den Gemeindegottesdienst integriert. Angesichts der Reduktion der Zeichen ist dies unschwer möglich. Der Preis dafür ist aber rituell ein Zurücktreten des Eigengewichts der Taufe. Dagegen bevorzugen nicht wenige Tauffamilien eigene Termine. Dies äußerte sich bis vor etwa vier Jahrzehnten auch in Form von Tauforten außerhalb von Kirchen:

Haustaufen

Die sog. Haustaufe ist nicht nur ein seit dem 17. Jahrhundert bei den höheren Ständen aufkommender Brauch, sondern lange Zeit auch die Form, um im Winter – angesichts ungeheizter Kirchen – taufen zu können. Die als Gegenargument angeführte Bedeutung des öffentlichen Gemeindebezugs hat lange Zeit zumindest einen problematischen ideologischen Beigeschmack. Denn vielerorts werden bis weit ins 20. Jahrhundert hinein unehelich geborene Kinder möglichst unter Ausschluss jeder Öffentlichkeit getauft (z. T. mit Verbot des sonst üblichen Glockengeläuts). Systematisch bedarf auf jeden Fall der Gemeinde-Begriff einer genaueren Klärung. Seine Gleichsetzung mit Parochie wird zumindest modernen Lebensverhältnissen nicht gerecht.

Kliniktaufen

Im Zuge des Ausbaus des Krankenhauswesens und der damit verbundenen Verlagerung vieler Geburten kommt es zum Usus der sog. Kliniktaufen. Gerade ärmere Menschen ergreifen diese Möglichkeit gern, um den mit einer Tauffeier verbundenen Kosten zu entgehen. Erst in den 60er Jahren des 20. Jahrhunderts verliert das Krankenhaus auf Grund kirchlichen Einspruchs als Taufort an Bedeutung.

1973 führt die EKD-Statistik letztmalig die Rubrik „Tauforte". Die bis in die 60er Jahre bestehenden unterschiedlichen Tauforte sind jetzt einer fast vollständigen Verkirchlichung gewichen. Noch 1963 begegnet z. B. in der traditionsbestimmten Evangelisch-Lutherischen Kirche in Bayern eine – aus heutiger Sicht – erstaunliche Pluriformität:

21,4 % der Taufen im „Gemeinde-/Kindergottesdienst";
53,8 % der Taufen „außerhalb regelmäßiger Gottesdienste";
21,9 % der Taufen als „Kliniktaufen";
2,9 % der Taufen als „Haustaufen".

Etwa ein Viertel der Taufen findet also außerhalb eines Kirchengebäudes statt; weniger als ein Viertel ist in einen auch sonst stattfindenden Gottesdienst eingeschoben.

Taufstätten

Zum anderen vollziehen sich bei der baulichen Gestaltung der Taufstätte in der Kirche[23] interessante Veränderungen. Anfänglich wird im lutherischen Kirchbau die Taufe für die Gemeinde dadurch augen-

23 S. umfassend das Kapitel „Kirchenbau und Umgang mit Orten: Die Räume", in: R. Volp, Liturgik. Die Kunst, Gott zu feiern, Bd. 1, Gütersloh 1992, 344–406.

fällig, dass der Taufstein – weg vom traditionellen Ort an der Eingangsseite im Westen – in die Nähe zum Altar platziert wird („in facie ecclesiae“). Seit dem Beginn des 17. Jahrhunderts treten aber mancherorts Taufschalen an die Stelle der Taufsteine; auch werden sog. Taufengel installiert, die außerhalb des Rituals ins Deckengewölbe hochgezogen werden. So ist baulich ebenfalls eine Marginalisierung der Taufe zu beobachten. Mit dem Taufstein in Altarnähe verschwindet ein wesentlicher Impuls zur Tauferinnerung aus dem Blickfeld der Kirchenbesucher.

### 5. Zusammenfassung

*Die Geschichte der Taufe kann – für die westliche Tradition – als ein Prozess der Zersplitterung und Marginalisierung des christlichen Initiationsrituals beschrieben werden.*

Insgesamt bietet sich in den 60er Jahren des 20. Jahrhunderts als Ergebnis einer jahrhundertelangen, im Einzelnen disparaten Entwicklung folgendes Bild der Taufpraxis:

Ein in der offiziellen Kirchenlehre gewichtiges, in der kirchlichen Praxis marginales Ritual wird von den meisten Kirchenmitgliedern selbstverständlich für ihre Kinder im ersten Lebensjahr in Anspruch genommen. Seine Prägekraft scheint aber – entgegen der Intention Luthers – gering. Gestaltungsmäßig überwiegen die Worte, seit dem Siegeszug der dialektischen Theologie vor allem die Predigt. Wasser wird oft nur andeutungsweise verwendet.

## § 12 Heutige Praxis

Literatur: Agende für Evangelisch-Lutherische Kirchen und Gemeinden, Bd. III.1, hg. von der Kirchenleitung der Vereinigten Evangelisch-Lutherischen Kirche Deutschlands, Hannover 1988 – P. Cornehl, Taufe VIII. Praktisch-theologisch, in: TRE Bd. 32 (2001), 734–741 – L. Friedrichs, „Ein bißele Engel – das sind wir schon!“ Plädoyer für das Taufgespräch, in: PTh 89 (2000), 418–434 – Ch. Grethlein, Grundfragen der Liturgik, Gütersloh 2001, 198–207 – Ders., Taufpraxis heute. Praktisch-theologische Überlegungen zu einer theologisch verantworteten Gestaltung der Taufpraxis im Raum der EKD, Gütersloh 1988, 38–142 – Ders., Taufpraxis zwischen Kontinuität und Wandel, in: ZThK 102 (2005), 371–396 – Reformierte Liturgie. Gebete und Ordnungen für die unter dem Wort versammelte Gemeinde im Auftrag des Moderamens des reformierten Bundes erarbeitet und hg. von P. Bukowski u. a., Wuppertal 1999 – I. Riedel-Spangenberger, Taufe II. Kath., in: LKStKR Bd. 3 (2004), 657–661 – Taufbuch. Agende für die Evangelische Kirche der Union. Im Auftrag des Rates hg. v. der Kirchenkanzlei der Evangelischen Kirche der Union, Berlin 2000 – U. Wagner-Rau, Segensraum. Kasualpraxis in der modernen Gesellschaft (PTHe 50), Stuttgart 2000.

Heutige Taufpraxis in der evangelischen Kirche ist pluriform. Die jährliche Zahl der Taufen in einer Kirchengemeinde, deren konfessionelles Umfeld, regionale Traditionen, Prägung der Gemeindeglieder (sozial, ökonomisch, kulturell) bilden zu beachtende Rahmenbedingungen für die konkrete Taufpraxis.

Doch gibt es bestimmte Tendenzen, die sich allgemein bzw. zumindest für größere Regionen abzeichnen:

Statistische Daten eröffnen einen ersten Zugang hierzu.

Mehr in die Tiefe gehen sozialpsychologische Analysen, die nach den Motiven für das Verhalten der Menschen fragen.

Die Taufe führt zur Kirchenmitgliedschaft. Von daher sind mit ihr auch kirchenrechtliche Konsequenzen verbunden, die in der pastoralen Praxis zu beachten sind.

Konkret geschieht Taufe im liturgischen Vollzug; deshalb sind kurz die gegenwärtigen Agenden darzustellen.

Schließlich begegnen in der pastoralen Praxis Probleme, die auf Reformbedarf hinweisen und so zumindest mittelbar innovatives Potenzial der gegenwärtigen Lage markieren.

## 1. Statistische Befunde

Ein Blick in die Statistiken der EKD zum kirchlichen Leben zeigt: *Kontinuität und Wandel* bestimmen gleichermaßen die heutige Taufpraxis.

Methodische Probleme der Tauf-Statistik

1.1 Für die Analyse der Taufpraxis enthalten die seit 1963 erstellten EKD-Statistiken in mehrfacher Hinsicht Schwierigkeiten:

Die Typenbildung ist problematisch. Es werden sog. Kindertaufen als Taufen bis zum vollendeten 1. Lebensjahr, Spättaufen als Taufen zwischen vollendetem 1. und 14. Lebensjahr sowie Erwachsenentaufen ab dem vollendeten 14. Lebensjahr unterschieden. Allerdings werden diese Kindertaufen und die Spättaufen manchmal auch zu „Kindertaufen“ zusammengefasst.

Misslich ist hieran zweierlei: Die Begrenzung auf das 1. Lebensjahr ist sozialpsychologisch gesehen wenig aussagekräftig. Denn der entscheidende Einschnitt zur Konsolidierung einer Familie nach der Geburt eines Kindes liegt bei etwa sechs Monaten. Nur bis dahin wird im sozialpsychologischen Sinn von einem Übergang im Leben einer Familie (bzw. der Mutter) gesprochen. Sodann ist die Grenze bei 14 Jahren problematisch, weil hierdurch angesichts des regional differierenden Konfirmationsalters sowie der unterschiedlichen Taufpraxis im Umfeld dieses Rituals die mit der Konfirmation verbundenen Taufen zum einen unter Spät-, zum anderen unter Erwachsenentaufen fallen. Abgesehen davon steht bei der Grenze von 14 Jahren eine Form von Normalbiographie im Hintergrund – Volksschulabschluss mit anschließendem Übertritt ins Erwerbsleben –, die seit dem Beginn der 70er Jahre des 20. Jahrhunderts zu ihrem Ende kommt.

Weiterhin präsentieren die Statistischen Beilagen zum Amtsblatt der EKD bzw. nachfolgende statistische Berichte des Kirchenamts in ungleichmäßiger Form die

Daten. Das erschwert Vergleiche. Interessante Differenzierungen etwa hinsichtlich der Spät- und Konfirmandentaufen finden sich lange nur vereinzelt.

Schließlich gehen in den letzten Jahren der Differenzierungsgrad und die Qualität der Kommentierung der Daten zurück.

Kontinuität bei relativen Taufzahlen

1.2 Wie in § 6 3.1 gezeigt, bleibt seit 1960 der Anteil der durch evangelische Pfarrer und Pfarrerinnen vollzogenen Taufen hinsichtlich der Gesamtzahl der Geburten ungefähr gleich. *Etwa ein Drittel aller in Deutschland geborenen Kinder werden im Laufe ihres Lebens in der evangelischen Kirche getauft.*

Rückgang bei absoluten Taufzahlen

Herrscht also hinsichtlich der Relation zur Geburtenzahl Stabilität, ist in absoluten Zahlen ein erheblicher Rückgang zu verzeichnen. Während evangelische Pfarrer 1963 475.583 Kinder tauften, wurden 2003 – jetzt einschließlich sog. Erwachsenentaufen, die 1963 statistisch noch unberücksichtigt sind – nur noch 201.988 Taufen gezählt. Dies entspricht in etwa dem seit 1967 in Deutschland (Bundesrepublik) zu beobachtenden Geburtenrückgang.

Für die Kasualpraxis bedeutet das: Zum einen ist die Taufe in evangelischen Kirchen seit längerem etwa gleichbleibend attraktiv. Die Wahrscheinlichkeit, an einer Taufe teilzunehmen, hat sich jedoch für die Menschen in diesem Zeitraum erheblich verringert. Von daher wird die Aufgabe der Tauferinnerung dringlicher.

1.3 Die gravierendste Veränderung in der Taufpraxis der letzten vierzig Jahren ist:

*Taufe und Geburt beginnen sich – nach einer über tausendjährigen Verkoppelung – voneinander zu lösen.* Das Alter der Menschen, für die die Taufe begehrt wird bzw. die selbst die Taufe begehren, wird vielfältiger.

Dazu zuerst einige statistische Daten und dann der Versuch, die fehlende Datendifferenzierung durch Primärerfahrungen zu ergänzen:

Spättaufen

Die erste altersmäßige Differenzierung vollzieht sich durch die Zunahme sog. Spättaufen (zwischen vollendetem 1. und 14. Lebensjahr). Ihr Anteil am Gesamt der Kindertaufen im weiten Verständnis (bis 14 Jahre) steigt folgendermaßen:

für Bundesrepublik:
1963: 7,4 %
1974: 10,1 %
1980: 12,1 %
1983: 12,8 %
1989: 12,2 %
für Gesamtdeutschland:
1994 14,4 %
1997: 24,6 %
2000: 27,0 %
2003: 30,3 %

Diese Entwicklung ist zwar regional unterschiedlich ausgeprägt. In den östlichen Gliedkirchen werden 2003 etwa die Hälfte (47,7 %) der sog. Kindertaufen als Spättaufen vollzogen. Doch gilt der Gesamttrend EKD-weit.

Binnendifferenzierung von Kindertaufen

Hinsichtlich einer Differenzierung des Typs „Kindertaufen" im weiteren Sinn (bis 14. Lebensjahr) stehen kaum Daten zur Verfügung. Für 1987 wird folgende Verteilung mitgeteilt:

| | |
|---|---|
| Unter 1 Jahr: | 85 % |
| Von 1 bis unter 2 Jahre: | 4 % |
| Von 2 bis unter 5 Jahre: | 4 % |
| Von 5 bis unter 8 Jahre: | 2 % |
| Von 8 bis unter 12 Jahre: | 2 % |
| Von 12 bis unter 14 Jahre: | 3 % |

Daraus ergibt sich: Es zeichnet sich eine Pluralisierung des Taufalters ab, ohne dass neue Schwerpunkte zu erkennen wären.

Konfirmandentaufen

Nur um den Konfirmandenunterricht bzw. die Konfirmation bildet sich ein neuer Taufzeitpunkt: sog. Konfirmandentaufen. Etwa 5–7 % aller Taufen werden – entsprechend der seit 1983 mitgeteilten Differenzierung – an Konfirmanden und Konfirmandinnen vollzogen (2003: 7,4 %).

Erwachsenentaufen

Beachtlich sind die Veränderungen hinsichtlich sog. Erwachsenentaufen (ab vollendetem 14. Lebensjahr). Werden 1963 erst 2,6 % aller Taufen solchen Älteren gespendet, steigt deren Anteil bis 2003 kontinuierlich auf 10,0 %. Auch hier ist dieser Trend in den östlichen Gliedkirchen ausgeprägter. 18,9 % aller Täuflinge sind hier 2003 14 Jahre oder älter. Allerdings werden nach gelegentlich mitgeteilten Binnendifferenzierungen etwa zwei Drittel dieser Taufen an Konfirmandinnen und Konfirmanden vollzogen.

Taufen im ersten Lebensjahr

Leider liegen keine Erkenntnisse hinsichtlich des Taufalters innerhalb des ersten Lebensjahres vor. Der Augenschein spricht dafür, dass sich hier ebenfalls erhebliche Veränderungen vollziehen. Taufen innerhalb der ersten Lebenswochen und -monate sind selten geworden; der Taufzeitpunkt bewegt sich weg von der Geburt.

Wandel der Taufe zur „esoteric initiation"

1.4 Die skizzierten Tendenzen deuten den Beginn eines *tief greifenden Wandels der Taufpraxis* an: Die Taufe war in Deutschland etwa tausend Jahre lang primär ein Ritual am Übergang im Leben anlässlich einer Geburt. Dies ist – wie der hohe Prozentsatz der sog. Kindertaufen im engeren Sinn (bis Vollendung des 1. Lebensjahrs) zeigt – zumindest in den westlichen Gliedkirchen der EKD keineswegs überholt. Es bahnt sich aber – in den östlichen Kirchen deutlich ausgeprägt – eine Veränderung an. Die Taufe scheint wieder zu einem Schwellenritual im Sinn einer „esoteric initiation" (→ Einführung zum Zweiten Hauptteil) zu werden. Vor allem bei der Initiation von Erwachsenen (im sozialen Sinn) tritt ihre ursprüngliche Bedeutung als Ausdruck grundsätzlicher Neuorientierung des Lebens von neuem hervor. Peter Cornehl formuliert: „Dadurch wird die Taufe aus dem Sakrament am Anfang des Lebensweges wieder stärker zu einem Sakrament der Grenze, an der sich die Frage nach der Identität des Christlichen neu stellt."(CORNEHL 735)

## 2. Motive des Taufbegehrens

Motivverbund für Taufbegehren

Der eben skizzierte statistische Wandel der Taufpraxis begegnet ebenfalls bei einer Analyse der Taufmotive (GRETHLEIN, Taufpraxis 103–142). Dabei gehen in der Praxis die im Folgenden analytisch getrennten Motive ineinander über; insgesamt ist eine Verschiebung ihres jeweiligen Gewichts zu vermuten.

2.1 Nach wie vor grundlegend ist in den westdeutschen Kirchen das *Motiv der Traditionsleitung*. Für ein Kind wird die Taufe begehrt, weil dies der Familientradition entspricht. Nicht selten erinnern wohl die Großeltern die jungen Eltern hieran. Allerdings ist – wie auch anderweitig – ein Nachlassen traditionsgeleiteten Handelns bei der Taufe anzunehmen. Schon dass bei den Eltern zwei verschiedene Herkunftsfamilien, häufig mit konfessionellen Unterschieden, aufeinandertreffen, kann dieses Motiv schwächen. Auch hat fast jeder Mensch inzwischen Bekanntschaft mit Nichtgetauften – die soziale Selbstverständlichkeit der Taufe, wesentliche Stütze der Traditionsleitung, verliert an Plausibilität.

2.2 Dazu tritt häufig – wie in dem zitierten Interview (→ § 5 3.1) – das primärreligiöse *Motiv des Schutzes*. Eltern erhoffen für ihr Kind das Beste. In der Taufe vertrauen sie es Gottes Schutz an.

Bei genauerem Hinsehen verändert sich dies Motiv gegenwärtig. Bei Taufen in unmittelbarem Anschluss an die Geburt wird Schutz lebensweltlich anders akzentuiert als bei Taufen zu einem späteren Zeitpunkt. Kurz nach der Geburt stehen meist Dankbarkeit für das Überstehen der Entbindung und für das Neugeborene im Vordergrund. Später überwiegen Hoffnungen und Befürchtungen hinsichtlich der Zukunft des Kindes.

2.3 In diese Richtung weist ebenfalls das primärreligiöse *Motiv der Generationenvorsorge*. Hans-Otto Wölber formuliert es bereits 1959: „Die ältere Generation will der Kindesgeneration aus dem Motiv der Fürsorge und der unbedingt zu gewährenden Lebenschancen die Möglichkeiten einer religiösen Bindung gewähren. Es ist das sehr tief verwurzelte Moment irdischer Liebe, welches die Religiosität der Generationenvorsorge prägt."[24]

24 H.-O. WÖLBER, Religion ohne Entscheidung. Volkskirche am Beispiel der jungen Generation, Göttingen 1959, 117.

Transformation von Motiven

Dieses Motiv ist allgemein in der menschlichen Zuwendung zu den eigenen Nachkommen verankert. Die Eltern wollen dem Kind alle Möglichkeiten, eben auch religiöse, offen halten, es nicht festlegen. So transformiert die Generationenvorsorge unter den Bedingungen der Optionsgesellschaft Elemente der beiden vorher genannten Motive. Sie verbleibt dabei im primärreligiösen Bereich.

2.4 In diesen Kontext kann auch der Wunsch gehören, die Integration des Kindes rituell zu verstärken.

Dieses *ästhetische Motiv* äußert sich häufig in der Bitte um ein schönes Ritual. Unter Rückgriff vielleicht auf Familientradition wird hier das Kind gefeiert – durchaus einige Zeit nach der Geburt, weil die Vorbereitung eines Festes Zeit und Kraft erfordert. Ein solcher Zugang zur Taufe äußert sich z. B. in Anregungen zur festlichen Gestaltung der Liturgie (einschließlich des Gottesdienstraums) und teilweise in Beiträgen dazu aus dem Familien- und Freundeskreis.

2.5 Und schließlich – mit den vorangegangenen Motiven verknüpft – soll das Christwerden begangen werden. Vor allem bei der Taufe Älterer tritt das sekundärreligiöse *Motiv des Christwerdens* deutlicher hervor. Im Rahmen der Konfirmandenarbeit wird es pädagogisch gefördert und gestaltet; bei Erwachsenen können biographiebezogene Gespräche solche Impulse aufnehmen und verstärken.

Pastorale Aufgabe im Taufgespräch

2.6 So begegnet der Pfarrer bzw. die Pfarrerin in der Regel einem vielfältigen Geflecht von Motiven. Diese werden meist nicht explizit geäußert, sondern kommen im Taufgespräch nur nebenbei oder als Untertöne des Gesprochenen zum Ausdruck. Z. B. kann die Formulierung: „Die Oma will die Taufe." nicht (nur) als Abwertung der Taufe, sondern auch als Ausdruck der Traditionsleitung gehört werden. Oder bei Fragen zur Kleidung im Taufgottesdienst geht es nicht nur um Äußerliches; vielmehr kommt dabei auch die Bedeutung der Handlung zur Sprache, eben in ästhetischen Kategorien formuliert.

Ein einfühlsames Wahrnehmen der jeweils biographisch gefärbten Motive überwindet deren lange Zeit verbreitete theologische Abqualifizierung. Vielmehr ist es eine wichtige Aufgabe, im Taufgespräch, aber auch in liturgischer Gestaltung und Taufpredigt, Anschlüsse an die biblischen Taufperspektiven zu ermöglichen (FRIEDRICHS). Religionstheoretisch geht es hier um die Verknüpfung der primären Religionserfahrung, der die genannten Motive (2.1–2.4) entstammen, mit den biblischen Verheißungen. Dabei ist das Evangelium wichtig, um den Horizont über die bloße Immanenz hinaus zu öffnen; es bedarf aber des Zusammenhangs mit den kreatürlichen Impulsen, um nicht abstrakt und lebensfern zu werden.

## 3. Kirchenrechtliche Bestimmungen

In allen Kirchen werden Menschen durch die Taufe in die Glaubensgemeinschaft aufgenommen. Nicht zuletzt wegen der konfessionellen Zersplitterung des Christentums kommt es hier zu Problemen kirchenrechtlicher Art.

Gegenseitige Anerkennung der Taufe

3.1 In den großen Kirchen Deutschlands gilt die Taufe als Voraussetzung für die Kirchenmitgliedschaft. Ihr Vollzug wird gegenseitig anerkannt. Bei Konfessionswechsel wird also nicht noch einmal getauft. Dabei sind jedoch die Verwendung der trinitarischen Taufformel sowie der *Vollzug als Übergießungs- bzw. Untertauchtaufe* vorausgesetzt. Die in manchen evangelischen Taufgottesdiensten zu beobachtende bloße Besprengung ist ökumenisch nicht ausreichend. Wasser muss deutlich wahrnehmbar fließen. Dies erfordert auch dessen besonderer Zeichengehalt.

Mit jeder Taufe ist zugleich der Eintritt in die jeweils taufende Kirche verbunden. „Ökumenische" Taufen gibt es daher nicht.

3.2 Bei näherem Hinsehen bestehen aber gewisse Differenzen zwischen den einzelnen Kirchen. Sie seien kurz genannt, insofern durch sie in der Taufpraxis Probleme entstehen können:

Konfessionelle Differenz beim Patenamt

*Zwischen evangelischer und römisch-katholischer Kirche* kommt es bisweilen an einem Punkt zu Missstimmigkeiten, der in der unterschiedlichen Ekklesiologie und Sakramentenlehre begründet ist. Entsprechend der theologischen Differenzierung zwischen der geistlichen Gliedschaft an der Kirche Jesu Christi und der Mitgliedschaft in einer konkreten Kirche lassen die evangelischen Kirchen auch Angehörige anderer Konfessionen zum Patenamt zu. Als Maßstab gilt dabei gewöhnlich deren Mitgliedschaft in der Arbeitsgemeinschaft Christlicher Kirchen (ACK). In der römisch-katholischen Kirche darf dagegen – kirchenrechtlich gesehen – nur ein Katholik Pate werden; evangelische Christen können lediglich als sog. Taufzeugen hinzutreten. Dass diese und andere kirchenrechtliche Bestimmungen in der pastoralen Praxis mitunter umgangen werden, ist ein offenes Geheimnis.

Hinter der Evangelische vom Patenamt ausschließenden Regelung steht zum einen die katholische Auffassung, dass die Taufe – neben Empfang der Firmung und der Eucharistie – nur einen Teil der Initiation darstellt. Zum anderen gelten die reformatorischen Kirchen, weil nicht in „voller Gemeinschaft der katholischen Kirche" (c. 205 CIC [1983]) stehend, nicht als Kirchen im vollen Umfang, sondern lediglich als „kirchliche Gemeinschaften".

Differenz bei Kindertaufe

Auch hinsichtlich der Kindertaufe bestehen gewisse Differenzen zwischen den beiden Konfessionen. Mittlerweile sehen die evangelischen Kirchenordnungen keine Verpflichtung mehr für Eltern vor, für ihre Kinder die Taufe umgehend zu begehren. Taufen in unterschiedlichen Altersstufen stehen gleichrangig nebeneinander. Dagegen sieht das katholische Kirchenrecht eine Verpflichtung katholischer Eltern zur Taufe ihrer Kinder innerhalb der ersten Wochen nach der Geburt vor (c. 867 § 1 CIC [1983]) – nach der Pastoralen Anweisung der Deutschen Bischofskonferenz (12.7.1979) „spätestens innerhalb von vier Wochen, wenn kein wichtiger Grund dagegen spricht" (zitiert nach Riedel-Spangenberger 659). De facto wird dies aber von vielen Eltern nicht beachtet.

Problem: „Wiedertaufe"

Größere Probleme ergeben sich zwischen den *evangelischen Landeskirchen und christlichen Gemeinschaften, die exklusiv die Taufe Erwachsener fordern.* Bei entsprechenden Übertritten kommt es dann aus evangelisch landeskirchlicher Sicht zu „Wiedertaufen", die dem biblischen Taufzeugnis widersprechen. Praktisch-theologisch gewichtiger als etwaige dogmatische Verurteilungen ist die selbstkritische Frage, welche Attraktion die – nochmalige – Taufe für solche Konvertiten besitzt. Begriffe wie „Wiedergeburt" weisen auf die Sehnsucht nach erlebtem Glauben hin, der das Leben verändernde Kraft hat. Hier zeigt sich gleichsam als Schatten das Problem der Marginalisierung der Taufe in vielen evangelischen Gemeinden. Die von Luther so nachhaltig betonte tröstliche Kraft der Taufe ist in den meisten evangelischen Gemeinden nicht zu spüren. Engagement hinsichtlich der Tauferinnerung dürfte deshalb langfristig die beste Konsequenz für die evangelischen Landeskirchen in der Auseinandersetzung mit Gemeinschaften sein, die die Gültigkeit der Kindertaufe bestreiten.

Orthodoxe Anerkennung „kat' oikonomian"

Nicht eindeutig ist das *Verhältnis der orthodoxen Kirchen zur Taufe anderer Kirchen.*[25] Meist kommt es in Deutschland bei Konversionen zu deren Akzeptanz („kat' oikonomian"); es werden aber auch immer wieder – vor allem im Ausland – Fälle bekannt, in denen noch einmal getauft wird. Dahinter steht zum einen das ekklesiologische Problem der orthodoxen Anerkennung anderer Glaubensgemeinschaften als Kirche sowie die – gegenüber den westlichen Kirchen besondere – Form des Initiationsrituals, das neben dem Wasserritus auch Myronsalbung und Feier der Eucharistie umfasst. Zudem muss betont werden, dass die sparsame Verwendung von Wasser bei der Taufe für orthodoxe Christen, die die vollständige Immersion praktizieren, anstößig ist. Aspersionstaufen (Taufen durch Besprengung) haben hier nur als seltene Ausnahmen in besonderen Fällen Gültigkeit.

Taufe und Kirchenaustritt

3.3 Schließlich wirft vor allem die sonstige Kasualienpraxis die Frage nach der *Bedeutung der Taufe bei aus der Kirche Ausgetretenen* auf. Erst seit einigen Jahren werden sich Kirchenleitungen und Theologische Ausschüsse der Spannung zwischen der Unaufhebbarkeit der Taufe und dem restriktiven Umgang mit Ausgetretenen bewusst. Zwar sind ausgetretene Getaufte und Ungetaufte kirchenrechtlich hinsichtlich der Mitgliedschaft

25 D. Wendebourg, Taufe und Oikonomia. Zur Frage der Wiedertaufe in der Orthodoxen Kirche, in: W.-D. Hauschild/C. Nicolaisen/D. Wendebourg (Hg.), Kirchengemeinschaft – Anspruch und Wirklichkeit (FS G. Kretschmar), Stuttgart 1986, 93–116.

an der Organisation Kirche gleich gestellt, nicht jedoch hinsichtlich der Gemeinschaft mit Jesus Christus. Denn die Taufe eröffnet dem Menschen unwiderruflich den Zugang in die Gemeinschaft mit dem Auferstandenen.

Diese theologische Sichtweise wird durch empirische Befunde flankiert, nach denen erhebliche Differenzen zwischen aus der Kirche Ausgetretenen und Ungetauften in den durchschnittlichen Einstellungen zum Glauben und grundlegenden Glaubensformen wie Gebet bestehen.[26] Offensichtlich trennt eine nicht unerhebliche Zahl von Menschen in Westdeutschland zwischen persönlichem Glauben und Kirchenmitgliedschaft.

Mittlerweile ist deutlich, dass die Taufe bei aus der Kirche Ausgetretenen einen nicht zu vernachlässigenden, positiven Ansatzpunkt für die Kommunikation des Evangeliums darstellt. Die Einrichtung von sog. Wiedereintrittsstellen ist – auch – ein Ausdruck von Bemühungen, der nicht durch einen Kirchenaustritt zu tilgenden Bedeutung der Taufe Rechnung zu tragen. Hinsichtlich der Feier von Kasualien steht diese Neuorientierung jedoch erst am Anfang.

3.4 Die biblischen Taufperspektiven werfen also gewichtige Fragen an die Ökumene auf, aber auch an die Praxis in evangelischen Kirchen. Das verheißene Handeln Gottes in der Taufe relativiert menschengemachte Unterscheidungen. Dies gilt sowohl interkonfessionell für die gegenseitige Anerkennung der Taufe als auch innerevangelisch für die Aufgabe, kirchenrechtlich die Unaufhebbarkeit der Taufe zu beachten.

## 4. Agenden

Kasualien dienen dazu, das Evangelium und das persönliche Leben der Menschen bzw. Kirche und Lebenswelt in Kontakt zu bringen. Von daher gibt es bei ihnen keine für alle „Fälle" (lateinisch: casus) allgemein verbindliche Gestalt. Umgekehrt ist diese Flexibilität nicht mit Beliebigkeit zu verwechseln. Vielmehr bedarf die theologische Signatur, die die konkreten Fälle umspannt, der Darstellung. Das gilt für die Taufe in besonderem Maße aus theologischen (Stichwort: Sakrament) und ökumenischen (Stichwort: gegenseitige Anerkennung) Gründen.

Die liturgischen evangelischen Formulare der Gegenwart bemühen sich um Beides. Dabei besteht ein grundsätzlicher Fortschritt gegenüber den vorhergehenden Agenden darin, dass die Formulare altersspezifisch differenziert werden. Die besondere Situation von Kindertaufen wird also ernst genommen. Es werden die Paten und Eltern, nicht mehr – fiktiv – die Säuglinge bzw. Kleinkinder gefragt.

26 W. Pittkowski, Konfessionslose in Deutschland, in: W. Huber/J. Friedrich/P. Steinacker (Hg.), Kirche in der Vielfalt der Lebensbezüge. Die vierte EKD-Erhebung über Kirchenmitgliedschaft, Gütersloh 2006, 89–128.

Da bei den verschiedenen evangelischen Konfessionen bzw. Kirchenbünden die Taufformulare unterschiedlich akzentuiert sind, stelle ich im Folgenden kurz die Agenden der Vereinigten Evangelisch-Lutherischen Kirche in Deutschland (VELKD), des Reformierten Bundes und der Evangelischen Kirche der Union (EKU; jetzt: Union der Evangelischen Kirchen in der EKD: UEK) vor. Am weitesten geht auf die neuen Herausforderungen das 2000 herausgegebene unierte Taufbuch ein. An ihm können die wesentlichen liturgischen und konzeptionellen Fragen gut studiert werden.

4.1 Die *VELKD* gibt bereits 1988 die revidierte Fassung ihrer Agende III/1 (von 1962) heraus, die 1999 in zweiter, kaum veränderter Auflage erscheint.

Grundsätzlich bietet die Agende sowohl Formulare für eigene Taufgottesdienste als auch für Taufen, die in den sonntäglichen Gemeindegottesdienst integriert werden. Dann differenziert sie nach der konkreten Situation. Vor allem wird zwischen der Taufe von Kindern und der „Taufe eines Erwachsenen oder eines älteren Kindes" unterschieden.

Taufe und Abendmahl

Bei dieser letzten Form sind lediglich die sog. Kernstücke verbindlich: Taufbefehl, Glaubensbekenntnis, Tauffrage, Taufhandlung und Taufsegen. Dazu wird eine Abendmahlsfeier in den Taufgottesdienst integriert. Hier beginnen also die lutherischen Kirchen zur altkirchlichen Einheit des Initiationsrituals zurückzukehren.

Bei den liturgischen Ordnungen für die Taufe von Kindern verdient die zweite von drei angebotenen Formen besonderes Interesse:

Familienbezug der Taufe

Entgegen dem unvermittelten Beginn mit dem Taufbefehl (Mt 28,18–20) in der ersten Form und (so auch in der dritten Form) der Bekreuzigung des Täuflings, berücksichtigt das zweite Formular zum einen den familiären Kontext der Taufe. So begrüßt der Pfarrer bzw. die Pfarrerin die Taufgemeinde mit einem schöpfungstheologisch begründeten Votum:

Liebe Taufgemeinde, liebe Familie N.! Heute wird Ihr Kind (N.) in dieser Kirche getauft. Damit wird es/sie/er Gottes Liebe anvertraut und in die Gemeinschaft der ganzen Christenheit aufgenommen. (Hier soll auf die besondere Situation der Familie und des Gottesdienstes kurz eingegangen werden, zum Beispiel:)
Ein kleines Kind in Händen zu halten, ist Grund genug, Gott dankbar zu sein. Wir dürfen das Wunder der Schöpfung neu spüren. Dieses Kind ist schon jetzt eine eigene, unverwechselbare Person. Auch wenn es noch ganz auf seine Eltern angewiesen ist, hat es Gaben und Begabungen, von denen wir noch gar nichts wissen.
Gott geht mit ihm seinen Weg. Daß wir dieses Kind und sein ganzes Leben Gott anvertrauen können, dafür sind wir dankbar. (Agende III.1 51 f)

Betrachtung des Taufwassers

Zum anderen findet sich hier – fakultativ – eine kurze Betrachtung zum Taufwasser, z. B.:

> Das Wasser, mit dem wir taufen, ist zugleich Zeichen des Todes und des Lebens. Ohne Wasser gibt es kein Leben, im Wasser können Menschen versinken. Die Sintflut brachte Gottes Gericht über die Sünde der Menschen. Noah aber fand Gnade und wurde errettet aus der Flut. So soll im Wasser der Taufe alles, was uns von Gott trennt, untergehen. Aus dem Wasser der Taufe soll der neue Mensch auferstehen, der mit Christus lebt. (Agende III.1 55)

Taufe als Teil des Sonntagsgottesdienstes

4.2 1999 erscheinen innerhalb der *„Reformierten Liturgie"* auch Taufagenden für reformierte Gemeinden. Bereits das Vorwort macht einen grundlegenden Unterschied zu den eben skizzierten lutherischen Ordnungen deutlich. Während bei der VELKD ausführlich Abläufe für eigenständige Taufgottesdienste mitgeteilt werden – daneben in Form 3 eine eingefügte Taufe –, versteht die Reformierte Liturgie Taufe ausschließlich „als Teil des sonntäglichen Gottesdienstes" (Reformierte Liturgie 303). Allerdings sollte dieser dann unter dem Gesichtspunkt der Tauferinnerung für die schon getauften Gemeindeglieder gestaltet werden.

Ausdrücklich wird das Verständnis der Taufe als Kasualie zurückgewiesen: „Das hat seinen theologischen Grund darin, dass wir die Taufe nicht wie andere Kasualien auf den menschlichen Lebenszyklus beziehen: Sie ist ihrem Wesen nach kein Übergangsritus anlässlich der Geburt eines Kindes, ihre Bezugsgröße ist nicht die Familie, sondern die Gemeinde." (Reformierte Liturgie 303)

Die drei vorgeschlagenen Formulare – zwei für Kindertaufen, eines für Erwachsenentaufen – sind stark wortlastig. Gegen eine unreflektierte Verwendung von Symbolen wird zwar zu Recht eingewendet, dass durch diese „die Prägnanz der einzelnen Symbolhandlung eher geschwächt als verstärkt" wird (Reformierte Liturgie 304); doch kann die vorgeschlagene Reduktion letztlich auf den Wasserritus nicht überzeugen. Die Bedeutung der Taufe wird nur verbal proklamiert, aber nicht sinnenfällig inszeniert. Sinn- und Feiergestalt der Taufe klaffen auseinander.

Taufe eines behinderten Kindes

Einen theologisch wichtigen Akzent setzt allerdings die Liturgie im Anhang mit Gebetsvorschlägen. Hier findet sich ein Gebet für die Taufe eines Kindes mit Behinderung:

> Barmherziger Gott,
> du hast [...] seinen/ihren Eltern geschenkt.
> Sie freuen sich an ihrem Kind und bringen es heute zur Taufe.
> Die Taufe ist das Zeichen, dass du dich hingibst
> für [...] und ihn/sie liebst.
> Aber [...]s Eltern sind auch traurig und blicken mit Sorge in die Zukunft.
> [...] wird anders sein als die meisten Kinder.
> Er/sie wird es schwerer haben im Leben.
> Er/sie braucht mehr als andere die Erfahrung:
> Ich bin angenommen und ich werde geliebt, so wie ich bin. [...] (Reformierte Liturgie 332)

Abgesehen von Fragen angemessener Gebetssprache wird hier deutlich, dass das Evangelium keine bloße Bestätigung eines an Gesundheit und Leistungsfähigkeit orientierten (primärreligiösen) Menschenbildes ist.

4.3 Sowohl in den Vorüberlegungen als auch in den angebotenen Alternativen ist das 2000 erschienene *„Taufbuch" der unierten Kirchen* erheblich ausführlicher als die eben vorgestellten Agenden (s. GRETHLEIN, Grundfragen 206f).

Die 21 Seiten umfassende Einleitung ist geradezu ein Kompendium des für die Taufpraxis notwendigen theologischen Wissens. Die zentralen Bibeltexte, taufbezogene Ausschnitte aus den altkirchlichen Bekenntnissen und reformatorischen Bekenntnisschriften sowie aus der Leuenberger Konkordie und dem Lima-Papier sind abgedruckt.

Stationen des Taufwegs

Dazu tritt ein instruktiver Abschnitt „Taufe und Taufweg", der weit in den Bereich von Gemeindeaufbau und Katechese reicht.

So wird z.B. für Kindertaufen vorgeschlagen: „Bei verantwortlich gehandhabter Kindertaufe können sich damit folgende Stationen des ‚Taufwegs' ergeben: Nach einer (verbindlich zu machenden) Vorbereitungsphase (Taufseminar, Taufgespräche, Pateneinweisung) können am Taufsonntag die Eltern sowie die Patinnen und Paten zur ‚Tauf-Kommunion' eingeladen werden. In der Folgezeit bieten Gesprächskreise für junge Eltern, gottesdienstliche Tauf-Anamnesen (Beichte, Taufgedächtnis in der Osternacht, miterlebte Taufen) und Zusammenkünfte der Konfirmandeneltern Hilfe und Geleit für die häusliche Praxis Pietatis, in die das als Säugling getaufte Kind hineinwachsen soll." (Taufbuch 20)

Die konkrete Umsetzung bleibt jedoch teilweise hinter den hier eröffneten Perspektiven zurück. So war z.B. im Vorentwurf zum Taufbuch das Weg-Konzept noch deutlicher ausgeführt. Die Eröffnung sollte im Eingangsbereich, die Verkündigung im Bereich von Kanzel und Lesepult, die Taufe beim Taufstein und die Sendung vom Altar aus erfolgen. Die dadurch erforderlichen kleinen Umzüge im Kirchenraum (Prozessionen) ließen gut den Prozess-Charakter der Taufe erfahren. Sinn- und Feiergestalt stimmten überein.

In der Letztgestalt findet sich aber eine erfreuliche Fülle von Symbolen, u.a. sind Salbung, Hefata-Ritus, Übergabe der Taufkerze und des Taufgewandes möglich.

Ein Problem ist angesichts dieser Fülle, dass der „Einschub" der Taufe in den Gemeindegottesdienst gegenüber einem eigenen Taufgottesdienst präferiert wird (wenn auch nicht in der Ausschließlichkeit der Reformierten Liturgie). Eine angemessene Inszenierung von Taufsymbolen sprengt aber den zeitlich engen Rahmen eines Einschubs in den sonntäglichen Gottesdienst.

Schließlich schlägt das Taufbuch für Kinder, die noch nicht getauft werden sollen, u.a. die Gestaltung einer Kindersegnung vor. Dem wird in § 15 eigens nachzugehen sein.

## 5. Probleme

In der gegenwärtigen Taufpraxis stellen sich auf unterschiedlichen Ebenen Probleme. Dabei geht es nicht primär um liturgische Gestaltungsfragen. Vielmehr spiegeln sich in den im Folgenden genannten Bereichen grundsätzliche Schwierigkeiten, die den Raum des Taufrituals überschreiten und den ganzen Bereich der Kasualien betreffen. Es geht um den biblisch bezeugten Zusammenhang des kultischen Handelns mit den sonstigen Lebensvollzügen, wie ihn begrifflich Paulus in Röm 12,1 f („vernünftiger Gottesdienst"; griechisch: „logike latreia") präzise bestimmt (s. Grethlein, Grundfragen 55–65). Die folgenden Paragraphen geben hierzu handlungsorientierende Impulse.

5.1 Ein Vergleich gegenwärtiger evangelischer Tauffeiern mit den neutestamentlichen Aussagen zur Taufe sowie der grundlegenden Bedeutung dieses Rituals für die Kirchenmitgliedschaft und damit für Kirche ergibt eine deutliche Diskrepanz. In liturgiewissenschaftlicher Formulierung: *Sinn- und Feiergestalt stimmen nicht überein.* Dies gilt vor allem für sog. eingeschobene Taufen, die innerhalb des Sonntagsgottesdienstes in wenigen Minuten abgewickelt werden.

Aufgabe der Tauferinnerung

Allerdings hat angesichts der auf das ganze Leben bezogenen, ja sogar über den biologischen Tod hinausreichenden Verheißungen das konkrete Ritual nur begrenzte Möglichkeiten. Entsprechend dem prozessualen Charakter der Taufe kommt es darauf an, das Ritual als einen spürbaren Impuls für das weitere Leben zu gestalten. Hierbei nimmt die Aufgabe der Tauferinnerung einen hervorragenden Platz ein. Nur wenn es gelingt, Menschen immer wieder an ihre Taufe zu erinnern, kann sich deren Kraft lebensfördernd entfalten.

In diesem Zusammenhang geht es aber nicht vordringlich um korrektes theologisches Wissen. Vielmehr ist der besondere Charakter der Taufe als Ritual, nämlich als Raum symbolischer Kommunikation zu beachten. Taufe kann so Grundlage für Hoffnung und Zuversicht werden, die die Ambivalenz des Lebens integriert. Für die Aufgabe der Tauferinnerung verdienen Tauftermine an hervorgehobenen Zeiten des Jahres ebenso Beachtung wie die Taufsymbole, die auch außerhalb des Gottesdienstes begegnen. Schließlich bietet sich für die sonstigen Kasualien als Ritualen an Übergängen im Leben an, dass hier an die Verheißung der prozesshaft auf das ganze Leben bezogenen Taufe erinnert und diese für die konkrete Situation ausgelegt wird.

5.2 Die kontrakulturelle Ebene wird betreten, wenn der *unwiederholbare und nicht revidierbare Grundcharakter der Taufe* (in dogmatischer Sprache: character indelebilis) bedacht wird.[27] Denn es ist ein wesentliches Kennzeichen heutiger Optionsgesellschaft, dass grundsätzlich alles zur Disposition steht. Besonders bei jungen Menschen ist dieses Wahl- und Revisionsverhalten auch in religiöser Hinsicht ausgeprägt. Die Selbstbestimmung ist mittlerweile ein Konstitutivum für religiöse Partizipation. Demgegenüber sind kirchliche Bestimmungen, Lehrsätze o. Ä. bedeu-

27 U. Kühn, Sakramente (HST 11), Gütersloh 1985, 37 f, 112, 249.

tungslos (außer sie erweisen ihre Funktionalität und Plausibilität in der Lebenswelt).

Abendmahl für Ungetaufte

Diese auf die Gegenwart und deren Erlebnisse bezogene Orientierung trat in ihrer taufkritischen Tendenz zuerst in ostdeutschen Jugendgruppen zu Tage. Hier nahmen – schon vor der politischen Vereinigung – ungetaufte Jugendliche am primär als Gemeinschaftszeichen verstandenen Abendmahl teil, ohne aber die Taufe zu begehren. Helmut Zeddies berichtet: „Vor allem junge Leute fühlen sich heute am ehesten zu offenen und überschaubaren Gruppen hingezogen. Zu einer Gruppe zu gehören, bedeutet ihnen in der Regel mehr als die Zugehörigkeit zur Gemeinde. Die Feier des Abendmahls hat in solchen Gruppen als Gemeinschaft stiftende Handlung einen hohen Stellenwert gewonnen, der weit vor der Taufe liegt. Sie wird bemerkenswerterweise verpflichtender als das Abendmahl […] erlebt.“[28]

Wenn – wie weithin in Ostdeutschland, aber auch in nord- und westdeutschen Großstädten – die Selbstverständlichkeit der Taufe zurückgeht und damit deren Entscheidungscharakter deutlicher hervortritt, gewinnt dieses Problem größere Bedeutung. Dabei ist weniger die Frage nach der Zulassung zum Abendmahl als vielmehr die Distanz zur Taufe brisant. Denn eine die biblischen Perspektiven aufnehmende Kommunikation des Evangeliums ist ohne Einladung zur Taufe unmöglich. Insofern enthält die von Zeddies berichtete Situation implizit eine kritische Anfrage an die Kommunikation des Evangeliums in den Jugendgruppen.

Gegenkultureller Charakter der Taufe

Geht man ihr nach, stößt man auf ein grundsätzliches Problem. Im Unterschied zu früheren, theologisch begründeten und letztlich binnenkirchlichen Anfragen zur Taufe geht es jetzt um den Grundcharakter des Christseins in einer pluralistischen Gesellschaft.

Hier hilft nur eine genaue theologische Unterscheidung weiter. Die aus Flexibilitätsgründen in einer mobilen Gesellschaft offen zu haltenden Optionen betreffen das Handeln der Menschen. Die Taufe ist jedoch primär Ausdruck des Handelns Gottes, das sich den Menschen gegenüber durch Verlässlichkeit und Stetigkeit (biblisch: Treue, z.B.: Dtn 7,9; 32,4; Ps 31,6; 1 Kor 1,9; 2 Thess 3,3; 1 Petr 4,19) auszeichnet. Die Zurückhaltung gegenüber der Taufe kann so als Distanz bzw. Zurückhaltung gegenüber der nicht durch eigenes Handeln und Erleben produzierbaren Vorgabe Gottes gedeutet werden.

In der Tat steht die Taufe mit dem Bekenntnis zu Gottes gnädigem Handeln, das allem menschlichen Tun vorausgeht und dies erst begründet, einer Kultur entgegen, in der grundsätzlich alles mach- und produzierbar erscheint. Zugleich ist es eine wichtige Einsicht evangelischen Glaubens, dass die grundsätzliche Relativierung allen menschlichen Handelns der Grundkonstitution des Menschen entspricht (im Sinne seiner schlechthinnigen Abhängigkeit). So führt dieses Problem der Taufpraxis ins Zentrum evangelischer Kirchen, in die Rechtfertigungslehre, und ist nicht

28 H. Zeddies, Ungetaufte beim Abendmahl, in: ZdZ 44 (1990), H. 3, 77f.

pragmatisch zu lösen. Vielmehr gilt es, die mit der Taufe gegebene dauerhafte, ja sogar den Tod überschreitende Zusage Gottes zum Ausdruck zu bringen – und so den Menschen Mut zu machen, sich bleibend festzulegen.

Veränderungen im Religionsunterricht als Herausforderung für die Taufpraxis

5.3 Das *katechetische Desiderat der Taufpraxis* meldet sich zunehmend dringlicher.

Der Druck, den bestimmte politische Kreise auf den schulischen Religionsunterricht richten, zeitigt erste Konsequenzen. Die Selbstverständlichkeit ausreichenden Religionsunterrichts ist nicht mehr überall in Deutschland gegeben. Mittlerweile besteht in drei Bundesländern kein evangelischer Religionsunterricht mehr als Regelangebot für die Schüler und Schülerinnen (Berlin, Brandenburg, Bremen). In den anderen ostdeutschen Bundesländern wird Religion häufig nur als einstündiges Unterrichtsfach erteilt, ein schulpädagogisch gesehen auf die Dauer wenig sinnvoller Zustand. Dazu gilt auch anderswo Religion vielerorts bei Lehrermangel, finanziellen Engpässen o.Ä. als entbehrliches Fach, so dass in manchen Regionen viele Unterrichtsstunden ausfallen. Weiter stellen Kinder aus islamischen oder sonstigen andersreligiösen Herkunftsfamilien neue Anforderungen an die religiöse und ethische Erziehung in der Schule, die schulorganisatorisch ein Beibehalten der bisherigen Form des konfessionellen Religionsunterrichts erschweren. Schließlich zeigt ein Blick in die meisten Religions-Curricula, aber auch religionsdidaktischen Konzepte eine beachtliche Distanz der Ziele und Inhalte zur Aufgabe, den Heranwachsenden die Möglichkeit zu eröffnen, als Christ leben zu können (→ § 46 2.1).

Dadurch verliert das lange Zeit verwendete Argument, der schulische Religionsunterricht sei – neben dem Konfirmandenunterricht – nachgeholter Taufunterricht, an Gewicht.

Eine neue Herausforderung stellt darüber hinaus die zunehmende Zahl von älteren Taufaspiranten dar. Wie sind Jugendliche auf die Taufe vorzubereiten, die keinen Religionsunterricht besuchten? Wie Erwachsene, die persönliche Erfahrungen zur Taufe führen, angefangen von einer Partnerschaft mit einem Christen bis hin zu einem bewussten Bekehrungserlebnis?

Diese wenigen Hinweise zeigen, dass die alte Frage nach der katechetischen Dimension der Taufe neue Brisanz gewinnt.

## 6. Zusammenfassung

Die gegenwärtige Taufpraxis bekommt auf dem Hintergrund der geschichtlichen Entwicklung Tiefenschärfe, und zwar sowohl hinsichtlich ihrer Probleme als auch ihrer Chancen. *Die Veränderungen im Taufalter und der Rückgang der Selbstverständlichkeit der Kirchenmitgliedschaft schaffen einen neuen Ausgangspunkt für die Taufpraxis, der in manchem den altkirchlichen Verhältnissen zu ähneln beginnt.*

Zwar ist das Bestreben in den neueren Taufagenden unübersehbar, den Herausforderungen dadurch zu begegnen, dass die Chancen ritueller Kommunikation genutzt werden. Allerdings wirken diese Bemühungen teilweise halbherzig. Ein in den normalen Sonntagsgottesdienst eingeschobener Ritus verfehlt den Sinngehalt der biblischen Taufperspektiven. Die Anregungen aus der Alten Kirche legen eigene Taufgottesdienste zu bestimmten, im Kirchenjahr hervorgehobenen Zeiten nahe. Schließlich machen Ausfall bzw. problematische Ausrichtung des schulischen Religionsunterrichts in manchen Regionen das religionspädagogische Desiderat heutiger Taufpraxis besonders dringlich.

## § 13 Ökumenische Anregungen

Literatur: C. Hofrichter/Th. Kiefer, Literaturbericht zu Taufe und Taufpastoral, in: KatBl 131 (2006), 149–154 – G. Lathrop, Baptismal Ordo and Rites of Passage in the Church, in: A. Stauffer (Hg.), Baptism, Rites of Passage, and Culture, Genf 1998, 27–46 – F.-P. Tebartz-van Elst, Vor der Taufe den Glauben feiern? Katechumenale Stufenriten als Paradigmen für eine missionarische Liturgie, in: B. Kranemann/K. Richter/F.-P. Tebartz-van Elst (Hg.), Die missionarische Dimension der Liturgie. Zeitgemäße Gottesdienstformen, Bd. 2, Stuttgart 1999, 16–31 – Ders., Handbuch der Erwachsenentaufe. Liturgie und Verkündigung im Katechumenat, Münster 2002.

Schon seit längerem zieht die Taufe international und ökumenisch die Aufmerksamkeit auf sich. Ein erster systematisch orientierter Ausdruck davon sind die entsprechenden Passagen im sog. Lima-Papier (Taufe, Eucharistie und Amt. Konvergenzerklärungen der Kommission für Glauben und Kirchenverfassung des Ökumenischen Rates der Kirchen, 1982).

Inzwischen hat der Lutherische Weltbund ein dem Zusammenhang von Taufe und Übergangsritualen gewidmetes Forschungsprogramm durchgeführt.

Dazu verdient das Bemühen der römisch-katholischen Kirche um die Taufe von Erwachsenen besondere Aufmerksamkeit, weil hier von neuem der Zusammenhang von Liturgie und Katechese Gestalt gewinnt.

### 1. Taufe als Grundlage der „rites of passage" (Lutherischer Weltbund)

1.1 Der US-amerikanische Liturgiewissenschaftler Gordon Lathrop, als Forscher an der in § 9 4. vorgestellten Studienarbeit des Lutherischen Weltbundes beteiligt, profiliert in der entsprechenden Publikation weiterführend den besonderen Charakter der Taufe innerhalb der als Übergangsriten („rites of passage") verstandenen Kasualien.

Taufe – ein Schwellenritual?

Die Taufe gilt ihm nur teilweise – wie am altkirchlichen Ritual gut sichtbar – als Übergangsritual. Teilweise durchbricht sie das Schema des Schwellenrituals, und zwar – nach Lathrop – in zweifacher Hinsicht:

Zum einen ist die Taufe ein prozesshaftes Geschehen, also kein abgeschlossenes Ritual. Vielmehr dauert sie – wie es vor allem Luther betont – lebenslang an.

Zum anderen bringt die Taufe keinen neuen Status mit sich und segregiert auch nicht die Getauften von den Nicht-Getauften. Vielmehr führt sie umgekehrt durch die Gemeinschaft mit Christus zu einer Identifizierung mit der gesamten Menschheit.

Lathrop bestimmt deshalb den Charakter der Taufe als Schwellenritual in zeitlicher Dynamik. *Die Taufe führt aus der „alten Zeit“ in die „neue“.*

Übergangsrituale als Tauferinnerung

1.2 Von daher umfasst die Taufe das ganze weitere Leben der Getauften und gehört bei sonstigen Übergängen im Leben zu deren christlicher Begehung. Heirat, Bestattung und Sorge um die Kranken gewinnen so eine doppelte Perspektive:

> They [sc. Christian communities, Ch. G.] should, first, seek to make the rite itself a healthy rite of passage, fully utilizing all the stages of transition and carrying the best created gifts and values of the culture of which it is an expression. [...] But, then, in the midst of these transitions, the Christian communities should also seek to proclaim the Gospel of Christ as the source of meaning amid all changes and crises. They should seek to set out something of the meaning of Baptism, [...] something of the truth that baptismal identity in Christ is far more basic than any of the statuses which are the subject of the passage rites. (LATHROP 44 f)

Lathrop gibt erste Hinweise (LATHROP 45), wie solch eine Integration der Tauferinnerung in andere Übergangsriten konkret aussehen kann. Dabei ist aber Voraussetzung, dass die Taufe ihren Ort im Zentrum der Gemeinde hat. So schlägt Lathrop z. B. vor, die Trauung an der Taufquelle bzw. am Taufstein durchzuführen. Bei Krankengottesdiensten empfiehlt er die Verwendung von Öl, und zwar „the oil of baptism“. Verstorbene sollen mit dem Taufgewand bekleidet und beim Taufstein aufgebahrt werden. Auch kann die Taufkerze neben ihnen entzündet werden.

So eindrücklich diese Vorschläge sind, die die Praxis von Christen in anderen Ländern aufnehmen, so deutlich spiegelt sich in ihnen zugleich das Defizit der Taufpraxis in vielen deutschen evangelischen Gemeinden wider. Die Taufe kann offensichtlich ihre Kraft, die im Bereich der primären Religionserfahrung angesiedelten Übergangsriten auf den Horizont des Evangeliums hin zu eröffnen, nur entfalten, wenn sie liturgisch reichhaltig gefeiert wird.

Konkret geben die Impulse aus dem weltweiten Luthertum Hinweise für eine solche Gestaltung. Die Elemente, die bei den anderen Kasualien den Taufbezug herstellen können, sollten in der Taufe ausführlich zur Darstellung kommen.

## 2. Liturgisch gestuftes Erwachsenen-Katechumenat (römisch-katholische Kirche)

2.1 Der Begründungszusammenhang für das mittlerweile in mehreren deutschen (römisch-katholischen) Diözesen erprobte, liturgisch gestufte Erwachsenen-Katechumenat sind die *Bestimmungen des II. Vatikanischen Konzils* (die folgenden Passagen sind entnommen: TEBARTZ VAN-ELST, Handbuch 39f).

So heißt es in der Liturgie-Konstitution Sacrosanctum Concilium Art. 64: „Ein mehrstufiger Katechumenat für Erwachsene soll wiederhergestellt und nach dem Urteil des Ortsordinarius eingeführt werden. So soll ermöglicht werden, dass die Zeit des Katechumenats, die zu angemessener Einführung bestimmt ist, durch heilige, in gewissen Zeitabschnitten aufeinander folgende Riten geheiligt wird."

Und im Missions-Dekret „Ad gentes" steht in Art. 14:

> Wer den Glauben an Christus durch die Kirche empfangen hat, soll durch liturgische Zeremonien zum Katechumenat zugelassen werden. [...] Die Katechumenen müssen [...] in passender Weise in das Geheimnis des Heils eingeweiht werden; durch die Übung eines Lebenswandels nach dem Evangelium und durch eine Folge von heiligen Riten soll man sie stufenweise in das Leben des Glaubens, der Liturgie und der liebenden Gemeinschaft des Gottesvolkes einführen. [...].
>
> Um diese christliche Initiation im Katechumenat sollen sich aber nicht bloß Katechisten und Priester kümmern, sondern die ganze Gemeinde der Gläubigen, besonders aber die Taufpaten [...]

Internationaler Impuls und nationale Herausforderung für Taufpraxis

Diese allgemeinen Anregungen werden in dem 1972 erschienenen Formular „Ordo Initiationis Christianae Adultorum" umgesetzt, 1975 als „Die Feier der Eingliederung Erwachsener in die Kirche" ins Deutsche übertragen. Während in den USA sich bereits seit 1974 eine rege Katechumenatspraxis entwickelt, findet der Impuls eines liturgisch gestuften Erwachsenenkatechumenats in Deutschland erst im Zusammenhang mit der politischen Wende 1989 Aufmerksamkeit (HOFRICHTER/KIEFER). Denn jetzt kommt es durch den vermehrten Zustrom von Aussiedlern aus Gebieten der GUS-Staaten sowie Übersiedlern aus dem Gebiet der DDR zu einem Anstieg von Taufbegehren Erwachsener.

Der Entdeckungszusammenhang des Modells ist das altkirchliche Taufkatechumenat, wie es in § 12 1.2. anhand der Traditio Apostolica vorgestellt wird (TEBARTZ-VAN ELST, Handbuch 36).

2.2 Das liturgisch gestufte Taufkatechumenat ist in seinen drei Teilen und den Zwischenstufen mit dem Kirchenjahr und dessen liturgischer Feier verbunden. Es mündet als Höhepunkt in das umfassende Initiationsritual in der Osternacht.

Bedeutung der Paten

Nach der Äußerung des Taufwunsches findet eine *Feier der Aufnahme in das Katechumenat* statt. Sie kann im Rahmen der Katechumenatsgruppe oder in einem Werktagsgottesdienst stattfinden. Neben den Katechumenen nehmen auf jeden Fall deren Paten („Glaubensbegleiter") teil.

Das Ritual wird in vier Symbolhandlungen begangen (Tebartz-van Elst, Handbuch 68f):

Die Taufbewerber und Paten werden an der Kirchentür abgeholt;
die Sinne der Katechumenen werden mit dem Kreuz bezeichnet;
ihnen wird eine Bibel überreicht,
ebenso ein Kreuz.

Nach diesem Ritus kann vor dem zweiten Schritt noch eine Salbung mit Katechumenenöl (Salbung der Handinnenflächen) stattfinden (Tebartz-van Elst, Handbuch 86f), um die Taufbewerber und Taufbewerberinnen auf ihrem manchmal nicht einfachen Weg zu stärken.

Die zweite Stufe des Gesamtrituals ist die *Zulassung der Katechumenen zur Taufe.* Es gliedert sich in zwei Teile:

Im Vorabendgottesdienst zum Ersten Fastensonntag findet in der Gemeinde der Ritus der Einschreibung statt. Hier werden die Namen der Katechumenen in ein Sendschreiben eingetragen, das im zweiten Teil, am Ersten Fastensonntag, in der Domkirche dem Bischof übergeben wird.

Zulassung durch Bischof

Die hier stattfindende, eigentliche Zulassungsfeier ist ein erster Höhepunkt des Katechumenats. Die Taufbewerber und -bewerberinnen kommen mit ihren Paten aus allen Gemeinden der Diözese, werden persönlich vom Bischof begrüßt und – nach Entgegennahme der Bewerbungsschreiben – offiziell zur Initiation zugelassen. Dabei kommt die Bedeutung der Paten dadurch zeichenhaft zum Ausdruck, dass sie den Katechumenen die Hand auf die Schulter legen, wenn diese auf die Frage des Bischofs nach der Entschiedenheit des Taufwunsches antworten.

Vor dem Initiationsgottesdienst findet am 3., 4. und 5. Fastensonntag die Feier der Skrutinien statt. Hier wird jeweils für die Taufbewerber und -bewerberinnen gebetet und ihnen vom Priester die Hand aufgelegt. Eine Salbung mit Katechumenenöl ist fakultativ vorgesehen.

Auch werden jetzt im Gottesdienst Glaubensbekenntnis und Vaterunser übergeben (Tebartz-van Elst, Handbuch 149f).

Am Karsamstag finden Riten zur unmittelbaren Taufvorbereitung statt: Wiedergabe des Glaubensbekenntnisses und Effata-Ritus. Dadurch sollen die Katechumenen noch einmal aus den häuslichen Festvorbereitungen herausgelöst und geistlich auf die Taufe eingestimmt werden.

Einheit des Initiationsrituals

Die dritte Stufe des Rituals ist die *Feier der Taufe, die auch Firmung und Eucharistie umfasst.* Damit ist der ursprüngliche, in den orthodoxen Kirchen bis heute bewahrte Zusammenhang des Initiationsrituals wiedergewonnen.

Die folgenden österlichen Gottesdienste sollen unter mystagogischen Gesichtspunkten gefeiert werden, also zur Verwurzelung der Neugetauften in der Eucharistie und in der Gemeinde dienen.

2.3 Insgesamt liegt hier ein umfassender Versuch vor, durch Rückgriff auf altkirchliche Traditionen den neuen Herausforderungen zu begegnen, die aus der Auflösung des Zusammenhangs von Taufe und Geburt resultieren.

Ökumenische Anregungen

*Anregend* ist – neben der Fülle der Symbole – Folgendes:

Die Reduktion von Lernprozessen auf den kognitiven Bereich, wie sie sich z. B. in manchen Taufeltern-Seminaren findet, wird durch die Einbeziehung der Liturgie in die Taufvorbereitung überwunden. Es wird theologisch ernst damit gemacht, dass in der liturgischen Feier die Gabe des Heiligen Geistes erhofft wird. Pädagogisch wird die Lebensferne des Unterrichtlichen überwunden.

Die Anbindung des Katechumenats an das Kirchenjahr ermöglicht wichtige Impulse für die ganze Gemeinde. Das Katechumenat der Einzelnen kann dadurch zur Tauferinnerung für die Gemeindeglieder werden.

Das Zusammenwirken von Katechumenatsgruppe, örtlicher Gottesdienstgemeinde und Zusammenkunft beim Bischof macht Kirche in unterschiedlicher Weise erfahrbar. Die verschiedenen Ebenen des Christseins – im privaten, gemeindlichen und öffentlichen Bereich – kommen in ihrem Zusammenhang zur Darstellung.

Beachtung verdient, dass das liturgisch gestufte Taufkatechumenat in den USA entwickelt wurde, also unter den Bedingungen einer Gesellschaftsformation, in der auch im religiösen Bereich eine offene Marktsituation herrscht. Von daher ist das Interesse an der Wirkung des Modells auf bereits Getaufte und die Gemeinden zu verstehen. Durch die Konzentration auf den Bischof und die Diözesanebene wird auch eine erhebliche publizistische Ausstrahlung erzielt, bei der über die Initiation das Zentrum christlichen Glaubens in den Medien zur Darstellung kommt.

Doch soll dieses Modell nicht überschätzt werden. Die Zahl der erwachsenen Taufbewerberinnen und -bewerber ist insgesamt recht gering. Dazu muss überlegt werden, ob und wie die starke Ausrichtung auf den Bischof in ein evangelisches Taufkatechumenat transformiert werden kann.

## 3. Zusammenfassung

Die beiden dargestellten Konzepte machen an wichtigen Stellen auf die Begrenztheit der Taufpraxis in den meisten evangelischen Gemeinden Deutschlands aufmerksam und geben Impulse zu deren Überwindung:

Das internationale Modell betont nachdrücklich den Zusammenhang der anderen Kasualien mit der Taufe und markiert das Defizit der deutschen Kasualpraxis beim Umgang mit Krankheit („healing rites").

Das liturgisch gestufte Taufkatechumenat macht auf die Chancen aufmerksam, die in dem Anwachsen der Zahl erwachsener Taufbewerber und -bewerberinnen liegt. Der Charakter der Taufe als Initiationsritual, das das Leben der Gemeinde und der Einzelnen prägt, kann wiedergewonnen werden. Wasserhandlung, Abendmahl und Handauflegung werden in einem Vollzug gefeiert.

## § 14 Innovative Impulse

Literatur: R. Blank/Ch. Grethlein (Hg.), Einladung zur Taufe – Einladung zum Leben, 2 Bde., Stuttgart 1993/95 – P. Cornehl, Taufe VIII. Praktisch-theologisch, in: TRE Bd. 31 (2001), 734–741 – P. Cornehl u. a., Auf dem Weg zur Erneuerung der Taufpraxis. Thesen zum 23. Deutschen Evangelischen Kirchentag, in: ZGP 8/1 (1990), 20–22 – Ch. Grethlein, Unterwegs zu einer Neuentdeckung der Taufe, in: E. Domay (Hg.), Taufe (Gottesdienstpraxis Serie B), Gütersloh 1993, 9–17

In den letzten zwanzig Jahren mehren sich in den evangelischen Kirchen in Deutschland die Bemühungen um eine Reform der Taufpraxis. Der Deutsche Evangelische Kirchentag bietet seit 1989 immer wieder durch sog. Taufforen oder andere Veranstaltungen einen Raum, um entsprechende Anregungen und Erfahrungen auszutauschen und zu diskutieren. In Einrichtungen der Kirchenbünde und Landeskirchen werden Materialien erstellt, die zu einer Reform beitragen sollen. Dabei ist es gemeinsames *Ziel, die Marginalisierung der Taufe zu überwinden und ihre biblisch gegebene Bedeutung für Gemeinde und das Leben der Christen wiederzugewinnen.* Im Folgenden stelle ich einige dieser Impulse dar. Auswahlkriterium ist dabei, dass es sich um die biblischen Grundintentionen zur Sprache bringende und zugleich praxistaugliche Anregungen handelt. Dazu soll den unterschiedlichen Dimensionen Rechnung getragen werden, die die Taufpraxis umfasst.

### 1. „Integrative Taufpraxis"

Peter Cornehl hat wiederholt Vorschläge zur Gestaltung der Kasualien und nicht zuletzt zur Taufreform vorgelegt. Besondere Aufmerksamkeit zogen die auf dem Berliner Kirchentag 1989 vorgetragenen Thesen auf sich. In dem praktisch-theologischen Part des TRE-Artikels „Taufe" bündelt er seine Überlegungen konzeptionell.

Aktualität der Taufe

1.1 In den *Berliner Taufthesen* (Cornehl, Weg) entwickelt Cornehl gemeinsam mit Anderen ein aktuelles Verständnis der Taufe. Er profiliert sie inhaltlich als „das Sakrament der Rettung in einer bedrohten Welt". Dabei geht er davon aus, dass die zunehmende Bedrohung des Lebens wieder den endzeitlichen Bezug der Taufe in Erinnerung ruft.

Im Einzelnen schreibt er der Taufe folgende fünf Inhalte zu – später um einen sechsten ergänzt:

1. Die Taufe ist das Sakrament der Befreiung aus dem Bann des Bösen.
2. Die Taufe ist das Sakrament der neuen Schöpfung.
3. Die Taufe ist das Sakrament der Annahme.
4. Die Taufe ist das Sakrament der Gemeinschaft.
5. Die Taufe ist das Sakrament der christlichen Einheit.

Es tritt dann noch hinzu: Die Taufe ist das Sakrament der Christusverbundenheit.[29]

29 P. Cornehl, Taufpraxis im Umbruch. Nachlese zu einem Artikel (2002), jetzt in: Ders., „Die Welt ist voll von Liturgie". Studien zu einer integrativen Gottesdienstpraxis (PTHe 71), hg. v. U. Wagner-Rau, Stuttgart 2005, 355–366, 362.

Eine solche inhaltliche Bestimmung verbindet gegenwärtiges Erleben – etwa die Bedrohung durch Krieg oder Umweltverschmutzung – und biblische Inhalte. Sie eröffnet für die Taufpraxis einen Horizont, der weit über den Bereich der Familie hinausreicht.

Taufe und Lebensgeschichte

1.2 Konzeptionell schlägt Cornehl eine „*integrative Taufpraxis*" (CORNEHL, Taufe 737) vor, die „den Zusammenhang zwischen Taufe und Lebensgeschichte bedenkt und Gemeinde baut im Bezugsfeld von Taufe und Eucharistie."

Dafür ist Folgendes wichtig:

Die Erneuerung des Taufkatechumenats;

der Zusammenhang zwischen Taufe und anderen Gottesdiensten;

die Verbindung zur Seelsorge;

die Einführung in die Symbole und Bilder der Taufe.

Cornehl gibt den Bemühungen um die Erneuerung der Taufpraxis dadurch wichtige Impulse, dass er die möglichst große Öffnung für den Lebenskontext heutiger Menschen mit dem Insistieren auf dem Ernst der Taufe verbindet. Taufe kann dann organisatorisch nicht mehr schnell in ein sonstiges liturgisches Gefüge eingeschoben oder inhaltlich auf eine oberflächliche Rede von „Annahme" o. Ä. reduziert werden.

## 2. Taufsymbole

2.1 Im Kontext der Leitung einer am Gemeindekolleg der VELKD angesiedelten Projektgruppe zum Thema „*Einladung zur Taufe – Einladung zum Leben*" habe ich versucht, den Gehalt der Taufe symboldidaktisch zu rekonstruieren.

Dabei leiteten mich mehrere Motive:

Zunehmend ist in Familiengottesdiensten, Kinderbibelwochen, aber auch Taufen eine Flut von Symbolen zu beobachten. Diese Symbole sind zwar anschaulich, ihre Erschließungskraft für das Evangelium manchmal aber eher gering.

Tauferinnerung

Angesichts der wachsenden Bedeutung von Tauferinnerung ist nach sinnlich Wahrnehmbarem zu suchen, das nicht nur in der Taufe als liturgischem Akt vorkommt, sondern auch in der sonstigen Lebenswelt und deshalb Haftpunkt für die Tauferinnerung sein kann.

Schließlich macht eine kommunikationstheoretische Reflexion von Ritualen deutlich, dass gemeindepädagogische Angebote wie Taufelternseminare in der Regel nicht vornehmlich kognitiv ausgerichtet sein dürfen – und zwar sowohl aus Gründen der Adressaten als auch des besonderen Inhaltes der Taufe als Ritual. Denn die Taufe eröffnet primär einen Raum, innerhalb dessen sich den Menschen biographiebezogen neue Einsichten erschließen können. Die Symbole bieten – im Mittelpunkt des Rituals – gute Möglichkeiten, sich in Gruppen die Taufe so anzueignen, dass die jeweiligen biographischen Erfahrungen eingebracht und in der Perspektive des Evangeliums neu ausgerichtet werden können.

Grundsymbole der Taufe

2.2 Von diesen Überlegungen her liegt es nahe, die Grundsymbole, die in den (meisten) evangelischen Taufen Verwendung finden, genauer zu profilieren: *Wasser, Name, Hand(auflegung), Licht/Kerze und Kreuz.*

Dabei zeigt eine Durchsicht folgende kommunikativen Qualitäten:

Die Grundsymbole werden nicht zusätzlich inszeniert, sondern haben ihren Ort im Ritual selbst, und gewinnen von daher einen Richtungssinn;

sie begegnen den Menschen im sonstigen Alltag;

sie ermöglichen in gemeinde- und religionspädagogischen Veranstaltungen erlebnisdichte und inhaltlich gewichtige Lernprozesse, nicht zuletzt in einem breiten gesellschaftspolitischen Kontext:

> Ein intensives Bedenken der […] Grundsymbole der Taufe […] gibt wichtige Impulse zur Bearbeitung wesentlicher Probleme unserer Zeit. Der Skandal der Wasserverschmutzung (vs. Symbol Wasser), das Verdrängen des Leidens und Sterbens in einer auf schnellen Genuß fixierten Welt (vs. Symbol Kreuz), die zunehmende Anonymisierung der Lebensverhältnisse (vs. Symbol Name), verbunden mit der Isolation (vs. Symbol Handauflegung) und (Selbst-)Zerstörung vieler Menschen auf Grund von Desorientierung (vs. Symbol Licht) sind nur erste Beispiele für gesellschaftliche Probleme, denen die Taufe mit ihren Symbolen positiv entgegentritt:
>
> das Wasser als gute Schöpfungsgabe Gottes,
> das Kreuz als Zeichen der Anerkennung und Überwindung von Leid und Tod,
> das Licht als Ausdruck tragfähiger Lebensorientierung,
> die Hand(auflegung) als Symbol der Zuwendung zum Nächsten,
> der Name als Beleg für die Einzigartigkeit jedes Menschen vor Gott. (Grethlein 12)

*Wasser* kann von Kindern in einer Prozession zum Taufbecken gebracht, hörbar in das Taufbecken eingefüllt werden und so Gegenstand einer Wasser-Meditation sein. Es begegnet Menschen ständig, bei der täglichen Reinigung, aber auch in der Landschaft. Ältere Kinder können ebenso wie Erwachsene durch die besonderen Eigenschaften (Lebensnotwendigkeit, Lebensbedrohung, Erfrischung, Reinigung, Klarheit und Lichtdurchlässigkeit) des Wassers zu einem vertieften Verständnis der Taufe geführt werden.

Wasser als Medium des Glanzes Gottes

Ein gutes Beispiel für eine gemeinsame Erschließung der Taufe im Umfeld des Taufwassers ist der Bericht der Lehrerin einer Vorschulklasse. Sie besuchte mit ihren Kindern eine Kirche:

> Als wir unseren ersten Gang zur Kirche machten, um überhaupt den Raum Kirche kennenzulernen, bewunderten die Kinder die Taufschale. Ein Kind war besonders fasziniert von der Vergoldung der Schale, die durch das Wasser hindurchschimmerte. Da fuhr einem Kind die Bemerkung heraus: „Das Baby bekommt wohl von dem Gold etwas ab.“ In dieser Zeit […] bereiteten wir auch schon das Weihnachtsspiel vor, bei dem das Christkind mit goldenem Glanz auf einem Bild erschien. So lag es nahe, von dem Schein des Christuskindes zu sprechen. In der Taufe erhält das Kind nicht nur seinen Namen, sondern von da an wird es auch „Christ“ heißen. Die Taufhandlung ist dafür ein Symbol; denn jedes Kind, jeder Christ be-

kommt vom Glanz etwas ab. Für den Täufling ist das die frohe Verkündigung der Zuwendung Gottes und zugleich der Auftrag, diesen Glanz in seinem Leben nicht zu verlieren. Da fragten die Fünfjährigen zurück, wie das denn mit ihnen sei, dann hätten sie ja auch Glanz abgekriegt. Dem konnten wir nur zustimmen. Wir verabredeten deshalb, daß wir uns für die folgende Tauffeier schmücken wollten als kleine Taufgemeinde von Christen für diesen Täufling. Alle Kinder bastelten sich aus Goldpapier einen Reifen mit Goldsternen, um kundzutun, daß auch sie Kinder seien, die schon vom christlichen Glanz erhalten hatten.[30]

Bei der Taufe wird der *Name* des Täuflings genannt – in Zusammenhang mit dem Namen des dreieinigen Gottes. Viele Namen in Deutschland haben einen christlichen, z.T. sogar biblischen Hintergrund, ohne dass dies den Eltern bzw. Täuflingen bewusst ist. Eine Interpretation des Namens kann auch für wenig gebildete Menschen beeindruckend sein und auf verborgene Möglichkeiten des Täuflings hin z.B. in der Predigt interpretiert werden.

Christliche Namen

So eröffnete die Interpretation der beiden Vornamen „Rene" und „Patrick" bei der Taufe von zwei Geschwistern aus einer Weddinger Arbeiterfamilie einen breiten Horizont. Kinder und Eltern hörten aufmerksam zu, als ihnen erklärt wurde, dass „Rene" als „renatus" (lateinisch: Wiedergeborener) schon auf die Taufe hinweist; und die Erzählung einiger Episoden aus dem Leben des Hl. Patrick beeindruckte das Grundschulkind dieses Namens tief. Das Symbol Namen eignet sich oft homiletisch gut, die Gaben der Taufe biographiebezogen auszulegen. Es nimmt dabei nicht nur affirmativ Bestehendes auf, sondern eröffnet – wie in dem genannten Beispiel – auch einen neuen Horizont.

Handauflegung als Medium des Segens

Die *Handauflegung* beim Taufsegen ist ebenfalls ein unmittelbar ansprechendes Symbol. Hände spielen bei der Pflege und Erziehung von Kindern eine große Rolle, aber auch im Leben von Erwachsenen. Liebe ist ohne Hände kaum vorstellbar. So kann auch der Segen als eine besondere Form der Tauferinnerung verdeutlicht und damit eine wichtige Brücke zu den anderen Kasualien geschlagen werden.

Schon bei der Geburtsvorbereitung besteht Gelegenheit, die Handauflegung als wichtigen Gestus der Zuwendung einzuführen. Erzieherinnen berichten aus entsprechenden Kursen, dass in der sog. Badestunde, also dem Treffen, an dem das Baden eines Kindes geübt wird, diesbezügliche Hinweise einen guten Ort haben. Ebenfalls legen Eltern ihren Kindern beim Zubett-Bringen noch einmal die Hand auf den Kopf, um sich zu verabschieden. Wird die Handauflegung im Taufritual, eventuell bereits im Geburtsvorbereitungskurs bzw. Taufvorgespräch eingeführt, eindrücklich inszeniert und homiletisch auf die alltägliche Zuwendung hin interpretiert, eröffnet sie eine gut praktizierbare Form der Tauferinnerung im Alltag. Nicht zuletzt bietet sie für die Eltern eine Entlastung. Sie brauchen nicht so tun, als könnten sie selbst den Schutz des Kindes übernehmen, sondern können es dem Segen Gottes anvertrauen.

30 Aus: H.B. Kaufmann, Nachbarschaft von Schule und Gemeinde, Gütersloh 1990, 125f.

Kerzen als Symbolträger

Zunehmend werden auch in evangelischen Taufgottesdiensten *Kerzen* verwendet. Sie werden nach dem Wasser-Ritus entzündet und mit einem christologischen Deutewort übergeben. Die Möglichkeit zur Tauferinnerung wird dadurch eröffnet, dass Kerzen heute in verschiedenen angenehm erlebten Kontexten der Gastlichkeit und Gemütlichkeit begegnen.

Schon in der Taufvorbereitung bietet die Kerze Anlass für ein Bedenken der Taufe. Denn die Taufkerze kann von den Eltern bzw. Paten oder vielleicht den – bereits älteren – Täuflingen selbst verziert werden. Dann gilt es darüber nachzudenken, welches Symbol hier möglichst angemessen ist. Dabei können biographische Erfahrungen (bzw. bei kleinen Kindern: Hoffnungen) und Verheißungen der Taufe miteinander verbunden werden.

Schließlich ist das Symbol des *Kreuzes* ebenfalls nicht nur im Gottesdienst, sondern auch sonst in unserer Kultur präsent. Allerdings erschließt es sich von den genannten Symbolen am schwersten, weil das kulturgeschichtlich vieldeutige Symbol durch den historischen Martertod Jesu konkretisiert und so ein direktes Anknüpfen an das allgemeine Erleben erschwert ist.

Taufen von Menschen mit besonderem Förderbedarf

Die Erfahrung zeigt, dass das Kreuz bei Taufen von Menschen, die besonderen Förderungsbedarf haben, eine Hilfe sein kann, sich die Gabe der Taufe anzueignen. Zwar beinhalten auch die bisher genannten Symbole eine gewisse Ambivalenz: Wasser kann töten; ein Name kann missbraucht werden; eine Hand kann gewalttätig sein; die Kerze verzehrt sich beim Brennen. Doch ist dies beim Kreuz durch den Verweis auf das Ende Jesu besonders ausgeprägt. Freude und Angst bzw. Belastung kommen in diesem Symbol gleichermaßen zum Ausdruck.

Konzentration bei der Symbolverwendung

In der Praxis ist es wichtig, sich jeweils auf die sorgfältige und ausführliche Inszenierung von einem, höchstens zwei Symbolen zu konzentrieren. Nimmt man noch Brot und Wein hinzu, was angesichts der grundsätzlichen, bei Erwachsenentaufen in der lutherischen Agende empfohlenen Integration des Abendmahls in das Taufritual nahe liegt, so ergibt sich ein breites Spektrum für Taufgespräch, -predigt und -ritual. Vor allem eröffnet ein sorgfältiger, lebensnaher Umgang mit den Symbolen gute Möglichkeiten für eine anschauliche Tauferinnerung.

## 3. Taufen in unterschiedlichen Altersstufen

1. Aus der Statistik ergibt sich die Pluralisierung des Alters der Taufaspiranten als allgemeine Tendenz. Diese Entwicklung ist eine neue Herausforderung und bietet erhebliche Chancen für eine Reform der Taufpraxis.

Taufe als Leitfaden des Lebens

3.1 Das von mir im Rahmen des erwähnten VELKD-Projekts erstellte Konzept „Taufe als Leitfaden des Lebens"[31] verdeutlicht aus *sozialpsychologischer Sicht* die altersspezifischen Kontexte von Taufen, die Menschen innerhalb der ersten vierzehn Lebensjahre empfangen. Dabei entspricht – in der Terminologie Erik Eriksons – der jeweiligen entwicklungspsychologischen Krisis auf Seiten der Kinder in der Regel eine Krisis bei den Eltern. Während nach der Geburt das Kind langsam seinen Rhythmus des Schlafens und der Nahrungszunahme finden muss, sind die Eltern ihrerseits genötigt, die neuen Anforderungen durch das Kind in ihren Alltag zu integrieren. Oder: Die pubertären Orientierungsprobleme der Heranwachsenden korrelieren nicht selten mit der sog. Midlife-Crisis ihrer Eltern. Die Kenntnis solcher Zusammenhänge kann helfen, bei der Taufvorbereitung, aber auch bei der liturgischen und homiletischen Taufgestaltung genauer die Lebenssituation der Beteiligten zu erfassen.

Bei Taufaspiranten, die im sozialen Sinn erwachsen sind, ist die Ausgangslage nur in konkretem Bezug zur Biographie zu erheben. Das in § 14 2. dargestellte, liturgisch gestufte Erwachsenen-Katechumenat bietet dafür einen guten Rahmen. In einer Katechumenatsgruppe können die Taufbewerber und -bewerberinnen über die liturgischen Feiern hinaus das eigene Leben in der Perspektive der Verheißungen des Evangeliums bedenken.

Chancen der verschiedenen Taufalter

3.2 *Theologisch* eröffnet die Vielfalt im Alter der Taufbewerber und -bewerberinnen die Möglichkeit, die biblischen Taufperspektiven breiter zu entfalten. Denn in jeder Altersstufe sind bestimmte Inhalte der Taufe von besonderer Aktualität:

So tritt bei der Taufe von Erwachsenen die ethische Seite der Taufe, die bei Säuglingstaufen keine Rolle spielt, deutlich hervor. Hier haben sich Menschen zu einer Zäsur in ihrem Leben durch die Taufe entschieden. Sie wollen ihr Leben als Christen fortführen, wozu eine bestimmte ethische Ausrichtung gehört, wie sie z. B. Paulus in Röm 6,12 ff als Konsequenz aus der Taufe entfaltet.

Umgekehrt droht bei ausschließlicher Taufe von Erwachsenen die Gefahr, dass die Taufe entgegen ihrer biblischen Bestimmung und ihrer Ritualgestalt (Passivität des Täuflings!) als freier Akt der Entscheidung des Menschen missverstanden wird. Die Taufen von Säuglingen und kleinen Kindern zeigen dagegen anschaulich, dass menschliches Leben grundsätzlich auf Gottes Zuwendung und Handeln angewiesen ist.

Bei der Taufe von Heranwachsenden, etwa im Konfirmandenalter, kann der mit der Taufe verbundene Aspekt der neuen Gemeinschaft gut zum Ausdruck gebracht werden. In diesem Alter spielt entwicklungspsychologisch die Gruppe der Altersgleichen (peer group) eine wichtige Rolle. Deshalb eignet sich die Konfirmandengruppe

31 Zuerst abgedruckt in: Ch. Grethlein, Taufe als Leitfaden des Lebens, in: ZPG 8/4 (1990), 27 f, 27.

gut als Sozialraum zur Vorbereitung auf die Taufe. Eine Integration des Abendmahls in das Taufritual unterstreicht diese Akzentuierung.

Taufe und Konfirmation

3.3 In der Praxis ist hinsichtlich des *Zeitpunkts solcher Konfirmandentaufen* eine gewisse Unsicherheit unübersehbar. Didaktisch und theologisch empfiehlt es sich, die Konfirmandenarbeit mit einer Einheit zu den Sakramenten zu beginnen, die projektbezogen durch eine Wasserritus und Abendmahl umfassende Initiationsfeier abgeschlossen wird.[32] Für die bereits vorher Getauften dient diese Phase der Tauferinnerung und legt damit ein wichtiges Fundament für die weitere Konfirmandenarbeit.

Unglücklich ist dagegen ein Zusammenlegen von Taufe und Konfirmation. Denn dann besteht die Gefahr, dass die Taufe zu einem bloßen Vorbereitungsakt für die Konfirmation schrumpft – in direktem Widerspruch zum Gehalt beider Rituale. Historisch und theologisch ist dagegen die Taufe der grundlegende Vollzug. Die Konfirmation ist eine spätere Abspaltung, die lediglich eine Station auf dem Taufweg von Menschen markiert, die als Kinder getauft wurden.

## 4. Tauftermine als Schlüsselproblem

Analysiert man die Defizitanzeigen und Impulse zur Reform heutiger Taufpraxis kristallisieren sich – abgesehen von den Fragen der angemessenen liturgischen Gestaltung – zwei Schwerpunkte heraus:

die Wiedergewinnung der katechetischen Dimension,

die Möglichkeit der Tauferinnerung.

Die Marginalisierung der Taufe kann nur überwunden werden, wenn es gelingt, Räume zu installieren, in denen Menschen intensiv den Verheißungen der Taufe begegnen können, und Zeiten, zu denen sie an die Taufe erinnert werden.

Verschiedene Formen der Taufvorbereitung

4.1 Hinsichtlich der *katechetischen Dimension* bestehen mittlerweile mannigfaltige Vorschläge. Gute Erfahrungen werden mit Taufeltern-Seminaren gemacht, in denen sich Eltern (und eventuell Paten) in kleinen Gruppen auf die Taufe ihrer Kinder vorbereiten (s. z.B. symboldidaktisch Blank/Grethlein, Bd. 1, 26–37). Für die Konfirmandenarbeit liegen ebenfalls Modelle vor, wie die Jugendlichen in ihrer Gruppe auf die Taufe vorbereitet werden und die Initiation festlich begangen werden kann. Das liturgisch gestufte Taufkatechumenat der römisch-katholischen Kirche ruft für erwachsene Taufaspiranten nach evangelischer Adaption. Erfreulich sind auch erste Ansätze, im schulischen Religionsunterricht die Taufe wieder zu thematisieren. Allerdings han-

32 Ch. Grethlein, Konfirmation als neuer Tauftermin? Kritischer Bericht über eine Umfrage in West-Berlin, in: PTh 80 (1991), 204–215.

delt es sich hier jeweils um punktuelle Angebote, die dem prozessualen Charakter der Taufe noch nicht gerecht werden. Es gilt verstärkt darüber nachzudenken, wie eine lebenslange Tauferinnerung initiiert werden kann.

4.2 Das Schlüsselproblem für eine lebensbegleitende Tauferinnerung ist die Frage der *Tauftermine*, und zwar aus mehreren Gründen:

Schon beim altkirchlichen Taufkatechumenat kann man studieren, dass die katechetische Dimension der Taufe nicht einfach durch Unterricht abzudecken ist. Vielmehr zeigt sich: Die liturgische Partizipation und damit der Zusammenhang von Katechumenat und Leben der ganzen Gemeinde sind grundlegend.

Integration der Taufe ins Kirchenjahr

Von daher legt sich die Integration der Taufkatechese in das Kirchenjahr nahe. Ostern (bzw. genauer: die Osternacht) ist der traditionelle Tauftermin, auf den in gelungener Weise unter Einbeziehung der Passionszeit das römisch-katholische Modell des liturgisch gestuften Erwachsenen-Katechumenats (→ § 14 2.) zurückgreift.

Auch für die Taufe von kleineren Kindern legen sich feste Tauftermine nahe. Seit der Entkoppelung von Geburt und Taufe besteht hier mehr Spielraum. Und gemeinsame Vorbereitungsseminare für Taufeltern bedürfen sowieso einer bestimmten Terminierung. Angesichts der dramaturgischen Tatsache, dass der Einschub einer Taufe in einen sonst normalen Sonntagsgottesdienst problematisch ist, legen sich eigene Taufgottesdienste mit mehreren Täuflingen im Jahr nahe. Auf Grund des erwähnten Rückgangs der absoluten Taufzahlen – in den letzten vierzig Jahren um über 50 % – dürfte das frühere Problem sog. Massentaufen nur noch in wenigen Gemeinden bestehen. In diesen könnten z.B. drei oder vier hervorgehobene Taufgottesdienste und daneben weitere Taufen stattfinden.

In manchen Gemeinden, die sich um eine Reform der Taufpraxis bemühen, haben sich die zweiten Feiertage als attraktive Tauftermine herausgestellt. Auf jeden Fall werden wie sonst auch beim Begehen des Kirchenjahrs die jeweiligen regionalen Besonderheiten zu beachten sein.

Soziale Abstützung des Tauftermins

Schließlich – und dies erscheint mir das wichtigste Argument für feste Tauftermine – ist die Möglichkeit der Tauferinnerung hiermit unlösbar verbunden. Es ist unrealistisch zu erwarten, jemand könne sich jedes Jahr an seine an einem beliebigen Datum liegende Taufe erinnern. Anders ist es bei Menschen, die an Terminen getauft sind, deren jährliche Wiederkehr sozial allgemein abgestützt wird, wie etwa Ostern, Pfingsten oder auch Epiphanias, um die drei klassischen altkirchlichen Tauftermine zu nennen.

Konkret dienen der Tauferinnerung auch Fotografien (zu den speziellen Problemen der Kasualfotografie s. die exemplarischen Ausführungen bei der Behandlung der Trauung → § 26 3.1).

## 5. Zusammenfassung

Die genannten Vorschläge zeigen: Eine Erneuerung der Taufpraxis hat mehrere Ebenen zu berücksichtigen, die allerdings eng miteinander verbunden sind.

Es gilt, den Inhalt der Taufe in die jeweilige Situation auszulegen. Cornehl weist zu Recht darauf hin, dass diese Interpretation sich nicht auf den engen Bereich der Familie beschränken darf.

Für die inhaltliche Deutung eröffnen die Grundsymbole der Taufe einen weiten Raum, der durch die lebensbejahende Grundrichtung des Rituals orientiert, zugleich aber offen für persönliche Akzentuierungen ist.

Die zunehmende Pluralität des Alters der Taufbewerber und -bewerberinnen hilft, der gottesdienstlichen Gemeinde weitere Horizonte der Taufe zu erschließen als dies bei Kindertaufen allein möglich ist.

Schließlich zeigt sich, dass die lebensbegleitende, den prozessualen Charakter der Taufe aufnehmende Tauferinnerung wesentlich davon abhängt, dass an sozial abgesicherten und somit erinnerbaren Terminen getauft wird.

# § 15 Anhang: Kindersegnung

Literatur: Ch. Grethlein, Kindersegnung – ein weiterer Schritt zur Abwertung der Taufe, in: DtPfrBl 104 (2004), 630–632 – U. Heckel, Der Segen im Neuen Testament. Begriff, Formeln, Gesten (WUNT 150), Tübingen 2002, 68–76 – R. Stuhlmann, Kindertaufe statt Säuglingstaufe. Ein Plädoyer für den Taufaufschub, in: PTh 80 (1991), 184–204 – Taufbuch. Agende für die Evangelische Kirche der Union. Im Auftrag des Rates hg. v. der Kirchenkanzlei der Evangelischen Kirche der Union, Berlin 2000, 144–152.

Wie erwähnt finden sich im neuen Taufbuch der unierten Kirchen – im Anhang – Formulare für „Fürbitte, Danksagung und Kindersegnung“. Allerdings ist die Vorlage „Fürbitte und Danksagung mit Kindersegnung“ mit dem Zusatz versehen: „Durch Beschluss der Synode vom 13.11.1998 nicht zum Gebrauch zugelassen in der Evangelischen Kirche von Westfalen.“ (Taufbuch 145) Dieser neue Ritus ist also umstritten.

## 1. Liturgische Form

Gründe für den Taufaufschub

1.1 Die Einführung in die Agende der Kindersegnung im Taufbuch platziert diesen Ritus innerhalb der festgestellten *Pluriformität gegenwärtiger Taufpraxis*:

– Manche Eltern können sich auf Grund ihres Verständnisses der Zuordnung von Glaube und Taufe in der Bibel nicht dazu entschließen, ihr Kind bald nach der Geburt taufen zu lassen. Sie möchten es vielmehr zu einer bewussten Taufentscheidung führen.

- Andere bejahen wohl die Kindertaufe, streben diese aber für einen Zeitpunkt an, an dem die Kinder (etwa im Alter von 6 bis 10 Jahren) ihre Taufe schon bewusst erleben können.
- Wieder andere wollen wegen eigener Distanz zu Kirche und Glauben, u. U. aber auch wegen besonderer Familienverhältnisse eine Entscheidung für die Taufe nicht ohne die Zustimmung ihrer Kinder treffen.
- Im Taufgespräch kann sich zeigen, dass Eltern und Paten zu einer verpflichtenden Taufentscheidung (noch) gar nicht in der Lage sind, sodass sich manchen Pfarrerinnen und Pfarrern der Rat nahe legt, zunächst noch nicht zu taufen. (Taufbuch 144; ebd. finden sich auch die nächsten Zitate)

In solchen Fällen, in denen also die Taufe (noch) nicht begehrt wird bzw. nicht gespendet werden kann, soll die „Kindersegnung" „die Zuwendung der Kirche zu Menschen in einer besonderen Situation ausdrücken und zugleich die Eröffnung des Weges zur Taufe bedeuten".

1.2 Dieser Ritus soll nicht als eigener Kasualgottesdienst gestaltet werden, sondern am Ende des sonntäglichen Gottesdienstes, vor dem Fürbittengebet, eingefügt werden. Er umfasst folgende *liturgische Elemente*:

Ablauf der Kindersegnung

Vorstellung: die Eltern werden namentlich begrüßt;
Lesung des Kinderevangeliums (Mk 10,13–16);
Gebet;
Segen: Das Kind wird durch den Pfarrer/die Pfarrerin gesegnet, eventuell verbunden mit Segnung der Eltern; dazu können Segensworte – mit Handauflegung – durch weitere Angehörige und andere Gemeindeglieder treten.
Anrede: hier wird u. a. auf den Weg zur Taufe hingewiesen, der mit dieser Segnung begonnen hat;
Gebet.

Ausdrücklich betont die Einführung, dass jeder „Anschein eines Taufersatzes" vermieden werden soll.

## 2. Gründe für Kindersegnung

Kritik an der Kindertaufe als Hauptgrund

2.1 *Historisch* geht die Kindersegnung, auch „Darbringung" genannt, auf die Kritik an der Kindertaufpraxis zurück (zu Versuchen, die Kindersegnung altkirchlich nachzuweisen s. Heckel 68 f). Sie breitet sich zuerst in reformierten Gemeinden aus. So führt die reformierte Kirche Frankreichs 1951 eine fakultative Darbringungshandlung ein. Es folgen Kirchen in England, den USA und neuerdings in Deutschland.[33]

Wie in dem eben dargestellten Formular des unierten Taufbuchs bildet das Kinderevangelium, eine Vermahnung der Eltern sowie die Segnung des Kindes mit

33 Ch. Grethlein, Kindersegnung, in: RGG[4] Bd. 4 (2001), 992 f.

Handauflegung den Kern des Ritus; teilweise treten Glaubensbekenntnis und Selbstverpflichtung der Eltern, ihr Kind zur Taufe zu führen, hinzu.

Theologische Argumente

2.2 Vor allem der rheinische Pfarrer *Rainer Stuhlmann* hat sich in Deutschland um die Verbreitung des Ritus bemüht. Er geht theologisch zum einen davon aus, dass die Taufe durch die „Struktur des Bundes" charakterisiert ist, die einen bewussten Akt des Menschen erfordert: „Ist die Taufe Verkündigung des Evangeliums, dann sollten die Täuflinge ihre eigene Taufe mit den ihnen verliehenen Gaben sinnlicher Aufnahmefähigkeit wahrnehmen können." (Stuhlmann 198)

Zum anderen sieht er Taufe und Segen im Neuen Testament – entgegen dem tatsächlichen biblischen Befund (Heckel 70) – getrennt voneinander. Den Segen wiederum versteht er vornehmlich als am „kreatürlichen Lebenszyklus" (Stuhlmann 190) orientiert. Auch diese Auffassung ist biblisch nicht haltbar. So orientiert sich gerade der von Stuhlmann bemühte, im sog. Kinderevangelium überlieferte Segen Jesu am Reich Gottes und eben nicht an kreatürlichen Gütern.

Anliegen: Tauferinnerung

2.3 Doch steuert Stuhlmann über diese traditionell von Gegnern der Säuglingstaufe bemühten Argumente hinaus noch einen neuen Gesichtspunkt bei. Er argumentiert entwicklungspädagogisch damit, dass einem Säugling die *„Resonanzfähigkeit"* (Stuhlmann 199) fehle. Zwar ist auch dieses Argument problematisch, weil wahrnehmungspsychologisch mittlerweile schon die vorgeburtliche Aufnahmefähigkeit bekannt ist; doch bleibt das Problem der Erinnerungsfähigkeit. Denn Erinnerung ist wesentlich sprachlich vermittelt. Ihr kommt für die Taufe im Sinne eines lebenslangen Prozesses hervorragende Bedeutung zu.

## 3. Probleme

In der pastoralen Praxis ist die Kindersegnung meist eine Angelegenheit sog. entschiedener Christen, die der Praxis der Kindertaufe kritisch gegenüberstehen. Die Kirchenmitglieder, die sich nicht näher mit theologischen Fragen beschäftigen, begehren nach wie vor – wie die Statistik ergibt – die Taufe für ihre Kinder.

In dieser Situation besteht die Gefahr, dass die Kindersegnung zu Verwirrung und Problemen führt:

Verwechslungsgefahr von Taufe und Kindersegnung

3.1 Unter *rezeptionsästhetischem Aspekt* ist eine Verwechslung von Kindersegnung und -taufe nicht auszuschließen:
Vor allem die Verwendung des sog. Kinderevangeliums im Ritus der Kindersegnung, seit Jahrhunderten der „textus classicus" der Kindertaufe, lässt dies befürchten. Er ist auch Menschen, die selten am Gottesdienst teilnehmen, als typischer Tauftext präsent.

Das Argument, die Segnung der Kinder durch Jesus sei fälschlicher Weise ins Taufritual gekommen, verdankt sich einem theologischen Kurzschluss. Es wird – auch im Taufbuch der EKU (jetzt: UEK) – nicht zwischen dem vorösterlichen Wirken Jesu und seiner nachösterlichen Präsenz unterschieden. Die Taufe ist aber das Substitut für die personale Begegnung mit Jesus Christus nach dessen Auferweckung. Von daher geschieht unter nachösterlichen Bedingungen in der Taufe genau das, von dem vorösterlich im Kinderevangelium berichtet wird: Jesus begegnet personal Kindern.

Dazu kommt der Einschub von Taufen in einen normalen Sonntagsgottesdienst und die sparsame Verwendung von Wasser bei manchen evangelischen Taufen.

Dass die Gefahr einer Verwechslung nicht von der Hand zu weisen ist, zeigt ein Beispiel aus der jüngeren Ritualgeschichte: Manche evangelischen Kirchenmitglieder verwechselten zu Beginn des 20. Jahrhunderts freigeistige Jugendweihen mit der Konfirmation.[34] Offensichtlich war das bestimmte Alter der Konfirmierten bzw. Geweihten, die feierliche Grundstimmung, der Zuspruch an Einzelne u.Ä. eindrücklich genug, um die an sich deutlichen Differenzen im Ritual als Neuerungen interpretieren zu können.

3.2 Die Kindersegnung ist auch in der *Perspektive des Gemeindeaufbaus* schwierig. De facto begehren die eher traditionsgeleiteten Gemeindeglieder, die an Kirche vor allem zu Weihnachten und im Zusammenhang mit Kasualien sozial partizipieren, für ihre Kinder die Taufe. Dagegen sind einige kirchlich und theologisch besondere Engagierte (wie Pfarrer und Diakone) an der Kindersegnung interessiert.

Weitere Marginalisierung der Taufe

Angesichts der jahrhundertelangen Tradition in den meisten Regionen Deutschlands gehört nämlich ein erhebliches theologisches Interesse dazu, die Kindertaufe kritisch zu hinterfragen.

Dadurch drohen aber im Gemeindeaufbau Schieflagen, die die Marginalisierung der Taufe weiter fördern.

Dies tritt deutlich bei der Konfirmandenarbeit zu Tage. Hier treffen dann ungetaufte, aber gesegnete Kinder aus theologisch und kirchlich engagierten Elternhäusern auf getaufte Kinder, die aus Familien mit eher kirchendistanzierten Verhältnissen kommen. Konkret: Wenig religiös und kirchlich sozialisierte getaufte Heranwachsende stehen ihren religiös und kirchlich intensiv erzogenen ungetauften Altersgenossen gegenüber. Pointiert formuliert: Die religiös und kirchlich wenig Entschiedenen sind getauft, die religiös und kirchlich Engagierten nicht. Eine krassere Marginalisierung der Taufe ist kaum vorstellbar!

3.3 Es bleibt der wichtige Hinweis auf die defizitäre Tauferinnerung bei der gegenwärtigen Taufpraxis. Dass hier ein Problem besteht, liegt auf der Hand. Doch geht

34 B. Hallberg, Die Jugendweihe. Zur deutschen Jugendweihetradition, Göttingen $^{2}$1979, 91 f.

es dabei weniger um das bewusste Miterleben als um die *soziale Abstützung des Taufdatums.* Kein Mensch erinnert sich z.B. an seine Geburt – und doch ist der Geburtstag ein Tag, den jeder Mensch in Deutschland feiert. Von früh auf erinnern die Eltern, später Freunde und Bekannte das Geburtstagskind mit Glückwünschen und Geschenken hieran.

Erleichterung der Tauferinnerung

Von daher ist nicht durch eine lebensaltersmäßig spätere Taufpraxis, sondern von der sozial abgestützten Terminierung der Taufen eine Erleichterung der Tauferinnerung zu erwarten. Ostern ist z.B. ein in unserer Gesellschaft allgemein präsentes Datum (und zwar als Termin des Kirchenjahres!). Dies erleichtert jedem, der an diesem Tag getauft ist, die Tauferinnerung. Wenn dann noch an allen kirchlichen Orten die Osternacht feierlich begangen würde, wäre dies eine Gelegenheit zur liturgisch solennen Tauferinnerung ohne großen organisatorischen Aufwand.

### 4. Zusammenfassung

Insgesamt schafft der neue Ritus der Kindersegnung (bzw. Darbringung) unter den gegenwärtigen kirchlichen Verhältnissen eher *neue Probleme* als dass er bestehende löst. Allerdings weist die Diskussion um ihn nachdrücklich auf das gegenwärtige Defizit bei der Tauferinnerung hin. Es entsteht durch eine Reduktion der Taufe auf einen punktuellen Akt und sozial nicht abgestützte Tauftermine.

## 4. Kapitel: Konfirmandenarbeit – Begleitung Heranwachsender

Die Konfirmation, umgangssprachlich „Einsegnung“[35] genannt, ist *lebensweltlich* für viele Evangelische ein wichtiges, wenn nicht das Erlebnis mit ihrer Kirche. Sie begegnen im Zuge des Konfirmandenunterrichts in der Regel ein bis zwei Jahre lang jede Woche einem Pfarrer bzw. einer Pfarrerin, tauschen sich mit Gleichaltrigen über religiöse und ethische Themen aus und gewinnen Einblick in eine evangelische Kirchengemeinde. Die Konfirmation selbst wird in den Familien gefeiert, meist viel aufwändiger als eine Taufe.

Konfirmation – ein unbestimmtes Ritual

Dazu steht *theologisch* in Spannung: Die Konfirmation ist der Taufe zu- und untergeordnet. Sie entsteht als Firmung aus einem Teil der Taufe. Es gibt für sie als eigenständiges Ritual – im Gegensatz zur Taufe – keine biblische Grundlage.

35 Unter diesem Begriff firmiert ebenfalls der Abschluss des zweijährigen Kirchlichen Unterrichts in der Evangelisch-methodistischen Kirche. Davon ist aber in dieser Denomination die „Konfirmation“ zu unterscheiden. Sie wird nur von einem Teil der „Eingesegneten“ begehrt und gilt als Eingliederung in die Gemeinde auf Grund des persönlichen Glaubensbekenntnisses. Andere freikirchliche Gruppierungen wie die Baptisten und die Brüdergemeine kennen auf Grund ihrer Ablehnung der Kindertaufe keine Konfirmation, erteilen aber einen zweijährigen „Gemeindeunterricht“ für 13- bis 15-Jährige.

Der verwickelte Entstehungsprozess der Firmung bzw. Konfirmation, die unterschiedlichen Stellungnahmen von Reformatoren zu ihr sowie ihre pluriforme Ausgestaltung erschweren eine präzise theologische Bestimmung.

Doch nicht nur in historischer, sondern auch in empirischer Perspektive kommt der Konfirmation etwas eigentümlich Unbestimmtes zu. In manchen Landeskirchen wird sie erst zu Beginn des 19. Jahrhunderts eingeführt, in anderen reicht sie bis in die Reformationszeit zurück. So bilden sich in den einzelnen Landeskirchen und Regionen unterschiedliche Formen der Konfirmation heraus, wobei typologisch eine katechetische und eine rituelle Prägung unterschieden werden kann.

Dem entspricht die uneinheitliche Verwendung des Begriffs „Konfirmation" im Laufe der Zeit und in der darauf bezogenen Disziplin Kirchengeschichte. Im vorliegenden ritualtheoretischen Kontext bezeichne ich nur solche Veranstaltungen als „Konfirmation", zu denen auch ein Ritual gehört. Die sog. rein katechetische „Konfirmation" gehört nicht hierzu.[36]

Mittlerweile ist die gemeindepädagogische Prägung in Form einer längeren Vorbereitung auf den Konfirmationsgottesdienst zwar allgemein verbreitet, aber auch dies in unterschiedlicher Weise. Ein zwei Jahre umfassender, wöchentlich einstündiger Unterricht kann genauso auf die Konfirmation vorbereiten wie – in manchen Gemeinden – einige Freizeiten und Konfirmandentreffen. Wenn letztere Organisationsformen überwiegen, kann der Begriff „Konfirmandenzeit" an die Stelle des traditionellen „Konfirmandenunterrichts" treten.

In dieser komplizierten Situation ist es wichtig, einen klaren Ausgangspunkt für die eigene Praxis zu bekommen:

Dazu kläre ich in einem ersten Schritt den *normativen Rahmen.* Hier tritt die sachliche Differenz zur Taufe deutlich hervor. Denn während dort die biblisch-theologische Perspektive den normativen Rahmen abgibt, sind dies bei der Konfirmation kirchengesetzliche und agendarische Bestimmungen. Soweit ich sehen kann, wird auch in der römisch-katholischen Pastoraltheologie bzw. Liturgiewissenschaft nicht mehr ernsthaft eine direkte biblische Begründung der Firmung behauptet.

Diese kirchlichen Regelungen häufen eher verschiedene liturgische und pädagogische Elemente an, als dass sie ein stringentes Konzept präsentieren. Das ist nur verständlich, wenn die *geschichtliche Entstehung* der evangelischen Konfirmation in den Blick genommen wird.

Im dritten Schritt versuche ich, wichtige *Tendenzen der gegenwärtigen Praxis* zu erfassen. Durch den *Blick auf die römisch-katholische Firmpraxis und internationale Reformbemühungen* wird der Horizont erweitert.

Schließlich stelle ich einige *innovative Modelle* vor.

Es folgt ein *Exkurs zur Jugendweihe*, ein besonders in Ostdeutschland verbreitetes Konkurrenz-Ritual.

---

36 So auch aus kirchenhistorischer Perspektive W.-D. Hauschild, Reformatorische Anliegen bei einer Neuordnung der confirmatio in Deutschland während des 16. Jahrhunderts, in: D. Sattler/G. Wenz (Hg.), Sakramente ökumenisch feiern. Vorüberlegungen für die Erfüllung einer Hoffnung (FS Th. Schneider), Mainz 2005, 479–512, 480.

## § 16 Kirchliche Regelungen

Literatur: Kirchengesetz über die Ordnung der Konfirmandenarbeit in der Evangelischen Kirche von Westfalen (Ordnung Konfirmandenarbeit – GOKA –) vom 3. November 2005 – Konfirmation. Agende für Evangelisch-lutherische Kirchen und Gemeinden und für die Evangelische Kirche der Union, neu bearbeitete Ausgabe 2001 – Leitlinien des kirchlichen Lebens der Vereinigten Evangelisch-Lutherischen Kirche Deutschlands. Handreichung für eine kirchliche Lebensordnung, Gütersloh 2003.

Formal wird die Konfirmationspraxis in zweifacher Weise bestimmt. Zum einen regeln *Kirchengesetze* den Rahmen und die grundsätzliche Ausrichtung; zum anderen gelten für die liturgischen Vollzüge *Agenden.* Angesichts der Vielzahl von Landeskirchen mit jeweils besonderen Kirchengesetzen und teilweise auch eigenen Agendenwerken ist nur eine exemplarische Präsentation möglich:

Ich stelle das zum 1. Januar 2006 eingeführte westfälische Kirchengesetz zur Konfirmandenarbeit vor. Es versucht, der Spannung zwischen den unterschiedlichen Traditionen in einer unierten Kirche und zugleich den neuen lebensweltlichen Anforderungen Rechnung zu tragen. Dadurch markiert es die Fragen und Themen, die heute kirchlich geregelt werden müssen. Sachlich ähnlich, wenn auch in ihrem Rechtscharakter unbestimmter sind die Hinweise und Regelungen der „Leitlinien kirchlichen Lebens der Vereinigten Evangelisch-lutherischen Kirche Deutschlands" von 2002, der Nachfolgerin der Kirchlichen Lebensordnung von 1955.

Bei den Agendenwerken greife ich auf die in der EKU (jetzt: UEK) und der VELKD gültige neue Konfirmationsagende von 2001 zurück. Dieses erstmalige Zusammengehen der Kirchenbünde in der Agenden-Arbeit macht das Konfirmationsbuch zu der in Deutschland am weitesten verbreiteten Agende zu diesem Kasus. Da viele Innovationen der 80er und 90er Jahre aufgenommen sind, kommt hier aktuell der gegenwärtige Stand der liturgischen Arbeit auf diesem Gebiet zur Darstellung.

### 1. Gesetzliche Bestimmungen

Pädagogischer Schwerpunkt

Schon ein Durchblättern des Kirchengesetzes über die Ordnung der Konfirmandenarbeit in der Evangelischen Kirche von Westfalen, das seinen Vorgänger vom 28. Oktober 1988 ablöst, zeigt eine eindeutige Tendenz. Nur einer von 19 Paragraphen beschäftigt sich mit der „Konfirmation" (§ 16), also dem Konfirmationsgottesdienst; die anderen Bestimmungen richten sich vornehmlich auf gemeindepädagogisch, vor allem organisatorisch bedeutsame Fragen.

Wichtige Festlegungen hierzu seien nur stichpunktartig mitgeteilt, da es je nach Landeskirche unterschiedliche Regelungen gibt: Verantwortung des Presbyteriums für Konfirmandenarbeit; Beginn der Konfirmandenarbeit mit dem 7. Schulbesuchsjahr (mögliche Alternative: 3. Schuljahr), Ende nach Ostern im übernächsten Jahr;

Verantwortung der Pfarrer und Pfarrerinnen und Möglichkeit der Mitarbeit Anderer; Hinweis auf Lehrplan; Nennung möglicher Organisationsformen (bestimmend bleibt die wöchentliche Einzelstunde).

Problem: Verhältnis zur Taufe

1.1 In § 1 (1) genannter Ausgangspunkt des Kirchengesetzes ist der sog. Missionsbefehl Jesu Christi (Mt 28,18–20). Er enthält den Taufbefehl, der fester Bestandteil des evangelischen Tauf-Rituals ist. Damit spricht das Gesetz indirekt zu Beginn ein zentrales Problem jeder Konfirmations-Konzeption an: die Verhältnisbestimmung der Konfirmandenarbeit zur Taufe. Es begegnet unterschwellig auch an anderen Stellen des Gesetzes, ohne dass auch nur ansatzweise eine Lösung gesucht wird.

An folgenden Stellen des Gesetzes wird die Taufe berührt:

„Gebunden an das Zeugnis der Heiligen Schrift lädt die Gemeinde getaufte und nicht getaufte Kinder und Jugendliche ein [...]“ (§ 1 [2])

„Die Konfirmation setzt die Taufe und die Zugehörigkeit zur evangelischen Kirche voraus. Nicht getaufte Konfirmandinnen und Konfirmanden sollen während der Konfirmandenzeit getauft werden. Sie können auch im Konfirmationsgottesdienst getauft werden.“ (§ 3 [2])

„Das Presbyterium kann beschließen, die getauften Konfirmandinnen und Konfirmanden jeweils eines Jahrgangs im Rahmen der Abendmahlsvorbereitung zum Abendmahl einzuladen.“ (§ 9 [4])

Es spielt offensichtlich keine Rolle für die Teilnahme am Konfirmandenunterricht, ob die Heranwachsenden getauft sind oder nicht. Lediglich bei einer eventuell vorgezogenen Abendmahlsfeier und beim Konfirmationsgottesdienst sind nur Getaufte zugelassen. Im Gesetz bleibt unklar, ob bei der – möglichen – Taufe eines Konfirmanden im Konfirmationsgottesdienst dieser für ihn ein Konfirmations- oder ein Taufgottesdienst ist.

Noch krasser tritt diese Unsicherheit in den VELKD-Leitlinien hervor. Dort heißt es: „Sind Jugendliche noch nicht getauft, so können sie im Konfirmationsgottesdienst getauft werden. Der Taufsegen wird dann in den Konfirmationssegen einbezogen.“ (Leitlinien 63)

Nebeneinander pädagogischer und liturgischer Ziele

1.2 Ebenfalls in § 1 des westfälischen Kirchengesetzes wird die allgemeine *Zielstellung der Konfirmandenarbeit* mitgeteilt:

> Die Konfirmandinnen und Konfirmanden sollen das Leben ihrer Gemeinde kennen lernen und mitgestaltend an ihm teilnehmen können. Dazu erhalten sie grundlegende Kenntnisse biblischer Inhalte und sollen mit Formen gottesdienstlichen Lebens, insbesondere mit der Feier des heiligen Abendmahls, vertraut werden. Sie sollen ermutigt werden, ihre Erfahrungen und Fragen einzubringen, damit ein selbständiger Glaube wachsen kann. Sie sollen sich mit wesentlichen Inhalten des christlichen Glaubens auseinandersetzen und eigene Verantwortung für christliches Handeln entdecken. (§ 1 [3])

Interessanterweise kommt bei diesen Zielen der Konfirmationsgottesdienst nicht vor. Sie verdanken sich vor allem einer (religions)pädagogischen Perspektive.

Ganz anders wird später der Inhalt der Konfirmationsfeier festgelegt:

> In der Feier der Konfirmation wird den Konfirmandinnen und Konfirmanden die Gnade Gottes bezeugt, wie sie ihnen in der Taufe zugesprochen worden ist. Die Konfirmandinnen und Konfirmanden bekennen ihren christlichen Glauben. Unter Handauflegung und unter der Fürbitte der Gemeinde empfangen sie den Segen Gottes. Für ihren Lebensweg wird ihnen ein Wort der Heiligen Schrift zugesprochen. Sie werden zur Nachfolge Christi ermutigt. (§ 16 [2])

Einzelne rituelle Elemente

Hier werden folgende rituelle Vollzüge benannt (deren historische Herkunft im nächsten Paragraphen geklärt wird):

Bezeugung der in der Taufe zugesprochenen Gnade Gottes;
Bekenntnis des Glaubens;
Segnung unter Handauflegung und Fürbitte der Gemeinde;
Erteilung eines Konfirmationsspruchs;
Ermutigung zur Nachfolge.

Rechte durch die Konfirmation

1.3 Schließlich werden mit der Konfirmation zwei Rechte vergeben: „das Recht am heiligen Abendmahl teilzunehmen und das Patenamt auszuüben“ (§ 16 [3]). Die Leitlinien der VELKD weisen ergänzend darauf hin, dass die Konfirmation „eine der Voraussetzungen für das kirchliche Wahlrecht und die Übernahme weiterer kirchlicher Ämter“ ist (Leitlinien 64).

1.4 Insgesamt fällt bei diesem Gesetz das *Nebeneinander unterschiedlicher Gesichtspunkte* auf. Pädagogische und liturgische Ziele sind weitgehend unverbunden – schon die Sprachform innerhalb des Gesetzes unterscheidet sich jeweils signifikant.

Dieser Hiatus begegnet auch hinsichtlich der Stellung der Taufe. Sie spielt nur bei liturgischen Vollzügen eine Rolle, und zwar als Zulassungsbedingung. Inhaltlich – und damit pädagogisch – bleibt sie unbeachtet.

## 2. Agenden

Interessanterweise führt die Konfirmations-Agende, obgleich etwas älter als das eben vorgestellte Gesetz, an einigen Problempunkten weiter.

Konfirmierendes Handeln

2.1 Konzeptionell ist der Begriff „konfirmierendes Handeln“ grundlegend für die Agende. Dieses am *Prozesscharakter der Konfirmation* interessierte Konzept hat mehrere Wurzeln:

Schon früh entwickeln die lutherischen Kirchen in den USA das Konzept „church ministry", das von mehreren „confirmations" im Laufe des Lebens eines evangelischen Christen ausgeht.[37]

In den Kirchen des Kirchenbundes der DDR wird „konfirmierendes Handeln" als eine Antwort auf den totalitären pädagogischen Anspruch des kommunistischen Staates formuliert. Es umfasst nicht nur Konfirmandenunterricht und Konfirmationsgottesdienst, sondern auch die vorhergehende Kinderarbeit (Christenlehre) sowie die Arbeit mit Kindern und Eltern.[38]

Konkret wird konfirmierendes Handeln als umfassende, das ganze Leben des Christen betreffende Kategorie gebraucht und auf den Glauben (nicht die Taufe!) bezogen:

> Der christliche Glaube muss sich ständig bewähren und vergewissern. Er ist – nicht nur in Krisenzeiten – auf seelsorgerliche Begleitung, auf biblisch begründete Information und auf die Erfahrung in der Gemeinschaft der Glaubenden angewiesen. [...] In der Konfirmandenarbeit und in der Konfirmation nimmt die christliche Gemeinde diesen Auftrag der Kirche in besonderer Weise an jungen Menschen wahr. (Konfirmation 9)

Von daher gewinnt der Begriff „Konfirmation" Dynamik. Er soll nicht mehr auf das feierliche Abschlussritual der Konfirmandenarbeit begrenzt bleiben. Vielmehr gilt: „Konfirmation ist ein gestreckter Vorgang mit mehreren Stationen, die unterschiedliche Schwerpunkte und Inhalte haben." (Konfirmation 9)

Stationengottesdienste

Die Integration der pädagogischen und liturgischen Veranstaltungen erfolgt durch das Konzept der „Stationen". Die Konfirmandenzeit ist nämlich durch besondere Gottesdienste[39] geprägt, die „die unterschiedlichen Stationen auf dem Weg der Konfirmanden anzeigen" (Konfirmation 11).

Im Einzelnen nennt die Agende:

a) Der Gottesdienst zum Beginn der Konfirmandenzeit [...]
b) Die Taufe in der Konfirmandenzeit [...]
c) Abendmahl während der Konfirmandenzeit [...]
d) Beichte (Feier der Versöhnung) in der Konfirmandenzeit [...]
e) Vorstellungsgottesdienst [...]
f) Die Konfirmation [...]

37 In Deutschland vorgestellt durch: G. Adam, Der Unterricht der Kirche. Studien zur Konfirmandenarbeit (GTA 15), Göttingen ³1984, 150–157.

38 E. Schwerin, Evangelische Kinder- und Konfirmandenarbeit. Eine problemgeschichtliche Untersuchung der Entwicklungen auf der Ebene des Bundes der Evangelischen Kirchen in der DDR von 1970–1980 (Studien zur Theologie 3), Würzburg 1989, 67–87 sowie den Dokumentenanhang ebd. 110–157.

39 Michael Meyer-Blanck hat dieses Konzept in seiner Dissertation entfaltet, wobei er dort noch weiter ausgreift und auch Gottesdienste im Kindergarten und zur Einschulung anregt (M. Meyer-Blanck, Wort und Antwort. Geschichte und Gestaltung der Konfirmation am Beispiel der Ev.-luth. Landeskirche Hannovers [APrTh 2], Berlin 1992, 269–280).

g) Abendandacht am Konfirmationstag [...]
h) Gedächtnis der Konfirmation (Konfirmation 11–13).

Hier wird konzeptionell ein liturgisch begründeter Impuls zur Integration der Konfirmation im die ganze Konfirmandenzeit umfassenden Sinn für die sonstige Gemeinde gegeben. Die Aufnahme der Konfirmationsjubiläen (nach 25, 50, 60 und mehr Jahren) spannt einen biographisch weiten Bogen. Es bleibt aber die inhaltliche Frage: Rückt hier nicht die Konfirmation an die Stelle, die der Taufe als Grunddatum des Christseins zukommt?

2.2 Ist also auf der konzeptionell organisatorischen Ebene ein wichtiger Fortschritt gelungen, so weist die Bestimmung des *Verhältnisses zur Taufe* ebenfalls größere Kohärenz auf, ohne aber schon vollständig überzeugen zu können.

Jugendbezogene Hinweise auf die Taufe

Auf der einen Seite wird vielfältig in den Einführungen zu den liturgischen Formularen sowie in einzelnen Elementen an die Taufe erinnert. Es werden Hinweise für eine Behandlung der Taufe gegeben, die der Vorbereitung von Taufen ungetaufter Konfirmanden dient:

Wichtig für die Behandlung der Taufe wird sein, dass für theologische Aspekte Anknüpfungspunkte im Lebens- und Erfahrungsbereich der Jugendlichen gefunden werden. So kann die Taufe
- als Zuwendung Gottes zum Menschen die Jugendlichen bei ihrer Suche nach eigener Identität und Angenommensein ansprechen
- als Hinführung zur Gemeinde Jesu Christi dem Interesse der Jugendlichen an einer tragfähigen Gemeinschaft entgegenkommen
- als Bruch mit dem alten und als Beginn eines neuen Lebens (vgl. „Absage an das Böse“) für den Wunsch stehen, Vergangenes hinter sich zu lassen und sich der Zukunft zuzuwenden
- als immer wieder zu ergreifende Zuwendung Gottes zum Menschen ihnen bei der Orientierung auf ihrem Lebensweg helfen. (Konfirmation 37)

Dazu wird die Bedeutung der Taufe für die Feier der Versöhnung (Beichte) nachdrücklich betont (Konfirmation 108). Auch ist klar, dass die Taufe, nicht die Konfirmation die Zulassung zum Abendmahl beinhaltet (Konfirmation 140).

Unstimmigkeiten

Doch finden sich daneben Passagen, die zu einer Marginalisierung der Taufe tendieren:

Der Taufe kommt für die Konfirmandenzeit keine inhaltlich grundlegende Bedeutung zu. So heißt es z. B.: Für nichtgetaufte Konfirmanden „ist die Konfirmandenzeit in der Regel der Weg zur Taufe“ (Konfirmation 9); doch das bleibt eine formale Bestimmung.

Auch sonst begegnen im Detail merkwürdige Unausgeglichenheiten:

In Widerspruch zur Betonung der Taufe bei der Versöhnungsfeier und im Konfirmationsgottesdienst steht, dass der Taufzeitpunkt für nichtgetaufte Konfirmanden offen bleibt. Es wird sogar ein Formular eines Konfirmationsgottesdienstes mit eingeschobener Taufe geboten. Dies widerspricht der sonstigen Hochschätzung der Taufe.

Weiter steht am Anfang des Konfirmationsgottesdienstes eine Tauferinnerung (Konfirmation 152), obwohl nach diesem Formular einige Heranwachsende erst später getauft werden (Konfirmation 155–158).

Oder: Die Versöhnungsfeier ist als in der Taufe gegründet, doch nur für Getaufte erfahrbar – wie sollen ungetaufte Konfirmanden daran teilnehmen?

Im Bereich der Methodik sind ebenfalls Defizite unübersehbar: Bei den Formularen zur Taufe von Konfirmanden werden drei Vorschläge gemacht, von denen sich zwei thematisch auf Wasser beziehen (Konfirmation V–VII). Doch spielen dabei die Eigenschaften des Wassers keine erkennbare Rolle. So wird z. B. vorgeschlagen, zur Tauferinnerung „Wassertropfen“ aus Glas auszuteilen (Konfirmation VII), also das Symbol eines Symbols.

Aufgaben der Konfirmandenarbeit

2.3 Zu diesem uneinheitlichen Bezug auf die Taufe passt die inhaltliche Unbestimmtheit der Konfirmandenarbeit. Additiv werden *traditionelle und neuere Zuschreibungen* aneinandergereiht:

Konfirmandenarbeit und Konfirmation umfassen
- Weitergabe der Glaubensinhalte und ihre Aneignung durch die Konfirmanden und Konfirmandinnen im nachgeholten Katechumenat
- Beteiligung am gottesdienstlichen und alltäglichen Leben der Gemeinde
- Tauferinnerung und Vergewisserung des Glaubens
- persönliches Bekenntnis zur eigenen Taufe und Gliedschaft in der Kirche, verbunden mit dem Einstimmen in das Bekenntnis der Kirche
- Fürbitte der Gemeinde, Bitte um den Heiligen Geist und Segnung der Konfirmanden und Konfirmandinnen, verbunden mit einem Zuspruch (Konfirmationsspruch)
- Gemeinsame Feier des heiligen Abendmahls
- Übertragung kirchlicher Rechte (besonders das Patenamt)
- ernst nehmen und Aufgreifen der Erfahrungen und Fragen Jugendlicher. (Konfirmation 10)

Dies ist – didaktisch gesprochen – eine Materialsammlung möglicher Inhalte der Konfirmation; die eigentliche Arbeit der Gewichtung und Profilierung, die dann auch methodische Konsequenzen hat, bleibt ausgespart. Dagegen könnte die an manchen Stellen hervorgehobene Bedeutung der Taufe helfen, Primäres und Sekundäres zu unterscheiden und dadurch sowohl die pädagogischen als auch die liturgischen Vollzüge klarer zu profilieren.

2.4 Schließlich wird nachdrücklich die besondere *Integrationsaufgabe bei behinderten Konfirmanden* genannt. Dies wird recht allgemein durch den Verweis auf den „Aspekt der Gemeinschaft“ begründet (Konfirmation 10). Der Verweis auf die Taufe (vgl. Gal 3,28 f) wäre theologisch präziser und gewichtiger. Kurz wird auf integrationspädagogische Einsichten und Möglichkeiten hingewiesen und die Kooperation mit Sonderpädagoginnen empfohlen.

Liturgie als Integrationsfaktor

Zweifellos ist dies gegenüber früheren kirchlichen Bestimmungen ein wichtiger Fortschritt. Der integrative Aspekt der Konfirmandenarbeit könnte aber noch nachdrücklicher betont werden, und zwar sowohl in allgemein pädagogischer als auch spezifisch religionsdidaktischer Hinsicht. Denn in Deutschland bieten weithin nur gemeindepädagogische Angebote für über Zehnjährige Lerngruppen, an denen Schüler und Schülerinnen der verschiedenen Schulformen gemeinsam teilnehmen. Hier bedarf es anderer Lernformen als in den meist nicht-integrativen Schulen, deren Lerngruppen sich einer kognitiv ausgerichteten Selektion verdanken. In diesem Zusammenhang tritt religionsdidaktisch die potenzielle Bedeutung der liturgischen Feier für gemeinsame Lernprozesse hervor.

### 3. Zusammenfassung

Die exemplarische Analyse eines neuen Kirchengesetzes und des in Deutschland verbreitetsten Konfirmations-Buchs ergibt ein *zwiespältiges Ergebnis:*

Auf der einen Seite ist das Bemühen um Pluralität zu erkennen, das angesichts der regionalen Differenzen, aber auch der Besonderheiten jeder Konfirmandengruppe wichtig ist. Auf der anderen Seite belastet das Defizit an didaktischer und inhaltlicher Bestimmtheit die konkrete Arbeit.

Exemplarisch lassen sich diese Probleme am Umgang mit der Taufe zeigen. Ihr theologisches Gewicht wird zwar behauptet; tatsächlich wird ihr aber nichts zugetraut. Sie fungiert weithin nur unter dem rechtlichen Blickwinkel der Zulassung zum Abendmahl und zur Konfirmation. Inhaltlich spielt sie keine Rolle.

## § 17 Geschichtliche Entwicklung

Literatur: Ch. Grethlein, Gemeindepädagogik, Berlin 1994, 182–199 – B. Hareide, Die Konfirmation in der Reformationszeit. Eine Untersuchung der lutherischen Konfirmation in Deutschland 1520–1585 (APTh 8), Göttingen 1971 (Oslo 1966) – W.-D. Hauschild, Reformatorische Anliegen bei einer Neuordnung der confirmatio in Deutschland während des 16. Jahrhunderts, in: D. Sattler/G. Wenz (Hg.), Sakramente ökumenisch feiern. Vorüberlegungen für die Erfüllung einer Hoffnung (FS Th. Schneider), Mainz 2005, 479–512 – K. Hauschildt, Zur Geschichte und Diskussion der Konfirmationsfrage vom Pietismus bis zum 20. Jahrhundert, in: K. Frör (Hg.), Confirmatio. Forschungen zur Geschichte und Praxis der Konfirmation, München 1959, 43–73 – B. Kleinheyer, Sakramentliche Feiern I. Die Feiern der Eingliederung in die Kirche (GdK 7,1), Regensburg 1989, 191–236 – W. Maurer, Geschichte der Firmung und Konfirmation bis zum Ausgang der lutherischen Orthodoxie, in: K. Frör (Hg.), Confirmatio. Forschungen zur Geschichte und Praxis der Konfirmation, München 1959, 9–38 – M. Meyer-Blanck, Wort und Antwort. Geschichte und Gestaltung der Konfirmation am Beispiel der Ev.-luth. Landeskirche Hannovers (APrTh 2), Berlin 1992.

Zum einen entwickelt sich die Firmung als Ritual erst in einem tausendjährigen Prozess aus der Taufe heraus und bleibt so Bestandteil des Initiationsrituals. Zum anderen gewinnt sie aus unterschiedlichen Gründen zunehmend an Ansehen; ihre Begründung in der Taufe tritt dabei zurück.

Auch die grundlegenden sakramentstheologischen Anfragen der Reformatoren schmälern auf die Dauer nicht die Bedeutung des zwar theologisch neu interpretierten und umgestalteten, aber von den Menschen weiterhin hoch geschätzten Rituals. Nicht zuletzt das katechetische Interesse stärkt die Konfirmation.

Zwar hat diese sich erst seit dem Beginn des 19. Jahrhunderts in allen deutschen Landeskirchen durchgesetzt, doch ist die – auch Einsegnung genannte – Handlung tief in den protestantischen Familien verwurzelt.

## 1. Herausbildung der Firmung als eigenständiges Ritual

Der Entstehungsprozess der Firmung als eines eigenen Rituals in der römischen Kirche umspannt einen Zeitraum von etwa tausend Jahren. Verschiedene Faktoren begünstigen ihre *Abspaltung von der Taufe* und ihre eigenständige Entwicklung.

Konsignation als bischöflicher Ritus

1.1 Wie in § 12 1. am Beispiel des in der sog. Traditio Apostolica überlieferten Rituals gezeigt, entwickelt sich in den ersten beiden Jahrhunderten um die Taufe herum ein dichtes Geflecht von Handlungen. Nach dem Wasser-Ritus kommt es zu Handauflegung und Stirnsalbung mit Chrisam (Öl). Diese Riten nimmt der Bischof vor.

416 reserviert *Papst Innozenz I.* ausdrücklich die Konsignation (Stirnsalbung) des Täuflings für den Bischof und beruft sich dazu auf Apg 8,14: „Offenkundig ist es nur erlaubt, daß Bischöfe – und niemand anders – an den Kindern die Konsignation vollziehen. Denn die Presbyter, die zwar Priester der zweiten Rangstufe sind, haben nicht das höchste Amt inne, das des Bischofs. Daß dieser höchste Dienst, d. h. die Konsignation bzw. die Übermittlung des Heiligen Geistes, allein Aufgabe der Bischöfe ist, zeigt nicht allein die kirchliche Überlieferung, sondern in der Tat auch jene Perikope der Apostelgeschichte, die darlegt, daß Petrus und Johannes beauftragt wurden, Leuten, die schon getauft waren, den Heiligen Geist zu übermitteln. Den Presbytern kommt es zu, sei der Bischof abwesend oder anwesend, bei der Taufe die Getauften mit Chrisam zu salben, der freilich vom Bischof zu konsekrieren ist. Nicht aber (kommt ihnen zu), mit eben diesem Öl die Stirn zu signieren; das steht allein den Bischöfen zu, wenn sie den Heiligen Geist übermitteln." (zitiert nach der Übersetzung von Kleinheyer 195)

Hochschätzung der Firmung

In diesem Verständnis ist, wie sich bereits seit Ende des 2. Jahrhundert abzeichnet, die Geistverleihung an die Handauflegung und postbaptismale Salbung gebunden. Dazu wird der Rangunterschied Presbyter – Bischof in Anspruch genommen. Hier bahnt sich eine Entwicklung an, die dann im 12. Jahrhundert zur dogmatisch formulierten Höherschätzung der Firmung gegenüber der Taufe führt. Hugo v. St. Victor (ca. 1100–1141) reflektiert als erster grundsätzlich das Verhältnis von Taufe und Firmung und konstatiert eine Überlegenheit der Firmung (MAURER 14).

De facto hat aber lange Zeit diese Veränderung wenig unmittelbare Wirkung für den konkreten Vollzug. Die Menschen werden nach wie vor in einem Ritual getauft und gesalbt, wobei letzteres eben der Bischof vollzieht.

Nur in *Sonderfällen* verändert sich die Ritualgestalt. Wenn bei Kranken schnell getauft werden muss, darf der Presbyter die Wasserhandlung vollziehen und die Eucharistie feiern; die Konsignation, also die spätere Firmung, wird durch den Bischof nachgeholt.

Ebenfalls ein Sonderfall, der die Trennung von Wasserritus und Handauflegung/Salbung begünstigt, ist die Aufnahme sog. (getaufter) Ketzer. Deren Taufe in einer häretischen Gemeinschaft wird – nach einer harten Auseinandersetzung im 3. Jahrhundert (sog. Ketzertaufstreit) – anerkannt, wenn sie mit Wasser und trinitarisch vollzogen ist; die Übergetretenen werden aber noch durch den Bischof als Träger des Amtes der Einheit konsigniert, also gefirmt.

1.2 Die Umstellung der Taufpraxis von der Erwachsenen- zur Kindertaufe führt in Verbindung mit der Sorge um das Seelenheil des Neugeborenen zur Häufung solcher „Sonderfälle“. Die Kinder werden nah an der Geburt vom Presbyter getauft – angesichts der hohen Säuglingssterblichkeit gut verständlich. Die Firmung wird dann nachgeholt, wenn der Bischof die Gemeinde besucht.

*Erst im zwölften Jahrhundert finden sich in den liturgischen Formularen die ersten eigenständigen Firmrituale.* Dabei wird nach wie vor in Taufen, bei denen der Bischof anwesend ist, selbstverständlich die Firmung sogleich – noch vor der Eucharistie – gespendet.

Firmformel

Als Begleitformel kristallisiert sich heraus: „Signo te signo crucis et confirmo te chrismate salutis, in nomine Patris et Filii et Spiritus Sancti“ („Ich bezeichne dich mit dem Zeichen des Kreuzes und ich kräftige dich mit dem Chrisma des Heils, im Namen des Vaters und des Sohnes und des Heiligen Geistes“).

Im 13. Jahrhundert denken dann Theologen über ein Mindestalter für die Firmung nach. Jetzt wird nämlich die Buße zur Voraussetzung für den Firmempfang gemacht, was ein gewisses Alter voraussetzt. Allerdings benötigt diese Veränderung Jahrhunderte, um sich allgemein durchzusetzen.

1.3 Plausibilität gewinnt das neue Ritual in der Bevölkerung dadurch, dass die in ihm symbolisch vollzogene spirituelle Kräftigung mit dem körperlichen Wachstum parallelisiert wird. So führt *Thomas v. Aquin* aus, dass die Taufe das geistliche Leben in einfachster Form vermittelt, die Firmung dagegen erst das „gut leben“ (lateinisch: „bene vivere“) ermöglicht. Die Firmung fördert demnach die Tugend (lateinisch: „virtus“) des Menschen, das in der Taufe geschenkte Heil wendet sich so ethisch nach außen (MAURER 16). Unmittelbare Evidenz für die Menschen gewinnt Thomas’

Interpretation der Firmung als Ausdruck der geistlichen Ritterschaft. Denn sie wird durch den im 13. Jahrhundert dem Ritual zugewachsenen Backenstreich anschaulich inszeniert.

Firmung als Sakrament

1439 dogmatisiert dann das *Konzil von Florenz* die Lehre von den sieben Sakramenten und schreibt die Firmung als Sakrament verbindlich fest.

Secundum sacramentum est confirmatio cuius materia est crisma confectum ex oleo, quod nitorem significat conscientie, et balsamo, qui odorem significat bone fame, per episcopum benedictio. Forma autem est: Signo te signo crucis et confirmo te crismate salutis in nomine patris et filii et spiritus sancti. Ordinarius minister est episcopus. [...] Effectus autem huius sacramenti est, quia in eo datur spiritus sanctus, ad robur, sicut datus est apostolis die penthecostes. (DH Nr. 1317)

Die Materie des Sakraments ist also das Chrisam (Salböl), seine Form die eben zitierte Formel, der Spender der Bischof, seine Wirkung der Heilige Geist zur Kräftigung.

Eine Aufwertung erhält die Firmung in der römischen Kirche indirekt dadurch, dass Dissidenten wie die Waldenser gegen sie protestieren. So wird die Firmung zum Kennzeichen der Rechtgläubigkeit gegenüber sog. Ketzern.

Die Waldenser setzen dagegen eine gemeindliche Unterweisung, bemühen sich also darum, die katechetische Lücke der Taufe wieder zu füllen.

Dieses katechetische Anliegen findet sich dann auch bei den Böhmischen Brüdern und vor allem bei Erasmus (Hareide 2–73). Er fordert – erzieherisch motiviert – die Wiederholung des Taufgelübdes auf Grund eines bewussten Aktes in Form einer Feier, kann sich damit aber nicht durchsetzen.

## 2. Reformatorischer Neuansatz zwischen katechetischem und rituellem Profil

Luthers Firmkritik

2.1 Theologisch erfolgt durch *Luther* ein Bruch mit der skizzierten mittelalterlichen Firmlehre. Zwar kann er 1518 in seiner Hebräervorlesung noch selbstverständlich vom „sacramentum confirmationis“ sprechen (Maurer 23), doch schätzt er vier Jahre später in seiner Schrift „Vom ehelichen Leben“ das Ritual anders ein (s. ausführlicher: Hareide 29–44): „affen spiel der fermelung, eyn rechter lügen thand [...] Sie spotten unzers gottis, sagen es sey eyn Sacrament gottis vnd ist doch eygen menschen fundle“ (WA 10 II, 282,15) und: „Sonderlich aber ist tzu meyden der Bischoffgotzen lugenhafftig gauckelwerck, die fermelung, wilche keyn grund ynn der schrifft hatt, Vnd die Bischoff, nur die leutt mit yhren lugen betriegen, das gnade, Character, maltzeychen drynnen geben werden. Es ist viel mehr der bestien Character.“ (WA 10 II, 166,20)

Sicher erkennt der Wittenberger Reformator, dass die *Hochschätzung der menschlichen Zeremonie Firmung auf Kosten der biblisch bezeugten Taufe* geht. Und hier ist seine Kritik kompromisslos.

Konfirmation als „ritus"

Doch kann Luther konziliant sein, wenn der Charakter der Firmung als „ritus" (Brauch) oder „ceremonia sacramentalis" (sakramentale Zeremonie) klar ist. In der Handauflegung, einem apostolischen Brauch, erkennt er durchaus Positives. So konzediert er in der eben zitierten Schrift durchaus die Firmung, „szo fern, das man wisse das gott nicht davon gesagt hatt" (WA 10 II, 549,31). Er schreibt 1524 in einem Brief an Nikolaus Hausmann, dass „die Konfirmation nichts Anderes sei als Handauflegung und Gebet" („Confirmationem aliud non esse, quam impositionem manuum et orationem."; zitiert bei Hareide 44). Allerdings gehen von Luther keine positiven Impulse zur Gestaltung eines evangelischen Konfirmationsrituals aus.

Initiativ wird der Reformator dagegen – wie angedeutet durch Erasmus angebahnt – in katechetischer Hinsicht. Seine erstmals 1523 erhobene Forderung nach einem *Glaubensverhör vor dem Abendmahl* – zuerst jährlich, später ermäßigt auf „einmal im ganzen Leben" – ist eine wichtige Anregung, die vielfach aufgenommen wird und zu einem Katechismusunterricht bzw. zur sog. katechetischen Konfirmation führt. Die ebenfalls zur Vorbereitung auf das Abendmahl gehörende Einzelbeichte – Luther verteidigt sie 1522 gegen Karlstadt – fällt erst im 18. Jahrhundert zunehmend weg.[40] Sie transformiert sich zu einem Beichtgottesdienst am Vorabend der wesentlich als Abendmahlszulassung verstandenen Konfirmation, der teilweise bis heute stattfindet.

Andere Reformatoren

*Calvin* ist ebenfalls katechetisch interessiert. Er schlägt ein Glaubensbekenntnis der Zehnjährigen vor. Dieses soll – entsprechend dem Calvinschen Konzept der Kirchenzucht – öffentlich vor der Gemeinde stattfinden. Die Einzelbeichte rückt aber aus dem liturgischen Zusammenhang mit dem Abendmahl in die Seelsorge.

*Zwingli* lehnt ebenso wie Luther die Firmung als Sakrament ab. Er will sie durch eine zweimal jährlich durchgeführte kurzzeitige Katechese als nachgeholtem Taufunterricht ersetzen, die fortgesetzt werden kann.

Entstehung der evangelischen Konfirmation

2.2 Bleibt es also hier im Wesentlichen bei katechetischen Vorschlägen, verbindet der Straßburger Reformator *Martin Bucer* diese mit überkommenen liturgischen Formen und gilt so zu Recht als Vater der evangelischen bzw. rituellen Konfirmation. Dazu führt ihn die besondere Situation im liberalen Straßburg. Hier sammeln sich sog. Wiedertäufer, die die Berechtigung der Kindertaufe bestreiten. Durch die Konfirmation kann Bucer den von ihnen geforderten *Zusammenhang von Sakrament und Glaube* herstellen.

In der Theologie Bucers findet Wolf-Dieter Hauschild darüber hinaus drei weitere Voraussetzungen für seine Konfirmations-Konzeption: „Bucers intensive Bemühungen um Konkretionen einer evangelischen Ordnung der Kirche (zumal der Gemein-

40 H. Obst, Beichte IV. Neuzeit, in: TRE Bd. 5 (1980), 425–428, 426 f.

dezucht), seine Orientierung an Bibel und Alter Kirche (Kirchenvätern) bei der Lösung der Ordnungsfragen, seine die gesamte Theologie und Praxiskonzeption prägende Pneumatologie." (HAUSCHILD 495)

In der *Ziegenhainer Zuchtordnung* (1538), durch Bucer vorbereitet, wird dann erstmals in einer evangelischen Gemeindeordnung eine Konfirmation vorgesehen. Sie umfasst folgende Elemente (HAUSCHILD 499):

Katechismusunterricht;
Prüfung mit Bekenntnis bzw. Gelübde;
Fürbittgebet (um Mehrung des Heiligen Geistes bei den Kindern);
Handauflegung;
Teilnahme am Abendmahl.

In einer späteren Fassung der unmittelbar auf die Ziegenhainer Ordnung folgenden Kasseler Kirchenordnung begegnet sogar eine exhibitive Spendeformel, die durchaus sakramental verstanden werden kann: „Nimm hin den heiligen geist, schutz und schirm vor allem argen, sterk und hülf zu allem guten, von der gnedigen hand Gottes des Vaters, Sohns und heiligen Geistes. Amen" (zitiert nach HAUSCHILD 500).

Unterschiedliche Einführung der Konfirmation

2.3 Insgesamt bestehen noch lange in den deutschen evangelischen Kirchen unterschiedliche Regelungen hinsichtlich der Konfirmation nebeneinander. Sie wird in manchen Kirchen erst langsam eingeführt.

Walter Caspari hat wichtige Daten der Einführung zusammengestellt:

Zwischen 1534–1539 Straßburg – 1539 Hessen – 1540 Brandenburg – 1542 Calenberg-Göttingen und Liegnitz – 1545 Pommern – 1556 Waldeck – 1569 Braunschweig-Wolfenbüttel – 1571 Niederösterreich – 1577 Grafschaft Hohenlohe – 1581 Niedersachsen – 1588 Königsberg – 1645 Gotha – 1675 Berg – 1686 Mannheim – 1693 Schleswig-Holstein und Braunschweig-Lüneburg – 1694 Mecklenburg – 1699 Sachsen-Weimar – 1722 Württemberg – 1733 Grafschaft Pappenheim – 1736 Dänemark – 1737 Langenburg – 1752 Altenburg – 1755 Wertheim – 1770 Oberlausitz – 1771 Ravensburg – 1773–1777 Kursachsen – 1787 Magdeburg – 1813 Nürnberg und Augsburg – 1832 Hamburg.[41]

*Katechetische und rituelle Aspekte* werden dabei im Einzelnen unterschiedlich betont und ausgeformt. Die auf die Taufe bezogene, katechetische Unterweisung und die Zulassung zum Abendmahl bilden die gemeinsamen Bezugspunkte der evangelischen Konfirmation, zu der dann Fürbitte, Handauflegung und Erneuerung des Taufgelübdes hinzutreten können.

Theodor Kliefoth unterscheidet 1856 – die weitere Forschung prägend – zwischen „katechetischer" und „sakramentaler" (sowie „kirchenregimentlicher") Konfirmation.[42] Auf die Dauer setzt sich der Bucersche Konfirmationstyp durch, der die verschiedenen Komponenten umfasst, ohne sie jedoch wirklich zu durchdringen.

41 Zitiert bei E.CH. ACHELIS, Lehrbuch der Praktischen Theologie, Bd. 1, Leipzig $^{3}$1911, 326.

42 TH. KLIEFOTH, Liturgische Abhandlungen, Bd. III.1 Die Confirmation, Schwerin 1856.

Grundproblem der Konfirmation

So ergab die Diskussion der historischen Referate eines vom Lutherischen Weltbund organisierten internationalen Seminars zur Geschichte der Konfirmation:

> Es ist kein Zweifel, daß für die Geschichte der Konfirmation von der Reformation bis zur Gegenwart die Bucersche Ordnung von 1538/39 […] im Grunde genommen ausschlaggebend geblieben ist. […] Die Bucersche Ordnung war schon von ihrem Ursprung her ein komplexes Gebilde, in dem das subjektive (von Erasmus und den Humanisten herkommende) und das objektive (aus der römischen sakramentalen Auffassung stammende) Element letztlich unausgeglichen nebeneinanderstanden. […] Hier liegt die Wurzel der späteren Konfirmationsnot. Der komplexe Ansatz stiftet bis heute in jeder Synode Verwirrung. Bald wird der Akzent stärker auf die subjektive Seite verschoben (Pietismus, Aufklärung, Erweckung), bald mehr die objektive betont (cf. Hochkirchliche Richtungen).[43]

## 3. Subjektbezogene Impulse in Pietismus und Aufklärung

Für die Einwurzelung der Konfirmation in das Bewusstsein der Evangelischen sind wesentlich Theologen des Pietismus und der Aufklärung[44] verantwortlich. In diesen beiden Strömungen tritt das einzelne Subjekt in das Zentrum des Interesses. Seine Frömmigkeit und Sittlichkeit sollen gefördert werden. Bei einem solchen Ansatz tritt allerdings die Bedeutung der Taufe von Unmündigen zurück. Vereinzelte Stimmen – wie die des Pietisten Theophil Großgebauer (1627–1661) – bezweifeln sogar grundsätzlich den sakramentalen Charakter der Kindertaufe und verstehen diese lediglich als vorbereitenden Segen für die spätere „Wiedergeburt".

Konfirmation als feierlicher Akt

3.1 Das gestalterische Interesse dieser Zeit gilt zweifellos der Konfirmation. Sie wird als ein Akt der Mündigkeit bzw. des Bekenntnisses der Bekehrten feierlich zelebriert – so dass eine Zeitlang die Konfirmation sogar als ein Produkt des Pietismus und *Philipp Jakob Spener* als ihr Vater erscheint (Meyer-Blanck 47).

In der Tat prägt Spener, der das Ritual 1667 bei einer Kirchenvisitation kennen lernt, die Konfirmation dadurch, dass er in ihr das Gefühl und das Individuelle hervorhebt. Sachlich sind für ihn die Erinnerung an den Taufbund und die Prüfung des Gewissens, die zu einem öffentlichen Bekenntnis führt, grundlegend.

Gut kommt diese pietistische Tauf- und Konfirmationstheologie in dem am damaligen Taufformular orientierten Kirchenlied „Ich bin getauft auf deinen Namen […]" (1735; jetzt im Evangelischen Gesangbuch Nr. 200) des Pietisten Johann Jakob

43 W. Sturm, Zusammenfassender Gesprächsbericht. Diskussion im Plenum und Ergebnisse der Gruppenarbeit, in: K. Frör (Hg.), Zur Geschichte und Ordnung der Konfirmation in den lutherischen Kirchen, München 1962, 143–167, 146.

44 Zur schwierigen Frage der Terminologie – in den meisten älteren liturgischen Werken wird von „Rationalismus" gesprochen – s. A. Beutel, Aufklärung in Deutschland (KIG 4,O2), Göttingen 2006, 151–164.

Rambach zum Ausdruck. In ihm werden die Gabe der Taufe, die Zusage des Gehorsams durch den Menschen und die Bitte um Vergebung besungen.

Konfirmation als Religionseid

3.2 Dies verändert sich in der Aufklärung: „Bekenntnis und Gelübde erhalten ihre Füllung nicht mehr von der Tauferinnerung her – ihr Kontext wird nun der Eid des bürgerlichen Lebens." (MEYER-BLANCK 48)

Gemäß der Bestimmung von Kirche als Zusammenschluss freier mündiger Individuen wird jetzt die Konfirmation zu einem feierlichen Rechtsakt, in dem der „Religionseyd" abgelegt wird (MEYER-BLANCK 48). Dementsprechend wird die Konfirmation mit dem Gelübde im Zentrum aufgewertet.

Das kommt anschaulich in folgendem, auf die Melodie „Dir, dir, o Höchster will ich singen" zu singenden Lied zum Ausdruck:

> Oh feyerliche Andachtsstunde! O Tag des Segens für die Ewigkeit! Du nimst uns auf zu edlem Bunde der Tugendfreunde in der Christenheit. Sieh, Vater, wie von Dankbarkeit belebt, jetzt unser Herz vor stiller Freude bebt – Du wirst auch in den künftgen Jahren, Gott, durch Vernunft und durch Religion uns Muth verleihen bei den Gefahren, die unserer Unschuld, unserer Tugend drohn. Wir wollen ewig uns der Tugend weihn; o, Vater, dieser Tag soll Zeuge sein! (MEYER-BLANCK 49)

Ein Vergleich mit dem im Evangelischen Gesangbuch Nr. 328 leicht zugänglichen Originaltext des Pietisten Bartholomäus Crasselius lässt die inhaltliche Differenz zwischen diesen beiden etwa zeitgleichen Strömungen evangelischer Theologie hinsichtlich Taufe und Konfirmation hervortreten.

Zu diesem Akt gehören – wie die entsprechenden Schilderungen der damaligen Zeit zeigen[45] – die Verpflichtung auf den Gehorsam gegenüber der Obrigkeit und das Gelöbnis der Treue zum Vaterland.

Die im 20. Jahrhundert sich ausbildende Funktionalisierung der Jugendweihe für ein Bekenntnis zum Staat (→ § 22 2.) hat hier einen gewissen Vorläufer. Allerdings wird – im Gegensatz zur Jugendweihe der DDR – die politische Bezugnahme durch die beibehaltenen religiösen Motive relativiert.

Ergänzungsbedürftigkeit der Taufe

3.3 Einen dogmatischen Schlusspunkt unter diese Entwicklung setzt der reformierte Theologe *Friedrich Schleiermacher* in seiner Glaubenslehre. Er bestimmt jetzt die Kindertaufe als durch die Konfirmation ergänzungsbedürftig. Der Lehrsatz § 155b lautet. „Die Kindertaufe ist nur eine vollkommene Taufe, wenn man das nach erfolgtem Unterricht hinzukommende Glaubensbekenntniß als den letzten dazu gehörigen Akt ansieht."

In der Begründung vermischen sich pietistische und rationalistische Argumente: „Wenn die Wiedergeburt des Menschen mit der Geburt beginnt, und diese das Bewußtsein der Sünde voraussezt: so kann die Rechtfertigung nicht durch die Kinder-

45 B. HALLBERG, Jugendweihe. Zur deutschen Jugendweihetradition, Göttingen $^{2}$1979, 60.

taufe gewirkt werden, da das Kind, in welchem das Gewissen noch nicht erwacht ist, auch kein Bewußtsein der Sünde haben kann; und die Taufe ist also insofern unvollkommen, als der Zwek der Taufe durch sie nicht kann erreicht werden. Und wenn nur diejenigen, welche glauben, getauft werden sollen, und der Glaube eine Bewegung in dem Willen ist, wodurch dieser in der Vereinigung mit Christo ruht, in den Kindern aber der Wille noch völlig unentwikkelt ist, so ist die Kindertaufe auch insofern unvollkommen, als die vorgeschriebenen Bedingungen bei derselben nicht vorhanden sind."[46]

Demzufolge gilt die „Firmelung als die eigentliche Vollendung der Taufe, damit nun diese der volle Anfang eines wahrhaft christlichen und seligen Lebens sei."

Konfirmation als Fest evangelischen Christseins

3.4 Die Konfirmation wird so zum Fest evangelischen Christseins und zugleich zum Mündigkeitsritual, wie es noch heute in den Familien gefeiert wird. Scharf formuliert Achelis:

> Je niedriger er (sc. der Rationalismus, Ch. G.) die Taufe wertete, um so mehr stattete er die Konfirmation mit allen Mitteln eines Familienfestes und Kirchenfestes aus und hat es dadurch erreicht, daß die Konfirmation allgemein kirchengesetzlich gefordert wird, daß sie der bürgerlich wirksame Abschluß der Kindheit und der Beginn der reiferen Jugend und in der Anschauung des Volkes das tiefst eingreifende Ereignis der Jugendzeit geworden ist.[47]

Kirchlich werden – bis heute – durch die Konfirmation grundlegende Rechte erworben: der Zugang zum Abendmahl und das Recht der Patenschaft. Zugleich setzt dieses Konfirmationsverständnis eine Katechese voraus, die manchenorts sogar zum Ursprung der Volksschule wurde (Hauschildt 45 f).

## 4. Konfirmation als Projekt der Kirchenreform

Das spätestens ab dem 19. Jahrhundert sich abzeichnende Auseinandertreten zwischen Kirchengemeinde und Gemeinwesen sowie die tiefen sozialen und ökonomischen Umbrüche werfen die Frage nach einer kirchlichen Antwort auf. Bei den Reformbemühungen bekommt die mittlerweile in ganz Deutschland verbreitete Konfirmation erhebliche Bedeutung. Dabei mischt sich die rationalistische Verrechtlichung mit erwecklichen Bestrebungen. Für die Kirchenreform bietet sich die Konfirmation deshalb an, weil hier die Verbindung zwischen Einzelnem und Kirche rituell begangen wird.

4.1 Die Allgemeinheit des Gelübdes stellt sich als unrealistisch heraus. Angesichts der Diskrepanz zwischen dem abgelegten Gelübde und dem tatsächlichen anschlie-

46 F. Schleiermacher, Der christliche Glaube nach den Grundsäzen der evangelischen Kirche im Zusammenhange dargestellt (1821/22), Teilbd. 2 (KGA 7/2), Berlin 1980, 260; das folgende Zitat findet sich ebd. 263.

47 Achelis, Lehrbuch 325 f.

ßenden Verhalten der (meisten) Konfirmierten ertönt der Ruf von der „Konfirmationsnot“.

Zweiteilung der Konfirmation

Ihr suchen Reformversuche abzuhelfen, die eine Zweiteilung der Konfirmation vorschlagen. Der Erlanger Theologe *Johann Christian Konrad v. Hofmann* sieht z.B. für alle Getauften eine gemeinsame katechetische Unterweisung vor. Die kirchlichen Rechte der Abendmahlsteilnahme und der Teilnahme an Wahlen sollen aber erst nach einem weiteren freiwilligen Unterricht zuerkannt werden, der in eine durch Handauflegung vollzogene Konfirmation mündet. Zur Begründung verweist v. Hofmann einseitig auf Apg 8,14–17: „Wir werden also recht gesagt haben, daß es eine zwiefache Aufnahme in die Kirche und eine zwiefache Gemeinschaft an ihr gab. Die Taufe stellte in die Gemeinschaft der Heiligen, die Handauflegung in die Gemeinschaft der Zeugen Christi“ (zitiert nach Meyer-Blanck 53).

4.2 Die hier implizierte Unterscheidung zwischen Tauf- und Abendmahlsgemeinde kann sich aus verständlichen Gründen nicht durchsetzen – sie führt entweder zu einer Entwertung der Taufe oder des Abendmahls. Doch wird der Vorschlag der Zweiteilung verschiedentlich aufgegriffen, bei dem die Konfirmation bzw. ein Teil von ihr nur wenigen, dann aber sog. entschiedenen Christen vorbehalten wird (die vielfältigen Vorschläge – bis in die 50er Jahre des 20. Jahrhunderts – stellt zusammen Hauschildt 51–54).

Ekklesiologisch steht dahinter die immer stärker empfundene Notwendigkeit, die Kirchenmitgliedschaft zu differenzieren. Dabei leitet eine heute nur noch schwer nachzuvollziehende Hochschätzung rechtlicher Regelungen die Überlegungen. Die allgemein übliche Kindertaufe scheint nicht auszureichen.

Reformversuche als Marginalisierung der Taufe

Es verwundert aus kirchentheoretischer Perspektive nicht, dass sich keiner dieser Vorschläge in der Praxis durchsetzen kann. Der Sehnsucht nach Eindeutigkeit bei den Theologen stehen die volkskirchliche Unbestimmtheit und die Sitte in der Bevölkerung entgegen. Theologisch dokumentieren diese Vorschläge allerdings eine weitere Marginalisierung der Taufe in der Theologie. Nicht mit einer Reform der Taufpraxis, sondern der Konfirmation versucht man die Kirche zu erneuern.

## 5. Religionspädagogische Reformbemühungen

Katechetische Bedeutung des Konfirmandenunterrichts

5.1 Unter dem politischen Druck der Nazis, der den schulischen Religionsunterricht erschwert und/bzw. inhaltlich zu verfälschen sucht, wächst in der *Bekennenden Kirche* wieder die Einsicht in die katechetische Bedeutung der Konfirmandenzeit. Wie seit Beginn steht der jeweilige Katechismus im Zentrum des Unterrichts.

Nach dem Zweiten Weltkrieg kommt es im Zuge der verbreiteten kirchlichen Restauration vereinzelt zum Rückgriff auf eine allerdings sakramentstheologisch entschärfte Zweiteilung. So wird vorgeschlagen, zwischen einem einjährigen Unterricht für alle mit abschließender Prüfung und Abendmahlszulassung und einem weiteren Unterrichtsjahr für besonders Interessierte mit abschließender Einsegnung zu differenzieren. Doch kann sich dies – wieder einmal – nicht durchsetzen.

Im Ostteil Deutschlands entsteht 1954/55 durch die staatlich propagierte Einführung der Jugendweihe eine völlig andere Situation. Ihr wird in § 21 näher nachgegangen.

Orientierung an den Jugendlichen

5.2 Zwar bleibt das Problem der volkskirchlichen Verhältnisse in Westdeutschland gemessen an der Norm einer regelmäßigen und aktiven Partizipation am sog. Gemeindeleben bedrängend. Doch versucht man *ab Mitte der 60er Jahre* zu einer Reform nicht mehr rechtlich, sondern religionspädagogisch vorzustoßen.

Einen Auftakt gibt die Forderung Walter Neidharts, die sog. außertheologischen Faktoren im Konfirmandenunterricht zu berücksichtigen.[48] Die lebensweltliche Herkunft der Heranwachsenden wird vornehmlich aus psychologischer Perspektive zu einem wichtigen Thema. Für die Gestaltung der Konfirmation fordert Neidhart den Wegfall des nicht nur zur Unaufrichtigkeit verleitenden, sondern – angeblich – die Jugendlichen überfordernden Gelübdes.

Vertreter der Curriculardidaktik – wie damals z. B. Hans Bernhard Kaufmann – argumentieren pädagogisch gegen die einseitige Stoffbezogenheit des Unterrichts. Sie plädieren für eine Orientierung an den Problemen der Konfirmanden und Konfirmandinnen.

Ein wichtiges Forum dieses neuen religionspädagogischen Zugangs zur Konfirmandenarbeit bietet die 1973 gegründete, bis heute erscheinende Reihe „KU Praxis", die sowohl grundsätzliche Beiträge zur Konzeption als auch vor allem Modelle und Praxismaterialien veröffentlicht. Sie wird wesentlich von den teilweise neugegründeten (religions)pädagogischen Instituten der Landeskirchen und dem Comenius-Institut der EKD verantwortet. Weert Flemmig, einer der Herausgeber, formuliert programmatisch als Ziel der Konfirmandenarbeit, „zu erfahren und zu erkennen, was es heißt, als Christ in unserer Zeit zu leben".[49]

5.3 Dieser neue pädagogische Ansatz bei den Jugendlichen, der Impulse der schulischen Religionspädagogik aufnimmt, führt auch zu *organisatorischen und methodischen Innovationen*. An die Seite der wöchentlichen Unterrichtsstunde treten Veranstaltungen wie Freizeiten, Praktika, Konfirmandentage u.Ä. Entsprechend der damaligen Ausrichtung der Gemeindepädagogik an der emanzipatorischen Pädagogik bleiben die Fragen liturgischer bzw. ritueller Gestaltung ausgeklammert.

48 W. NEIDHART, Konfirmandenunterricht in der Volkskirche, Zürich 1964.

49 W. FLEMMIG, Zur Aufgabe des Konfirmandenunterrichts – Ziele und Inhalte, in: COMENIUS-INSTITUT (Hg.), Handbuch für die Konfirmandenarbeit, Gütersloh 1984 ($^{2}$1985), 270–286, 272.

## 6. Zusammenfassung

Ein Durchgang durch die Entwicklung der evangelischen Konfirmation führt in mannigfaltige Spannungsfelder. Sie machen bis heute die Arbeit im Bereich dieser Kasualie konzeptionell und praktisch schwierig.

Spannungsfelder der Konfirmandenarbeit

6.1 Grundlegend besteht ein Problem in der *Verhältnisbestimmung der Konfirmation zur Taufe.* Historisch ist die Firmung aus der Taufe hervorgegangen. Biblisch-theologisch ist sie ihr eindeutig untergeordnet. Doch haben unterschiedlichste Strömungen das Gewicht der Firmung verstärkt:

die scholastische Sakramententheologie;

die am handelnden Subjekt interessierten Strömungen des Pietismus und des Rationalismus;

die Kirchenreformversuche des 19. und 20. Jahrhunderts;

die gemeindepädagogische Arbeit ab Mitte der 60er Jahre.

In der Feierpraxis der Familien ist dies klar angekommen: Die Konfirmation wird in der Regel sehr viel aufwändiger begangen als die Taufe. Auch in den Kirchengemeinden nimmt die Konfirmation mit dem festlichen Gottesdienst (bzw. den festlichen Gottesdiensten) eine bedeutendere Stellung ein als die oft in Sonntagsgottesdiensten eingeschobenen Taufen. Dies zeigt sich auch daran, dass zunehmend Konfirmationsjubiläen (vor allem sog. Goldene Konfirmation) gefeiert werden.

6.2 Seit der Reformation stehen *katechetisches Anliegen und rituelle Gestaltung* eigentümlich unvermittelt nebeneinander.

Im Laufe der Zeit verschieben sich die Schwerpunkte. War anfangs – nicht zuletzt auf Grund der Firmkritik Luthers – vielerorts der Katechismusunterricht grundlegend, schiebt sich das Ritual in den Vordergrund. Es wird rechtlich aufgeladen und in einer attraktiven Feier öffentlich inszeniert. Später gewinnt wieder der katechetische bzw. (religions)pädagogische Part die Oberhand. In jedem Fall wird das spannungsvolle Nebeneinander einseitig aufgelöst. Z. T. stoßen jugendgemäße Formen im Unterricht und eine traditionell agendarische Liturgie unvermittelt aufeinander.

Auch die Spannung zwischen dem durch öffentliches Bekenntnis bzw. Gelübde gegebenen Anspruch und der tatsächlichen Einstellung der meisten Konfirmanden ist hier zu nennen. Vorschläge einer zweistufigen Konfirmation können sich nicht durchsetzen. Später wird von manchen eine Abschaffung des Gelübdes empfohlen.

6.3 Insgesamt begegnet in diesen Spannungen das *Grundproblem* der Kasualien, nämlich den Kontakt zwischen Kirche und Lebenswelt bzw. Evangelium und persönlichem Leben anzuregen und zu pflegen. Hier liegt die größte Herausforderung für eine Konzeption der evangelischen Konfirmation. Es gilt, (religions)pädagogisches und liturgisches Handeln so zu vermitteln, dass die Jugendlichen für ihr Leben das Evangelium als Horizonterweiterung erfahren.

## § 18 Heutige Praxis

Literatur: P. CORNEHL, Frömmigkeit – Alltagswelt – Lebenszyklus. Propädeutische Notizen, in: WuPKG 64 (1975), 388–401 – K. EULENBERGER, Immer wieder anders – Beobachtungen eines Hamburger Pfarrers, in: COMENIUS-INSTITUT (Hg.), Handbuch für die Arbeit mit Konfirmandinnen und Konfirmanden, Gütersloh 1998, 15–21 – W. FLEMMIG, Zur Aufgabe des Konfirmandenunterrichts – Ziele und Inhalte, in: COMENIUS-INSTITUT (Hg.), Handbuch für die Konfirmandenarbeit, Gütersloh 1984 ([2]1985), 270–286 – CH. GRETHLEIN, Gemeindepädagogik, Berlin 1994, 199–216 – H. KESSLER/A. DÖHNERT, Konfirmandenarbeit zwischen Tradition und Herausforderung. Ergebnisse einer empirischen Untersuchung, in: G. DOYÉ/H. KESSLER (Hg.), Konfessionslos und religiös. Gemeindepädagogische Perspektiven (FS E. Schwerin), Leipzig 2002, 29–56 – H.-M. LÜBKING, Der Konfirmandenunterricht in einer Umbruchsituation, in: TH. BÖHME-LISCHEWSKI/H.-M. LÜBKING (Hg.), Engagement und Ratlosigkeit. Konfirmandenunterricht heute, Bielefeld 1995, 11–38 – R. MÜNCHMEIER, Aufwachsen unter veränderten Bedingungen – Die Lebenswelt der Konfirmandinnen und Konfirmanden, in: COMENIUS-INSTITUT (Hg.), Handbuch für die Arbeit mit Konfirmandinnen und Konfirmanden, Gütersloh 1998, 22–40 – L. WINTERHAGER-SCHMID, Das Jugendalter – Zeit der Entwicklung, in: COMENIUS-INSTITUT (Hg.), Handbuch für die Arbeit mit Konfirmandinnen und Konfirmanden, Gütersloh 1998, 41–57.

Allgemeine Rahmenbedingungen der Konfirmandenarbeit

Entsprechend dem eben skizzierten, verwickelten Entstehungsprozess und den unterschiedlichen Konzepten hat die Konfirmation in Deutschland nur wenige allgemein übliche Rahmenbedingungen:

Die Heranwachsenden sind zum Zeitpunkt ihrer Konfirmation Schüler und besuchen meist eine 7. oder 8. (manchmal auch eine 9., selten eine 3. bzw. 4.) Klasse.

Sie werden durch einen – im Einzelnen unterschiedlich gestalteten – Unterricht vorbereitet.

Voraussetzung für die Konfirmation ist die Taufe; sie kann aber auch erst im Konfirmationsgottesdienst selbst vollzogen werden.

Meist leitet ein Pfarrer bzw. eine Pfarrerin die Konfirmandenzeit, mitunter unterstützt durch andere haupt- oder ehrenamtlich tätige Gemeindeglieder.

Ansonsten werden Konfirmandenarbeit und Konfirmationsgottesdienst pluriform gestaltet. Die in § 16 1. vorgestellten gesetzlichen und agendarischen Bestimmungen sind weit gehalten und bedürfen der konkreten Ausgestaltung.

Unterschiedliche Erwartungen an die Konfirmandenarbeit

Die an der Konfirmandenarbeit beteiligten Personen richten unterschiedliche Erwartungen an sie:

Die Jugendlichen sind vor allem an der Gemeinschaft mit Gleichaltrigen interessiert.

Für die Pfarrer und Pfarrerinnen steht die Gemeindearbeit im Mittelpunkt, wobei die Vorbereitung und Durchführung der nach wie vor die Regel darstellenden wöchentlichen Unterrichtsstunden viel Zeit und Kraft beanspruchen.

Die Eltern engagieren sich bei der Vorbereitung und Durchführung der Familienfeier anlässlich des Konfirmationsgottesdienstes.

Bevor diesen verschiedenen, in Spannung zueinander stehenden Anliegen näher nachgegangen wird, gilt es in einem ersten Schritt die statistischen Daten kurz auszuwerten und so das äußere Erscheinungsbild der Konfirmation in den Blick zu nehmen.

Abschließend skizziere ich die gegenwärtige organisatorische, didaktische und liturgische Form der Konfirmandenarbeit.

## 1. Statistische Befunde

Ein Blick in die Statistiken der EKD zum kirchlichen Leben zeigt: *Kontinuität und Wandel* bestimmen die heutige Konfirmationspraxis.

Angesichts der großen Bedeutung, die die Konfirmandenarbeit für die Evangelischen hat, ist das weitgehende Fehlen genauerer empirischer Untersuchungen erstaunlich. Bereits beim im Folgenden ausgewerteten Studium der EKD-Statistiken fällt auf, dass die Konfirmation von allen Kasualien am kürzesten dargestellt und in ihren Entwicklungen kaum kommentiert wird. Dies ist auch angesichts der Komplexität dieser Kasualie bedauerlich, die sich durch den Unterricht meist über knapp zwei Jahre erstreckt und in jeder Gemeinde jährlich feierlich begangen wird.

Rückgang der absoluten Konfirmiertenzahlen

1.1 Bei einem ersten statistischen Überblick fällt der starke Rückgang der absoluten Konfirmiertenzahlen in den letzten dreißig Jahren auf.
Für die Bundesrepublik bzw. die westdeutschen Gliedkirchen:
1974: 355.010
1975: 403.612
1978: 458.797
1979: 457.288
1981: 441.755
1982: 427.542
1983: 403.497
1986: 295.965
1989: 224.478
1993: 213.328
1997: 225.218
1999: 221.716
2003: 244.545
Für die ostdeutschen Gliedkirchen:
1993: 37.194
1997: 32.664
1999: 31.130
2003: 25.371

Insgesamt bilden die Zahlen weitgehend die demographischen Veränderungen in Deutschland, also den rapiden Geburtenrückgang ab. Dementsprechend werden in vielen Gemeinden die Konfirmandengruppen kleiner. Das eröffnet didaktische Chancen, wirft aber bei zu kleinen Zahlen Probleme auf, die eine Kooperation zwischen Gemeinden nahe legen.

In Ostdeutschland lässt sich nur noch eine kleine Minderheit der entsprechenden Altersgruppe konfirmieren.

Stabiler Anteil sog. Konfirmandentaufen

1.2 Seit 1983 werden in die Statistik – wie in § 12 1.3 erwähnt – die sog. Konfirmandentaufen aufgenommen, also von Jugendlichen, die während der Konfirmandenzeit getauft werden:

Für die Bundesrepublik bzw. die westdeutschen Gliedkirchen:
1983: 16.697
1986: 16.040
1989: 14.448
1993: 13.935
1997: 14.124
1999: 14.805
2003: 15.063
Für die ostdeutschen Gliedkirchen:
1997: 2.561
1999: 2.331
2003: 1.779

Demnach pendelt sich der Anteil der ungetauften Konfirmanden und Konfirmandinnen auf etwa 7 % der Gesamtzahl ein. Von daher ist also die Frage nach dem Taufzeitpunkt und der Gestaltung von Taufen ungetaufter Konfirmanden ein wichtiges Thema für eine Theorie der Konfirmation.

Vereinzelter Rückgang der Teilnahme am Konfirmandenunterricht

1.3 Regionale Erhebungen vor allem in west- und norddeutschen Großstädten[50] ergeben: In einigen Wohnvierteln sinkt die Bereitschaft erheblich, sich zur Konfirmation anzumelden. Vermutlich führen allgemein soziale Faktoren zu dieser Abweichung: gehäufte Anzahl von Scheidungsfamilien bzw. Alleinerziehenden usw. Der auch sonst zu beobachtende enge Zusammenhang von Kasualien und Familie legt dies nahe.

Trifft diese Annahme zu, so ist zumindest mittelfristig ein dann auch allgemein statistisch spürbarer Rückgang der Teilnahme am Konfirmandenunterricht zu erwarten.

50 S. z. B. J. Bode, Anmerkung zur Entwicklung der Konfirmandenzahlen in Hamburg, in: Lernort Gemeinde 1992 H. 1, 57–59.

## 2. Erwartungen und Bedürfnisse der Jugendlichen

Hinsichtlich der Erwartungen und Bedürfnisse von Jugendlichen im Konfirmandenalter sind drei Perspektiven zu beachten:

Psychologisch gesehen befinden sich Heranwachsende in bestimmten Entwicklungsprozessen, die nicht zuletzt auf körperliche Veränderungen zurückgehen.

In soziologischer Perspektive sind die Veränderungen in der „Jugend" unübersehbar.

Auf diesem Hintergrund können die spezifisch religiösen Einstellungen der Heranwachsenden rekonstruiert werden.

Jugendliche auf der Identitätssuche

2.1 Die Pädagogin Luise Winterhager-Schmid stellt in Hinblick auf die Konfirmandenarbeit *wichtige Entwicklungsprozesse* zusammen, in denen sich die Heranwachsenden befinden:

- Das Akzeptieren des eigenen, veränderten Körpers, das Finden der eigenen Geschlechtsidentität und Akzeptieren der geschlechtlichen Dimension der menschlichen Existenz (Geschlechtsidentität).
- Ein kontinuierliches Gefühl für und ein Bekanntsein mit sich selbst als einer leiblich, seelisch und sozial unverwechselbaren und für andere identifizierbaren Person (Soziale und personale Identität).
- Die emotionale Lösung von den Eltern so weit, daß auch Menschen außerhalb des engsten Verwandtenkreises geliebt werden können (Aufgeben von Kindheitsidentifikationen).
- Die Fähigkeit zu guten Kontakten mit Gleichaltrigen und zum Eingehen von Freundschaften (Soziales und emotionales Verstehen).
- Die Vorbereitung auf eine spätere Erwachsenenexistenz (Ausbildung) und die Ausweitung der persönlichen Zeitperspektive über die unmittelbare Gegenwart hinaus als Vorstellung eines eigenen Lebenslaufs (Strukturierung der Lebenslaufperspektive).
- Der Aufbau verinnerlichter Regeln und moralischer Prinzipien mit der Fähigkeit und Bereitschaft, sich diesen Werten zu verpflichten. Der Aufbau persönlicher Ich-Ideale, d. h. solcher Vorstellungen von der eigenen Person, die sie – in ihren Augen – wertvoll machen (Fähigkeit zur moralischen Perspektive auf eigenes und fremdes Handeln).
- Die Fähigkeit, die eigene Person wertzuschätzen […] (Selbstwertgefühl und Einfühlungsfähigkeit). […] (WINTERHAGER-SCHMID 42)

Demnach befinden sich Konfirmanden und Konfirmandinnen vor der schwierigen Aufgabe, ihre Identität zwischen eigenen Bedürfnissen und fremden Einschätzungen und Ansprüchen auszubalancieren.

Veränderte Jugend

2.2 Der Sozialpädagoge Richard Münchmeier akzentuiert die Charakteristik der Altersstufe stärker soziologisch. Er empfiehlt als Ausgangspunkt, um heutige Jugendliche zu verstehen, die Einsicht: „Jugendliche müssen Jugend bewältigen." (MÜNCHMEIER 23) Denn die *Rahmenbedingungen, innerhalb derer sich das Aufwachsen heute vollzieht*, haben sich in den letzten vierzig Jahren erheblich geändert, und damit auch die Einstellungen der Jugendlichen. Sich dies bewusst zu machen, ist besonders für Pfarrer und Pfarrerinnen wichtig, weil sie als Ältere eine „andere" Jugend erlebten, und so die Gefahr besteht, eigene Primärerfahrungen auf die Jugendlichen zu projizieren.

Heute stehen Konfirmanden und Konfirmandinnen in der Regel nicht – wie vor vierzig Jahren – am Ende, sondern in der Mitte ihrer Schul- und Ausbildungszeit. Kaum ein Jugendlicher tritt vor dem Beginn des dritten Lebensjahrzehnts ins Erwerbsleben ein. Zugleich wirken aber die ökonomischen Veränderungen, vermittelt durch Eltern, ältere Geschwister oder Freunde, schon auf 13- bis 14-Jährige. Sie wissen, dass sie trotz langjähriger Schul- und Ausbildungszeit nicht mit einer durchgängigen „Normalbiographie" – Schulzeit, Ausbildung, verlässliche Erwerbstätigkeit – rechnen können. Vielfältige Schleifen, wie zusätzliche Schuljahre, Praktika oder Erwerbslosigkeit, schieben sich zwischen Ausbildung und Erwerbsarbeit und unterbrechen diese bisweilen.

Jugend als ausgeprägte Lebensphase

Angesichts solcher unklarer Zukunftsaussichten verwundert es nicht, dass viele Jugendliche stark gegenwartsbezogen leben. Die „Jugend" – von Sozialpädagogen auf den Zeitraum von etwa 12 bis 25 Jahren verlängert – ist keine Durchgangs- und Vorbereitungszeit, sondern eine „eigenständige Lebensphase" (Münchmeier 35).

Eine weitere Besonderheit heutiger (und zumindest mittelfristig zukünftiger) Konfirmandengenerationen ist, dass die meisten Jugendlichen aus kleinen Herkunftsfamilien stammen. Wie in § 8 3. näher ausgeführt, sind die meisten in einer Ein- bzw. Zweikinderfamilie aufgewachsen. Sie sind von daher mehr auf Erwachsene bezogen als Kinder aus größeren Familien, in denen die Geschwister wichtige sozialisatorische Funktionen wahrnehmen. Münchmeier erklärt: Eine größere Geschwisterzahl eröffnet Freiräume, die von Erwachsenen, also den Eltern, nicht reglementiert werden können. Im Verhältnis zu ihren Geschwistern lernen Kinder die Vertretung eigener Interessen im Konkurrenzkampf wahrzunehmen, zugleich aber auch solidarisches Verhalten einzuüben. Demgegenüber ist der Kontakt zu Erwachsenen für Kinder mit der Anforderung der Selbstdisziplinierung verbunden und damit nimmt der „Bedarf nach ‚Wildsein', nach ‚Undiszipliniertsein', lustvoll ‚Über-die-Stränge-schlagen', ‚Sichaustoben'" (Münchmeier 28) zu.

2.3 Hinsichtlich der *religiösen Einstellung der Konfirmanden und Konfirmandinnen* sind mehrere Tendenzen zu beobachten:

Oft steht konventioneller Glaube unvermittelt einer großen Bereitschaft zu sozialem Engagement gegenüber. So sind Jugendliche im Konfirmandenalter auch in ihrer religiösen Einstellung in hohem Maß von ihren sozialen Bezügen abhängig, wozu sowohl Elternhaus als auch die Gruppe der Gleichaltrigen gehören. Dadurch kann es zu merkwürdig unflexiblen Reproduktionen des bei den Eltern Gehörten oder vom Wortführer der Clique Vertretenen kommen.

Gerechtigkeitsempfinden Jugendlicher

Zugleich haben die meisten der Jugendlichen ein ausgeprägtes Gerechtigkeitsempfinden, das sie sensibel auf (vermeintliches) Unrecht reagieren lässt und so für bestimmte Dimensionen der biblischen Botschaft öffnet. Dies veranschaulicht Klaus Eulenberger auf dem Hintergrund langjähriger pastoraler Erfahrung in der Konfirmandenarbeit an folgendem Beispiel: „Die Frage, ob man in kalten Winternächten die Kirchen als Zufluchtsorte für obdachlose Menschen öffnen solle, werden Konfirmanden – Mädchen wie Jungen – in der Regel mit einem klaren ja beantworten, und sie sind damit der Vollkommenheit, die Jesus von den Seinen fordert, zweifellos näher als alle, die sich durch allzu verständliche Bedenken handlungsunfähig machen lassen." (EULENBERGER 21; ohne Kursivsetzungen im Original)

Religiöser Pluralismus

Auf Grund geringerer Traditionsleitung als bei älteren Menschen ist die Differenz zwischen Kirche, Christentum und Religion bei den Jugendlichen besonders stark ausgeprägt. Hier ist zu beachten, dass heutige Jugendliche in einer Gesellschaft aufwachsen, in der Mitgliedschaft in einer christlichen Kirche nicht mehr sozial abgesichert ist.

Zugleich nimmt die Zahl von Menschen mit einem nichtchristlichen religiösen Bekenntnis zu. Zumindest in Westdeutschland kennen die meisten Jugendlichen aus Kindergarten und Schule Altersgenossen, die sich zu einer nichtchristlichen Religion bekennen, häufig zum Islam. Religiöser Pluralismus ist von daher für diese jungen Menschen keine theoretische Angelegenheit, sondern eine praktische Erfahrung.

Problemgruppe Jungen

Schließlich ist eine Geschlechterdifferenz zu beobachten. Mädchen äußern in der Regel größeres *Interesse an religiösen Themen* als Jungen. Dies hängt mit grundlegenden Problemen der männlichen Adoleszenz zusammen, die erst langsam die notwendige Aufmerksamkeit erfahren:

> Auffällig ist die hohe Symptombelastung, die viele Jungen gegenwärtig zeigen. Sie sind bei den ‚stärksten Depressionsgraden' deutlich stärker vertreten als Mädchen, sie sind deutlich aggressiver und gewaltbereiter als Mädchen, sie sind als Täter und Opfer häufiger in kriminelle Handlungen verstrickt und haben weniger enge Freundschaften. Offenbar verkraften männliche Jugendliche das, was die Jugendforschung als den ‚Strukturwandel der Jugendphase' bezeichnet [...] zu Teilen nicht besonders gut. [...] Die Gründe dafür sind vielfältig:
>
> Das Männlichkeitsbild, an dem sich Jungen heute orientieren könnten, ist nicht mehr eindeutig und klar faßbar. Die Widersprüche zwischen Härte und Sensibilität, Offenheit und einsamer, stolzer Daseinsbewältigung in ‚männlichem' Schweigen machen es Jungen schwer, sich als Jungen und junge Männer zu profilieren, ohne in alte Rollenmuster männlicher Kraftprotzerei zu verfallen. (WINTERHAGER-SCHMID 49)

2.4 Insgesamt ist in Westdeutschland davon auszugehen, dass die meisten Konfirmanden und Konfirmandinnen ohne besondere thematische Erwartungen zum kirchlichen Unterricht kommen (KESSLER/DÖHNERT). Sie befinden sich in einer Lebensphase, in der sie auf Grund von körperlichen Veränderungen mit Identitätsproblemen zu kämpfen haben und ihren Platz in der Gruppe der Altersgleichen suchen. Darüber hinaus sehen sie sich – entsprechend dem gegenwärtigen raschen gesellschaftlichen und kulturellen Wandel – teilweise anderen Problemen und Herausforderungen gegenüber als die Pfarrer und Pfarrerinnen in ihrer Jugend.

## 3. Einschätzungen der Pfarrer

Zwar gibt es in einer zunehmenden Zahl von Gemeinden Formen der Konfirmandenarbeit, in denen außer den Pfarrern und Pfarrerinnen andere haupt- und ehrenamtlich Mitarbeitende engagiert sind. Doch liegt die Verantwortung für das Ganze der Konfirmandenarbeit (in der Regel) in der Hand des Ortspfarrrers. In ein grundlegendes Problem ihrer pastoralen Rolle führt die im Folgenden zitierte Reflexion eines Pfarrers ein. Es schließen sich einige Einsichten aus einer empirischen Umfrage unter Konfirmatoren an, die ein breites Spektrum an Chancen und Problemen erkennen lassen.

Distanz der Konfirmanden zur Kirchengemeinde

3.1 Klaus Eulenberger formuliert in der Reflexion seiner Arbeit als Pfarrer mit Konfirmanden und Konfirmandinnen eine *grundlegende Spannung*:

> Ich fand es – zwei Wochen vor der Konfirmation – ärgerlich und verletzend, daß gerade nur drei aus einer Gruppe von fünfzehn Jugendlichen meinem freundlichen Ruf gefolgt waren, sich doch in einem der Gottesdienste zwischen Gründonnerstag und Ostermorgen sehen zu lassen. (In den Wochen davor war es nicht anders gewesen.) Ein Freund, dem ich davon erzählte, fragte zurück: ‚Wundert es dich? Sie sind dabei, sich zu lösen. Von dir – und von der Kirche. Das muß doch so sein.‘
>
> Ein (für mich) neues Licht auf ein altes Problem. Immer ist es eines gewesen, von Anfang an. Auch in der Zeit, als ich gerade doppelt so alt war wie sie und mich ihnen näher fühlte als irgendwelchen anderen Menschen in der Gemeinde. Damals haben wir die Songs […] zusammen angehört, und über ‚unfähige‘ Lehrer und ‚tyrannische‘ Eltern konnte ich mich mit ihnen zusammen erregen; meist war ich auf ihrer Seite. Aber ich wollte ja nicht nur ein älterer Freund für sie sein, der sie verstand und mit ihnen verbündet war; ich wollte ihnen Religion und Kirche so überzeugend nahebringen, daß sie begriffen, was sie daran haben könnten. Das sollte mir nicht passieren, daß ich sie ‚aus der Kirche hinauskonfirmierte‘! Aber gerade an dieser Stelle blieben immer Erwartungen unerfüllt, häufte sich Enttäuschung an, die ich nicht überwinden konnte. Sie blieben merkwürdig resistent gegenüber meinen Versuchen, sie zu kirchlich engagierten Menschen zu formen. (EULENBERGER 15)

Klar markiert Eulenberger hier ein Grundinteresse von Pfarrern und Pfarrerinnen, das in der Logik von deren sonstiger Tätigkeit liegt, aber den besonderen kasuellen Charakter der Konfirmandenarbeit ausblendet. Sie wollen die Jugendlichen für die Teilnahme an gemeindlichen Veranstaltungen wie den Sonntagsgottesdienst gewinnen. Die (meisten) Jugendlichen sind aber hieran nicht interessiert. Sie wollen sich inmitten der skizzierten Herausforderungen und Probleme ihres Alters auf dem traditionell vorgegebenen Weg zur Konfirmation begleiten lassen. Eulenberger formuliert pointiert: „Konfirmandenunterricht ist ein Hauptbestandteil der Gemeindearbeit, aber seine Früchte werden nicht in der Gemeinde geerntet. Pfarrerinnen und Pfarrer, die damit beschäftigt sind, engagieren sich – als Mitarbeiterinnen und Mitarbeiter der Kirche – für das Christentum außerhalb der Kirche (Trutz Rendtorff).“ (EULENBERGER 16)

3.2 Von dieser Spannung aus, die grundlegend für die Kasualien ist, können auch die *Befunde einer repräsentativen Umfrage unter westfälischen Pfarrern und Pfarrerinnen* (LÜBKING) verstanden werden. Sie weisen in mehrfacher Hinsicht auf die Differenz zwischen Konfirmanden- und sonstiger Gemeindearbeit hin.

Leider konzentriert sich diese von Mitarbeitern des westfälischen Pädagogischen Instituts 1992 durchgeführte (und 2001 in einer Nachfolgeuntersuchung teilweise wiederholte) Umfrage nur auf den pädagogischen Teil der Konfirmandenzeit. Insofern spiegelt sie die – bereits in der Reformationszeit begegnende – Spaltung zwischen „katechetischer" und „ritueller" Konfirmationsauffassung wider.

Spannung zwischen pastoraler Einsicht und Praxis

Bei den meisten Pfarrern und Pfarrerinnen ergibt die Umfrage eine recht hohe *Motivation* für die Konfirmandenarbeit, die nicht mit dem Alter korreliert. Allerdings sind mehrfache Spannungen zwischen Einstellung und tatsächlicher Praxis unübersehbar:

Zwar halten die meisten Pfarrer und Pfarrerinnen die Konfirmandenarbeit für wichtig, sie räumen ihr jedoch nicht die entsprechende Priorität ein: „72 % der Befragten meinen, der Konfirmandenunterricht müsse im Blick auf die ‚Zukunft der Kirche und des Christentums' einen wichtigen bis ganz wichtigen Stellenwert haben, aber nur für 24 % hat der Konfirmandenunterricht ‚faktisch und vom persönlichen Zeitaufwand her' einen so hohen Stellenwert." (LÜBKING 20f)

Auch bei der *Methodik des Unterrichts* begegnen Widersprüche. Während mit die Beteiligung der Jugendlichen anregenden Methoden gute Erfahrungen gemacht werden (z.B. Rollenspiele, Praktika u.Ä.), werden de facto eher andere Methoden wie Unterrichtsgespräch, Schreiben, Lesen verwendet.

Fragt man danach, warum die mehr ‚unterrichtlichen' Methoden dominieren, wird man mehrere Gründe annehmen können:

a) Diese Methoden brauchen weniger Vorbereitungszeit.
b) Pfarrerinnen und Pfarrer, die sich pädagogisch unzureichend ausgebildet und methodisch unsicher fühlen, greifen in dieser Situation nach den anscheinend einfachen und bewährten Methoden.
c) Bei den mehr ‚unterrichtlichen' Methoden glaubt man, die Situation im Unterricht unter Kontrolle zu haben und den Konfirmandinnen und Konfirmanden thematisch wenigstens etwas ‚mitgeben' zu können.
d) Diese Methoden entsprechen mehr einem traditionellen Pfarrerbild. (LÜBKING 26)

In einer den pädagogischen Horizont überschreitenden Perspektive lässt sich hier wieder die Kluft zwischen pädagogischem und liturgischem bzw. allgemeiner formuliert: darstellendem Handeln konstatieren.

Schließlich besteht auch im *didaktischen und organisatorischen Bereich* bei vielen Pfarrern und Pfarrerinnen der Eindruck, dass sie nicht den Unterricht geben, den sie eigentlich gerne erteilten: „Die Pfarrerinnen und Pfarrer wissen in der Regel selbst, wo sie in ihrer Konfirmandenarbeit mit Veränderungen ansetzen sollten – aber sie sehen in ihrem pfarramtlichen Alltag kaum eine Chance, die eigenen guten Vorsätze in die Praxis umzusetzen." (LÜBKING 27)

Allerdings haben sie meist bei der Beschreibung von Lösungsvorschlägen in den verschiedenen Hinsichten nur sich selbst im Blick. Demgegenüber zeigen andere Auskünfte: Die Beteiligung weiterer Mitarbeiterinnen und Mitarbeiter und die methodische, didaktische sowie organisatorische Vielfalt und damit auch Attraktivität korrelieren miteinander:

„Auffallend ist, daß fast alle, die nicht allein unterrichten (sc. 36 % der Befragten, Ch. G.), die Mitwirkung von Mitarbeiterinnen und Mitarbeitern im Konfirmandenunterricht als Bereicherung empfinden. Nur 2 % sehen darin keinen Vorteil." (LÜBKING 31)

Inzwischen hat sich die Zahl der Kooperationen erhöht. Die – nicht veröffentlichte – Weiterführung der Studie 2001 ergibt, dass bei 55 % der Pfarrer und Pfarrerinnen weitere Personen am Unterricht regelmäßig beteiligt sind.

Hauptproblem: Konfirmandeneltern

3.3 Als *Hauptproblem* nennen die Pfarrer und Pfarrerinnen die Konfirmandeneltern. Diese nehmen nicht an den Gottesdiensten teil, machen terminlich Schwierigkeiten und zeigen sich desinteressiert am Unterricht ihrer Kinder.

Thomas Böhme-Lischewski formuliert angesichts der Befunde „zugespitzt": „Das Problem der Konfirmandenelternarbeit sind – aus der Sicht der Befragten – die Eltern."[51]

## 4. Erwartungen der Eltern

4.1 Zwar melden die (meisten) evangelischen Eltern ihre Kinder zum Konfirmandenunterricht an, doch – wie die eben ausgewertete westfälische Umfrage ergibt – erscheinen sie darüber hinaus ohne Engagement. Vermutlich fällt – wie Eulenberger anmerkt – bei den (meisten) Eltern das *Interesse an der Konfirmation* ihrer Kinder nicht mit dem Interesse an der Kirchengemeinde in eins. Auch dürfte ihnen angesichts der sonstigen Ausdifferenzierung im professionell pädagogischen Bereich nicht einleuchten, warum sie sich in der Konfirmandenzeit engagieren sollen.

Konfirmation als Schwellenritual

4.2 Leider gibt es keine differenzierten empirischen Untersuchungen zur *Motivation von Konfirmandeneltern.* Auf eine interessante Spur führen hier die Beobachtungen des Praktischen Theologen Peter Cornehl, der seine eigene Teilnahme an einer Konfirmationsfeier schildert:

---

51 TH. BÖHME-LISCHEWSKI, Konfirmandenunterricht zwischen Motivation und Ernüchterung. Ergebnisse aus der Befragung von westfälischen Pfarrerinnen und Pfarrern, in: DERS./H.-M. LÜBKING (Hg.), Engagement und Ratlosigkeit. Konfirmandenunterricht heute, Bielefeld 1995, 39–136, 119.

> Anreise am Abend vorher. Die Familie trifft sich im großen Kreis. Drei Generationen [...] Viele haben sich jahrelang nicht gesehen. Das Fotoalbum [...] geht herum: Kaum zu glauben, was aus dem Täufling geworden ist.
>
> Sonntag in der Kirche erwartungsvolle Spannung. Das ganze Dorf ist da. Jeder kennt jeden [...] Während der Liturgie habe ich Zeit, die Gesichter zu studieren. Wie ernst und verlegen die Konfirmanden wirken! Die Eltern, das spürt man, verfolgen das Ganze mit innerer Bewegung. [...] Nach der Einsegnung ist Abendmahl. Die Konfirmierten gehen zusammen mit ihren Eltern an den Altar. [...]
>
> Hinterher zu Hause: offene Tür. Besuche aus dem Dorf. [...] Mittags Festessen mit Tischreden vom Vater und zwei Paten. Dann sagt der Konfirmand: Nun reicht's aber mit den Reden! Mittagspause, Spaziergang, Kuchenberge. Krawatten und Konfirmationsgarderobe werden abgelegt. Jetzt wird's gemütlich. (CORNEHL 398)

Unzweifelhaft begegnen hier Elemente und Empfindungen, die aus dem Kontext von Schwellenritualen bekannt sind. Cornehl interpretiert sensibel: „Man spürt an diesem Tage sehr deutlich die Kontingenz und Unverfügbarkeit des Lebens. Der Segen korrespondiert mit dem starken Wunsch der Eltern, daß Begleitung und Bewahrung nicht enden mögen, wenn die eigenen Möglichkeiten, sein Kind zu beschützen, an ihre Grenze kommen werden, und daß der künftige Weg ein Weg im Guten sein möge." (CORNEHL 399)

Den Konfirmanden und Konfirmandinnen wird ein neuer Status rituell zugeeignet: durch ihren Einzug in die Kirche, getrennt von ihren Familien, Hervortreten vor die Gemeinde, Niederknien und Gesegnet-Werden, Übereignung eines Spruchs und einer Urkunde, also besondere Vollzüge auf der „Grenze", und dann das Abendmahl als Einigungsritus.

Vermutlich sind die Eltern vornehmlich an diesem Ritual interessiert. Die pädagogische Vorbereitung ist Sache der Fachleute; so wie sich Eltern nicht in der Schule engagieren, so auch nicht in der Gemeinde.

Auffällig ist die Spannung zwischen soziologischer Analyse und dem Empfinden der Eltern. Trotz Zerdehnung der Jugendphase wird die Konfirmation von den Eltern als ein Schwellenritual gefeiert. Vielleicht können Familien nur schwer auf solche rituellen Markierungen verzichten, selbst wenn sie lebensweltlich keinen genauen Anhalt mehr haben.

## 5. Organisatorische, didaktische und liturgische Gestaltung

Zwar geben die unter 1. skizzierten kirchenrechtlichen und agendarischen Bestimmungen einen Rahmen für die Konfirmandenarbeit ab. Doch verändert sich in der Praxis darüber hinaus die organisatorische, didaktische und liturgische Gestaltung. Wegen fehlender empirischer Untersuchungen müssen im Folgenden einige Beobachtungen hierzu genügen.

Neue Herausforderungen

5.1 Grundsätzlich haben *kirchlich-religiöse und allgemein lebensweltliche Veränderungen* in mehrfacher Weise direkte Auswirkungen:

Die Veränderungen in der Taufpraxis führen dazu, dass zu den meisten Konfirmandengruppen zumindest anfangs auch Ungetaufte gehören. Die Thematisierung der Taufe, ein traditioneller Unterrichtsgegenstand, bekommt dadurch einen neuen Stellenwert. Auch ist zu überlegen, zu welchem Zeitpunkt die ungetauften Jugendlichen zur Taufe eingeladen werden.

In vielen Gemeinden gehen mittlerweile Kinder schon vor ihrer Konfirmandenzeit mit ihren Eltern zum Abendmahl. Die lange Zeit gültige, exklusive Zuweisung der Abendmahlszulassung weicht einer pluralen Praxis. Die Konfirmation verliert ihren Charakter als Abendmahls-Admission. Damit wird auch der bis heute vielerorts praktizierte Zusammenhang von Konfirmation und Beichte fraglich. Inhaltlich verdankt sich dieser dem lange Zeit dominierenden, inzwischen aber überwundenen Verständnis des Abendmahls vornehmlich als Ritus der Sündenvergebung. Nur ein solches Verständnis machte die Beichte vor der Erstkommunion notwendig.

Schließlich stellt die Pluralisierung im ethischen und religiösen Bereich die Konfirmandenarbeit vor neue Anforderungen. In der Konfirmandengruppe begegnen sich junge Menschen mit sehr unterschiedlichen Vorerfahrungen und -kenntnissen. Sie sind dabei, sich inmitten der unterschiedlichen Einflüsse aus Medien, Elternhaus, Schule und Clique ihre eigene „Religion" zu basteln. Deshalb sind sie nicht nur – in klassischer Terminologie – zu „Unterweisende", sondern zugleich Experten „ihrer" Religion. Einseitig der kirchlichen Tradition verpflichtete inhaltliche Konzepte, lange Zeit in Form des Katechismus-Unterrichts praktiziert, sind von daher problematisch. Hier bieten sich vielmehr rituelle Kommunikationsformen an, die zum einen eine bestimmte Orientierung anbieten, zum anderen aber offen für unterschiedliche Deutungen sind.

Traditionelle Organisation der Konfirmandenarbeit

5.2 Die bereits teilweise ausgewertete westfälische Umfrage zeigt, dass nach wie vor die wöchentliche Konfirmandenstunde die übliche *Organisationsform* ist: „98 % der befragten Pfarrerinnen und Pfarrer in Westfalen unterrichten pro Gruppe einmal in der Woche. Bei einer Mehrzahl (55 %) dauert der Unterricht 60 Minuten, bei jeweils einer Minderheit dauert er 75 (19 %) und 90 Minuten (18 %). Nur 7 % der Befragten orientieren sich an der Zeitstruktur einer Schulstunde." (LÜBKING 15)

Dazu kommt meist eine Konfirmandenfreizeit, wodurch terminliche Kollisionen mit Schule und Eltern entstehen können. (LÜBKING 31)

Demgegenüber finden sich alternative Organisationsmodelle wie Projekt- und/oder Blockunterricht oder auch der Beginn der Konfirmandenarbeit in der Grundschulzeit nur recht selten (jeweils etwa 2 %).

5.3 Bei den *Zielen*, die die Pfarrer und Pfarrerinnen mit der Konfirmandenarbeit verfolgen, ergeben sich spannungsvolle Tendenzen.

Unterschiedliche Ziele der Konfirmandenarbeit

Den Pfarrern und Pfarrerinnen wurden sechs mögliche Antworten vorgegeben, bei denen sie jeweils auf einer Sechser-Skala ihre Ablehnung bzw. Zustimmung erklären sollten. Im Folgenden nennen die Prozentzahlen die beiden oberen Ränge der Zustimmung:[52]

„Die KonfirmandInnen in die Gemeinde einführen" (41,8 %);

„Die KonfirmandInnen sollen die Kirche und den christlichen Glauben kennenlernen" (59,2 %);

„Die KonfirmandInnen sollen im Unterricht Formen christlicher Gemeinschaft kennenlernen" (34,6 %);

„Den KonfirmandInnen helfen, sich mit ihren eigenen Fragen und Problemen auseinanderzusetzen" (51,5 %);

„Die KonfirmandInnen sollen sich mit den aktuellen Konfliktfragen in unserer Gesellschaft auseinandersetzen" (24,5 %);

„Die KonfirmandInnen sollen biblische Geschichten und christliche Überzeugungen kennenlernen, damit sie eine Hilfe für ihr späteres Leben haben" (57,3 %).

Konventionelle Ziele, hier das Kennenlernen von Bibel und christlichen Überzeugungen bzw. Kirche und christlichem Glauben, stehen etwa gleichgewichtig neben problemorientierten Zielen. Aufschlussreich für die Einstellung der Fragenden ist das Ausblenden der liturgischen Dimension.

Frühere systematische Rekonstruktionen ergeben einen plausiblen Zusammenhang zwischen der ekklesiologischen Einstellung der Pfarrer und Pfarrerinnen und ihrer inhaltlichen und methodischen Ausrichtung (FLEMMIG 274–277). So verbindet sich das Ziel, Bibelkenntnisse zu vermitteln, eher mit einem wöchentlichen Unterricht und dem agendarischen Sonntagsgottesdienst; umgekehrt passt die Zielstellung, den Jugendlichen bei der Lösung ihrer Probleme zu helfen, eher mit Freizeiten und Blocktagen sowie eigenen Jugendgottesdiensten zusammen.

5.4 Schließlich beschäftigt die Pfarrer und Pfarrerinnen die Frage, wie sie den Heranwachsenden am besten den Weg in den *Gottesdienst* ebnen können.

Beteiligung der Jugendlichen am Gottesdienst

Auf die Frage: „Wodurch könnte Ihrer Meinung nach das Interesse der KonfirmandInnen am Gottesdienst gesteigert werden?" votieren die westfälischen Pfarrer und Pfarrerinnen in folgender Weise (wieder jeweils die beiden kräftigsten Zustimmungen zu den vorgegebenen Items):

„Durch feste Beteiligung- und Teilnahmeregeln" (19,7 %);

„Durch intensivere Behandlung des Themas ‚Gottesdienst' im Konfirmandenunterricht" (12,4 %);

52 Die Zahlen sind errechnet auf Grund der Angaben in: TH. BÖHME-LISCHEWSKI/H.-M. LÜBKING (Hg.), Engagement und Ratlosigkeit. Konfirmandenunterricht heute, Bielefeld 1995, 261.

„Durch konfirmandengemäßere Gottesdienste“ (57,3 %);
„Durch Gespräche mit Eltern“ (12,4 %);
„Durch regelmäßige Mitgestaltung des Gottesdienstes durch KonfirmandInnen“ (49,8 %);
„Ihr Interesse am Gottesdienst läßt sich nicht steigern“ (8,8 %).

Die geringe Bewertung der Möglichkeiten des Unterrichts zeigt deutlich eine Tendenz hin zu handlungsorientiertem Lernen.

### 6. Zusammenfassung

*In der Konfirmandenarbeit treffen unterschiedliche Erwartungen und Bedürfnisse von Jugendlichen, Pfarrern und Pfarrerinnen sowie Eltern aufeinander. Sie interpretieren die Konfirmandenzeit* - pointiert formuliert - *freizeit-, gemeinde- oder familienbezogen.*

Wie auch bei anderen Kasualien ist die pastorale Konzentration auf die Gemeinde bzw. das Gemeindeleben konfliktträchtig. Sie entspricht einseitig einer ekklesiologischen Logik, ist aber nicht anschlussfähig an die Erwartung der Menschen, bei der Bewältigung ihres Alltags unterstützt zu werden.

Umgekehrt erweist die hohe Teilnahme: Die Begleitung der Heranwachsenden in einer spannungsvollen Lebensphase und der rituelle Vollzug ihrer Ablösung von der Herkunftsfamilie, obgleich der realen Trennung oft zehn Jahre voraus, sind attraktive Angebote.

## § 19 Ökumenische Anregungen

Literatur: G. Adam, Der Unterricht der Kirche. Studien zur Konfirmandenarbeit (GTA 15), Göttingen 1980, 132–174 – D. Bourgeois, Die Pastoral der Kirche (AMATECA. Lehrbücher zur katholischen Kirche Bd. XI), Paderborn 2004 (franz. 1996), 591–596 – R.L. Browning/R.A. Reed, Models of Confirmation and Baptismal Affirmation. Liturgical and Educational Issues and Designs, Birmingham (Al.) 1995 – B. Kleinheyer, Sakramentliche Feiern I. Die Feiern der Eingliederung in die Kirche (GdK 7,1), Regensburg 1989 – St. Leimgruber, Firmung und Firmkatechese, in: Comenius-Institut (Hg.), Handbuch für die Arbeit mit Konfirmandinnen und Konfirmanden, Gütersloh 1998, 501–509 – R.R. Osmer, Confirmation. Presbyterian Practices in Ecumenical Perspective, Louisville 1996.

Bindung an die Taufe als Gemeinsamkeit

Wie bereits bei der historischen Rekonstruktion gezeigt, wird Konfirmation seit jeher sowohl inhaltlich als auch rituell unterschiedlich bestimmt. Bei den Versuchen, sie zeit- und sachgemäß zu gestalten, stellt in konstruktiver Hinsicht allein ihre Bindung an die Taufe eine Gemeinsamkeit dar.

Im Folgenden skizziere ich in komparativer Perspektive drei außerhalb der deutschen evangelischen Kirchen entstandene Reformansätze zu Firmung bzw. Konfirmation. Sie weisen vor allem auf bestimmte Problemlagen hin, geben dadurch aber Impulse für die konzeptionelle Weiterarbeit:

Sehr deutlich treten Probleme einer engen gemeindekirchlichen Anbindung in der römisch-katholischen Pastoral zu Tage.

Neue Horizonte eröffnet die in den USA seit längerem geführte Diskussion um die „confirmation(s)".

Schließlich erinnert die besondere Form der sog. Internatskonfirmation in Schweden an ein früher auch in Deutschland praktiziertes Organisationsmodell, das nicht nur in extremen Diasporagegenden Interesse verdient.

## 1. Firmung (römisch-katholische Kirche)

Unübersehbar steckt die römisch-katholische Firmpastoral gegenwärtig in einer *mehrfachen Krise* (LEIMGRUBER):

Problematische Deutungen der Firmung

1.1 Sie ist – wie skizziert – durch komplizierte historische Entwicklungen entstanden und hat recht unterschiedliche Bedeutungen an sich gezogen, die heute in der katholischen Theologie durchaus kritisch beurteilt werden:

> In der Vorstellung des Volkes erschien der ‚Backenstreich' des Bischofs als der Hauptritus, von dem man annahm, er spende die Kraft für die im christlichen Leben zu bestehenden Kämpfe, während es sich um eine prüde Verformung der Umarmung des Firmlings durch den Bischof handelte. [...] (Es) [...] kam eine ganze Theologie hinzu, um den Platz dieses Sakraments im Septenar zu rechtfertigen. Vom augmentum an, von dem Thomas von Aquin spricht, bis zu der Auffassung, daß die Firmung das Sakrament des Engagements, des Apostolates, der katholischen Aktion oder der christlichen Reife sei, haben alle diese Interpretationen einen semipelagianischen sakramentalen Beigeschmack. (BOURGEOIS 593; ohne Kursivsetzung im Original)

Auch die heute übliche Reihenfolge Taufe – Erstkommunion – Firmung wirft erhebliche theologische Probleme auf. Sie widerspricht der inneren Dynamik des altkirchlichen Initiationsrituals (wie sie in § 11 1. am Beispiel der Traditio Apostolica hervortritt). Es ist nicht zu begründen, warum nach Taufe und Empfang der Eucharistie in einem nachfolgenden Akt eine besondere Geistgabe gespendet werden muss.

Reformimpulse des II. Vaticanum

Von daher ist die Aufforderung in der Liturgie-Konstitution des II. Vaticanum (SC 71) zu verstehen, den Firmritus zu überarbeiten. Dabei wird als Richtung genannt, „daß der innere Zusammenhang dieses Sakraments mit der gesamten christlichen Initiation besser aufleuchte". Konkret wird bestimmt, „daß dem Empfang des Sakramentes eine Erneuerung der Taufversprechen voraufgeht".

Das starke Engagement für eine solche *Wiedergewinnung des Zusammenhangs des Initiationsrituals* zeigt sich – wie in § 13 2. vorgestellt – beim neuen Formular zur Taufe Erwachsener.

Unterschiedliche Firmpastoral

1.2 Allerdings ist nach wie vor die Taufe kleiner Kinder zumindest in westdeutschen katholischen Gemeinden der Normalfall. Doch geht zunehmend die Firmpraxis auseinander, wie das unterschiedliche *Alter der Firmlinge* zeigt. Bis zum Ende des 13. Jahrhunderts rechnen die Liturgiebücher sowohl mit Säuglingen als auch mit „maiores" („Größeren"), die die Firmung begehren. Als dann der Empfang des Bußsakraments verlangt wird, verschiebt sich das Alter nach oben. Häufig wird das Alter von sieben Jahren genannt („anni discretionis"; lateinisch: Alter der Unterscheidungsfähigkeit) (Kleinheyer 209).

Gegensätzliche pastorale Gesamtkonzepte führen heute zu Unterschieden in der Firmpastoral. Dort, wo man möglichst alle als Säuglinge bzw. Kleinkinder Getaufte erfassen will, firmt man 12- bis 13-Jährige. Dagegen mehren sich die Gemeinden, die sich für ein höheres Firmalter entscheiden (ab etwa 17 Jahren). Hier steht als Konsequenz aus der Gabe des Geistes die Hoffnung im Vordergrund, dass sich dann nur junge Menschen firmen lassen, die sich um ein Leben in der (organisierten) Kirche bemühen.

1.3 Die *Option der späteren Firmung* ähnelt den Versuchen auf evangelischer Seite, die Konfirmation zu stufen. Durch den späteren Firmtermin bleibt nämlich das Alter der Erstkommunion unberührt. Hier werden nach wie vor fast alle in der römisch-katholischen Kirche getauften Kinder im Grundschulalter erreicht. Wie bei den Vorschlägen zur gestuften Konfirmation ist auch bei dem Aufschieben des Firmalters ein Verständnis von Christsein leitend, das dieses stark von der aktiven Partizipation in der Gemeinde her bestimmt.

Problem einseitig kirchlicher Ausrichtung der Firmpastoral

Der doppelte Bezug der Firmung zu Familie und Taufe wird dabei einseitig aufgelöst. Die Zukunft wird erweisen, welchen Weg die römisch-katholische Kirche hier weitergeht. Von ihrem an die kirchliche Hierarchie gebundenen Verständnis des Christseins her ist die Anhebung der Anforderungen für die Firmung konsequent. Religionssoziologisch wird damit die Firmung auf ein einseitiges, nur kirchlich begründetes Ritual reduziert (→ § 6 3.2). Damit schiede die Firmung aus dem Kontext der Kasualien aus. Stephan Leimgruber berichtet, dass z. B. die Firmfeier in zwei Dortmunder Gemeinden ganz ausfiel. „Offensichtlich waren die Seelsorger nicht mehr bereit, mit nur halb oder gar nicht motivierten Jugendlichen den Weg der Vorbereitung zu gehen." (Leimgruber 508)

## 2. Reformbemühungen in den USA

Interessant ist die „confirmation"-Diskussion in den USA, weil hier grundlegende Probleme offen debattiert werden. Den historischen Hintergrund hierfür bildet die Tatsache, dass sich in den USA keine einheitliche Konfirmationspraxis entwickelt hat. Dies liegt weniger an den unterschiedlichen Denominationen als an den verschiedenen Einwanderungsschüben, die das jeweils dann in Deutschland bzw. Europa vorherrschende Konfirmationsverständnis in die neue Welt brachten (OSMER 92).

Geringe Ausstrahlung der Konfirmation

2.1 Die andere Organisation von Religion in den USA, die den Marktcharakter pluralistischer Gesellschaft auch auf diesem Bereich deutlicher hervortreten lässt, zwingt die dortigen Kirchen zu schnellerer und gründlicher Analyse bei sich anbahnenden Fehlentwicklungen (entsprechende Bemühungen auf lutherischer Seite in den 60er und 70er Jahren des 20. Jahrhunderts stellt dar: ADAM 147–174).

Konkret ergeben in den 60er Jahren Untersuchungen hinsichtlich der Kirchenbindung von Menschen im mittleren Erwachsenenalter, dass die bei der Konfirmation gegebenen Versprechen nur teilweise eingehalten werden. Offensichtlich besitzt die Konfirmation nur eine geringe bzw. eingeschränkte Bindungswirkung. Zwei gegenläufige Entwicklungen sind festzustellen: die gänzliche Entfernung von Kirche („unchurched“) bzw. der Denominationswechsel („switching“) (BROWNING/REED 5).

Zwar ist in Deutschland der Konfessionswechsel nach wie vor eine Ausnahme; doch gelingt es auch hier – wie die hohen Kirchenaustrittszahlen bei jüngeren Erwachsenen zeigen – nur teilweise, die weitgehende Akzeptanz der Konfirmation in eine stabile kirchliche Bindung zu überführen.

Veränderungen der Rahmenbedingungen der Konfirmation

2.2 *Richard Osmer*, der sich als presbyterianischer Theologe mit einer auch andere Denominationen berücksichtigenden Studie ausführlich mit der Konfirmation in den USA beschäftigt hat, sieht dafür sowohl soziologische als auch theologische Gründe. In mehrfacher Hinsicht haben sich die religiös-kirchlichen Rahmenbedingungen der Konfirmation verändert (OSMER 164):

Das Aufkommen der – ursprünglich – überkonfessionellen Sonntagsschule betrifft die katechetische Seite der Konfirmation.

Das tauftheologisch begründete und sich auch pädagogisch und psychologisch nahe legende Feiern des Abendmahls bereits vor der Konfirmation betrifft deren Grundcharakter als Abendmahlszulassung.

Dazu kommt, dass die Mobilität und die Individualisierung in der gegenwärtigen Gesellschaft feste Bindungen an Kirchengemeinden erschweren.

Von daher erscheint die bisherige Form der Konfirmation als Abschluss der Katechese für eine altersgleiche Gruppe älterer Kinder, die in ein Bekenntnis mündet, problematisch.

Theologisch setzt Osmer dagegen, dass die Konfirmation gleichermaßen an die – einmalige – Taufe und das – wiederholbare – Abendmahl gebunden ist (OSMER 175). Von daher gewinnt sie eine Dynamik, die weg vom Abschluss eines Unterrichts und hin zu einem wichtigen Schritt auf einem weiter zu gehenden Weg führt.

Die praktischen Konsequenzen, die Osmer vorschlägt, erscheinen zumindest für deutsche Verhältnisse problematisch: Aufhebung des Zusammenhangs von Unterricht und Konfirmation; Initiieren einer stärker bibelbezogenen Katechese; altersunabhängiger individueller Zugang zu einer auf Bekenntnis zielenden, mehr individuellen Vorbereitung auf die Konfirmation (OSMER 192f).

Dynamisierung der Konfirmation

Beachtenswert ist jedoch das Bemühen um die bundestheologisch begründete Dynamisierung der Konfirmation. In der Tat suggeriert heute der an zwei aufeinander folgenden schulischen Jahrgängen orientierte Konfirmandenunterricht, früher verstärkt durch die Prüfung, dass nach dessen Durchlaufen etwas beendet ist. Die umgangssprachliche Wendung vom „Hinauskonfirmieren" hat einen deutlichen Anhalt an der Organisation kirchlichen Handelns. Verstärkt wird dieser Effekt noch durch bestimmte, nur für die Konfirmandenzeit gültige Obliegenheiten (wie z. B. eine bestimmte Anzahl von Gottesdienstbesuchen).

„Confirmations" als Teil des Initiationsrituals

2.3 Hier führen die auf einer Umfrage unter sieben großen US-amerikanischen Denominationen basierenden Überlegungen von *Robert L. Browning und Roy L. Reed* noch weiter (BROWNING/REED). Sie entwickeln ein Modell, das sowohl die biblischen Verheißungen der Taufe ernst nimmt als auch den Herausforderungen durch die Praxis der Kindertaufe Rechnung trägt. Dabei gehen sie von einem Verständnis des Initiationsrituals als Prozess aus. Die Erinnerung an die Taufe soll gemeindepädagogisch und liturgisch an mehreren Entwicklungsstufen Gestalt gewinnen.

Theologisch-liturgiewissenschaftlich ist die Form eines pneumatologisch und somit prozessual verstandenen Initiationsrituals Ausgangspunkt. Dadurch wird die traditionell bestehende Kluft zwischen pädagogischem und liturgischem Handeln auf der Theorieebene überwunden. Dem korrespondiert erfahrungswissenschaftlich die Rezeption der entwicklungspsychologischen Einsichten zu den „stages of faith", wie sie z. B. James Fowler formuliert.

Gemeindepädagogische Angebote und Liturgien

Konkret schlagen Browning und Reed gemeindepädagogische Angebote und Liturgien zu folgenden Zeitpunkten vor:

In der *Kindheit* zwischen zehn und zwölf Jahren. Hier steht die Annahme durch die Familie und die Gemeinde im Vordergrund (BROWNING/REED 115–138). Dadurch gestärkt sollen die Kinder befähigt werden, in den nachfolgenden Jahren ihren individuellen Weg zum Glauben zu finden.

Als nächstes wird empfohlen, eine „confirmation" während der *mittleren bis späteren Adoleszenz* vorzubereiten und durchzuführen (BROWNING/REED 139–160). Hier geht es vor allem darum, die eigenen Fragen mit dem Bekenntnis der Kirche in Zusammenhang zu bringen.

Die dritte „confirmation" soll im *jungen Erwachsenenalter* erfolgen (BROWNING/REED 161–171). Hier stehen pädagogisch und liturgisch die Thematisierung der „Berufung" („vocation") und die Befähigung zum „Dienst" („ministry") im Mittelpunkt.

Es folgt im *mittleren Erwachsenenalter* ein Angebot von „confirmation" (BROWNING/REED 172–181), in dem die bisherige Lebenssicht („vision") unter der Perspektive des Taufbundes überdacht werden soll. Hier werden teilweise die skizzierten Anregungen aus dem römisch-katholischen Ordo der Erwachsenentaufe (→ § 13 2.) aufgenommen.

Schließlich wird angeregt, pädagogisch und liturgisch eine „confirmation" für *ältere Erwachsene* abzubieten (BROWNING/REED 182–195). Hierdurch soll ermöglicht werden, das Älterwerden als eine Gabe für die nachkommende(n) Generation(en) zu entdecken. Als Aufgabe geht es darum, die Geschichten und Bilder des Glaubens weiterzugeben.

Insgesamt liegt hier ein beeindruckendes Gesamtkonzept eines taufzentrierten konfirmierenden Handelns vor, das den kognitions- und sozialpsychologischen Stufen des Glaubens folgt.

Anfragen

Allerdings hängt die Plausibilität eines solchen Vorschlags an der Stabilität der angenommenen Entwicklungsschritte, die angesichts der Fragilität von Normalbiographie zweifelhaft wird. Zudem ist fraglich, ob die traditionsgeleiteten Gemeinden in Deutschland für eine solche pädagogisch und liturgisch einleuchtende Dynamisierung offen sind. Allerdings sind auch hier – wie das in § 20 3. skizzierte Modell des vorgezogenen ersten Konfirmandenjahres zeigt – einzelne Reformimpulse in dieser Richtung zu beobachten.

## 3. Internatskonfirmation in Schweden

In Schweden hat sich eine besondere Organisationsform der Konfirmation entwickelt, die als Internatskonfirmation bezeichnet wird.

Nur wenig bekannt ist, dass es im 19. Jahrhundert in dünn besiedelten Gebieten der Diaspora in Deutschland sog. Konfirmanden-Anstalten gab. Diese von Frauen des Gustav-Adolf-Vereins unterhaltenen Häuser nahmen Kinder in den Wintermonaten auf, die dort – in heutiger Sprache – im Block ihren Konfirmandenunterricht erhielten und gleichzeitig eine Zeit lang gemeinsam lebten.[53]

3.1 In den Sommerferien wird in Tagungshäusern der gesamte Konfirmandenunterricht durchgeführt und mit einem Konfirmationsgottesdienst abgeschlossen. Zu ihm kommen auch die Eltern und sonstigen Verwandten.

Chancen der Integration in der Konfirmandenarbeit

Eine der *Stärken dieses Organisationsmodells* sind seine integrationspädagogischen Möglichkeiten und zwar in mehrfacher Hinsicht. Zum einen gibt das sich über einige Wochen erstreckende gemeinsame Leben die Möglichkeit, auch Menschen mit besonderem Förderungsbedarf in die Gruppe zu integrieren. Zum anderen werden religiöse bzw. spirituelle Angebote nahtlos in den „Alltag" einbezogen.

53 E.CH. ACHELIS, Lehrbuch der Praktischen Theologie, Bd. 3, Leipzig $^{3}$1911, 270.

Frage der ekklesiologischen Norm für die Konfirmandenarbeit

3.2 Die immer wieder vorgebrachte *Kritik*, bei diesem Modell gehe die Verbindung mit der Ortsgemeinde verloren, trifft in extremen Diaspora-Gebieten, wie sie sich vor allem im Nordosten Deutschlands, aber auch in manchen Regionen Brandenburgs abzeichnen, kaum zu. Denn dort ist ein herkömmliches „Gemeindeleben" – ähnlich wie in den dünn besiedelten skandinavischen Regionen – sowieso nicht möglich.

In anderen Verhältnissen stellt sich die Frage neu nach der Vorstellung von Partizipation an Kirche, die dem Konzept der Konfirmandenarbeit zu Grunde liegt.

Wer die regelmäßige Teilnahme am Sonntagsgottesdienst als gemeindepädagogisches Ziel verfolgt, wird dieser Organisationsform nur wenig abgewinnen können. Allerdings erweist sich seit langem diese Intention für die Mehrheit der Jugendlichen als unrealistisch.

Dagegen ist die Internatskonfirmation für ein Kirchenkonzept interessant, das die punktuelle Partizipation zu bestimmten Zeiten des Kirchenjahrs und an biographischen Übergängen als eine adäquate Form evangelischen Christseins akzeptiert. Dann erscheint die hohe Lernintensität in sozialer und spiritueller Hinsicht attraktiv.

### 4. Zusammenfassung

Die drei hier exemplarisch präsentierten Formen der Firmung bzw. Konfirmation präsentieren eher Probleme als Lösungen. Dabei tritt die *ekklesiologische Frage* in den Vordergrund, *welches Bild von Kirche und welche Norm von Kirchenmitgliedschaft die Konfirmandenarbeit leiten.*

Die sich abzeichnende Entwicklung in manchen römisch-katholischen Gemeinden setzt auf eine Stärkung des Engagements in der Kirchengemeinde – der Preis hierfür ist eine Reduktion der Zahl von Firmlingen. In den USA versucht man eine Dynamisierung des Konfirmationsverständnisses, die durch den Bezug auf beide Sakramente theologisch fundiert ist. Allerdings kann die Betonung des individuellen Bekenntnisses ebenfalls zu einer Auslese bei den potenziellen Konfirmandinnen und Konfirmanden führen. Schließlich begegnet bei der schwedischen Internatskonfirmation ein Modell, das – auf Grund der Siedlungsstruktur – von einer Konfirmation ohne sozialen Bezug zur Ortsgemeinde ausgeht. Hier ist die größte Breite der Beteiligung möglich.

## § 20 Innovative Impulse

Literatur: Ch. Grethlein, Gemeindepädagogik, Berlin 1994, 181–227 – M. Meyer-Blanck (Hg.), Zwischenbilanz Hoyaer Modell. Erfahrungen – Impulse – Perspektiven (Arbeiten zum Konfirmandenunterricht 4), Hannover 1993 – M. Meyer-Blanck/L. Kuhl, Konfirmandenunterricht mit 9/10jährigen. Planung und praktische Gestaltung, Göttingen 1994 – M. Sass, Frei-Zeiten mit Konfirmandinnen und Konfirmanden. Praktisch-theologische Perspektiven (APrTh 27), Leipzig 2005 – H. Siegel, Gottesdienst und Konfirmanden, in: Comenius-Institut (Hg.), Handbuch für die Konfirmandenarbeit, Gütersloh ²1985, 143–159 – R. Volp, Liturgik. Die Kunst, Gott zu feiern, Bd. 2, Gütersloh 1994, 1231–1248.

Sowohl der Durchgang durch die Geschichte als auch die empirischen Einsichten auf Grund der ausgewerteten Befragung westfälischer Pfarrer und Pfarrerinnen lassen viele Spannungen im Bereich der Konfirmandenarbeit erkennen. Zugleich ist unübersehbar: Traditionelle, regionale und gemeindliche Gegebenheiten sowie die Pluralität und Individualität der jeweiligen Lerngruppen machen ein allgemein verbindliches Modell der Konfirmandenarbeit unmöglich.

Grundsätzliche Probleme der Konfirmationspraxis

Allerdings kristallisieren sich einige Problembereiche heraus, die allgemeine Bedeutung haben:

Das Verhältnis zwischen (religions)pädagogischen und liturgischen Angeboten bzw. Unternehmungen;

die Schwierigkeiten mit den Konfirmandeneltern;

die enge Verbindung zwischen angestrebter Form von Kirchenmitgliedschaft und didaktischer sowie organisatorischer Ausrichtung der Konfirmandenarbeit.

Die im Folgenden vorgestellten Konzepte und Modelle bieten Impulse, um diese Themen konstruktiv zu bearbeiten.

## 1. „Liturgische Bildung" als gemeindepädagogisches Konzept

1.1 Seit Mitte der 60er Jahre des 20. Jahrhunderts kümmern sich vornehmlich Religionspädagogen um die Reform der Konfirmandenarbeit. Dabei stehen methodische und didaktische sowie organisatorische Fragen der Konfirmandenarbeit im Vordergrund. Der Konfirmationsgottesdienst und andere Gottesdienste in der Konfirmandenzeit finden dagegen wenig Beachtung.

Konfirmanden und Gottesdienst

Eine Ausnahme bildet hier der Beitrag von Helmut Siegel zu „Gottesdienst und Konfirmanden" im „Handbuch für die Konfirmandenarbeit", das 1984 zusammenfassend die Ergebnisse der religionspädagogischen Reformbemühungen präsentiert.

Pragmatisch unterscheidet Siegel vier „Grundtypen von Gottesdienst" (Siegel 153):

*„Gottesdienst unter besonderer Berücksichtigung der Konfirmanden"* sollte jeder Sonntagsgottesdienst sein und besonders die Situation der Konfirmanden und Konfirmandinnen beachten.

*„Gottesdienst für Konfirmanden"* soll alle vier bis sechs Wochen stattfinden. Er wird durch einen Pfarrer zusammen mit einem Team vorbereitet, setzt Medien ein und ist thematisch besonders auf die Heranwachsenden zugeschnitten.

*„Gottesdienst mit Konfirmanden"* soll viertel- bis halbjährlich stattfinden. Er wird durch die Konfirmandinnen und Konfirmanden sowie den Pfarrer vorbereitet, un-

terscheidet sich im Ablauf vom üblichen Sonntagsgottesdienst und hat ein Thema, bei dem die Jugendlichen Experten sind.

„*Gottesdienst von Konfirmanden*“ ist einmal im Jahr vorgesehen. Er wird von den Konfirmandinnen und Konfirmanden vorbereitet, wobei der Pfarrer nur Hilfsfunktion hat. Hier präsentieren die Jugendlichen sie interessierende Themen aus ihrer Sicht.

Es ist deutlich, dass hinter dieser Typologie unmittelbare Erfahrungen mit Jugendlichen im Hintergrund stehen. Deren Beteiligung wird in differenzierter Weise ermöglicht; gottesdiensttheologische Reflexionen fehlen jedoch.

Seit den 90er Jahren finden sich zunehmend Beiträge zum Thema aus liturgischer Perspektive. Sowohl die Profilierung von Gemeindepädagogik als auch das Bemühen, Religionspädagogik und Liturgik aufeinander zu beziehen, geben der Diskussion um die Konfirmandenarbeit neue Impulse. In der Ausrichtung auf liturgische Bildung eröffnet sich die Möglichkeit, seit langem Unverbundenes zu integrieren.

Rituelles Verhalten Jugendlicher

1.2 Lebenspraktisch können diese Bemühungen an Beobachtungen zum rituellen Verhalten Heranwachsender anschließen: So ziehen sich Jugendliche immer wieder in gleicher Weise zurück, um *Musik* zu hören:

> Wenn ich mich in mein Zimmer einschließe und mir eine tolle Platte auflege, dann kann ich ganz für mich allein sein. Ich will nicht, daß mich jemand dabei stört, weil ich während des Hörens der Musik an vieles in bezug auf mein Leben und meine Einstellung dazu denken kann. Ich träume dann einfach vor mich hin. Nach der Musik fühle ich mich wie neugeboren. Ich sehe das Leben dann oft mit neuen und anderen Augen [...] und vor allem kommen mir in diesen Stunden am ehesten Gedanken in bezug auf Gott und meinen Glauben [...][54]

Auch beim *Sport* kann man diesbezüglich interessante Beobachtungen machen:

> Der Trainingsfleiß vieler Jugendlicher übertrifft ihren Eifer im Unterricht oder anderswo oft bei weitem. Sorgfältig wird schon das Training vorbereitet, die (möglichst neuen) Schuhe, speziell für die jeweilige Sportart gefertigt, bestimmte Utensilien wie Schienbeinschützer u.ä. und Cremes, Fitneß-Getränke mit Elektrolytzusatz werden eingepackt – und dann geht's los. Die Begrüßung unter den Mannschaftskameraden zeigt deutlich rituelle Züge: aneinanderklatschende Hände, bestimmte Laute usw. Beim Training selbst unterwerfen sich auch sonst aufsässige Jugendliche bereitwillig immer wiederkehrenden Bewegungsabläufen. Die sportliche Begegnung im Wettkampf erfolgt ebenfalls nach strengen Regeln. (Grethlein 207f)

Ähnlich geregelte Handlungsvollzüge erfordert der Umgang mit *Computern*. Der damit verbundene Eintritt in eine andere Welt hat wiederholt zu Spekulationen über den religiösen Charakter des Internet Anlass gegeben.

Schließlich sind nicht wenige Heranwachsende an *okkulten Praktiken* interessiert, meist psychomotorischen Automatismen wie Tischchen- oder Gläser-Rücken. Auch

54 Zitiert bei R. Sauer, Mystik des Alltags. Jugendliche Lebenswelt und Glaube, Freiburg 1990, 82f.

solche Arrangements bedürfen genauer Vorbereitung und sorgfältiger Einhaltung bestimmter Handlungsvollzüge.[55]

Von solchen Beobachtungen her wird deutlich, dass die weitgehende Ausblendung der liturgischen Dimension aus den Reformbemühungen um die Konfirmandenarbeit eher entsprechenden Vorurteilen der Erwachsenen als den Bedürfnissen der Jugendlichen entspricht. Rituelle Vollzüge sind gerade in einem Alter wichtig, in dem häufig Unsicherheit vorherrscht.

1.3 Von daher verdienen Bemühungen von Liturgikern Beachtung, die Lernprozesse in der Konfirmandenarbeit als Formen liturgischer Bildung zu profilieren. *Rainer Volp* entwirft hierzu einen – allerdings nur wenig beachteten, wenngleich sachlich gewichtigen – konzeptionellen Vorschlag. Dieser ist dadurch (religions)pädagogisch anschlussfähig, dass er vom Subjektsein der Lernenden ausgeht. Zugleich fordert die von ihm skizzierte Konfirmandenarbeit die Kirche heraus, ihre bisherige Form der Gemeindebildung und gottesdienstlichen Feiern kritisch zu überprüfen. Kasualpraxis ist also nicht ein Nebenfeld der Gemeindearbeit, sondern ein Erfahrungsfeld, das Gemeindeaufbau bzw. -entwicklung Impulse gibt.

Konfirmandenarbeit als liturgischer Bildungsprozess

Konzeptionell geht Volp von einem ganzheitlichen, handlungsorientierten Bildungsverständnis aus, das die konkrete liturgische Realität profiliert:

> Da der Glaube keine systemisch feste Lehre ist, die deduktiv in den Unterricht eingebracht werden müßte, sondern ein in der Mitgestaltung erfahrener Bildungsprozeß, gewinnt die Zeit des Katechumenats die Aufgabe, eine abduktive Voraussetzung für jugendgemäße Ausformulierungen auf unterschiedlichen Ebenen zu wagen. Das Erlebnis von Kirchenjahr und Kirchenraum, die Arbeit an Gebeten, Liedern und Bildern sowie die Mitarbeit am Abendmahl, der Taufe und Konfirmandengottesdiensten bringt alle anderen Elemente des „Lehrplans“ pädagogisch sinnvoll ins Spiel: sowohl Themen über Schöpfung und Schuld, Geburt und Sterben, Haß und Liebe wie auch den Umgang mit Bibel und Gesangbuch – dies alles im Miteinander-Konflikte-Austragen an einem Wochenende oder im Planen von Festen. (Volp 1236)

Konfirmation als Fest der Tauferneuerung

Gottesdienst wird hier nicht als etwas Statisches verstanden, in das die Konfirmanden und Konfirmandinnen eingeführt werden bzw. in das sie sich einfügen müssen. *Vielmehr besteht die Konfirmandenarbeit aus der aktiven Gestaltung von liturgischen Elementen und Gottesdiensten.* Konzeptionell bildet dabei der Grundcharakter der Konfirmation als „Fest der Tauferneuerung“ (Volp 1231) die einigende Klammer. Dieser entfaltet sich in den Horizonten von Bekennen, der Segenshandlung und einer „Ordination“ (Volp 1239).

55 W. Janzen, Okkultismus in der Schule. Okkulte Praktiken unter Schülern, in: EvErz 41 (1989), 138.

Bekenntnis umfasst dabei „die Ausbildung verbaler und nonverbaler Symbolisationen, das freie Reden, das Singen und das Beten“ (Volp 1239). In Auseinandersetzung mit der Überlieferung sollen die Konfirmanden und Konfirmandinnen dazu befähigt werden, ein persönliches Confiteor zu formulieren: „Das Ziel liegt darin, daß sich persönliche ‚confessiones‘ und das gemeinsame Credo zusammenfinden. Die Integration persönlicher Lebenserfahrung und überkommener Riten ist dazu unerläßlich.“ (Volp 1240)

Ein mögliches aktivistisches Missverständnis wird durch den Hinweis auf den Charakter der Konfirmation als „benedictio“ korrigiert. Von daher tritt der fürbittende Charakter der Gemeinde ins Blickfeld: Die Gemeindeglieder „sind es, die nicht nur im Blick auf das Konfirmationsbekenntnis öffentlich bestätigen: Du bist getauft, du bist von Gott adoptiert, du bist wie wir ordiniert. Die Segnung, in der die Summe von Anfechtung und Glaube der Erwachsenen fürbittend mitschwingt, ist noch mehr von der Spannung jedes christlichen Gebets geprägt, der Anamnese und Epiklese.“ (Volp 1240)

Die Zeit nach der Konfirmation kommt in den Blick, wenn Volp diese „eine Art ordinatio“ (Volp 1241) nennt. Allerdings setzt er sich hier von Konzepten aus dem 19. Jahrhundert (v. Höfling) ab, die im Zuge einer Zweiteilung der Konfirmation (→ § 17 4.) die „Entschiedenen“ auf einer zweiten Stufe ordiniert sehen wollten. Vielmehr sollen den Jugendlichen „für das Alter zumutbare, einsichtige und sinnbringende Aufgaben“ (Volp 1241) angeboten werden. Damit wird der Prozesscharakter der Taufe handlungsorientierend umgesetzt.

Lernorttheoretische Profilierung der Konfirmandenarbeit

1.4 Die liturgische Orientierung ist zweifellos ein großer Gewinn für die gemeindepädagogische Profilierung der Konfirmandenarbeit. Denn während auf Themen bezogener Unterricht oder sonstige Seminarformen auch an anderen Lernorten wie Schule oder freizeitpädagogischen Angeboten praktiziert werden und die Konfirmandenarbeit hier schnell zur (schlechten) Dublette wird, wird Gottesdienst nur in der Gemeinde Jesu Christi gefeiert. Insofern stellt die liturgische Konzentration der gemeindepädagogischen Arbeit nicht nur auf Grund der Bedeutung von Ritualen für Jugendliche, sondern auch lernorttheoretisch und damit nicht zuletzt motivationspsychologisch einen wichtigen Fortschritt dar.

Volp deutet nur am Rand an, dass diese liturgiedidaktische Ausrichtung der Konfirmandenarbeit auch organisatorische Konsequenzen hat, indem er Konfirmandenfreizeiten erwähnt (Volp 1236).

## 2. „Frei-Zeiten“

Die Konfirmandenfreizeiten gelten schon seit längerem als ein für die Jugendlichen attraktives Angebot innerhalb der Konfirmandenarbeit. Zumindest eine Wochenendfreizeit gehört mittlerweile in den meisten Gemeinden zum Standard. Allerdings bleibt bisher das Interesse hieran meist auf den methodischen bzw. organisatorischen Bereich beschränkt. Nur vereinzelt weisen Beiträge darauf hin, dass Konfirmandenfreizeiten auch Lösungspotenzial für grundlegende Probleme der Konfirmandenarbeit enthalten:

Freizeiten als Gemeinde

2.1 *Wilhelm Gräb* erinnert an die ekklesiologische Bedeutung von Freizeiten:

Es kann passieren, auf Freizeiten und immer dann, wenn es auf der Beziehungsebene klappt, daß die Konfirmanden gerade im Unterricht merken: Kirche ist gar nicht so verstaubt und langweilig, wie wir uns das gedacht haben. Da kann man nette Leute treffen und manchmal auch die Beobachtung machen, daß es um wichtige Dinge fürs eigene Leben geht. Angesichts solcher Erfahrungen, die es eben auch gibt, wird die Frage nach dem Ort und Stellenwert des Konfirmandenunterrichts in der Gemeinde zweitrangig. Da wird der Konfirmandenunterricht selber zur Erfahrung von Gemeinde.[56]

Auf Freizeiten kann beim gemeinsamen Miteinander-Leben in besonders dichter Weise „Gemeinde“ im ursprünglich gemeinschaftlichen Sinn entstehen.

Abendmahl auf Konfirmandenfreizeiten

Eine Vertiefung findet diese Erfahrung, wenn auf einer Freizeit das Abendmahl gefeiert wird. *Wolfgang Steck* ordnet christentumstheoretisch solche Form der Abendmahlsfeier dem Kontext einer eigenständigen protestantischen Frömmigkeit zu:

Im Zuge der Einbettung der Mahlfeier in die unterschiedlichen Kontexte religiöser Gemeinschaftspraxis bildete sich ein neues, an der Individualisierung und Pluralisierung der neuzeitlichen Religionskultur orientiertes Partizipationsmuster heraus. Die in der alltagszyklischen Kirchgangskonvention verankerte Gewohnheit des Abendmahlsbesuchs im Anschluß an den Gottesdienst ist als typische Verhaltensweise einer volkskirchlichen Minderheit, als Attribut hochgradiger ‚Kirchentreue‘ anzusehen. Die in die jahreszyklische Kirchgangskonvention eingebettete Sitte des Abendmahlsbesuchs lediglich an herausgehobenen Daten des Kirchenjahres [...] stellt eine – mittlerweile allerdings zunehmend zerfallende – liturgische Partizipationsform der vom kirchlichen Christentum abgelösten und in der bürgerlich-protestantischen Privatreligion verankerten Christentumspraxis dar. Die Mitwirkung an situationsverbundenen und von den TeilnehmerInnen gemeinsam arrangierten Mahlfeiern bildet dagegen das kommunikative Zentrum lebenspraktisch ausgeformter, ebenso individualisierter wie pluralisierter Frömmigkeitshaltungen.[57]

Demnach greifen bloße methodische Zugänge zu den Konfirmandenfreizeiten zu kurz.

Konfirmandenfreizeiten als „Frei-Zeit“

2.2 *Marcell Saß* hat anhand der Auswertung der bisherigen praktisch-theologischen Theoriebildung zu den Konfirmandenfreizeiten, empirischer Untersuchungen und nicht zuletzt

56 W. Gräb, Lebensgeschichten – Lebensentwürfe – Sinndeutungen. Eine praktische Theologie gelebter Religion, Gütersloh 1998, 268.

57 W. Steck, Praktische Theologie, Bd. 1, Stuttgart 2000, 350.

eigener Erfahrungen die Konfirmandenfreizeiten als eine Sozialform rekonstruiert, die (freit)zeittheoretisch, gemeinschaftsbezogen und liturgisch eine neue Dimension für die Konfirmandenarbeit eröffnet (Sass). Denn bei ihnen können die Probleme des Nebeneinanders von (religions)pädagogischen Angeboten und gottesdienstlicher Feiern überwunden werden.

Das Fahren an einen anderen Ort macht den von Schule und anderen Obliegenheiten der Heranwachsenden abgesetzten „Freizeit"-Charakter deutlich. Es knüpft lebensweltlich an beliebte Formen des Jugendtourismus an. Zugleich unterscheidet sich diese „Frei-Zeit" aber von sonstiger, nicht selten durch Langeweile geprägter Freizeit der Jugendlichen am Wohnort: „Konfirmandinnen und Konfirmanden wird während der Frei-Zeiten die Möglichkeit gegeben, eigene Erfahrungen mit der Unterbrechung der Zeit zu machen." (Sass 251)

Dass Freizeiten, besonders wenn sie mehrere Tage dauern, eine wichtige Gemeinschaftserfahrung sind, liegt auf der Hand. Ähnlich wie vorher Gräb betont Saß darüber hinaus aber noch den spezifisch ekklesiologischen Charakter dieser Gemeinschaft:

„Dadurch, dass die Konfirmandinnen und Konfirmanden am Freizeitort miteinander an liturgischen Prozessen partizipieren, sie miteinander am Tisch des Herrn zusammenkommen, gemeinsam singen, beten und miteinander leben, erweist sich ihre Gemeinschaft als Teilhabe an Jesus Christus." (Sass 268)

Gottesdienste auf Konfirmandenfreizeiten

Besondere Bedeutung bekommen hier also die liturgischen Angebote. In ihnen verdichtet sich – durchaus auch im Empfinden der Jugendlichen – das Zusammensein:

So berichtet Saß: „Ich bin mit einer Gruppe Konfirmandinnen und Konfirmanden im Evangelischen Jugendheim […] Am ersten Abend ist unser Speiseraum festlich gedeckt. Kerzen erleuchten den Raum, Blumen sind auf den Tischen verteilt, das Feuer im Kamin ist angezündet und verbreitet eine behagliche Atmosphäre. In der Mitte, an zentraler Stelle, stehen Wein und Brot. Nach und nach betreten die Konfirmandinnen und Konfirmanden den Raum. Sie wissen noch nicht, dass sie gleich miteinander Abendmahl feiern werden. Viele Jugendliche wirken neugierig. Angesichts des festlich gestalteten Raumes sind einige aber gleichwohl unsicher und sichtbar aufgeregt. Aber auch die, die sonst eher Mühe mit Konzentration und Stille haben, sind unerwartet interessiert. Die gemeinsame Abendmahlsfeier verläuft in großer Ruhe. Beim anschließenden gemeinsamen Essen mache ich eine erstaunliche Beobachtung: Während die Mahlzeiten in der Regel eher hektisch eingenommen werden, der Tischdienst meist nur die nötigste Sorgfalt walten lässt und alle so zügig wie möglich wieder den Speisesaal verlassen wollen, scheinen die Jugendlichen an diesem Abend die Atmosphäre in Ruhe genießen zu wollen.

Am nächsten Morgen beginnt die Arbeitsphase mit der Bitte an die Konfirmandinnen und Konfirmanden, anonym aufzuschreiben, was sie bei der abendlichen Feier erlebt haben. Die Antworten fallen sehr unterschiedlich aus und reichen von Neugierde, Aufregung oder Anspannung bis zu Unsicherheit und Angst. Besonders eindrücklich sind jedoch die Äußerungen, die sich von der Atmosphäre des Raumes und dem liturgischen Vollzug begeistert zeigen und Gestaltung, gute Stimmung, Lieder oder die ‚Besonderheit' des Momentes loben. […] Freizeiten scheinen besondere Chancen für die liturgische Partizipation der Konfirmandinnen und Konfirmanden zu bieten. Die gemeinsame Zeit erleichtert liturgische Vollzüge und gemeinschaftliche Versuche in religiöser Praxis." (SASS 12)

Vergleicht man diesen Bericht mit Äußerungen von Jugendlichen zum sonntäglichen Gemeindegottesdienst, die meist die Langeweile beklagen, tritt die auf Freizeiten gegebene Chance liturgischer Bildung hervor. Wie groß die Kluft hier ist, zeigen Interviews von Saß mit ehemaligen Konfirmandinnen und Konfirmanden. Die liturgischen Angebote auf den etwa zwanzig Jahre zurückliegenden Freizeiten werden zwar positiv erinnert, aber nicht mit dem Begriff „Gottesdienst" verbunden (SASS 186f, 195, 204). Offensichtlich ist – wie der Religionssoziologe Andreas Feige bei der Auswertung einer Befragung junger Männer konstatiert – der sonntägliche Gemeindegottesdienst so sehr „etwas Fremdes, Nicht-Persönliches und Nicht-Gemeinschaftliches",[58] dass als gemeinschaftlich und angenehm empfundene liturgische Formen nicht als Gottesdienst bezeichnet werden. Pointiert gilt dem Religionssoziologen der (sonntägliche Gemeinde-)Gottesdienst als „Ort [...], an dem eine Sprachlosigkeit entsteht, die langfristig in die Desinteressiertheit der Mehrheit der (Volks-)Kirche oder minderheitlich in eine Aggressivität führt, die u. U. einem das Verlassen ‚dieses Vereins' [...] als konsequent erscheinen läßt."[59]

KonfiCamps

2.3 Besonders plausibel kann Saß seine Überlegungen anhand der sog. KonfiCamps machen, also „überregionale(r) Treffen von Konfirmandinnen und Konfirmanden in einem mehrtägigen Zeltlager" (SASS 134). Das erstmals 1998 stattfindende *„Buon Giorno KonfiCamp"* des bayrischen Dekanats Augsburg, eine knapp zwei Wochen dauernde Camping-Fahrt an die italienische Adriaküste mit mehreren hundert Konfirmandinnen und Konfirmanden sowie über einhundert Mitarbeitern und Mitarbeiterinnen, ist konzeptionell sorgfältig entworfen.[60] Folgende Ziele werden verfolgt:

- Miteinander leben. Wir wollen Pfarrer, Pfarrerinnen und Ehrenamtliche in eine enge Beziehung zu den Konfirmanden bringen.
- Kundenfreundlichkeit anstreben. Es soll kein Konfirmand seinen Unterricht nur ‚absitzen'. Spaß und Erlebnis gehören notwendig dazu – für die Konfirmanden, aber auch für uns Mitarbeiter.
- Evangelische Jugendkultur schaffen. Wir wollen Traditionen, Lieder und Umgangsformen entwickeln, die sich zu einer spezifischen KonfiCamp-Kultur verdichten sollen.
- Nachhaltige Lernprozesse anstoßen. Wir wollen den Verantwortlichen in den Gemeinden die Zeit geben, christliche Glaubensinhalte und Werte nicht nur anzureißen, sondern auch gemeinsam auszuprobieren und einzuüben.
- Den Doppeleffekt nutzen. Den Konfirmandenunterricht wollen wir zugleich als Mitarbeiterbildung und zur Gewinnung neuer Jugendmitarbeiter nutzen.

58 A. FEIGE, Erfahrungen mit Kirche. Daten und Analysen einer empirischen Untersuchung über Beziehungen und Einstellungen Junger Erwachsener zur Kirche, Hannover ²1982, 44.

59 FEIGE, Erfahrungen 107.

60 F. GRASSMANN/T. ZUGEHÖR, Buon giorno, KonfiCamp! Glaubenswerkstatt unter freiem Himmel. Erfahrungen und Anleitungen, Augsburg 2001.

- Größe spüren. Wir wollen zeigen, dass es viele evangelische Christen in Augsburg gibt und wir wollen die begeisternde Stimmung von Massenveranstaltungen einbeziehen.
- Lebendige Gemeinde bauen. Wir wollen bewusst den Ehrenamtlichen aus den Gemeinden eine zentrale Rolle in der Konfirmandenarbeit geben.
- Gemeinden vernetzen. Wir wollen Pfarrer, Pfarrerinnen, Mitarbeiter, Mitarbeiterinnen und Jugendliche aus verschiedenen Gemeinden zusammenbringen und so an einer neuen Kultur der Zusammenarbeit in unserer Kirche mitwirken.
- Profil zeigen. Wir wollen für die Jugendlichen als evangelische Kirche erkennbar sein. Die christliche Ausrichtung darf nicht nur in den Inhalten präsent sein, sie muss darüber hinaus Leben und Rhythmus unseres Projekts prägen. (nach SASS 127)

Taufe im KonfiCamp

Im Einzelnen treten besonders liturgische Veranstaltungen als die Jugendlichen beeindruckend hervor.

So berichtet die Pfarrerin S. Strauch:

„An ihre Taufe wird sich Franzi ihr Leben lang erinnern – und ich auch. Gemeinsam standen wir im Meer, zwei Freundinnen und eine Patin hatten sie begleitet. Ein weißes Kleid hatte sie sich für diesen Tag ausgesucht, sie hat im Wasser gekniet und wurde dreimal untergetaucht. Hinterher haben sie ihre Freundinnen durch ein Spalier von 300 singenden Konfirmandinnen, Konfirmanden und Mitarbeitenden an den Strand zurückgetragen. Nach dem Taufgottesdienst war der Bereich unserer Gemeinde im KonfiCamp festlich geschmückt, die Taufkerze brannte, die Konfis hatten Lieblingschips und Kuchen besorgt. Franzis Eltern und ihre Patin waren bei uns zu Gast und haben mit uns gefeiert. Als ganz spezielles Geschenk hatten die Freundinnen einen der umschwärmten Jungen aus dem Abendprogramm eingeladen, der seinem frisch getauften Fan das Essen servierte. Es war wie ein Geburtstagsfest! Dieses Fest haben die Konfis von sich aus so gestaltet. Sie haben damit ein Gespür für einen ganz wichtigen Aspekt der Taufe bewiesen: neu geboren zu werden.“ (zitiert bei SASS 131)

Ekklesiologisch versuchen die Veranstalter des Augsburger ConfiCamps neben der Bedeutung des Camps auch die Herkunftsgemeinden der Jugendlichen präsent zu halten. So finden immer wieder thematische Arbeiten auf der parochialen Ebene statt.

2.4 Die Erlebnisdichte auf Freizeiten oder gar KonfiCamps ist unzweifelhaft größer als in der wöchentlichen Konfirmandenstunde. Die Schulmüdigkeit vieler Konfirmanden und Konfirmandinnen belastet nicht, „Gemeinschaft“ ist nicht nur ein Thema, über das gesprochen, sondern das gelebt wird. Die besonderen Möglichkeiten liturgischer Gestaltung erleichtern den Kontakt von Evangelium und den Jugendlichen.

Ekklesiologische Grundentscheidung

Ebenfalls wichtig ist, dass eine Konfirmandenarbeit, die zu wesentlichen Teilen in Form von Freizeiten oder Camps stattfindet, Ausdruck eines ekklesiologischen Realismus ist. Die Identifikation von „Gemeinde“ mit dem Verwaltungsbezirk Parochie wird hier verlassen; neue Partizipationsformen an Kirche, die sich unter den Bedingungen zunehmender Mobilität, Individualisierung und Pluralisierung gebildet haben, werden akzeptiert und gemeindepädagogisch aufgenommen.

Lernpsychologisch bleibt allerdings die Frage, wie (eher) punktuelle Eindrücke ins alltägliche Leben ausstrahlen können.

Konzeptionell kann hier das im Folgenden vorgestellte Modell des vorgezogenen ersten Konfirmandenjahrs weiterhelfen, insofern sich dieses an Unterrichtsstunden im Wochenrhythmus orientiert. Zudem nimmt es die Konfirmandeneltern besonders in den Blick, die bei den „Frei-Zeiten“ keine Beachtung finden.

## 3. Konfirmandenunterricht mit 9/10-Jährigen

Die westfälische Umfrage unter Pfarrern und Pfarrerinnen ergibt – wie erwähnt –, dass die Konfirmandeneltern als Hauptproblem empfunden werden, konkret deren geringes Engagement im Zusammenhang der Konfirmandenarbeit. An diesem Punkt führt der Konfirmandenunterricht mit Neun- bis Zehnjährigen weiter. Darüber hinaus eröffnet das hier entwickelte Konzept auch Perspektiven hinsichtlich der Frage des leitenden Kirchenbildes und der angestrebten Form der Kirchenmitgliedschaft.

Situationsbezug des Hoyaer Modells

3.1 Das Modell eines vorgezogenen Konfirmandenunterrichtsjahrs mit Neun- bis Zehnjährigen verdankt seine Entstehung der konkreten Situation vor Ort, aber auch allgemeinen Phänomenen:

- Konkreter Hintergrund war der damalige, weitgehende Ausfall von Religionsunterricht an niedersächsischen Grundschulen und die daraus resultierenden Wissensdefizite der Kinder.
- Den allgemeinen Hintergrund bildete der (sich seit etlichen Jahrzehnten abzeichnende, jetzt aber unübersehbare) Wegfall explizit religiöser Erziehung in den Familien.
- Die Problematik von beidem trat besonders klar durch den Kontrast zur großen Offenheit, Begeisterungsfähigkeit und Aufnahmebereitschaft von Kindern am Ende der Grundschulzeit hervor. Deren religiöse Themen betreffende Fragen konnten viele Eltern nicht beantworten.
- Dazu wurde immer deutlicher, daß die 4. Jahrgangsstufe als Ende der Grundschulzeit eine bedeutende Zäsur für viele Kinder (und deren Eltern) in Niedersachsen ist. Der Unterricht in der (sc. bis 2004 in Niedersachsen bestehenden, Ch. G.) Orientierungsstufe trennt die bisherigen Klassenverbände und findet in ländlichen Gebieten oft in Schulen statt, die außerhalb des Wohnortes der Kinder liegen.[61]

Grundstruktur des Modells

In dieser Situation ergreift der Pastor der Kleinstadt Hoya, der selbst eine neunjährige Tochter hat, *Hans-Wilhelm Hastedt*, 1976 die Initiative. Er gewinnt Eltern dazu, mit Gruppen ihrer

61 Ch. Grethlein, Meine Bilanz: Ziele, Inhalte und Lernformen für die Konfirmandenarbeit im 4. Schuljahr, in: M. Meyer-Blanck (Hg.), Zwischenbilanz Hoyaer Modell. Erfahrungen – Impulse – Perspektiven (Arbeiten zum Konfirmandenunterricht 4), Hannover 1993, 109–118, 109.

neun- bis zehnjährigen Kinder ein Jahr lang Vorkonfirmandenunterricht zu erteilen (sog. „Hoyaer Modell"):

> In dem Vorkonfirmandenjahr liegen etwa 35–40 Unterrichtsstunden. Dabei wird drei Wochen lang je eine Stunde von einem Helfer (sc. einer Mutter bzw. einem Vater, Ch. G.) unterrichtet, die vierte Stunde steht unter der Leitung des Pastors. Hier werden sozusagen die etwas verschiedenartigen Fäden wieder zusammengenommen, ein wenig wiederholt und vor allem neue Lieder und Choräle des Gesangbuchs eingesungen. Auch bei diesen Stunden sind die Gruppenkatecheten dabei. Der Stoff des Vorkonfirmandenjahres wird hauptsächlich aus den Geschichtsbüchern des Alten Testaments entnommen: Abraham, Jakob, Joseph, Mose, die Zehn Gebote, Josua, David, Salomo. Am Schluß steht die Geschichte von der Tempelreinigung Jesu und der Besuch eines Taufgottesdienstes.[62]

Nach dem Besuch des ersten Konfirmandenjahres erfolgt drei bis vier Jahre später, also zur üblichen Zeit, das zweite zur Konfirmation hinführende Unterrichtsjahr.

3.2 Inzwischen hat sich das Modell – teilweise unter dem Namen *KU 4* oder *KU 3* (je nach schulischer Jahrgangsstufe der teilnehmenden Kinder) – auch in anderen Gemeinden und Landeskirchen ausgebreitet und ist der je spezifischen Situation, etwa hinsichtlich des schulischen Religionsunterrichts oder der Erstkommunionvorbereitung der katholischen Kinder, adaptiert worden.

Vor allem in folgender Hinsicht führen Erfahrungen zu *Präzisierungen bzw. Modifizierungen* (Meyer-Blanck):

Das ursprüngliche Hoyaer Modell reagiert auf den Ausfall des Grundschul-Religionsunterrichts. Findet dieser planmäßig statt, stellt sich inhaltlich schnell das Problem der Überschneidungen und Dubletten. Die in Hoya aus guten psychologischen und bibeldidaktischen Gründen favorisierten alttestamentlichen Väter-Geschichten werden auch in der Grundschule behandelt. Hier kann eine lernortspezifische Reflexion weiterhelfen. Angeregt durch Modelle aus der ostdeutschen Christenlehre rückt das Kirchenjahr als inhaltlicher und struktureller Orientierungspunkt ins Blickfeld. Entsprechend der Spiegelung der Heilsgeschichte im Kirchenjahr kann eine wöchentliche Beschäftigung mit den jeweiligen Festzeiten und deren biblischen Texten innerhalb eines Jahres einen guten Überblick über die Grundzüge des (geschichtlich geprägten) christlichen Glaubens geben. Zudem bietet das Brauchtum, das sich im Zusammenhang mit dem Kirchenjahr entwickelte, gute Möglichkeiten zu symbolorientierten, den affektiven Bereich ansprechenden Lernprozessen. In Gruppen, bei denen Kinder noch nicht getauft sind, bietet es sich – entsprechend altkirchlichem Brauch – an, die Passionszeit zur Taufvorbereitung zu nutzen und die Taufe in der Osternacht zu feiern. Für die bereits Getauften ist dies zugleich eine eindrückliche Art der Tauferinnerung.

Orientierung am Kirchenjahr

62 H. Reller/R. Grohmann, Lernen um zu lehren. Eltern geben Vorkonfirmandenunterricht, Gütersloh 1985, 23 f.

Bei den einzelnen Treffen stellt sich eine *liturgische Rahmung* in mehrfacher Weise als günstig heraus. Kinder genießen verlässliche Strukturen. Zugleich bietet sich die Gelegenheit, in elementarer Weise wichtige Voraussetzungen für eine aktive liturgische Partizipation einzuüben.

Lernen von Partizipation an Kirchengemeinde

Auch hinsichtlich der Zeit zwischen erstem und zweiten Konfirmandenjahr gibt es für die Frage nach der angestrebten Form der Kirchenmitgliedschaft interessante Versuche. Hier werden die Kinder zu attraktiven Veranstaltungen der Gemeinde eingeladen, z. B. Kinderbibelwochen, Freizeiten, Familiengottesdiensten u.Ä. Dadurch wird eine unter den gegenwärtigen kirchlichen Verhältnissen für die Mehrheit der Kinder realistische Form der punktuellen Partizipation an Kirche eingeübt. Kirchengemeinde ist so über vier Jahre hinweg immer wieder im Blick. Zugleich ist diese Zwischenzeit eine Motivation für die kirchlichen Mitarbeiterinnen und Mitarbeiter, neben den üblichen im Wochenzyklus stattfindenden Angeboten zu Veranstaltungen einzuladen, die an eine breitere Teilnehmerschar gerichtet sind.

Gemeindepädagogische Vorzüge des Modells

3.3 Der vorgezogene Vorkonfirmandenunterricht ist ein Musterbeispiel für eine Innovation im Bereich der Kasualpraxis, mit der mehrfache Probleme herkömmlicher Gemeindearbeit gelöst werden können:

Im früheren Lebensalter sind die Kinder erheblich aufnahmefähiger als später.

Disziplinäre Probleme treten bei Neun- bis Zehnjährigen erfahrungsgemäß seltener auf als bei 14-Jährigen.

Das Modell initiiert – gemeindepädagogisch formuliert – generationenübergreifendes Lernen, insofern sich die Eltern-Katechetinnen (in der Regel Mütter) und die Kinder gemeinsam mit christlichen Themen beschäftigen. Das Problem der uninteressierten Eltern stellt sich hier weniger. Denn – wie auch Erfahrungen aus der Schule zeigen – die meisten Eltern fühlen sich bei Grundschulkindern noch stärker für deren Erziehung verpflichtet als bei 14-Jährigen.

Es wird ein realistisches Teilnahmeverhalten an Kirche jenseits wöchentlicher Teilnahme oder vollständiger Distanz eingeübt.

Voraussetzungen des Modells

Allerdings setzt das Modell bei seiner Ein- und Durchführung Einiges voraus:

Die Katechetinnen müssen geworben werden. Ohne eingehende *Hausbesuche und Gespräche* wird dies kaum möglich sein. Positiv gesehen gewinnt der Pfarrer bzw. die Pfarrerin hierdurch Zugang zu Menschen in einer Altersgruppe, die sonst in der Kirchengemeinde wenig in Erscheinung treten.

Die Pfarrer und Pfarrerinnen stehen vor einer *erwachsenenpädagogischen Aufgabe*, nämlich die Eltern-Katechetinnen zum Unterrichten zu befähigen. Ihnen müssen Arbeitsblätter, Stundenabläufe usw. zur Verfügung gestellt werden. Erfahrungsgemäß verändert sich im Lauf der Zeit das Interesse bei den Müttern von methodischen zu inhaltlichen Fragen. Insofern geschieht meist in der zweiten Hälfte des

Jahres profunde Erwachsenenbildung. Kasualtheoretisch wird dadurch der familiäre Bezug der Kasualien in einem inhaltlich qualifizierten Sinn wahrgenommen.

Von daher ist dieses Modell Ausdruck eines Professionalisierungsprozesses, der sich pastoraltheologisch aus einem Ernst-Nehmen der Kasualien als Kontaktstelle zwischen Kirche und Lebenswelt bzw. Evangelium und persönlichem Leben ergibt.

## 4. Zusammenfassung

Die skizzierten innovativen Impulse zur Konfirmandenarbeit stellen sich den grundsätzlichen Problemstellungen dieses Handlungsfeldes und führen teilweise gescheiterte Reformvorschläge in modifizierter und dadurch realisierbarer Form weiter:

Die im 19. Jahrhundert vorgeschlagene, auf Grund ihres elitären Charakters aber mit den Bedürfnissen der Mehrheit der Kirchenmitglieder unvermittelbare Zweistufung der Konfirmation wird in innovativer Weise im Konfirmandenunterricht mit Neun- bis Zehnjährigen aufgenommen. Jetzt findet die Stufung aber nicht aus Selektionsgründen, sondern aus entwicklungspsychologischen und pädagogischen Erwägungen statt.

In diesem Modell wird auch das vielfach beklagte Problem mit den Konfirmandeneltern zumindest entschärft. Der familiäre Kontext der Kasualie wird bei der Schulung der Eltern-Katechetinnen inhaltlich profiliert und mit dem Gemeindeleben verzahnt.

Das Auseinanderklaffen von (religions)pädagogischen Bemühungen und besuchten Gottesdiensten wird bei einer verstärkt in Form von Freizeiten und Camps durchgeführten Konfirmandenarbeit verhindert. Hier lernen die Heranwachsenden im attraktiven jugendtouristischen Kontext, selbstverantwortlich Gottesdienst zu gestalten und zu feiern.

Beide Modelle sind gut miteinander zu verbinden: ein im Wochenrhythmus und in Unterrichtsform erteilter Vorkonfirmandenunterricht mit Neun- bis Zehnjährigen und ein vornehmlich in Form von Freizeiten und einem Camp organisiertes zweites Jahr mit etwa 14-Jährigen.

Kasualtheoretische Grundfrage

Solche Innovationen haben aber *zwei grundsätzliche Voraussetzungen.* Zum einen müssen die Pfarrer und Pfarrerinnen bereit sein, von überkommenen Wegen abzuweichen und lernortspezifisch und damit pädagogisch professionell zu arbeiten. Zum anderen wird die enge Verzahnung der Konfirmandenarbeit mit dem gottesdienstlichen Leben dieses verändern. Religionssoziologisch formuliert: zweiseitige kirchliche Handlungen (→ § 6 3.2) werden aufgewertet.

Bei der Konfirmandenarbeit stellt sich besonders deutlich die *Frage, ob punktuelle Partizipation nur eine – entweder zu kritisierende bzw. zu duldende – Abweichung von der Norm evangelischen Christseins oder der realistische Ausgangs- und Zielpunkt für eine tauforientierte und damit auf die Breite der Mitglieder ausgerichtete Gemeindearbeit ist.* Die Entstehung der Kasualien – abgesehen von der biblisch begründeten Taufe – und ihre hohe Attraktivität weisen die Richtung für eine Antwort. Sie akzeptiert – in christentumstheoretischer Perspektive – die unterschiedlichen Formen kirchlicher Partizipation als gleichermaßen gültige Formen evangelischen Christseins und sucht die Menschen hierbei zu fördern.

## § 21 Anhang: Jugendweihe

Literatur: P.C. Bloth, Jugendweihe, in: TRE Bd. 17 (1988), 428–432 – A. Döhnert, Jugendweihe zwischen Familie, Politik und Religion. Studien zum Fortbestand der Jugendweihe nach 1989 und die Konfirmationspraxis der Kirchen (APrTh 19), Leipzig 2000 – B. Hallberg, Die Jugendweihe. Zur deutschen Jugendweihetradition, Göttingen [2]1979 – R. Hauke, Die Feier der Lebenswende. Eine christliche Hilfe zur Sinnfindung für Ungetaufte, in: B. Kranemann/K. Richter/F.-P. Tebartz-van Elst (Hg.), Die missionarische Dimension der Liturgie. Zeitgemäße Gottesdienstformen, Bd. 2, Stuttgart 1999, 32–48 – U. Jeremias, Die Jugendweihe in der Sowjetzone, Bonn 1956 – Kirchenamt der Evangelischen Kirche in Deutschland (Hg.), Jugendliche begleiten und gewinnen. 12 Thesen des Rates der Evangelischen Kirche zur Jugendweihe/Jugendfeier und ihrem Verhältnis zur Konfirmation, Hannover 1999 – B. Weyel, Konfirmation und Jugendweihe. Eine Verhältnisbestimmung aus praktisch-theologischer Perspektive, in: ZThK 102 (2005), 488–503.

Die Jugendweihe ist das einzige nichtkirchlich getragene Ritual, das wenigstens in Ostdeutschland von weit mehr Menschen in Anspruch genommen wird als die funktional entsprechende kirchliche Handlung, nämlich die Konfirmation (bzw. Firmung). Die Vermutung, dass sich nach der Entmachtung der SED und der Einführung demokratischer Strukturen auf dem Gebiet der ehemaligen DDR auch die Jugendweihe erledigen würde, hat getrogen. Zumindest mittelfristig ist damit zu rechnen, dass in Ostdeutschland die Jugendweihe (bzw. -feier) das Hauptritual an dem schwer bestimmbaren Übergang im Prozess des Selbstständig-Werdens junger Menschen bleibt.

### 1. Geschichte

Die Rekonstruktion der Entstehung und Geschichte der Jugendweihe hängt von dem hierbei verwendeten methodischen Ansatz ab. Ein primär geistes- und motivgeschichtlicher Ausgangspunkt greift zeitlich weiter zurück und stellt mehr die Kontinuität heraus – so z. B. Bo Hallberg; eine stärker theologische, historische und soziologische Betrachtung setzt später an und unterscheidet klar verschiedene Stränge – so z. B. Albrecht Döhnert. Im Folgenden sollen beide Ansätze aufgenommen werden, um die in Westdeutschland häufig übersehene Komplexität des Phänomens zu veranschaulichen.

Insgesamt ist Jugendweihe *ein Ritual, das sich während des 19. Jahrhunderts im Zuge der Ablösung freireligiös Denkender von der Kirche bildet und mit unterschiedlichen Traditionen verbindet.*

Kultureller Kontext der Genese von „Jugendweihe"

1.1 Nach gegenwärtiger Kenntnis begegnet der explizite Begriff „Jugendweihe" erstmals 1852, als der Prediger der 1847 gegründeten „Freien Protestantischen Gemeinde" in Nordhausen, Eduard Wilhelm Baltzer, damit eine anstatt der Konfirmation gehaltene Feier benennt (HALLBERG 5–21).

Hallberg zeigt, dass dabei viele Gewährsmänner aus *Aufklärung und Klassik* im Hintergrund stehen, die von den Freireligiösen für ihren Abschied von Dogma und Kirche in Anspruch genommen werden. Lessing, Herder und Kant sowie Goethe und Schiller gelten den Freireligiösen als Vorkämpfer der Humanität und Sittlichkeit gegenüber dogmatischen Religionsformen, die Menschen unmündig machen (BLOTH 428 f).

Begrifflich nimmt die freireligiöse „Jugendweihe" das Ende des 18. Jahrhunderts aufkommende vielfältige Reden von „Weihe" auf (HALLBERG 25–45). Es fließt die katholische Tradition mit Beobachtungen zu anderen, antiken Kulten zusammen in ein Humanitätsideal, wie es z. B. die im 18. Jahrhundert entstehende *Freimaurerei* prägt. In dieser Vereinigung, der Männer wie Herder, Lessing, Wieland, Goethe, Fichte, Haydn und Mozart zugehörten (HALLBERG 37), spielen Weihehandlungen eine wichtige Rolle. Das die Gemeinschaft tragende, auch literarisch vielfach am Ende des 18. Jahrhunderts aufgenommene Geheimbund-Motiv gehört ins Umfeld der Herausbildung eines sich nicht zuletzt durch Sentimentalität auszeichnenden Lebensgefühls, das sich dann in der vielfältigen Rede von der „Weihe" einen Ausdruck verschafft. Auch germanische Traditionen finden Aufnahme, wie die Rezeption der Faustsage durch Goethe zeigt (HALLBERG 41).

Fließende Grenzen zwischen Christentum und Humanismus

Bei dieser Mixtur unterschiedlichster Traditionen sind im Weihebegriff die Grenzen zwischen christlicher Religion und allgemeiner Humanität fließend; zugleich entwickeln sich in diesem Kontext Stichworte, die in unterschiedlichen Strömungen – bis hin zum Nationalsozialismus – eine Rolle spielen werden.

Dies macht folgende Schilderung der Taufe als Weihe bei Herder anschaulich:

„Rings um den hohen Altar siehst du die Franken zu Brüdern
Und zu Menschen sich weihn; Göttliches, heiliges Fest!
Wie spricht Jehova zum Volk? Spricht er in Donner und Blitzen?
Milder kommt er herab; Wasser des Himmels entsühnt
Weihend die Menge zum neuen Geschlecht mit der Taufe der Menschheit.
So hat der Glaubensheld Hans Caspar doch noch gesieget!
Tausendjähriges Reich, siehe dein Blütchen ist da!
Ja er siegt wie der Blinde beim Brande des ewigen Tempels.
Aufgelöst ist der Trug; Jeder Geweihte heisst Mensch" (zitiert bei HALLBERG 45).

Nicht zuletzt kann sich eine erzieherische Komponente mit der Weihe-Vorstellung verbinden.

Das belegen folgende Verse von Herder, die dieser 1765, einundzwanzigjährig, an das Vaterland als Gottheit richtet:

„Für dich, o Treue, geht der Held zum Streite
Wie zum Triumph und lockt sein goldenes Haar:
Der Jüngling glüht ins Feld und gibt aus seiner Seite
Sein bestes Herzens Blut dir jauchzend dar [...]
Dein sind die Schulen! Deine zarten Söhne
Erziehn sie dir [...]
Dir blühn die Tempel, denn sie weihen
Den Bürger dir zum Christen ein:
Der Weihrauch, den sie streuen,
O Vaterland, ist dein“ (zitiert bei HALLBERG 45).

1.2 Auch kirchliche Theologen greifen im 19. Jahrhundert immer wieder auf den Weihebegriff zurück, wenn sie auf die Konfirmation zu sprechen kommen. Und die 1848 bei dem Erlanger Theologen Johann Friedrich Wilhelm Höfling aufkommende Bezeichnung der Konfirmation als „Ordination“ (HALLBERG 64) kann als eine evangelische Fassung des jedenfalls weithin katholisch geprägten liturgischen Weihebegriffs interpretiert werden.

Freireligiöse Jugendweihe

Von daher verwundert es nicht, wenn *freireligiöse Kreise* in der zweiten Hälfte des 19. Jahrhunderts bei ihrer Ablösung von der Kirche und der damit gegebenen Notwendigkeit, deren Rituale eigenständig zu profilieren, auf den Begriff „Weihe“ zurückgreifen.

Die freireligiöse Bewegung verdankt sich dem durch Johannes Ronge initiierten Deutschkatholizismus und den protestantischen „Lichtfreunden“. Beide Gruppierungen setzen sich aus rationalistischen Gründen gegen die jeweilige Kirche mit ihren Dogmen ab. Einzelne Gemeinden entwickeln sich schnell zu Gemeinschaften mit bewusst antichristlicher Ausrichtung (HALLBERG 67–81).

Nach anfänglichen Schwierigkeiten der Konsolidierung, die der Gründung des Bundes freireligiöser Gemeinden Deutschlands 1859 folgen, bekommt diese Bewegung durch das *Freidenkertum* einen neuen Impuls (zu dem im Einzelnen sehr komplexen Prozess der Annäherung s. DÖHNERT 15–64). Diese im damals naturwissenschaftlich propagierten mechanistischen Weltbild und im dialektischen Materialismus von Karl Marx begründete Bewegung fördert die Tendenz zum Atheismus bei den Freireligiösen. Allerdings unterscheiden sich in einzelnen Regionen die Entwicklungen erheblich.

Eine gewisse Vorstellung von der *inhaltlichen Prägung der Jugendweihe zu Beginn des 20. Jahrhunderts* ergibt das folgende „Allgemeine Lehrziel“ des Südwestdeutschen Verbandes freireligiöser und deutschkatholischer Gemeinden:

1. Erkenntnis der Natur [...] im Sinne des Goetheschen Wortes: Was kann der Mensch im Leben mehr gewinnen, als dass sich Gott Natur ihm offenbare! 2. Verständnis für die Kultur; Sinn für die Tatsache der Entwicklung [...] Die alten Religionen lehren in jedem Augenblick

den lieben Gott als den Geber aller guten Gaben. Wir müssen den Kindern im Gegensatz dazu anschaulich machen, dass in der unendlichen Reihe der Entwicklung die Lebewesen, insonderheit die menschliche Gesellschaft selbst, es gewesen sind, denen wir alles verdanken, was wir heute haben und sind. 3. Sinn für die menschlichen Gemeinschaften: Familie, Beruf, Staat, gesellschaftliche Beziehungen [...] 4. Ethik als Privatmoral [...] 5. Verhältnis zu anderen Religionen [...] 6. Diese verschiedenen Richtlinien sollen zum Schluss systematisch behandelt und zum Abschluss gebracht werden unter der Gesamtidee: Der Sinn des Lebens [...] (zitiert bei Hallberg 89)

Die Jugendweihe – bzw. auch immer noch „Konfirmation" – genannte Feier folgt strukturell im Wesentlichen dem Ablauf der damals üblichen kirchlichen Feier, umfasst also Gesang, Predigt, Gelübde und sogar eine säkularisierte Abendmahlfeier (Hallberg 91).

Neue Entwicklungen

Nach ersten Vorläufern in Berlin und Hamburg im letzten Jahrzehnt des 19. Jahrhunderts bildet sich im Zuge sozialistischer Schulentlassungsfeiern langsam eine Tradition heraus, die vor allem von DDR-Historikern als *proletarische Jugendweihe* erfasst wurde. Hier tritt deutlich das pädagogische Anliegen hervor. Die Jugendweihe hat wesentlich die Funktion, in die proletarische Arbeiterjugend einzuführen.

Insgesamt erstarken die Jugendweihe-Feiern in der Weimarer Republik so sehr, dass 1930 die Lebensordnung der Evangelischen Kirche der Union abgrenzend darauf Bezug nimmt: „Die Konfirmation kann nicht gewährt werden, wenn der Konfirmand einer Veranstaltung, die im Gegensatz zur Konfirmation steht (Jugendweihe oder dergl.), zugeführt wird oder sich ihr unterzieht." (zitiert nach Döhnert 61)

1933 verbieten die *Nazis* die in sozialistischer Tradition stehende Jugendweihe. Freireligiöse Feiern werden ab 1934 gestattet. Entsprechend der nationalsozialistischen Kirchenpolitik wird versucht, auch an dieser Stelle einen Konflikt zu vermeiden. Stattdessen wird die Schulentlassung aufgewertet (bei Döhnert 88 finden sich zwei Abläufe solcher Feiern).

Jugendweihe in der DDR

1.3 Einen allgemeinen Durchbruch erzielt die Jugendweihe erst, als – nach anfänglichem Zögern – 1954 die SED in der DDR dieses Ritual entschlossen einführt. Der *Aufruf des Zentralen Ausschusses für Jugendweihe der DDR* lautet:

In jedem Jahr beginnen viele junge Menschen nach dem Verlassen der Schule einen neuen Lebensabschnitt. Ihr Wunsch und der Wunsch ihrer Eltern ist es, diesen bedeutungsvollen und schönen Schritt im Leben festlich zu begehen. Diesen Wünschen entsprechend sollen alljährlich in der Deutschen Demokratischen Republik Jugendweihen, wie sie in ganz Deutschland stattfinden, durchgeführt werden. An ihnen sollen junge Menschen, ungeachtet ihrer Weltanschauung, teilnehmen können. Die Jugendweihe wird den jungen Menschen zu einem Erlebnis werden, das ihnen Kraft und Selbstbewußtsein für den weiteren Lebensweg gibt. Die Eltern blicken auf die Jahre des Heranwachsens und der Erziehung ihrer Kinder zurück, und gemeinsam mit ihnen blicken sie in die Zukunft, die in unserer Deutschen Demokratischen Republik Jahre friedlichen Arbeitens und neuen Lernens verheißt. So wird die Jugendweihe in jeder Familie zu einem besonderen Festtag. Die Bedeutung dieses Tages reicht weit über den Kreis der Familie hinaus. Das Bewußtsein der Jugendlichen wächst. Sie wirken am Aufbau ihres Lebens, der Gesellschaft und des Staates mit. Gemeinsam mit ihren Altersgenossen und mit ihrer Jugendorganisation stehen sie für die Interessen ihres Volkes ein. Die Jugendweihe soll ein Kraftquell für die weitere Entwicklung der jungen Menschen sein. Sie sollen sie anspornen, alle ihre Fähigkeiten zum Wohle ihres Vaterlandes zu entfalten. Durch Zusammenkünfte, in denen über Fragen des Lebens, der Natur und Gesellschaft gesprochen wird, soll die Jugendweihe vorbereitet werden. Jeder Jugendliche hat damit Gelegenheit, sich auf den Tag vorzubereiten, da er in das Leben der Erwachsenen tritt.

Eltern! Laßt eure Kinder an der Jugendweihe teilnehmen! Meldet sie bei den örtlichen Ausschüssen der Städte und Gemeinden an! Kulturschaffende, Lehrer und Erzieher! Tragt durch Eure Mitarbeit dazu bei, die Jugendweihe zu einem unvergesslichen Erlebnis zu gestalten. (zitiert bei Jeremias 32f)

Faktoren für die Akzeptanz der Jugendweihe

Dieser Aufruf nennt die wichtigen Faktoren des Rituals, die – massiv unterstützt durch staatliche Propaganda – zu dessen Verbreitung und schließlich weitgehender Akzeptanz in der Bevölkerung beitragen:

Sozialer Ort des Rituals ist der Schulabgang. Allerdings löst sich dieser Zusammenhang – wie bei der Konfirmation – durch längere Schulbesuchszeiten auf.

Es wird an bestehende Traditionen angeknüpft; vor allem im norddeutschen Raum begegnen Anfang der 50er Jahre in Arbeitervierteln größerer Städte entsprechende Feiern.

Die Übergangssituation der jungen Menschen und ihrer Eltern wird thematisiert.

Dabei kommt in optimistischer Weise die Zukunft der Jugendlichen in den Blick.

Schließlich macht der abschließende Aufruf darauf aufmerksam, dass nicht nur die Familien, sondern auch sonstige mit den Jugendlichen befasste Personen mitarbeiten sollen.

Prägekraft der Jugendweihe

Insgesamt ist es in der DDR nicht nur hinsichtlich der Beteiligung gelungen, die Jugendweihe durchzusetzen. 1983 werden z. B. etwa 97 % der Jugendlichen durch dieses Ritual in die sozialistische Gesellschaft initiiert (weitere statistische Angaben bei Döhnert 136). Vielmehr stellt dieses Ritual für die Jugendlichen selbst eine bedeutsame Schwelle dar. Ein jugendsoziologischer Vergleich ergibt die gegenüber den kirchlichen Ritualen erheblich größere Prägekraft der Jugendweihe:

Aus den Rückerinnerungen der Befragten [...] geht eindeutig hervor, daß die Jugendweihe von vielen als rituelles Ende der Kindheit erlebt wurde – eine Bedeutung, die keiner der entsprechenden kirchlichen Feiern, sei es Erstkommunion, Firmung oder Konfirmation, von den Jugendlichen zugeschrieben wird. Deren Bedeutung bleibt auf den kirchlich-religiösen Lebensbereich eingegrenzt. Als Initiationsfeier eines gesamten Altersjahrgangs strahlte die Jugendweihe in der DDR dagegen auf einen weiten Umkreis des Jugendlebens aus.[63]

63 J. Zinnecker/A. Fischer, Ist die Verweltlichung von Jugend im Sozialismus gelungen?, in: Jugendwerk der Deutschen Shell (Hg.), Jugend '92, Bd. 1, Opladen 1992, 239.

Dies erklärt sich dadurch, dass viele für Heranwachsende attraktive Aktivitäten in der DDR mit der Jugendweihe verknüpft sind, z. B. der Besuch von Jugendklubs und Diskotheken. Dazu treten bei den Feiern wichtige staatliche Repräsentanten auf.

Reaktion der Kirche

Zuerst reagieren die evangelischen Kirchen mit schroffer Ablehnung und stellen ihre Mitglieder vor die Alternative Jugendweihe oder Konfirmation. So wird z. B. in die Ordnung des kirchlichen Lebens der Evangelischen Kirche von Berlin-Brandenburg der Passus aus der zitierten Ordnung der unierten Kirchen von 1930 übernommen: „Kinder, die sich einer Handlung unterziehen, die im Gegensatz zur Konfirmation steht (Jugendweihe oder dgl.), können nicht konfirmiert werden.“ (Jeremias 37) Dass damit die Konfirmation in theologisch fragwürdiger Weise aufgewertet wird, bleibt in der Diskussion unbeachtet.

Schnell erweist sich der Staat als übermächtig. Durch Repressalien wie Behinderungen im Bildungsgang, aber auch die Verknüpfung von Jugendweihe und Zulassung zu attraktiven Ausbildungsgängen gelingt es den Kommunisten in wenigen Jahren, dass fast alle Jugendlichen sich der Jugendweihe unterziehen. Die evangelischen Kirchen lenken ein. Es bürgert sich die Praxis ein, jugendgeweihte Jugendliche ein Jahr später zur Konfirmation zuzulassen.

## 2. Entwicklungen nach der Wende

Verbreitung der Jugendweihe

2.1 Nach wie vor ist die Jugendweihe bzw. Jugendfeier das verbreitetste Ritual in Ostdeutschland an dem – aus früheren Zeiten überkommenen – Übergang von der Kindheit zum Erwachsensein.

Allerdings zeichnen sich interessante Veränderungen ab: „Eine empirische Untersuchung aus dem Jahr 1999 zeigt, dass von den befragten Jugendlichen in den neuen Bundesländern im Jahr 1998
– 14,0 % an der Konfirmation teilgenommen haben […]
– 2,5 % sich firmen ließen […]
– 48,5 % an einer Jugendweihe teilgenommen haben […]
– 35,0 % an keiner entsprechenden kirchlichen, kommunalen, vereins- oder verbandsmäßigen Feier teilgenommen, stattdessen im Einzelfall vielleicht ein privates Fest gefeiert haben.“[64]

Insgesamt geht also im Vergleich zur DDR-Zeit die Zahl der Teilnehmenden an Jugendweihen zurück, die der Konfirmandinnen und Konfirmanden bleibt etwa gleich, die von Jugendlichen ohne offizielle Feier steigt.

64 V. Elsenbast/H.-U. Kessler/J. Schirr/H. Victor, Das Konfirmationsbekenntnis als öffentliche Darstellung der Religionsmündigkeit in einer Momentaufnahme – Ein Beitrag zur Theologie der Konfirmation, in: Christenlehre/Religionsunterricht – Praxis 55 (2002), H.1, 58–63, 62.

Kontinuität in der religionskritischen Ausrichtung

2.2 Zwar zerfällt durch den politischen Anschluss der DDR an die Bundesrepublik mit den staatlichen Stellen auch die offizielle Infrastruktur, die in der DDR die Jugendweihe organisierte. Doch gelingt es, mit Jugendweihe Deutschland e. V. eine Nachfolgeorganisation aufzubauen, und zwar in materieller und personeller Kontinuität. „In der institutionell sensiblen Phase zwischen 1990 und 1993 kamen der Jugendweihe e. V. zahlreiche von der Bundesanstalt für Arbeit bewilligte ABM-Stellen ebenso zugute wie ein noch 1990 von der Regierung Modrow angewiesenes Vermögen von 19 Millionen Mark [...]" (WEYEL 490)

Dieser Verein ist bis heute der größte Anbieter von Jugendweihe-Ritualen. Daneben etabliert der Humanistische Verband eigene „JugendFeiern"; regional treten kleinere Anbieter auf.

Gemeinsam ist ihnen eine humanistische und religionskritische Grundhaltung. So kann man in der Zeitschrift des Bundesverbandes Jugendweihe e. V. lesen: „Religion ist also das Gegenteil von Wissenschaft, wie sie mit Aufklärung den Menschen zum Gebrauch und vernunftgemäßen Nutzen an die Hand gegeben wurde." (zitiert bei WEYEL 490) Ein positivistisches Wissenschaftsverständnis geht mit einem ungebrochenen Fortschrittsglauben einher. Im konkreten Veranstaltungsprogramm überwiegen ideologisch unbelastete Angebote zu attraktiven Erlebnissen: „Städtereisen, Spaßbadbesuche, Schminkkurse, Seidenmalerei, Schnupperkurse im Fitnessstudio und Stilberatung, [...] der Besuch eines Konzentrationslagers – sind als Einzelstunden ohne mittelfristige Gruppenbildung buchbar." (WEYEL 492)

Private Ersatzriten

2.3 Inzwischen ist die Zahl der Jugendlichen gewachsen, die an keinem organisierten Ritual, also weder Jugendweihe noch Konfirmation oder Firmung, teilnehmen. Erste Befragungen ergeben, dass hier ein privat arrangiertes Fest wenigstens teilweise an die Stelle der Jugendweihe tritt. Dies kann entweder durch ein schönes Essen mit Verwandten in einem Restaurant am Termin der offiziellen Jugendweihe oder einen besonders aufwändig gefeierten Geburtstag, etwa zur Vollendung des 15. Lebensjahrs, geschehen.

Insgesamt erscheint die Deutung dieses Phänomens durch Albrecht Döhnert plausibel. Er sieht hier einen ‚spezifischen Individualisierungsschub in den neuen Ländern', der zu einer Privatisierung eines Ritualisierungsbedürfnisses führt (DÖHNERT). Dieses wird jetzt allerdings ohne Rückgriff auf institutionelle Angebote befriedigt.

## 3. Kirchliche Reaktionen

Nach der bisherigen Entwicklung dürfte in Ostdeutschland die Konfirmation ein Ritual bleiben, an dem lediglich eine Minderheit eines Jahrgangs teilnimmt. Von daher ist es unerlässlich, dass sich die Kirchenleitungen und Gemeinden zu dem bleibenden Phänomen der Jugendweihe positionieren.

Öffnung der Konfirmandenarbeit

3.1 1999 gibt der *Rat der EKD* eine zwölf Thesen umfassende Erklärung heraus. Nach ausführlicher Situationsbeschreibung konstatiert das Papier als These 9: „Das Verhältnis von Konfirmation und Jugendweihe/Jugendfeier ist neu zu bestimmen und regional unterschiedlich zu bewerten." In den Ausführungen wird zwar ein Abraten von der Teilnahme an der Jugendweihe empfohlen, zugleich aber festgestellt, dass eine solche Teilnahme nicht als Absage an den christlichen Glauben gewertet werden darf. Konstruktiv empfiehlt These 10, konfessionslose Jugendliche zur Konfirmandenarbeit einzuladen. Dies soll in einem offenen Prozess geschehen. Zum Abschluss der Konfirmandenarbeit wird dann für solche Jugendliche, die sich nicht zu Taufe und Kirchenmitgliedschaft entschließen können, ein eigenes Ritual empfohlen, etwa eine Agapefeier oder ein „Reisesegen". Von diesem Vorschlag aus lehnt die EKD Versuche ab, gleichsam zwischen Jugendweihe und Konfirmation eine eigene Jugendfeier einzuführen. Hier wird u. a. befürchtet, dass solch ein Angebot als „Ersatzkonfirmation" empfunden werden und so die herkömmliche Konfirmation gefährden könnte.

Kirchliche Feier der Lebenswende

3.2 Gerade letzteres versucht das *römisch-katholische Bistum in Erfurt* im Umfeld eines von ihm getragenen Katholischen Gymnasiums. Hier wird eine „Feier der Lebenswende" angeboten. Reinhard Hauke, Religionslehrer am Katholischen Gymnasium und – damals – Pfarrer an der Domgemeinde, inzwischen Weihbischof, skizziert den Ablauf einer solchen Feier:

Einzug mit Orgelspiel
(Einzug der Jugendlichen aus der Sakristei. Die Verwandten haben sich vorher in den Bänken versammelt.)
Raumerfahrung im Dom
„Wir inmitten der Geschichte"
Vorstellen der Jugendlichen
– „Das bin ich – ein Mensch von heute!" (Jugendliche einzeln)
Erfahrungen auf meinem bisherigen Weg: Methode KET, d. h. auf einem Tuch in der Lieblingsfarbe werden Gegenstände gelegt, die den eigenen Lebensweg beschreiben:
– die Eltern legen das Tuch beim Kommentar:
Ich heiße [...] und bin [...] Jahre alt. Ich bin das [...] der Familie.
– dann stellt der Jugendliche die Gegenstände auf und gibt einen kurzen Kommentar zu den Ereignissen seines bisherigen Lebens
– Dank an die Eltern, Jugendliche gehen zu den Eltern
Musikstück
Wünsche betreffs Arbeit, Partnerschaft und Sinn
– Wer will ich sein – der Mensch von morgen?
(Jugendliche haben eine brennende Kerze in der Hand, die sie aus den Bänken mitbringen und stehen nebeneinander)
Orgelmusik, dabei Kerze entzünden am Ende des Tuches
Kommentar (Vorsteher)
Literarischer Text

Exupery – Der kleine Prinz (Jugendlicher)
Ansprache
Was lehrt uns das Leben? – Die Bibel als Zeugnis der Freundschaft zwischen Gott und Mensch in ihrem Auf und Ab
Lied
Wo Menschen sich vergessen
Wünsche und Bitten für die Welt [...]
(Jugendliche gehen einzeln zum Mikro, ‚Wunschzettel' werden zu den Kerzen gelegt)
Segen für die Menschen in dieser Welt (Vorsteher)
Dabei legen die Jugendlichen das Tuch um und nehmen die Kerze in die Hand.
Auszug mit Orgelspiel (Hauke 47 f; im Original teilweise Fettdruck)

In diesem Ablauf sind Elemente vorgesehen, die für einen in der Tradition der Jugendweihe Stehenden vertraut sind. Zugleich verhindern aber der anfangs thematisierte kirchliche Raum, das für christlichen Gottesdienst zentrale Symbol der Kerze und der Segen eine Verwechslung mit einem säkularen Ritual. Kirche präsentiert sich hier als einladend, aber nicht vereinnahmend. Leider fehlen Berichte zur Rezeption durch die Jugendlichen und deren Familien.

## 4. Zusammenfassung

Die Jugendweihe ist als Ersatz für die Konfirmation in freireligiösen Kreisen entstanden. Sie bietet für verschiedene nichtkirchliche bzw. kirchenfeindliche Gruppierungen eine Ritualgestalt, um den Übergang zum Erwachsensein bzw. -werden rituell zu begehen. *Inzwischen ist aus dem DDR-Staatsunternehmen Jugendweihe ein Ritual in privater Trägerschaft geworden, das teilweise sogar vollständig in den privaten Raum der Familie ausgewandert ist.* Das zeigt, dass es bei der Mehrheit der ostdeutschen Bevölkerung der evangelischen Kirche nicht gelungen ist, ihr rituelles Angebot am Übergang zum Erwachsenwerden plausibel zu machen. Offensichtlich wird hier – entgegen manchen Klagen westdeutscher Pfarrer und Pfarrerinnen – die kirchliche Bindung der Konfirmandenarbeit doch sehr stark empfunden.

Das Angebot einer *kirchlich organisierten „Feier zur Lebenswende"* ist in der Lücke der traditionellen Rituale Jugendweihe und Konfirmation bzw. Firmung platziert. Es ist im Bemühen darum, Evangelium und persönliches Leben bzw. Kirche und Lebenswelt in Kontakt zu bringen, ein kasuelles Angebot. Die Warnung der EKD vor einer Schwächung der Konfirmation kann nicht überzeugen. Gerade die Kasualien bieten – abgesehen von der Taufe – einen großen Raum für situationsadäquates Handeln. Es macht nachdenklich, dass einzelne römisch-katholische Diözesen hier flexibler sind.

# Dritter Teil: Kasualien an elementaren Übergängen im privaten Leben

Bei den beiden im Vorhergehenden unter der Überschrift „Initiationsritual" thematisierten Kasualien steht historisch der christliche Impetus im Vordergrund. Das christliche Initiationsritual, das altkirchlich und in der Orthodoxie bis heute Wasserritus, erstes Abendmahl sowie Handauflegung und Salbung umfasst, bringt den Übergang eines Menschen zum Christsein zum Ausdruck. In langen verschlungenen Prozessen transformiert es sich in den evangelischen Kirchen zu zwei selbstständigen Ritualen, die elementare Übergänge im Leben des Menschen begleiten: Geburt und Geschlechtsreife. Durch die heute zu beobachtenden Veränderungen im Taufalter beginnt sich dies wieder zu verändern; bei erwachsenen Taufbewerbern und -bewerberinnen wird – religionswissenschaftlich gesprochen – die Taufe von der „age group initiation" zur „esoteric initiation".

Ganz anders steht es mit den beiden Kasualien, die in diesem Teil behandelt werden: „Trauung" und Bestattung.

Begriffsklärung: Trauung, Bestattung

Mit „Trauung" wird hier die auch agendarisch übliche Bezeichnung für einen Gottesdienst anlässlich einer Eheschließung aufgenommen, weil sie umgangssprachlich verbreitet ist. Etymologisch gehört „Trauung" zur Wortgruppe „Treue". Inzwischen wird „Trauung" vielfach mit „Hochzeit", „Heirat" und „Eheschließung" permiscue verwendet.

„Bestattung" ist der umfassende Begriff für das Ritual bzw. die Riten bei der Verabschiedung eines Verstorbenen. Dabei kann die Leiche in unterschiedlicher Weise beseitigt werden: in Form der Beerdigung oder der Kremation.

Kasualien zwischen Familie, Religion und Staat

Beide Handlungen reichen bis in die Anfänge der menschlichen Kulturgeschichte, sind also in ihren Ursprüngen vorchristlich. Sie werden erst in langwierigen Prozessen christianisiert. Dieser in der Spannung zwischen Familie, Staat und Kirche stattfindende Prozess der Inkulturation des Evangeliums führt dazu, dass lange Zeit den Menschen in unserem Kulturkreis Eheschluss und Begräbnis als wesentlich christliche Handlungen gelten. Entsprechend der (weitgehenden) Übereinstimmung von Bürger- und Christengemeinde übernehmen beide kirchlichen Rituale die notwendige ordnende Funktion an zwei für menschliche Sozialität grundlegenden Übergängen.

Doch hier zeichnet sich seit einiger Zeit – wiederum gegenläufig – eine neue Entwicklung ab: Staatliche Regelungen treten an die Seite der kirchlichen Rituale. Vor allem bei der Trauung ersetzen sie mittlerweile für die Mehrheit der Deutschen das kirchliche Ritual. Und bei der Bestattung weisen die Entstehung und Etablierung des Gewerbes der Bestatter, neue Bestattungsformen und Friedhofsgesetze und die zunehmende Zahl nichtkirchlicher Redner und Rednerinnen in eine ähnliche Richtung.

Auch hier gilt demnach: Evangelium und persönliches Leben bzw. Lebenswelt und Kirche sind miteinander in Kontakt zu bringen, aber gleichsam andersherum als bei Taufe und Konfirmation. Nicht das Christliche ist der Ausgangs-, sondern gleichsam der Endpunkt der Entwicklung, die sich jetzt wieder bei manchen Menschen dem Ausgangspunkt zuzuneigen scheint.

Normativer Rahmen

Allerdings bezieht sich dies nur auf die konkrete Gestaltung des Rituals am Übergang zur Paarbildung bzw. zum Tod. Die Gemeinschaft von Mann und Frau bzw. die Ehe und auch Sterben und Tod von Menschen werden in der biblischen Tradition vielfach bedacht und interpretiert. Die hier entwickelten, den Glauben an Gott auf die konkreten Fälle beziehenden Einsichten bilden den normativen Rahmen für eine evangelische Kasualien-Theorie der Trauung und Bestattung. Es ist die Aufgabe der Kasualien, die sich hier auf der Grundlage primärer Religionserfahrung eröffnenden Perspektiven des Evangeliums deutlicher als bisher für die Menschen zu kommunizieren. Die Kasualien-Theorie kann dazu durch biblische, systematische, historische, erfahrungswissenschaftliche und komparative Klärungen sowie daraus resultierende Handlungsorientierungen einen Beitrag leisten.

## 5. Kapitel Trauung – Segnung eines Ehepaares

In allen bekannten Kulturen treten Männer und Frauen zueinander in eine Beziehung, die ein Minimum an öffentlicher Regelung aufweist und so als Ehe bezeichnet werden kann. Biologisch grundlegend hierfür dürfte die Besonderheit menschlicher Sexualität sein. Sie ist nicht wie bei anderen Lebewesen an bestimmte Zeiten gebunden (Brunst). Vielmehr besteht grundsätzlich ständige Bereitschaft zu sexuellem Begehren, das auf Grund seiner Verbindung mit Aggressivität und Rivalität sozial reguliert werden muss.[1]

Biologische Grundlagen der Ehe

Allerdings ist die konkrete Ausgestaltung der Ehe sowohl hinsichtlich der rituellen als auch der sozialen Gestalt höchst mannigfaltig.

Die Trauung als ritueller Eheschluss ist nur angemessen im Kontext des jeweiligen Eheverständnisses zu interpretieren. Denn die Ehe bildet die Lebensform, in die hinein das Ritual führt. Deshalb wird im normativen Bereich besonders hierauf einzugehen sein.

Dass sich daraus keineswegs unmittelbar rituelle Konsequenzen ergeben, zeigt ein historischer Rückblick.

1 C. Masset, Die Vorgeschichte der Familie, in: A. Burguière/Ch. Klapisch-Zuber/M. Sengalen/F. Zonabend (Hg.), Geschichte der Familie, Bd. 1, Darmstadt 1996 (franz. 1986), 91–115, 105.

Heute ist für Ehe und -schluss der staatlich vorgegebene Rahmen bestimmend; innerhalb dessen vollzieht sich auch das kirchliche Handeln. Allerdings zeigt sich auch hier in den letzten Jahren eine Tendenz zur Individualisierung.

## § 22 Biblische Einsichten

Literatur: F. HAHN, Theologie des Neuen Testaments, Bd. 2, Tübingen 2002, 713–720 – A. NEHRING, Ehe I. Religionswissenschaftlich, in: RGG$^4$ Bd. 2 (1999), 1069–1071 – K. NIEDERWIMMER, Askese und Mysterium. Über Ehe, Ehescheidung und Eheverzicht in den Anfängen des christlichen Glaubens (FRLANT 113), Göttingen 1975 – C. H. RATSCHOW, Ehe/Eherecht/Ehescheidung, in: TRE Bd. 9 (1982), 308–311 – W. SCHRAGE, Ethik des Neuen Testaments (GNT 4), Göttingen $^4$1982, 92–99; 213–220.

Die biblische Eheauffassung entwickelt sich im Kontext des Alten Orients. So ist die hier verbreitete patriarchale Struktur von Sozialität als selbstverständlich vorausgesetzt.

Entgegen Fruchtbarkeitskulten der Umgebung wird aber die Sexualität von Anfang an theologischen Gesichtspunkten untergeordnet. Im Neuen Testament begegnen sogar ehekritische Strömungen, die im Zuge der nahenden Gottesherrschaft die zölibatäre Lebensweise bevorzugen.

### 1. Religionsgeschichtliche Grundlage

Pluriformität von Ehe

Während vor allem im 19. Jahrhundert mehrfach versucht wurde, evolutionär die Entwicklung der Ehe zu beschreiben, ist mittlerweile deutlich: Es gibt sehr unterschiedliche Formen von Ehe, ohne dass eine zeitliche Abfolge konstruiert werden kann. Gemeinsam ist ihnen lediglich – abgesehen von wenigen Ausnahmen homosexueller Verbindungen vor allem in afrikanischen Stämmen –, dass mindestens ein Mann und eine Frau beteiligt sind. Dazu gibt es Regelungen für das Eingehen und die Beendigung einer Ehe.

Die Ehe hat in den einzelnen Gesellschaftsformationen unterschiedliches Ansehen. Oft gilt sie – wie etwa im Judentum oder Islam – als allgemeine Norm für Erwachsene; anderswo – etwa im Christentum – ist Ehelosigkeit eine legitime Alternative, die in einzelnen Gruppen sogar als höherrangig beurteilt wird.

Ehe und Religion

Entgegen früheren Ansichten ist religionsgeschichtlich auch nicht immer ein Zusammenhang zwischen Ehe und Religion bzw. Kult zu konstatieren (NEHRING). Ehe als solche scheint demnach kein religiöses Phänomen zu sein.[2]

2 S. G. KEHRER, Ehe, in: HrwG Bd. 2 (1990), 236–243, 239.

Allerdings erfordert der Eheschluss – bis zur Gegenwart – rituelles Handeln. Verschiedene Übergänge sind zu bewältigen, etwa von einer Familie zur anderen, von einem Ort zum anderen, Vermögen ist zu transferieren usw. Ob und inwieweit die zu erwartende Nachkommenschaft einbezogen wird, ist unterschiedlich. Nicht selten umfassen Rituale zur Eheschließung Fruchtbarkeitsriten.

Dass dabei religiöse Bezüge zur Legitimation herangezogen werden, ist oft zu beobachten. Besonders anschaulich tritt dies hervor, wenn Ehe als ein kosmisches Geschehen zwischen den Göttern gedacht („heilige Hochzeit") und die Ehe zwischen Mann und Frau in einen solchen mythologischen Zusammenhang eingezeichnet wird.

## 2. Ehe im Alten Testament

2.1 Das Alte Testament geht ganz selbstverständlich von der *Segenskraft der Sexualität* aus (Gen 1,27 f). In der Urgeschichte begegnet sie aber nach dem Sündenfall. Erst außerhalb des Gartens Eden kommt es zur Zeugung von Kindern (Gen 4,1).

Zerstörerische Kraft des Sexuellen

Immer wieder bricht die zerstörerische Kraft der Sexualität hervor, z. B. beim verbotenen Begehren des Davidsohnes Amnon seiner Schwester gegenüber (2 Sam 13,1–20). Schnell vergeht seine Lust – und das Drama nimmt seinen Lauf: Thamar endet im Unglück; Absalom rächt seine Schwester durch Brudermord. Die Vergötzung der Sexualität in den Fruchtbarkeitskulten der benachbarten Völker wird abgelehnt, wie die Auseinandersetzung mit anderen Kulten zeigt (z. B. Hos 4). Sexualität muss in die übrigen Lebensvollzüge eingebettet sein. Dazu dient Ehe.

Unterschiedliche Eheformen

2.2 Bei der konkreten Ausgestaltung von Ehe zeigt sich große Pluriformität. Es wird z. B. selbstverständlich von Polygamie bei den Erzvätern und Königen und der Leviratsehe berichtet, also der Übernahme der (sohnlos gebliebenen) Witwe durch einen Verwandten des verstorbenen Ehemanns (Dtn 25,5–10). Die Regel dürfte aber aus ökonomischen Gründen die Monogamie gewesen sein.

Grundsätzlich ist die *patriarchalische Ordnung der Ehe* unbestritten. Die Eheführung, etwa hinsichtlich polygamer Beziehungen, ist genau geregelt (Ex 21,10). Die Vorschriften zur Scheidung sind – bei allem Spielraum für Interpretationen – exklusiv am Mann orientiert (Dtn 24,1–4).

Ökonomischer Aspekt der Ehe

Das zeigt sich auch bei den vereinzelten Nachrichten zum *Eheschluss*. Im Normalfall hält der Bräutigam bzw. sein Vertreter beim Vater oder sonstigen männlichen Vormund um die Hand der Braut an (Gen 24,33–49). Die Zahlung eines Brautgeldes (hebräisch: mohar; z. B. Gen 34,12) weist darauf hin, dass beim Eheschluss ökonomische Gesichtspunkte wichtig sind. Es handelt sich hier – auch – um ein Rechtsgeschäft (zwischen Männern). Pointiert formuliert ein – späterer

– rabbinischer Grundsatz (Mischna Kidduschim 1,1): „Durch drei Dinge wird die Ehe geschlossen: Geld, Urkunde, Beischlaf.“[3]

Wie sich die ökonomische Seite mit menschlicher Zuneigung verbinden kann, erzählt anrührend die Geschichte von der Brautwerbung des Jakob (Gen 29).

Theologischer Aspekt der Ehe

Auch sonst begegnen immer wieder Zeugnisse von inniger Liebe und die Forderung von Treue (Spr 5,18f; Mal 2,14–16). Ehebruch gilt als schwere Sünde gegen Gott – so wirkmächtig die Aussage des Dekalogs (Ex 20,14; Dtn 5,18).

2.3 Die Hochzeit selbst wird als Fest gefeiert: So zieht z.B. die Braut mit Jungfrauen dem Bräutigam entgegen (Ps 45,10–16); offensichtlich war ein Hochzeitsgelage üblich (Ri 14,10) u.Ä.

Eheschluss als familiäre Angelegenheit

Am Rand des Alten Testaments, in den (nach evangelischer Nomenklatur) Apokryphen, begegnet sogar der Bericht über einen Eheschluss: *Tob 7f*. Demnach ist in der Mitte des 2. Jahrhunderts v. Chr. im Judentum die Heirat eine Angelegenheit der Familie, die auch rituell innerfamiliär gestaltet wird.

Folgende Szene wird berichtet: Der Brautvater Raguel wird von Tobias um seine Tochter Sara gebeten. Er nimmt die Hand der Braut, gibt sie dem Bräutigam Tobias in die Hand und spricht den Segen über Beiden. Dann wird der Ehebrief geschrieben, Gott gelobt und eine Mahlzeit gemeinsam eingenommen. Abschließend gehen Braut und Bräutigam in die Kammer.

Ehe und Heirat sind demnach genau geregelt (Handübergabe; Ehebrief). Sie stehen in Zusammenhang mit Gott (Segen; Lob). Doch sind sie – sozial gesehen – innerfamiliäre Angelegenheiten, zu denen kein Vertreter des offiziellen Kultes herangezogen wird.

## 3. Ehe im Neuen Testament

Im Neuen Testament findet sich keine eigene Ehelehre. Die damals üblichen Verhältnisse werden vorausgesetzt, allerdings in dreifacher Hinsicht neu interpretiert (Hahn 713–720):

Ehe „im Herrn“

3.1 Grundsätzlich stehen die Eheleute in der Christussphäre. Deshalb soll das Heiraten „im Herrn“ geschehen (1 Kor 7,39b). Daraus entspringt eine *gegenseitige Verpflichtung*, die ausführlich in Eph 5,22–33 in Form einer Haustafel erläutert wird. Zwar bestehen die patriarchalen Verhältnisse fort, doch wird die Unterordnung der Frau in die der Gemeinde unter Christus integriert. Daraus resultiert u.a. das Gebot an die Männer, ihre Frauen zu lieben. Ins-

3 Zitiert nach D. Prössdorf, Die gottesdienstliche Trauansprache. Inhalte und Entwicklung in Theorie und Praxis (APTh 36), Göttingen 1999, 18.

gesamt sind alle Gemeindeglieder einander untergeordnet in der „Furcht Christi“ (Eph 5,21).

Ehe als Gabe Gottes

3.2 Deutlich tritt das Neue des Evangeliums für die Ehe ebenfalls in *Jesu Scheidungsverbot* hervor. Bis heute wird im Traugottesdienst verlesen: „Was Gott zusammengefügt hat, soll der Mensch nicht scheiden.“ (Mk 10,9 par.)

Wolfgang Schrage erklärt:

> Die Ehe ist eine gute Ordnung des Schöpfers und um des Menschen willen gemacht, so wie auch der Sabbat um des Menschen willen gemacht ist, nicht umgekehrt. Diesem ursprünglichen Schöpferwillen und dem Geschöpf dient auch das Wort Jesu über die Scheidung, nicht einer kasuistischen Rechts- oder Kirchenordnung. Liebe ist auch hier entscheidender Impuls und letzte Instanz. Das deutet sich vor allem darin an, daß das Verbot der Ehescheidung der damals weithin rechtlosen Frau einen Schutz verleiht, der über die Schutzfunktion der Scheidung, die der Frau immerhin das Recht auf eine neue Ehe einräumt, weit hinausgeht. (SCHRAGE 98)

Damit setzt sich Jesus direkt von der alttestamentlichen Regelung der Scheidung (Dtn 24,1) ab (Mt 5,31 f). Besondere Beachtung verdient die zumindest teilweise begegnende Gleichbehandlung von Mann und Frau, insofern die Scheidung auch von der Frau ausgehen kann (Mk 10,11 f). Die sog. Unzuchts-Klausel (in Mt 5,32; 19,9) zeigt aber, dass bei der praktischen Umsetzung dieses Verbots von Anfang an Schwierigkeiten auftreten.

Ehelosigkeit als Charisma

3.3 Schließlich ist auf die – vor dem jüdischen Hintergrund – erstaunliche Tatsache hinzuweisen, dass Ehelosigkeit als ein hohes Gut im Urchristentum gilt. Johannes der Täufer, Jesus und Paulus leben, soweit historisch feststellbar, ehelos.

Zwar wird die Ehelosigkeit für niemanden obligatorisch erklärt. Auch die Ältesten, Bischöfe und Diakone sind selbstverständlich in der Regel verheiratet (1 Tim 3,2–12; Tit 1,6).

Doch Jesus stellt den Jüngern die *Ehelosigkeit als durch das Reich Gottes motiviert* vor (Mt 19,10–12). Und Paulus unterstreicht dies vor dem Hintergrund der Naherwartung (1 Kor 7,1). Allerdings betont er zugleich, dass die Ehelosigkeit ein besonderes „Charisma“ (griechisch: Gabe Gottes) ist (1 Kor 7,7), das nicht jedem Menschen gegeben ist.

## 4. Zusammenfassung

So ergeben sich einige wichtige Hinweise für die Ehe aus der Bibel:

Ehe ist eine auf Ganzheit ausgerichtete Lebensgemeinschaft.

Sie ist grundsätzlich auf die ganze Lebensdauer bezogen.

Allerdings ist sie im Neuen Testament eindeutig der Christussphäre ein- und untergeordnet. Von daher ist die Ehelosigkeit – und dies ist gegenüber dem Alten Testament neu – eine zumindest gleichberechtigte Lebensform.

## § 23 Geschichtliche Entwicklung

Literatur: S. Demel, Kirchliche Trauung – unerlässliche Pflicht für die Ehe des katholischen Christen, Stuttgart 1993, 14–89 – Ch. Grethlein, Trauung II. Kirchengeschichtlich, in: RGG[4] Bd. 8 (2005), 575 f – S. Hell, Die Konfessionsverschiedene Ehe. Vom Problemfall zum verbindenden Modell, Freiburg 1998 – B. Kleinheyer, Riten um Ehe und Familie, in: B. Kleinheyer/ E. v. Severus/R. Kaczynski (Hg.), Sakramentliche Feiern II (GdK Bd. 8), Regensburg 1984, 67–156 – G. Lämmermann, Ohne himmlischen Segen. Die kirchliche Trauung im Spiegel der Geschichte, in: Lernort Gemeinde 18 (2000/2), 24–28 – A. Niebergall, Ehe und Eheschließung in der Bibel und in der Geschichte der alten Kirche (MThSt 18), hg. v. A. M. Ritter, Marburg 1985 – F. Schulz, Benedictio nuptialis. Evangelische Marginalien zu einer katholischen Darstellung der Riten um Ehe und Familie (1987), in: Ders., Synaxis. Beiträge zur Liturgik, hg. v. G. Schwinge, Göttingen 1997, 285–300.

Beim Folgenden ist zu beachten, dass bis weit ins Mittelalter hinein die Quellenlage dürftig ist. Die Konstruktion von Entwicklungen ist aber nicht nur deshalb hypothetisch (und unterscheidet sich von Forscher zu Forscher nicht unerheblich). Vielmehr bestehen – bis in die Gegenwart – teilweise erhebliche regionale Differenzen, die einer zusammenhängenden Darstellung im Überblick entgegenstehen.

Trotzdem kann auf den Versuch einer knappen problemgeschichtlichen Rekonstruktion nicht verzichtet werden. Denn nur so erscheinen die gegenwärtig sich abzeichnenden Veränderungen als Zwischenschritte in langen und verwickelten Prozessen. Das öffnet den Blick für Innovationen, die über ein Festschreiben des Bestehenden hinaus reichen.[4]

### 1. Eheschließung „im Herrn"

1.1 Grundlegend lässt sich die Situation der *Eheschließung von Christen in den ersten drei Jahrhunderten* durch folgenden Satz aus einer apologetischen Abhandlung, die wohl etwa 200 n.Chr. verfasst ist, charakterisieren: „Denn die Christen sind weder durch Heimat noch durch Sprache und Sitten von den übrigen Menschen verschieden. […] Sie (die Christen) heiraten wie alle anderen und zeugen Kinder, setzen aber die geborenen [Kinder] nicht aus“ (Brief an Diognet 5,1.6; zitiert bei Kleinheyer 76 f).

Demnach hat sich zwar in dieser Zeit kein christliches Ritual anlässlich der Eheschließung herausgebildet. Allerdings reklamiert der altkirchliche Verfasser eine

4 Der Aufbau meiner Ausführungen folgt weitgehend Kleinheyer, bei dem sich auch zahlreiche Detailinformationen finden (aus evangelischer Perspektive hierzu Schulz).

Konsequenz daraus, dass die Ehe zwischen Christen „im Herrn“ stattfindet, eben das Nicht-Aussetzen von Kindern. Ansonsten übernehmen die frühen Christen die Regelungen ihrer Zeit.

Ehe im römischen Recht

Dabei ist für das römische Recht – bis heute wirkend – der Grundsatz leitend, dass eine Ehe durch den Konsens der Brautleute geschlossen wird: „*Consensus facit nuptias*“[5] (lateinisch: Die beiderseitige Zustimmung begründet die Ehe).

Genauer gliedert sich die Eheschließung in Verlobung und den Eheschluss, wobei beide Akte durch verschiedene Riten wie Verhüllung der Braut (bzw. des Paars), Kuss, Brautkranz, Wechsel der Kleidung ausgestaltet werden.

Von diesen sei nur eigens das in hellenistischer Zeit übliche sog. Arrhalverlöbnis besonders genannt (griechisch: arrabon, Unterpfand). Der hier hinterlegte Wertgegenstand – zur Absicherung gegen die Nichteinhaltung des mit der Verlobung gegebenen Ehevertrags – entwickelt sich zum Ring weiter. Ab dem 3. Jahrhundert ist er, mittlerweile aus Gold, das wichtigste Zeichen der Verlobung und wird dann vom „anulus arrhae“ zum „anulus fidei“ (lateinisch: Ring der Treue). In einem nicht genauer nachvollziehbaren jahrhundertelangen Prozess kommt es zur heute noch üblichen Sitte des Eherings. So wird ein ursprünglich ökonomisch begründeter Teil der Verlobung zu einem persönlichen Zeichen der ehelichen Verbundenheit und Treue.

Teilnahme des Bischofs an der Hochzeit

1.2 Bereits bei *Ignatius von Antiochien* begegnet an der Wende vom 1. zum 2. Jahrhundert die Aufforderung, eine Ehe mit Zustimmung des Bischofs einzugehen: „Es ziemt sich aber für die Männer, die heiraten, und die Frauen, die verheiratet werden, die Vereinigung […] mit Zustimmung des Bischofs […] einzugehen, damit die Ehe dem Herrn entspreche […] und nicht der Begierde“ (IgnAnt, Polyc 5,2; zitiert bei Kleinheyer 81).

*Tertullian* erwähnt etwa einhundert Jahre später einen – nicht eindeutig zu klärenden – Zusammenhang von Eheschluss und Eucharistiefeier (Niebergall 132–148). Es ist zu vermuten, dass die Vertreter der Gemeinde- bzw. Kirchenleitung von Christen zum Eheschluss eingeladen werden und sie die Braut bzw. das Brautpaar segnen (ohne Zusammenhang jedoch mit der Gültigkeit der Ehe).

Auf jeden Fall reichert sich der Ritus im Laufe der Zeit an; zugleich nimmt die Bedeutung des Priesters und der kirchlichen Begleitung zu. In manchen Gegenden übernimmt der Priester auch die „benedictio in thalamo“ (lateinisch: Segnung in der Brautkammer), die nach dem Zusammensprechen im Schlafgemach vollzogen wird (Kleinheyer 92 f).

Mitwirkung der Kirche am Eheschluss

Den gegen Ende des ersten Jahrtausends in der westlichen Tradition erreichten Stand kann man gut einem Schreiben des Papstes *Nikolaus I.* von 866 entnehmen („Responsa ad Bulgaros“):

5 R. Puza, Katholisches Kirchenrecht, Heidelberg 1986, 302.

Nach der Verlobung, welche die vertragliche Absprache der künftigen Ehe ist und die nach Übereinkunft des Brautpaares und seiner Vormünder gefeiert wird und bei der der Bräutigam sich der Braut mit Verlobungsgeschenken (arrhae) und durch den Ring, mit dem er den Finger der Treue schmückt, verlobt und ihr das von beiden vereinbarte Brautgeld (dos) zusammen mit einem Schriftstück über diesen Vertrag öffentlich vor den von beiden geladenen Zeugen übergibt, werden die zwei bald darauf oder zu einem passenden Zeitpunkt – natürlich darf ein solcher Akt nicht vor dem vom Gesetz festgelegten Alter erfolgen – zur Trauung geführt. Zunächst stellen sie sich in der Kirche des Herrn mit Opfergaben, welche sie schuldigerweise Gott darbringen, nach der Weisung des Geistlichen auf. So empfangen sie erst den Segen und den himmlischen Schleier, selbstverständlich sinnbildhaft, denn der Herr hat die ersten Menschen im Paradies gesegnet mit den Worten: „Wachset und mehret euch!“ (Gen 1,28), und so weiter. So hat auch Tobias, ehe er mit seiner Gattin zusammenkam, mit ihr im Gebet zu Gott gefleht, wie die Schrift (vgl. Tob 8,4) berichtet. Gleichwohl empfangen diesen Schleier jene nicht, welche zum zweiten Mal eine Ehe schließen. Wenn sie danach die Kirche verlassen, tragen sie auf dem Haupte Kronen, die man immer in der Kirche aufzubewahren pflegt. Auf solche Weise wird die Hochzeit gefeiert, und im übrigen werden sie dazu angehalten, künftig unter Gottes Führung ein unzertrennliches Leben zu führen.

Dies sind die rechtlichen Bestimmungen für die Heirat; außer ihnen gibt es noch andere feierliche Verträge unter den Ehepartnern, welchen hier nicht Erwähnung getan wird. Wir behaupten jedoch, daß es keine Sünde ist, wenn dies alles den Eheschluß nicht begleitet, zumal eine unzureichende Vermögenslage etlichen Menschen Beschränkungen aufzuerlegen pflegt, so daß ihnen die Mittel fehlen, wenn sie dies ausrichten wollten. Vielmehr genügt nach den Gesetzen hierzu einzig das Einverständnis [consensus] derer, um deren Verbindung es sich handelt. Allein wenn diese Zustimmung [consensus] bei der Heirat fehlen sollte, ist auch alles übrige, was im Zusammenhang mit dieser Vereinigung gefeiert wird, sinnlos, wie der große Lehrer Johannes Chrysostomus bezeugt; er sagt: „Nicht die geschlechtliche Vereinigung macht die Ehe, sondern der Wille!“ […] (zitiert nach Demel 39f)

In Byzanz waren dagegen weltlicher und kirchlicher Bereich fest miteinander verbunden. Der vom Priester gespendete Segen war zwingende Vorschrift für einen gültigen Eheschluss.

Zum einen geht aus diesem Dokument ein recht ausdifferenziertes Ritual des Eheschlusses hervor, das in der Kirche begangen wird. Zugleich besteht aber ausdrücklich keine Formpflicht, wobei der Hinweis auf die ökonomischen Voraussetzungen große Praxisnähe verrät. Notwendig für eine gültige Ehe ist, und dies gilt bis zum Tridentinum, allein der Konsens zwischen den Eheleuten. Das kirchliche Handeln ist demgegenüber sekundär, was bis zum 12. Jahrhundert vielerorts so bleibt.

1.3 Einen wichtigen Impuls bekommt die Gestaltung des Eheschlusses durch den *Übergang des Christentums zu den Germanen.* Hier geht es bei der Ehe um die Umsippung der Braut (Munttrauung), und zwar von der Sippe des Vaters in die des Mannes. Dieser Übergang wird in der rechtsverbindlichen Verlobung vorbereitet. Der zweite Teil des Eheschlusses ist ein öffentlicher Akt, bei dem die Braut vom Brautvater oder einem Vertreter dem Bräutigam übergeben wird (*Kopulation*) und damit seiner Sippe.

Wechsel der Ritual-Leitung vom Familienvater zum Priester

Im Laufe der Zeit vereinigen sich die verschiedenen Traditionen und Riten, vor allem Konsens und Kopulation. Für die Herausbildung eines christlichen Rituals am wichtigsten ist, dass zunehmend der Priester an die Stelle des Familienvaters tritt. Er segnet die Braut bzw. das Brautpaar, nimmt den Konsens entgegen und führt die Kopulation durch. Die anlässlich der Eheschließung gefeierte Eucharistie fördert die räumliche Verlagerung der Handlung vom häuslichen in den kirchlichen Bereich. Ritualtheoretisch wird damit das primärreligiöse Verständnis der Ehe, wie es sich im auf Fruchtbarkeit ausgerichteteten Segen ausdrückt, in einen spezifisch christlichen Kontext gestellt.

Bruno Kleinheyer rekonstruiert zusammenfassend die Entwicklung vom 4. bis zum 9. Jahrhundert im Westen: „Segnung durch den kirchlichen Amtsträger im Haus der Braut; Segnung in Verbindung mit der ‚velatio'; Segnung (nur gelegentlich?) auch einen oder mehrere Tage vorher; Segnung und Verschleierung beider Partner […]; Segnung in Verbindung mit der Messe, entweder erst vor der Entlassung oder schon vor der Spendung der Eucharistie." (Kleinheyer 90)

## 2. Entwicklung zur Brauttorvermählung und Formpflicht

Verschiedene Probleme führen im Mittelalter dazu, dass der ursprünglich innerfamiliäre Akt des Eheschlusses öffentlich wird. Die einzige Institution, die Öffentlichkeit flächendeckend herstellen kann im Mittelalter, ist die Kirche. Von daher gehen Veröffentlichung und Verkirchlichung Hand in Hand.

2.1 Folgende *Probleme* begegnen immer wieder:

Klandestine Ehen

Der Grundsatz des gegenseitigen Konsens als ehestiftend führt zum Problem der sog. klandestinen (lateinisch: heimlichen) Ehen. Immer wieder steht Aussage gegen Aussage. Wie soll ein Eheschluss ohne Zeugen überprüft werden?

Zwar verurteilt die Kirche solche klandestinen Ehen. Doch bestreitet sie bis zum Tridentinum nicht deren Gültigkeit. Auch das Verbot an die Kleriker, an solchen heimlichen Eheschlüssen mitzuwirken, hilft nicht entscheidend weiter. Denn es handelt sich ja hier nur um Segnungen o. Ä., die den Eheschluss begleiten, aber nicht konstitutieren.

Brautraub

Eine Belastung stellt weiter die Unsitte des Brautraubs dar. Nicht zuletzt aus ökonomischen Gründen (Sparen der Brautgabe) wird – vor dem Hintergrund germanischer Rechtsvorstellungen – die Frau aus dem Bereich ihrer Sippe geraubt. Auch in einem solchen Fall ist es schwierig, den Ehekonsens, der nach der gültigen römischen Rechtsauffassung entscheidend ist, festzustellen.

Öffentlichkeit des Eheschlusses

2.2 Diese praktischen Probleme erhöhen den Druck, den Eheschluss öffentlich zu begehen. Neben einzelnen Maßnahmen wie der Vorschrift eines Aufgebots schafft erst die sog. *Brauttorvermählung* eine durchgreifend neue Situation. Darunter versteht man die sich wiederum im Laufe von Jahrhunderten herausbildende, in deutschen Landen erst gegen Ende des 15. Jahrhunderts durchgesetzte Sitte, den Eheschluss in der Öffentlichkeit vor der Kirche zu vollziehen („in facie ecclesiae"; lateinisch: im Angesicht der Kirche). Das Portal, durch das man zur anschließenden Messfeier einzieht, wird „Brauttor" genannt.

> Strukturelemente der Trauung ‚in facie ecclesiae' sind zunächst einmal die Präliminarien, mit denen die Versammlung zum Gottesdienst eröffnet wird und die Brautleute vorbereitet werden. Hier wird nicht zuletzt endgültig geklärt, ob der beabsichtigten Eheschließung kanonische Hindernisse entgegenstehen. Der Priester wendet sich dann direkt an das Brautpaar und klärt, ob die beiden willens sind, diese Ehe einzugehen. Dann kann die Anvertrauung folgen, deren Zeichen die Handreichung ist. Dabei liegt dann nach den älteren Quellen die Initiative beim Vater der Braut, der seine Tochter direkt dem Bräutigam übergibt, oder – später – dem Priester, [...] auf daß dieser die Braut dem Bräutigam anvertraue [...] Die Übergabe des Ehevertrages, die Segnung des Ringes und der Brautgaben sowie deren Überreichung sind ein eigener Abschnitt der Feier. Segensgebete schließen die Brauttorvermählung ab bzw. bereiten den Einzug in die Kirche vor. (Kleinheyer 103)

Hier ist deutlich, nämlich räumlich zwischen Eheschluss und der liturgischen Handlung in der Kirche unterschieden. Allerdings ist in der späteren Form der Priester bei beidem die bestimmende Person: Er erfragt den Ehewillen; er übergibt die Braut dem Bräutigam; er führt die Kopulation durch und die Segnungen. Die Brauttorvermählung tritt an die Stelle der Trauung in der Familie.

Brautleutesegen

2.3 In der auf Kopulation und Deklaration folgenden Messe spendet der Priester den Brautleutesegen. Der ursprünglich nur über der Braut gesprochene Segen, vielleicht um deren Fruchtbarkeit zu steigern, hat sich im Lauf der Zeit zu einem Segen über dem Brautpaar entwickelt (Kleinheyer 108 f).

Sein genauer Ort im Gottesdienst differiert regional. Meist findet die Segnung wohl nach dem Vaterunser und vor der Kommunion statt. Schnell bekommt dieser Ritus bei den Menschen großes Gewicht und wird entsprechend ausgedeutet. Auf ein sachliches Problem weist aber der lange Zeitraum hin, den die Verbindung des für die Handlung grundlegenden primärreligiösen Segens mit dem spezifisch christlichen Ritus der Kommunion benötigt.

Formpflicht des Eheschlusses

Mit den *tridentinischen Entscheidungen* zur Ehe kommt diese Entwicklung zu einem vorläufigen Ende. Es wird deklariert, dass der Eheschluss an bestimmte Formen gebunden ist: die Erklärung des Ehewillens vor dem Priester; das Zusammensprechen des Paares durch ihn.

Im Dekret Tametsi des Tridentinischen Konzils (von 1563) heißt es:

> Da aber das heilige Konzil feststellt, daß jene Verbote (sc. klandestiner Ehen, Ch. G.) wegen des Ungehorsams der Menschen nichts mehr nützen, und die schweren Sünden erwägt, die in ebendiesen heimlichen Ehen ihren Ursprung haben [...] tritt es in die Fußstapfen des unter Innozenz III. gefeierten [4.] heiligen Konzils im Lateran [...] und gebietet, daß künftig bevor die Ehe geschlossen wird, dreimal vom eigenen Pfarrer der (Ehe)schließenden an drei aufeinanderfolgenden Festtagen in der Kirche während der Messfeier öffentlich verkündet werde, von wem die Ehe geschlossen werden soll; sind diese Verkündigungen erfolgt, schreite man, wenn sich kein rechtmäßiges Hindernis entgegenstellt, im Angesicht der Kirche zur Feier der Ehe, wo der Pfarrer, nachdem er Mann und Frau gefragt hat und sich ihres gegenseitigen Einverständnisses vergewissert hat, entweder sage: ‚Ich verbinde euch zur Ehe, im Namen des Vaters und des Sohnes und des Heiligen Geistes', oder andere Worte gebrauche, entsprechend dem üblichen Ritus einer jeden Provinz. (DH Nr. 1814)

Interessant ist hieran, dass selbst bei der Kopulationsformel andere Wendungen erlaubt werden, also die regionale Unterschiedlichkeit der Trauungsrituale erhalten bleibt.

Probleme des sakramentalen Eheverständnisses

Die sachliche Problematik der in Trient vom Konzil in Florenz (1439) übernommenen Bestimmung der Ehe als Sakrament wird an Folgendem deutlich (Hell 163–183):

Es werden zwar klare Entscheidungen hinsichtlich der Gültigkeit des Eheschlusses getroffen, aber die sonst üblichen Aussagen zu Materie und Form des Sakraments fehlen.

Offen bleibt, wer der Spender ist – der Priester oder die Ehepartner?

Hinsichtlich der Frage nach der Unauflöslichkeit der Ehe besteht das Problem der ostkirchlichen Praxis, die im Fall von Ehebruch eine Wiederverheiratung zulässt.

Systematisch gesehen konkurriert – auch in der Diskussion der Konzilsväter – ein weiter Sakramentsbegriff, der neben einer aktuellen auch eine habituelle Sakramentalität kennt, die in die Schöpfung gelegt ist, mit einem engen Sakramentsbegriff, für den die Einsetzung konstitutiv ist. Religionstheoretisch formuliert: Primärreligiöses und sekundärreligiöses Verständnis der Ehe stehen einander gegenüber. Unklar bleibt, wie sich Vertrag und Sakrament beim Eheschluss zueinander verhalten.

Im Rituale Romanum werden dann die konziliaren Beschlüsse liturgisch umgesetzt. Die Fragen nach dem Ehewillen markieren jetzt den entscheidenden Augenblick. Mit der bejahenden Antwort auf sie kommt die Ehe zustande. Sie wird also vor dem Priester geschlossen. Allerdings gelten bis weit ins 19. Jahrhundert hinein noch die jeweiligen Diözesanritualien, so dass große liturgische Vielfalt herrscht.

Auf jeden Fall gelingt es mit der Formpflicht, das Problem der klandestinen Ehen zu bewältigen. Allerdings ist dabei die in der Folgezeit dringlicher werdende Frage nach dem Eheschluss von Katholiken mit Nichtkatholiken noch nicht im Blick. Hier wirft die Formpflicht nur schwer zu lösende Probleme auf.

## 3. Reformatorische Impulse

3.1 Die eben skizzierte Brauttorvermählung ist das Ritual, das die Reformatoren vorfinden und aufnehmen. Dabei ist aber für die folgenden Ausführungen zu beachten, dass noch im 16. und 17. Jahrhundert der Eheschluss vor einem Laien stattfinden kann. Erst im 18. Jahrhundert scheint – abgesehen von wenigen Ausnahmen – der kirchliche Eheschluss Allgemeingut zu sein.

Traubüchlein Luthers

*Martin Luther* hat für die Trauung 1529 ein eigenes Formular, das Traubüchlein, erstellt. Es ist in den Anhang des Kleinen Katechismus aufgenommen und prägt bis heute die evangelischen Trauagenden im deutschen Sprachraum:

Die Trauung gliedert sich im Traubüchlein folgendermaßen:

Aufgebot von der Kanzel

Trauung vor der Kirche

- Pfarrer: „Hans, willst Du Greten zum ehlichen Gemahel haben?“ Dicat: „Ja“ – und umgekehrt
- Paar gibt sich gegenseitig die Ringe
- Pfarrer fügt die Hände von beiden zusammen und spricht Mt 19,6
- Pfarrer: „Weil denn Hans N. und Greta N. einander zur Ehe begehren und solchs hie offentlich fur Gott und die Welt bekennen, darauf sie die Hände und Trauringe einander gegeben haben, so spreche ich sie ehlich zusammen im Namen des Vaters und des Sohns und des heiligen Geists, Amen.“

Vor dem Altar:

- Lesen von Gen 2,18.21–24
- Vermahnungen mit Eph 5,25–29. 22–24; Gen 3,16–19; Gen 1,27 f 31; Spr Sal 18,22
- Ehegebet.[6]

Neue Akzente in der Trauung

Gegenüber dem damals Üblichen fallen zwei Veränderungen auf (Schulz 287 Anm. 8): Die Schriftlesungen sind konstitutiver Bestandteil der Ordnung und ihre Zahl ist erweitert; das Segensgebet ist demgegenüber verkürzt.

Einige vielerorts übliche Riten lässt Luther entfallen, vor allem: Segnung der Ringe, Aspersion und Inszensation des Paares (mit Weihrauch), Brautkuss.

Dadurch verschiebt sich der Akzent in der Feiergestalt auf die Dimension der sekundären Religionserfahrung.

Ehe als „weltlich Geschäft“

Bei der Einleitung zu diesem Formular weist Luther auf die Unterschiedlichkeit der regionalen Bräuche hin und konstatiert: „weil die Hochzeit und Ehestand ein weltlich Geschäft ist, gebührt uns Geistlichen oder Kirchendienern nichts, darin zu ordenen oder regieren, sondern lassen einer iglichen Stadt und Land hierin ihren Brauch und Gewohnheit […]“ (BSLK 528, 5–11).

6 Zusammenfassung bei Ch. Grethlein, Grundfragen der Liturgik. Ein Studienbuch zur zeitgemäßen Gottesdienstgestaltung, Gütersloh 2001, 225.

Hier wird also die räumliche Unterscheidung beim Handeln des Pfarrers, vor der Kirche und vor dem Altar, von der Unterscheidung der beiden Reiche her theologisch interpretiert. Der Pfarrer tritt beim Eheschluss gleichsam als Notar auf.

Ehe als „göttlicher Stand"

Doch darf diese Grundeinstellung nicht mit einer Missachtung der Ehe verwechselt werden. Als Kehrseite seines Protestes gegen die unbiblischen Mönchsgelübde hebt Luther die Ehe als einen „göttlichen Stand" hervor:

Weil man denn bisher mit den München und Nonnen so […] groß Gepränge getrieben hat in ihrem Einsegenen, so doch ihr Stand und Wesen ein ungöttlich und lauter Menschengeticht ist, das keinen Grund in der Schrift hat, wie viel mehr sollen wir diesen göttlichen Stand ehren und mit viel herrlicher Weise segenen, beten und zieren? Denn ob's wohl ein weltlicher Stand ist, so hat er dennoch Gottes Wort für sich und ist nicht von Menschen ertichtet oder gestiftet wie der Münche und Nonnen Stand […] (BSLK 529, 24–36)

Seelsorgerlicher Akzent des Trauverständnisses

So erklärt der Reformator die Segnung und das Gebet durch den Pfarrer für legitim. Die Begründung hierfür ist dann aber wesentlich seelsorgerlich motiviert:

denn wer von dem Pfarrherr oder Bischof Gebet und Segen begehrt, der zeiget darmit wohl an (ob er's gleich mit dem Mund nicht redet), in was für Fahr und Not er sich begibt und wie hoch er des göttlichen Segens und gemeinen Gebets bedarf zu dem Stande, den er anfähet, wie sich's denn auch wohl täglich findet, was Unglücks der Teufel anricht in dem Ehestande mit Ehebruch, Untreu, Uneinigkeit und allerlei Jammer. (BSLK 530, 16–26)

Entwicklung zum kirchlichen Eheschluss

3.2 Der hier zum Ausdruck kommende Realismus, der im Traubüchlein sogar zur Rede vom „Kreuze, so Gott auf diesen Stand gelegt hat" (BSLK 533, 12f) führt, wird in der Folgezeit bald übersprungen, ebenso die Trennung zwischen weltlichem und gottesdienstlichem Bereich. Das von Luther vor der Kirche vorgesehene Handeln des Priesters rückt in den Kirchenraum und wird Bestandteil eines Traugottesdienstes: „Der gesamte Eheschließungsakt (Traufragen, Ringübergabe, Kopulationsgeste und Deklaration) wurde zwischen Lesungen und Segensgebet eingefügt, so daß er nunmehr in die aus Wort Gottes und Segensgebet bestehende Ehesegnung integriert war." (Schulz 291)

Für die theologisch nicht vorgebildeten Gemeindeglieder wird damit auch in den evangelischen Kirchen die Ehe geschlossen. Die bei Luther gegebene Spannung zwischen Ehe als „weltlichem Geschäft" und „göttlichem Stand" ist aufgegeben.

In der *reformierten Tradition* gehen sowohl bei Zwingli als auch bei Calvin Eheschließung und gottesdienstliches Handeln in eins.[7] Ist der Akt in Zürich sehr knapp gehalten – Frage nach Ehehindernissen, Mt 19,3–6, Erfragung des Ehekonsens und Ineinanderfügen der rechten Hände, Ermahnung in Anspielung auf Eph

7 H.-H. Jenssen, Die kirchliche Trauung – Geschichte und Theologie, in: H.-Ch. Schmidt-Lauber/M. Meyer-Blanck/K.-H. Bieritz (Hg.), Handbuch der Liturgik, Göttingen ³2003, 509–530, 514f.

5,21–33, längeres Gebet –, so sieht Calvin eine ausführliche, biblisch orientierte Belehrung zur christlichen Ehe vor.

Traupredigt als reformatorisches Novum

Allein die reformatorisch geforderte Mittelpunktstellung des biblischen Wortes Gottes initiiert eine bis heute reichende Veränderung des Traurituals. Noch vereinzelt im 16. Jahrhundert, allgemeiner werdend ab der Mitte des 17. Jahrhundert begegnet eine Predigt (bzw. Vermahnung) im Ritual.

Im Laufe der Zeit unterliegt die Traupredigt verschiedenen Wandlungen,[8] die die jeweiligen theologischen Ansichten widerspiegeln. Vergröbernd gesprochen vollzieht sich folgende Entwicklung:

von der biblisch bezogenen Ehestandspredigt bzw. -vermahnung

über die ethisch-moralische Belehrung zur Ehe, wobei bei vornehmeren Brautpaaren zunehmend auf deren persönliche Situation eingegangen wird,

hin zur primär am individuellen „Kasus“ orientierten Predigt.

Entsprechend der sonstigen Predigtentwicklung ist insgesamt eine Verkürzung der Predigtzeit zu beobachten.

## 4. Eheschluss als staatliche Aufgabe

Verstaatlichung des Eheschlusses

4.1 Eine grundlegende Veränderung ergibt sich für die Trauung beider Konfessionen durch die Verstaatlichung des Eheschlusses. Kleinheyer stellt wichtige Etappen knapp zusammen:

> Daß (sc. das tridentinische Dekret, Ch. G.) „Tametsi“ in Frankreich von Staats wegen verkündet wurde, 1579 in der Ordonnance von Blois, war symptomatisch für die künftigen Entwicklungen. Der Staat hält einen Akt des Staates als Ordnungsinstanz für notwendig, damit kirchliche Gesetzgebung vor Ort Rechtskraft bekommt. Nicht verwunderlich, daß es fast zur selben Zeit erstmals die Möglichkeit gibt, den Ehewillen vor einer nichtkirchlichen Instanz zu erklären, 1580 in den Niederlanden. In England gibt es unter Cromwell für einige Jahre (1653–1660) eine ähnliche Regelung. Noch vor Ausbruch der Französischen Revolution folgt Österreich mit dem Ehepatent des Kaisers Joseph II. (1783). König Ludwig XVI. ermöglicht es 1787 den französischen Protestanten, nicht mehr vor dem katholischen Pfarrer zur Eheschließung erscheinen zu müssen; seit 1685 waren sie dazu gezwungen gewesen. Fortan können sie ihre Ehe vor dem Standesbeamten schließen. (Kleinheyer 121)

Ein letzter wichtiger Schritt ist, dass die seit 1792 im revolutionären Frankreich bestehende Verpflichtung zur Ziviltrauung in den Code Civil von 1804 aufgenommen wird.

1875/76 wird dann die *obligatorische Zivilehe* im Deutschen Reich eingeführt. Es gelten damit folgende Bestimmungen:

Dem Eheschluss muss ein Aufgebot vor dem Standesamt vorausgehen;

---

8 Knapp, aber unter Erwähnung konkreter Beispiele zusammengefasst bei Prössdorf, Traueransprache 218–233.

die Ehe selbst ist in Gegenwart von zwei Zeugen durch Erklärung vor dem Standesbeamten zu schließen;

dies wird in das Heiratsregister eingetragen;

erst danach dürfen religiöse Feierlichkeiten folgen.

Die hier zum Ausdruck kommende Verstaatlichung des Eheschlusses bereitet sich seit langem vor.

Die *römisch-katholische Kirche* legt hiergegen nachhaltigen Protest ein: Papst Leo XIII. verfasst die Enzyklika „Arcanum divinae sapientiae" (1880) und noch 1953 wehrt sich die Deutsche Bischofskonferenz in ihrer Denkschrift zum Familienrechtsgesetzentwurf gegen die obligatorische Zivilehe. Bis heute erkennt die römisch-katholische Kirche für ihre Mitglieder eine nur zivilrechtlich geschlossene Ehe nicht an.

Trauung oder Gottesdienst anlässlich eines Eheschlusses?

4.2 Praktisch wirft die neue Situation auch in den *evangelischen Kirchen* Probleme auf. Zwar eröffnete Luthers Traubüchlein die Möglichkeit, der obligatorischen Zivilehe zuzustimmen. Von daher leisten – trotz anfänglicher Unsicherheit – evangelische Theologen keinen grundsätzlichen Widerstand gegen die genannte Personenstandsgesetzgebung. Das vor der Kirche Gehandelte wäre in das staatliche Standesamt zu verlegen. Ein Gottesdienst aus Anlass der Eheschließung, aber ohne deklaratorischen Charakter und ohne Kopulationsritus könnte folgen.

De facto behalten aber die liturgischen Ordnungen das bisherige, sich in nachreformatorischer Zeit gebildete Ineinander der beiden Teile bei, also von Deklaration und Kopulation sowie Segnung. Offensichtlich erweist sich die Tradition („Volkssitte") als übermächtig.

Darauf weist bereits die Entschließung der Konferenz der deutschen evangelischen Kirchenleitungen vom August 1880 in Eisenach hin:

1. Von der evangelischen Kirche ist rückhaltlos anzuerkennen, daß mit der nach staatlichem Gesetz erfolgten Eheschließung, was die Form der Eingehung betrifft, eine vollgültige Ehe entsteht.

2. Mit den bisherigen Trauungsformularen sind diejenigen Änderungen vorzunehmen, welche vorstehender Grundsatz erfordert. Im übrigen sind dieselben unverändert zu lassen.

3. Die Veränderungen in den Trauungsformularen sind [...] mit schonendster Berücksichtigung der bestehenden Volkssitte auf das Unerlässliche zu beschränken.

7. [...] Wo nach den geschichtlichen oder sonstigen besonderen Verhältnissen an der Zusammensprechung oder Bestätigung festgehalten werden muß, ist darauf zu achten, daß diese Formel im Zusammenhang der übrigen Inhalte des Trauungsformulars die genügende Erläuterung finde und, wo nötig, durch sonstige Belehrung vor Mißverständnis bewahrt werde. (zitiert bei Kleinheyer 122)

Ingesamt gelingt es nicht, die evangelischen Trauformulare entsprechend zu verändern. Die z. B. seit 1963 in der Sonderform Westfalen (zur EKU-Agende) verwendete Vollzugsformel zur Kopulation ist eindeutig: „Ich spreche euch zusammen in den heiligen christlichen Ehestand." (zitiert bei SCHULZ 293) Hier, nicht auf dem Standesamt, wird demnach die Ehe geschlossen – so verstehen es zumindest die nicht liturgiegeschichtlich gebildeten Gemeindeglieder. Konstruktionen, die für den Gottesdienst ein „Bekenntnis" (confessio) zur christlichen Ehe vorsehen und somit eine entsprechende Formulierung retten sollen, gehen nicht nur an der Rezeption durch die Gemeindeglieder vorbei. Angesichts der skizzierten Entwicklung des kirchlichen Handelns am Übergang im Leben anlässlich einer Eheschließung stellt sich die Frage: Kann theologisch von „christlicher" Ehe im Gegenüber zur „nur" zivilen gesprochen werden? Ist eine solche „christliche Ehe" mit der „im Herrn" geschlossenen und geführten Ehe der frühen Christen (die ohne kirchliches Ritual auskam) gleichzusetzen?

Auch in der evangelischen Kirche besteht demnach Klärungsbedarf. Die Alternativen sind: die Trauung eines Brautpaares im Sinn des Deklaratorischen, rituell in der Kopulation vollzogen, oder ein Gottesdienst anlässlich einer (staatlich vollzogenen) Eheschließung, in dem ein Ehepaar gesegnet und seine Ehe im Horizont des Evangeliums gedeutet wird. Ein Indikator für die Lösung ist die Anrede an das Paar. Werden sie als Eheleute mit den (neuen) Ehenamen oder als Brautleute mit ihren vorehelichen Namen angesprochen?

Vier Konzepte einer Theologie der Trauung

4.3 In der evangelischen Theologie lassen sich vier Versuche systematisieren, auf diesem Hintergrund ein tragfähiges Verständnis kirchlicher Trauung zu entwickeln:[9]

*„Kirchliche Trauung als Ergänzung und Vervollständigung der standesamtlichen Eheschließung".* Vertretern dieses Konzeptes gilt der Akt am Standesamt als rein formale, inhaltlich entleerte Handlung. Erst die kirchliche Eheschließung ist eine wirkliche Trauung.

*„Die kirchliche Trauung als wiederholende Interpretation der standesamtlichen Eheschließung".* Demnach hat die kirchliche Handlung die Aufgabe, durch die Wiederholung des bereits auf dem Standesamt Vollzogenen die hierin implizierten religiösen Momente ausdrücklich zur Darstellung zu bringen.

*„Die kirchliche Trauung als Bekenntnis zu einer im christlichen Glauben geführten Ehe".* Nach dieser Auffassung wird in der Kirche nicht das Jawort des Standesamtes wiederholt. Vielmehr legen die Eheleute das Bekenntnis zu einer christlichen Ehe ab.

*„Die kirchliche Trauung als liturgische und/oder diakonische Veranstaltung anlässlich der standesamtlichen Eheschließung".* Hier wird die staatliche Eheschließung als vollgültig respektiert. Die Gemeinde feiert anlässlich dessen einen Dank- und Bittgottesdienst. Bei diesem Konzept treten auch die lange Zeit beschwerlichen Fragen nach einer Zulassung zur Trauung zurück, da der Eheschluss bereits erfolgt ist.

9 Hierbei folge ich K.-H. LÜTCKE, Die Trauung, in: H.-D. BASTIAN/D. EMEIS/P. KRUSCHE/K.-H. LÜTCKE, Taufe, Trauung und Begräbnis. Didaktischer Leitfaden zum kirchlichen Handeln (GT.P 29), München 1978, 67–129, 70–72; diesem Abschnitt entstammen auch die folgenden Zitate.

## 5. Zusammenfassung

*Die rituelle Begleitung des Eheschlusses in der Kirche ist Resultat eines langen verschlungenen Entwicklungsprozesses.* Ursprünglich in der Familie angesiedelt, vom Vater durch Segen, Übergabe der Braut und Vertragsabschluss vollzogen, lösen langsam die Priester die Hausväter ab. U.a. die durch das römische Konsens-Prinzip entstehenden Probleme mit klandestinen Ehen fördern die Bedeutung des Handelns in der Öffentlichkeit, eine Aufgabe, die im Mittelalter selbstverständlich der Kirche zufällt. Erst ab 1876 ersetzt in Deutschland der Staat mit seinen Standesbeamten die Priester bzw. Pfarrer als eheschließende Instanz. Die zuvor mehrere hundert Jahre umfassende Praxis kirchlicher Trauung wirkt aber nicht nur im Bewusstsein der Menschen, sondern auch in den Agenden bis in die Gegenwart nach.

Vom biblischen Befund her ist noch auf ein Problem hinzuweisen, das in den konfessionellen Auseinandersetzungen um Eheverständnis und -schluss schnell vergessen wird. Im Neuen Testament steht die *Lebensform der Ehelosigkeit* mindestens gleichberechtigt neben der Ehe. Wegen der historisch verständlichen Abgrenzung gegenüber problematischen Mönchs- und Nonnengelübden findet diese Perspektive in den evangelischen Kirchen keine Beachtung.

# § 24 Heutige Praxis

Literatur: R. Battes, Eherecht IV. Staatlich, in: LKStKR Bd. 1 (2000), 534–538 – H. Engstler/S. Menning, Die Familie im Spiegel der amtlichen Statistik. Lebensformen, Familienstrukturen, wirtschaftliche Situation der Familien und familiendemographische Entwicklung in Deutschland, o. O. (erweiterte Neuauflage) 2003 – Ch. Grethlein, Grundfragen der Liturgik. Ein Studienbuch zur zeitgemäßen Gottesdienstgestaltung, Gütersloh 2001, 221–243 – S. Hell, Die konfessionsverschiedene Ehe. Vom Problemfall zum verbindenden Modell, Freiburg 1998 – Kirchenkanzlei der UEK (Hg.), Trauung. Agende für die Union Evangelischer Kirchen in der EKD Bd. 4, Bielefeld 2006 – Kirchenleitung der Vereinigten Evangelisch-Lutherischen Kirche Deutschlands (Hg.), Agende für Evangelisch-Lutherische Kirchen und Gemeinden, Bd. III Die Amtshandlungen Teil 2 Die Trauung, Hannover 1988 – Leitlinien des kirchlichen Lebens der Vereinigten Evangelisch-Lutherischen Kirche Deutschlands. Handreichung für eine kirchliche Lebensordnung, Gütersloh 2003 – R. Nave-Herz, Die Hochzeit. Ihre heutige Sinnzuschreibung seitens der Eheschließenden. Eine empirisch-soziologische Studie (Religion in der Gesellschaft 5), Würzburg 1997 – H. Ziebritzki, Der Traugottesdienst im Kontext der Hochzeit, in: Ders. (Hg.), Traugottesdienste gestalten (Dienst am Wort 88), Göttingen $^{2}$2006, 31–36.

Bei der Ehe gibt zum einen die staatliche Gesetzgebung die Rahmenbedingungen für kirchliches Handeln vor, zum anderen ist die staatliche Ehenorm christlich geprägt.

Ein Blick in die Statistik zeigt, dass diese Norm und die Lebenswirklichkeit bei einer zunehmenden Zahl von Menschen auseinander treten. Die steigenden Scheidungszahlen und die Zurückhaltung beim Eheschluss lassen vermuten, dass es den Kirchen nur noch teilweise gelingt, die Trauung als Kontaktstelle zwischen persönlichem Leben und Evangelium bzw. Lebenswelt und Kirche zu inszenieren.

Von allen Kasualien scheint hier der Innovationsbedarf am größten zu sein. Dabei geht es nicht nur um Reformen der liturgischen und seelsorgerlichen Praxis; vielmehr stellt sich die grundsätzliche Frage: Welche Bedeutung hat das Evangelium für die persönliche Lebensgestaltung im intimsten Bereich?

## 1. Rechtlicher Rahmen

Mit der von Bismarck durchgesetzten Personenstandsgesetzgebung von 1875 ist seit 1.1.1876 im Deutschen Reich und seinen Rechtsnachfolgern die standesamtliche Eheschließung verpflichtend (sog. obligatorische Zivilehe). Ein Pfarrer darf nur dann ein Paar trauen, wenn es die standesamtliche Eheschließung nachweist. Von daher bildet die staatliche Gesetzgebung den Rahmen, innerhalb dessen die Kirche in Deutschland kasuell handeln kann. Zwar können Religionsgemeinschaften neben den staatlichen Regelungen für ihre Mitglieder eigene Bestimmungen erlassen, doch sind diese für das zivile Leben ohne Bedeutung. So verbietet z. B. die römisch-katholische Kirche die Ehescheidung. Trotzdem ist es für Katholiken möglich, sich (staatlich) scheiden zu lassen. Dass sie bei einer Wiederverheiratung bis heute von der Eucharistiefeier ausgeschlossen sind, ist wiederum eine kirchenrechtliche Bestimmung – ohne jede Auswirkung im staatlichen Bereich.

Eheschließung als Menschenrecht

1.1 Die große Bedeutung von Ehe für den Staat und die Gesellschaft geht daraus hervor, dass sie in *Verfassungstexten* thematisiert wird (Battes):

So hat nach Art. 12 der Europäischen Menschenrechtskonvention jede Person im heiratsfähigen Alter das Recht auf Eheschließung.

Das Grundgesetz bestimmt in Art. 6,1: „Ehe und Familie stehen unter dem besonderen Schutze der staatlichen Ordnung."

Von daher hat also der Staat kein Recht dazu, etwa die Ehe als Institution aufzuheben oder andere Lebensformen ihr gegenüber zu privilegieren (z. B. im Steuerrecht). Vielmehr gilt die Ehe als etwas dem Staat Vorausliegendes, was dieser zu schützen hat.

Indirekt betrifft noch Art. 3,2 des Grundgesetzes die Ehe, der die Gleichberechtigung von Mann und Frau bestimmt (auch aus Art. 14 der Europäischen Menschenrechtskonvention ableitbar, dem Antidiskriminierungsverbot). Überkommene Rollenzuweisungen werden dadurch in Frage gestellt.

Christliche Prägung des deutschen Eherechts

1.2 Im Einzelnen beziehen sich die §§ 1297–1588 des *Bürgerlichen Gesetzbuches* auf die Ehe. Hier werden die materiellen und verfahrensmäßigen Voraussetzungen eines Eheschlusses, die gegenseitigen Verpflichtungen der Ehegatten sowie Gründe, Verfahren und Folgen einer Scheidung geregelt, auch in vermögensrechtlicher Hinsicht.

Nicht zuletzt für das Führen eines Traugesprächs, aber auch für die Seelsorge anlässlich des Scheiterns einer Ehe sind gewisse Grundkenntnisse hieraus für Pfarrer und Pfarrerinnen empfehlenswert. Insgesamt ist in der Bundesrepublik – wie z.B. ein Vergleich mit dem früheren DDR-Recht und seinen einfachen Scheidungsmodalitäten zeigt – das Gesamtverständnis von Ehe und einzelner Vorschriften stark von der christlichen Tradition geprägt. Von daher erscheint eine Betonung des Bekenntnisses für die „christliche Ehe" in einer kirchlichen Trauung schwierig. Wesentliche biblische Perspektiven zur Ehe, ihre Dauerhaftigkeit sowie die alle Lebensvollzüge umfassende Ganzheit, finden sich im staatlichen Eherecht (Ausnahme: Gütertrennung, die aber durch ein im Gottesdienst abgegebenes Eheversprechen nicht rückgängig gemacht wird).

Eheliche Lebensgemeinschaft

Grundlegend wird in § 1353 die „eheliche Lebensgemeinschaft" bestimmt:

(1) Die Ehe wird auf Lebenszeit geschlossen. Die Ehegatten sind einander zur ehelichen Lebensgemeinschaft verpflichtet; sie tragen füreinander Verantwortung.

(2) Ein Ehegatte ist nicht verpflichtet, dem Verlangen des anderen Ehegatten nach Herstellung der Gemeinschaft Folge zu leisten, wenn sich das Verlangen als Missbrauch seines Rechts darstellt oder wenn die Ehe gescheitert ist.

In weiteren Paragraphen wird diese Grundbestimmung weiter ausgelegt.[10] Demnach umfasst die eheliche Lebensgemeinschaft die „Pflicht zur häuslichen Gemeinschaft", den „Anspruch auf gegenseitige Achtung und Beteiligung an den gemeinschaftlichen Angelegenheiten", die „Beistandsgemeinschaft", die „Rücksichtsgemeinschaft" und die „Geschlechtsgemeinschaft mit Ausschließlichkeitscharakter".

Gleichberechtigung der Ehepartner

Klar ist die Gleichberechtigung der beiden Eheleute geregelt. So heißt es z.B. zu Haushaltsführung und Erwerbstätigkeit in § 1356:

(1) Die Ehegatten regeln die Haushaltsführung im gegenseitigen Einvernehmen. Ist die Haushaltsführung einem der Ehegatten überlassen, so leitet dieser den Haushalt in eigener Verantwortung.

(2) Beide Ehegatten sind berechtigt, erwerbstätig zu sein. Bei der Wahl und Ausübung einer Erwerbstätigkeit haben sie auf die Belange des anderen Ehegatten und der Familie gebotene Rücksicht zu nehmen.

Und § 1360:

Die Ehegatten sind einander verpflichtet, durch ihre Arbeit und mit ihrem Vermögen die Familie angemessen zu unterhalten. Ist einem Ehegatten die Haushaltsführung überlassen, so erfüllt er seine Verpflichtung, durch Arbeit zum Unterhalt der Familie beizutragen, in der Regel durch die Führung des Haushalts.

10 Ich folge der kommentierenden Zusammenfassung von R. Kemper in: R. Schulze (Schriftleitung), Bürgerliches Gesetzbuch. Handkommentar, Baden-Baden $^{4}$2005, 1384f.

Bestimmungen zur Ehescheidung

Auch die Bestimmungen zur Ehescheidung weisen darauf hin, dass der Staat dem Erhalt der Ehe hohe Bedeutung beimisst. § 1565 nennt das „Scheitern der Ehe“ als einzigen Scheidungsgrund („Zerrüttungsprinzip“):

(1) Eine Ehe kann geschieden werden, wenn sie gescheitert ist. Die Ehe ist gescheitert, wenn die Lebensgemeinschaft der Ehegatten nicht mehr besteht und nicht erwartet werden kann, dass die Ehegatten sie wiederherstellen.

(2) Leben die Ehegatten noch nicht ein Jahr getrennt, so kann die Ehe nur geschieden werden, wenn die Fortsetzung der Ehe für den Antragsteller aus Gründen, die in der Person des anderen Ehegatten liegen, eine unzumutbare Härte darstellen würde.

Mit § 1568 gibt es sogar eine Härteklausel, die – in allerdings seltenen Fällen – eine Scheidung verbietet.

Auch die mannigfaltigen Regelungen zum Unterhalt des geschiedenen Ehegatten (§§ 1569–1586) zeigen die weit reichenden Folgen der Ehe. So geht etwa bei konkurrierenden Unterhaltsansprüchen die Forderung des geschiedenen Ehegatten dem des neuen (in der Regel) vor (§ 1582). Umgekehrt führt eine Wiederverheiratung bzw. Begründung einer Lebenspartnerschaft zum Erlöschen des Unterhaltsanspruchs (§ 1586), weil dann die neue Beziehung mit ihrer Solidaritätsverpflichtung an die Stelle der alten tritt. Nicht selten wird durch eine Scheidung auf Grund der Folgekosten der Lebensstandard des besser verdienenden Partners erheblich eingeschränkt.

Sonderproblem: Gütertrennung

Doch stehen Möglichkeiten, durch einen Ehevertrag die wirtschaftlichen Verhältnisse zu ordnen, in Spannung zum umfassenden Eheverständnis der christlichen Tradition.

Es wird zwischen gesetzlichem und vertraglichem Güterrecht unterschieden, wobei bei letzterem Gütertrennung oder -gemeinschaft gewählt werden können. Bei der Gütertrennung stehen sich die Eheleute wie Nichtverheiratete gegenüber, sie klammern also den ökonomischen Teil aus ihrer Ehe aus. Ob es sich dabei noch um eine Ehe im christlichen Verständnis handelt, kann zumindest gefragt werden. Auch rechtlich tauchen hier immer wieder Probleme auf, die durch diffizile Konstruktionen im Sinne der Einzelfallgerechtigkeit bearbeitet werden.[11]

## 2. Statistische Befunde

Familienstand der Deutschen

2.1 *Die sich in den statistischen Befunden* (s. insgesamt Engstler/Menning) *niederschlagende Lebenswirklichkeit steht in Spannung zu dem soeben skizzierten rechtlichen Rahmen*, und zwar in doppelter Hinsicht:

Die Zahl der Menschen, die nicht heiraten, nimmt zu;
die Zahl der Scheidungen steigt.

11 Kemper, Bürgerliches Gesetzbuch 1450.

Zwar gilt noch immer, dass die meisten erwachsenen Deutschen (über 18 Jahre) verheiratet sind:
2003 sind 59,6 % der Männer und 55,4 % der Frauen verheiratet;
11,5 % der Männer und 6,7 % der Frauen leben ledig bei den Eltern bzw. einem Elternteil;
7,2 % der Männer und 6,6 % der Frauen leben unverheiratet mit einem Partner zusammen;
1,2 % der Männer und 6,0 % der Frauen sind alleinerziehend.

Dabei stellt sich dies in einzelnen Altersgruppen z. T. erheblich anders dar, z. B.:
71,4 % der Männer sowie 55,3 % der Frauen zwischen 18 und 24 leben ledig bei den Eltern/einem Elternteil;
81,3 % der Männer zwischen 65 und 74 sowie 72,4 % der Frauen zwischen 55 und 64 Jahren leben verheiratet mit der Partnerin/dem Partner zusammen;
16,8 % der 25–29jährigen Männer und 19,2 % der gleichaltrigen Frauen leben unverheiratet in einer Paarbeziehung.

Rückgang der Eheschließungen

Doch nimmt die Zahl der *Eheschließungen* insgesamt signifikant ab. Dies hat mehrer Gründe:

Zum Ersten steigt das Erstheiratsalter. Dass dieses Durchschnittsalter von den jeweiligen gesellschaftlichen Konstellationen abhängt, zeigen die erheblichen Veränderungen in der Zeit nach dem Zweiten Weltkrieg, wobei im Folgenden die ersten beiden Zahlen das Erstheiratsalter der west- bzw. ostdeutschen Männer, die beiden folgenden das der west- bzw. ostdeutschen Frauen angeben:
1950: 28,1; 26,1; 25,4; 24,0
1960: 25,9; 23,9; 23,7; 22,5
1970: 25,6; 24,0; 23,0; 21,9
1980: 26,1; 23,9; 23,4; 21,8
1990: 28,4; 25,8; 25,9; 23,7 (für die beiden letzten Zahlen ist 1989 das Bezugsjahr)
2000: 31,3; 30,7; 28,5; 28,0

Heribert Engstler und Sonja Menning interpretieren:

Als sich die ökonomische Lage und die Wohnungsversorgung etwas verbesserte, gab es um 1950 einen ersten Heiratsboom, hauptsächlich genährt von den nachgeholten Eheschließungen und den Folgeehen der vielen Verwitweten und Geschiedenen [...] Mehr und mehr wurde das Heiratsgeschehen dann bestimmt von der altersmäßigen Vorverlagerung der Eheschließungen Lediger und dem Rückgang derer, die unverheiratet blieben [...] Der Trend zu immer jüngeren Brautpaaren hielt noch bis Mitte der 1970er Jahre und führte dazu, dass die Paare, die Mitte der 1970er Jahre geheiratet haben, die im Durchschnitt jüngsten Eheschließenden des 20. Jahrhunderts waren. [...] Seither hat sich in beiden Teilen Deutschlands – wie in fast allen EU-Ländern – der Alterstrend umgekehrt. Es wird später geheiratet. [...]

Zum Anstieg des Erstheiratsalters tragen verschiedene Gründe bei. Die Ausbildungszeiten haben sich verlängert, das Alter bis zur beruflichen Etablierung hat sich erhöht. Die meisten Paare leben heute bereits vor der Eheschließung einige Jahre zusammen. Der Beginn der Elternschaft erfolgt immer später, und mehr Paare heiraten erst nach der Geburt eines Kindes. (Engstler/Menning 63 und 66)

Zunahme der Unverheirateten

Zum Zweiten nimmt der Anteil der Menschen zu, die gar nicht heiraten.

> Ende 1999 waren im Alter von 40 bis 44 Jahren 18 Prozent der Männer und 11 Prozent der Frauen noch ledig, im Westen etwas mehr, im Osten deutlich weniger [...] Allein seit 1991 hat die Ledigenquote in diesem Alter bei den Männern um 6 Prozentpunkte, bei den Frauen um 5 Prozentpunkte zugenommen. Der noch stärkere Anstieg bei den um fünf Jahre Jüngeren deutet auf eine weitere Zunahme der langfristig bis dauerhaft ledig bleibenden Männer und Frauen hin. (ENGSTLER/MENNING 67)

Dafür spricht auch, dass vor allem in Westdeutschland die 35- bis 44-Jährigen mit Hochschulabschluss die höchste Ledigenquote haben. Denn der Anteil der Hochschulabsolventen pro Jahrgang steigt.

Schließlich sinkt – was zunehmend Bedeutung hat – der Anteil der Geschiedenen, die noch einmal eine Ehe eingehen: Im früheren Bundesgebiet beträgt die Wiederheiratsziffer 1990 bei Frauen 65 %, bei Männern 63 %, 1997 55 % bzw. 61 % (ENGSTLER/MENNING 69).

Zunahme der Scheidungen

Eindeutig ist die Entwicklung bei den *Ehescheidungen.* Nach einem kurzen Anstieg der Scheidungen in Folge der durch den Zweiten Weltkrieg ausgelösten Wirren – 1950 enden durchschnittlich 26,3 von 100 Ehen durch Scheidung – ist zunächst die Scheidungsquote im früheren Bundesgebiet eher gering. 1960 werden z.B. 14,2 % der aufgelösten Ehen durch Scheidung beendet. Dass hierzu auch das bereits skizzierte Eherecht beiträgt, lässt ein Vergleich mit den höheren Scheidungsziffern in der DDR vermuten (dort 1960: 18,8 %).

Seitdem nimmt die Zahl der geschiedenen Ehen stetig zu. Im Folgenden bezieht sich die erste Zahl auf West-, die zweite auf Ostdeutschland:
1970: 18,5; 20,2
1980: 23,6; 31,2
1990: 29,9; 38,4 (bei letzter Zahl ist das Bezugsjahr 1989)
2000: 37,2; 32,5

So endet gegenwärtig über ein Drittel der Ehen in Deutschland durch Scheidung, mit steigender Tendenz.

Rückgang der Trauungen

2.2 Ebenfalls erhebliche Veränderungen zeigen die *Daten der kirchlichen Statistiken.*[12]

Seit längerem nimmt sowohl die absolute Zahl der kirchlichen Trauungen als auch deren Anteil am Gesamt der Eheschließungen ab, wobei der Rückgang auf katholischer Seite noch schneller voranschreitet.

12 Die im Folgenden verwendeten Daten entstammen den Angaben des Kirchenamts der EKD bzw. des Sekretariats der deutschen Bischofskonferenz. Das methodische Problem, dass ihre Erhebungsform voneinander abweicht, sei genannt; angesichts des vorherrschenden Interesses an Tendenzen kann es vernachlässigt werden.

Im Folgenden nennt die erste Ziffer die Gesamtzahl der Eheschließungen, die zweite die Zahl der evangelischen, die dritte die der katholischen Trauungen, wobei jeweils der prozentuale Anteil am Gesamt der Eheschließungen in Klammern gesetzt wird:
1990: 516.388; 103.627 (20,1); 116.332 (22,5)
1995: 430.534; 81.083 (18,8); 86.456 (20,1)
2000: 418.550; 63.643 (15,2); 64.383 (15,4)
2003: 382.911; 56.094 (14,6); 50.885 (13,3)

Demnach reduziert sich der Anteil der kirchlichen Trauungen am Gesamt der Eheschließungen zwischen 1990 und 2003 von 42,6 % auf 27,9 %. Weitere Vergleiche zeigen, dass sich der prozentuale Anteil der katholischen Trauungen von Anfang der 90er Jahre bis heute fast halbiert, der der evangelischen Trauungen um etwa ein Drittel vermindert hat.

Zurückgehende konfessionelle Homogenität der Brautpaare

Dazu steht zumindest eine Analyse der Binnenstruktur der Trauungen in Spannung. Denn die Zahl der konfessionell einheitlichen Rituale geht zurück, die der gemischt konfessionellen bleibt etwa gleich; dagegen steigt die Zahl der Trauungen, bei denen ein Partner kein Mitglied der beiden großen Kirchen ist, meist also konfessionslos.[13]

Im Folgenden nennt das erste Zahlenpaar den Anteil an den kirchlichen Trauungen, den konfessionell homogene Paare bilden (zuerst evangelisch-evangelisch, dann katholisch-katholisch); das zweite Paar nennt die evangelisch-katholischen Trauungen (zuerst in evangelischen, dann in katholischen Kirchen); es folgt der prozentuale Anteil der Trauungen, an denen ein sonstiger Partner beteiligt ist:
1983: 67,8 %; 71,9 %. 31,0 %; 26,3 %. 3,8 %; 1,8 %.
1989: 68,7 %; 70,1 %. 32,7 %; 27,1 %. 5,4 %; 2,7 %.
1994: 69,0 %; 68,5 %. 32,6 %; 26,6 %. 8,5 %; 4,9 %.
1999: 61,5 %; 65,9 %. 27,2 %; 26,2 %. 14,0 %; 7,9 %.

*Trauungen bewegen sich demnach in den letzten zwanzig Jahren langsam aus einem eindeutigen konfessionellen Milieu hinaus. Jede zehnte Trauung findet mittlerweile mit einem Paar statt, bei dem ein Partner weder evangelisch noch katholisch, meist konfessionslos ist.*

## 3. Kirchliche Bestimmungen und Agenden

Die kirchlichen Bestimmungen zu Ehe und Trauung können als Versuch gelesen werden, die eigenen Traditionen in ein Verhältnis zu dem sich verändernden Verhal-

13 Mir liegen nur genauere Daten für die evangelische Seite vor. Demnach steigt innerhalb der „Sonstigen“ der Anteil der „Nichtchristlichen“ gegenüber den „Anderschristlichen“ steil an. 1983 stehen noch 1.516 Trauungen mit einem „anderschristlichen“ 1.999 Trauungen mit einem „nichtchristlichen“ Partner gegenüber, 1999 sind dies schon 1.853 zu 7.526 Trauungen.

ten der Menschen zu setzen. Dabei schlagen evangelische und katholische Kirche unterschiedliche Weg ein. Auf die Bestimmungen letzterer wird jeweils kurz insoweit hingewiesen, als sie von Bedeutung für sog. konfessionsübergreifende Ehen (früher Mischehen genannt) sind.

3.1 In den neuen kirchlichen Lebensordnungen bzw. gesetzlichen Bestimmungen der evangelischen Landeskirchen ist deutlich das Bemühen zu spüren, an der Tradition sowohl in Hinsicht auf Kirchenlehre als auch Riten festzuhalten:

Ehe als Leitbild

So konstatieren die 2002 fertig gestellten Leitlinien des kirchlichen Lebens der *VELKD* nach mehreren Anläufen, in denen andere Lebensformen genannt werden: „In der evangelisch-lutherischen Kirche bleibt die Ehe das Leitbild für das Zusammenleben von Mann und Frau.“ (Leitlinien 50)

Ungenauer Rückgriff auf die Tradition

Zur Einleitung der *lutherischen Agende* findet sich ein kurzer, dem Evangelischen Gemeindekatechismus entnommener Abriss der Entwicklung von Eheschließung und Trauung. Hier heißt es zur Gegenwart:

> – Der Staat, der bereits seit der Aufklärung das Eheschließungsrecht für sich in Anspruch genommen hat, übernimmt durch die Zivilstandsgesetzgebung auch den Vollzug der Eheschließung. Dabei bleibt der Konsens der Eheleute allein ehebegründend. Der Staat übernimmt lediglich die Deklaration der Eheschließung.
>
> – Die kirchliche Handlung gewinnt ihre eigentliche Bedeutung zurück: Im Mittelpunkt stehen die Schriftworte zur Ehe, die Traufragen als Bekenntnis (confessio) zur christlichen Eheführung und die Segnung. (Agende III/2, 13)

Es ist offensichtlich, dass hier das Bekenntnis („confessio“) zur christlichen Eheführung, das die Reformatoren nicht kennen, den in der Tat sonst auf die Reformation zurückführbaren Elementen hinzugefügt wird.

Ungeklärte Grundsatzfrage: Verhältnis standesamtliche Eheschließung – kirchliche Trauung

Die damit gegebene Ungenauigkeit, die die Spannung zwischen rechtlicher Situation seit 1875 und vorher herausgebildetem kirchlichen Ritual kaschieren soll, tritt noch problematischer bei der folgenden Verhältnisbestimmung von Eheschließung und kirchlicher Trauung zu Tage. Hier versucht die lutherische Kirchenleitung noch einmal, die überkommene Form zu begründen: „Der tiefste Grund für die kirchliche Trauung liegt darin, daß hier das Eheversprechen vor dem Angesicht Gottes, das heißt ganz bewusst in der Verantwortung vor dem allmächtigen Schöpfer und im Vertrauen auf seine Hilfe gegeben wird.“ (Agende III/2, 14)

Es fällt auf, dass der VELKD-Text nur auf die primärreligiös anschließbare Seite des Handelns Gottes Bezug nimmt. Dazu stellt sich die Frage: Geben Christen ihr Eheversprechen vor dem Standesamt etwa nicht „vor dem Angesicht Gottes“?

Das darin sich ausdrückende Problem begegnet wieder im liturgischen Formular, und zwar in dessen Differenzierung:

In Form A wird Folgendes erfragt, wobei bei dem Ehepartner, der den Namen des andern angenommen hat „der Geburtsname mit ‚geborene/geborener' genannt" wird:

„N. N., willst du N. N., die Gott dir anvertraut, als deine Ehefrau lieben und ehren und die Ehe mit ihr nach Gottes Gebot und Verheißung führen – in guten und in bösen Tagen –, bis der Tod euch scheidet, so antworte: Ja, mit Gottes Hilfe."

Form B sieht dagegen eine gegenseitige Erklärung vor:

„N., ich nehme dich als meine Ehefrau aus Gottes Hand.

Ich will dich lieben und achten, dir vertrauen und treu sein.

Ich will dir helfen und für dich sorgen, will dir vergeben, wie Gott uns vergibt.

Ich will zusammen mit dir Gott und den Menschen dienen. Solange wir leben. Dazu helfe mir Gott." (Agende III/2, 31 bzw. 32)

In Form A kann also die kirchliche Handlung als „eigentliche" Trauung verstanden werden. Allerdings fehlt bei der anschließenden Ringübergabe die in früheren Agenden damit verbundene Kopulationsformel (1964 noch fakultativ: „Im Namen des Dreieinigen Gottes spreche ich euch zusammen").

Ein ähnliches Nebeneinander einer stärker im konfessorischen Verständnis verhafteten Form der Trauung und der Form einer Segnung des Ehepaares findet sich in der neuen Trauagende der *UEK*, die 2006 veröffentlicht wurde. Hier stehen drei Formen nebeneinander:

Form IA behält die bei Luther zur Eheschließung vor der Kirchentür gehörenden Traugesten (Ringübergabe, Zusammenfügen der Hände mit Votum Mt 19,6) bei und versteht den Traugottesdienst als theologisch qualifizierte kirchliche Eheschließung, komplementär zur standesamtlichen Eheschließung.
Form IB verknüpft Traugesten und Trausegnung so dicht miteinander, dass deutlich erkennbar die Eheleute in ihrer Gemeinschaft gesegnet werden. Auch hier ergibt sich das Erscheinungsbild einer durch den Segensgestus geistlich vertieften Eheschließung, komplementär zur standesamtlichen Eheschließung.
Form II betont mit Luther die Segnung der Eheleute als die Besonderheit des evangelischen Traugottesdienstes. Deshalb werden die Traugesten aus der kopulativen Eheschließung nicht umgedeutet, sondern weggelassen, um zu vermeiden, dass das kirchliche Handeln als Überhöhung einer staatlichen Eheschließung und damit als eigenständige kirchliche Eheschließung verstanden werden kann. (Trauung 31)

Keine einheitliche Form evangelischer Trauung

Demnach ist es also bis heute in den evangelischen Kirchen nicht gelungen, eine einheitliche Form der Trauung zu entwickeln. Sowohl Inhalt der Trauung – „Bekenntnis" zu christlicher Ehe oder Segnung eines Ehepaares – als auch ritueller Vollzug – Traufragen und Kopulation oder bloße Segnung – sind strittig. Während Form II der UEK-Agende der rechtlichen Situation seit 1875 sowie der längsten Zeit der Christentumsgeschichte Rechnung trägt, wird in der Form IA und IB ein Ritual vorgeschlagen, das so tut, als habe der Akt auf dem Standesamt noch nicht stattgefunden.

Die *römisch-katholische Regelung* ist demgegenüber eindeutig.[14] Nach can. 1108 § 1 CIC (1983) bewirkt erst die kirchliche Trauung vor einem Geistlichen (Priester oder Diakon) und zwei Zeugen einen gültigen Eheschluss. Nach can. 1112 § 1 ist diese Handlung unter Getauften zugleich ein Sakrament, wobei sie nach can. 1057 § 2 sich dieses gegenseitig spenden. Von daher sind Konsenserfragung, Kopulation und Deklaration selbstverständliche Elemente des Trauritus.

Pluralisierung der Trauung

3.2 Bereits die VELKD-Agende von 1988 lässt durch die fakultativen Stücke, aber vor allem *die zur Trauagende hinzugefügten Formulare* - „Gottesdienst zum Gedenktag der Trauung“, „Gemeinsame kirchliche Trauung“, „Gottesdienst anlässlich der Eheschließung zwischen einem evangelischen Christen und einem Nichtchristen“ – etwas von der in der Praxis sich vollziehenden Pluralisierung der Kasualie ahnen.

Auch die neue UEK-Agende berücksichtigt eigens „Textsequenzen für Taufe und Abendmahl“, die „Gemeinsame Feier der kirchlichen Trauung“ und den „Gottesdienst zum Ehejubiläum“. Bei Ehen mit Nichtgetauften oder Ausgetretenen empfiehlt sie, sich an dem üblichen Trauungsformular zu orientieren und je nach Spezifik Zumutungen oder Überforderungen zu vermeiden:

> Die notwendige Anpassung an den besonderen Kasus erfolgt in den liturgischen Texten. Da zum Kreis der Nichtchristen Juden und Muslime, Angehörige anderer Religionen, aber auch Freireligiöse und Areligiöse gehören, ist es notwendig, bei den gottesdienstlichen Texten entsprechend der spezifischen Situation zu differenzieren. Das gilt auch, wenn aus der Kirche Ausgetretene, also Getaufte, anzusprechen sind. (Trauung 42)

Durch die Einleitung und den ausführlichen Anhang, der z. B. ein eigenes Kapitel zum Sonderproblem der Eheschließung eines evangelischen mit einem orthodoxen Christen behandelt, ist hier ein Werkbuch zur Trauung entstanden, das mancherlei innovative Impulse gibt.

Trauung und Taufe

Praxisnah sind schließlich die Hinweise zur Trauung mit Taufe. Hier werden zwei Verknüpfungen angeboten: „Taufe eines Ehepartners“ und „Trauung sowie Taufe eines Kindes“. In beiden Fällen werden beide Handlungen aneinandergereiht, ohne dass es zu einem integrierten Ritual kommt. Dabei hat eindeutig die Trauung das Hauptgewicht – in ihrem Teil ist z. B. die Predigt platziert. Insofern ist zwar das Formular begrüßenswert, weil es vor allem im Fall der Taufe eines Kindes nicht selten vorkommenden Lebenssituationen entspricht. Es ist aber zugleich ein Ausdruck der bereits anderweitig beobachteten Marginalisierung der Taufe. Hier ist die unbestreitbare Spannung zwischen theologischer Einsicht in die höhere Bedeutung der Taufe und dem primären Interesse der Menschen an der Trauung einseitig aufgelöst. Es wäre zu überlegen, ob nicht bei der Taufe eines Kindes eine deutliche Tauferinnerung bei der Trauung zum einen beide Akte integrieren und die Bedeutung der Taufe unterstreichen könnte. Die Seg-

14 B. Laukemper-Isermann, Trauung II. Katholisch, in: LKStKR Bd. 3 (2004), 697 f.

nung der Brautleute, etwa in Form einer Bekreuzigung der Stirn unter Verwendung des Taufwassers, wäre solch ein eindrückliches Zeichen, das zudem die „im Herrn" gegebene Gemeinsamkeit zwischen den Familienangehörigen zum Ausdruck bringt.

3.3 Besondere Beachtung verdient die *sog. ökumenische Trauung*, also die Trauung eines Paares, bei dem der eine Partner katholisch, der andere evangelisch ist; seit längerem liegt nämlich – wie gezeigt – bei einem Viertel bis einem Drittel der kirchlichen Trauungen solch eine Konstellation vor.

Zwei Formulare der „Gemeinsamen Trauung"

Seit 1971 gibt es in Deutschland eine von der Deutschen Bischofskonferenz und dem Rat der EKD gemeinsam herausgegebene „Gemeinsame kirchliche Trauung", die zwei Formulare enthält: „Gemeinsame Trauung in evangelischer Kirche nach evangelischem Ritus" und „Gemeinsame Trauung in katholischer Kirche nach katholischem Ritus", wobei jeweils ein Trauungsberechtigter der anderen Kirche mitwirkt. 1995 wird dann – nach der Revision der evangelischen Trauagende und der des römisch-katholischen Traurituals – diese Veröffentlichung überarbeitet; es entsteht die Handagende „Ordnung der kirchlichen Trauung für konfessionsverschiedene Paare unter Beteiligung der zur Trauung Berechtigten beider Kirchen". Damit liegen zwei konfessionelle Agenden vor, die in Struktur und einzelnen Texten weitgehend übereinstimmen. Die Aufteilung der einzelnen liturgischen Stücke ist nicht mehr (wie 1971) schematisch, sondern funktionsorientiert. So spricht der Priester (bzw. Kaplan, Vikar, Diakon) in der katholischen Kirche Ringsegen, Aufforderung zum Konsens, Konsenserklärung und Deklarationsformel; in der evangelischen Kirche übernimmt die Pfarrerin/der Pfarrer (bzw. Vikar/Vikarin, Pfarrdiakon/Pfarrdiakonin, beauftragter Prädikant/beauftragte Prädikantin) Lesen des Predigttextes, Ringübergabe, Abnehmen des Trauversprechens, Trauvotum und Segensgebet.

Katholisches Verbot und Dispens

Allerdings ist zu beachten, dass der Eheschluss mit einem evangelischen Partner für einen Katholiken bzw. eine Katholikin nicht unerheblichen Auflagen unterliegt: Nach dem Codex Iuris Canonici von 1983 ist die Eheschließung zwischen einem Katholiken und einem Partner, der einer anderen Kirche oder – so die katholische Begrifflichkeit für evangelische Kirchen – einer kirchlichen Gemeinschaft angehört, ohne ausdrückliche Erlaubnis verboten (c. 1124). Eine solche kann der Ortsordinarius (Bischof) bzw. sein Vertreter erteilen. Allerdings muss dazu der katholische Partner u. a. versprechen, dass er nach Kräften alles tun wird, damit die eventuellen Kinder in der katholischen Kirche getauft und katholisch erzogen werden. Darüber hinaus sind beiden Brautleuten die Zwecke und Wesenseigenschaften der Ehe nach katholischem Verständnis darzulegen, die von keinem der beiden Eheschließenden ausgeschlossen werden dürfen. Abgesehen von der Aufhebung des Verbots einer solchen Ehe kann in Einzelfällen auch ganz von der Formpflicht befreit werden. Dies ist möglich, wenn es sonst zu einem schweren Gewissenskonflikt des (evangelischen) Partners kommt, wenn die katholische Eheschließung auf Ablehnung bei ihm oder seinen Angehörigen stößt usw.

Tauferinnerung am Beginn der Gemeinsamen Trauung

Ein Vergleich zwischen den beiden Formularen ergibt eine kasualtheoretisch interessante Besonderheit des Traurituals in einer katholischen Kirche. Es beginnt mit einer expliziten Tauferinnerung in Form der gut den Prozesscharakter der Taufe ausdrückenden Weg-Metapher:

> Vor dem gemeinsamen Einzug in die Kirche kann KP (sc. Katholischer Trauungsberechtigter, Ch. G.) Braut und Bräutigam zur Erinnerung an ihre Taufe Weihwasser reichen. Das Taufgedächtnis kann auch nach dem Einzug in die Kirche vollzogen werden.
>
> KP spricht:
> Am Beginn Ihrer Hochzeitsfeier wollen wir der Taufe gedenken,
> die uns zu Christen gemacht und auf den Weg gerufen hat,
> den Sie von jetzt an gemeinsam gehen werden.
> Wir besprengen uns dazu mit Weihwasser und bitten Gott,
> er möge in allen die Gnade der Taufe erneuern. (zitiert nach Trauung 102)
> Beim Austeilen des Weihwassers kann ein 1 Petr 2,9 nachgebildetes Votum gelesen werden.

Sieht man von der für Evangelische ungewöhnlichen Verwendung des sog. Weihwassers ab, ist hier ein sowohl ökumenisch als auch kasualtheoretisch sinnvoller Anfang gewählt. In der Trauung entfaltet sich an einem besonderen Übergang im Leben ein Stück des Taufweges. Im evangelischen Formular kann fakultativ in der Einführung an die Taufe erinnert werden. Dazu wird – in Klammern – angeregt, eine Kerze an der Osterkerze zu entzünden.

Regelungen ohne Grundsatzklärung in der evangelischen Kirche

3.4 Ein mittlerweile keineswegs mehr seltener Fall ist die *Wiederverheiratung Geschiedener.* Die Leitlinien der VELKD sehen hier folgende Regelung vor:

> (1) Eine kirchliche Trauung Geschiedener ist in der evangelischen Kirche unter den in Ziffer 2 genannten Voraussetzungen und nach Maßgabe des gliedkirchlichen Rechtes möglich.
>
> (2) Im Traugespräch ist u. a. seelsorgerlich darauf zu achten, ob die bzw. der Geschiedene mit dem Scheitern der ersten Ehe verantwortlich umgeht, welche Konsequenzen sie bzw. er daraus für das Eheverständnis zieht, und wie sich die künftige Ehepartnerin bzw. der künftige Ehepartner zu der Scheidung und ihren Folgen stellt, insbesondere wenn aus einer früheren Ehe Kinder vorhanden sind. (Leitlinien 78)

De facto werden in den meisten Gemeinden wohl Geschiedene bei einer Wiederverheiratung heute ohne große Formalitäten kirchlich getraut. Noch vor dreißig Jahren war das deutlich anders. Sog. seelsorgerliche Gespräche mussten geführt, Anträge an den Dekan bzw. Superintendenten gerichtet werden u.Ä. Dazu war teilweise eine „kleinere" Form der Feier vorgesehen, etwa ohne Glockengeläut und Einzug; dazu – wie in Württemberg – ein Bußakt. Ohne dass das dahinter stehende Grundproblem grundsätzlich durchdacht worden wäre, hat sich dies recht schnell geändert. Nicht zuletzt die zunehmende Zahl von Scheidungen evangelischer Pfarrer und Pfarrerinnen dürfte diese Entwicklung gefördert haben. Mittlerweile kann man in der neuen UEK-Agende unter Zitat aus der „Ordnung des kirchlichen Lebens der Evangelischen Kirche der Union" sogar lesen: „Von vornherein muss entlastend deutlich werden, dass die evangelische Kirche nicht nur ‚eine erneute Trauung grundsätzlich nicht ausschließt' […], sondern auch Geschiedene einlädt und ermutigt, das Eingehen einer neuen Ehe mit einer kirchlichen Trauung zu verbinden." (Trauung 28) Die entgegengesetzte Lösung des Problems findet sich in der römisch-katholischen Kirche. Hier sind bis heute Ehescheidungen ausnahmslos verboten – innerhalb der Ökumene ein Unikum – und die Wiederverheiratung Geschiedener streng untersagt. Katholiken, die nach der Scheidung eine neue Ehe eingehen, werden sogar von der Eucharistie ausgeschlossen.

Ehenichtigkeitsverfahren als katholische „Lösung"

Doch auch hier gibt es lebenspraktisch einen Ausweg, der – entsprechend der juridischen Konstitution der römisch-katholischen Konfession – die Form eines kirchlichen Gerichtsverfahrens hat: das kirchliche Ehenichtigkeitsverfahren. Eine Grundkenntnis dieses Procedere ist auf evangelischer Seite wichtig, da in das Verfahren auch evangelische Christen einbezogen werden.

Grundsatz des Prozesses ist die Unauflöslichkeit der Ehe. Diese bezieht sich aber eben nur auf die Ehe im katholischen Verständnis. Wenn bei einer (in Deutschland notwendig staatlich geschlossenen) „Ehe" nachgewiesen wird, dass diese im kirchenrechtlichen Sinne keine war, kann es zu ihrer kirchenoffiziellen Aufhebung und damit zur Zulassung einer – im Sinn der Kirche – ersten, im staatlichen Sinn erneuten Ehe kommen. Im Einzelnen gelten kanonistisch folgende Bestimmungen:

> Eine Ehe kann für nichtig erklärt werden, wenn eine wesentliche Beeinträchtigung der Ehefähigkeit, ein fehlerhafter Ehewille od. ein Mangel in der vorgeschriebenen Eheschließungsform nachweisbar ist. Näherhin kann eine Ehe u. a. nicht gültig zustande kommen: Wenn eine Ehe nur zum Schein eingegangen wird; wenn ein od. beide Partner vor der Heirat bewusst ein Wesenselement (Lebensgemeinschaft, Nachkommenschaft, Sakramentalität) od. eine Wesenseigenschaft (Unauflöslichkeit, Treue) der Ehe ausschließen; wenn ein od. beide Partner zu einer ungewollten Heirat gezwungen werden; wenn eine Ehe nur infolge einer arglistigen Täuschung zustande kommt; wenn ein Partner den anderen in erster Linie wegen einer Eigenschaft heiratet, die dieser in Wirklichkeit nicht besitzt; wenn die Ehe mit einer Bedingung geschlossen wird, die nicht erfüllt ist; wenn ein od. beide Partner aufgrund eines schweren Mangels an Urteilsvermögen nicht fähig sind, ein zurechenbares Jawort abzugeben; wenn ein od. beide Partner aufgrund einer schweren psychischen Störung nicht fähig sind eine Ehe als Lebens- u. Liebesgemeinschaft zu führen.[15]

Diese Regelungen bieten breiten Interpretationsspielraum. Durch Zeugenbefragungen, wozu eben durchaus der evangelische (ehemalige) Ehepartner gehören kann, wird auf Grund der Klage des geschiedenen katholischen Partners, der seine Ehe annullieren lassen möchte, nach solchen „Fehlern" und „Mängeln" gesucht. Das Ver-

15 M. Klahm, Ehenichtigkeitsverfahren, in: LKStKR Bd. 1 (2000), 525 f, 525; die genauen, hier zusammengefassten Bestimmungen finden sich in den can. 1055–1165 des CIC (1983).

fahren selbst ist genau geordnet und wird schriftlich durchgeführt. Endgültige Kraft gewinnt ein Urteil erst, wenn es zweitinstanzlich bestätigt ist. Zur Zeit finden in Deutschland jährlich knapp 1.000 Ehenichtigkeitsverfahren statt.[16]

Angesichts der vorher genannten Scheidungshäufigkeit sucht also nur ein kleiner Teil der Katholiken um ein solches Verfahren nach. Die Erfolgsaussicht eines solchen Verfahrens ist recht gut – zwischen 75 % und 85 % der Ehen werden annulliert. Dass trotzdem diese Möglichkeit recht selten in Anspruch genommen wird, zeigt die große Diskrepanz zwischen kirchlicher Ehelehre bzw. -praxis und dem tatsächlichen Leben der Kirchenmitglieder. Selbstverständlich hat eine solche Ehe-Annullation keine zivilen Auswirkungen.

## 4. Einstellungen zu Ehe und Trauung

Die eben skizzierten kirchlichen Bestimmungen und Agenden berühren sich nur selten bzw. am Rand mit den Einstellungen der meisten Menschen zur Trauung. Vielmehr soll im Folgenden wenigstens ansatzweise die Logik rekonstruiert werden, die Menschen zum Begehren einer kirchlichen Trauung führt bzw. dieses nach Ausweis der Statistik zunehmend nicht tut. Dabei ist als Hintergrund zu beachten, dass – wie die Kirchenaustritts-Statistik zeigt – die Altersgruppe der potenziellen Brautleute der Organisation Kirche gegenüber am kritischsten ist, auf jeden Fall am ehesten zum Austritt aus ihr neigt:

> Wie im Westen, so waren auch im Osten mehr als drei Viertel der Ausgetretenen zur Zeit ihres Austritts aus der Kirche jünger als 39 Jahre. Mit 48 % aller Ausgetretenen im Osten und 49 % im Westen hat fast die Hälfte diesen Entschluß bereits im Alter von 18–29 Jahren umgesetzt. Offensichtlich fällt die Entscheidung, der Kirche den Rücken zu kehren, vornehmlich in Lebensphasen, die in vielerlei Hinsicht Weichenstellungen für den weiteren persönlichen Weg in sich bergen. Hat man aber die Lebensmitte bereits erreicht oder überschritten, so steht die Kirchenmitgliedschaft kaum mehr zur Disposition.[17]

4.1 Die Soziologin Rosemarie Nave-Herz untersucht Mitte der 90er Jahre die *Frage, welchen Sinn jüngere Erwachsene der Hochzeit zuschreiben.* Dazu interviewt sie siebzig Menschen, deren Eheschließung höchstens ein Jahr zurückliegt. Zwar handelt es sich hier um keine im streng statistischen Sinn repräsentative Studie, doch legt die Ähnlichkeit vieler Äußerungen der Interviewten gewisse Tendenzen nahe.

16 Genaue Angaben für die einzelnen Jahre bis 1999 gibt: R. Wenner, Kirchliche Ehenichtigkeitsverfahren. Statistisches aus dem Bereich der Deutschen Bischofskonferenz, in: De Processibus Matrimonalibus. Fachzeitschrift zu Fragen des Kanonischen Ehe- und Prozessrechtes Bd. 8/1 (2001), 547–559.

17 K. Engelhardt/H. v. Loewenich/P. Steinacker (Hg.), Fremde Heimat Kirche. Die dritte EKD-Erhebung über Kirchenmitgliedschaft, Gütersloh 1997, 315.

Grundlegende Veränderungen bei Paarbeziehungen

Nave-Herz konstatiert einige grundlegende Veränderungen gegenüber der jüngeren Vergangenheit:

Die meisten der Befragten wohnen bereits etliche Zeit vor der Eheschließung mit ihrem Partner bzw. ihrer Partnerin zusammen (Nave-Herz 86). Dies entwickelt sich meist ohne größere Brüche, so dass der frühere Zusammenhang von Liebeserklärung und Heiratsantrag aufgehoben ist (Nave-Herz 35).

Häufig wird der Kinderwunsch bzw. eine Schwangerschaft als Grund für die Eheschließung genannt. Dabei spielen durchaus auch Absicherungswünsche der Frauen eine Rolle, für die die Geburt eines Kindes meist ein Ausscheiden oder eine Reduktion in der Erwerbsarbeit bedeutet (Nave-Herz 45, 47).

Hochzeit als „rite de confirmation" und „rite de passage"

Von daher hat die Hochzeit ritualtheoretisch hinsichtlich der Paarbeziehung ihre Funktion als „rite de passage" verloren. Sie ist vielmehr die öffentliche Bestätigung eines bereits seit längerem bestehenden Zustandes, also ein „rite de confirmation". Hinsichtlich der Familiengründung fungiert sie aber bei nicht wenigen Paaren als ein „rite de passage" (Nave-Herz 47).

Auch für die kirchliche Trauung ergibt die Untersuchung einige interessante Einblicke.

> Die Entscheidung für eine kirchliche Trauung basiert insbesondere auf einem:
> a) religiösen Bedürfnis,
> b) Bedürfnis nach Erhalt und Weitergabe von Traditionen,
> c) Bedürfnis nach Konformismus im privaten Bereich und
> d) Bedürfnis nach Demonstration und Selbstdarstellung. (Nave-Herz 70)

Bei den meisten Paaren begegnen mehrere dieser Motive.

Interessant ist noch, dass nur 38 % der – mehrheitlich über Heiratsanzeigen gewonnenen – Befragten durch den zuständigen Gemeindepfarrer getraut werden. Viele kennen gar nicht die Parochie, zu der sie gehören. Von daher erweist sich die von Uta Pohl-Patalong entwickelte Theorie der kirchlichen Orte (→ § 9 5.) gerade für die Trauung als weiterführend. Die sog. Hochzeitskirchen können als kirchliche Orte verstanden werden, ohne dass dies in kirchliche Strukturpläne bereits Eingang gefunden hätte.

4.2 Beim *Vergleich zwischen standesamtlicher und kirchlicher Trauung* konstatiert Nave-Herz ein eindeutiges Prae des kirchlichen Rituals hinsichtlich Feierlichkeit und Öffentlichkeit:

> Die kirchliche Trauung wird von der Mehrheit unserer Befragten als die „eigentliche Trauung" bewertet [...] Symbolisch wurde die unterschiedliche Bewertung der beiden Trauungen bei allen, die kirchlich heiraten, durch die Kleidung markiert: eine festliche wurde für die standesamtliche Eheschließung zwar gewählt, aber keine allzu außeralltägliche, dies war allein für die Kirche vorgesehen. (Nave-Herz 52)

Aufwertung des standesamtlichen Ritus

Hier hat sich in den letzten zehn Jahren eine erhebliche Entwicklung vollzogen, die jedenfalls teilweise die Abnahme der kirchlichen Trauungen in dieser Zeit erklären kann. Nave-Herz registriert bereits Mitte der 90er Jahre, dass zunehmend mit Sekt auf dem Flur des Standesamtes angestoßen wird und vermutet: „Hier scheint sich evtl. ein neuer Brauch zu entwickeln" (NAVE-HERZ 52).

Das Stichwort für die weitere Entwicklung ist *„Event"-Hochzeit*:

> Die Leuchttürme an der Nordsee, die Windmühle in Schleswig-Holstein oder das Märchenschloss in Süddeutschland gehören inzwischen längst zu den gängigeren Orten für eine Hochzeit. Wer es ausgefallener liebt, kann sich etwa im thüringischen Saalfeld in einer Tropfsteinhöhle trauen lassen. Im Gosausee in Oberösterreich tauchen Brautleute sogar ab, um sich unter Wasser zu vermählen.[18]

Das deutsche Recht, nach dem man auch an einem anderen Ort als dem Wohnort und mit einem Ehefähigkeitszeugnis meist auch im Ausland heiraten kann, erleichtert diese Tendenz. Dazu treten Hochzeits-Arrangements – wie die (staatliche) Trauung in der Heidelberger Schlosskapelle und anschließendes Festbankett im Königssaal oder Trauung in der Toskana, verbunden mit anschließendem Luxushotel-Urlaub. So wird in dem zitierten Zeitungsartikel wohl zutreffend resümiert: „Der Trend weg von Rathaus oder Kirche lohnt sich für die Städte und Gemeinden auch wirtschaftlich."

Ausgestaltung der standesamtlichen Eheschließung

Von daher verliert das bisherige Prae der kirchlichen Trauung gegenüber dem Standesamt, größere Festlichkeit und Öffentlichkeit – in einer Kirche haben mehr Menschen Platz als in einem Dienstzimmer des Standesamtes –, an Bedeutung. Dem entspricht die rituell reichhaltigere Ausgestaltung der standesamtlichen Eheschließung, durch eine eigene Rede des Standesbeamten,[19] Musik u.Ä.

Zugleich scheint sich aber ein Gegentrend anzubahnen, ohne dass mir hierzu Zahlen vorliegen, z.B. in Form sog. Büro-Heiraten. Nach dem u.a. datenschutzrechtlich begründeten Wegfall der Aufgebot-Pflicht (1998) und der Trauzeugen wird hier schnell und unbürokratisch eine Eheschließung abgewickelt, reduziert auf die Erfüllung der notwendigen Formalien.

## 5. Heutige Feierpraxis

Projekt Hochzeit

5.1 Für das Handeln der Kirche anlässlich der Eheschließung ist der lebenspraktische Kontext wichtig: die Hochzeitsfeier. Henning Ziebritzki weist zu Recht darauf hin, dass der Traugottesdienst nur ein kleiner Teil innerhalb des Gesamtprojektes Hochzeit ist.

18 Westfälische Nachrichten 27. Juli 2005 RP 27.

19 A. RABERT/M. WIESMANN, Die zeitgemäße Trauung im Standesamt. Mit zahlreichen Musteransprachen, Stuttgart $^{2}$2003.

Nave-Herz zitiert in diesem Zusammenhang aus einem „*Zeitplan für die Reise ins Glück*“ eines Magazins:
Sobald die Hochzeit geplant ist

Saal für die Feier bestellen
Musiker bestellen

4 Monate vorher

Hochzeitstermin mit der Familie besprechen
Gästeliste aufstellen
Kostenplan aufstellen
Äußeren Rahmen der Hochzeit besprechen
Termin beim Fotografen sichern
Termin mit der Kirche vereinbaren.

12 Wochen vorher

Anzeigen und Einladungskarten, Tisch- und Menuekarten bestellen
Urlaub von der Firmenleitung beantragen
Trauzeugen und Blumenkinder bestimmen

8 Wochen vorher

[...]
Hochzeitsreise planen
Wunschliste anfertigen und in den Geschäften auslegen
Unterkunft für auswärtige Gäste reservieren
Einladungen versenden
Ehe-Vorbereitungskurs.

7 Wochen vorher

Ringe kaufen und gravieren
Brautkleid und Anzug aussuchen
Brautschuhe und Brautstrümpfe auswählen
Brautwagen besorgen
Transportmöglichkeiten für die Gäste
Damit alle Gäste fröhlich und ohne Streß mitfeiern können, bestellen Sie rechtzeitig einen Fotografen für den Abend.

4 Wochen vorher

Brautstrauß und Blumenschmuck für den Brautwagen bestellen
Vorgespräch beim Fotografen
Termin beim Friseur sichern
Einigen Sie sich evtl. mit einer Nachbarin, daß während der Trauung jemand in der Wohnung ist, der Geschenke und Blumen entgegennimmt.
Zum Polterabend einladen.

2 Wochen vorher

Die Nachbarn zum Kränzchen einladen
Menuekarte auswählen
Getränke, kleine Happen, Geschirr, Sitzmöglichkeiten und Musik fürs Kränzchen

eine Person für das Gästebuch
eine Person, evtl. Trauzeugen, der die Geschenke abnimmt
eine Person mit Tischliste, um bei großen Feiern die Gäste zum Platz zu führen.

1 Woche vorher

Anzeige in der Tageszeitung aufgeben
Hinterlassen Sie bei der Post eine Nachricht, wo man die Telegramme hinsenden kann
Müllsäcke für die Scherben des Polterabends bereithalten
Brautschuhe einlaufen, damit sie am Hochzeitstag nicht drücken.
Termin mit Friseur vereinbaren

1 Tag vorher

Brautkleid abholen, falls es geändert wurde, nochmals Anprobe
Ringe vom Juwelier holen
Anzug abholen

Am Hochzeitstag

Brautstrauß abholen
Brautwagen schmücken
Frisur arrangieren und Schmuck aufstecken lassen. (Nave-Herz 107f, ohne Kursivierungen des Originals)

5.2 Gewiss setzt eine solche Hochzeit erhebliche finanzielle Mittel voraus und stellt in diesem Umfang wohl ein Maximum dar. Doch in der Regel gilt: Das Paar hat viel zu erledigen, die kirchlichen Termine, Traugespräch und Trauung selbst, sind nur kleine Teile im Ganzen.

Viele Akteure bei der Hochzeit

Auch im Gottesdienst selbst spielt der Pfarrer bzw. die Pfarrerin nur eine Rolle neben Anderen:

Das beginnt mit dem Fahrer, der das Hochzeitspaar in einem besonders geschmückten Fahrzeug zur Kirche bringt, das setzt sich fort mit den Kindern, die die Schleppe des Brautkleides tragen oder Blumen streuen, das reicht in den Gottesdienst mit dem Fotografen, der beauftragt wurde, dem Brautvater, der seine Tochter zum Altar führt und unter Umständen ein paar Worte sagt, der Sängerin, die ein Solostück vorträgt, den Freunden des Brautpaares, die eine Fürbitte sprechen, dem Organisten, der auf Wunsch den Hochzeitsmarsch von Mendelssohn-Bartholdy spielt, und das setzt sich vor der Kirche fort mit den Gästen, die Reis streuen, mit Vereinskameraden, die Spalier stehen, mit Freunden, die einen Hindernisparcours für das Hochzeitspaar aufgebaut haben. (Ziebritzki 35)

Massenmediale Einflüsse

Die in den letzten Jahren zu beobachtenden Wünsche zur Ausgestaltung der Hochzeit werden nicht zuletzt durch massenmediale Produktionen wie die mittlerweile zwar nicht mehr ausgestrahlte, aber durchaus stilbildende Sendereihe „*Traumhochzeit*“ angeregt.[20] Sie

20 J. Reichertz, „Traumhochzeit“ – Magie und Religion im Fernsehen. Oder: Die Wiederentdeckung des Religiösen, in: PTh 88 [1999], 2–15 (anschließend finden sich in diesem „Kasualien in der Mediengesellschaft“ gewidmeten Heft verschiedene Stellungnahmen zu diesem kommunikationswissenschaftlichen Beitrag).

synthetisieren unterschiedlichste rituelle Traditionen in einer fernsehgerechten Inszenierung und konstruieren so ein neues Ritual, bei dem sich Hochschätzung der Liebe und Ehe mit Unterhaltungsgesichtspunkten mischen.

Pfarrer und Pfarrerinnen berichten: Die – historisch aus der Umsippung der Braut nach germanischem Recht stammende und damit eine paternalistische Eheform voraussetzende – Übergabe der Braut an den Bräutigam in der „Traumhochzeit" führt viele Frauen dazu, sich diesen Ritus auch für ihre kirchliche Trauung zu wünschen. Dabei wird gleichsam, wohl vermittelt über die angelsächsische Tradition, die rituelle Feierlichkeit in Anspruch genommen, ohne das historisch damit verbundene – patriarchale – Eheverständnis zu übernehmen. Ob damit eine sonst im kontinentaleuropäischen Ritual zurückgetretene Form des Trennungsrituals neu aufgelegt wird,[21] kann gefragt werden.

So stellt sich bei der Trauung die Frage nach der Kontextualisierung der Kommunikation des Evangeliums in besonders ausgeprägtem Maß. Die primärreligiöse Grundlage dominiert. Es ist wohl nicht zufällig, dass die Verkirchlichung dieser Handlung sich über einen Zeitraum von gut tausend Jahren hinzog.

## 6. Zusammenfassung

Die Trauung ist die Kasualie, deren Inanspruchnahme in den letzten fünfzehn Jahren in beiden Konfessionen dramatisch absinkt. Mancherlei nicht unmittelbar mit dem Ritual zusammenhängende Veränderungen treffen hier zusammen:

Der Rückgang der kirchlichen Gebundenheit junger Erwachsener;

die Diskrepanz zwischen parochialem Angebot und tatsächlichem Lebensraum Erwachsener;

die rituelle Ausschmückung des standesamtlichen Ritus.

Dazu treten kirchliche bzw. liturgische Probleme:

Auch die neuen evangelischen Trauagenden zeigen, dass weder lehrmäßig noch rituell eine überzeugende Verhältnisbestimmung zur standesamtlichen Eheschließung gelingt. Auf römisch-katholischer Seite erweist sich das Beharren auf einem eigenen Eherecht zunehmend als Fiktion, zu dem selbst die große Mehrheit der Katholiken keinen Zugang findet.

Angesichts der hohen Erwartungen an Ehe und Familie auf der einen und dem zunehmenden Scheitern von Ehen auf der anderen Seite ergibt sich eine pastoral schwierige Situation, die nach innovativen Impulsen ruft. Zugleich warnt die Kenntnis des umfangreichen Gesamtprojektes Hochzeit davor, den kirchlichen Beitrag zu überschätzen.

Schließlich lässt der unübersehbare Zusammenhang zwischen Eheschluss und Familiengründung sowie zwischen Trauung und Taufe vermuten, dass bei einer wei-

21 So K. Fischer, Brautübergabe. Ein Deutungsversuch, in: PTh 93 (2004), 334–351.

teren negativen Entwicklung wohl mehr auf dem Spiel steht als ein kirchliches Ritual. Die grundsätzliche bei den Kasualien anstehende Aufgabe, primärreligiöse Erfahrungen in den Horizont des Evangeliums zu rücken und damit (im wörtlichen Sinn) zu relativieren, stellt sich bei der Trauung mit besonderer Dringlichkeit.

## § 25 Ökumenische Anregungen

Literatur: M. Felde, Summary on Marriage Rites, in: A. Stauffer (Hg.), Baptism, Rites of Passage, and Culture, Genf 1999, 239–242 – K. Richter, Die Theologie der kirchlichen Trauung, in: HlD 52 (1998), 244–253.

Pluriformität von Ehe und Trauritual

Entsprechend den unterschiedlichen Traditionen und staatlichen Vorschriften unterscheiden sich die Traurituale weltweit erheblich. Vor allem in Ländern wie den USA, in denen mit religiösen Ritualen eine (auch staatlich) gültige Ehe geschlossen wird, kommt der kirchlichen Trauung eine völlig andere Bedeutung als in Deutschland zu, wo allein der Standesbeamte hierzu berechtigt ist. Dazu treten die unterschiedlichen Traditionen, von denen in Deutschland das römische Recht durch das Konsens-Prinzip und rituell teilweise das germanische Brauchtum durch die Kopulation kräftige Spuren hinterlassen haben. In Afrika mit der nach wie vor weit verbreiteten Polygynie und komplexen Verwandtschaftssystemen[22] und in Asien mit verbreiteten Ahnenvorstellungen und spezifischen Geschlechterrollen[23] begegnen ganz andere Auffassungen von Ehe und Formen von Trauritualen. Sie zeigen zwar, wie kulturbedingt die Ehe- und Ritualformen sind, haben aber in komparativer Perspektive durch ihre Fremdartigkeit für die deutschen Kirchen kaum Bedeutung. Lediglich bei einer Trauung mit einem Partner aus einer solchen Kultur ist es wichtig, sich dazu kundig zu machen. Dabei ist neben dem Gespräch mit dem Paar ein Kontakt zu einem Seelsorger aus einer entsprechenden Migrationsgemeinde hilfreich.

Auch das bereits bei den Hinweisen zur Taufpraxis zitierte Forschungsprojekt des Lutherischen Weltbundes konstatiert nur eine bunte Vielfalt der in den verschiedenen Ländern üblichen Trauungsrituale in lutherischen Kirchen. Allein bei der theologischen Bestimmung gibt der Abschlussbericht einen interessanten Hinweis.

Dazu mache ich auf Stimmen innerhalb der römisch-katholischen Liturgiewissenschaft aufmerksam, die eine neue rituelle Profilierung der Trauung fordern und diese mit deren neuem Verständnis verbinden – ein anregender Versuch, durch Rückgriff auf altkirchliche Formen gegenwärtige liturgische Probleme zu lösen.

22 J.-P. Dozon, Afrika: Die Familie am Scheideweg, in: A. Burguière/Ch. Klapisch-Zuber/M. Segalen/F. Zonabend (Hg.), Geschichte der Familie, Bd. 3, Frankfurt 1997 (franz. 1986), 385–434.

23 M. Wu, Marriage in the Chinese Cultural Context, in: A. Stauffer (Hg.), Baptism, Rites of Passage, and Culture, Genf 1999, 217–226.

## 1. Segnen einer Ehe (Lutherischer Weltbund)

Offene Fragen der Traupastoral

1.1 Die Untersuchung des Lutherischen Weltbundes ergibt eine Reihe offener Fragen, z. B. (s. die umfangreiche Aufzählung bei FELDE):

Was ist der genaue Inhalt des Segens bei der Trauung?

Gehört hierzu eine Handauflegung?

Gehört die Bitte um Kinder in das Trauritual (wie dies in der römisch-katholischen Kirche üblich ist)?

Ist Eheschließung ein Prozess?

In welcher Verbindung steht die Trauung zur Eucharistie?

Welche Rolle können und sollen Bildungsangebote im Zusammenhang der Trauung spielen?

Dazu treten spezifische Probleme wie die Polygamie in Afrika, die Übernahme von frauenerniedrigenden Riten etwa in Indien usw.

1.2 Insgesamt wird auf diesem Hintergrund konstatiert: *Das christliche Ritual sollte nicht als Eheschluss, sondern als Segnung verstanden werden.*

Bezug des Trausegens zu Taufe und Eucharistie

Der Inhalt des Segens muss geklärt sein. Im Segen wird „Gottes schöpferisches, erlösendes und heiligendes Werk" (FELDE 242, Übersetzung durch Ch. G.) in der jeweiligen Ehe betont. Seinen Ausdruck findet dies – und das ist ein beachtlicher Vorschlag – darin, dass die Verbindungen der Trauung zur Taufe und Eucharistie gestärkt werden.

Durch eine solche Konzentration kann zum einen das jeweils regional Gebräuchliche aufgenommen werden, ohne dass eine Überfremdung droht. Vielmehr dienen die jeweiligen Riten dazu, den Bezug zu Taufe und Abendmahl zu kontextualisieren und somit anschaulicher für die Feiernden zu machen. Zugleich tritt der spezifisch christliche Charakter der Trauung deutlicher hervor, insofern ein auf das Schöpfungshandeln reduzierter, primärreligiöser Segensinhalt auf das „erlösende und heiligende Werk" Gottes hin geweitet wird.

## 2. Traupastoral (römisch-katholische Kirche)

2.1 Die Reformüberlegungen in der *katholischen Liturgiewissenschaft* gehen von einer – letztlich durch die tridentinische Formpflicht gegebenen – Problemlage aus. Die rechtlichen Vorschriften zur Trauung sind kaum mehr überschaubar; ihre Diskrepanz zur gesellschaftlich üblichen Eheauffassung wächst. So konstatiert Klemens Richter:

> Tatsächlich ist kaum ein anderes Sakrament mit derart vielen rechtlichen Regelungen verbunden wie die katholische Eheschließung, und bei kaum einem anderen Sakrament sind derart viele theologische Fragen letztlich ungeklärt. Das betrifft zum Beispiel das Zustandekommen

der Ehe, die Formpflicht, die Identität von Ehevertrag und Ehesakrament, das Verhältnis von kirchlicher und standesamtlicher Trauung zumindest in Deutschland, die Trauung mit Nichtglaubenden wie mit Nichtgetauften oder auch die Frage nach dem Spender dieses Sakraments. Kann eine Ehe zwischen Getauften wirklich nur ein Sakrament oder ein illegaler Zustand sein, auch wenn der CIC 1983 nicht mehr von Konkubinat spricht? Gibt es zwischen getauften Katholiken, die faktisch nicht mehr glauben und nur standesamtlich heiraten, nicht auch eine Ehe, die in der Schöpfung begründet, aber noch keineswegs ein Sakrament ist? (RICHTER 244)

Segensgebet mit Anamnese und Epiklese

Um diese Probleme zu lösen, weist der katholische Liturgiewissenschaftler auf Veränderungen des Rituals in Folge des II. Vaticanum hin. Vor allem fällt auf, dass das Segensgebet gestärkt wird. Der Ordo Celebrandi Matrimonium (OCM; lateinisch: Ordnung der Traufeier) von 1991 gleicht dieses Segensgebet an die Hochgebete an, die bei Taufe oder Eucharistie in der römischen Liturgie üblich sind. Dieses große doxologische Gebet „deutet den Konsens zwischen Frau und Mann als Handeln Gottes und erbittet die Fortsetzung dieses Heilshandelns für die Zukunft“ (RICHTER 249). Rituell steht es im „Mittelpunkt“ und ist der „Kern“ der Trauungsliturgie (RICHTER 250). Die Anamnese kommt durch die Orantenhaltung des Vorstehers und die Epiklese durch das Ausstrecken der Arme über den Brautleuten sinnfällig zur Geltung. Dadurch wird das bisherige Verständnis der Trauung als eines Sakraments, das sich die Brautleute gegenseitig spenden, überwunden. Richter weist zu Recht darauf hin, dass dies auch eine größere Annäherung an die evangelischen Kirchen ermöglicht, in deren Trauritual der Segen im Mittelpunkt steht.

2.2 Die einzelnen Konsequenzen, die Richter in seinen weiteren Darlegungen zieht, sind für Evangelische allerdings nicht handlungsorientierend, da sie an einem katholischen Sakramentsverständnis orientiert sind bzw. sich spezifischen Fragen katholischer Pastoral widmen.

Doch hilft seine Erinnerung an die anamnetische und epikletische Gestalt des Segensgebets weiter, das mitunter undeutliche Segensverständnis in Ausführungen evangelischer Autoren und Autorinnen sowie Agenden zu präzisieren. Im katholischen Ritual schafft die eingehende, durch die Verwendung von Weihwasser anschauliche Tauferinnerung einen deutlichen christlichen Richtungssinn. So kann in der Anamnese allgemeiner an das Schöpfersein Gottes und das von ihm intendierte Miteinander von Mann und Frau erinnert werden.

Tauferinnerung als Anamnese

In den meisten evangelischen Trauungen steht die Tauferinnerung im Eingang, wenn überhaupt vorhanden, am Rand; hier wird eher allgemein von den Schöpfungsgaben und der geschenkten Liebe gesprochen. Da aber Taufe und Abendmahl die beiden grundlegenden Formen des rituellen Kontakts mit Gott sind, bietet es sich an, die Anamnese dementsprechend zu profilieren. Die Taufe, die die Eheleute auf den Weg des Christseins gesetzt hat, ist durch ihren prozessualen Charakter ein guter Bezugspunkt.

Von hieraus kann dankbar an Gottes bisherige Begleitung erinnert und hoffnungsvoll auf seinen zukünftigen Beistand geblickt werden.

Dass die Taufe – wie Luther eindrucksvoll herausarbeitet (→ § 11 3.1) – erst im Tod ihre Vollendung findet, verleiht der Trauung einen kontrakulturellen Ernst, der der Lebensrealität entspricht, sonst aber meist ausgeblendet wird. Bei einem ungetauften Ehepartner wird dieser Bezug modifiziert werden, nicht aber wegfallen müssen. Dann wird neben die Erinnerung an die Taufe die Einladung zu ihr treten. Falls eine solche dem Ehepartner nicht möglich erscheint, ist zu fragen, ob das Ritual in einer evangelischen Kirche sinnvoll ist. Denn biblisch gesehen betritt durch die Eheschließung auch der ungetaufte Partner den Bereich, der zu Christus gehört (1 Kor 7,14).

Zugleich gehört – wie schon die Ritualgeschichte zeigt – das Abendmahl zur Taufe hinzu. Von daher kann anamnetisch auch dessen Bezug auf die mit dem Mahl verbundene Stärkung zum Leben zum Ausdruck kommen.

Probleme einer Abendmahlsfeier in der Trauung

Hier ist allerdings in der Praxis zu bedenken, dass in etwa einem Drittel der Trauungen in evangelischen Kirchen Paare eingesegnet werden, bei denen ein Partner nicht evangelisch ist.

Bei katholischen Ehepartnern besteht von evangelischer Seite kein grundsätzliches Bedenken gegen die Kommunion; es ist jedoch zu beachten, dass diese Katholiken von ihrer Kirche untersagt ist und dadurch die Einladung an den Tisch des Herrn einzelne Mitfeiernde in Gewissensnöte bringen kann.

Bei ungetauften Ehepartnern kann nicht zum Abendmahl eingeladen werden.

## 3. Zusammenfassung

Ein Blick in die lutherische Ökumene sowie neuere katholische liturgiewissenschaftliche Bestrebungen weitet den Horizont der deutschen evangelischen Bemühungen um die Trauung in Praktischer Theologie und kirchlicher Agendenarbeit.

Zum einen wird deutlich, dass ein Verständnis der Trauung als „Bekenntnis" zur christlichen Ehe weder inhaltlich noch rituell angemessen ist. Zum anderen kann der Bezug auf Taufe und Abendmahl das wesentlich primärreligiöse Segensverständnis in einen spezifisch christlichen Horizont stellen und damit weiten. Der Bezug auf die Taufe präzisiert nicht nur das mitunter verschwommene Segensverständnis theologisch, sondern auch biographisch.

# § 26 Innovative Modelle

Literatur: K. Fechtner, Kirche von Fall zu Fall. Kasualpraxis in der Gegenwart – eine Orientierung, Gütersloh 2003, 121–142 – L. Friedrichs, „Schön" und „tröstlich". Aufgabe und Form evangelischer Traupredigt heute, in: PTh 95 (2006), 298–313 – J. P. Grevel/G. Kretzschmar,

Die Kasualfotografie. Praktisch-theologische Erkundungen eines konfliktträchtigen Phänomens, in: PTh 93 (2004), 280–293 – M. HEYMEL, „You Gotta Love Someone“. Über Musik bei Kasualien, in: PTh 88 (1999), 34–41 – O. KAMMER/J. LENKE/K. EULENBERGER, Fotografieren am Traualtar? Schlüsselerlebnisse, Wertungen und Regelungen in der Praxis, in: PTh 93 (2004), 299–311 – H. SCHROETER-WITTKE, Kasualgottesdienste und Kasualmusik. Gemeindekulturpädagogisches Thema mit 6 Variationen, in: G. FERMOR/G. RUDDAT/H. SCHROETER-WITTKE (Hg.), Gemeindekulturpädagogik (Hermeneutica 11), Rheinbach 2001, 193–212 – H. ZIEBRITZKI, Angewiesen auf unverfügbare Liebe – der christlich religiöse Sinn der Eheschließung. Praktisch-theologische Einführung in das evangelische Verständnis des Traugottesdienstes, in: DERS. (Hg.), Traugottesdienste gestalten (Dienst am Wort 88), Göttingen 2000, 9–28.

Die Trauung liegt im Windschatten gegenwärtiger praktisch-theologischer Bemühungen um die Kasualien. Dies ist wohl nicht nur eine Reaktion auf den spürbaren Rückgang ihrer Inanspruchnahme. Schon vorher galt sie als schwierig, ja sogar „gefährlich“.[24] Heute begegnen Pfarrer und Pfarrerinnen bei der Vorbereitung dieser Kasualie am unverhohlensten Ansprüchen, etwa hinsichtlich der Musik oder auch ritueller Formen. Darüber hinaus müssen sie sich in den familiär vorgegebenen Rahmen der gesamten Hochzeitsfeier einfügen.

Die konzeptionelle Klärung des Sinngehaltes der kirchlichen Trauung wird angesichts der Konkurrenz durch rituelle Angebote auf dem Standesamt, aber auch private, massenmedial angeregte Feierformen dringlicher. Allerdings geht es hier nicht um eine abstrakte Bestimmung; vielmehr muss die Sinn- in eine Feiergestalt transformierbar sein.

Neben der rituellen Gestaltung ist die Traupredigt besonders zu bedenken. Hier wird verbal das Evangelium an dem spezifischen Übergang im Leben entfaltet, also die primäre Religionserfahrung geweitet, vielleicht auch korrigiert.

Weiter sind einzelne „Zumutungen“ zu reflektieren, die an Pfarrer und Pfarrerinnen herangetragen werden. Sie führen nicht selten in der Praxis zu problematischen Auseinandersetzungen. Mitunter bieten sie aber religionshermeneutisch entschlüsselt die Chance, das Evangelium unter den konkreten Lebens- und Verstehensbedingungen der Menschen zu kommunizieren.

Neue Impulse für die Ehepastoral geben die Feiern von Ehejubiläen.

Schließlich wird seit einiger Zeit über sog. Trennungsrituale diskutiert. Sind sie eine sinnvolle Ergänzung der Ehepastoral?

## 1. „Liturgische Arbeit mit den Beteiligten“

Standesamt als Ersatz des kirchlichen Rituals

1.1 Wenn man das (in § 24 5.) skizzierte Projekt Hochzeit mit seinen zahlreichen rituellen Vollzügen betrachtet, ist es nicht erstaunlich, dass bei einer zunehmenden Zahl von Brautpaaren

24 So H. VOGEL, Die Traupredigt, in: DERS., Gottes Wort in Menschenmund, Dresden 1933, 51–74, 51.

der Teil „Kirche“ wegfällt. Vor allem ist in den letzten Jahren zu den genannten Obligationen und Terminen noch die Vorbereitung der *standesamtlichen Trauung* hinzugekommen. Dort muss zunehmend bisher für die kirchliche Trauung Besprochenes geklärt werden: wann und wo darf fotografiert werden; ob und welche Musik abgespielt werden kann; wo die Ringe zu deponieren sind usw. Angesichts des mit Eheschließungen verbundenen ökonomischen Volumens sind die Kommunen (und die dort ansässigen gastronomischen und sonstigen touristischen Unternehmen) sehr daran interessiert, dass den – nicht selten massenmedial angeregten – Wünschen der Brautleute entsprochen wird.

Bedeutung der kirchlichen Trauung für Brautleute

Angesichts dieser Entwicklung überrascht es eher, dass nicht wenige Menschen eine *kirchliche Trauung* begehren. Sie messen ihr – wie die empirische Untersuchung von Nave-Herz ergibt (→ § 24 4.2) – trotz des geringen zeitlichen Anteils an der gesamten Hochzeitsfeier große Bedeutung bei. Auch die Beteiligung von Freunden und Verwandten an der Trauung – etwa durch die Übernahme von Lesungen, Gebeten, Gesang, Instrumentalmusik u.Ä. – lässt vermuten, dass dies wenigstens teilweise auch für Gäste des Brautpaars gilt.

Meines Wissens liegen keine Untersuchungen zur Rezeption der kirchlichen Trauung durch die Hochzeitsgesellschaft in ihrer oft bunten Zusammensetzung aus Verwandten (zweier, wiederum in sich verzweigten Herkunftsfamilien), Freunden und teilweise Kolleginnen und Kollegen, Geschäftspartnern und -partnerinnen sowie Nachbarn und Nachbarinnen vor. Insgesamt kann davon ausgegangen werden, dass die anthropologische Grundlage der Trauung, das Miteinander von Mann und Frau, von allgemeinem Interesse ist. Dazu bringen aber alle am Fest Teilnehmenden je spezifische Vorerfahrungen mit, z.B. durch die eigene Ehe bzw. Partnerschaft, Scheidung, Verwitwung, homosexuelle Orientierung usw.

Von daher ist es positiv zu würdigen, dass sich Brautleute dezidiert für bestimmte Gestaltungsformen der Trauung einsetzen; hier erleben sie „ihre“ Trauung, die – wie gezeigt – heute meist ein „rite de confirmation“ der bereits seit längerem bestehenden Partnerschaft ist. Hier wollen sie vor Gott, aber auch ihrer Verwandtschaft und Freundschaft ihre Beziehung darstellen. Dabei ist interessant, dass teilweise der Gedanke der späteren Erinnerung an die Hochzeit eine Rolle spielt. So erklärt eine Frau: „Ich denke, wenn man heiratet, sollte man ruhig in Weiß heiraten, das gehört dazu, und es ist eigentlich romantischer wie jetzt nur 08/15, Standesamt [...] Da mußte schon ein bißchen was sein, dann, daß man auch ’ne schöne Erinnerung später daran hat [...] Für mich war es wichtig, eben kirchlich getraut zu werden, weil es romantischer ist“.[25]

1.2 Viele Pfarrer und Pfarrerinnen werden Kristian Fechtner Recht geben, wenn dieser angesichts mancher Wünsche des Brautpaares im Vorfeld der Trauung, aber

25 Zitiert in: R. Nave-Herz, Die Hochzeit. Ihre heutige Sinnzuschreibung seitens der Eheschließenden: eine empirisch-soziologische Studie (Religion in der Gesellschaft 5), Würzburg 1997, 81.

auch angesichts der spannungsvollen Konstellation zwischen Familie, Staat (Standesamt) und Kirche von „Verlegenheiten" spricht (FECHTNER 122–124).

Kasualtheoretischer Grundsatz: Liturgische Arbeit mit den Beteiligten

Fechtner ermuntert, diese Spannungen fruchtbar zu machen. Der handlungsorientierende Schlüssel hierfür ist für ihn: „liturgische Arbeit mit den Beteiligten". Nicht der Pfarrer bzw. die Pfarrerin weiß besser, wie die Liturgie zu gestalten ist, sondern sie ist auf Kooperation mit den Brautleuten angewiesen.

Dadurch bekommt das *Traugespräch* große Bedeutung. Hier geht es darum, „die Konventionen, die Erwartungen, die Inszenierungen – der ‚ersten' wie der ‚zweiten' Liturgie gleichermaßen – auf ihre symbolischen Deutungen hin freizulegen und damit auch ihre implizite Theologie erkennbar werden zu lassen." (FECHTNER 142)

Dabei ist zu beachten: Nicht zuletzt bei römisch-katholischen Partnern bestehen teilweise noch Befürchtungen, in diesem Gespräch könne der Glaube oder die rechte Eheauffassung examiniert werden. Ein Gespräch in der Wohnung des Paars kann vor diesem Hintergrund günstiger sein als im Amtszimmer der Pfarrers bzw. der Pfarrerin. Abgesehen davon eröffnet sich hier der Pfarrerin oder dem Pfarrer ein Einblick in die Lebensform des Paares, die verbal nicht zu vermitteln ist. Inhaltlich ist zu vermeiden, die Frage nach den Gründen für das Traubegehren in den Vordergrund zu rücken. Bei der Planung der Trauung werden diese sowieso implizit eingebracht und können dann kommentiert und vielleicht durch den Horizont des Evangeliums erweitert werden.

Bei einem solchen Traugespräch, das also die Wünsche und Ansichten der Brautleute konstruktiv einbezieht, kommt dem Pfarrer bzw. der Pfarrerin wesentlich die Aufgabe des rituellen Inszenators zu. Er/sie kann Handlungen anbieten, die das von den Brautleuten Gewünschte zum Ausdruck bringen, vielleicht auch transzendieren. Zu Recht macht in diesem Zusammenhang Fechtner darauf aufmerksam: „Symbolische Formen tragen […] in ihrer Mehrdeutigkeit ein Surplus an (Be-)Deutung in sich, das sich auch protestantisch nicht einfach durch Reflexion abstellen lässt." (FECHTNER 126)

Trauung als Stationsgottesdienst auf dem Taufweg

1.3 Dieser Ansatz ist auch – über Fechtner hinausgehend – theologisch begründet. Denn in der *Vorbereitung kirchlicher Trauung* geschieht Folgendes: Getaufte (bzw. zur Taufe Eingeladene) begehren den Segen Gottes an dem Übergang im Leben, den der Eheschluss für sie bedeutet. Nur die Brautleute können entdecken, wo und wie sie Gott bisher begleitet hat. Und sie kennen am besten ihre Hoffnungen und Ängste.

Wenn die Trauung konzeptionell als Stationsgottesdienst im Zuge des Taufprozesses bestimmt wird, ist die Beteiligung des Paares und der sie Begleitenden eine theologische Selbstverständlichkeit. Durch das Begehren der kirchlichen Trauung zeigen die Eheleute zugleich, dass sie im Zusammenhang mit ihrem Eheschluss zumindest offen für eine explizit christliche Begleitung sind. Da Segen – und Taufe – ein zu empfangender Vollzug ist, braucht man keine Sorge zu haben, dass es hier zu viel Aktivität kommt. Vielmehr dürfte den meisten Brautleuten deutlich sein, dass das Entscheidende im Zusammenhang ihrer Ehe empfangen ist – und dies gilt es zu inszenieren.

1.4 Die katholische Form der Gemeinsamen Trauung mit der ausführlichen Tauferinnerung zu Beginn des Gottesdienstes macht auf eine gut mögliche Form aufmerksam, von Anfang an die auch ökumenisch empfohlene *baptismale Grundierung* zu inszenieren. Allerdings dürfte angesichts der reformatorischen Kritik des Weihwassers in evangelischen Kirchen die Verwendung von Wasser nicht einfach zu vermitteln sein.

Taufkerze in der Trauung

Hier kann vielleicht der Rekurs auf die Taufkerze weiterhelfen. Mittlerweile tritt die Generation den Gang zum Standesamt an, bei deren Taufen zunehmend auch in evangelischen Kirchen Taufkerzen Verwendung fanden. In einer Beilage zu den „Hochzeitstagen 2006" fand sich – neben Hinweisen zum Blumen-Streuen, zum Reiswerfen, Baumsägen u. v. m. – in einer Tageszeitung folgende Anregung:

> Bei der Taufe erhält jedes Kind eine Taufkerze – als Lebenslicht. Sie darf nicht bis zum Ende niederbrennen. Warum: Die Taufkerzen werden bei der Trauung in der Kirche am Altar mit dem Blumenschmuck aufgestellt. Der Pastor segnet sie am Schluss. Nach der kirchlichen Trauung kommen die Taufkerzen als gemeinsames Lebenslicht auf die Hochzeitstafel. Beim Einzug des Braupaares werden sie noch einmal kurz angezündet.[26]

Bei der Begrüßung des Ehepaares können in Gemeinden, in denen dieses Symbol liturgisch eingeführt ist, gut deren Taufkerzen entzündet werden; ihr Schein begleitet die ganze Trauung und kann – wie das Beispiel aus der Zeitung zeigt – noch in die weitere Feier hineinleuchten. Ersatzweise, falls keine Taufkerzen vorhanden sind, kann während der Begrüßung die Osterkerze entzündet werden, mit dem Hinweis, dass ihr Licht jedem Einzelnen in der Taufe zugeeignet worden ist.

Eine andere Möglichkeit ist, die Trauung am Taufstein zu beginnen. Bei Trauungen, in deren Zusammenhang getauft wird – entweder einer der Ehepartner oder ein Kind des Paares –, liegt dies besonders nahe.

## 2. Traupredigt

Eine Durchsicht durch die Literatur zeigt schnell: Die Traupredigt wird seit längerem kaum mehr praktisch-theologisch bedacht (Friedrichs 299). Doch darf – trotz der Eingebundenheit in das Gesamtprojekt Hochzeit – ihre Bedeutung nicht unterschätzt werden. Während der Traupredigt hält die Hochzeitsgesellschaft inne; es wird eine christliche und zugleich persönliche Deutung der Hochzeit erwartet.

26 Hannoversche Allgemeine Zeitung vom 6. Januar 2006, 17.

Nicht selten wünscht das Ehepaar eine Abschrift des Manuskripts – vielleicht findet die Predigt also auch später noch Beachtung.

Drei Typen evangelischer Traupredigt

2.1 Detlev Prößdorf unterscheidet auf Grund ausgedehnter Analysen drei Typen evangelischer Traupredigt (PRÖSSDORF 87–89):

einen *katechetischen*, bei dem die Zuhörer und Zuhörerinnen über die christliche Eheauffassung belehrt werden,

einen *seelsorglich-begleitenden*, der sein Augenmerk besonders auf die persönliche Situation des Paares richtet,

einen *kerygmatischen*, der durchaus ritualkritisch das Wort Gottes zu Gehör bringen will und dazu einen biblischen Text auslegt.

In den letzten Jahren überwiegt die zweitgenannte Form, wobei der theologische Inhalt häufig zurücktritt. Dabei schleicht sich nicht selten ein appellativer Grundzug ein, der ein problematisches Gefälle zwischen dem (wissenden) Prediger und den (unwissenden) Brautleuten enthält.

2.2 In dieser unbefriedigenden Situation macht Lutz Friedrichs den weiterführenden Vorschlag, die Traupredigt rhetorisch als Festrede zu bestimmen. Religiös gesehen verweist das „Fest“ über das konkrete Zusammensein und öffnet einen im weiteren Sinn transzendierenden Horizont.

Traupredigt im Kontext des Taufprozesses

Theologisch bezieht sich Friedrichs auf eine *Traupredigt Luthers*, die dieser 1536 in Form einer Homilie zu *Eph 5,22–27* hielt (FRIEDRICHS 308 f). In der Schlusspassage der Predigt kommt die Horizonterweiterung des Evangeliums angesichts dieses Übergangs im Leben gut zum Ausdruck:

> Das sey auff dis mal gesagt von diesem text Sanct Pauli, darinn er die Christen vermanet, das sie solchs bedencken und iren stand nicht ansehen allein nach dem eusserlichen wesen, wie die welt und fleischlichen hertzen thun, Sondern etwas weiters und hohers darin betrachten, nemlich das schoene, trostliche bilde Christi und der Christenheit, Und also diesen Ehelichen stand werd und ehrlich halten, nicht allein umb des willens, das es Gott also geordnet und geboten hat, sondern auch zu ehren der grossen geistlichen Hochzeit, Da mit man auch spure, das sie auch gerne wollten inn der selbigen erfunden werden, Denn wir sollen uns solche herrlichkeit und trost nicht so lassen aus den augen und hertzen nehmen noch inn einen winckel werffen [...] (WA 41,562,14–23)

Hier wird die „große geistliche Hochzeit“ Christi mit seiner Gemeinde, die der Epheser-Hymnus besingt, als „schönes“ und „tröstliches“ Bild für die irdische Ehe empfohlen. Dieses Bild ist – im Eph – tauftheologisch begründet. In der Taufe erhält der Mensch eine besondere Würde; sie strahlt auf den Eheschluss aus und hebt die Ehe in die Ebene der Hochzeit Christi mit seiner Gemeinde. Dabei – und dies zeigt die weitere Predigt Luthers – verschwindet das Irdische keineswegs im Himmlischen, umgekehrt wird aber das Himmlische auf das Irdische bezogen.

Die Traupredigt als Festpredigt gehört damit in den Kontext des Taufprozesses; sie legt eine neue Station im Leben des Getauften, jetzt den – wie auch immer konkret zu bestimmenden – Übergang im Leben anlässlich einer Eheschließung aus.

Von daher lohnt sich bei der Vorbereitung einer Trauung im Traugespräch in Erfahrung zu bringen, ob und dann eventuell welche Bedeutung die Taufe für die Partner hat. Die in § 12 1. skizzierten Veränderungen lassen zunehmend erwarten, dass manche junge Erwachsene nicht schon als Säuglinge, sondern später, etwa im Zug der Konfirmandenarbeit, getauft wurden. Auch können die genannten Taufsymbole (→ § 14 2.) homiletisch eine Hilfe sein, um die konkrete Ehe als „im Herrn“ bestehende auszulegen.

Aufbau der Traupredigt

Für den Aufbau der Traupredigt empfiehlt Friedrichs die Orientierung an der Struktur des Segens (und der Taufe), Anamnese, Epiklese, Doxologie: „Sie (sc. die Traupredigt, Ch. G.) erinnert erstens an den gemeinsamen Weg des Paars und stellt diesen in einen biblischen Horizont; sie bittet zweitens, dass das Paar seine ‚Phantasie nicht ersticken lassen‘ solle, um es im dritten und letzten Teil seiner Situation lobend zu vergewissern.“ (Friedrichs 311 f; ohne Kursivsetzungen des Originals)

## 3. Umgang mit „Zumutungen“

Nicht selten berichten Pfarrer und Pfarrerinnen von Wünschen der Brautleute im Zusammenhang mit Trauungen, die sie als Zumutungen empfinden. Hier hilft oft das Bemühen weiter, die hinter irritierenden Bitten bzw. Forderungen stehenden Anliegen in der Logik des Paares zu verstehen.

Im Folgenden sollen am Beispiel von zwei Konfliktstellen Hinweise für eine solche praktisch-theologische Hermeneutik gegeben werden. Dabei leitet das im Vorhergehenden entwickelte, tauftheologisch begründete Konzept der gemeinsamen liturgischen Arbeit mit den Beteiligten meine Überlegungen.

3.1 Ein seit den späten 40er Jahren des 20. Jahrhunderts geradezu klassischer Konfliktbereich ist das *Fotografieren* – und später Filmen – während der Trauung. Die ursprüngliche strikte Ablehnung, in landeskirchlichen und presbyterialen Verboten dokumentiert, weicht ab der Mitte der 80er Jahre abwägenden Überlegungen (Grevel/Kretzschmar 282–285). Folgende Gesichtspunkte stehen einander gegenüber:

Fotografieren als Störung

Für ein Verbot spricht, dass Fotografen nicht selten die gottesdienstliche Atmosphäre stören. Blitzlichter und neuerdings akustische Signale von digitalen Aufnahmegeräten lenken Gemeinde und Brautpaar ab.

Dazu präsentiert Fotografie ein Stück Öffentlichkeit, dringt also in den Intimraum ein, der beispielsweise beim Segen oder der Zuwendung der Eheleute zueinander vor dem Altar entstehen kann. So gibt Hans-Joachim Lenke zu bedenken:

> Meines Erachtens nehmen aller volkskirchlicher Wirklichkeit zum Trotz viele Menschen sehr wohl wahr, dass kirchliche Amtshandlungspraxis einen Menschen in einer konkreten Situation mit Gott in Verbindung bringen will. Es ist eben in unserer evangelischen Tradition etwas sehr Besonderes, sich unter den Segen Gottes zu stellen. Und das wird so auch wahrgenommen, empfunden und vielleicht sogar ersehnt. [...] Die dann sehr dichte Atmosphäre verträgt neugierige Zuschauer nicht. (KAMMER/LENKE/EULENBERGER 305)

Auch wird angeführt, dass ein äußeres Bild nicht die kommunikative Dichte des Erlebten widerspiegeln kann.

Chancen des Fotografierens

Umgekehrt gibt es gewichtige Argumente für ein Zulassen von Fotografie und Film:

Die kirchliche Trauung ist ein öffentlicher Akt. In der modernen Mediengesellschaft gehören zur Öffentlichkeit Fotografieren und Filmen.

Fotos und Filme ermöglichen spätere Erinnerung. Das tritt nicht zuletzt bei pastoralen Besuchen im Zusammenhang mit Kasualien zu Tage, wenn z. B. Fotos aus dem Album dem Pfarrer bzw. der Pfarrerin zur Illustration gezeigt werden. Dabei zeigt sich, dass Bilder eine wichtige Funktion bei der Biographie-Arbeit haben können, nicht zuletzt indem sie Raum für die Projektion der gegenwärtigen Befindlichkeit geben.

Schließlich reichen Fotos manchmal über das in der vis-a-vis-Beziehung Wahrgenommene hinaus.

Ziel: Gemeinsame Entscheidung

Inzwischen haben technische Innovationen das Problem insofern entschärft, als direkte Störungen durch Blitz oder Hin- und Hergehen eines Filmenden nicht mehr notwendig sind. Im Sinne des hier vertretenen Konzepts ist eine allgemein normierende Entscheidung eines Presbyteriums oder von Pfarrern und Pfarrerinnen nicht sinnvoll. Vielmehr gilt es, gemeinsam mit dem Brautpaar eine Entscheidung zu fällen. Fotografieren bzw. Filmen bzw. deren Unterlassen wird dann als ein Teil der liturgischen Inszenierung verstanden. Dabei kommt dem Pfarrer oder der Pfarrerin die Aufgabe zu, das Brautpaar – im Sinn der eben genannten Gesichtspunkte – auf Probleme und Chancen aufmerksam zu machen und mit ihnen auch die jeweiligen technischen und baulichen Möglichkeiten zu diskutieren. Pfarrer berichten von Camcordern, die – für Gemeinde und Brautleute nicht wahrnehmbar – fest installiert sind und das ganze Geschehen aufnehmen.

Dass zu diesem Gespräch auch gehört, dass der Pfarrer bzw. die Pfarrerin seine bzw. ihre Ansicht äußert und auf eventuelle Behinderungen in seiner liturgischen Rolle hinweist, gehört zur Kooperation. Klaus Eulenberger nennt hier als pragmatische Entscheidungshilfe: „Das Kriterium für die Tauglichkeit der getroffenen und verkündeten Vereinbarungen ist, ob der kirchliche Raum für die Dauer des Kasualgottesdienstes in die Verfügung der technischen Medien und ihrer Bediener übergeht oder nicht.“ (KAMMER/LENKE/EULENBERGER 310)

Auf jeden Fall ist in der konkreten Praxis wichtig, dass die im Traugespräch getroffene Entscheidung der ganzen Traugemeinde bekannt gegeben wird – und zwar sowohl hinsichtlich technischer Details als auch der wichtigsten Gründe.

3.2 Ein weiterer Konfliktpunkt bei Trauungen ist die *musikalische Gestaltung.* Den meisten Menschen sind nicht nur Kirchenlieder, sondern auch die Orgelmusik fremd. Dagegen spielt in ihrem Leben andere, sog. populäre Musik eine große Rolle;[27] elektronische Instrumente ermöglichen gefällige Arrangements mit großer Klangfülle.

Milieubezug der Ästhetik

Das jeweilige ästhetische Empfinden ist stark milieubestimmt. Was für Manche Ausdruck des Wohlbehagens und stimmiger Atmosphäre ist, ist für Andere kaum erträglich. Verschärft wird dieser Konflikt mitunter noch dadurch, dass milieu- und altersbedingt tiefe Gräben hinsichtlich des musikalischen Geschmacks durch die Hochzeitsgesellschaft selbst gehen.

Auch hier kann nicht die Lösung sein, dass Pfarrer bzw. Pfarrerin oder Kirchenmusiker bzw. Kirchenmusikerin bestimmen, was gesungen und was und wie musiziert wird. Harald Schroeter-Wittke identifiziert die auftretenden Konflikte als Machtfrage:

> Wer gibt denn nun bei Kasualien eigentlich den Ton an? Sind es die Menschen, deren Lebensgeschichte in Kasualgottesdiensten gefeiert wird? Sind es die Pfarrerinnen und Pfarrer, die darauf zu achten haben, daß Gott in dem ganzen Geschehen nicht untergeht? Sind es die Kirchenmusikerinnen und Kirchenmusiker, die einerseits das Kirchliche ihrer Musik nicht zum Verstummen bringen lassen wollen und andererseits mit ihren Qualitätsvorstellungen auch wahrgenommen werden wollen? Oder sind es gar die Medien, die mit ihren Ritual-Inszenierungen mentale Standards setzen, denen sich niemand mehr entziehen kann? (SCHROETER-WITTKE 193f)

Kasualtheoretischer Grundsatz: Interpretation statt Konfrontation

Auf dem Hintergrund einer solchen Relativierung der einzelnen Vorstellungen sind in der Praxis pragmatische Lösungen zu finden. Gerade bei den Musikwünschen von Brautleuten erscheint der kasualtheoretische Grundsatz von Eberhard Hauschildt angebracht: Interpretation statt Konfrontation.[28] Und an anderer Stelle konstatiert er: „Ich kann mir fast keinen musikalischen Inhalt vorstellen, der nicht auch mit Gewinn interpretiert werden könnte."[29]

Ein anschauliches Beispiel für einen solchen Prozess gibt Michael Heymel. Er stellt in folgendem Traugottesdienst sowohl den sonntäglichen Gottesdienstbesuchern Bekanntes als auch von den Brautleuten gewünschte Songs zusammen, wobei er Letztere jeweils interpretierend einführt und dabei deren (möglichen) Beitrag für die religiöse Kommunikation verdeutlicht:

27 S. die Tabelle zum repräsentativen Musikgeschmack der Evangelischen in: W. HUBER/J. FRIEDRICH/P. STEINACKER (Hg.), Kirche in der Vielfalt der Lebensbezüge. Die vierte EKD-Erhebung über Kirchenmitgliedschaft, Gütersloh 2006, 478.

28 E. HAUSCHILDT, Der Streit am Sarg um Musik, in: MuK 69 (1999), 311f.

29 E. HAUSCHILDT, Unterhaltungsmusik in der Kirche, in: G. FERMOR/H.-M. GUTMANN/H. SCHROETER (Hg.), Theophonie. Grenzgänge zwischen Musik und Theologie, Rheinbach 2000, 285–298, 296.

Orgelvorspiel/Einzug des Brautpaares
Begrüßung und Votum
Lied der Gemeinde: Wohl denen, die da wandeln (EG 295,1–4)
Eingangspsalm (Ps 100,4b-5)
Liedvortrag: César Franck: Panis angelicus (Sängerin/Orgel)
Liturg: Wir hören jetzt ein geistliches Lied, in dem das Brot des Himmels besungen wird, das Gott uns gibt. Komponiert hat es der französische Komponist César Franck gegen Ende des vorigen Jahrhunderts. Das Lied handelt davon, wie Christus bei den Menschen gegenwärtig ist. Christus verspricht, unseren Lebenshunger zu stillen. Er sagt von sich selbst: „ich bin das Brot des Lebens“ (Joh 6,35)
Predigt über Ps 37,5
Biblische Wegweisung (1 Joh 4,7–8)
Liedvortrag: Elton John: You Gotta Love Someone (Sänger/E-Piano)
Liturg: Aus dem Ersten Johannesbrief haben wir gehört, daß die Liebe von Gott ist. Also ist auch die Liebe, die ein Mensch von anderen empfängt, von Gott. Das folgende Lied spricht jeden persönlich auf die Sehnsucht an, geliebt zu werden: Du brauchst Liebe von irgend jemand, egal, was Du alles fertig bringst. Du kannst alles. Du kannst den Kampf gewinnen, Du kannst ein Stück vom Himmel ergreifen, Du kannst die Regeln brechen – aber, bevor Du's versuchst, brauchst Du von irgend jemand Liebe.
Traufragen und Antwort des Paares
Ringwechsel
Liedvortrag: Amazing grace (Sängerin und Sänger/E-Piano)
Liturg: In dem Spiritual, das wir nun hören, singt jemand von der wunderbaren Gnade, aus seiner Verlorenheit gerettet zu sein: Ich war einst verloren, aber jetzt bin ich gefunden. Ich war blind, aber jetzt sehe ich. Wer zum Glauben an Christus bekehrt wurde, kann mit diesem Lied ausdrücken, wie sein Leben in ein neues Licht rückt: Durch viele Gefahren, Schlingen und Fallstricke bin ich schon gekommen – es ist Gnade, die mich sicher so weit gebracht hat, und Gnade wird mich heimführen. Amazing grace – geschrieben hat dieses Lied ein ehemaliger Sklavenhändler, der nach seiner Bekehrung für die Abschaffung des Sklavenhandels kämpfte.
Übergabe der Traubibel
Liturg und Sprecher/innen: Fürbittengebet
Vaterunser
Lied der Gemeinde: he's got the whole world in his hands (EG 619,1–4)
Abkündigungen
Segen
Orgelnachspiel. (Heymel 34 f [ohne Kursivsetzungen des Originals]).

Dabei ist besonders zu bedenken, dass in der Biographie des Paares nicht selten bestimmte Lieder bzw. Musiktitel eine wichtige Rolle spielen. Mit ihnen werden im Gottesdienst Erlebnisse und deren Atmosphären aufgerufen, theologisch formuliert: die Begleitung Gottes auf dem Taufweg wird erinnert. Hier kann Luthers Diktum leiten: „Deus praedicavit evangelium etiam per musicam.“ (WA TR 1 Nr. 1258) („Gott hat das Evangelium auch durch die Musik gepredigt.“)

## 4. Ehejubiläen

Zuerst wohl in katholischen Gemeinden, zunehmend aber auf evangelischer Seite werden Ehejubiläen begangen, vor allem die sog. Goldene Hochzeit (50 Jahre Ehe) und das sog. silberne Jubiläum (25 Jahre Ehe). 1776 enthält das erste Mal ein Ritualbuch ein entsprechendes Formular. Die Goldene Hochzeit – angesichts der früheren geringen Lebenserwartung – ein seltenes Fest, begegnet zunehmend im 19. Jahrhundert als liturgisch begangenes Jubiläum, die Silberne Hochzeit dagegen erst im 20. Jahrhundert.[30]

Lebensgeschichtlicher Kontext der Ehejubiläen

4.1 Bei der *Silbernen Hochzeit* steht häufig der Auszug der Kinder als Übergang im Leben im Hintergrund. Dazu geht – die Eheleute stehen meist im sechsten Lebensjahrzehnt – die Leistungsfähigkeit zurück. Meist ist bei den Männern die berufliche Laufbahn abgeschlossen; bei manchen Frauen, die längere Zeit sich ausschließlich der Familie und dem Haushalt widmeten, stehen noch Veränderungen an. Ein Blick in die Scheidungsstatistik zeigt, dass die zu dieser Zeit stattfindenden Veränderungen auch den Bestand der Ehe gefährden können. Es besteht ein Bedarf an Neuorientierung.

Themen der *Goldenen Hochzeit* sind dagegen – neben häufig dankbarem, bisweilen auch resigniertem Rückblick – die Annahme von zunehmenden Beschwerlichkeiten und Grenzen durch das Alter sowie das sich meist dem Ende zuneigende gemeinsame Leben.

Es muss nicht eingehender betont werden, dass jede Vorbereitung der liturgischen Feier eines solchen Ehejubiläums stark individuelle Züge trägt. Meist sind es in der Kirchengemeinde aktive bzw. aktiv gewesene Menschen, die eine solche Handlung begehren. Sie kann – entsprechend den agendarischen Hinweisen – sowohl als eigener Gottesdienst als auch innerhalb des sonntäglichen Gemeindegottesdienstes gefeiert werden; bei Goldenen Hochzeiten ist auch zu erwägen, ob der Ritus besser im häuslichen Bereich stattfindet.

Tauftheologischer Impuls

Leider unterlassen es die Vorschläge in den neuen Trauagenden von VELKD und UEK, diese Jubiläen tauftheologisch zu profilieren. Hier wäre nämlich – auch für die feiernde Gemeinde – eine gute Möglichkeit, die Begleitung Gottes in konkreten Biographien vor einem übergreifenden Horizont zu identifizieren. Dabei erweist sich vor allem bei der Goldenen Hochzeit ein nur segenstheologisches Verständnis der Trauung als zu kurz greifend. Denn der auf die Ehe bezogene Segen endet mit dem irdischen Leben, die Verheißung der Taufe geht jedoch durch die in ihr zugesagte Verbundenheit mit Christus dem Auferstandenen darüber hinaus (→ § 7 5.2).

30 B. Kleinheyer, Riten um Ehe und Familie, in: B. Kleinheyer/E. v. Severus/R. Kaczynski (Hg.), Sakramentliche Feiern II (GdK Bd. 8), Regensburg 1984, 67–156, 149.

Trauung und Ehejubiläum

4.2 Die beiden katholischen Liturgiewissenschaftler Manfred Probst und Klemens Richter schlagen vor, Ehejubiläen innerhalb von kirchlichen Trauungen zu feiern.[31] Diese Anregung enthält für den Gesamtzusammenhang der Ehe- und Taufpastoral interessante Impulse:

Zum einen wird dadurch die tauftheologisch begründete Prozesshaftigkeit auch der Trauung anschaulich. Kirchliche Trauung ist eben nicht nur ein punktuelles liturgisches Geschehen, sondern Teil der kirchlichen Begleitung der Getauften auf ihrem Weg.

Zum anderen kann durch die Anwesenheit eines älteren Ehepaares den Jungen Mut gemacht werden zur Ehe – trotz hoher Scheidungsraten und darin zum Ausdruck kommender Fragilität der Ehe. Umgekehrt geht von der Freude und den Hoffnungen des jungen Ehepaares vielleicht ein Impuls für die Älteren aus, eventuell eingefahrene Geleise ihrer Ehe neu zu überdenken.

Solche Prozesse werden aber nur in Gang kommen, wenn sich beide Paare in Vorgesprächen offen begegnen und über ihre Erfahrungen, Hoffnungen und Ängste sprechen.

Angesichts des Abstandes zwischen den Generationen und der praktischen Probleme (Termine) wird ein solcher Gottesdienst wohl nur als Ausnahme möglich sein. Realistischer ist es, bei einem Vorgespräch zwei Paare an unterschiedlicher Stelle in ihrer Beziehung miteinander ins Gespräch zu bringen. In der katholischen Kirche bieten die Ehevorbereitungskurse dafür einen institutionellen Ort.

## 5. Zusammenfassung

Die kirchliche Trauung wird nicht nur deutlich weniger nachgefragt als andere Kasualien, sie ist auch lehrmäßig und rituell unterbestimmt. Dazu begegnen nicht selten Konflikte zwischen Pfarrern und Pfarrerinnen bzw. Kirchenmusikern und -musikerinnen auf der einen und Brautleuten auf der anderen Seite.

Als konzeptionelle Lösung in dieser schwierigen Situation schlage ich vor, die kirchliche Trauung als *ein Ritual innerhalb des Taufprozesses* zu profilieren (wobei bei einem nichtgetauften Ehepartner die Einladung zur Taufe dazugehört). Das dadurch theologisch begründete Gewicht der die Trauung Begehrenden hat als Konsequenz, sie bei der liturgischen Arbeit zu beteiligen. Bei „Zumutungen“ wird deutlich, dass nicht einseitig bestimmte Verhaltensregeln von Pfarrern und Pfarrerinnen dekretiert werden können.

Auch inhaltlich eröffnet das tauftheologische Verständnis der Trauung als Stationsgottesdienst interessante Möglichkeiten:

31 M. Probst/K. Richter, Die kirchliche Trauung. Neues Werkbuch für die Praxis, Freiburg 1994, 167 f.

In der Predigt werden allgemeine Stichworte wie „Liebe“ theologisch präzisiert und zugleich an eigenes biographisches Erleben angeschlossen.

Beim Jubiläum der Goldenen Hochzeit zeigt sich, dass ein solcher Ansatz auch am Ende des Lebens Hoffnung geben kann, wenn das kreatürliche Vermögen abnimmt.

## § 27 Anhang: Segnung anderer Lebensformen?

Literatur: B. ALT-SAYNISCH/G. RAABE (Hg.), Das Ende als Anfang. Rituale für Paare, die sich trennen, Gütersloh 2002 – L. FRIEDRICHS, Kirchlich-rituelle Begleitung gleichgeschlechtlicher Paare – Überblick über den Stand in der EKD und ihren Gliedkirchen, in: Arbeitsstelle Gottesdienst 17 (2003/1), 17–27 – CH. GRETHLEIN, Segnung Eingetragener Partnerschaften – Überlegungen aus liturgischer Sicht, in: Arbeitsstelle Gottesdienst 17 (2003/1), 28–42 – W. SCHÜRGER (Hg.), Segnung von gleichgeschlechtlichen Paaren. Bausteine und Erfahrungen, Gütersloh 2002 – E. V. SEVERUS, Feiern geistlicher Gemeinschaften, in: B. KLEINHEYER/E. V. SEVERUS/R. KACZYNSKI (Hg,), Sakramentliche Feiern II (GdK 8), Regensburg 1984, 157–189.

Im Umfeld der Trauung bewegen seit gut zehn Jahren zwei Riten evangelische Kirchenleitungen, Synoden und Christen: die Segnung gleichgeschlechtlicher Paare und die sog. Trennungsrituale, genauer: Riten anlässlich einer Ehescheidung. Im Folgenden zeichne ich nicht die im Einzelnen eher ethisch und kirchenpolitisch geführten Diskussionen nach. Vielmehr kommen in der durch diese neuen Riten angestoßenen Auseinandersetzung Gesichtspunkte zum Vorschein, die der praktisch-theologischen Arbeit an der Trauung zugute kommen können. Ihnen gilt mein Augenmerk.

Von daher beginne ich grundsätzlicher, über beide Riten hinausgehend mit einer Erinnerung an die Pluriformität, in der Christen seit jeher ihre Sexualität gestalten. Denn – dies ist der erste wichtige Impuls – Christen können ihre Sexualität nicht nur in der Ehe verantwortlich leben und dabei die segnende Begleitung auf ihrem Taufweg erhoffen. Erst von dieser Einsicht her können die beiden genannten Vorschläge zu neuen Riten sachgerecht praktisch-theologisch bedacht werden.

### 1. Pluriformität von Lebensformen in der Geschichte

Pluriformität der Lebensformen in der Bibel

1.1 Bereits in § 22 2. und 3. begegnen verschiedene Formen, wie an Gott Glaubende ihr Leben gestalten können:
in Form der Polygamie,
in Form der Monogamie,
in Sonderformen wie der Leviratsehe,
als unverheiratet Lebende,
in kleinen Gruppen Gleichgeschlechtlicher (wie der Jüngerkreis Jesu),
als Witwen.

Christliche Lebensformen jenseits der Ehe

1.2 Dementsprechend verwundert es nicht, dass auch in der Alten Kirche Christen in unterschiedlicher Weise ihr Leben gestalten: als Eheleute, als Witwen, als Jungfrauen, als Mönche bzw. Nonnen in unterschiedlichen Sozialformationen (Eremiten bzw. Koinobiten).

Exemplarisch sei im Folgenden anhand von zwei Beispielen auf Rituale anlässlich des Eintritts in Lebensformen jenseits der Ehe von Mann und Frau hingewiesen, in deren Zentrum eine Segenshandlung steht.

Liturgisch wird – vielleicht bereits vor der Ehe zwischen Mann und Frau – die *Jungfrauenweihe* begangen.[32] Sie findet – wie vom Beginn des 5. Jahrhunderts an bezeugt ist – durch feierliche Überreichung des Schleiers („velatio virginum", lateinisch: Verschleierung der Jungfrauen) und damit verbundenem Segensgebet statt. Ihr Leiter ist regulär der Bischof. Die Feier wird zu bestimmten Zeiten, etwa an Epiphanias oder in der Osterwoche begangen.

Das Ritual zeigt eindeutig, dass es sich hier um eine besondere Lebensform handelt, zu der sich die Frauen verpflichten. Zum Zeichen dessen werden neue, vom Bischof gesegnete Kleider angelegt. Die teilweise große Nähe zur Ordensprofess führte zeitweilig zum fast völligen Verschwinden der Jungfrauenweihe. Erst die Liturgiekonstitution des II. Vaticanum erteilte den Auftrag, das Ritual zu überarbeiten (SC 80; v. SEVERUS 182–184). Das daraus entstandene Formular berücksichtigt – als wichtige Neuerung – in einem ersten Hauptstück die Weihe von Jungfrauen, die keiner geistlichen Gemeinschaft angehören. Dabei treten – gegenüber der früheren Betonung von Reinheit und Vollkommenheit – die besonderen Dienste in den Vordergrund, die solche nicht familiär gebundenen Frauen leisten können.

Im Zusammenhang mit der Diskussion über die Segnung homosexueller Paare[33] wird auf eine zweite, von diesem umstrittenen Thema ablösbare Sozialform aufmerksam gemacht. In Dokumenten aus dem Mittelalter begegnen Riten zu „*Bruderschaften*", in denen zwei Männer miteinander „verbunden" werden. Als hagiologische Vorbilder dienen dabei jeweils die Apostel Philippus und Bartholomäus sowie die Märtyrer Sergius und Bacchus.

Die Texte der Riten betonen, dass es sich um eine „geistliche Liebe" handle; allerdings küssen sich am Ende des Ritus die „Brüder". Abseits einer – m. E. eher zweifelhaften – Interpretation dieser Beziehungen als homosexuell begegnet hier auf jeden Fall eine besondere christliche Lebensform, die weder alleinlebend noch verheiratet ist.

Vor allem Luther betont gegenüber den vielerlei Gelübden und den Missständen in den Klöstern die Bedeutung der Ehe, wodurch in den evangelischen Kirchen zumindest rituell andere mögliche und erprobte christliche Lebensformen aus dem Blick geraten.

32 L. EISENHOFER, Handbuch der katholischen Liturgik, Bd. 2, Freiburg 1933, 423–427.
33 Grundlegend: J. BOSWELL, The Marriage of Likeness – Same Sex Unions in Pre-Modern Europe, Oxford 1996.

Pluralisierung der Lebensformen

1.3 Angesichts der zunehmenden Pluralisierung der Lebensformen in der Gegenwart ist ein Beharren auf dem – von der Situation des 16. Jahrhunderts her verständlichen – Primat der Ehe zwischen Mann und Frau problematisch. Es ist daran zu erinnern, dass gerade hinsichtlich des sexuellen Lebens die Kirchen im 20. Jahrhundert mehrfach durch Festhalten starrer Vorstellungen Niederlagen einstecken mussten:

Vorehelicher Geschlechtsverkehr ist mittlerweile bei den meisten älteren Jugendlichen und jungen Erwachsenen zur Selbstverständlichkeit geworden. Dies führt aber nicht, wie befürchtet, zu völliger Libertinität; vielmehr ist Treue bei vielen Jugendlichen ein wichtiger Wert.

Der kirchlichen Ablehnung der Ehescheidung steht deren zunehmende Häufigkeit entgegen.

Die lange Zeit auch strafrechtlich sanktionierte – teilweise im wahrsten Sinne des Wortes – Verteufelung von Homosexualität ist einer Regelung in Form der Eingetragenen Partnerschaften gewichen, die diese in den Folgen weithin einer Ehe gleich stellt. Dazu nimmt die allgemeine Akzeptanz homosexueller Lebensweise zu.

Von daher erscheint es sinnvoller, mit hermeneutisch ausgewiesenen Kriterien anstehende Fragen sexuellen Lebens zu bedenken und rituelle Konsequenzen daraus zu ziehen. Dabei ergibt sich – wie in § 22 entfaltet –, dass die *Integration des Sexuellen in das ganze Leben* mit seinen unterschiedlichen Bereichen das entscheidende Ziel ist. Dies kann in unterschiedlicher Weise geschehen, als allein lebender Mann, als Jungfrau, als Ehepaar, als Witwe, als Mitglied einer christlichen Lebensgemeinschaft.

## 2. Segnung anlässlich einer Eingetragenen Partnerschaft

Zögerliche Akzeptanz der Segnung homosexueller Paare

2.1 Die konkrete kirchenrechtliche und auch liturgische Situation hinsichtlich der Segnung homosexueller Paare, seit der Verabschiedung des entsprechenden Gesetzes 2001 vor allem Eingetragener Partnerschaften, ist schwer überschaubar und unterliegt dem Wandel (FRIEDRICHS). Insgesamt geht die Entwicklung im Bereich der evangelischen Landeskirchen tastend in Richtung einer Tolerierung, wobei Unterscheidungen zwischen „Andacht" und „Gottesdienst" u.Ä. eher kirchenpolitischen Rücksichtnahmen als klaren konzeptionellen Überlegungen entstammen. Angesichts der insgesamt geringen Nachfrage entsprechender Handlungen könnte man geneigt sein, die teilweise erbittert geführte Diskussion als vorübergehend ad acta zu legen.

Die geringe Inanspruchnahme des Rechtsinstituts Eingetragene Partnerschaft und auch kirchlicher angebotener Rituale lässt sich – neben Anlaufschwierigkeiten – vielleicht folgendermaßen erklären: Zum einen fällt die Einführung von Segenshandlungen an homosexuellen Paaren in eine Zeit, in der auch die Inanspruchnahme der kirchlichen Trauung erheblich zurückgeht. Zum anderen ist die Heirat heute

– wie erwähnt – oft mit dem Wunsch nach Kindern bzw. mit einer bestehenden Schwangerschaft verbunden.

2.2 Allerdings stößt die liturgische Diskussion an einer Stelle auf einen auch für die Gestaltung der Trauung wichtigen Punkt vor: Es geht um die *inhaltliche Präzisierung des Segens* – durchaus auch im Gegenüber zum Segen beim Trauritual. Und hier zeigt sich in evangelischen Agenden eine bedenkliche Allgemeinheit. So können die Segensformulierungen sowohl der VELKD-Agende als auch des UEK-Agendenentwurfs ohne Schwierigkeiten auch bei der Segnung Eingetragener Partnerschaften Verwendungen finden.

Kinder als Segensgabe der Ehe

Ein Blick in die Liturgiegeschichte, aber auch in römisch-katholische oder anglikanische Formulare zeigt, dass bei der Trauung in den deutschen evangelischen Kirchen eine wichtige Spezifizierung verloren gegangen ist, die noch in Luthers Traubüchlein selbstverständlich ist: die Bitte um ein Kind. Im Traubüchlein spricht der Pfarrer im Ehesegen: „Herre Gott, der Du Mann und Weib geschaffen und zum Ehestand verordenet hast, dazu mit Fruchte des Leibes gesegenet und das Sakrament Deines lieben Sohns Jesu Christi und der Kirchen [...]“ (BSLK 534,6–10).

Hier tritt der spezifische kreatürliche Segensgehalt einer Ehe zwischen Mann und Frau hervor. Theologisch formuliert: Auf ihrem Taufweg eröffnet das Zusammensein von Mann und Frau in den Kindern eine neue Gestalt des Segens.

Selbstverständlich gab und gibt es immer wieder die Trauung von Paaren, bei denen die Zeugung von Kindern etwa aus Altersgründen nicht möglich ist; doch dies sind Ausnahmen, für die – etwa in der katholischen Trauung – der Ritus entsprechend verändert wird.

Spezifischer Segen für homosexuelle Partnerschaften

Für das kirchliche Handeln an homosexuellen Paaren stellt sich ebenfalls die Frage nach einer Spezifik des hier auszusprechenden Segens. Dabei geht es darum, das „im Herrn“-Sein dieser Lebensform symbolisch zum Ausdruck zu bringen. Der Segen wird dann als Ausdruck des Taufprozesses an dem Übergang im Leben auf Grund einer dauerhaften homosexuellen Partnerschaft empfangen.

Dass diese Aufgabe nur gemeinsam im Gespräch und Nachdenken mit Homosexuellen möglich ist, dürfte nach dem in der Trauung zur liturgischen Beteiligung der Braut- bzw. Eheleute Ausgeführten selbstverständlich sein. Materialiter gibt das Studium der erwähnten Segnungen von „Bruderschaften“ Anregungen. Hier steht deren Beitrag für die Sozialität im Vordergrund – das miteinander verbundene Brüder-Paar ist ja nicht durch Aufgaben in der Familie gebunden.

## 3. Segnung anlässlich einer Ehescheidung?

Ehescheidung in segenstheologischer Perspektive

3.1 Auch beim zweiten aktuellen Streitpunkt, der Frage nach einem Ritual für Geschiedene (bzw. Getrennte), ergibt ein genauerer Blick auf die Diskussion eine wichtige *Anfrage* für die Kasualie Trauung. Wenn die Kasualien als Handlungen verstanden werden, in der Getaufte (bzw. zur Taufe Eingeladene) an bestimmten Übergängen im Leben gesegnet werden, stellt sich die Frage: Was geschieht bei Geschiedenen mit dem bei der Trauung gesprochenen Segen; bzw. noch dringender bei einer Wiederverheiratung: Wie verhält sich der neue Segen zum Segen bei der vorhergehenden Trauung? Dabei ist nicht zuletzt an die zu denken, die bei der Ehescheidung zurückbleiben: vielleicht ein Mensch, der keinen Partner mehr findet; eventuell Kinder als sichtbarer Ausdruck des kreatürlichen Segens.

Tauftheologische Perspektive

3.2 Mit solchen Fragen will ich keineswegs eine Übernahme der strikten katholischen Praxis empfehlen, die – wie gezeigt – zu gewundenen Umwegen führt und auch von katholischen Theologen kritisch gesehen wird.[34] Vielmehr kann die tauftheologische Begründung des Segens davor bewahren, diesen statisch misszuverstehen.

Auch nach der Taufe ist – wie spätestens die altkirchliche Entscheidung zur zweiten Buße herausgearbeitet hat – die Möglichkeit und Notwendigkeit gegeben, von neuem anzufangen. Eine deutliche Tauferinnerung (bzw. -einladung) schützt vor synergistischen Missklängen.

Vor diesem Hintergrund verdienen Vorschläge Interesse, die Trennung eines kirchlich getrauten Paares nicht einfach stillschweigend zu übergehen:

Zumindest in der kirchlichen Öffentlichkeit lösen Vorschläge zu sog. Trennungsritualen kontroverse Diskussionen aus. Keinesfalls wird vorgeschlagen, eine Ehetrennung zu „segnen". Vielmehr sollen Rituale als Hilfe für die Bewältigung einer Trennung angeboten werden, die auf der Basis erkannter Schuld einen neuen Anfang ermöglicht (Alt-Saynisch, Raabe). Allerdings kommt es in der Praxis wohl – aus psychologisch verständlichen Gründen – selten dazu, dass die beiden getrennten Partner und eventuelle Kinder sich gemeinsam zu einem solchen Trennungsritual zusammenfinden.

Von daher ist – auch jenseits grundsätzlicher ethischer Überlegungen – an die traditionelle Form der Seelsorge zu erinnern. Gunter Wenz gibt zu bedenken:

> Im Falle nicht zu vermeidender Scheidung einer Ehe ist staatlicherseits das Recht, kirchlicherseits aber eine mit der Tugend der Verschwiegenheit ausgezeichnete Seelsorge gefordert, welche die Nichtöffentlichkeit des Intimen achtet und das Wort der Versöhnung in ratsamer Stille auch dort wahr sein lässt, wo dem äußeren Augenschein nach Unversöhnlichkeit und Streit herrschen. (in: Alt-Saynisch/Raabe 74)

34 B. Kleinheyer, Riten um Ehe und Familie, in: B. Kleinheyer/E. v. Severus/R. Kaczynski, Sakramentliche Feiern II (GdK 8), Regensburg 1984, 67–156, 139–141.

### 4. Zusammenfassung

Der Seitenblick auf zwei aktuelle Diskussionen im Umfeld der kirchlichen Trauung ergibt für diese wichtige Gesichtspunkte:

Die Herausstellung der Ehe von Mann und Frau durch die Exklusivität der kirchlichen Trauung wirft angesichts der Pluralisierung von Lebensformen Probleme auf.

Rituell ist der Trausegen deutlicher zu spezifizieren.

Die verbreitete Form der unbesehenen Wiederverheiratung begünstigt eine problematische Inflationierung des Segens.

Die Trauung erweist sich also auch von hier aus als eine Kasualie, an der dringend gearbeitet werden muss. Die vorgeschlagene Fundierung im Taufprozess bietet dafür eine theologische Grundlage, die offen für die Integration biographischer und lebensweltlicher Besonderheiten ist und auch die Kommunikation kontrakultureller Einsichten des Evangeliums ermöglicht.

## 6. Kapitel: Bestattung – Begleitung der Toten und der Trauernden

Der Tod ist die einzige Gewissheit menschlichen Lebens. Er ist für jedes Individuum ein biologisches Grunddatum und zugleich für jede Sozialität eine unausweichliche Herausforderung.

Religionsethologische Grundlage

Die Religionsethologie macht darauf aufmerksam, dass sich bis heute im Umgang mit dem Tod in entwicklungsgeschichtlich frühe Zeiten zurückreichende Reaktionen zeigen:

So spiegelt sich – etwa in Form theriomorpher Todesdämonen – die Angst vor Artfeinden, konkret dem Zerstückelt- und Gefressenwerden.[35]

Die „ängstlich-aggressive Erregung" angesichts des Todes eines Mitmenschen kann als archaischer Schutzmechanismus interpretiert werden. Beim Anblick eines getöteten Artgenossen ist besondere Aufmerksamkeit geboten, weil der tötende Feind vielleicht noch in der Nähe ist.

Schließlich fällt religionsgeschichtlich auf, dass bei Vorstellungen über den Tod hinaus häufig das Bild des „Himmels" vorkommt. Stammesgeschichtlich lässt sich dies dadurch erklären, dass sich Menschen vor Bodenfeinden auf Bäumen in Sicherheit brachten – der Blick zum Himmel also Rettung verhieß.

Die Kultur- und Religions- sowie die Ritualgeschichte geben vielfaches Zeugnis von sehr unterschiedlichen Auseinandersetzungen mit dem Tod, wohl anfangs und dann immer wieder in personalisierter Form (besonders anschaulich in der Ikonographie: Sensenmann, Bruder Hein usw.).

35 Die drei folgenden Beispiele entstammen G. Baudy, Tod, in: HrwG Bd. 5 (2001), 207–226, 211, 212f, 219.

Zum Tod gehört die Notwendigkeit der Bestattung. Der Leichnam muss beseitigt werden, und zwar schon aus hygienischen Gründen. In der Regel wird jeder einzelne verstorbene Mensch bestattet.

Die Bestattung als ritueller Umgang mit (einem) Toten ist nur angemessen im Kontext des jeweiligen Todesverständnisses zu verstehen. Es eröffnet bzw. verschließt den Raum für Hoffnungen und initiiert bzw. verhindert dementsprechende Handlungen der Hinterbliebenen.

Im Christentum markiert die von der Auferweckung Jesu Christi abgeleitete Auferstehungshoffnung das Zentrum christlichen Glaubens (1 Kor 15,14). Seine christologische Grundlage ist – wie gezeigt – ebenfalls für das christliche Initiationsritual bestimmend.

Wenn im Folgenden trotzdem auch andere Vorstellungen als die Auferstehungshoffnung berücksichtigt werden, so hat dies einen doppelten Grund. Zum einen tritt durch das in der Religionsgeschichte und auch im Alten Testament unübersehbare Tasten nach einem angemessenen Verständnis des Todes – und damit ja auch des Lebens – die Problemdichte und -intensität hervor, die in der Hoffnung auf die Auferstehung mitschwingt. Zum anderen ist nur durch einen solchen Vorlauf verständlich zu machen, warum sich vor allem im Mittelalter und in der römisch-katholischen Tradition bis hin zum II. Vaticanum eine Form der Bestattung entwickeln konnte, bei der die österliche Hoffnung zurücktritt.

Schließlich stellt die Hoffnung auf die Auferstehung Anforderungen an die Gestaltung der Bestattung, um deren angemessene Form bis heute gerungen wird. Mittlerweile konkurrieren dabei zunehmend nichtchristliche Anbieter mit den Kirchen.

## § 28 Biblische Einsichten

Literatur: G. Baudy, Tod, in: HrwG Bd. 5 (2001), 207–226 – W. Dietrich/S. Vollenweider, Tod II. Altes und Neues Testament, in: TRE Bd. 33 (2002), 582–600 – E. Zenger, Das alttestamentliche Israel und seine Toten, in: K. Richter (Hg.), Der Umgang mit den Toten. Tod und Bestattung in der christlichen Gemeinde (QD 123), Freiburg 1990, 132–152.

In der Bibel werden keine grundsätzlich konzeptionellen Angaben zur Bestattung gemacht. Es finden sich nur wenige Berichte und Hinweise zu Bestattungen (z. B. Gen 23; 35,8; Dtn 34,6; Mk 6,29 par; 15,46 par). Sie werden selbstverständlich als Beerdigungen vollzogen; dafür ist in der Regel die Familie zuständig, ersatzweise Freunde.

Das Wirken und das Geschick Jesu initiieren – vorbereitet durch die Entwicklung im Alten Testament sowie frühjüdische Vorstellungen – eine neue Sicht des Todes. Seine Grablegung prägt in einem langen Prozess die christliche Bestattung, die bis zum Ende des 19. Jahrhunderts selbstverständlich als Beerdigung stattfindet.

## 1. Religionsgeschichtliche Grundlage

Wie bereits bei Taufe und Trauung gezeigt, steht auch das biblische Todesverständnis in einem religionsgeschichtlichen Kontext.

Haftpunkte rituellen Handelns

1.1 Es gibt einige *Stationen im Zusammenhang von Sterben und Tod*, die Haftpunkte rituellen Handelns in der Religionsgeschichte geworden sind:

das Sterben;
der Eintritt des Todes;
die Behandlung des Leichnams;
dessen Bestattung;
das Totengedenken.[36]

Sie begegnen auch im Zusammenhang der historischen Rekonstruktion des christlichen Umgangs mit den Toten.

Bei Bestattungsritualen werden sowohl der bzw. die Tote als auch die Hinterbliebenen begleitet. Bei Letzteren gehen verschiedene Gefühle und Notwendigkeiten ineinander über:

Angst vor dem eigenen Tod;
Trauer über den Verlust;
Notwendigkeit, den Toten aus der Welt der Lebenden zu entfernen.

Ambivalenzkonflikt

Der darin liegende „Ambivalenzkonflikt zwischen dem Wunsch, den Toten bei sich zu behalten, und dem Verlangen, seiner ledig zu werden“ (Baudy 213), ist religionspsychologisch ein wichtiger Schlüssel, um Riten im Umfeld des Todes zu verstehen. Die vielfach verbreitete Mitgabe materieller Güter ins Grab bzw. auf eine personal kommunikative Ebene transformiert: die Fürbitten für den Verstorbenen können als Versuche verstanden werden, dieses Problem zu lösen.

Insgesamt ist der Gestaltungsreichtum bei den Bestattungssitten fast unüberschaubar. Alle vier Grundelemente, Erde, Feuer, Wasser und Luft, können den Leichnam aufnehmen:[37] Tote werden begraben, verbrannt, ins Wasser gelegt oder auf einem erhöhten Platz der Luft (und den Vögeln) ausgesetzt. Der Leichnam kann möglichst schnell weggeschafft oder aber durch kunstvolle Balsamierung erhalten und an besonderem Ort aufbewahrt werden usw.

Impulse primärer Religionserfahrung

1.2 Bereits früh findet sich vielfältig – wie Körperhaltung (Hocke) und Richtung (Osten bzw. Westen) von Verstorbenen in Gräbern nahe legen – der *Glaube an ein Leben nach dem Tod.*

36 S. die ausführlichere ritualtheoretische Tabelle bei U. Volp, Tod und Ritual in den christlichen Gemeinden der Antike (SvigChr 65), Leiden 2002, 14.

37 H. Wissmann, Bestattung I. Religionsgeschichtlich, in: TRE Bd. 5 (1980), 730–734, 731–733.

Zum Verstehen dieser Entwicklung sind ebenfalls eine subjektive und eine soziale Seite zu unterscheiden. Zum einen kann psychologisch die Unmöglichkeit, das eigene Nichtsein zu antizipieren, als Grund angeführt werden; zum anderen besteht ein starkes soziales Bedürfnis zu Kontakten mit den Verstorbenen. Beides gewinnt wiederum in höchst unterschiedlicher Weise Gestalt, etwa in der Vorstellung vom Weiterleben der Seele.

Es begegnet also im Zusammenhang mit der Bestattung ein starker Impuls der primären Religionserfahrung (→ § 5 1.). Mit ihr sind weitergehende bzw. kritische theologische Vorstellungen zu vermitteln.

1.3 Besonderes Interesse verdient die Konvergenz von Tod und Leben in den *Initiationsriten.* Erst der rituell vollzogene Durchgang durch den symbolisch inszenierten Tod als Abschied vom bisherigen Leben ermöglicht hier das neue Leben. Dabei kann es zu symbolischen Verletzungen und Verstümmelungen oder sonstigen Bewährungsproben in einem Zustand der Liminalität kommen, also zwischen dem vergangenen und dem neu initiierten Leben (→ § 6 1.). Von daher verwundert es nicht, dass Paulus das christliche Initiationsritual, die Taufe, als Geschehen des Sterbens und Begrabenwerdens sowie des neuen Lebens darstellt (Röm 6,2–4).

## 2. Tod im Alten Testament

Realistische Sicht des Todes im Alten Testament

2.1 Grundsätzlich begegnet an zahlreichen Stellen im Alten Testament ein realistischer Blick auf den Tod: „Er ist die natürliche Grenze des Lebens, gegen die nicht aufzubegehren ist. Nüchtern wird konstatiert, wie begrenzt und vergänglich das Menschenleben ist (Jes 40,6f; Ps 39,5f; 90,5f; 103,15f; Hi 14,1f; Koh 3,2)" (DIETRICH/VOLLENWEIDER 582).

Es soll maßvoll getrauert werden; ekstatische Trauerriten werden zurückgewiesen (Dtn 14,1; Lev 19,28).

Üblich ist die Erdbestattung; die Verbrennung gilt als Strafe (für Unzucht Gen 38,24; als Verschärfung der Todesstrafe Jos 7,25). Nichtbegrabenwerden ist eine furchtbare Schande (z. B. Jer 16,4).

Archäologische Funde bestätigen, dass lange Zeit – wie die Formulierung „wurde versammelt zu seinen Vätern" nahe legt – das Sippengrab üblich war. Erst das Aufkommen des Glaubens an die individuelle Auferstehung fördert das Einzelgrab (DIETRICH/VOLLENWEIDER 584).

2.2 Religionsgeschichtliche Vergleiche zeigen, dass die alten Israeliten – neben allgemein üblichen Gebräuchen wie der lauten Klage oder einem Leichenmahl – auch inhaltliche Vorstellungen aus ihrer Umwelt übernehmen:

Gott und Totenreich

So gehen sie von einer *Unterwelt* (hebräisch: Scheol) aus, in die die Verstorbenen kommen: „Unersättlich und unerbittlich ist Scheol (Jes 5,14; Prov 1,12; 27,20; Cant 8,6), hält die in sie Hinabgesunkenen fest wie mit Stricken (2 Sam 22,6), läßt sie nie mehr frei (Jon 2,3–7; Hi 7,9 f; Ps 49,15). Finster ist es dort unten (Ps 88,7; Hi 17,13) und staubig (Ps 22,30)." (DIETRICH/VOLLENWEIDER 585)

Anfangs erscheint Gott (Jahwe) auf den Bereich des Lebens beschränkt; in der Scheol endet seine Macht (z.B. Ps 6,5 f). Dabei ist zu beachten, dass das alttestamentliche Todesverständnis nicht mit dem modernen medizinischen identisch ist. Vielmehr erstreckt sich nach Auffassung der Alten der Tod über schwere Krankheit und soziale Isolation in den Bereich der biologisch (noch) Lebenden.

Auf jeden Fall ist aber in etlichen alttestamentlichen Texten der Todesbereich strikt von Jahwe als Gott des Lebens getrennt, was u.a. in Reinheitsvorschriften zum Ausdruck kommt (Lev 21,1–4; 22,4b-7; Num 19,11–22).

2.3 Doch entwickelt sich die Vorstellung hinsichtlich des Verhältnisses von Jahwe zum Tod weiter: „Mehr und mehr hat in Israel die Überzeugung Raum gewonnen, dass JHWHs Macht an den Toren von Scheol nicht einfach enden kann. Er hat Einblick in sie (Prov 15,11), er vermag auch in sie hineinzugreifen, um Menschen, die sich ihm dorthin entziehen wollen, wieder heraufzuholen (Am 9,2; Ps 139,7 f …)." (DIETRICH/VOLLENWEIDER 590)

Hoffnung auf Auferstehung

In späten Texten des Alten Testaments finden sich einige Zeugnisse der Hoffnung auf Auferstehung (Jes 26,19; Ez 37; Dan 12,1–3).

Daneben weisen narrative Passagen auf die Überwindung der Todesgrenze durch einzelne besonders Fromme hin: Elia und Elisa erwecken jeweils einen Jungen zum Leben (1 Kön 17,17–24 bzw. 2 Kön 4,18–37), was allerdings nur einen Aufschub des Todes bedeutet. Henoch wird entrückt (Gen 5,22–24), Elias Leben endet mit einer Himmelfahrt (2 Kön 2,1–18).

## 3. Tod im Neuen Testament

Frühjüdischer apokalyptischer Horizont

3.1 Von Jesus und im Neuen Testament wird die Hoffnung auf eine Totenauferweckung aus dem apokalyptischen Frühjudentum aufgenommen,[38] in die wiederum alttestamentliche und griechisch-hellenistische Impulse eingegangen sind.

Dabei laufen Vorstellungen hinsichtlich eines individuellen Lebens nach dem Tod sowie einer kollektiv-geschichtlichen Eschatologie nebeneinander her. Dies äußert sich konkret in der Frage nach einem eventuellen Zwischenzustand für die vor dem allgemeinen Weltende Gestorbenen (1 Thess 4,13–18).

Hierzu finden sich im Neuen Testament unterschiedliche Akzente: In manchen Texten wird ein unmittelbar an den Tod anschließendes Gericht vorausgesetzt (z.B.

38 F. HAHN, Theologie des Neuen Testaments, Bd. 1, Tübingen 2002, 122, 129 f.

Hebr 9,27); andere erwarten sogar – unter Rückgriff auf Vorstellungen aus der ägyptischen Mythologie (Feuersee) – einen zweiten Tod (Apk 20,14; 21,8) (DIETRICH/VOLLENWEIDER 588).

3.2 Einigkeit besteht darin, dass die Auferweckung Jesu das entscheidende Ereignis ist, von dem aus der Tod in neuer Perspektive erscheint.

Das ist bereits in *Jesu irdischen Äußerungen* vorbereitet (DIETRICH/VOLLENWEIDER 587). So weist er den Versuch von Sadduzäern zurück, durch direkte Übertragung irdischer Verhältnisse die Vorstellung einer Auferstehung zu widerlegen. Demgegenüber bezieht er sich auf die in Ex 3,6 zum Ausdruck kommende Macht Gottes, wobei er die frühjüdische Vorstellung von einer engelgleichen Existenz der Auferstandenen aufnimmt (Mk 12,18–27 par.).

Rezeption der Vorstellung vom Endgericht

Ebenfalls rezipiert Jesus das Bild eines Endgerichts (z.B. Mt 8,11f). Dabei knüpft er an alttestamentliche Aussagen an (z.B. 1 Sam 2,10; 1 Chr 16,14; Ps 105,7; Jes 2,4a), die in der frühjüdischen Apokalyptik vielfach ausgestaltet werden. Sie finden ihren Niederschlag auch im Neuen Testament (z.B. Mt 25,31–46) und werden in die altkirchlichen Bekenntnisse aufgenommen.[39]

Relativierung der Bestattung

Von daher kommt dem Tod nur relative Bedeutung zu; er ist der Gottesherrschaft untergeordnet – so das angesichts der Bedeutung korrekter Bestattung in der Antike revolutionär klingende Logion Mt 8,22. Diese schroffe Unterordnung der Pietät gegenüber dem Verstorbenen unter die Reich-Gottes-Botschaft führt nicht zu einer Ablehnung sorgfältiger Beerdigungen bei den ersten Christen. Sie enthält aber kritisches Potenzial gegenüber zu großer Konzentration auf diesen Ritus.

3.3 Ausführlich arbeitet *Paulus* in 1 Kor 15 die grundlegende Bedeutung der Auferweckung Jesu für das christliche Todesverständnis heraus. Dabei hält er zum einen die Leiblichkeit der Auferstehung fest (gegenüber korinthischen Spekulationen), zum anderen betont er die fundamentale Verwandlung des Leibes durch die Neuschöpfung Gottes. Durch den Rückgriff auf das Bild der Saat (1 Kor 15,35–49) gelingt dem Apostel große Anschaulichkeit (für antike Menschen). Die Kontinuität zwischen Sterbendem und Auferstandenem wird durch den Geist Gottes (V 44: „geistlicher Leib") bewirkt. In Röm 8,11 hebt Paulus dies noch einmal hervor, wobei der Tauf-Kontext zu beachten ist.

Auferweckung und Taufe

In besonderer Weise erklärt nämlich der Apostel bei seinen Überlegungen zur Taufe das Verhältnis der Auferweckung Jesu zu der der Christen. Die in dieser Handlung vollzogene Integration des Getauften in das Geschick Christi liegt hinsichtlich des Mit-Auferstehens noch in der Zukunft (Röm 6,5; allerdings präsentisch akzentuiert in Kol 2,12f; 3,1;

39 Zu den systematischen Versuchen, den Ernst des Gerichts und die Erlösung durch Christus gleichermaßen festzuhalten, s. W. HÄRLE, Dogmatik, Berlin 1995, 636–645.

Eph 2,5 f). Hier begegnet also die auch sonst religionsgeschichtlich verbreitete Konvergenz von Leben und Tod im Initiationsritual in einer eschatologisch modifizierten Weise.

Die durch die Auferstehungshoffnung geprägte Todesvorstellung führt dann bei Martin Luther – in einem anderen, nicht durch die Missionssituation geprägten Kontext – zu dem letztlich bis zum Tod reichenden Prozesscharakter der christlichen Taufe (→ § 11 3.1).

3.4 Auch konkret prägen das *Sterben Jesu, sein Tod und seine Auferstehung* christliches Leben:

In der Traditio apostolica wird in der Taufe gleichsam bibliodramatisch dieses Geschehen begangen (→ § 11 1.).

Das Psalm-Zitat am Kreuz eröffnet einen Zugang zum Beten des Psalters in der Todesstunde.

Dazu gibt auch die Erdbestattung Jesu in der im Judentum üblichen Form den Christen die lange Zeit unbestrittene Bestattungsweise vor.

### 4. Zusammenfassung

Schon ein kurzer Blick in die Bibel ergibt pluriforme Vorstellungen vom Tod. Erst über Jahrhunderte hinweg gewinnt bei den Frommen Israels die Hoffnung Raum, dass Gott auch Macht über den Tod hat. Durch die Auferweckung Jesu, vorbereitet in frühjüdischen Hoffnungen und durch Jesu Wirken selbst, gewinnt dieser Glauben fundamentale Bedeutung für das Christsein.

Das Vertrauen auf Gott über den Tod hinaus äußert sich von Anfang an in unterschiedlichen Vorstellungen und hält von daher einen breiten Interpretationsspielraum offen. Er reicht von schroffen Gerichts- bis zu tröstlichen Paradiesvorstellungen. Insgesamt werden Sterben und Tod durch die Hoffnung auf die Auferstehung (für die Frommen) entdramatisiert, ohne aber überspielt zu werden.

Die neue Sicht des Todes ist eine wichtige Voraussetzung für den Umgang der Christen mit den Toten, der jeweils übliche Formen des Begräbnisses aufnimmt. Allerdings wird die konkrete Gestaltung der Bestattung erst langsam als eine kirchliche Aufgabe begriffen.

## § 29 Geschichtliche Entwicklung

Literatur: Ph. Ariès, Geschichte des Todes, München 1980 (franz. 1978) – H.-K. Boehlke, Kirchhof – Gottesacker – Friedhof. Wandlungen der Gesellschaft – Wandlungen der Pietät, in: H. Becker/B. Einig/P.-O. Ullrich (Hg.), Im Angesicht des Todes. Ein interdisziplinäres Kompendium I (PiLi 3), St. Ottilien 1987, 163–180 – W. Gessel, Bestattung und Todesverständnis in der Alten Kirche, in: H. Becker/B. Einig/P.-O. Ullrich (Hg.), Im Angesicht des Todes. Ein interdisziplinäres Kompendium I (PiLi 3), St. Ottilien 1987, 535–568 – A. HEINZ, Im Spannungsfeld von Erfahrung und Glaube. Die katholische Begräbnisliturgie zwischen Tridentinum und Vatikanum II., in: G. KAUFMANN (Hg.), Lebenserfahrung und Glaube, Düsseldorf 1983, 91–107 – O. JORDAHN, Die Bestattung I. Geschichte und Theologie, in: H.-CH. SCHMIDT-LAUBER/M. MEYER-BLANCK/K.-H. BIERITZ (Hg.), Handbuch der Liturgik, Göttingen [3]2003, 531–538 – R. KACZYNSKI, Die Sterbe- und Begräbnisliturgie, in: B. KLEINHEYER/E. V. SEVERUS/R. KACZYNSKI (Hg.), Sakramentliche Feiern II (GdK 8), Regensburg 1984, 191–232 – F. MERKEL, Bestattung IV. Historisch, in: TRE Bd. 5 (1980), 743–749 – N. OHLER, Sterben, Tod und Grablege nach ausgewählten mittelalterlichen Quellen, in: H. BECKER/B. EINIG/P.-O. ULLRICH (Hg.), Im Angesicht des Todes. Ein interdisziplinäres Kompendium I (PiLi 3), St. Ottilien 1987, 569–591 – F. SCHULZ, Agenda mortuorum. Evangelische Marginalien zu einer katholischen Darstellung der Sterbe- und Begräbnisliturgie, in: DERS., Synaxis, hg. v. G. SCHWINGE, Göttingen 1997, 301–320.

Es gibt wohl kaum eine kirchliche Handlung, bei der die regionale Differenziertheit von Anfang an so stark ist wie bei der Bestattung. Dies liegt zumindest teilweise daran, dass menschheitsgeschichtlich schon immer bestattet werden muss und deshalb die Christen hier – ähnlich der Ehe – auf bereits bestehende Riten und Rituale stoßen.

Dazu tritt: Die bei der Bestattung unumgängliche Konfrontation mit dem Tod ist angstbesetzt. Deshalb wird im Laufe der Zeit entstandenes und in gewisser Weise bewährtes rituelles Verhalten beibehalten. Von daher ist hier in besonders hohem Maß mit einer Diskrepanz bzw. Spannung zwischen theologischer Einsicht bzw. kirchlicher Lehre und tatsächlichem volksfrommen Verhalten zu rechnen.

## 1. Beerdigung in der Alten Kirche

Entgegen früherer Auffassung, die eine sofortige Prägung der Beerdigung von Christen durch die Kirche annahm, ergeben neuere Forschungen einen anderen Befund: Bis ins fünfte bzw. sechste Jahrhundert hinein scheinen bei den Christen wesentlich die Familien die Bestattung vollzogen zu haben. Dies entspricht dem allgemeinen Usus im römischen Reich, wonach die Bestattung, einschließlich der Wahl des – außerstädtischen – Grabs, eine private Angelegenheit ist. Allerdings gibt es Bestattungsvereine, die für die würdige Beisetzung ihrer Mitglieder sorgen. In ähnlicher Weise kümmern sich die Christen gleichsam als neue Familie um ihre verstorbenen Glaubensgenossen. Dabei gilt ihr Verhalten auch bei Nichtchristen als vorbildlich. So räumt der heidnisch römische Kaiser Julian Apostata um 362 ein: „Was ist der Grund, dass wir unsere Augen nicht auf das richten, wodurch die gottlose Religion der Christen Verbreitung gefunden hat, nämlich auf ihre Güte gegen die Fremden und auf die Sorgfalt, die sie auf die Bestattung ihrer Toten verwenden …“[40]

40 Zitiert nach: K. RICHTER, Christliche Begräbnisliturgie in nachchristlicher Zeit, in: A. GERHARDS/B. KRANEMANN (Hg.), Christliche Begräbnisliturgie und säkulare Gesellschaft (EThS 30), Leipzig 2002, 298–319, 301.

Nur langsam werden Begräbnissitten, die in Spannung zum Auferstehungsglauben stehen, transformiert; die kirchlichen Amtsträger übernehmen die Leitung des ursprünglich familialen Rituals.

1.1 Insgesamt ist die schlechte *Quellenlage* zur Bestattung in der Alten Kirche auffällig. Auch in der Traditio Apostolica, die sonst ausführlich über Rituale und sonstige kirchliche Handlungen berichtet, finden sich keine Nachrichten über Bestattungen bzw. über diesbezügliche Handlungen von Priestern. So konstatiert Wilhelm Gessel: „Die vorhandenen spärlichen literarischen Quellen der ersten drei Jahrhunderte kennen weder ein kirchliches Bestattungsritual noch benennen sie einen Bischof, Presbyter, Diakon oder einen sonstigen Kleriker, der im Haus, während des Leichenzugs oder am offenen Grab den kirchlichen Dienst des letzten Geleits und der Beerdigung versieht." (Gessel 538)

Bestattung als Aufgabe der Familie

In den Beschlüssen der altkirchlichen Konzilien sucht man ebenfalls vergeblich nach Regelungen, die die Bestattung betreffen. So liegt die Annahme nahe: Dieses Ritual war in den ersten christlichen Jahrhunderten – wie vorher im Judentum – eine Familienfeier.

Darüber hinaus lassen die archäologischen Befunde vermuten, dass nur langsam das Bestattungsritual verchristlicht wird: „Die üblichen Verrichtungen wie das Schließen der Augen des Verstorbenen, die Totenklage, die Totenrede, die Bereitstellung eines Grabes, das Waschen und Bekleiden der Leiche, die Aufbahrung, das Bekränzen, die Lichter, der Leichenzug, die Zeiten für Leichenzug und Beisetzung und die Bestattung in einer Nekropole ändern sich nicht." (Gessel 539) Anfängliche Kritik an der Bekränzung und den Lichtern kann sich nicht auf Dauer durchsetzen.

Pluriformität der Bestattungsbräuche

1.2 Die Auswertung von Berichten über Bestattungen, die sich allerdings nur auf die Grablegung prominenter Christen beziehen (Gessel 547–552), ergibt große Pluriformität: „Die enge Anlehnung an die vorfindlichen Bestattungsbräuche brachte eine regional stark differenzierte Vielfalt der Formen von Grab und Sarg mit sich: Die Toten wurden in Tonamphoren oder in Steinkisten beigesetzt, in Sarkophagen aus Holz, Stein oder Blei, in Boden-, in Felsgräbern oder in gemauerten Grabbauten, schließlich in den unterirdischen Grabanlagen der Katakomben."[41]

Dazu treten mannigfaltige *Auseinandersetzungen.* Mehrfach finden sich bei Kirchenvätern Polemiken gegen die mediterran übliche laute Trauerklage; stattdessen werden Psalmgesänge empfohlen und wohl auch zunehmend praktiziert.

Kampf um Totenmähler

Länger dauert der Kampf gegen die aus paganen Kulten übernommenen Totenmähler am Grab.

41 Zeichen der Hoffnung angesichts des Todes. Theologische Erwägungen zum Umgang mit den Toten und zur Gestaltung der kirchlichen Bestattung. Ein Votum der Theologischen Kammer der Evangelischen Kirche von Kurhessen-Waldeck (Didaskalia 50), Kassel $^{2}$2000, 38.

> Je nach lokaler Gewohnheit fanden sich die Überlebenden am dritten, am siebten, am neunten, am dreißigsten, am vierzigsten Tag nach dem Tode oder nach der Beisetzung am Grabe ein. Dasselbe galt für den Jahrestag, die Parentalia und die Caristia. [...] Gegen Abend wurden Speisen und Wein zum Grab gebracht, man aß und trank davon, nachdem ein Teil davon dem Toten angeboten worden war. Tote und Lebende speisten miteinander. [...] Die Speisen wurden dem Toten auf die Grabmensa oder auf das Grab gestellt. Der Wein wurde über die Mensa, auf das Grab oder in die Libationsröhre, die über dem Gesicht des Verstorbenen endete, gegossen. Der Tote wurde dabei förmlich zum Mahl aufgefordert. (Gessel 558 f)

Die Verstorbenen, die auf das Jüngste Gericht warten, müssen gekräftigt werden. Nicht zuletzt wegen reichlichen Genusses von Alkohol werden diese Feiern wiederholt von Bischöfen kritisiert.

In der Frömmigkeit fügt die Vorstellung eines Zwischenreichs (von Tertullian „refrigerium interim" genannt) Auferstehungsglauben und Mahlpraxis zusammen; im Einzelnen wird es recht unterschiedlich vorgestellt. Erst durch die Verbindung mit Feiern an Märtyrergräbern wird langsam das Totenmahl durch die Eucharistiefeier abgelöst.

Weniger Erfolg scheint den Bemühungen von Bischöfen beschieden gewesen zu sein, die schwarze Trauerkleidung durch weiße Kleidung zu ersetzen (Gessel 558 Anm. 78).

Stellvertretende Sorge für die Verstorbenen

1.3 Eine wichtige Funktion der herkömmlichen Totenmähler übernimmt im Laufe der Zeit das *Fürbittengebet für die Verstorbenen.* Zwar gibt es im Neuen Testament kein Zeugnis hierfür, doch legen antike Vorstellungen, die sich etwa im Brauch der Vikariatstaufe (1 Kor 15,29) niederschlugen,[42] eine solche Praxis nahe. Dazu wird in 2 Makk 12,42–45 (einer nur zum römisch-katholischen Kanon gehörenden Schrift aus dem zweiten vorchristlichen Jahrhundert) ausdrücklich die Fürbitte für Verstorbene empfohlen.

Auch hierfür bietet die Annahme eines Zwischenreiches, in dem sich die Verstorbenen befinden, Hilfe. Durch Fürbitten, aber auch Eucharistiefeiern im Gedenken versuchen Christen, das Befinden der Toten zu verbessern. Teilweise verbindet sich diese Praxis mit den Totenmählern – dann wird also der Verstorbene sowohl leiblich als auch geistlich gestärkt.

## 2. Sterbe- und Begräbnisrituale im Mittelalter

Entwicklung umfangreicher Rituale

2.1 Bis zum 7./8. Jahrhundert bilden sich vielerorts umfangreichere Rituale im Zusammenhang mit dem Tod eines Menschen heraus. So umfasst die *römische Sterbe- und Begräbnisliturgie* – nach Ordo Romanus 49[43] – folgende Teile:

42 M. Rissi, Die Taufe für die Toten (AThANT 42), Zürich 1962.

43 Diese Bezeichnung benennt die Ordnungsnummer in der Ausgabe, in der dieses Formular

Beim Herannahen des Todes: Darreichung des Viatikums – Bis zum Verscheiden: Lesen der Passion durch einen Priester oder Diakon – Unmittelbar nach Eintritt des Todes: Responsorium „Subvenite“ mit Vers „Requiem aeternam“; [...] (Psalmen); Oration – Waschung und Aufbahrung des Leichnams; [...] (Psalmen) – Prozession zur Kirche: [...]; (Psalmen) – In der Kirche: Ununterbrochener Gesang von Psalmen und Responsorien [...]; Meßfeier – Prozession zum Begräbnisplatz mit Kerzen und Weihrauch: [...] (Psalmen) – Einsargung des Leichnams; Oration des Priesters, dabei [...] (Psalmen); Schließung des Grabes. (KACZYNSKI 209; hier sind die in Klammern gesetzten Psalmen im Einzelnen genannt)

Zum Einzelnen:

Erstmals wird das Viatikum (lateinisch: Wegzehrung), also der Empfang der Eucharistie kurz vor dem Tod, im Kanon 13 des Konzils von Nicäa empfohlen. Teilweise bürgern sich Missbräuche dergestalt ein, dass einem bereits Verstorbenen die Hostie noch auf die Zunge gelegt wird. Immer wieder begegnen in Konzilsbeschlüssen Verbote dieser Praxis.

Die Lesung der Passion (meist wohl aus dem Joh) zeigt das Bemühen, das Sterben analog zu dem Jesu zu gestalten. Auch die Psalmlesungen dienen – teilweise – dazu, das Pascha des Christen zu deuten.

Zu den Orationen unmittelbar nach dem Tod gehört auch die sog. Commendatio animae (lateinisch: Empfehlung der Seele).

Die verschiedenen Psalmgesänge nehmen altkirchliche Bräuche auf – die Totenklage ersetzend.

Nur manchmal wird eine Messfeier erwähnt.

Sterbende und Tote im Zentrum des Rituals

Auffällig ist an diesem Ritual, dass es einen Zusammenhang zwischen Herannahen des Todes und Schließung des Grabes gibt. Die Liturgie beginnt bei der Begleitung des Sterbenden und endet mit der Grablegung, erstreckt sich also über etliche Stunden bzw. einige Tage. Im Mittelpunkt des Rituals steht der Verstorbene. Teilweise sprechen die Hinterbliebenen an seiner Statt („in persona defuncti“). Der Ordo beginnt und schließt mit je einem Psalm aus der jüdischen Pascha-Liturgie: „Der Vollzug der Exsequien ist die Feier eines österlichen Exodus: Der Verstorbene ist auf dem Weg aus Ägypten ins Gelobte Land.“[44]

Tatsächlich setzt ein solch umfassender Gottesdienst klösterliche Verhältnisse voraus; die Bestattung normaler Menschen war schlichter – bisweilen dürfte kein Kleriker greifbar gewesen sein. Nach wie vor kommt den Familienangehörigen eine wichtige Bedeutung bei der Vorbereitung des Leichnams auf die Beerdigung zu.

In der Praxis und in der Folgezeit auch formularmäßig zerfällt das Ritual in einzelne Teile. Allerdings bleibt es – bis zur Reformation – auf die Begleitung der Sterbenden bzw. dann Toten konzentriert. Die Buße auf dem Totenbett und die – jedenfalls grundsätzlich gespendete – „letzte Ölung“ (ursprünglich: Krankensalbung) ver-

veröffentlicht ist: M. ANDRIEU, Les Ordines Romani du haut moyen-âge 4 (SSL 28), Louvain 1985, 523–530.

44 A. FRANZ, „Alles hat am Ende sich gelohnt“? Christliche Begräbnisliturgie zwischen kirchlicher Tradition und säkularen Riten, in: LJ 51 (2001), 190–211, 196.

stärken diesen Akzent. Dabei erinnern die letzte Ölung sowie zahlreiche Besprengungen des Sterbenden sowie des Leichnams (und des Grabs) mit Weihwasser an die Taufe als Ausgangspunkt des jetzt wieder Gott zurückgegebenen Menschen.

2.2 Insgesamt ist die *enge Verbindung zwischen Sterbenden bzw. Toten sowie den Lebenden* im Mittelalter beeindruckend. Viele anschauliche Beispiel finden sich in dem Standardwerk des besonders an der Entwicklung von Mentalitäten interessierten Historikers Philippe Ariès: Geschichte des Todes.

Die Hinterbliebenen verrichten für die Toten – oft durch entsprechende testamentarische Verfügungen verpflichtet und finanziell ausgestattet – zahlreiche Übungen, um den in einem Zwischenreich Geglaubten zu helfen.

Stipendien als Hilfe für das Seelenheil

Dabei sind liturgische (Messe-Lesen) und diakonische (Speisung der Armen) Stipendien wichtig und führen zu einer heute nicht vorstellbaren Ausweitung der Zahl der Kleriker. Diese waren großenteils damit beschäftigt, die entsprechenden Testamente sowie Gelübde zu vollziehen.

Nachrichten von Erbstreitigkeiten zwischen Verwandten und einem Kloster zeigen, dass es hier durchaus Interessenkonflikte zwischen dem durch Stiftungen sein Seelenheil erstrebenden Gestorbenen und handfesten Belangen der Hinterbliebenen gibt. Wie stark sich spirituelle und ökonomische Logik durchdringen, zeigt exemplarisch die testamentarische Verfügung eines Lübecker Kaufmanns: „Das Vermögen wurde so geteilt, dass … Meßstipendien plus Armenspeisungen plus Anrufung der Muttergottes in Aachen plus Fürbitten beim heiligen Jakobus in Compostela möglich waren … Sollte die Armenspeisung veruntreut werden oder einer der stellvertretenden Pilger unwürdig sein, so war insgesamt doch ausreichend für das Jenseits vorgesorgt.“ (Ohler 575)

Je genauer der Zwischenzustand der Toten beschrieben wird – Dantes „Divina Commedia“ ist hierfür ein hervorragendes literarisches Beispiel –, desto plausibler erscheint den Menschen der Zusammenhang zwischen Lebenden und Toten. Die sich wesentlich durch Anregungen aus den entsprechenden Beschreibungen bei Plato und Vergil speisende Vorstellung vom Purgatorium (lateinisch: Fegfeuer), schließlich sogar dogmatisiert,[45] unterstützt diese Tendenz nachhaltig. Durch Fürbitten, auch stellvertretend vollzogen, und fromme Gaben erscheint es möglich, die Qualen der Verstorbenen im Fegfeuer zumindest zu lindern. Der Ablasshandel ist die letzte, in der Logik der Fegfeuer-Lehre plausible Konsequenz.

Kirchhöfe im Zentrum des Alltags

Die enge Verbindung zwischen Lebenden und Toten und damit die Eingebundenheit der Begräbnisriten in den Alltag gehen aus der Anlage der sog. Kirchhöfe (Friedhöfe) hervor (Boehlke). Die Nähe des Verstorbenen zur Kirche bzw. konkret zum Altar, an dem die Eucharistie gefeiert wird, und eventuell zu Märtyrergräbern bzw. Heiligenreli-

**45** S. H. Vorgrimler, Purgatorium, in: RGG[4] Bd. 6 (2003), 1828–1831.

quien gilt als günstig für das Seelenheil. Deshalb bemühen sich die Menschen, möglichst in, unter oder wenigstens bei der Kirche beigesetzt zu werden, die wiederum meist in der Mitte des Orts steht. Da der Kirchhof durch die zentrale Lage ein vielfach genutzter Ort ist, z. B. für Gerichtsverhandlungen, finden Bestattungen gleichsam mitten im Alltag statt.

Pest als unbewältigte Herausforderung

2.3 Eine nicht leicht bestimmbare *Unterbrechung in dieser alltagsnahen Ritualisierung von Sterben und Beerdigung* stellt die ab 1347 um sich greifende große Pest dar. Die schnelle Ausbreitung der Seuche, ihre verheerende, ganze Landstriche entvölkernde Wirkung sowie ihre Rätselhaftigkeit waren weder organisatorisch noch spirituell durch die gewohnten Rituale zu bewältigen. An die Stelle des in seiner Familie und Nachbarschaft Sterbenden tritt der einsame isolierte Tod; die reich ausgestalteten Exsequien weichen einem schnellen Verscharren:

> In der Pest also begegnet den Menschen des späten Mittelalters der andere, der wildgewordene, der alles niedermähende Tod, der alle Ordnungen außer Kraft setzt, dem weder Rituale noch Haltungen noch Glauben gewachsen sind, der nur die konfusesten Fluchtbewegungen auslöst, welche sich aber ihrerseits als vergeblich erweisen. Über beinahe vier Jahrhunderte (bis zum Jahr 1720) fällt der schwarze Tod die Menschen Europas in ungewissen Abständen aus dem Hinterhalt an. Der Bevölkerungsniedergang in Europa während der großen Pest von 1347–1352 wird von den Historikern unterschiedlich beziffert. Die Schätzungen schwanken zwischen 30 und 50 Prozent der Gesamtbevölkerung.[46]

Bizarre Abwehrversuche, Geissler-Prozessionen, exzessive Orgien und Juden-Pogrome, zeigen die Hilflosigkeit vieler Menschen. Die bisher kirchlich empfohlene ruhige Haltung ist gegenüber dem Sterben nicht mehr aufrecht zu erhalten. Der Tod erscheint mehr als schroffes Ende und Verfall als ein wohl vorzubereitender Übergang in ein Jenseits.

Ein Spiegel des Einstellungswandels sind die Veränderungen in der Christus-Ikonographie: „Triumphierender Herrscher in der Romanik, gebrochener Schmerzensmann in der Spätgotik." (Ohler 572) Auch im Aufkommen der literarischen und künstlerischen Formen des Totentanzes treten die Veränderungen zu Tage.

Doch bestehen die bisherigen Praktiken des Umgangs mit dem Tod fort: Seelenmessen, Ablass u.Ä. finden ihre Abnehmer und etablieren eine problematische Ökonomisierung von Religion. Hinter der Konzentration auf das Schicksal des Einzelnen in Fegfeuer und Endgericht verblasst die in der Alten Kirche dominierende österliche Zuversicht bis zur Unkenntlichkeit.

Ars moriendi als Sterbehilfe

Seit dem 15. Jahrhundert bildet sich – gleichsam als pädagogischer Antwortversuch auf die allgemeine Verunsicherung – die Gattung der „ars moriendi" (lateinisch: Sterbekunst) heraus (z. B. 1403 Johannes Gerson, De arte moriendi). Erbaulich werden zuerst

46 M. Gronemeyer, Das Leben als letzte Gelegenheit. Sicherheitsbedürfnisse und Zeitknappheit, Darmstadt 1993, 10, die aus dieser Epidemie weitgehende kulturelle Veränderungen ableitet.

Handreichungen für Sterbehelfer gegeben. Hier finden sich Hinweise, wie bei der Begleitung von Sterbenden deren Seelenheil gewährleistet werden kann. Bald entsteht daraus eine allgemeine Erbauungsliteratur mit hohen Auflagen.

2.4 Einen rituellen Abschluss erhält die skizzierte Entwicklung im *Rituale Romanum* von 1614. Das anfänglich noch – wie beschrieben – als ein liturgischer Vollzug konzipierte Ritual ist in mehrere Feiern aufgeteilt,[47] die Wegzehrung in den Bereich der Krankenkommunion ausgewandert.

Dominanz der Angst vor dem Gericht

Inhaltlich herrschen Buße, Sühne und Angst vor dem Gericht vor. Die Sequenz „Dies irae" (lateinisch: Tag des Zorns) wird jetzt in die Totenmesse aufgenommen. Der noch im ersten Jahrtausend übliche Psalm 114 bei Todeseintritt, der das Exodusmotiv und das Bild vom Zug ins gelobte Land enthält, wird durch den düsteren Ps 130 ersetzt, ähnlich beim Gang vom Trauerhaus zur Kirche der tröstliche Ps 23 durch Ps 51 (Heinz 95f). Der katholische Liturgiewissenschaftler Reiner Kaczynski konstatiert: „Infolge der dogmengeschichtlichen Entwicklung der Lehre vom Fegfeuer kann der Tod nicht mehr so sehr als Übergang in eine neue Lebensphase und als Heimkehr zum Herrn, sondern muß vielmehr als Hintreten vor sein Gericht und als Beginn einer harten jenseitigen Läuterungszeit verstanden werden." (Kaczynski 216)

In der Volksfrömmigkeit verstärken sich die Bemühungen auf Grund der Sorge um die Verstorbenen. Die Hilfsmaßnahmen, angefangen vom Messopfer über Gebet bis zu Almosen, werden bezeichnenderweise „Seelgerät" genannt (Heinz 99–101).

## 3. Reformatorischer Protest

Die Bestattung spielt im konstruktiven Sinn bei den Reformatoren eine geringe Rolle. So entwirft Luther hierfür – im Gegensatz zu Taufe und Trauung – kein liturgisches Formular. Auch sonst fehlen in den reformatorischen Kirchenordnungen des 16. Jahrhunderts entsprechende Agenden bzw. wird das rituelle Handeln nur beiläufig beschrieben (Schulz 306). Deshalb bleibt im praktischen Bereich, nicht zuletzt in den Familien, Vieles beim Alten. Regionale Besonderheiten bestehen weiter fort, soziale Schichtungen finden ihren Niederschlag auch im Ritual: „Es wird unterschieden zwischen dem ‚gemeinen Menschen', der ohne Pfarrer meist in der Frühe vom Totengräber bestattet wird, dem ‚mittelmäßigen' Bürger, der vom Schulmeister mit den Schülern oft am frühen Nachmittag zum Friedhof gebracht wird (,) und den ‚redlichen Leuten', die durch ‚alle Kirchendiener' zu Grabe geleitet werden" (Merkel 746).

47 Sehr anschaulich dargestellt bei Eisenhofer, Handbuch 2, 429–434 (Commendatio animae), 434–446 („Exequien").

Grundsätzlich ändert sich aber das Vorzeichen der Sterbebegleitung und Beerdigung: *An die Stelle des Bemühens um das Seelenheil des Einzelnen tritt der Verweis auf Christus und die Osterbotschaft.*

Luthers Neuansatz

3.1 Martin Luther protestiert gegen die kirchlich approbierte, volksfromme Vorstellung, die Lebenden könnten auf das Ergehen der Verstorbenen einwirken. Deutlich wird seine *Abgrenzung* von den vielfältigen rituellen Formen der römischen Kirche in folgendem Diktum (von 1542):

> Demnach haben wir in unsern Kirchen die Bepstlichen Grewel, als Vigilien, Seelmessen, Begengnis, Fegfewr und alles ander Gauckelwerk, fur die Todten getrieben, abgethan und rein ausgefegt. Und wollen unser Kirchen nicht mehr lassen Klagheuser und Leidestete sein, sondern wie es die alten Veter auch genannet, Koemiteria, das ist, fur Schlaffheuser und Rugestete, halten [...] Denn es auch billich und recht ist, das man die Begrebnis ehrlich halte und vollbringe, Zu lob und ehre dem froelichen Artickel unsers Glaubens, nemlich von der aufferstehung der Todten, Und zu trotz dem schrecklichen Feinde, dem Tode. (WA 35,478 f)

Aus rechtfertigungstheologischer Perspektive lehnt der Reformator die aus der Fürbitte für die Verstorbenen entstandenen Leistungen der Lebenden ab. Praktisch ist es ihm wichtig, dass das Begräbnis „ehrlich“[48] vonstatten gehe, und das heißt so, dass die Lebenden an ihre Sterblichkeit erinnert werden.

Auferstehung im Zentrum der Beerdigung

Inhaltlich steht die Auferstehungsbotschaft im Zentrum der Beerdigung.

Von diesem Ansatz aus bekommen Schriftlesungen und die Leichenpredigt eine neue Bedeutung. Letztere findet sich vereinzelt bereits in der Alten Kirche beim Begräbnis besonders herausgehobener Gemeindeglieder im Sinne der antiken Lobrede. Dies bleibt auch im Mittelalter so. Jetzt dagegen rückt die Predigt als Auslegung der Auferstehungsbotschaft in den Mittelpunkt des Rituals. Allerdings scheint sich diese theologische (bzw. religionstheoretisch formuliert: sekundärreligiöse) Konzentration nur wenige Jahrzehnte durchgehalten zu haben. Dann schiebt sich – wie die Veränderung bei der Wahl von Predigttexten zeigt – wieder der konkrete Kasus in den Vordergrund (Merkel 747). So finden sich z. B. in dem pastoralen Handbuch des Felix Bidembach (Manuale Ministrorum Ecclesiae, 1640) 500 biblische Texte, jeweils bestimmten Fällen zugeordnet.

Räumliche Veränderungen

Von daher verschiebt sich räumlich die Komposition des Beerdigungsrituals. Es steht nicht mehr der Altar im Mittelpunkt, an dem die Eucharistie und die Fürbitten für die im Fegfeuer Geplagten stattfinden. Vielmehr schließt sich Luther an hygienisch begründete Forderungen an, die Friedhöfe vor die Städte zu verlegen. Er empfiehlt in seiner Schrift „Ob man vor dem Sterben fliehen möchte“: „Denn ein begrebnis/solt jha billich ein

48 E. Winkler, Tore zum Leben. Taufe – Konfirmation – Trauung – Bestattung, Neukirchen-Vluyn 1995, 169–171.

feiner stiller ort sein/der abgesondert were von allen örtern/darauff man mit andacht gehen und stehen kündte/den tod/das Jüngste gericht vnnd auferstehung zu betrachten und betten/als das derselbige ort gleich eine ehrliche/ja fast heylige stedte were/das einer mit forcht und allen ehren darauff künde wandeln."[49] Der Tod wird dadurch aus der Präsenz im Alltag gelöst.

Bedeutung des Gemeindegesangs

3.2 Die Kargheit des um etliche Riten reduzierten evangelischen Begräbnisses wird bei Luther durch den Gemeindegesang kompensiert. Hier nimmt der Reformator gebräuchliche Melodien von *Liedern* auf, unterlegt ihnen aber teilweise neue, eben den Auferstehungsglauben formulierende Texte. Ein Beispiel hierfür ist „Mitten wir im Leben sind" (EG 518), das in der ersten Strophe die Antiphon „Media vita in morte sumus" aus dem 11. Jahrhundert (in Form einer Liedstrophe aus Salzburg, 1456) aufnimmt, dann aber in zwei weiteren Strophen Luthers Theologie deutlich zum Ausdruck bringt, indem auf Christus als einzige Hilfe verwiesen wird.[50]

Bezeichnenderweise veröffentlicht Luther zwar kein liturgisches Formular, aber „Christliche Gesänge, lateinisch und deutsch, zum Begräbnis" (1542). In der zitierten (→ 3.1) Vorrede hierzu (WA 35,478–483) entfaltet er seine theologischen Grundsätze.

Luthers „Sermon von der Bereitung zum Sterben"

3.3 Auch im Bereich der *Seelsorge* leitet Luther das Christus und seine Auferstehung betonende Verständnis kirchlichen und pastoralen Handelns angesichts von Sterben und Tod. In seinem „Sermon von der Bereitung zum Sterben" (1519) führt er das ganz praktisch aus – und legt damit eine reformatorische Transformation der ars moriendi vor.

In zwanzig Punkten entfaltet der Reformator handlungsorientierend Vorbereitung und Vollzug des Sterbens. Die pragmatische Grundtendenz geht schon daraus hervor, dass er im ersten Punkt empfiehlt, die zeitlichen Güter zu ordnen. Im dritten Abschnitt legt dann der Reformator sein Todesverständnis in einem anschaulichen und tröstlichen Bild vor:

> … gleych wie ein kind auß der cleynen wonung seyner mutter leyb mit gefar und engsten geboren wirt yn dißenn weyten hymell und erden, das ist auff diße welt. Alßo geht der mensch durch die enge pforten des todts auß dißem leben, und wie woll der hymell und die welt, da wir itzt leben, groß und weyt angesehen wirt, Szo ist es doch gegen dem zukunfftigem hymel vill enger und kleyner, dan der mutter leyb gegenn dißem hymell ist, darumb heyst der lieben heyligen sterben eyn new gepurt, und yhre fest nennet man zu latein Natale, eyn tag yhrer gepurt. (WA 2, 685 f)

49 Zitiert nach H.-K. Boehlke/M. Belgrader, Friedhof, in: TRE Bd. 11 (1983), 646–653, 650.

50 W. Lipphardt, „Mitten wir im Leben sind …" Zur Geschichte des Liedes und seiner Weise, in: JLH 8 (1963), 99–118.

Trost empfiehlt Luther durch Gebrauch der Sakramente (einschließlich Ölung). Dann warnt er eindringlich davor, in der Sterbestunde an Tod, Sünde und Verdammnis bzw. Hölle zu denken. Vielmehr gilt es, den Blick nur auf Christus zu richten, der Tod, Sünde und Verdammnis überwunden hat. Von daher kommt dem Glauben, gestärkt durch die Sakramente und das Wort, die entscheidende Bedeutung zu.

Problem: Fürbitten für die Verstorbenen

3.4 Hinsichtlich der Fürbitten für die Verstorbenen nimmt *Luther* eine seelsorgerlich abwägende Haltung ein. Er lässt sie „daheim in seiner Kammer [...] einmal oder zwei ..." zu, damit soll es aber „gut sein" (WA 10/3,409).

In *Melanchthons* Apologie der Confessio Augustana wird dann ebenfalls – allerdings nur im lateinischen Text – die Fürbitte für die Verstorbenen eingeräumt, jedoch die „automatische" (lateinisch: „ex opere operato") Zuwendung („applicatio") des Herrenmahls an Verstorbene abgelehnt (BSLK 375, 45 f).

Schroffer äußert sich *Calvin*, der ein solches Fürbittengebet vollständig ablehnt (CR 47,532,548 f).

Auch anderweitig ist eine größere Distanz auf reformierter Seite zu den überkommenen Bestattungssitten zu beobachten. So hält Calvin die Teilnahme eines Geistlichen am Grab für nicht notwendig. In der Zürcher Kirchenordnung *Zwinglis* fehlt das Begräbnis gänzlich.

Tatsächlich finden sich erst im 19. Jahrhundert im deutschsprachigen Bereiche fürbittende Formulierungen in evangelischen Agenden (Schulz 308).

## 4. Rituelle Konstanz und lebensweltliche Veränderungen

Für die Folgezeit sind nur einige allgemeine Hinweise möglich.

Auf evangelischer Seite bleiben bzw. entwickeln sich in den einzelnen Kirchen recht unterschiedliche Bestattungsrituale und auch in der katholischen Kirche setzen sich die Bestimmungen des Rituale Romanum nur langsam durch. Allerdings prägen die beiden verschiedenen Ansatzpunkte, die Sorge um das Seelenheil des Einzelnen bzw. die Betonung der Auferstehung, die konfessionell unterschiedliche Entwicklung. Erst in der zweiten Hälfte des 20. Jahrhunderts kommt es durch das II. Vaticanum auf der einen und pastoralpsychologische Einsichten auf der anderen Seite zu einer Annäherung.

Doch gibt es allgemeine Einflüsse, die wenigstens teilweise in der Ritualgestalt, auf jeden Fall aber bei dessen Rezeption zu Veränderungen führen. *Die moderne Medizin, die optimistische Grundstimmung der Aufklärung und die zunehmend straffere staatliche Organisation, die sich auch der Bestattungen annimmt, sowie das Aufkommen der Kremation geben neue Impulse.*

Verlagerung der Friedhöfe aus den Städten

4.1 Zuerst zu dem medizinisch begründeten Wandel, der zu staatlich durchgesetzten *Veränderungen im Friedhofswesen* führt: Beginnend bereits am Anfang des 16. Jahrhunderts, im 17. und 18. Jahrhundert aber dringlicher vorgetragen werden Forderungen, die Friedhöfe aus den Städten heraus zu verlegen. Hans-Kurt Boehlke berichtet:

Schon 1765 hatte das Pariser Parlament die Bestattung auf Friedhöfen innerhalb der Stadt verboten [...] 1776 erließ Ludwig XVI. eine Deklaration für das gesamte Frankreich, nach der die innerstädtischen Kirchhöfe zu vergrößern, die gesundheitsgefährdenden Begräbnisplätze aber aus den Städten zu entfernen seien. Schärfer war noch das Wiener Hofdekret von 1784, in dem die Habsburgische Bestattungsreform unter Joseph II. gipfelte. Danach war ausnahmslos verboten, nicht nur innerhalb der Kirchen, sondern auf jeglichen innerörtlichen Friedhöfen zu bestatten. Die einzelnen deutschen Territorien folgten diesem Beispiel früher oder später. (BOEHLKE 172f)

Aus medizinischen Gründen erscheint diese Entwicklung geboten – durch schlampige Beerdigungen und Überbelegungen von Friedhöfen entstehen dort im Sommer unangenehme Ausdünstungen u.Ä. Die neuen, unter dem Gesichtspunkt der Hygiene angelegten Friedhöfe außerhalb der Ansiedlungen lösen dieses Problem. Aber sie führen dazu, dass die rituelle Begleitung von Sterbenden und Toten räumlich auseinander tritt.

Errichtung von Leichenhäusern

Ende des 18. Jahrhunderts werden die ersten Leichenhäuser errichtet. Durch das Lagern der Leichen soll u.a. die Beerdigung Scheintoter verhindert werden. So schreibt der spätere Gründer der Berliner Charité, Christoph Wilhelm Hufeland, 1791: „Die Zeit allein ist der competente Richter über Tod und Leben, [...] und das einzige und das natürlichste Mittel: sich aus der Ungewißheit zu reißen, (ist) dieses: Den Leichnam so lange liegen zu lassen, bis sich die oben beschriebenen Spuren der Fäulniß zeigen." (zitiert nach BOEHLKE 175)

Insgesamt gilt: Medizinisch-naturwissenschaftliche Gesichtspunkte treten an die Stelle religiöser Überlegungen beim Umgang mit den Toten. Pointiert formuliert: *Die Sorge um die Gesundheit der Lebenden gewinnt Oberhand über die Sorge für das Seelenheil der Verstorbenen.*

Stille Beerdigungen

4.2 Im 18. Jahrhundert verstärkt sich verschiedentlich das *Zurückdrängen des Todes aus der Öffentlichkeit.* Es verbreiten sich teilweise sog. Stille Beerdigungen, die – oft bei Nacht – ohne Geistlichen stattfinden, bzw. das Begräbnis und die späteren liturgischen Handlungen fallen auseinander.

Ein berühmtes Beispiel ist Schillers Beerdigung, die in Weimar am 11. Mai 1805 nachts um halb ein Uhr erfolgte; am Nachmittag des folgenden Tages fand dann in der St. Jakobskirche die sog. „Kollekte" statt, der Gedächtnisgottesdienst, in dem die Gedächtnispredigt des Generalsuperintendenten von Mozarts Requiem umrahmt wurde. (JORDAHN 536f)

Die Auferstehungsbotschaft weicht in der Leichenrede zunehmend der pädagogisch bzw. moralisch intendierten Darstellung des Lebens des Verstorbenen.

Staatliche Verordnungen für schlichte Begräbnisse

Dazu erlassen staatliche Stellen Verordnungen, die möglichst schlichte Begräbnisse befehlen, z. B. Prozessionen zum Friedhof oder die Mitwirkung von Priestern beim Begräbnis untersagen.

Auf die Spitze getrieben erscheinen diese drastischen Einschränkungsmaßnahmen in der Begräbnisordnung, wie sie Kaiser Joseph II. im August 1784 für Österreich erlassen hat. Darin wird unter anderem festgelegt, dass es aus Kostengründen keine Privatsärge mehr geben darf. Der Verstorbene wird in einem Gemeinschaftssarg zum Friedhof gebracht. Dort wird der vorher in einen Leinsack eingenähte Leichnam ohne Sarg beerdigt. (Heinz 102)

Allerdings können sich diese insgesamt von einem Vernunftoptimismus getragenen Bestrebungen in der Bevölkerung nicht durchsetzen. „Kein Reformgesetz des Josephinismus stieß auf entschiedeneren Widerstand im Volk und mußte schneller zurückgenommen werden als dieses." (Heinz 102)

4.3 Im 19. Jahrhundert gewinnt von neuem der *Blick auf den Verstorbenen und dessen Zukunft* an Gewicht, und zwar auch rituell. „Bis zum Beginn des 19. Jahrhunderts war der eigentliche Akt der Bestattung beim evangelischen Begräbnis nicht besonders hervorgehoben und liturgisch ausgestaltet. Hauptsache war der Wortgottesdienst mit Lektion, Predigt, Gesang und Gebet, ob er nun am Grabe oder anschließend in der Kirche stattfand. Zur Einsenkung der Leiche in das Grab wurde das dazu passende Lied ‚Nun lasst uns den Leib begraben' von der Gemeinde gesungen." (Schulz 313) Jetzt vollziehen sich in segenstheologischer Hinsicht zwei bedeutsame Veränderungen:

Der Valetsegen begleitet den Auszug aus dem Trauerhaus;
die Bestattungsformel markiert den letzten Abschied am Grab.

Valetsegen

Der ursprünglich dem Sterbenden zugesprochene Valetsegen (von lateinisch: vale dicere, Lebwohl sagen) wird in lutherischen Gemeinden zunehmend bei der Aussegnung im Trauerhaus gesprochen: „Es segne dich Gott, der Vater, der dich nach seinem Ebenbild geschaffen hat. Es segne dich Gott, der Sohn, der dich durch sein Leiden und Sterben erlöst hat. Es segne dich Gott, der Heilige Geist, der dich zu seinem Tempel bereitet und geheiligt hat. Der dreieinige Gott sei dir gnädig im Gericht und schenke dir das ewige Leben."[51] Dabei wird zumindest implizit an die Taufe des Verstorbenen erinnert.

Bestattungsformel

Bei dem rituellen Vollzug des Abschieds wird die in den Agenden „Einsegnung" genannte Formel aus dem Book of Common Prayer der anglikanischen Kirche beliebter. Etwas verändert (s. zur genauen

51 Zitiert nach Kirchenleitung der Vereinigten Evangelisch-Lutherischen Kirche Deutschlands (Hg.), Agende für Evangelisch-Lutherische Kirchen und Gemeinden, Bd. III Die Amtshandlungen Teil 5 Die Bestattung, Hannover 1996, 35.

Entwicklung SCHULZ 313–319) setzt sie sich nicht nur in den deutschen evangelischen Kirchen seit 1852 (Dresdner Konferenz) durch:

Nachdem es dem allmächtigen Gott gefallen hat, die Seele unseres lieben Bruders zu sich zu nehmen, befehlen wir ihn der Gnade Gottes und legen seinen Leib in Gottes Acker, Erde zu Erde – Asche zu Asche – Staub zu Staub (dabei dreimaliger Erdwurf) in gewisser Hoffnung der Auferstehung zum ewigen Leben durch unsern Herrn Jesum Christum, welcher unseren nichtigen Leib verklären wird, daß er ähnlich werde seinem verklärten Leibe nach der Wirkung, durch welche er kann auch alle Dinge ihm untertan machen.

Diese Formel findet auf römisch-katholischer Seite im Ordo Exsequiarum von 1969 Aufnahme sowie sprachlich geglättet in den evangelischen Agenden.

Offensichtlich ist hier ein Kompromiss zwischen der biblisch eröffneten Betonung der Auferstehungsbotschaft und der gleichzeitig primärreligiösen Sorge der Hinterbliebenen um den Verstorbenen gefunden. Die dabei unübersehbare dichotomische Tendenz ist in den Privatagenden des 19. Jahrhunderts stark ausgeprägt. So heißt es z. B.: „Unsere Toten, welche im wahren Glauben an Christum von hinnen scheiden, sind in einem lieblichen und seligen Stande der Seele nach. Der Körper ruht in der Erde und ruht gar sanft, wie ein Kind in seiner Mutter Schoß! Am jüngsten Tage wird Leib und Seele wieder zusammen kommen, und miteinander in die ewige Herrlichkeit eingehen“ (JORDAHN 537 f).

Einführung der Kremation

4.4 Eine *langfristig wichtige Veränderung* im Bereich der Bestattung stellt die Einführung der Feuerbestattung, architektonisch die Errichtung von Krematorien dar.

Wie erwähnt gilt die Kremation im Alten Testament als schlimme Strafe; im frühen Christentum ist die Bestattung Jesu das Vorbild. Die daraus abgeleitete Abwehr gegen die in anderen Kulturkreisen übliche Feuerbestattung geht z. B. aus dem Capitulare Karls d. Gr. (von 782) hervor, wo im 7. Kapitel die Todesstrafe über den verhängt wird, der eine Leiche verbrennt.[52]

Der seit der Mitte des 19. Jahrhunderts sich verstärkende Aufbruch der modernen Naturwissenschaften, nicht selten – wie z. B. bei dem wirkmächtigen Monisten Ernst Haeckel – mit Kirchenkritik verbunden, die atheistisch und materialistisch geprägte Sozialdemokratie sowie medizinische Überlegungen fördern die Einführung der Kremation.[53] Aber auch entsprechende Äußerungen Goethes geben wirkmächtige Impulse.

So lässt er in dem Trauerspiel „Die natürliche Tochter“ (1803) den Herzog sagen:
O weiser Brauch der Alten, das Vollkommne,
Das ernst und langsam die Natur geknüpft,

52 Die entsprechende Bestimmung zitiert z. B. E.CH. ACHELIS, Lehrbuch der Praktischen Theologie, Bd. 1, Leipzig 1911, 527 Anm. 1.

53 R. THALMANN, Urne oder Sarg? Auseinandersetzungen um die Einführung der Feuerbestattung im 19. Jahrhundert, Bern 1978; W. TITTELBACH-HELMRICH, 120 Jahre Feuerbestattung. Das erste Krematorium stand in Gotha, in: DtPfrBl 99 (1999), 211–213.

Des Menschenbilds erhabne Würde, gleich
Wenn sich der Geist, der wirkende, getrennt,
Durch reiner Flamme Tätigkeit zu lösen!
Und wenn die Glut mit tausend Gipfeln sich
Zum Himmel hob und zwischen Dampf und Wolken,
Des Adlers Fittich deutend, sich bewegte,
Da trocknete die Träne, freier Blick
Der Hinterlassnen stieg dem neuen Gott
In des Olymps verklärte Räume nach. (3. Auftritt 4. Aufzug)

Die Errichtung des ersten Krematoriums in Deutschland in Gotha 1878 – die erste moderne Leichenverbrennungsanlage konstruiert 1874 Friedrich Siemens – ist durchaus auch ein Angriff auf den christlichen Auferstehungsglauben, wie ihn vor allem die jetzt entstehenden Freidenkerverbände (→ § 21 1.1) vortragen. Bald folgen in anderen Städten weitere Krematorien.

Reaktionen der Kirche

Die beiden Kirchen reagieren unterschiedlich.[54] Auf evangelischer Seite überwiegt zwar anfangs die Ablehnung, doch gibt es auch befürwortende Stimmen. So lässt sich 1885 der Generalsuperintendent von Gotha verbrennen, 1898 verbietet dagegen die Eisenacher Konferenz evangelischer Kirchenregierungen den Pfarrrern die amtliche Beteiligung an Feuerbestattungen. Erst 1925 erlaubt die preußische Landeskirche uneingeschränkt die Mitwirkung evangelischer Pfarrer an Feuerbestattungen.

In der römisch-katholischen Kirche ist die Ablehnung entschiedener. 1963 endlich wird katholischen Kirchenmitgliedern kirchenrechtlich die Kremation gestattet.

Insgesamt wächst der Anteil der Feuerbestattungen aufs Ganze gesehen stetig an, wobei er in manchen – mehrheitlich protestantischen bzw. ostdeutschen – Regionen die Zahl der Erdbestattungen bereits übertrifft.

Rituelle Veränderungen durch Kremation

Bei der Feuerbestattung entfallen der bisher übliche Gang von der Kirche zum Grab sowie das – im Sinne eines Trennungsrituals eindrückliche – Versenken des Sargs mit anschließendem Erdwurf. Die Beseitigung der Leiche wird – abgesehen von den wenigen Fällen, bei denen Angehörige der Verbrennung beiwohnen – nicht mehr direkt erlebt. Dazu dehnt sich der Zeitraum der Bestattung, weil die Urnenbeisetzung erst einige Zeit nach dem Bestattungsgottesdienst und der Einäscherung erfolgt.

Veränderungen im Umfeld der Bestattung

Die sich bereits seit längerem anbahnende, auch den Umgang mit Alter und Tod prägende Ausdifferenzierung und Spezialisierung verändert das Umfeld der Bestattung grundlegend. Die Verlagerung des Sterbens in die Krankenhäuser sowie die die nachbarschaftliche Sitte ersetzenden professionellen Bestattungsunternehmen lassen die verschiedenen Stationen von Sterben und Bestattung weiter auseinander treten. Neben Familie und kirchlicher Begleitung gewinnen Fachkräfte aus Medizin, Altenpflege und sons-

54 Zu den unterschiedlichen Regelungen in den einzelnen Landeskirchen am Ende des 19. bzw. am Beginn des 20. Jahrhunderts s. die Angaben bei ACHELIS, Lehrbuch Bd. 1, 528.

tigen Dienstleistungsberufen an Gewicht; mittlerweile dominieren sie den Umgang mit den Sterbenden und Toten. Demgegenüber erscheint die Rolle der Pfarrer und Pfarrerinnen marginal. So verschieben sich die Rahmenbedingungen kirchlichen Handelns, ohne dass dies bis in die 80er Jahre des 20. Jahrhunderts Konsequenzen für die Agenden oder das seelsorgerliche Handeln findet.

Ambivalenz in katholischer Kirche

4.5 Theologisch akzentuiert die durch das *II. Vaticanum* angeregte Reform die römisch-katholische Begräbnisliturgie neu: Art. 81 von Sacrosanctum Concilium bestimmt: „Der Ritus der Exequien soll deutlicher den österlichen Sinn des christlichen Todes ausdrücken und besser den Voraussetzungen und Überlieferungen der einzelnen Gebiete entsprechen, auch was die liturgische Farbe betrifft."

Dadurch wird ein wichtiges Anliegen der Reformatoren aufgenommen. Allerdings bleiben auch in der Folgezeit die Vorstellung des Purgatoriums sowie die problematische Praxis von Ablässen bestehen. Dementsprechend hält sich die breite Praxis der Fürbitten, von Allerseelen-Liturgien bis hin zu den mancherorts noch auf Grund von Zahlungen stellvertretend zelebrierten Messen.

## 5. Zusammenfassung

Erst nach Jahrhunderten werden Beerdigungen zu wesentlich kirchlichen Handlungen. Dabei gewinnen lange Zeit – und in gewissen volksfrommen Bräuchen bis heute – primärreligiöse Praktiken und Einstellungen die Oberhand. Die Furcht um das Seelenheil des Einzelnen, verstärkt durch dogmatische Vorstellungen von Hölle und Purgatorium, verdrängen die neutestamentlich und patristisch klar bezeugte Auferstehungsbotschaft.

Zwar korrigieren die Reformatoren diese Fehlentwicklung theologisch. Doch gelingt es ihnen nicht, eine die tief verankerten Ängste und Zweifel der Menschen hinreichend berücksichtigende Form von Sterbe- und Begräbnisliturgie zu etablieren. Die Verknüpfung von konkretem Kasus und allgemeiner christlicher Auferstehungshoffnung glückt nur selten.

Die kulturell in einem breiten, zunehmend un- bis antikirchlichen Kontext vorbereitete und verankerte neue Sitte der Feuerbestattung führt langfristig zu einem Rückgang des kirchlichen Einflusses auf die Bestattung. Dazu treten soziale Entwicklungen wie die Verlagerung des Sterbens in die Krankenhäuser (sowie Pflege- und Altenheime) – neue Herausforderungen für die Kirchen.

## § 30 Heutige Praxis

Literatur: Die deutschen Bischöfe 53, Unsere Sorge um die Toten und die Hinterbliebenen. Bestattungskultur und Begleitung von Trauernden aus christlicher Sicht, hg. v. Sekretariat der Deutschen Bischofskonferenz, 22. November 1994 ([4]2000) – N. Fischer, Wie wir unter die Erde kommen. Sterben und Tod zwischen Trauer und Technik, Frankfurt 1997 – Kirchenamt der EKD (Hg.), Herausforderungen evangelischer Bestattungskultur. Ein Diskussionspapier, Hannover 2004 – Kirchenkanzlei der UEK (Hg.), Bestattung. Agende für die Union Evangelischer Kirchen in der EKD, Bd. 5, Bielefeld 2004 – K. Lammer, Den Tod begreifen. Neue Wege in der Trauerbegleitung, Neukirchen-Vluyn 2003 – U. Roth, Die Beerdigungsansprache. Argumente gegen den Tod im Kontext der modernen Gesellschaft (PThK 6), Gütersloh 2002 – R. Sachau, Weiterleben nach dem Tod? Warum immer mehr Menschen an Reinkarnation glauben, Gütersloh 1998 – R. Sörries, Bestattungs- und Friedhofskultur der Gegenwart. Vom angebots- zum nachfrageorientierten Markt, in: A. Gerhards/B. Kranemann (Hg.), Christliche Begräbnisliturgie und säkulare Gesellschaft (EThS 30), 204–217 – A. Völker, „Festlicher Auszug“. Beobachtungen zum Bestattungsritus in zeitgenössischen Agenden des deutschen Sprachraums, in: A. Gerhards/B. Kranemann (Hg.), Christliche Begräbnisliturgie und säkulare Gesellschaft (EThS 30), 132–152 – U. Wagner-Rau, Kontakt zu Toten. Seelsorgerlicher Umgang mit spiritualistischer Religiosität im Trauerprozess, in: I. Nord/F. R. Volz (Hg.), An den Rändern. Theologische Lernprozesse mit Yorick Spiegel (FS Y. Spiegel), Münster 2005, 453–486.

Die heutige Bestattungspraxis ist in Deutschland regional sehr unterschiedlich, wobei neben der Differenz zwischen sog. alten und neuen Bundesländern konfessionelle Prägungen eine Rolle spielen. In manchen ländlichen Gebieten prägt noch die alte (kirchliche) Sitte, in Großstädten ist davon nur wenig bzw. nichts mehr zu spüren. *Insgesamt nimmt aber der Markt-Charakter zu. Es entstehen – neben den traditionellen kirchlichen Ritualen – neue Angebote zur Bestattung und auch zur Begleitung von Sterbenden und Trauernden.*

### 1. Rechtlicher Rahmen

Bis zum Beginn des 19. Jahrhunderts gilt alles, was mit Tod und Sterben zu tun hat, als kirchliche Angelegenheit. Erst unter dem Einfluss der napoleonischen Gesetzgebung werden die Friedhöfe – zuerst in den linksrheinischen Gebieten – säkularisiert und in kommunale Trägerschaft überführt. Inzwischen erstreckt sich in verschiedener Hinsicht die staatliche Gesetzgebung auch auf das Gebiet des Sterbens und des Umgangs mit Toten.

Rechtsvorschriften im Umfeld des Todes

1.1 Nach § 32 des Personenstandsgesetzes muss der *Tod eines Menschen* im Standesamt des Sterbeorts spätestens am folgenden Werktag angezeigt werden (s. auch zum Folgenden Kirchenkanzlei 21 f). Ein Arzt hat den Totenschein auszustellen (Leichenschau).

Für die konkrete Gestaltung des Abschieds von einem Verstorbenen ist die Bestimmung wichtig, dass die Leiche innerhalb von drei Tagen in eine Leichenhalle zu überführen ist. Rechtlich gibt es von daher einen Freiraum für eine Aufbahrung im eigenen Haus. Bestattet werden darf frühestens 48 Stunden nach Eintritt des Todes; 96 Stunden nach dem Tod sollte die Leiche entweder bestattet, in eine Leichenhalle gebracht oder auf dem Weg einer eventuellen Überführung sein.

In Deutschland besteht Friedhofs- und Bestattungszwang; d.h. es muss auf jeden Fall die Beisetzung einer Leiche auf einem Friedhof stattfinden.

Allerdings ist diese gesetzliche Bestimmung nicht unumstritten. Nach Umfragen plädiert gut ein Drittel der Bevölkerung für die Aufhebung des Friedhofzwangs (SÖRRIES 210). Politisch engagiert sich vor allem die FDP hierfür. Dagegen werden vor allem Gründe der Hygiene und der Totenruhe angeführt.

In den Niederlanden ist beispielsweise der Friedhofszwang aufgehoben; es kann dort etwa die Urne mit der Asche eines Verstorbenen in Privaträumen aufbewahrt werden.

1.2 Bisher sind in Deutschland entweder Kirchengemeinden oder Kommunen die Träger von *Friedhöfen* – abgesehen von einer 2006 eröffneten privaten Anlage.

Kirchliche Friedhöfe

Bei den kirchlichen Friedhöfen wird noch einmal zwischen denen mit Monopolcharakter (vor Ort) und anderen mit einem kommunalen Friedhof an demselben Ort unterschieden.[55] Bei den ersteren ist die Gestaltungsfreiheit – durch die Friedhofsordnung – geringer, da kein Ausweichen möglich ist.

Allgemein gelten für alle Friedhöfe die jeweiligen Landesgesetze, wobei vor allem gesundheitspolizeiliche Gesichtspunkte und Bestimmungen des Landschaftsschutzes zu beachten sind.

Bestattung früh- und totgeborener Kinder

1.3 Besondere Regelungen gelten seit 1994 für die Bestattung früh- und totgeborener Kinder. Sie haben jetzt ab einem Gewicht von 500 Gramm den Status einer zu beurkundenden „Person" und sind beim zuständigen Standesamt zu melden. In den einzelnen Ländern ist unterschiedlich geregelt, ab welchem Gewicht – die Grenze ist 500 oder 1.000 Gramm – eine Bestattungspflicht bzw. -möglichkeit besteht.

Art. 6 des *Bayerischen Bestattungsgesetzes* bestimmt z.B.:

> (1) Für eine totgeborene oder während der Geburt verstorbene Leibesfrucht mit einem Gewicht von mindestens 500 Gramm (Totgeburt) gelten die Vorschriften dieses Gesetzes und die auf Grund dieses Gesetzes ergangenen Rechtsvorschriften sinngemäß. Eine totgeborene oder während der Geburt verstorbene Leibesfrucht mit einem Gewicht unter 500 Gramm (Fehlgeburt) kann bestattet werden; im übrigen findet Absatz 3 entsprechende Anwendung.

55 E. SPERLING, Friedhof I. Ev., in: LKStKR Bd. 1 (2000), 726–728, 726.

(2) Für aus Schwangerschaftsabbrüchen stammende Feten und Embryonen findet Absatz 3 entsprechende Anwendung.

(3) Körper- und Leichenteile müssen durch den Verfügungsberechtigten oder, wenn ein solcher nicht feststellbar oder verhindert ist, durch den Inhaber des Gewahrsams unverzüglich in schicklicher und gesundheitlich unbedenklicher Weise beseitigt werden, soweit und solange sie nicht medizinischen oder wissenschaftlichen Zwecken dienen oder als Beweismittel von Bedeutung sind.[56]

Die einzelnen Krankenhäuser behandeln sog. Fehlgeburten (Gewicht unter 500 Gramm) unterschiedlich. Selbsthilfegruppen machen zunehmend die Aufgabe eines würdigen Umgangs mit ihnen bewusst.

## 2. Statistische Befunde

Bereits die statistischen Befunde weisen in mehrfacher Hinsicht auf tief greifende Veränderungen hinsichtlich Sterben und Tod während der letzten 125 Jahre hin (s. auch zum Folgenden LAMMER):

2.1 *Sterben ist heute ein Phänomen, das weithin mit alten Menschen verbunden wird.*

Rückgang der Säuglings- und Kindersterblichkeit

Bereits ein kurzer Blick zurück ins 19. Jahrhundert zeigt dies deutlich: 1875 stirbt fast ein Drittel der Neugeborenen innerhalb des ersten Lebensjahrs; über die Hälfte der Kinder stirbt bis zum Alter von acht Jahren. Heute dagegen versterben knapp 0,5 % aller Neugeborenen im ersten Lebensjahr, weitere 0,1 % bis zur Vollendung des fünften Lebensjahres.

Dass diese Veränderung direkte Konsequenzen für die Trauer und damit die kirchliche Begleitung Trauernder hat, liegt auf der Hand. Der Tod eines Kindes ist für heutige Menschen eine unerwartete, als widernatürlich empfundene Katastrophe (→ § 32 4.), vor 125 Jahren dagegen ein durchaus normales, obgleich schmerzlich empfundenes Ereignis.

Auch für andere Lebensalter gilt auf Grund der verheerend wirkenden Infektionskrankheiten bis zum Anfang des 20. Jahrhunderts: Grundsätzlich ist jedes Lebensalter gleichnah zum Tod. Dies geht aus einem Vergleich der jeweiligen Lebenserwartung etwa in den letzten zweihundert Jahren hervor.[57]

Heute wird in Todesanzeigen bereits bei 65-Jährigen von einem frühen Tod gesprochen, also bei Menschen, die die Lebenserwartung vor 125 Jahren um etwa das

56 Zitiert nach M. MÄDLER/T. ROSER (Red.), Ein Engel an der leeren Wiege. Handreichung der Evangelisch-Lutherischen Kirche in Bayern zur seelsorgerlichen Begleitung bei Fehlgeburt, Totgeburt und plötzlichem Säuglingstod, Schweinfurt o. J., 20.

57 Entsprechende Angaben, gegliedert nach Altersstufen (je fünf Jahre) und Geschlecht für die Zeit zwischen 1816 und 1978, finden sich in: W. H. HUBBARD, Familiengeschichte. Materialien zur deutschen Familie seit dem Ende des 18. Jahrhunderts, München 1983, 117–119.

Doppelte übertreffen. Die statistisch aufweisbare Tendenz hat offensichtlich die Einstellung zu Sterben und Tod grundlegend verändert.

Sterben im Krankenhaus oder Pflegeheim als Regel

2.2 Dieser Besonderheit und Eingegrenztheit auf ein bestimmtes Lebensalter entspricht der häufig besondere *Sterbeort.* Bis in die 70er Jahre des 20. Jahrhunderts nimmt das Sterben im Krankenhaus zu, seit den 90er Jahren scheint ein geringer Rückgang zu beobachten zu sein. Allerdings bleibt mit knapp der Hälfte der Todesfälle (1998: 47 %; LAMMER 42 f) das Krankenhaus der Ort, an dem die meisten Menschen sterben. Dazu treten zunehmend die Pflegestationen bzw. -heime. Ein knappes Drittel stirbt daheim.

Demgegenüber zieht nach Umfragen eine deutliche Mehrheit der Bevölkerung ein Sterben zu Hause vor. So sterben wohl – angesichts der schwierigen und ungenauen statistischen Lage sind keine genaueren Angaben möglich – etwa zwei Drittel der Menschen dort, wo sie eigentlich nicht sterben möchten.

Für die Begleitung von Sterbenden und auch die kirchliche Bestattung gewinnt damit – neben Familie und Kirche – ein dritter sozialer Bezugsort Bedeutung: das Krankenhaus bzw. die Pflegestation.

Nachfrage nach kirchlicher Bestattung

2.3 Wie bereits erwähnt (→ § 6 3.1) ist die *kirchliche Bestattung* ein von der Mehrzahl der Deutschen begehrtes Ritual, wenn auch ihr Anteil an der Gesamtzahl der Beisetzungen etwas rückläufig ist.

Im Folgenden nennt die erste Ziffer die Gesamtzahl der Todesfälle, die zweite die Zahl der evangelischen und die dritte die der katholischen Bestattungen, wobei jeweils der prozentuale Anteil am Gesamt der Bestattungen in Klammern gesetzt wird:

1991: 911.245; 391.528 (43,0 %); 294.711 (32,3 %)
1995: 884.588; 364.333 (41,2 %); 284.011 (32,1 %)
2000: 838.797; 331.218 (39,5 %); 268.611 (32,0 %)
2003: 853.946; 326.209 (38,2 %); 270.536 (31,7 %)

Ein genauerer Blick auf die statistischen Zahlen ermöglicht ein nuanciertes Bild: Während in den alten Bundesländern etwa 10 % der Bestattungen nicht durch einen Pfarrer oder eine Pfarrerin bzw. sonstige kirchliche Beauftragte[58] geleitet wird, liegt dieser Prozentsatz in Ostdeutschland bei etwa 70 %, mancherorts sogar 90 %.[59] In Westdeutschland ist die Lage ebenfalls recht unterschiedlich. So werden etwa 20 % der evangelischen Kirchenmitglieder in der nordelbischen Kirche nicht von einem evangelischen Pastor bestattet (genauere Angaben für 1998: LAMMER 55).[60]

58 In den deutschen römisch-katholischen Diözesen kann der – kirchenrechtlich als Sakramentalie eingestuften – Bestattung ein beauftragter Laie vorstehen.

59 FRANZ, „Alles hat sich am Ende gelohnt", 329.

60 Zu den unterschiedlichen Gründen s. O. KRÄMER, Scham, Scheu und Sündenböcke. Das Friedhofspfarramt als Beitrag zur städtischen Bestattungskultur, in: DtPfrBl 105 (2005), 509–513, 510 f.

Zugleich werden aber auch verstorbene Nichtkirchenmitglieder durch Pfarrer und Pfarrerinnen bzw. sonstige kirchliche Beauftragte rituell begleitet. 2003 werden 7.456 Nichtkirchenmitglieder evangelisch bestattet (entspricht 2,3 % aller evangelischen Bestattungen); dazu treten 5.376 tote Katholiken, die durch einen evangelischen Geistlichen das letzte Geleit erhalten (entspricht 1,6 %).

Offensichtlich ist – wie bereits bei Taufe und Trauung beobachtet – die traditionelle Form der Kirchenmitgliedschaft nicht mehr vollständig mit dem Begehren der Kasualien deckungsgleich.

Zunahme der Kremationen

2.4 Schließlich zeigt sich eine Pluralisierung hinsichtlich der *Bestattungsart.* In nicht wenigen Regionen hat die Feuerbestattung das Erdbegräbnis überholt. In einer diesbezüglichen Analyse konstatiert ein Diskussionspapier der EKD:

> Erreichte die Feuerbestattungsquote in der ehemaligen DDR 85 % (z. B. haben Städte wie Gotha, Jena, Eisenach, Gera Kremationszahlen von über 90 %), so ist sie heute in Deutschland insgesamt 38,8 % (Berlin 68 %), in Dänemark 70 %, in Holland 47,3 % und in Frankreich 20 %, überall mit deutlichen Zuwachszahlen. Die Bereitschaft zur Feuerbestattung wächst proportional zur Zahl der Einpersonenhaushalte. (KIRCHENAMT 9)

Sowohl die geringeren Kosten der Bestattung als auch bei Beisetzung in Kolumbarien der Wegfall der Grabpflege sind handfeste Vorteile der Einäscherung.

Anonyme Bestattung

In zunehmendem Maß sind Einäscherungen mit sog. anonymen Bestattungen verbunden, und zwar in unterschiedlicher Weise: „Anonyme Bestattungen gibt es in Form einer anonymen Verstreuung der Asche auf einem Friedhofsfeld, in Form einer Urnenbeisetzung auf einem anonymen Urnenfeld auf dem Friedhof oder in gewisser Weise auch in Form einer Seebestattung." (KIRCHENAMT 11)

Heute ist eine solche Bestattungsform meist finanziell bzw./und psychologisch begründet. Es entstehen keine Kosten für die Grabpflege; die Verstorbenen fallen keinem Lebenden zur Last.

Die Kirchen stehen anonymen Bestattungen kritisch gegenüber. Offensichtlich ist vergessen, dass sich in der Geschichte „anonyme" Bestattungen aus religiösen Gründen finden. So kennt das alte Mönchtum weder Grabsteine noch Namensinschriften, weil man von Gott erwartet, dass er den Verstorbenen neue und ewige Namen geben wird.

## 3. Kirchliche Bestimmungen und Agenden

Die gegenwärtigen evangelischen Bestattungsagenden (VÖLKER) bemühen sich darum, den heutigen Menschen entgegenzukommen. Sie gehen davon aus, dass nicht wenige traditionelle Formeln und Wendungen für viele Menschen unverständlich sind. Zugleich soll aber – in reformatorischer Tradition – das Auferstehungszeugnis klar zur Sprache kommen.

Wesen und Aufgabe der Bestattung

3.1 Die neueste Bestattungsagende, das Bestattungsbuch der UEK, bestimmt einleitend präzise Wesen und Aufgabe der kirchlichen Bestattung:

> Die kirchliche Bestattung ist eine gottesdienstliche Handlung, bei der die Gemeinde ihre verstorbenen Glieder zur letzten Ruhe geleitet, sie der Gnade Gottes befiehlt und bezeugt, dass Gottes Macht größer ist als der Tod. In der Auseinandersetzung mit Tod und Trauer bedenkt die Gemeinde Leben und Sterben im Licht des Evangeliums und verkündigt die Auferstehung der Toten. Die Gemeinde begleitet die Sterbenden und trauert mit den Hinterbliebenen. Sie tröstet sie mit Gottes Wort und begleitet sie mit Seelsorge und Fürbitte. (Kirchenkanzlei 19)

Im Folgenden ist die Fülle des über 400 Seiten umfassenden Buchs, das in seinen einleitenden Partien ein kleines, gut gelungenes Kompendium der evangelischen Bestattung darstellt, nicht annähernd auszuschöpfen. Nur einige Hinweise müssen genügen.

Konkreten Niederschlag findet das zitierte Verständnis in „Kirchlichen Richtlinien und Regelungen für Bestattung, Sterbe- und Trauerbegleitung“, die im Wesentlichen mit den entsprechenden Passagen der „Leitlinien kirchlichen Lebens“ der VELKD übereinstimmen.

Demnach sind grundlegend für kirchliches Handeln:
vorhergehendes Gespräch mit den Angehörigen;
Durchführung des Bestattungsgottesdienstes;
nachfolgendes Gedenken der Toten.

Problem: Bestattung von Nicht-Kirchenmitgliedern

Besondere Aufmerksamkeit gilt der Frage nach den Voraussetzungen für eine kirchliche Bestattung. Grundsätzlich wird die Kirchenmitgliedschaft vorausgesetzt. Doch werden drei Ausnahmen genannt:

Die Bestattung ungetaufter und tot geborener Kinder auf Bitten ihrer Eltern;

die Bestattung des Mitglieds einer anderen Kirche in Ausnahmefällen, wobei Kontakt mit einem Geistlichen dieser Kirche aufgenommen werden soll;

schließlich – in der Praxis am häufigsten und umstrittensten – die Bestattung eines Verstorbenen, der zu keiner christlichen Kirche gehört. Hier werden vier Bedingungen gestellt:

> 1. wenn die evangelischen Angehörigen den Wunsch nach einer kirchlichen Bestattung geäußert haben und andere Formen des Gedenkens und der kirchlichen Begleitung aus seelsorglichen Gründen nicht angemessen sind,
>
> 2. wenn das Verhältnis der Verstorbenen zur Kirche und Gemeinde so war, dass eine kirchliche Bestattung zu verantworten ist,
>
> 3. wenn möglich ist, während der Trauerfeier aufrichtig gegenüber den Verstorbenen und ihrem Verhältnis zur Kirche zu sein, und

4. wenn die seelsorgliche Entscheidung vor der Gemeinde verantwortet werden kann. (Kirchenkanzlei 19f)

Die bereits die Reformatoren leitende Ausrichtung der Bestattung auf die Hinterbliebenen ermöglicht eine solche Regelung. Es erscheint allerdings von dem gleich noch näher darzustellenden Grundansatz der Agende problematisch, dass das Getauftsein (oder Nicht-Getauftsein) des Verstorbenen keine Rolle bei der Entscheidung spielt. Sinnvoll ist jedoch gewiss die – von früheren Regelungen abweichende – Bestimmung, dass bei Gewährung der kirchlichen Bestattung keine Einschränkungen in der äußeren Form (z. B. früher: kein Glockengeläut, kein Talar) gemacht werden (Kirchenkanzlei 20).

In der *römisch-katholischen Kirche* gilt grundsätzlich: „Objektiv gesehen ist ein Kirchenaustritt ein klarer Verstoß gegen den Glauben und eine bewußt vollzogene Abwendung von der Kirche. Deshalb hat ein Austritt aus der Kirche nicht nur den Ausschluß von den Sakramenten zur Folge, sondern auch die Verweigerung der kirchlichen Bestattung.“ (Die Deutschen Bischöfe 64f)

Allerdings gibt es in „begründeten Einzelfällen“ Ausnahmen (Die Deutschen Bischöfe 63–69). Wenn die Hinterbliebenen eine kirchliche Bestattung wünschen, ist mit ihnen die Haltung des Verstorbenen hinsichtlich der Kirche, der Bestattung, seiner Lebenspraxis sowie des Austrittgrundes zu erörtern.

Außer der Ablehnung der kirchlichen Mitwirkung nennen die deutschen Bischöfe drei weitere Möglichkeiten: Kirchliches Begräbnis und Begräbnismesse; kirchliches Begräbnis ohne Begräbnismesse; Teilnahme des Seelsorgers am Begräbnis.

3.2 Die konkreten *gottesdienstlichen Ordnungen* spiegeln zum einen das Bemühen wider, der pluralistischen Situation der Gegenwart gerecht zu werden:

Pluriforme Liturgien

So werden Formulare für sechs verschiedene Formen der Bestattung vorgelegt, die jeweils in der Praxis vorkommen und bei denen sich der Handlungsablauf signifikant unterscheidet (Kirchenkanzlei 24):

Form I: Trauergottesdienst mit Grablegung zum Abschluss;

Form II: Trauergottesdienst mit Grablegung zu Beginn;

Form III: Trauergottesdienst und später folgende Urnenbestattung oder -beisetzung;

Form IV: Trauergottesdienst mit unmittelbar anschließender Urnenbestattung oder -beisetzung;

Form V: Trauergottesdienst ohne Bestattung;

Form VI: Bestattungsgottesdienst ohne Angehörige.

Den einzelnen Formen sind jeweils informative knappe Einführungen beigegeben, die schnell die besondere Hausforderung benennen und die vorgeschlagene liturgische Lösung skizzieren.

Dazu treten besondere Text-Empfehlungen für schwierige Situationen (die Bestattung eines Kindes, eines Suizidanten, eines Opfers von Unfall, Gewalttat oder Katastrophe, Kirchenkanzlei 165f).

Ausführlich werden u. a. bereits in der Einleitung die Frage der Beteiligung von Kindern an einer Bestattung (Kirchenkanzlei 41–43) sowie das Thema „Die Bestattung von Aussiedlern" (Kirchenkanzlei 43–46) erörtert.

Taufbezug

Inhaltlich ist ein tauftheologischer Akzent unübersehbar, der die einführenden Reflexionen und die konkreten Liturgien durchzieht. Zu Recht wird nachdrücklich bei der biblisch-theologischen Grundlegung Röm 6 bedacht (Kirchenkanzlei 15). Neben direkten Bezügen auf die Taufe bei der Erinnerung an den Verstorbenen, Lesungen von Tauftexten und Abschiedssegen wird immer wieder auf die Kerze als ein Tauf- und zugleich Ostersymbol hingewiesen.

3.3 Einen deutlichen neuen Akzent – gegenüber der Vorgänger-Agende von 1964 – setzt das Bestattungs-Buch hinsichtlich des *Totengedenkens*, also an einem aus reformatorischer Sicht durchaus heiklen Punkt.

Zum einen werden die eingebürgerten Formen des Totengedenkens aufgenommen: die Abkündigung der Bestattung im folgenden Sonntagsgottesdienst sowie die jährliche Nennung der Verstorbenen-Namen (eventuell mit Kerzensymbol) im Gottesdienst am Ewigkeitssonntag.

Sechswochen- und Jahresgedenken

Zum anderen werden zwei neue, biographienähere Gedenkformen vorgeschlagen, deren Terminierung aus der römisch-katholischen Liturgie vertraut ist: Andacht zum Sechswochengedenken und Andacht zum Jahresgedenken. Dabei leiten jeweils psychologische Überlegungen.

Eindringlich beschreibt das liturgische Buch vor allem die besondere Situation sechs Wochen nach dem Tod:

> 1. Woche: „Eigentlich ist jetzt alles vorbei." 2. Woche: „Vor zwei Wochen waren wir noch zusammen." 3. Woche: „Jetzt ist das schon drei Wochen her." (Zeitraum eines längeren Erholungsurlaubes). Mit der 4. Woche holt die Routine des unterbrochenen Alltags die Trauernden wieder ein. Darum heißt es in der 4. Woche oft: „Manchmal denke ich, das ist alles nur ein böser Traum gewesen." In der 5. Woche einer solchen Entwicklung heißt es manchmal auch: „Jetzt tun alle so, als wäre nichts passiert." Die 6. Woche lautet: „Jetzt muss ich alles alleine machen." (Kirchenkanzlei 168)

Inwieweit sich diese gut gemeinten Anregungen in der Gemeindepraxis durchsetzen werden, muss abgewartet werden. Das gilt auch für den Impuls, im Bestattungsgottesdienst oder in den Andachten zum Totengedenken das Abendmahl zu feiern. Eine lange evangelische Tradition steht dem entgegen.

## 4. Einstellungen zu Sterben und Tod

Widersprüchliche Tendenzen

Die Einstellungen zu Sterben und Tod sind durch Ungleichzeitigkeit, Pluralität und Individualisierung gekennzeichnet. Deshalb kann es im Folgenden nur darum gehen, einige wenige, für die konkrete pastorale Arbeit wichtige soziologische Einsichten und empirische Befunde zu skizzieren.

4.1 Schon hinsichtlich des *Sterbens* begegnen einander widersprechende Tendenzen:

Auf der einen Seite berichten Krankenhausseelsorger und -seelsorgerinnen von der Unfähigkeit Erwachsener, in der Sterbestunde von ihren nächsten Angehörigen Abschied zu nehmen. Viele Menschen im fortgeschrittenen Lebensalter haben noch nie mit einem Menschen die letzten Stunden verbracht.

Hospiz-Bewegung

Auf der anderen Seite greifen Initiativen um sich, die Sterbenden beistehen wollen. Die Hospiz-Bewegung, seit 1995 in einer Stiftung („Deutsche Hospiz-Stiftung“) organisiert, hat es sich zum Ziel gemacht, Sterbende zu begleiten. Fünf Handlungsgrundsätze bilden das Fundament der Hospize:

1. Der sterbende Mensch und seine Angehörigen stehen im Zentrum des Handelns. Ausgangspunkt des Angebotes sind die Bedürfnisse der Betroffenen, wobei deren körperliche Dimension ebenso wie ihre psychische, soziale und spirituelle berücksichtigt wird. 2. Den Betroffenen bietet deshalb ein interdisziplinäres Team Hilfe an (insbes. Pflegekräfte, Ärzte, Sozialarbeiter, Seelsorger). 3. Freiwillig Helfende (Ehrenamtliche, volunteers) sind integraler Bestandteil des Hospizangebotes und dienen insbes. der Reintegration von Sterben und Trauer in die Gemeinde. 4. Das Helfer-Team verfügt über exzellente Kenntnisse in Methoden der lindernden Therapie, insbes. der Schmerztherapie, wobei auch hier ein ganzheitlicher Ansatz entscheidend ist. 5. Diese Unterstützung steht rund um die Uhr zur Verfügung und wird auch in der Zeit der Trauer angeboten.[61]

Im Gegensatz zu den (meisten) Krankenhäusern, in denen das Sterben bis zum Ende bekämpft und hinausgeschoben wird, stellen sich die – meist ehrenamtlichen – Mitarbeiter und Mitarbeiterinnen in den mittlerweile vorwiegend ambulant arbeitenden Hospizen dem Sterben als einer eigenen Lebensphase.

Gegensatz: Verdrängung der Toten – neue Umgangsformen mit Toten

4.2 Eine ähnliche Widersprüchlichkeit begegnet beim Umgang mit den *toten Menschen*:
Es gab wohl noch nie eine Zeit, in der ein Leichnam so schnell und unauffällig nach dem eingetretenen Tod verschwindet, wie in unserer heutigen Gesellschaft. Kristian Fechtner beobachtet:

61 J.-Ch. Student, Hospizbewegung, in: RGG⁴ Bd. 3 (2000), 1914 f.

Der Umgang mit den Verstorbenen geht in die professionellen Hände der Bestatterinnen und Bestatter über. Immer seltener wird eine Verstorbene aufgebahrt, immer rascher wird der Leichnam vom Ort des Sterbens weggebracht und ausgesondert. Alles in allem: Die Toten geraten buchstäblich aus dem Blick und sie werden unberührbar. Im Verzicht auf den Kontakt mit den Toten mischen sich alte Scheu und neue Distanzbedürfnisse.[62]

Dem entgegengesetzt eröffnen Bestattungsinstitute – nicht zuletzt durch die Praxis der „funeral homes" in den USA angeregt – eigene Räume zum Abschiednehmen von den Verstorbenen. Diese sind hier aufgebahrt und die Angehörigen haben zu jeder Zeit Zutritt.

Noch einen anderen Akzent setzt die hohe Besucherfrequenz der Ausstellung „Körperwelten", in der plastinierte Leichen ausgestellt werden. Hier werden Leichen als Spektakel ausgestellt – und von Millionen Zuschauern besichtigt.

Tod in den Massenmedien

Der vielfältig beschriebenen Verdrängung von Sterben und Tod steht auch deren *mediale Präsentation* entgegen.

Auf der hochkulturellen Ebene berichtet in großer Offenheit – viel beachtet und mittlerweile bis in Schulbücher vorgedrungen – der Schweizer Jura-Professors Peter Noll über seine letzten Lebensmonate von der Krebs-Diagnose an.[63]

In Zeitungen finden sich zahlreiche Todesanzeigen, in denen der lokalen bzw. regionalen Mitwelt das Ableben eines Menschen mitgeteilt wird. Eine nähere Analyse zeigt eine zunehmende Individualisierung dieser seit der Mitte des 18. Jahrhunderts begegnenden Kommunikationsform über den Tod.[64]

Im populären Medium des Films spielen Sterben und Tod eine große Rolle. Ganze Genres wie Western oder Krimi konzentrieren sich im Wesentlichen hierauf. Dazu thematisieren Kino-Filme wie „Flatliners" die Frage, „ob es nach dem Tod noch irgendetwas gibt";[65] andere Filme wie „Ghost – Nachricht von Sam" versuchen – unter Rückgriff auf traditionelle Vorstellungen –, ein Weiterleben visuell zu plausibilisieren.

Schließlich erfreuen sich die Bestattungen prominenter Persönlichkeiten eines regen Publikumsinteresses. Milliarden (!) Menschen verfolgten die Trauerfeiern für Lady Diana 1997 oder Papst Johannes Paul II. 2005 am Fernseher.

Die Gespaltenheit in der heutigen Gesellschaft gegenüber dem Tod kommt schließlich in den unterschiedlichen Entwicklungen im *Bestattungswesen* zum Ausdruck.

---

62 K. Fechtner, Kirche von Fall zu Fall. Kasualpraxis in der Gegenwart – eine Orientierung, Gütersloh 2003, 70f.

63 P. Noll, Diktate über Sterben & Tod. Mit der Totenrede von Max Frisch, Zürich 1984 (mit vielen nachfolgenden Auflagen, auch in anderen Verlagen).

64 B. Hosselmann, Todesanzeigen als memento mori? Eine empirische Untersuchung von Todesanzeigen der Gegenwart (MThA 68), Altenberge 2001.

65 Ch. Bendrath, „Heute ist (k)ein guter Tag zum Sterben". Der Film Flatliners und die Neugier, „ob es nach dem Tod noch irgendetwas gibt", in: M. Laube (Hg.), Himmel – Hölle – Hollywood. Religiöse Valenzen im Film der Gegenwart (Symbol – Mythos – Medien 1), Münster 2002, 19–48.

Gegensätze: Anonyme Bestattung – Bestattung als Event

Einerseits nehmen die sog. anonymen Bestattungen zu. Vermehrt verfügen Menschen eine solche Bestattung, bei der ihre Überreste in einem anonymen Urnenfeld beigesetzt werden, ohne dass – außer der Friedhofsleitung – die genaue Lage bekannt ist (sog. Rasenbeisetzung). Nicht selten ist dabei das Motiv, Angehörigen die Grabpflege zu ersparen.

Zugleich häufen sich die Berichte über Bestattungen, die als Event inszeniert werden (Fischer). Besondere Musik oder Symbolhandlungen wie das Aufsteigen-Lassen von Luftballons o. Ä. werden zelebriert. Vor allem Selbsthilfegruppen wie die von AIDS-Kranken und dann auch sog. verwaisten Eltern bereichern kreativ das Bestattungsritual oder gestalten es ganz um. Dabei steht – in direktem Gegensatz zur anonymen Bestattung – meist der Verstorbene im Mittelpunkt. Seine Lieblingsmusik ertönt, der Schmusebär wird aufs Grab gelegt, das Hobby in der Sarggestaltung aufgenommen usw.

4.3 Angesichts der offenkundigen Veränderungen im Umgang mit Sterben und Tod verwundert es nicht, dass dieses Thema seit einiger Zeit verstärkt (pastoral)psychologische Aufmerksamkeit auf sich zieht. Ulrike Wagner-Rau konstatiert zu Recht: „Es gibt keine gesellschaftlich dominierende religiöse oder philosophische Aussage darüber, was nach dem Tod zu erwarten sei.“ (Wagner-Rau 454) Deshalb sind auch – wie gezeigt – die Verhaltensweisen gegenüber Sterben und Tod so unterschiedlich.

Es ist methodisch schwierig, die konkreten *Vorstellungen der Menschen* zu erfassen, weil die herkömmlichen Begriffe wie Auferstehung, Wiedergeburt oder Seele unterschiedlich verwendet werden und nicht wenige Menschen gleichermaßen auf Vorstellungen zurückgreifen, die nach herkömmlicher Logik in Widerspruch zueinander stehen. Offensichtlich ist der christliche Glauben an die Auferstehung Jesu Christi auch in Westdeutschland vielen Evangelischen nicht zugänglich (ohne dass Kenntnisse darüber vorliegen, wie die Einstellung hierzu früher war):

Auferstehung Jesu – unterschiedliche Interpretationen

1980 stimmen 39 % der befragten Evangelischen dem Item zu: „Jesus war nur drei Tage tot. Dann ist er auferstanden und hat sein Grab verlassen. Es steht ja in der Bibel, dass er nach Ostern mit seinen Jüngern gegessen, getrunken und gesprochen hat. Dann ist er zu Gott zurückgekehrt.“

35 % votieren für: „Was über die Auferstehung in der Bibel steht, kann man nicht wörtlich nehmen. Jesus hat nach seinem Tode nicht wieder so wie vorher gelebt, sondern wird seinen Jüngern nur als Vision erschienen sein, um ihnen zu zeigen, daß er bei Gott weiterlebt.“

23 % stimmen zu: „Daß Jesus von den Toten auferstanden ist, mögen die Leute früher geglaubt haben. Ich kann das nicht glauben. Jesus lebt allenfalls in seinen Werken weiter, wie man das z. B. von Goethe sagen kann.“[66]

66 U. Lindloge, Was wird aus dem Glauben, in: J. Matthes (Hg.), Kirchenmitgliedschaft im Wandel. Untersuchungen zur Realität der Volkskirche. Beiträge zur zweiten EKD-Umfrage „Was wird

Weit verbreitet, vor allem in Ostdeutschland ist die Einstellung: „Mit dem Tod ist alles aus." Hier ist meist materialistisches Denken leitend, das sich einer naturwissenschaftlichen Perspektive verdankt.

Reinkarnationsvorstellungen

Einer wachsenden Beliebtheit erfreuen sich – bei Gebildeten seit dem Ende des 18. Jahrhunderts[67] – Reinkarnationsvorstellungen. Mittlerweile orientiert sich etwa ein Fünftel bis ein Viertel der (West-)Deutschen hieran (SACHAU 21 f). Aus der Fülle der religionsgeschichtlich vorfindlichen Modelle sind diejenigen Vorstellungen attraktiv, die an moderne Problemlagen angeschlossen werden können. Rüdiger Sachau macht in Studien zur „westlichen" Reinkarnationsvorstellung hierauf aufmerksam.

Auf der Basis von Beobachtungen im Alltag und durch Rekonstruktion entsprechender Äußerungen von Elisabeth Kübler-Ross, des Reinkarnationstherapeuten Thorwald Dethlefsen, der Schauspielerin Shirley MacLaine sowie des Begründers der Anthroposophie Rudolf Steiner arbeitet Sachau sieben Aspekte der westlichen Reinkarnationsvorstellung heraus, die deren gegenwärtige Faszination erklären:

1. In den Reinkarnationsvorstellungen drückt sich eine bestimmte Auffassung von Zeitstrukturen aus
2. Reinkarnationsvorstellungen sind orientiert am Modell des Lernens und entsprechen damit einer zentralen Vorstellung der Neuzeit
3. Die Reinkarnationsvorstellungen bearbeiten die Vielfalt in der modernen Welt
4. Die Reinkarnationsvorstellungen entsprechen in hohem Maße den individuellen Bedürfnissen von Menschen und ihrer Selbstgestaltung
5. Reinkarnationsvorstellungen werden mit lebendigen Erfahrungen in Verbindung gebracht
6. Reinkarnationsvorstellungen entlasten von der Unbegreiflichkeit des Schicksals
7. Reinkarnationsvorstellungen liefern ein zeitgemäßes Jenseitsbild. (SACHAU 129 f)

Die Überforderung durch die Vielzahl an nicht ausschöpfbaren Lebensmöglichkeiten kann z. B. durch die Vorstellung gelindert werden, in weiteren Leben Neues zu erleben. Reinkarnations- und Fortschrittsvorstellungen verbinden sich dabei, wie exemplarisch die Anthroposophie Rudolf Steiners zeigt.[68]

Nahtodes-Erlebnisse

Große Aufmerksamkeit findet in der Öffentlichkeit die Auswertung von sog. Nahtodes-Erlebnissen, wie sie der US-amerikanische Arzt Raymond A. Moody 1975 erstmals vorstellte („Life after Life"). Die (späteren) Publikationen von Kübler-Ross bekräftigen sie und führen sie – in Auf-

aus der Kirche?", Gütersloh 1990, 265–312, 280 f; ebd. 280–283 finden sich detaillierte Auswertungen.

67 S. die Nennung prominenter Reinkarnations-Anhänger wie Lessing, Goethe, Schopenhauer bei F. HEILER, Erscheinungsformen und Wesen der Religion (RM 1), Stuttgart $^{2}$1979, 525 f.

68 R. STEINER, Die Verbindung zwischen Lebenden und Toten, Dornach 1976, 197 f; vgl. ausführlicher aus religionssoziologischer Perspektive K.-F. DAIBER, Reinkarnationsglaube als Ausdruck individueller Sinnsuche. Das Beispiel: Shirley MacLaine „Zwischenleben", in: H. BECKER/B. EINIG/P.-O. ULLRICH (Hg.), Im Angesicht des Todes. Ein interdisziplinäres Kompendium I (PiLi 3), St. Ottilien 1987, 207–227.

nahme von Anschauungen neureligiöser Gruppen – zu einer Botschaft vom Weiterleben weiter. So versichert die Ärztin in einem Vortrag:

> Der unsterbliche Teil Ihres Ichs wird aus der physischen Schale befreit werden. Was begraben oder verbrannt wird, sind nicht Sie, sondern nur der Kokon. Es ist sehr wichtig, daß Sie sich das klarmachen. Wenn wir mit kleinen Kindern arbeiten, zeigen wir ihnen, wie das geschieht. Im Augenblick des „Schlüpfens“ werden Sie sehr schön sein, viel schöner, als Sie sich jetzt sehen, ja Sie werden vollkommen sein. Verstümmelungen wie eine Mastektomie oder andere Amputationen werden Ihnen nicht in den Tod folgen, denn der Körper, den Sie dann haben werden, besteht nicht mehr aus physischer, sondern aus psychischer Energie.[69]

Nachdrücklich und anschaulich wird hier der tröstliche Charakter der Eindrücke herausgearbeitet, die Menschen am Rande des Lebens empfangen.

Kyrogenisation

Eher skurril wirken dagegen die immer einmal wieder für mediales Aufsehen sorgenden Bemühungen der Kyrogenisation, also das Einlagern Verstorbener in flüssiges Helium. Hier hofft man darauf, Verstorbene wieder aufzutauen und mit den erwarteten Fortschritten der Medizin am Leben erhalten zu können. Diese Methode ist gleichsam Ausdruck einer Auferstehungshoffnung unter dem Vorzeichen des naturwissenschaftlich-technischen Weltbildes.

Insgesamt kann die gegenwärtige Situation bei vielen Menschen wohl am besten als eine der *Suche* charakterisiert werden. Die Frage der eventuellen Weiterexistenz nach dem Tod ist offensichtlich virulent. Dabei kommt weniger stringenten Argumenten als der Anschlussfähigkeit an heutige Problemlagen Bedeutung zu. Auch konkrete Erlebnisse, angefangen bei „Begegnungen“ mit Verstorbenen bis zu „out-of-body“-Erlebnissen, bedürfen einer Deutung. Entsprechend der allgemeinen Individualisierung setzen sich hier Menschen eigene Antworten aus ihnen bekannten Interpretamenten zusammen (sog. patch-work-Religion).

## 5. Probleme

Herausforderung: Inhomogenität der Trauernden

5.1 Grundsätzlich stellt die *Gegensätzlichkeit im Umgang mit Sterben und Tod* in der heutigen Gesellschaft ein Bestattungsritual vor eine kommunikative und theologische Herausforderung. Die Auferstehungsbotschaft ist oft vor Menschen mit unterschiedlichsten Einstellungen zu kommunizieren:

vor Menschen, die den Tod in ihrem Leben verdrängen, und anderen, die sich mit Nahtodes-Erfahrungen und esoterischen Angeboten befassen;

vor Menschen, die sich ihres eigenen Glaubens unsicher sind und auf ein Weiterleben hoffen, und anderen, für die mit dem Tod Alles aus ist;

---

69 E. Kübler-Ross, Erfülltes Leben – würdiges Sterben, hg. v. G. Grip, Gütersloh 1993 (am. 1992), 87–91, 90 f.

zunehmend vor Menschen, die aus einem Kulturkreis mit anderen Riten und Gewohnheiten angesichts des Todes kommen.

Hier sind vor allem die *Muslime* zu nennen, bei deren Bestattungssitten aber je nach Herkunftsland Unterschiede bestehen.[70] Gemeinsam ist ihnen die Hoffnung auf das Paradies. Im Sterben wird sich der fromme Muslim bemühen, die rituelle Waschung vorzunehmen und das Glaubensbekenntnis zu sprechen (bzw. diesem durch ein Handzeichen zuzustimmen). Dazu soll beim Sterben die Sura Yasin (Sure 36) rezitiert werden.

Nach dem Ableben wird der Körper mehrfach gewaschen und gereinigt und dann in ein weißes, ungenähtes Tuch gehüllt. Eine würdige Bestattung ist eine religiöse Gemeinschaftspflicht. Die Beerdigung ohne Sarg und in der Ausrichtung des Kopfes nach Mekka führte auf deutschen Friedhöfen bis vor kurzem – und mancherorts noch immer – zu Problemen. Deshalb werden nach wie vor viele Muslime in ihrem Heimatland beerdigt.

Darüber hinaus ist psychologisch daran zu erinnern, dass an vielen Beisetzungen Menschen teilnehmen, die in sehr unterschiedlicher Weise von dem Todesfall betroffen sind: als Ehemann oder -frau, Kinder oder Nachbarn, Geschäftspartner o. Ä.

> Während im Falle des Verlustes eines nahen Angehörigen neben der Vergewisserung von Sinn vor allem die konkrete Neukonstruktion der eigenen Lebenswelt im Zentrum des Trauerprozesses steht, stellt bei der Antizipation des eigenen bzw. des je anderen Todes die angesichts der Begrenztheit der Lebenswelt entstehende Frage nach dem Sinn das Hauptmoment des Erlebens dar. (Roth 111)

Einseitige Orientierung kirchlicher Praxis am Begräbnis

5.2 Konkret ist die Frage nach dem *Umgang mit neueren Bestattungsformen* vordringlich. Nach wie vor ist auch in den neuen Agenden das Begräbnis mit Gemeinde die „normale" Form, an der auch die anderen Liturgien orientiert sind.

Kristian Fechtner macht zu Recht darauf aufmerksam, dass es noch nicht gelungen ist, für die – seit 120 Jahren bestehende – Urnen-Bestattung ein angemessenes Ritual zu gestalten.[71] Das gegenüber der Erde beim Begräbnis symbolisch ganz anders konnotierte Feuer spielt bei der Bestattung im Zusammenhang der Kremation keine Rolle. Noch mehr gilt dies für Seebestattungen und die allerdings erst vereinzelt anstehenden Bestattungen in einem Friedwald (→ § 32 1.1).

Auch die sich verbreitende Form der anonymen Bestattungen fordert die Kirche heraus, gerade wenn sie in ihrer Bestattungspraxis zu Recht auf die Taufe als Grunddatum rekurriert, an dem der Name des Verstorbenen und des dreieinigen Gottes miteinander verbunden werden.

70 M. S. Abdullah, Sterbebegleitung, Bestattungsriten und Friedhofskultur im Islam, in: U. Lilie/E. Zwierlein (Hg.), Handbuch Integrierte Sterbebegleitung, Gütersloh 2004, 181–189.

71 Fechtner, Kirche 75 f.

## 6. Zusammenfassung

Heutige Bestattungspraxis vollzieht sich in einer widersprüchlich erscheinenden Situation. Sie ist durch Individualisierung, Verdrängung von und zugleich zunehmende Beschäftigung mit Sterben und Tod gekennzeichnet. Die liturgischen Formulare reagieren darauf durch Pluralisierung. Inhaltlich wird der Bezug zur Taufe stärker betont und damit ein theologisch qualifizierter Biographiebezug ermöglicht. Rituell ist eine Orientierung an der christlich traditionellen Form des Begräbnisses unübersehbar, einer zurückgehenden Bestattungsform. Zunehmende Konkurrenzen durch Bestattungsunternehmer machen auf Defizite in der kirchlichen bzw. besser: pastoralen Begleitung Trauernder aufmerksam.

# § 31 Ökumenische Anregungen

Literatur: J. Bärsch, Die nachkonziliare Begräbnisliturgie. Anmerkungen und Überlegungen zu Motiven ihrer Theologie und Feiergestalt, in: A. Gerhards/B. Kranemann (Hg.), Christliche Begräbnisliturgie und säkulare Gesellschaft (EThS 30), Leipzig 2002, 62–99 – M. Felde, Summary on Funeral Rites, in: A. Stauffer (Hg.), Baptism, Rites of Passage, and Culture, Genf 1998, 189–192 – H. Krech, Funeral Rites in the German Cultural Context, in: A. Stauffer (Hg.), Baptism, Rites of Passage, and Culture, Genf 1998, 165–179 – M. Probst, Liturgie und Diakonie am Beispiel der Sterbebegleitung und der Begräbnisliturgie, in: B. Kranemann/Th. Sternberg/W. Zahner (Hg.), Die diakonale Dimension der Liturgie (FS K. Richter) (QD 218), Freiburg 2006, 207–219.

Das bereits mehrfach erwähnte Kasualien-Projekt des Lutherischen Weltbundes ergibt für die Bestattung eine große Pluriformität. In Ländern, in denen erst seit kurzem das Christentum Fuß fasst, sind die bestehenden Formen zu adaptieren; in traditionell christlichen Ländern begegnen Probleme auf Grund des kulturellen Wandels, der in Spannung zu Voraussetzungen und Inhalten des christlichen Bestattungsrituals steht. Angesichts dieser unübersichtlichen Lage ist es eines der Hauptziele der Studienkommission, das christliche Profil zu schärfen, ohne den Kontakt zum jeweiligen kulturellen Kontext zu verlieren.

Eine tief greifende Neubesinnung vollzieht die römisch-katholische Kirche im Zuge des II. Vaticanum. Die Beerdigung nach dem Rituale Romanum von 1614 verdankt sich Einflüssen aus Mittelalter und Renaissance, die jedenfalls in der Perspektive der konziliaren Theologie höchst zweifelhaft erscheinen; Henri-René Philippeau nennt sie ein „halbheidnisches Zeremoniell der Renaissance“ (zitiert nach Bärsch 64). Das Konzil initiiert dagegen eine Neubesinnung auf den österlichen Charakter des Rituals. Sie ist auf evangelischer Seite nicht nur deshalb von Interesse, weil sie das Handeln der heutigen römisch-katholischen Kirche prägt, sondern auch wichtige Perspektiven eröffnet bzw. klärt.

## 1. Bestattung – trans- und kontrakulturell (Lutherischer Weltbund)

1.1 Die Bearbeitung der lutherischen Bestattungsrituale aus verschiedenen Ländern innerhalb des genannten Projektes des Lutherischen Weltbundes (FELDE) folgt der Liturgie-Hermeneutik der 3. Konsultation in Nairobi (1996) und deren Übertragung im „Chicago Statement on Worship and Culture: Baptism and Rites of Life Passage" (1998; → § 9 4.1).

Angesichts der Pluriformität der verschiedenen Rituale steht die Frage nach der *Transkulturalität*, also nach dem verbindenden Gemeinsamen im Vordergrund. Die Tatsache, dass überall auch Menschen an christlichen Bestattungen teilnehmen, die selbst keine Christen sind oder in Distanz zur christlichen Gemeinde leben, verstärkt die Notwendigkeit der Konzentration auf das Wesentliche.

Tauferinnerung und Abendmahl als grundlegend für christliche Bestattung

Grundlegend ist dabei die Einsicht in den Charakter der Bestattung als Übergangsritual. Denn auch die beiden christlichen Grundrituale, Taufe und Abendmahl, sind selbst Übergangsrituale. Bei ihnen geht es darum, den Übergang vom Tod zum Leben zu feiern. Von daher empfiehlt die Studienkommission, beim Begräbnis die Möglichkeit zur Tauferinnerung und zur Abendmahlsfeier zu schaffen.

Konkret wird angeregt, die Tauferinnerung nicht nur verbal auszudrücken. Darüber hinaus wird auf den Brauch in der schwedischen Kirche hingewiesen, den dreifachen Erdwurf auf den Sarg als Erinnerung an das dreifache Übergießen mit Wasser bei der Taufe zu profilieren. Außerdem kann in Gegenden, in denen der Leichnam in der Familie gewaschen wird, dieser Liebesdienst als Tauferinnerung begangen werden.

Hinsichtlich der Abendmahlsfeier weist die Studienkommission – neben der Tradition in der römisch-katholischen Kirche – auf entsprechende erste Erfahrungen in Nordamerika und Deutschland hin. Allerdings wird eingeräumt, dass teilweise die baulichen Voraussetzungen hierzu nicht gegeben sind. Interessant ist der Hinweis, dass in den Philippinen die katholischen Gemeinden auf Grund des Priestermangels teilweise Begräbnisse zusammenlegen, um die Eucharistie feiern zu können.

1.2 Der Frage der *Kontrakulturalität* kommt bei der christlichen Bestattung besondere Bedeutung zu. Denn hier haben in christlich geprägten Ländern wie Deutschland die Kirchen die Gestaltungsaufgabe übernommen, was neben Lebensnähe die Gefahr einer Anpassung an das allgemein gesellschaftlich Übliche mit sich bringt. Die Botschaft von der Auferstehung der Toten steht aber der immanenten Logik gesellschaftlicher Abläufe entgegen.

Hans Krech macht in diesem Zusammenhang u. a. auf zwei Gestaltungsfragen aufmerksam, die eine sorgfältigere Beachtung verdienen:

Plädoyer für zeitlichen Freiraum

Zum einen sieht er als ein wesentliches Charakteristikum der modernen westlichen Gesellschaften die Zeitnot an (KRECH 176–178). Die bei der Bestattung verwendeten Zeichen und Gebete bedürfen jedoch – nicht zuletzt für Menschen mit wenig Kontakt zur Kirche

– der Zeit, um sie aufnehmen und verstehen zu können. Von daher plädiert er dafür, bei der Bestattung entgegen dem sonstigen Trend der westlichen Kultur zur Beschleunigung einen zeitlichen Freiraum zu schaffen. Dass dies vor allem den Bestattungs-Usancen in deutschen Großstädten entgegensteht, muss gesehen werden.

Gegen soziale Unterschiede bei Bestattungen

Zum anderen erinnert er an die ökonomische Prägung der deutschen Gesellschaft, in der die Frage nach den Kosten auch den religiösen und kirchlichen Bereich erobert. Demgegenüber fordert er, dass bei Bestattungen kein Unterschied hinsichtlich des Aufwands gemacht werden darf. Die Kirche soll in der Gestaltung der Bestattung dem kulturellen Trend widerstehen, sich mit Geld alles kaufen zu können. Dass damit eine kirchenkritische Komponente verbunden ist, kommt in dem von ihm verwendeten Beispiel zum Ausdruck: Auch Superintendenten oder Bischöfe sollen in derselben Weise wie „einfache" Christen bestattet werden.

## 2. Begräbnis als österliches Ritual (römisch-katholische Kirche)

2.1 Wie erwähnt fordert Art. 81 von Sacrosanctum Concilium, den *österlichen Charakter der Bestattung* zu stärken. Dazu liegt ein Rückgriff auf Ordo Romanus 49 nahe (→ § 29 2.1). Der diesem Ritual zu Grunde liegende Weg-Charakter, der diakonisches und liturgisches Handeln verschmilzt (Probst), ermöglicht eine Gestaltung der Totenliturgie als „österliche Wanderung" (Bärsch 65).

Die erneuerte Begräbnisliturgie nimmt dies – in ihrer Vollform – dadurch auf, dass sie in drei Stationen gegliedert ist:

1. Station im Trauerhaus;
2. Station in der Kirche;
3. Station am Grab.

Bezug zum Initiationsritual

Rituell bezieht sich die Handlung grundlegend auf das – römisch-katholisch verstanden – dreiteilige Initiationsritual:

Die Verwendung von Weihwasser erinnert an die Taufe. So heißt es nach der Einsenkung des Sarges zur Aspersion im Formular: „Im Wasser und im Heiligen Geist wurdest du getauft. Der Herr vollende an dir, was er in der Taufe begonnen hat."

Die Inszenation mit Weihrauch wird auf das Firmsakrament hin gedeutet. Dabei dient der Geruch als Brücke zwischen dem bei der Firmung verwendeten Chrisam und dem Weihrauch. Während aber Weihwasser und -rauch im mittelalterlichen Totenritual wesentlich apotropäische Funktion hatten, konkret der Abwehr von die Seele bedrohenden Dämonen dienten, bestimmt jetzt deren Bezug auf das Initiationsritual die Semantik.

Schließlich steht im Mittelpunkt der zweiten Station die Feier der Eucharistie.

Insgesamt ist es bei diesem Ritual gut gelungen, auf der Basis der notwendigen Verrichtungen eine klare christliche Deutung des Geschehens zur Darstellung zu bringen.

2.2 Allerdings erfordert das gewinnbringende Miterleben dieses Vollzugs, dass die Menschen alle drei Stationen begehen. Dies ist aber unter den gegenwärtigen Bedingungen nur selten der Fall. Vielmehr kommt es oft zur Reduktion der Feier auf eine Station, wenn etwa eine Kremation erfolgt. Dazu tritt als Einschränkung häufig der enge Zeittakt, den die Friedhofsverwaltung vorgibt.

Praktische Probleme

Inhaltlich setzt das Erleben der biographisch im Initiationsritual erlebten österlichen Wanderung eine Vertrautheit mit religiösen Riten und eine gewisse Kenntnis des christlichen Glaubens und seiner Symbole voraus, die nicht mehr Allgemeingut ist.

### 3. Zusammenfassung

Sowohl die internationale Studienkommission des Lutherischen Weltbundes als auch die durch das II. Vaticanum angestoßene Liturgiereform unterstreichen den *Zusammenhang der Bestattung und des christlichen Initiationsrituals.* Nur so wird der transkulturelle Charakter der christlichen Bestattung vor dem Hintergrund unterschiedlicher kontextueller Rahmenbedingungen und der jeweiligen individuellen Anforderungen anschaulich.

Dabei treten aber jeweils praktische Probleme in den Blick. Enge Zeittakte in der Friedhofshalle bedrohen den für ein christliches Bestattungsritual notwendigen zeitlichen Freiraum; geringes Glaubenswissen erschwert das Verstehen der überkommenen christlichen Symbole.

## § 32 Innovative Impulse

Literatur: Kirchenamt der EKD (Hg.), Herausforderungen evangelischer Bestattungskultur. Ein Diskussionspapier, Hannover 2004 – K. Lammer, Den Tod begreifen. Neue Wege in der Trauerbegleitung, Neukirchen-Vluyn 2003 – M. Mädler/T. Roser (Red.), Ein Engel an der leeren Wiege. Handreichung der Evangelisch-Lutherischen Kirche in Bayern zur seelsorgerlichen Begleitung bei Fehlgeburt, Totgeburt und plötzlichem Säuglingstod, Schweinfurt o. J. – P. Zimmermann, Den Totensonntag erleben. Zur liturgischen Gestaltung und seelsorgerlichen Bedeutung eines Gottesdienstes, in: PrTh 37 (2002), 209–214.

Die Bestattung ist gegenwärtig das einzige Ritual, das an jedem Menschen unserer Gesellschaft (nach seinem Tod) vollzogen wird – meist in kirchlicher, aber auch in säkularer Form. Zugleich wächst die Pluriformität ihrer Durchführung. Nach der über tausend Jahre üblichen Beerdigung eröffnet die sich seit 130 Jahren ausbreitende Kremation Optionen zu sich ausdifferenzierenden Bestattungstypen: von der Urnenbeisetzung im Grab über das Verstreuen der Asche auf See (oder noch exklusiver: im Weltall) bis hin zum Einbringen an einer Baumwurzel. Dabei geht diese Entwicklung nicht von den Kirchen aus – die römisch-katholische Kirche ist deutlich ablehnend (Die Deutschen Bischöfe 43–48) –, sondern nimmt Vorstellungen und Hoffnungen von Menschen auf, denen die traditionellen kirchlichen Beerdigungsformen nicht genügen bzw. die ihnen kritisch gegenüberstehen. Dies zeigt nicht zuletzt die Diskussion um das Bestattungsgesetz von Nordrhein-Westfalen 2003. In einer solchen offenen Situation ist es praktisch-theologisch wichtig, sich auf innovative Impulse zu konzentrieren, die die lebensweltliche Innovation mit dem kirchlichen Handeln bzw. die Hoffnungen und Wünsche der Menschen mit dem Evangelium in Kontakt bringen. Es geht – religionstheoretisch formuliert – um die Verbindung der primären und sekundären Religionserfahrung.

Angesichts dieser Aufgabe verdient die grundsätzliche Stellungnahme der EKD von 2004 Interesse. Denn sie bemüht sich darum, die Innovationen zu verstehen, zugleich aber den Glauben an die Auferstehung auszurichten.

Seelsorgerlich gibt eine neue Analyse des Trauerprozesses einen innovativen Impuls für kirchliches Handeln im Umfeld des Todes.

Geht es hier vor allem um eine stärkere Beachtung der perimortalen Situation, zielen liturgische Bemühungen auf eine in der evangelischen Tradition bisher eher unübliche stärkere Berücksichtigung des Totengedenkens.

Beide Aspekte, Seelsorge und Liturgie, konvergieren bei einer zunehmend dringlicher empfundenen Aufgabe, der Begleitung von Eltern angesichts von Fehl- und Todgeburt bzw. frühem Kindstod.

## 1. „Herausforderungen evangelischer Bestattungskultur"

Angesichts der „tektonische(n) Verschiebung" im Umfeld der Bestattungskultur gibt 2004 das Kirchenamt der EKD ein Diskussionspapier heraus: *„Herausforderungen evangelischer Bestattungskultur"*. Konzeptioneller Ausgangspunkt ist:

> Die Individualisierung der Trauerkulturen und ihr Geschwisterkind, die Pluralisierung der Gestaltungsformen, sind für die Kirche keine rein defizitären Entwicklungen, sondern enorme Herausforderungen, die die Sehnsucht nach persönlichen Abschiedsformen spiegeln. … Daher wird alles darauf ankommen, dass die evangelische Bestattungspraxis zugewandt, persönlich und seelennah wird, ohne das Zeugnis des Auferstehungsglaubens zu vernachlässigen. (Kirchenamt 2f)

Orte des Totengedenkens

1.1 Konstruktiv empfiehlt das kirchenamtliche Diskussionspapier, die *Kirchen* zu „Orte(n) öffentlichen Totengedenkens" zu profilieren: Es geht

> auch darum, dass die christlichen Kirchen ihre Kirchenräume, ihre Gottesdienste und ihre jahreszyklische Erinnerungskultur (Volkstrauertag, Ewigkeitssonntag) vielen, auch „kirchlich ungeübten" Menschen verstärkt anbieten als Orte und Zeiten, an und zu denen der Verstorbenen gedacht wird. Indem die Kirchen ihre „Räume für die Ewigkeit" öffnen und z.B. auch wieder häufiger Trauerfeiern in den Kirchen (und nicht nur in den Friedhofskapellen) zulas-

sen, schaffen sie öffentliche Erinnerungsräume für die Toten, deren Gedenken nicht unbedingt an erreichbare oder konkrete Friedhöfe und Grabsteine gebunden ist. (KIRCHENAMT 10f)

Damit könnte z. B. die Trauer selbst bei anonymen Bestattungen einen Ort bekommen.

Evangelische Bestattung im Friedwald

Auch im Weiteren bemüht sich das EKD-Papier, konstruktiv neuere Entwicklungen aufzunehmen. So wird z. B. der Friedwald als möglicher Ort für eine evangelische Bestattung gesehen.

„Friedwald" ist ein geschütztes Markenzeichen, das sich der Idee des Schweizers Ueli Sauter verdankt. In einem abgezäunten Waldstück, dem Friedwald, wird die Asche eines Toten in einer biologisch abbaubaren Urne in das Wurzelwerk eines Baums eingeführt. Dabei können entweder eine einzelne Person oder eine Familie einem Baum zugeordnet werden. Der (für 99 Jahre erworbene) Baum kann namentlich gekennzeichnet werden, so dass es sich dann nicht um eine anonyme Bestattung handelt. Seit 2003 werden auch in Deutschland Friedwälder eröffnet.

Angesichts der möglichen naturreligiösen Untertöne im Friedwald-Konzept bemühen sich evangelische Gemeinden, etwa durch Anbringen christlicher Symbole und die Namen der Verstorbenen an den Bäumen, die Friedwald-Bestattung christlich zu transformieren. Die allgemeinreligiöse Sehnsucht nach Frieden wird mit der christlichen Hoffnung auf Gottes Treue zu dem Verstorbenen verbunden. Rituell kann die Friedwald-Bestattung dem Formular einer Urnen-Beisetzung, die von der Trauerfeier getrennt ist, folgen.

Hinweis auf „character indelebilis" der Taufe

1.2 Theologisch beachtlich ist weiter, dass die EKD bei der Frage nach der kirchlichen *Bestattung von Nichtkirchenmitgliedern* auf die Bedeutung der Taufe hinweist, wie sie in einem im Jahr 2000 publizierten EKD-Dokument entwickelt ist. Denn in Westdeutschland ist die Großzahl der deutschen Nichtkirchenmitglieder getauft und später aus der Kirche ausgetreten.

In evangelischer Verantwortung muss die Rede vom „character indelebilis", den die Taufe den Getauften verleiht, in fünffacher Weise entwickelt werden: 1. als bleibende Zugehörigkeit des Ausgetretenen zu Jesus Christus und damit als unzerstörbarer Indikativ des Heilszuspruches; 2. als Hinweis auf den unheilvollen Widerspruch des Ausgetretenen zu dieser ihm geltenden Verheißung; 3. als seine bleibende Ansprechbarkeit auf den Glauben hin; 4. als bleibende Anfrage an die Identität des Ausgetretenen, die ihm durch die Taufe als die Würde eines Christenmenschen zugesprochen ist; 5. als bleibende Bezogenheit der Gemeinde auf alle Getauften, also auch auf die, die die Kirche verlassen haben. (KIRCHENAMT 20)

Zu Recht wird gefragt: „Wird unser Glaubenszeugnis nicht zu sehr eingeschränkt, wenn wir das Zeugnis von der bleibenden Zugehörigkeit auch eines Ausgetretenen zu Jesus Christus am Ende eines Lebensweges nicht mehr ausrichten?" (KIRCHENAMT 20)

1.3 So bemüht sich die EKD darum, auf der einen Seite die Bedeutung der Kirche für die Bestattung auch im räumlichen Sinn deutlicher zu betonen, zugleich aber das Ritual taufbezogen zu öffnen.

Kirchliche Bestattungsunternehmen?

In diese positiv am Bestehenden anknüpfende Position fügen sich die Bemerkungen zum *Verhältnis zu den Bestattungsunternehmen* gut ein. Die von einzelnen Kirchengemeinden gegründeten kircheneigenen Bestattungsunternehmen werden eher kritisch gesehen. Dagegen erscheint es dem Kirchenamt wichtig, sich um eine möglichst gute Kooperation zu bemühen. Nach einigen Abwägungen schließt der entsprechende Teil des Papiers: „Zuletzt aber und vor allem liegt der entscheidende Beitrag der evangelischen Kirche zum Erhalt einer würdigen Bestattungskultur in der spezifisch geistlichen Kompetenz im Umgang mit der Trauer- und Beerdigungssituation, nicht aber in der Fähigkeit von Kirchenvertretern, die Etablierung besonders kostengünstiger Angebote z. B. für die Sargausstattung herzustellen." (Kirchenamt 23)

## 2. Plädoyer für umfassende Trauerbegleitung

Im Zuge der allgemeinen empirischen Neuausrichtung der Praktischen Theologie legt 1973 Yorick Spiegel für die Seelsorge an Trauernden und das Verständnis des Bestattungsrituals eine neue Grundlage.[72] Er rekonstruiert unter Bezug auf psychologische Arbeiten vier Phasen der Trauer (Schock; Kontrolle; Regression; Adaption) und interpretiert unter Rückgriff auf das ethnologische Konzept der Übergangsrituale das sozialpsychologische Geschehen bei einer Bestattung.

Mittlerweile ist allerdings deutlich, dass die didaktische Brillanz eines solchen Phasen-Schemas beträchtliche Gefahren in sich birgt. Das empirische, Verstehen ermöglichende Interpretament kann zur einengenden Norm werden. Die heuristische Hilfe zur besseren Wahrnehmung der Situation wird dann zur problematischen Normierung des pastoralen Handelns.

Hier führt die Arbeit von Kerstin Lammer in zweifacher Weise weiter.

„Mythos Schockphase"

2.1 *Inhaltlich* kritisiert sie den „Mythos ‚Schockphase'" (Lammer 20 f). Spiegel schließt aus konkreten Fallbeispielen: „Während eines solchen Zusammenbruchs (sc. anlässlich einer Todesnachricht, Ch. G.) sind die Trauernden schwer ansprechbar, sie scheinen die Umgebung, ihre Fragen und Antworten kaum wahrzunehmen. Vielfach sind sie wie benommen und unfähig, irgendwelche klaren Vorstellungen oder Gedanken zu fassen."[73]

Neues empirisches Material legt dagegen – nach Lammer – nahe, in den meisten Fällen bei Erfahren der Todesnachricht eine besondere Aufmerksamkeit und emo-

72 Y. Spiegel, Der Prozeß des Trauerns. Analyse und Beratung, 2 Bde. (GT.P 14), München 1973 (der Textband ist seitdem dreizehn Mal aufgelegt worden).

73 Spiegel, Prozeß 62.

tionale Präsenz anzunehmen. Von daher empfiehlt Lammer nachdrücklich „perimortale Trauerbegleitung“ (LAMMER 22):

> Es handelt sich bei der perimortalen Situation, d.h. bei der Todeszeit und den ersten Minuten und Stunden unmittelbar davor und danach, um eine Schlüsselsituation des Trauerprozesses, und es ist ganz unsinnig, wenn gerade sie in der Theorie unberücksichtigt und in der Praxis unbegleitet bleibt. Ob es hier zur Realisierung des Todes resp. des erlittenen Verlustes und zur Auslösung der Trauer kommt, ob Trauerreaktionen freigesetzt oder im Ansatz unterdrückt werden, ist nach allem, was wir wissen, für den weiteren Verlauf des Trauerprozesses und für die psychische und physische Gesundheit der Betroffenen von entscheidender Bedeutung. (LAMMER 22)

Auch Veränderungen im Umgang mit den Toten, wie die Ausdehnung des Zeitraums zwischen Tod und Bestattung – nicht selten eine Woche und mehr –, unterstreichen die Forderung Lammers, dass die kirchliche Trauerbegleitung nicht erst im Kontext der Bestattung ansetzen darf (LAMMER 44f).

2.2 *Methodisch* kritisiert Lammer das bislang vorherrschende, z.B. von Kübler-Ross und Spiegel vertretene Phasen-Modell der Trauer. Denn es kann in seinem Schematismus daran hindern, die jeweilige Individualität des Trauerns in den Blick zu bekommen. Zugleich ist es aber notwendig, Seelsorgern und Seelsorgerinnen Hilfsmittel an die Hand zu geben, um in unterschiedlichen Fällen bestehen zu können.

Aufgaben der Trauerbegleitung

Dazu schlägt Lammer vor, ein Aufgabenmodell der Trauerbegleitung zu erstellen. Dieses kann je nach konkretem Fall modifiziert werden, gibt aber eine klare Handlungsorientierung für die Begleiterinnen und Begleiter. Die Auswertung vorliegender Modelle ergibt folgendes Anforderungsprofil für die Trauerbegleitung:

1. Den Tod realisieren helfen
2. Den Verlust validieren
3. Trauerreaktionen auslösen helfen
4. Die Lebens- und Beziehungsgeschichte von Verstorbenen und Hinterbliebenen rekonstruieren helfen
5. Den Abschied gestalten helfen und zur Hinwendung zum Leben ermutigen
6. Bewältigungsressourcen und Risikofaktoren evaluieren. (LAMMER 228)

Ein Durchmustern dieser Aufgaben unterstreicht die Bedeutung der perimortalen Trauerbegleitung, insofern die Aufgaben 1 bis 3 und 6 in diesen Zeitraum fallen.

Probleme in der Praxis

2.3 Lammer leitet aus diesen Analysen die *Forderung* ab, an Krankenhäusern als den Orten, an denen am häufigsten gestorben wird, vermehrt Seelsorger-Stellen einzurichten. Angesichts der gegenwärtigen finanziellen Situation der Kirchen räumt sie selbst ein, dass dies, wenn überhaupt, nur exemplarisch möglich ist.

Hinsichtlich der Praktikabilität der aus den Analysen Lammers sich schlüssig ergebenden Bedeutung perimortaler Seelsorge helfen vielleicht zwei Akzente weiter:

Zum einen könnte in einer besseren Ausstattung mit Seelsorgerinnen und Seelsorgern eine Besonderheit von Krankenhäusern in kirchlicher bzw. diakonischer Trägerschaft liegen.

Zum anderen stellt sich hier eine wichtige, teilweise bereits wahrgenommene Fortbildungs-Aufgabe:

> Man kann Multiplikationseffekte der eigenen Bemühungen erreichen, etwa, indem man ÄrztInnen und Pflegepersonal für den Umgang mit Zugehörigen im Sterbefall zurüstet oder indem man PastorInnen der umliegenden Gemeinden in den Bereitschaftsdienst mit einbezieht. Auch Ehrenamtliche können beteiligt werden, wenn man sie für diesen Dienst entsprechend zurüstet und supervisorisch begleitet. Dies ist für den Bereich der Sterbebegleitung in Hospizen erfolgreich erprobt und analog auf die Trauerbegleitung übertragbar. (LAMMER 276)

## 3. Totengedenken in der Zeit

Totengedenken als Problem in der evangelischen Kirche

3.1 Zwar hat der reformatorische Neuansatz das Totengedenken theologisch grundlegend problematisiert. Denn im Glauben an die Treue Gottes über den Tod hinaus wissen die Reformatoren die Verstorbenen gut aufgehoben und sehen zugleich, wie dieses Zutrauen in der damaligen römischen Kirche hinter Ängsten vor der Vergeltung und dem Zorn Gottes zurücktritt. Trotzdem zeigt sich bereits bei Luther, dass aus seelsorgerlichen Gründen ein vollständiges Verbot eines Gebets für Verstorbene problematisch ist. Schließlich bürgern sich in Form der Abkündigung der Verstorbenen am Sonntag nach der Beerdigung und im Zuge des Gottesdienstes am Totensonntag mögliche Orte ein, um der Verstorbenen zu gedenken.

Bei letzterem stehen im Hintergrund handfeste liturgiepolitische Auseinandersetzungen:

1816 führt Friedrich Wilhelm III. ein „Totenfest" ein, das die Preußische Agende von 1822/29 auf den letzten Sonntag im Kirchenjahr legt. Trotz der Kritik durch lutherische Theologen wie Theodosius Harnack wird dieser kasuelle Gottesdienst in der Bevölkerung schnell angenommen. Er nimmt offensichtlich ein Bedürfnis der Menschen auf.

Der Versuch nach dem II. Weltkrieg, den „Ewigkeitssonntag" und damit eschatologische Themen an die Stelle des Totengedenkens zu setzen, kann sich letztlich trotz agendarischer Stützung[74] nicht durchsetzen. Religionstheoretisch ist hier – wieder einmal – eine unfruchtbare Entgegensetzung von primärer und sekundärer Religionserfahrung zu konstatieren. Offensichtlich bedarf die eschatologische Hoffnung des Zusammenhangs mit dem primärreligiösen Bedürfnis nach dem Gedenken an die Verstorbenen.

Mittlerweile legen vor allem psychologische Einsichten nahe, sich der Frage einer angemessenen Gestaltung des Totengedenkens von Neuem zuzuwenden. Ob dabei

74 B. NAUMANN, Tod oder Ewigkeit. Zum „Proprienstreit" am letzten Sonntag des Kirchenjahres, in: Arbeitsstelle Gottesdienst 17 (2003/3), 45–50.

das in der neuen UEK-Agende empfohlene Sechswochen- und Jahresgedenken praktikabel ist, wird zu erproben sein. Nahe liegender ist es, an schon bestehende Sitte anzuknüpfen und diese deutlicher zu profilieren.

3.2 In diesem Zusammenhang verdienen die Beobachtungen und Hinweise von Petra Zimmermann Beachtung, die sich mit der liturgischen Gestaltung des Gottesdienstes am Totensonntag und dessen Rezeption intensiv befasst. Sie berichtet von einem symbolisch gekonnt inszenierten *Gottesdienst am Totensonntag*:

Liturgische Elemente des Totengedenkens

Der Chor eröffnet den Gottesdienst mit dem Choral „Erhör mich, Herr, in deiner Huld", der wie ein Klageruf in den Raum hineingesungen wird. Nach Eingangslied und Voten spricht die Gemeinde im Wechsel mit dem Liturgen Psalm 126, „Wenn der Herr die Gefangenen Israels erlösen wird, werden wir sein wie die Träumenden". Schon in dieser Eingangspassage werden die beiden zentralen Themen des Gottesdienstes aufgespannt: Es geht um Tod und Verheißung, um Trauer und Hoffnung auf die Zusage einer neuen Welt. Das nun folgende Vorbereitungsgebet bringt die Spannung zwischen diesen beiden Themen ausdrücklich zur Sprache, indem es zum einen die Hoffnungsbilder des Psalms aufgreift „Ja, Gott, wir möchten wie Träumende sein ...", und sie mit der aktuellen Lage der Trauernden konfrontiert. „Doch wir stehen hier vor dir mit so vielen Erinnerungen und Gefühlen, die uns schmerzlich bedrängen. Wir denken an die, die von uns gegangen sind, und der Schmerz über diesen Verlust ist groß." Den Abschluss dieses Gebets bildet die Bitte um Gottes Erbarmen, das von der Gemeinde mit dem Kyrieruf aufgegriffen wird. Es folgt die Verlesung der Namen der Verstorbenen des Kirchenjahres. Dazu zünden zwei Presbyter für jeden Namen ein Teelicht an, die Angehörigen kommen nach vorn, nehmen das Teelicht entgegen und stellen es auf das schwarze Tuch. Danach werden diejenigen, die einen Toten betrauern, dessen Name nicht verlesen wurde, eingeladen, ebenfalls ein Teelicht zu entzünden. Nach und nach erhebt sich eine große Zahl von Anwesenden, nimmt die Lichter entgegen und verharrt einen Moment vor dem mit brennenden Teelichtern hell erleuchteten Tuch. Der Raum hat sich danach verändert. Aus dem schwarzen Tuch ist eine strahlende Lichterbahn geworden, die, vom Altar ausgehend, gleichsam in den Kirchenraum hineinzufließen scheint. Der Liturg antwortet auf den erweiterten Kyrieteil mit der Gnadenzusage: „Die Erlösten des Herrn werden wiederkommen und gen Zion kommen mit Jauchzen; ewige Freude wird über ihrem Haupte sein." (Jes 35,10) Nach dem Glorialied folgt Offenbarung 21 als neutestamentliche Lesung. (ZIMMERMANN 210f)

Namens- und Lichtriten zum Totengedenken

Befragungen von *Gottesdienst-Teilnehmerinnen und -Teilnehmern* ergeben: Die Namens- und Kerzenriten beeindrucken am tiefsten. Vollzieht sich die Bestattung oft im beschränkten Familienkreis, geschieht die Nennung des Verstorbenen am Totensonntag vor einer größeren Öffentlichkeit. Zugleich wird der Tote gleichsam herbeigerufen und von den Hinterbliebenen als anwesend erlebt. Die Kerzen sind dann Repräsentanten der Verstorbenen. Zimmermann vermutet,

dass der Jesajavers „Die Erlösten des Herrn werden wiederkommen" als unmittelbarer Ausdruck ihres inneren Erlebens gehört wird, die „Erlösten" werden in Verbindung gebracht mit den eigenen Toten, deren Rückkehr zugesagt wird. Es ist gerade die Mehrdimensionalität dieses Ritualkerns, seine Uneindeutigkeit, die verschiedene Rezeptionsmöglichkeiten zulässt und damit vielfache Anschlussmöglichkeiten für individuelles Erleben eröffnet. (ZIMMERMANN 212)

Zugleich geschieht aber eine deutliche Trennung. Die Toten werden der Gnade Gottes anvertraut und damit losgelassen. Zimmermann berichtet, dass eine Gesprächspartnerin bemerkte: „Und ich hatte das Gefühl, nun geht Mutti endgültig ins Paradies." (ZIMMERMANN 213)

Theologisch führt hier eine Interpretation der Kerzen als Oster- und dann – biographisch gewendet – als Taufkerze weiter. Die allgemeinreligiöse Sehnsucht wird dann in den eschatologischen Horizont gestellt, den das Evangelium Jesu Christi eröffnet.

Schließlich ist Zimmermanns Interpretation des Verhältnisses von Bestattung und dem skizzierten Totengedenken am Totensonntag nachdenkenswert: „War die Bestattung für sie (sc. die Trauernden, Ch. G.) eng mit der Vorstellung verbunden, den Körper der Toten loslassen zu müssen, so verbindet sich mit dem Gottesdienst am Totensonntag eine Trennung von der ‚Person' des Verstorbenen, mit der man sich bis dahin noch eng verbunden fühlte." (ZIMMERMANN 213)

## 4. Begleitung angesichts frühen Todes

Schon früher erschütterte der Tod von Kindern Menschen. Durch medizinischen Fortschritt und sicherere Lebensbedingungen ist mittlerweile der Tod von Säuglingen eine Seltenheit geworden (→ § 30 2.1). Allerdings ereignen sich nach wie vor Fehl- und Totgeburten, teilweise als eugenisch begründete Abtreibung, und früher Kindstod. Sie stürzen vor allem die Eltern in tiefe Trauer. Dabei führen medizinische Notwendigkeiten manchmal zu großen Belastungen:

Eine Fehlgeburt geht in der Regel mit Schmerzen und heftigen Blutungen einher. Kommt es spontan zu einer Geburt, so wird meistens anschließend eine Ausschabung durchgeführt. Diese hat den Sinn, eine [...] Blutung aus der Gebärmutter zu verhindern. Ist das Kind im Mutterleib abgestorben oder soll aus Gründen einer schweren Fehlbildung die Schwangerschaft abgebrochen werden, so wird heute durch künstlich erzeugte Wehen eine Spontangeburt angestrebt. Die Geburtseinleitung ist psychisch außerordentlich belastend und zudem phasenweise sehr schmerzhaft. (MÄDLER/ROSER 19)

Im Folgenden weise ich auf zwei Initiativen hin, die den Abschied der Eltern von ihrem toten Kind gestalten helfen.

Ritueller Abschied vom toten Kind

4.1 Die Initiative REGENBOGEN „Glücklose Schwangerschaft" e. V. regt die Bereitstellung sog. *Moseskörbchen* an. „Die Körbchen haben ihren Namen von dem neugeborenen Moses des Alten Testaments. Moses überlebte dank eines behütenden und beschützenden Körbchens." (MÄDLER/ROSER 24)

In ein solches Weidenkörbchen (Durchmesser etwa 55–60 cm, Höhe etwa 15 cm) wird ein totes Neugeborenes gelegt, damit seine Eltern sich von ihm verabschieden können. Dabei kann ein Tuch etwaige Missbildungen verhüllen. Die Eltern können dann den Korb aufnehmen, das Kind, wenn sie wollen, enthüllen – auf jeden Fall in Ruhe Abschied nehmen.

Weil bei einem toten Kind die Taufe ausgeschlossen ist, legt sich im Sinne einer Aussegnung ein Segensakt nahe.

Dafür macht das Neue evangelische Pastorale einen praktikablen Vorschlag:
Hinweise für die Gestaltung:
– Es kann eine Kerze angezündet werden.
– Nach der Andacht soll, falls gewollt, Zeit für die Familie sein, mit dem Kind allein zu sein.
– Man kann den Eltern etwas mitgeben, was die Existenz des Kindes trotz aller Flüchtigkeit bestätigt: Ein Foto, das sie mit dem Kind zeigt, einen Fußabdruck oder die Kerze, die während der Andacht gebrannt hat.

Eröffnung
Der Friede Gottes sei mit uns allen.
N. N. ist tot.
Mit ihm/ihr ist ein Stück von uns selbst gestorben.
Wir suchen Zuflucht in Gottes Barmherzigkeit.
Amen.

Biblisches Votum
Selig sind, die Leid tragen, denn sie sollen getröstet werden. Matthäus 5,4
[...]

Abschiedssegen
(unter Handauflegung)
In Schmerz und Liebe lassen wir dich gehen, N. N.
Unser Herz wird bei dir sein auf deinem Weg.
Gott erwarte dich im ewigen Licht,
berge dich in seiner Liebe
und gebe dir Frieden.
Amen.
[...]
(Eltern und andere Angehörige nehmen auf ihre je persönliche Weise Abschied.)

Gebet
Viele Tage, Gott, haben wir uns auf N. N. gefreut,
erwartungsvoll,
mit Wünschen und Plänen für die Zukunft mit ihm/ihr.
Kaum haben wir sie/ihn in den Armen gehalten.
Schon ist er/sie uns wieder genommen –
Wir bleiben zurück
Mit leeren Händen,
voll Schmerz und Kummer,
gequält von der Frage,
ob es anders hätte kommen können,

ob etwas versäumt wurde
an unserem Kind.
Höre unsere Klage
Und unseren Zorn.
Wir wollten unser Kind behalten.
Jetzt legen wir es in deine Hand.
Wir vertrauen es dir an.
Mögest du es für uns lieben und bewahren.
[...]
Vaterunser

Segen
Aaronitischer Segen
[...][75]

Es kann auch eine Salbung erfolgen. Dabei ist aber nicht die – im 8. Kapitel behandelte – Krankensalbung der Bezugspunkt. Vielmehr wird – liturgiegeschichtlich gesehen – an die Totensalbung angeknüpft, die vor allem im ostkirchlichen Bereich eine Zeit lang verbreitet war.[76] Sie drückt die Würde des verstorbenen Kindes vor den Menschen und vor Gott aus.

Bedeutung des Namens für die Trauer

4.2 Ein großes Problem für den Umgang mit dem frühen Tod ist auch, dass das Kind noch keinen Namen trägt. Hier versucht ein *Ritus der Namensgebung* zu helfen. Er kann gut im Zusammenhang mit einer Segnung erfolgen.

Ein Beispiel für solch einen Ritus:
Eingang
P: Wir sind zusammengekommen, um dieses kleine Kind aufzunehmen als Teil unseres Lebens. Wir übergeben es Gott, damit er ihm das ewige Leben schenke.
Doch übersteigt es unsere Kraft, dass wir [...] (unserem Kind) zugleich Willkommen und Lebewohl sagen müssen, dass unsere gemeinsame Zeit nur so kurz sein darf.

Besinnung
(Den Verlust/Schock wahrnehmen)
P/G: Nur einmal hätte ich dich zur späten Abendstunde in meinen Armen wiegen wollen.
Nur einmal hätte ich dich sanft in deine Wiege legen wollen.
Ich wünschte, ich könnte deine Windeln wechseln und dich baden.
Nur einmal.
Ich wünschte, ich hätte etwas Zeit mit dir verbringen können ganz allein.
Nur einmal.

75 Liturgische Konferenz (Hg.), Neues evangelisches Pastorale. Texte, Gebete und kleine liturgische Formen für die Seelsorge, Gütersloh 2005, 179–181 (ohne Kursivsetzungen und teilweise Freizeilen des Originals).

76 Ph. Hofmeister, Die Heiligen Öle in der morgen- und abendländischen Kirche. Eine kirchenrechtlich-liturgische Abhandlung, Würzburg 1948, 180–189.

Gebet
(Empfindung des Verlusts Verdrängung, Wut, Traurigkeit […])
P: Gott, in diesem Moment ist es schwer, deine Wege zu verstehen.
Wir haben keine Antwort auf die Frage nach dem Warum.
Wir sind (traurig, wütend, hilflos […])
Wir brauchen deine Nähe jetzt in diesem Moment.
[…]

Namensgebung
P: Gott, du hast das kleine Kind von N. N. und N. N. (Name der Eltern oder der Mutter) bei seinem Namen gerufen.
(Frage an die Eltern) Wie soll sie/er heißen?
E:
P: Im Namen des Vaters, der alles Leben geschaffen hat,
Im Namen des Sohnes, der uns hilft, Gott zu verstehen,
Im Namen des Heiligen Geistes, der uns hält und tröstet in unserem Leid.
(Kreuzzeichen auf die Stirn des Kindes)
P: Wenn wir N. N. mit dem Kreuz zeichnen, dann bedeutet dies:
Er/sie gehört zu Gott und seinem himmlischen Reich.
(auch die Eltern und Umstehenden können das Kind mit dem Kreuz bezeichnen)

Lesung des Kinderevangeliums (MK 10,15 f)
[…]
Vaterunser
Segen
(Ausblick auf den kommenden Weg)
P: Möge der Frieden und der Segen Gottes mit euch allen sein,
mit N. N. (Namen aller, die sich im Raum befinden),
mit allen, die sich hier versammelt haben.
Gott sei bei euch und tröste euch mit seiner Gegenwart.
Gott, † Vater, Sohn und Heiliger Geist. Amen. (Mädler/Roser 46 f)

## 5. Zusammenfassung

Die EKD gibt in ihrem 2004 veröffentlichten Diskussionspapier einen beachtenswerten Impuls für das Handeln im Umfeld der Bestattung. Neuerungen und Veränderungen der Bestattungskultur werden nicht einfach abgewehrt, sondern auf die dahinter stehenden Intentionen untersucht. Positiv wird ihre Aufnahme in das kirchliche Handeln empfohlen, um so die Auferstehungsbotschaft auch heute verständlich zu Gehör zu bringen. Damit wird die primäre Religionserfahrung in den Horizont des Evangeliums überführt.

Die skizzierten Beispiele auf poimenischem und liturgischem Gebiet können als Konkretionen hierzu verstanden werden. Sie leiten zur Begleitung von Trauerprozessen an, wozu der Abschied von den und das Gedenken an die Verstorbenen gehören.

## § 33 Anhang: Gottesdienst angesichts von Katastrophen

Literatur: P. Cornehl, „A Prayer for America". Der interreligiöse Trauergottesdienst in New York am 23.09.2001 als Beispiel für Civil Religion nach dem 11. September (2003), in: Ders., „Die Welt ist voll von Liturgie". Studien zu einer integrativen Gottesdienstpraxis (PTHe 71), hg. v. U. Wagner-Rau, Stuttgart 2005, 116–131 – L. Friedrichs, Dem Unbegreiflichen Sprache geben. Zivilreligiöse Kasualgottesdienste als Herausforderung an Kirchen heute, in: I. Mildenberger/W. Ratzmann (Hg.), Liturgie mit offenen Türen. Gottesdienst auf der Schwelle zwischen Kirche und Gesellschaft (Beiträge zu Liturgie und Spiritualität 13), Leipzig 2005, 139–152 – Liturgische Konferenz, Mit Anderen feiern – Gemeinsam Gottes Nähe suchen. Eine Orientierungshilfe der Liturgischen Konferenz für christliche Gemeinden zur Gestaltung von religiösen Feiern mit Menschen, die keiner christlichen Kirche angehören, Gütersloh 2006 – R. Schieder, Gottesdienste in politisch-diakonischer Verantwortung, in: Arbeitsstelle Gottesdienst 19 (2005/1), 13–23.

Die bereits vorgestellte neue Bestattungs-Agende der UEK von 2004 nennt unter der Überschrift „Trauergottesdienste in besonders schwierigen Situationen" auch „Nach einer Katastrophe".[77] Damit wird solchen Handlungen ein sinnvoller Ort im Rahmen der Kasualie Bestattung zugewiesen.

Es gibt aber auch den Vorschlag, für Feiern anlässlich von – massenmedial inszenierten und verstärkten – großen Katastrophen eine eigene Form der Kasualie zu kreieren. Rolf Schieder schlägt die Begriffe „zivilreligiöse Kasualien" bzw. „Gottesdienste in politisch-diakonischer Verantwortung" vor (Schieder 14 u. ö.). Dabei legt er das Schwergewicht auf die funktionale Ebene. Bei solchen Feiern prägt der zivilreligiös-politische und massenmediale Kontext den des Totengedenkens. Doch auch hier geht es letztlich um die Begleitung von Toten und Trauernden.

### 1. Herausforderung durch religiöse Pluralität

In einer religiös pluralen Situation stehen Gottesdienste bzw. liturgische Feiern anlässlich von Katastrophen vor Herausforderungen, die zwar auch sonst bei Kasualien begegnen, sich hier aber besonders zuspitzen. Denn sowohl die bei der Katastrophe ums Leben Gekommenen als auch deren Hinterbliebene haben vielfach unterschiedliche Bekenntnisse. Die meisten Opfer gehören zwar entsprechend der (west)deutschen Religionsstatistik einer der beiden großen christlichen Konfessionen an, aber auch Konfessionslose, Muslime und Angehörige weiterer Religionen sind involviert. Die Gesellschaft bzw. Gemeinschaft vor Ort ist durch ihren Tod betroffen und versucht, rituell darauf zu reagieren. Hier spielen die Kirchen in Deutschland eine hervorragende Rolle, die im Folgenden systematisch genauer bestimmt wird.

77 Kirchenkanzlei der UEK (Hg.), Bestattung. Agende für die Union Evangelischer Kirchen in der EKD, Bd. 5, Bielefeld 2004, 166.

Unterschiedliche Zuordnungen von Kirche und Staat

1.1 Bei der Durchsicht entsprechender gesamtgesellschaftlich relevanter, religiöser Feiern im internationalen Bereich unterscheidet Schieder drei Formen der Zuordnung von Kirche/n bzw. Religionsgemeinschaften und Staat:

*„Zivilreligiöse(s) Unterordnungsmodell“* nennt er die in den USA zu beobachtende Zuordnung. Sie begegnet z. B. eindrücklich in der Feier im New Yorker Yankee-Stadion am 23. September 2001. Hier leisten die Vertreter der einzelnen Religionen wie auch des Gemeinwesens Beiträge zur US-amerikanischen Zivilreligion. „Alle religiösen Führer stimmten darin überein, dass ihr jeweiliger Gott der Bitte ‚God bless America!‘ zugänglich ist und brachten dies auch öffentlich zum Ausdruck.“ (SCHIEDER 15)

*„Staatskirchliches Überordnungsmodell“* heißt das in England übliche Vorgehen. Entsprechend der Verfassung der anglikanischen Kirche als Staatskirche findet hier bei entsprechendem Anlass ein anglikanischer Gottesdienst statt. Ein viel beachtetes Beispiel hierfür ist die Bestattungsfeier von Lady Diana. „Das Gemeinwesen unterwirft sich der anglikanischen Liturgie, weil es weiß, dass die Church of England ihrerseits dem Gemeinwesen unterworfen ist.“ (SCHIEDER 15)

Schließlich findet Schieder in Deutschland ein *„Stellvertretermodell“*. Es verdankt sich der Katastrophe politischer Religion im Nazi-Regime. Deshalb zog sich die Politik seit dem Zweiten Weltkrieg aus der Darstellung politischer Liturgien zurück. An deren Stelle treten die Kirchen – meist die beiden großen Kirchen, manchmal auch noch Vertreter von Freikirchen und Orthodoxie. „Die Kirchen werden bei größeren und kleineren Katastrophen, die das Gemeinwesen erschüttern, gebeten, den liturgischen Part zu übernehmen.“ (SCHIEDER 16)

Religiöse Pluralität der Teilnehmenden

1.2 Rückt man die religiöse Pluralität in den Vordergrund, ergeben sich andere Differenzierungen. Hier finden sich in einer Orientierungshilfe der Liturgischen Konferenz hilfreiche Unterscheidungen für pastorales Handeln bei lokal bzw. regional bezogenen liturgischen Feiern (LITURGISCHE KONFERENZ 29; → § 38 2.2):

Zuerst begegnen Formen *„liturgischer Gastfreundschaft“*. Hier lädt eine Kirche (bzw. Moschee, Synagoge o. Ä.) andere Religionsgemeinschaften in ihren Gottesdienst ein und gibt deren Vertretern Raum, sich aus ihrer Perspektive zu äußern.

*„Multireligiöse Feiern“* werden dagegen Zusammenkünfte genannt, die in einer religiös gemischten Gruppe vorbereitet werden und in denen die Vertreter der verschiedenen Religionsgemeinschaften nebeneinander auftreten. Dabei ist deutlich zwischen der jeweiligen Verantwortung unterschieden; man betet nebeneinander, nicht miteinander.

Allerdings ist in der Praxis der Übergang zur – kirchenamtlich allgemein abgelehnten – Form der *„interreligiösen Feier“* fließend. Hier beten die Angehörigen unterschiedlicher Religion gemeinsam. Dass es dabei leicht zu Verletzungen bzw. Übergriffen kommen kann, liegt auf der Hand. Umgekehrt ist gerade die genannte Feier „A Prayer for America“ ein Beispiel dafür, wie durch eine Katastrophe aufgewühlte Menschen auch in das Gebet einer anderen Religion einstimmen können.

1.3 In Deutschland werden bisher anlässlich gesamtgesellschaftlich bedeutsamer Katastrophen sog. ökumenische Gottesdienste gefeiert; auf der regionalen Ebene sind dagegen zunehmend *multireligiöse Feiern* (mit dem genannten Übergang zum Interreligiösen) zu beobachten. So genügen z. B. bei einem Verkehrsunfall, bei dem mehrere Menschen mit unterschiedlicher Religionszugehörigkeit ums Leben kommen und der in der Umgebung der Unfallstelle zu Betroffenheit und Trauer führt, bei der Gedenkfeier die Geistlichen der beiden christlichen Kirchen nicht mehr. Ein Imam und, falls Juden beteiligt sind, ein Rabbi treten an ihre Seite usw.

Darstellung von Authentizität und Differenz als liturgische Aufgabe

Bei solchen multireligiösen Feiern kann es nicht um den kleinsten gemeinsamen Nenner gehen. Vielmehr gilt als Regel, dass jede religiöse Tradition in ihrer Besonderheit deutlich zum Ausdruck kommt. Peter Cornehl konstatiert: „Alle beten mit eigener Stimme, benutzen ihre eigene religiöse Tradition, die für sie kennzeichnende Sprache, die charakteristischen Ausdrucksformen (Gebete, Gesänge, Gesten, Musiken). Je authentischer dieser religiöse Selbstausdruck ist, je deutlicher damit auch die Differenz in Erscheinung tritt, desto glaubwürdiger ist das Ganze." (Cornehl 128)

Allerdings sind Menschen anderer Religion anwesend. Dies ist bei der Auswahl der Texte und deren Darstellung zu berücksichtigen. Durch sie dürfen Glaubensfremde nicht verletzt werden.

## 2. Inhaltliche Hausforderung

Gottesdienst als Expression der Gefühle

2.1 Eine Katastrophe trifft Menschen in der Regel unvorbereitet und ruft starke Emotionen hervor, die von Angst über Trauer bis zu Zorn reichen können. Das Geschehen ist oft übermächtig, der Gottesdienst primär ein Ausdruck der Gefühle:

> In Situationen akuter Gefahr suchen die Menschen Trost, Halt, Kraft. Sie suchen eine Sprache, die – anders als die Sprache der Analysen und Kommentare – fähig ist, expressiv Schmerz, Angst, Unsicherheit, Nichtverstehenkönnen, das Unbegreifliche, Abgründige des Erlebten, Trauer, Verzweiflung auszudrücken, aber auch die Hoffnung, das ‚Dennoch' zu formulieren. Die Kraft der Religion(en) erweist sich darin, dass sie in solcher Situation trösten und Mut machen. (Cornehl 121)

Cornehl macht in einer instruktiven Analyse von „*A Prayer for America*" in Reaktion auf die Katastrophe des 11. September 2001 darauf aufmerksam, dass hier die Expression unterschiedlicher Gefühle beeindruckend gelang.

Zugleich weist er aber auf die Gefahr hin, dass solch eine Feier bei bloßer Affirmation der Gefühle stehen bleibt. Religionstheoretisch formuliert verharrt dann die Kommunikation im Bereich primärer Religionserfahrung. Und deren Schattenseiten traten im konkreten Fall der Versammlung im Yankee-Stadion hervor. So betonte nicht nur ein Admiral, sondern auch ein lutherischer Pfarrer (Missouri-Synode) nachdrücklich die Stärke der Versammelten und öffnete damit den Zugang zu aggressiven Konsequenzen (die seitdem das politische Geschehen bestimmen).

Gottesdienst als Öffnung für den Willen Gottes

2.2 Keine Rolle spielten in der Trauerfeier *selbstkritische Töne.* Die sekundärreligiösen – von Cornehl „die prophetischen Momente der Religion“ genannten – Aspekte blieben ungenannt. Hier äußert sich ein grundsätzlich für viele Kasualien bestehendes Problem. Ihr Anlass liegt im Bereich des Kreatürlichen; sie dienen der Begleitung und Affirmation in Übergangssituationen.

Die Differenz des menschlichen Handelns zum Willen Gottes muss demgegenüber eigens zur Sprache gebracht werden. Dadurch gewinnt die Begleitung eine tiefere Dimension. Bei Trauer, etwa auch anlässlich von Katastrophen, stellen hierfür die Klagepsalmen Sprache bereit. Ihre allgemeinen Formulierungen verhindern Verletzungen, sie erschließen aber zugleich einen Raum, der die besondere Gefühlslage auf Gott hin öffnet – und sei es Gott in seiner Unbegreiflichkeit.

Nicht selten sind Glaubenssymbole für diese Öffnung der Trauernden von Bedeutung. Die Oster- und zugleich Taufkerze sendet eine Botschaft aus, die das verbal Formulierbare übersteigt.

Sehr eindrücklich kommt dies zum Ausdruck bei der *Erfurter Trauerfeier* anlässlich eines jugendlichen Amok-Laufs in einem Gymnasium (Friedrichs). Die neben den Kerzen der Opfer aufgestellte Kerze für den Mörder, der sich dann selbst richtete, macht die Differenz zwischen primärreligiösem Urteil und der Hoffnung deutlich, die Jesu Vorstellung Gottes als eines barmherzigen Vaters eröffnet.

## 3. Mediale Herausforderung

3.1 Katastrophen sind – auch – Medienereignisse. Sie beherrschen die Bildschirme oder wenigstens die Spalten der regionalen Zeitungen. Meist wissen die Menschen nur durch die *Massenmedien* von ihnen; die Katastrophen, über die Massenmedien nicht berichten, bleiben unbetrauert.

Einseitigkeit der Massenmedien

Dass hier ein erhebliches Problem liegt, wird anhand der Kriterien deutlich, die darüber entscheiden, ob eine Nachricht publiziert wird oder nicht. Überraschendes, einfach Darstellbares, Auffälliges, mit sog. Elite-Nationen (wie den USA) Verbundenes findet leichter seinen Weg in die Schlagzeilen als katastrophale Zustände, die seit langem bestehen, mit komplexen Ursachen behaftet sind, in „Nicht-Elite-Nationen“ (wie z.B. afrikanischen Ländern) geschehen.[78] So beherrschte die Zerstörung der Twin Towers in New York lange Zeit die Sender und Zeitungen; hinsichtlich der Zahl der Toten vergleichbare Katastrophen in Afrika blieben ungemeldet und damit unbekannt.

78 Ch. Grethlein, Kommunikation des Evangeliums in der Mediengesellschaft (ThLZ.F 10), Leipzig 2003, 61–63.

Bei liturgischen Feiern ist diese mediale Steuerung zu beachten. Die – auch – medial inszenierten Gefühle der Menschen sind ernst- und aufzunehmen. Allerdings ist das mit ihnen verbundene Welt- und Menschenbild immer wieder kritisch zu hinterfragen. Hier ergibt sich aus der kontrakulturellen Dimension des Evangeliums eine medienpädagogische und -ethische Aufgabe für Kirche, die weit über die Gottesdienste anlässlich von Katastrophen hinausreicht.

Lokale Profilierung

3.2 Zunehmend reagieren die Kirchen durch massenmediale Auftritte auf Katastrophen. Ihre Trauerfeiern werden im Fernsehen und Hörfunk übertragen; meist halten dabei wortgewaltige Bischöfe die Predigt. Die Pfarrer und Pfarrerinnen *vor Ort* werden in ihrer Arbeit dabei vor neue Anforderungen gestellt. Viele der Menschen, die die lokalen Gottesdienste besuchen, haben die professionell gestalteten Übertragungen gesehen oder gehört – und hegen entsprechende Erwartungen.

Es macht wenig Sinn, die massenmedialen Feiern zu kopieren. Vielmehr ist es wichtig, die besondere Chance der Kirche vor Ort zu profilieren. Die Pfarrer/innen kennen die besondere regionale und lokale Situation, die Menschen der Gegend und den jeweiligen konkreten Kontext. Die dadurch sich ergebende besondere Färbung des Kasus ist aufzunehmen. So kann das Evangelium lebensnäher kommuniziert werden als dies in massenmedialen Produkten möglich ist.

## 4. Zusammenfassung

Eine besondere Form des Umgangs mit den Toten und Trauernden stellen die Gottesdienste bzw. religiösen Feiern anlässlich von Katastrophen dar. Sie nötigen zu Unterscheidungen, um einerseits der jeweiligen besonderen Situation gerecht zu werden, andererseits aber auch die Horizont erweiternde Kraft des Evangeliums zur Darstellung zu bringen.

Auch hier zeigt die Differenzierung zwischen primärer und sekundärer Religion ihre problemerschließende Kraft. Denn es geht darum, primäre Religionserfahrung in den Horizont des Evangeliums zu überführen. So kann vielleicht Ratlosigkeit für die Hoffnung auf Gottes Liebe geöffnet, der Ruf nach Rache und Vergeltung mit Jesu Liebesgebot konfrontiert werden. Manchmal wird es dabei bleiben, in der Sprache der Psalmen vor Gott zu klagen.

Die in der Mediengesellschaft gegebene Grundierung der Befindlichkeit der Menschen durch die Massenmedien tritt in mehrfacher Hinsicht bei Gottesdiensten angesichts von Katastrophen hervor. Sie muss inhaltlich-medienkritisch, aber auch kommunikativ-konstruktiv berücksichtigt werden.

# Vierter Teil: Kasualien an elementaren Übergängen im Kontext großer sozialer Organisationen – Anregungen zu ihrer Entwicklung

## § 34 Weitung des Konzepts Kasualien

Literatur: Ch. Albrecht, Kasualtheorie. Geschichte, Bedeutung und Gestaltung kirchlicher Amtshandlungen (Praktische Theologie in Geschichte und Gegenwart 2), Tübingen 2006, 117–122 – K. Fechtner, Kirche von Fall zu Fall. Kasualpraxis in der Gegenwart – eine Orientierung, Gütersloh 143–157 – E. Winkler, Tore zum Leben. Taufe – Konfirmation – Trauung – Bestattung, Neukirchen-Vluyn 1995, 42–47.

### 1. Grundbestand der Kasualien

1.1 Die in den beiden vorangehenden Teilen besprochenen Rituale haben sich in den letzten Jahrzehnten als *Grundbestand der Kasualien* herauskristallisiert. Sie sind die vorzüglichen Kontaktstellen zwischen Lebenswelt und Kirche, den einzelnen Personen und dem Evangelium. Positionell unterschiedliche Praktische Theologen wie Eberhard Winkler, Kristian Fechtner und Christian Albrecht beschränken sich deshalb in ihren Monographien zum Thema weitgehend auf deren Darstellung. Trotz der Zerdehnung von Übergängen und der Pluralisierung von Lebensformen markieren Taufe, Konfirmation und Bestattung nach wie vor bei den meisten Evangelischen grundlegende Übergänge im Leben. Allerdings deuten sich bei der abnehmenden Attraktivität der Trauung Veränderungsprozesse hinsichtlich der Passung von Lebensvollzug und kirchlichem Ritual an. Auch bei der Konfirmation weisen erste regionale Befunde in diese Richtung, obgleich die allgemeinen statistischen Befunde noch recht stabil sind (→ § 18 1.3). Auch führen demographische Veränderungen dazu, dass in den Familien durchschnittlich weniger Kasualien gefeiert werden als noch vor wenigen Jahrzehnten.

1.2 Von daher verdient Aufmerksamkeit, dass die zuerst genannten Praktischen Theologen – wie auch andere Autorinnen und Autoren – *weitere Anlässe für Kasualien* in den Blick nehmen. Im Hintergrund dieser Bemühungen stehen zwei weitere Veränderungen im Bereich der Kasualien.

Doppelte Veränderung im lebensweltlichen Kontext der Kasualien

Offensichtlich geht die Ausprägung der Zäsur an Übergängen im Leben zurück – in der Terminologie des Ethnologen Victor Turner formuliert: liminale werden zu liminoiden Übergängen (→ § 6 1.2); zugleich steigt die Zahl der als prekär empfundenen Übergänge im Leben. Für eine materialiter ausgeführte Kasualien-Theorie wie die vorliegende stellt sich hier die

Frage der Auswahl. Bei der dieses Buch einleitenden, die vorliegende Literatur sichtenden Gegenstandsbeschreibung (→ § 1 2.1) finden sich zahlreiche Möglichkeiten. Im 19. Jahrhundert sind eher auf kirchliche Anlässe bezogene Handlungen wie Ordination oder Friedhofseinweihung, heute dagegen Übergänge im alltäglichen Leben wie Wohnortwechsel oder Eintritt in den Ruhestand im Blick.

Inflation von Kasualien?

Der Erfolg der bisher besprochenen Kasualien hinsichtlich der Nachfrage kann dazu führen, möglichst viele weitere Übergänge als „kasuell" zu identifizieren. Doch ist – wie bereits anhand der Überlegungen zu Ritualen anlässlich von Scheidungen gezeigt (→ § 27 3.) – sachlich zu prüfen, ob sich jeder Übergang im Leben für eine liturgische Begleitung eignet (s. ALBRECHT).

Zusätzliche Aufgaben für Pfarrer

Dazu geht es hier auch um eine pastoraltheologische Frage, genauer: die Arbeitsbelastung der Pfarrer und Pfarrerinnen. Denn in den evangelischen Kirchen eröffnen traditionell die Kasualien einen wichtigen Raum, in dem in der Regel Pfarrer bzw. Pfarrerin und Kirchenmitglieder (bzw. mit diesen Verbundene) einander begegnen, wobei die Pfarrer und Pfarrerinnen das Ritual leiten. Daher resultiert auch die früher übliche Bezeichnung: Amtshandlungen. Deshalb impliziert die Profilierung weiterer Rituale als Kausalie, dass den Pfarrern und Pfarrerinnen neue Aufgaben zugeschrieben bzw. bestehende Optionen dringlicher gemacht werden. Der vor allem demographisch bedingte durchschnittliche Rückgang der Kasualhandlungen in den letzten dreißig Jahren um bis zur Hälfte eröffnet zweifellos einen neuen Freiraum für pastorales Handeln. Seine Besetzung will aber angesichts der grundlegenden Bedeutung von Kasualien für die Kommunikation des Evangeliums sorgfältig überlegt sein.

Damit ist keineswegs bestritten, dass von den Menschen als prekär empfundene Übergänge wie sog. runde Geburtstage (WINKLER 43–45), Eintritt in den Ruhestand o. Ä. von Christen bewusst „im Herrn" begangen werden, auch in Gemeinschaften.[1] In einzelnen Regionen und Milieus haben sich hier besondere Traditionen herausgebildet. Doch ist es oft auf Grund der anderweitigen pastoralen Aufgaben nicht möglich, solche Übergänge eigens durch eine von einem Pfarrer bzw. einer Pfarrerin geleitete liturgische Handlung zu begleiten. Dass sie Anlass für einen seelsorgerlichen Hausbesuch sein können, ist davon unbenommen und wird bei den Geburtstagen seit längerem praktiziert.

Schließlich und vor allem macht es angesichts der Bedeutung der „Zweiseitigkeit" (→ § 6 3.2) von Kasualien wenig Sinn, gleichsam vom Schreibtisch aus, neue „Kasualien" zu entwerfen, wenn hierfür in der gegenwärtigen Praxis kein Anhaltspunkt erkennbar ist.

Neben diesen eher pragmatischen Gesichtspunkten ergibt – wie in §§ 8 6. und 9 4.3 genannt – die historische und die international-ökumenische Rekonstruktion

1 Vor allem Frauengruppen zeigen sich bei der rituellen Gestaltung von Übergängen kreativ; s. z. B. folgende umfassende Ritual-Sammlung aus dem angelsächsischen Raum: A. R. EVANS, Healing Liturgies for the Seasons of Life, Louisville 2004.

des Konzepts Kasualien aber gravierende Defizite. Sie legen aus sachlichen Gründen nahe, über eine materiale Erweiterung des Konzepts Kasualien nachzudenken, um den Kontakt zwischen dem Evangelium und dem Leben der Einzelnen bzw. Kirche und Lebenswelt auf unterschiedlichen Lebensbereichen zu pflegen.

## 2. Erweiterung

Zunehmende Bedeutung großer Organisationen

Die Erfassung des mit Kasualien bezeichneten, pastoral bedeutsamen Zusammenhangs einzelner Rituale wird im 19. Jahrhundert begleitet von Funktionsverlagerungen im Raum der Familie. Wichtige Lebensbereiche, vor allem Erziehung/Bildung und Pflege bzw. Medizin, werden jedenfalls teilweise aus der Familie ausgegliedert. Der Bau von Schulen und Krankenhäusern macht diesen Differenzierungsprozess augenfällig. Mit ihnen entstehen große Organisationen, die bisher innerfamiliär wahrgenommene Aufgaben in professionalisierter Weise übernehmen. Die wesentlich auf Familie bzw. familiär relevante Übergänge bezogenen Kasualien verlieren dadurch den Kontakt zu wichtigen Bereichen menschlichen Lebens. Von daher legt es sich nahe, bei der Erweiterung des Konzepts darauf zu achten, diese Defizite zu vermindern.

Dabei stößt man in der deutschen Diskussion zu den Kasualien schnell auf einen sich wachsender Beliebtheit erfreuenden Gottesdienst im Kontext der Schule; im internationalen Diskurs begegnet ein Ritual, das sich den Herausforderungen durch Krankheit stellt.

2.1 Sowohl Winkler als auch Fechtner bezeichnen die *Einschulung* als einen „neuen Passageritus“ (Winkler 45–47) bzw. „eine neue, eigenständige Kasualie“ (Fechtner 155). Schon die zunehmende Attraktivität der Gottesdienste anlässlich der Einschulung deutet darauf hin, dass sich hier lebensweltlich eine kasualtheoretisch wichtige Entwicklung vollzieht.

Offene theologische Fragen

Zu Recht machen allerdings beide Praktischen Theologen darauf aufmerksam, dass die Integration der Einschulungsgottesdienste in ein Kasualien-Konzept Fragen aufwirft. Gerade in dem von mir vertretenen tauftheologischen Begründungszusammenhang für die Kasualien ist zu beachten, dass eine zunehmende Zahl von Erstklässern nicht getauft ist. Dazu bildet jedenfalls in Westdeutschland häufig die Schule und nicht die Kirche den normativen Bezugsrahmen für Einschulungsgottesdienste.

Beides wirft aber keine grundsätzlich neuen Probleme für eine Kasualien-Theorie auf. Auch an anderen Kasualien nehmen Ungetaufte teil. Und der kirchliche Raum ist keine zwingende Voraussetzung für die Feier einer Kasualie wie ein Blick in die Geschichte der Taufpraxis (Stichworte: Haus- und Kliniktaufe) sowie in die gegenwärtige Bestattungspraxis (Stichwort: kommunale Aussegnungshallen und Friedhöfe) zeigt.

Umgekehrt erscheint es mir angesichts der großen Bedeutung von Erziehung und Bildung für christliche Religion auf dem Hintergrund der im Einzelnen noch zu zeigenden Erschließungskraft des Kasualien-Konzepts für die Einschulungsgottesdienste sinnvoll, diese als Kasualien zu profilieren.

Mit der rituellen Begleitung der Einschulung bahnt sich eine weitere Kontextualisierung des Evangeliums an, und zwar in einer für Deutschland spezifischen Weise. Entsprechend dem gesellschaftlichen und kulturellen Wandel tritt dabei die Frage nach dem angemessenen Umgang mit Menschen unterschiedlicher, de facto am häufigsten islamischer bzw. keiner Religionszugehörigkeit verstärkt ins Blickfeld. Dies ist besonders für die Taufpraxis, konkret die Einladung von Menschen zur Taufe, eine große Herausforderung.

2.2 Beim Studium der internationalen Diskussion, wie sie sich exemplarisch in der mehrfach erwähnten Arbeit der Studienkommission des Lutherischen Weltbundes widerspiegelt, begegnen eindrücklich die „*healing rites*“ als Thema der „rites of passage“.[2]

Offene praktische Fragen

Hier weitet sich das Kasualien-Thema in die andere Richtung. Die klare biblische Begründung (Jak 5,13–18) gibt solchen Ritualen theologisches Gewicht. Es ist aber empirisch nicht genau auszumachen, welche Verbreitung solche Handlungen in Deutschland haben. Es fehlt sogar eine allgemein übliche Begrifflichkeit (im Gegensatz zu „healing rites“ im ökumenischen Kontext), was auf das Problem des noch näher zu bestimmenden Gegenstandsbereichs hinweist.

Problem der Begrifflichkeit

Der von mir gewählte Begriff „Krankensalbung“ markiert die Bedeutung des biblischen Befundes für Riten im Umgang mit Krankheit. Allerdings führt eine statische Konzentration auf den konkreten Salbungsvollzug zu einer problematischen Verengung. Insofern soll „Krankensalbung“ die liturgische Vollgestalt eines benediktionellen Rituals an Kranken bezeichnen, das auch – etwa in Form eines Krankenabendmahls – ohne expliziten Salbungsakt begangen werden kann.

Dieses Problem stellt sich beim ebenfalls möglichen Terminus „Heilungsgottesdienst“ nicht. Doch ist dieser Begriff in Deutschland durch Anhänger vor allem der charismatischen Frömmigkeitsform geprägt, was zu Missverständnissen führen kann. Bei den Kasualien handelt es sich nämlich gerade nicht um den Ausdruck von speziellen Frömmigkeitsformen einzelner Gruppen, sondern um eine allen Evangelischen offen stehende kirchliche Begleitung an Übergängen im Leben – mit hohem Integrationspotenzial. Dazu tritt bei dieser Begrifflichkeit die Besonderheit und Elementarität des Übergangs im Leben zurück, wie sie bei der Krankensalbung zweifellos gegeben ist.

Schließlich ist noch auf eine Besonderheit der Krankensalbung hinzuweisen, die deren Zuordnung zu den Kasualien problematisch macht. Krankensalbungen voll-

2 In: A. Stauffer (Hg.), Baptism, Rites of Passage, and Culture, Genf 1999, 93–150.

ziehen sich meist in kleinstem Kreis in Krankenzimmern und unterscheiden sich dadurch grundlegend von den anderen, in der Regel gut besuchten Kasualgottesdiensten.

Trotzdem plädiere ich – auf der Basis der biblischen Bezeugung – für die Bestimmung der Krankensalbung als Kasualie. Die öffentliche Diskussion zum Thema „Gesundheit" (nicht nur) in Deutschland zeigt dessen Bedeutung für die Menschen an. Zugleich besteht hier gegenwärtig ein Desiderat für die Kontextualisierung der Kommunikation des Evangeliums – eine Lücke, in die zunehmend nichtchristliche Anbieter eintreten.

Einen Anhalt in der kirchlichen Praxis für die angestrebte Entwicklung gibt das agendarische Formular der Vereinigten Evangelisch-Lutherischen Kirche in Deutschland für den „Dienst an Kranken" als Teil 4 der Agende 3 (Amtshandlungen). Dieses Büchlein nimmt vorsichtig Impulse aus der charismatischen Bewegung, der Neubewertung der Krankensalbung im II. Vaticanum und Erfahrungen aus der anglikanischen Kirche sowie von amerikanischen Lutheranern auf. Die damit gegebene Öffnung sollte – nach gut zehn Jahren – entschlossen fortgesetzt werden.

2.3 Folgendes ist der *Hauptgrund für die vorgeschlagene Weitung des Themenbereichs Kasualien um Einschulungsgottesdienst und Krankensalbung:*

Bedeutung großer Organisationen für heutige Menschen

Beide Handlungen leisten einen gewichtigen Beitrag dazu, die Intention des Konzepts Kasualien zu verwirklichen, persönliches Leben und Evangelium bzw. Lebenswelt und Kirche an wichtigen Übergängen im Leben in Kontakt zu bringen. Denn Systeme wie das Bildungs- und das Gesundheitswesen, greifbar in großen Organisationen wie Schulen oder Krankenhäusern, bestimmen nachhaltig das Leben heutiger Menschen. Angesichts der anthropologischen Elementarität der beiden durch sie bearbeiteten Lebensbereiche, Erziehung/Bildung und Umgang mit Krankheit, verwundert das nicht. Jeder Mensch muss erzogen werden, und jeder ist im Lauf seines Lebens mit Krankheit konfrontiert. Die auf diese Herausforderungen bezogenen Organisationen sind deutlich vom sonstigen Alltag separiert. So entstehen beim Übergang zu ihnen prekäre Situationen.

2.4 Die hier angesiedelten Rituale reichen – über den für Kasualien typischen familiären Kontext hinaus – weit in nichtkirchliche Lebensbereiche hinein. Während bei der Einschulung – häufig – die Schule die organisatorische Verantwortung trägt, finden viele Krankensalbungen in Krankenhäusern statt. Dem ist bei der Thematisierung Rechnung zu tragen.

Große Pluriformität

Beide zu profilierenden Kasualien vollziehen sich in vielfältigen Gestaltungsformen. Bei der Einschulung fehlt nicht ohne Grund eine Agende, die Feiern der Krankensalbung bzw. sonstiger Krankengottesdienste unterscheiden sich erheblich im räumlichen und sozialen Rahmen sowie in der Durchführung. Offenkundig ist in diesen Ritualen die bereits bei den bisher besprochenen Kasualien beobachtete Tendenz zur Pluriformität besonders ausgeprägt.

Schließlich sind beide Rituale sowohl in der praktisch-theologischen Theoriebildung als auch in der pastoralen Praxis noch nicht in dem Umfang bearbeitet wie die vier bisher vorgestellten Kasualien. Das liegt nicht zuletzt daran, dass sich für Erziehung und Bildung sowie den Umgang mit Krankheit durch die erst im Laufe des 19. Jahrhunderts allgemein werdenden Organisationen Schule und Krankenhaus neue lebensweltliche Rahmenbedingungen entwickelten. In der Praktischen Theologie wurde dem durch die Spezialisierung der beiden Disziplinen Religionspädagogik und Seelsorge (mit Schwergewicht auf der Krankenhausseelsorge) Rechnung getragen. In beiden praktisch-theologischen Subdisziplinen geriet aber lange Zeit der Zusammenhang zum liturgischen Handeln aus dem Blick. Erst seit kurzem werden entsprechende Rituale nicht nur in der Praxis vollzogen, sondern auch praktisch-theologisch reflektiert.

Diese besondere Forschungslage ist bei den Ausführungen im Folgenden zu beachten. Sie sind eher anregend als bereits konstatierend.

### 3. Zusammenfassung

Es besteht in der praktisch-theologischen Diskussion Einigkeit, dass der Grundbestand der Kasualien, Taufe, Konfirmation, Trauung und Bestattung, zu erweitern ist. *Die historische Rekonstruktion des Konzepts Kasualien sowie lebensweltliche Veränderungen bzw. international ökumenische Einsichten legen nahe, den Einschulungsgottesdienst bzw. die Krankensalbung konzeptionell als Kasualien zu bestimmen.*

Dadurch wird die Aufgabe der Kasualien, rituell Kontakt zwischen Evangelium und persönlichem Leben bzw. Lebenswelt und Kirche zu schaffen, auf zwei wichtige Bereiche menschlichen Lebens ausgeweitet: Erziehung/Bildung und Umgang mit Krankheit. Zugleich entstehen neue Fragen hinsichtlich des (tauf)theologischen Begründungszusammenhangs und der genauen Bestimmung des Zusammenhangs mit Kirche.

## 7. Kapitel: Einschulungsgottesdienst – rituelles Handeln beim Eintritt in die Leistungsgesellschaft

Einschulungsgottesdienst – ein neues attraktives Ritual

Der Befund von Karl-Fritz Daiber, „dass die Schulanfängergottesdienste an Bedeutung […] gewonnen haben“,[3] trifft wohl für die meisten Orte in (West-)Deutschland zu. Dabei sah es Ende der 60er und Anfang der 70er Jahre des 20. Jahrhunderts generell für den Schulgottesdienst nicht gut aus. Die traditions- und ritualkritische

3 K.-F. Daiber, Pastoralsoziologische Einführung, in: E. Domay (Hg.), Schulgottesdienste (Gottesdienstpraxis Serie B), Gütersloh 1999, 9–16, 10.

Grundstimmung führte in Verbindung mit religionspädagogischen (und schulpädagogischen) Strömungen, die die Distanz zwischen Kirche und Schule betonten, zu seiner Vernachlässigung, mancherorts zum Wegfall.

Ohne dass dafür wesentliche liturgische oder gar religionspädagogische Impulse erkennbar sind, gewinnen seitdem Schulgottesdienste an Attraktivität, vor allem, aber nicht nur an wichtigen Übergängen wie Schuleintritt und -abschluss. *Besonders die Gottesdienste anlässlich des Eintritts in die erste Klasse Grundschule sind gut besucht.* Nicht nur Schulanfänger und -anfängerinnen und deren Lehrerinnen, sondern auch Eltern und sonstige Verwandte finden den Weg in die Kirche. Sie feiern dort einen Übergang im Leben, der – wie bei anderen Kasualien – familiär sorgfältig vorbereitet wird und erhebliche Konsequenzen mit sich bringt, nämlich einen neuen Status für die Kinder.

Allerdings gibt es einen großen Unterschied zu den bisher vorgestellten Kasualien. Beziehen diese sich ebenfalls auf Begebenheiten in der Lebenswelt, so ist doch eindeutig die Kirche die Veranstalterin des Rituals. Diese kirchliche Anbindung ist bei vielen Einschulungsgottesdiensten nicht eindeutig gegeben: Die Schulgottesdienste, und damit auch die Einschulungsgottesdienste, sind in vielen Bundesländern rechtlich gesehen Schulveranstaltungen, wenngleich die Teilnahme freiwillig ist. Die Schule lädt zu ihnen ein und hat die Aufsichtspflicht. Deshalb ist auch im ersten, der normativen Klärung gewidmeten Schritt der Raum der Schule zu bedenken.

Vornehmlich in ostdeutschen Städten und Orten, in denen nur eine Minderheit der Bevölkerung einer Kirche angehört, tritt an die Stelle solch eines Einschulungsgottesdienstes teilweise ein Gemeindegottesdienst anlässlich des Schulbeginns. Allerdings ergeht auch hier eine Einladung an alle Schüler und Schülerinnen und deren Eltern und Verwandte sowie Lehrer und Lehrerinnen. Die Schule und der Übergang zu ihr sind also ebenfalls das Thema und geben den lebensweltlichen Bezugsrahmen ab, allerdings in einer gemeindezentrierten Perspektive.

Die im Einschulungsgottesdienst zum Ausdruck kommende Nähe zwischen Schule und Kirche ist – auch mit ihren Problemen und Konflikten – nur auf dem Hintergrund der Geschichte beider Institutionen in Deutschland zu verstehen. Besonders die Reformation hat hier wichtige Impulse gegeben.

Beim Blick in die gegenwärtige Praxis ist nach kurzen rechtlichen Informationen dem prekär empfundenen Übergang im Leben anlässlich der Einschulung besonderes Augenmerk zu schenken. Erst von daher lassen sich die mannigfaltigen liturgischen Gestaltungsformen in ihren Grundintentionen erfassen.

Der sonst anschließende und zugleich die Handlungsorientierung vorbereitende methodische Schritt der Komparation entfällt hier. Der Einschulungsgottesdienst setzt ein bestimmtes Verständnis von Schule sowie ein spezifisches Verhältnis von Staat bzw. staatlicher Schule und Kirche(n) voraus, das sich so nur in Deutschland findet.

Bei den innovativen Impulsen stelle ich ein gemeindepädagogisches und ein liturgisches Konzept vor. Sie können helfen, in der Praxis begegnende Probleme konstruktiv zu bearbeiten. In einem Anhang weite ich den Blick auf den Schulgottesdienst im Allgemeinen, insofern hier kasuelle Bezüge deutlich werden.

Da der Einschulungsgottesdienst nicht überall im Sinne einer Kasualie etabliert ist, tragen die Ausführungen in den §§ 37 und 38 teilweise prognostische Züge; entsprechend vorläufig sind die handlungsorientierenden Hinweise.

## § 35 Schule als Organisation und Lebensraum

Literatur: H. FEND, Theorie der Schule, München [2]1981 – CH. GRETHLEIN, Fachdidaktik Religion, Göttingen 2005, 78–144 – H.-G. HERRLITZ/W. HOPF/H. TITZE, Institutionalisierung des öffentlichen Schulsystems, in: Enzyklopädie Erziehungswissenschaft, Bd. 5, Stuttgart 1995 (1984), 55–71 – H. KIPER, Einführung in die Schulpädagogik, Weinheim 2001 – CH. SCHEILKE, Schule – Schulentwicklung – Schulkultur, in: NHRPG, München 2002, 348–352 – B. SCHRÖDER, Warum ‚Religion im Schulleben', in: DERS. (Hg.), Religion im Schulleben. Christliche Präsenz nicht allein im Religionsunterricht, Neukirchen-Vluyn 2006, 11–26.

Die Einschulung eines Kindes wird oft von diesem, dessen Eltern und anderen ihm zugetanen Menschen als ein tief greifender Übergang im Leben empfunden. Das ist nur verständlich, wenn man sich die Funktionen und die besonderen Organisationsformen von Schule bewusst macht. Zugleich ist Schule aber auch ein Lebensraum. In der daraus resultierenden *Spannung zwischen vorgegebenen Zwecken und der allgemeinen Tatsache des Zusammenseins von Menschen* ist der Einschulungsgottesdienst platziert.

### 1. Schule als Organisation

1.1 Die *Bedeutung von Schule* ist in Deutschland rechtlich besonders hervorgehoben. Es besteht nicht nur – wie z. B. in den USA oder Österreich – Unterrichts-, sondern Schulpflicht. Jedes Kind muss also die Schule besuchen. Es handelt sich hier – neben der (aber nur ab einer bestimmten Einkommenshöhe greifenden) Steuerpflicht – um die einzige alle Menschen gleichermaßen in Deutschland betreffende staatliche Zwangsmaßnahme.

Dass dies nicht unbestritten ist, zeigen gerichtliche Auseinandersetzungen zwischen Schulbehörden und Eltern, die meist aus religiösen Gründen den Schulbesuch ihrer Kinder verweigern (wegen Ablehnung des Sexualkundeunterrichts u. a.). Die Verhängung von Strafen, angefangen von Bußgeldern bis zu Erzwingungshaft der Eltern, zeigt bis heute ein kompromissloses Festhalten an der Schulpflicht von staatlicher Seite aus.

Funktionen von Schule

Schule verfolgt vier wichtige, für den Fortbestand des Gemeinwesens grundlegende Funktionen:

*Qualifikationsfunktion:* „Hier geht es in der Schule um die Vermittlung von Können und Wissen, von Fähigkeiten, Fertigkeiten und Kompetenzen. Dazu gehört im weiteren Sinn die Berufsvorbereitung bzw. die Befähigung, nach der Schule erfolgreich in spezialisierte Ausbildungsgänge eintreten zu können."

*Sozialisations- und Erziehungsfunktion:* „In der Schule sind Werte und Normen sowie soziale Standards zu vermitteln, die für die Bewältigung des Lebens, nicht zuletzt im Zusammenleben der Menschen, erforderlich erscheinen."

*Allokations- und Selektionsfunktion:* „In jeder Gesellschaft müssen Arbeitsplätze und Positionen besetzt werden. In einer demokratischen Gesellschaft, in der dies nicht nach Abstammung oder Parteibuch geschehen darf, bleibt nur die Leistung als Auswahlkriterium, etwa in Form von Schulzeugnissen bescheinigt."

*Personalisations- und Bildungsfunktion:* „Schule als wichtiger, viel Lebenszeit in Anspruch nehmender Lebensraum hat zur Persönlichkeitsbildung beizutragen." (GRETHLEIN 82)

Anforderungen der Leistungsgesellschaft

Vor allem die Qualifizierungs- sowie die Allokations- und Selektionsfunktion machen deutlich, dass Kinder durch die Schule mit den Grundprinzipien einer Leistungsgesellschaft konfrontiert werden. Dies kann Angst machen – nicht zuletzt wenn sich die Erwachsenen vielleicht selbst an Situationen des Scheiterns erinnern. Immerhin verlassen in Deutschland etwa 10 % eines Jahrgangs die Schule ohne einen regulären Abschluss und damit heute fast ohne Aussicht auf eine Existenz sichernde Erwerbstätigkeit.

1.2 Für die Kinder werden die besonderen Anforderungen von Schule konkreter, wenn man auf deren *Organisationsform* sieht, die erheblich von der des familialen Zusammenlebens abweicht:

So ist heutige Schule durch eine klare zeitliche Taktung gekennzeichnet (Schulstunden).

Sie findet in besonderen, auf die Unterrichtssituation hin ausgerichteten Räumen statt (Klassenzimmer).

Asymmetrische, zweckbezogene Kommunikation in der Schule

Im Unterricht sind in der Regel viele Kinder auf eine Lehrerin bzw. einen Lehrer bezogen, die bzw. der ihr Verhalten steuert. Das impliziert eine asymmetrische Kommunikationsform – so ist z.B. im Gegensatz zur Mutter die Lehrerin für ein Kind nicht ständig direkt ansprechbar.

Verallgemeinernd formuliert: Die Schule initiiert „das Kind in eine von der augenblicklichen Neigung unabhängige, durch einen Zweck gebundene Tätigkeit" (KIPER 38). Damit erfährt es einen tief greifenden Übergang in seinem Leben – spielerische Unterrichtsformen am Beginn der Schulzeit täuschen darüber nicht dauerhaft hinweg.

Zwar ähneln nicht wenige geforderte Verhaltensweisen den im Kindergarten angebahnten bzw. eingeübten. Doch geht die Lehrerin meist straffer als die Erzieherinnen vor; sie hat ein bestimmtes kognitives Pensum zu bewältigen. Dazu muss das Kind jeden Tag in die Schule; im Kindergarten dagegen bestehen unterschiedliche Möglichkeiten der Teilnahme bis hin zur Abmeldung.

## 2. Schule als Lebensraum

Schulleben

2.1 Im Wort „Schule“ (von griechisch: schole, zweckfreie Betätigung, Muße) steckt implizit bereits ein Gegenprogramm zur Verzweckung des Lernens und damit auch der Schüler und Schülerinnen. Schule ist in und jenseits von Unterricht auch ein *Lebensraum für Heranwachsende* (und ihre Lehrerinnen und Lehrer). Schulpädagogisch wird dies traditionell unter dem zu Beginn des 19. Jahrhunderts aufkommenden Begriff Schulleben konzeptionell bedacht (s. SCHRÖDER). Hier geht es um die bildende und erzieherische Funktion des Außerunterrichtlichen in der Schule. Dabei sind vor allem die Sozialisations- und Erziehungsfunktion sowie Personalisations- und Bildungsfunktion von Schule im Blick.

Neben anderen Feiern und Festen gehören die Schulgottesdienste in den Bereich des Schullebens. Interessanterweise sind sie sogar die Vollzüge, anhand derer das Konzept Schulleben entwickelt wird. So schreibt 1848 der Schuldirektor Carl Gottfried Scheibert in seinem für die Entwicklung der Realschule grundlegenden Werk „Das Wesen und die Stellung der höheren Bürgerschule“:

> sie (sc. die Lehrer, die die Schulandacht halten, Ch. G.) erheben sich und ihre Schüler hier aus dem Schulstaube auf die reine Tenne, wo man mit jeder Handlung einen Gottesdienst thut; ermuthigen sich und ermuntern die Laschen und Ermüdeten mit der Ueberzeugung, dass es mehr als Lernen gibt, und dass es ein höheres Ziel giebt, als eine Versetzung und alle die gerühmten Schultugenden nur dann den rechten Werth haben, wenn sie in der rechten Gesinnung wurzeln.[4]

In- und kontrakulturelle Impulse liturgischer Feiern

Inhaltlich werden damit liturgische Handlungen im Kontext der Schule in einem – liturgiehermeneutisch formuliert (→ § 9 4.1) – inkulturierenden und zugleich kontrakulturellen Sinn eingeführt. Beides trifft bis heute auf die Einschulungsgottesdienste zu:

Der rituelle Vollzug macht im Sinne der Stabilisierung den in die Schule eintretenden Schülern und Schülerinnen Mut. Zugleich erweist aber das gottesdienstliche Geschehen wesentliche Faktoren von Schule als nur vorläufig und wirkt so schulkritisch: Vor Gott werden die für das Funktionieren von Schule unerlässlichen Hierarchien relativiert. Rektor bzw. Rektorin und Erstklässler stehen im Gebet gleichberechtigt vor Gott und sind beide für ihr Tun auf Gottes Segen angewiesen. Zugleich wird die Selektionsfunktion der Schule begrenzt; die von Gott gegenüber dem Menschen eröffnete Beziehung, rituell in der Taufe vollzogen bzw. in der Einladung zu ihr angebahnt, hat jenseits von menschlicher Tüchtigkeit bzw. Trägheit Bestand.

Haus des Lernens

2.2 Vor allem *reformpädagogisch ausgerichtete Entwürfe* betonen heute die persönlichkeitsbildende Dimension von Schule.

4 Zitiert nach CH. GRETHLEIN, Schulleben und Religionsunterricht. Vorwiegend allgemein-religionspädagogische Überlegungen zu einem schulpädagogischen Thema, in: BThZ 6 (1989), 193–206.

So nimmt die für die schulpädagogische Diskussion wichtige nordrhein-westfälische Denkschrift „Zukunft der Bildung – Schule der Zukunft" in diesem Zusammenhang das – in der jüdischen Tradition beheimatete – Konzept des „Haus des Lernens" auf:

Schule als ‚Haus des Lernens'
– ist ein Ort, an dem alle willkommen sind, die Lehrenden wie die Lernenden in ihrer Individualität angenommen werden, die persönliche Eigenart in der Gestaltung von Schule ihren Platz findet,
– ist ein Ort, an dem Zeit gegeben wird zum Wachsen, gegenseitige Rücksichtnahme und Respekt vor einander gepflegt werden,
– ist ein Ort, dessen Räume einladen zum Verweilen, dessen Angebote und Herausforderungen zum Lernen, zur selbsttätigen Auseinandersetzung locken,
– ist ein Ort, an dem Umwege und Fehler erlaubt sind und Bewertungen als Feedback hilfreiche Orientierung geben,
– ist ein Ort, wo intensiv gearbeitet wird und die Freude am eigenen Lernen wachsen kann,
– ist ein Ort, an dem Lernen ansteckend wirkt.[5]

Eine solche Schule wäre wunderschön und der Zugang zu ihr würde wohl kaum als prekärer Übergang erlebt. Doch können Reform-Projekte auch umgekehrt gelesen werden, nicht als Handlungsorientierungen für die Zukunft, sondern vielmehr als Beschreibungen gegenwärtiger Defizite. Und dann wird deutlich, warum so viele Eltern nur schweren Herzens ihre Kinder zum ersten Mal in die Schule bringen und rituelle Begleitung gerne annehmen.

## 3. Zusammenfassung

Schule stellt sich gegenwärtig als ein spannungsvoller Ort dar, bei dem der Unterricht betont wird, aber auch das außerunterrichtliche Leben zu beachten ist. In ihr werden teils widersprüchliche, teils komplementäre Ziele verfolgt (Scheilke 348):

Fördern und Selektieren,
die Individualität fördern und in die Gemeinschaft Gleichaltriger einfügen,
Traditionen bewahren und zu Neuem befähigen.

Die von familialem Zusammenleben abweichende Kommunikations- und Sozialform und der Eintritt in eine von der Leistungsgesellschaft geprägte Organisation stellen hohe Anforderungen an die Schulanfänger und -anfängerinnen.

Von daher erklärt sich, dass der Eintritt in Schule nicht angstfrei geschieht: Wird das Kind die schulischen – und die vom Elternhaus gestellten – Erwartungen erfüllen? Oder wird es ein Versager in der Leistungsgesellschaft?

5 Bildungskommission NRW, Zukunft der Bildung – Schule der Zukunft. Denkschrift der Kommission „Zukunft der Bildung – Schule der Zukunft" beim Ministerpräsidenten des Landes Nordrhein-Westfalen, Neuwied 1995, 86.

## § 36 Geschichtliche Entwicklung

Literatur: E. Gossmann/R. Bäcker, Schul-Gottesdienst. Situationen wahrnehmen und gestalten, Gütersloh 1992 – Ch. Grethlein, Religionspädagogik, Berlin 1998, 387–432 – H.-G. Herrlitz/W. Hopf/H. Titze, Institutionalisierung des öffentlichen Schulsystems, in: Enzyklopädie Erziehungswissenschaft, Bd. 5, Stuttgart 1995 (1984), 55–71 – E. Paul, Geschichte der christlichen Erziehung, Bd. 1, Freiburg 1993.

Der Einschulungsgottesdienst im Sinne einer Kasualie als zweiseitige liturgische Handlung (→ § 5 3.2) ist erst vor kurzem entstanden bzw. mancherorts im Entstehen. Er setzt auf schulischer Seite neben der in Deutschland sich in der zweiten Hälfte des 19. Jahrhunderts langsam durchsetzenden allgemeinen Schulpflicht die klassenförmige Organisation des schulischen Primarbereichs voraus. Auf kirchlicher Seite erfordert er die Entwicklung eines bewusst über den Bereich der Gemeinde reichenden Verständnisses von Kirche, wie es eben in der Kasualien-Theorie entwickelt wird.

Zwar sind diese Voraussetzungen spätestens seit den 20er Jahren des 20. Jahrhunderts gegeben – die Einführung der für alle verbindlichen Grundschule 1919 ist gleichsam der letzte Mosaikstein. Doch findet – aus vorwiegend in der theologischen Entwicklung liegenden Gründen – das Kasualien-Konzept bislang keine Anwendung auf den Einschulungsgottesdienst.

Von daher beleuchtet der folgende geschichtliche Rückblick nur indirekt die Genese des Einschulungsgottesdienstes als Kasualie. Er dokumentiert ein langes Festhalten an seiner einseitig kirchlichen Ausrichtung und so auch die Entstehung der Probleme am Ende der 60er Jahre des 20. Jahrhunderts; gegenläufige reformpädagogisch begründete Konzepte konnten sich nicht durchsetzen.

### 1. Bedeutung von Kirche bei der Entstehung von Schule

Rezeption der Paideia

1.1 Von Anfang an steht das Christentum in einem spannungsvollen Verhältnis zur allgemeinen Erziehung und Bildung. In der *Alten Kirche* fällt auf, wie wenig sich die Christen um ein eigenes Erziehungs- und Schulwesen bemühen (Paul 15–28). Die antike „Paideia" (griechisch: Bildung) ist inhaltlich schon durch die ihr zu Grunde liegenden Texte heidnisch geprägt. So führt die Lektüre von Homer, der Standardliteratur damaliger schulischer Bildung, ins heidnische Pantheon ein. Die gebildeten christlichen Lehrer und Bischöfe bedienen sich trotzdem in formaler Hinsicht des antiken Bildungswesens.

Die dabei leitende Hermeneutik geht aus dem berühmten „Bienenvergleich" hervor: „Wie die Biene aus den Blüten den Honig saugt, so benütze der Christ die heidnische Literatur: Die Biene wählt die Blüten aus, ja, selbst von den ausgewählten nimmt sie nicht alles; allein das Nützliche trägt sie heim." (Paul 19, in Paraphrase eines von Basilius d. Gr. formulierten Arguments)

Allerdings gibt es auch von Anfang an Widerstand aus frommen Kreisen, die formale Bildung für unnötig halten.

Klosterschulen als Zentren der Bildung

1.2 Abgesehen von den christlichen Philosophenschulen der ersten Jahrhunderte tritt die Kirche erst nach Zusammenbruch des römischen Reichs konstruktiv im Schulwesen in Erscheinung. Im *Mittelalter* werden die Klöster, die neuen Zentren der Kultur, eher nebenbei zu Bildungsstätten; es entstehen die sog. Klosterschulen:

Zum einen benötigen die Klöster für ihren liturgischen Bedarf gebildete Mönche. Die Festtage müssen berechnet, die Lesungen im Gottesdienst vorgetragen, Bücher kopiert werden usw. Zum anderen bildet sich durch die Sitte, kleine Kinder den Klöstern zu übergeben und so ihr Leben Gott zu weihen (sog. pueri oblati, lateinisch: dargebrachte Knaben), und durch das Anliegen Adeliger, ihren Kinder eine gute Erziehung zukommen zu lassen, ein eigenes Schulwesen heraus.[6]

Hieran ist wirkungsgeschichtlich bedeutungsvoll, dass liturgische Vollzüge im Mittelpunkt der Erziehung stehen und sich Unterricht darauf bezieht. Bis weit ins 19. Jahrhundert bleiben tägliches Schulgebet, gemeinsamer Gottesdienstbesuch selbstverständlicher Bestandteil der Schule in Deutschland, auch wenn bereits mit den ab dem 11. Jahrhundert aufkommenden Deutschen Lese-, Rechen- und Schreibschulen nichtreligiöse Zwecke an Bedeutung in den Schulen gewinnen.

Eugen Paul konstatiert für das Mittelalter wohl zu Recht, „die Schüler des Mittelalters seien mehr in der Kirche als in der Schule gewesen, ihre Lebensform sei mehr kirchlich-liturgisch als schulisch geprägt gewesen“ (Paul 146) – allerdings betrifft dies nur eine Minderheit der Kinder, nämlich die, die eine Schule besuchen.

Einrichtung von Schulen als reformatorisches Anliegen

1.3 Religiös, genauer: soteriologisch motiviert ist das Engagement der *Reformatoren* für die Schule. Luther sieht die Auseinandersetzung zwischen Gott und dem Teufel nicht zuletzt als Ringen um die Kinder und deren Heil. Schulische Erziehung gilt ihm als eine wichtige Voraussetzung für einen freien, evangelischen Glauben (zu dem die Lektüre der Bibel und damit Lesefertigkeit gehören). Mit bis heute lesenswerten Schriften versucht der Reformator die Obrigkeit zur Einrichtung von Schulen zu bewegen, wobei umgekehrt die theologische Kritik an der monastischen Lebensweise zur Schließung zahlreicher Klosterschulen führt. Die drei Hauptschriften Luthers zur Schule tragen aussagekräftige Titel:

„An den christlichen Adel deutscher Nation von des christlichen Standes Besserung“ (1520);

„An die Ratsherren aller Städte deutsches Lands, daß sie christliche Schulen aufrichten und halten sollen“ (1524);

„Eine Predigt, daß man Kinder zur Schule halten solle“ (1530).

6 R. Koerrenz, Benedikt von Nursia oder: Das Kloster als Schule, in: Ders., Evangelium und Schule. Studien zur strukturellen Religionspädagogik, Leipzig 2003, 42–67.

Tägliches Schulgebet und die Teilnahme an Gottesdiensten sind für Luther selbstverständlicher Bestandteil der Schule. Sein Versuch, in den Schulen Stundengebete zu etablieren, kann sich aber nicht durchsetzen.

Wirkmächtig werden die organisatorischen Impulse Philipp Melanchthons. Er schlägt in seinem „Unterricht der Visitatoren" (1528) vor, die Kinder entsprechend ihrem Lernstand in drei „Haufen" einzuteilen, eine Vorform von Schulklassen. Bis dahin und noch längere Zeit werden Kinder weithin einzeln bzw. in sich ergebenden kleineren Gruppen unterrichtet, wobei eine Vielzahl von ihnen in der Schulstube versammelt ist. Einen guten Eindruck über die damaligen Verhältnisse geben zeitgenössische Bilder.[7]

Anhaltende religiöse Prägung der Elementarschulen

1.4 Nach weiteren grundsätzlichen pädagogischen Impulsen in der Aufklärung sind es vor allem Nützlichkeitserwägungen in den *absolutistischen Staaten*, die die Einrichtung von Schulen auf die politische Tagesordnung setzen. Dementsprechend ist zuerst das höhere Schulwesen im Blick, durch das qualifizierte Beamte ausgebildet werden sollen. Die Elementarschulen folgen dagegen weniger dem Ziel kognitiver Bildung als dem „einer herrschaftskonformen Glaubenserziehung christlicher Untertanen" (Herrlitz/Hopf/Titze 63). So dominieren das tägliche Gebet und der regelmäßige Gottesdienstbesuch als in engem Zeittakt gepflegte, einseitig kirchlich begründete Frömmigkeitsformen.

Erst langsam bildet sich eine Strukturierung der im Normalfall des 19. Jahrhunderts einklassigen, also ungegliederten Landschule für Alle heraus. Dem Schulabgang, in evangelischen Gegenden durch die Konfirmation vollzogen, kommt große Bedeutung zu, da er mit dem Berufseintritt zusammenfällt. Der lange Zeit nicht einheitliche Schulanfang ist dagegen nebensächlich.

Schule dient also über Jahrhunderte hinweg für die meisten Kinder primär der moralisch-religiösen Erziehung, in Fortführung bzw. Vertretung der elterlichen Praxis.

## 2. Verstaatlichung der Schule

2.1 Schon seit der Reformation nimmt der staatliche Einfluss auf die Schulen zu. Langsam engagieren sich die von Luther und Anderen zu Schulgründung und -pflege angehaltenen Fürsten für die Schulen. Vor allem die Fähigkeiten der Absolventen höherer Schulen kommen aber bald der Staatsverwaltung zugute und nützen so den Fürsten.

Einführung des Abiturs

Dem entspricht, dass in Deutschland die Schule wesentlich *von oben nach unten* entwickelt wird. Preußen macht 1834 eine Maturitätsprüfung als Zugangsvoraussetzung für alle Studienanfänger verbindlich:

7 S. z. B. die Abbildungen in: H. Schiffler/R. Winkeler, Tausend Jahre Schule. Eine Kulturgeschichte des Lernens in Bildern, Stuttgart [4]1994, 77–79.

das Abitur. Gleichsam als Nebenprodukt wird dadurch das Jahrgangsklassensystem verstärkt bzw. eingeführt.

Dies wirkt sich bis in den Bereich der (städtischen) Elementarschulen aus. Es setzt sich das Bewusstsein durch, dass die Vergabe bestimmter beruflicher Positionen an schulisch erworbene Zertifikate gebunden ist.

2.2 Für das Thema der Einschulung fällt auf, dass sich etwa in dieser Zeit die ersten Nachrichten von *Schultüten* im mitteldeutschen Bereich, einer schulisch gut erschlossenen Gegend, finden. Zuerst begegnen mit Süßigkeiten gefüllte Schultüten, die Kinder zum Schulanfang erhalten, 1817 in Jena, 1820 in Dresden und 1836 in Leipzig. Man erzählt den Kindern, in dem Haus des Lehrers wachse ein Schultütenbaum. Wenn die Schultüten groß genug seien, sei es Zeit für den Schulanfang.

Zunehmende Allokationsfunktion von Schule

Das Naschwerk in den Tüten lässt darauf schließen, dass den Kindern etwas Unangenehmes „versüßt" werden muss. Es dürfte kein Zufall sein, dass etwa zu der Zeit, als sich die Allokationsfunktion der Schule ausbildet, mancherorts der Schulbeginn durch solche Gaben freundlich gestaltet wird. Die Kinder begegnen mit dem Eintritt in die Schule dem „Ernst des Lebens" – ein zunehmend wichtiger Übergang im Leben wird begangen. Je mehr die Rechte durch Geburt oder sonstige Beziehungen zurücktreten, desto gewichtiger wird der Erfolg in der Schule für das spätere Leben.

Zugleich ist dies etwa die Zeit, in der Praktische Theologen das Konzept der Kasualien entwickeln, also Kirche und Lebenswelt konzeptionell in Beziehung setzen. Im Schulbereich ist jedoch noch lange Zeit der direkte kirchliche Einfluss groß. Dort wird nur nach der binnenkirchlichen Logik liturgisch gefeiert. Die herkömmlichen kirchlichen Zeiten und Ordnungen bestimmen die liturgische Praxis in der Schule. Religion wird vor allem im Volksschulbereich (und der Seminarausbildung der hier tätigen Lehrkräfte) als Gebot der Obrigkeit erlebt.

Vereinzelte reformerische Impulse, die „Gottesverehrung" kindgemäß zu gestalten, werden von der kirchlichen Obrigkeit strikt zurückgewiesen. Die Biographie des großen Religionsdidaktikers der Aufklärungszeit, Christian Gotthilf Salzmann, ist ein bedrückendes Zeugnis für den autoritären, an der Lebenswelt der Menschen desinteressierten Stil damaliger kirchlicher Amtsträger.[8]

## 3. Rückgang der liturgischen Prägung

Grundschule als für alle verpflichtend

3.1 Ein großer Einschnitt in der deutschen Schulgeschichte – und zugleich eine wichtige Voraussetzung für die Profilierung des Schulanfangs als wichtiges biographisches Datum – ist die

8 R. Lachmann, Die Religions-Pädagogik Christian Gotthilf Salzmanns. Ein Beitrag zur Religionspädagogik der Aufklärung und Gegenwart (AHRp 2), Jena 2005; ebd. 69 der Hinweis auf „kasuelle Verehrungen" bei Salzmann.

verpflichtende Einführung der Grundschule für alle durch die *Weimarer Reichsverfassung* (1919). Jetzt sind durch das Jahrgangsstufen-Prinzip und die Allgemeinheit des Schulanfangstermins wichtige Voraussetzungen für einen als gravierend erlebten Übergang im Leben erfüllt – bis dahin sind z. B. in adeligen Kreisen sog. Hofmeister (Hauslehrer) verbreitet.

Zu dieser Zeit beginnt theologisch eine Richtung zu dominieren, die sich einseitig an der kirchlichen Tradition und grundsätzlich nicht an den sog. Bedürfnissen der Menschen orientiert (Dialektische Theologie). Die religionspädagogische Konzeption der damals die Lehrerausbildung und Lehrplanarbeit bestimmenden Evangelischen Unterweisung (auf katholischer Seite: Materialkerygmatik) richtet sich ebenfalls einseitig an Kirche und „Wort Gottes" aus. So verwundert es nicht, dass zwar Schulgebet und -andachten im Bereich der Volksschulen weit verbreitet, als Kasualien gestaltete Schulanfangsgottesdienste aber kein Thema sind.

Kritik am kirchlichen Einfluss auf Schule

3.2 Im *Vorfeld der Weimarer Reichsverfassung* begegnen in der Diskussion zur Regelung der Schulfragen auch Stimmen, die grundsätzlich den Einfluss der Kirchen auf die Schule ablehnen. Sie fordern die Abschaffung des Schulgebets und des konfessionellen Religionsunterrichts. Damit nehmen sie Impulse von Lehrerverbänden zu Beginn des 20. Jahrhunderts auf. Sie hatten aus pädagogischen Gründen die indoktrinierende Katechetik abgelehnt und einen allgemeinen, am Kind orientierten Religions- und Moralunterricht vorgeschlagen – allerdings ohne unmittelbaren Erfolg (Grethlein 414).

Wichtig ist hieran, dass konfessionell gebundene, liturgische Formen im Raum der Schule als ein von der Kirche aufoktroyierter Fremdkörper empfunden werden. Die Evangelische Unterweisung mit ihrer einseitig kirchlichen Ausrichtung verstärkt diesen Eindruck noch.

Von daher stößt das Bemühen der Nazis, neben der Austrocknung des kirchlich verantworteten Religionsunterrichts die liturgischen Formen im Schulleben abzuschaffen, bei nicht wenigen Lehrern und Lehrerinnen auf Verständnis, ja Unterstützung (Grethlein 422 f).

Einseitig kirchlicher Bezug der Schulgottesdienste

3.3 Nach dem Zweiten Weltkrieg werden zwar in den die spätere *Bundesrepublik* bildenden Ländern wieder Schulgottesdienste (und Religionsunterricht) eingeführt. Doch auch jetzt sind liturgische Feiern einseitig von der kirchlichen Sitte und konfessionell-theologisch begründet. Von daher kommt die Möglichkeit eines Kasualgottesdienstes zum Schulanfang nicht in den Blick.

Im Zuge der allgemeinen Traditionskritik Ende der 60er, Anfang der 70er Jahre des 20. Jahrhunderts geraten diese liturgischen Formen in der Schule in die Kritik. Sie gelten als Relikte einer vergangenen Zeit, wobei emanzipatorisch-pädagogische und religionskritische Argumente sich vermischen. Vielerorts entfällt das Schulgebet, Schulgottesdienste finden nicht mehr oder nur noch selten statt.

Sonderentwicklung in Ostdeutschland

3.4 In der DDR vollzieht sich eine besondere Entwicklung. Die einseitig kirchliche Prägung der Katechetik ist hier eine Antwort auf die religionsfeindliche staatliche Schulpolitik. Die herrschenden Kommunisten verbannen nicht nur liturgische Feiern, sondern bis zur zweiten Hälfte der 50er Jahre den ganzen Religionsunterricht aus der Schule.

Die dadurch hervorgerufene Entfremdung zwischen Kirche und Schule wird durch die politische Wende 1989 nicht einfach beendet. Michael Domsgen weist darauf hin, dass auch heute noch in vielen ostdeutschen Kirchengemeinden eine erhebliche Distanz zu den Schulen besteht. In ihnen unterrichten viele bereits zu DDR-Zeiten tätige Lehrkräfte, die die damalige atheistische Propaganda unterstützten. Die dortigen Kirchengemeinden führen die bisherige Tradition von Familiengottesdiensten fort, die am Sonntag nach der Einschulung stattfinden. Allerdings versammelt sich dabei meist nur eine recht kleine Schar von christlich sozialisierten Kindern mit ihren Eltern. Domsgen konstatiert:

> Aus Sicht der christlichen Gemeinden stellt sich mit der Einschulung die drängende Frage, wie man mit der eigenen gemeindlichen Tradition sowie den unterschiedlichen Bedürfnislagen von kirchlich und nicht kirchlich sozialisierten Eltern und Familien umgehen möchte. Mehrheitlich wird diese Anfrage jedoch nicht erkannt und diskutiert. Der Brückenschlag zwischen Schule und Kirche wird nicht gewagt.[9]

## 4. Zusammenfassung

Der Einschulungsgottesdienst als Kasualie kann nicht direkt auf die vorhergehenden liturgischen Feiern in der Schule zurückgeführt werden. Diese sind nämlich – abgesehen von einzelnen reformerischen Vorstößen – bis in die 60er Jahre des 20. Jahrhunderts exklusiv kirchlich begründet. Zwar bildet sich schon seit längerem der Eintritt in die Schule als prekärer, da mit der Allokation verbundener Übergang heraus. Die einseitig kirchliche Orientierung der offiziellen Katechetik verhindert aber, dass die in der Praktischen Theologie erarbeiteten kasualtheoretischen Zugänge für dieses Handlungsfeld fruchtbar gemacht werden.

# § 37 Heutige Praxis

Literatur: M. Böhme, Einschulung. Anmerkungen zu einem Statusübergang aus der Sicht der Seelsorge, in: Ders., F.-W. Lindemann/B. Neumann/W. Ratzmann (Hg.), Entwickeltes Leben. Neue Herausforderungen für die Seelsorge, Leipzig 2002, 263–281 – E. Gossmann/R. Bäcker, Schul-Gottesdienst. Situationen wahrnehmen und gestalten, Gütersloh 1992 – Ch. Grethlein, Einschulung als neue Kasualie. Erste kasualtheoretische Beobachtungen und Überlegungen, in: Arbeitsstelle Gottesdienst 20 (2006/1), 5–15 – T. Macholdt/Th. Thiel, Der Übergang vom

9 M. Domsgen, „Mama, Herr D. hat mich gesegnet." Einschulungsgottesdienste in Ostdeutschland, in: Arbeitsstelle Gottesdienst 20/1 (2006), 27–35.

Elementar- zum Primarbereich, in: Enzyklopädie Erziehungswissenschaft, Bd. 6, Stuttgart 1995 (1985), 138–149.

Den äußeren Rahmen für den Einschulungsgottesdienst stellen die schulrechtlichen Bestimmungen zum Schulgottesdienst dar.

Der Einschulung selbst gehen verschiedene vorbereitende Schritte voraus, die auf die Bedeutung des angestrebten Übergangs hinweisen. Sie sind für die Familien wichtig und prägen so die Atmosphäre des Einschulungsgottesdienstes mit.

Schließlich wird an einem realen Fallbeispiel konkret die Transformation der Einschulung zu einer Kasualie rekonstruiert.

## 1. Rechtliche Regelungen

Verschiedene Bestimmungen

Entsprechend dem *föderalen Bildungssystem* in Deutschland bestehen für jedes Bundesland eigene Regelungen für Schulgottesdienste (s. tabellarischer Überblick bei Gossmann/Bäcker 81), wozu rechtlich der Einschulungsgottesdienst zählt.

In den stärker katholisch geprägten Ländern Bayern, Nordrhein-Westfalen, Rheinland-Pfalz und Saarland, in denen etwa 43 % der deutschen Bevölkerung leben, firmieren Schulgottesdienste explizit als Schulveranstaltungen. So legt ein Erlass im Saarland fest:

> Die Schulgottesdienste gelten als Schulveranstaltung. Die Teilnahme am Schulgottesdienst ist für Lehrer und Schüler freiwillig. Der Weg vom Schulgottesdienst zur Schule unterliegt der Aufsicht der Schule. Der Schulleiter hat die für die Durchführung der Aufsicht erforderlichen Maßnahmen zu treffen. Zu Beginn und Ende eines Schuljahres sowie aus besonderen Anlässen können Schulgottesdienste der Kirchen und Religionsgemeinschaften stattfinden. Der Unterrichtsausfall soll in der Regel eine Unterrichtsstunde nicht überschreiten. … (zitiert nach Gossmann/Bäcker 83)

Zugleich wird aber auch deutlich, dass ein Kontakt zwischen Schule und Kirche notwendig ist. So heißt es in einem nordrhein-westfälischen Runderlass: „Die Schulleiter legen die Zeiten für die Schulgottesdienste nach Fühlungsnahme mit den Religionslehrern und im Einvernehmen mit den für den Gottesdienstraum zuständigen kirchlichen Stellen fest.“ (zitiert nach Gossmann/Bäcker 86)

In anderen mehrheitlich protestantisch geprägten Bundesländern wie Niedersachsen oder Hamburg fehlen entsprechende Bestimmungen. Jedoch ist auch hier zu beobachten, dass sich Einschulungsgottesdienste verbreiten.

## 2. Einschulung als Übergang im Leben

Die Einschulung eines Kindes stellt einen einschneidenden Übergang in seinem Leben dar. Darauf weisen bereits die mannigfaltigen Vorbereitungen hin. Tatsächlich begegnet das Kind in der Schule neuen und erheblichen Anforderungen. Ein Vergleich der üblichen Kommunikationsformen in Familie und Kindergarten auf der einen und der Schule auf der anderen Seite illustriert dies eindrücklich.

Umfangreiche Vorbereitungen

2.1 Eine *Familie* bereitet sich mehrere Monate auf den Schulanfang eines Kindes vor. Die schulärztliche Untersuchung wie auch die persönliche Anmeldung bei der Schule sind zu absolvieren. In Bundesländern ohne Schulsprengel-Zwang bzw. für Grundschulen in freier Trägerschaft werden Erkundigungen bei Nachbarn und Freunden über die verschiedenen möglichen Schulen eingeholt.

Die Auslagen der Geschäfte für Kinderbekleidung stimmen ebenso auf den großen Tag ein wie die Schaufenster von Schreibwarenläden und entsprechende Ratgeber und Tipps in Zeitungen und Buchhandlungen. Es müssen der Schulranzen gekauft und eine Schultüte gepackt werden.

Die Vorbereitungen kosten Zeit und Geld. Viele Gespräche werden geführt. Für den Einschulungstag muss Urlaub beantragt werden usw. Ein großer Tag steht der Familie bevor.

All dies ist besonders aufregend in den – mittlerweile die Mehrheit bildenden – Familien mit nur einem Kind. Denn Einschulung ist dann für die ganze Familie ein einmaliges Erlebnis.

Diagnostische Voraussetzungen der Einschulung

2.2 „Schulreife“ bzw. „Schulfähigkeit“[10] gelten als Voraussetzung für die Einschulung. Bereits seit Durchsetzung der allgemeinen Schulpflicht stellt sich das Problem der Zulassung zur Schule. Wissenschaftlich wird es in Deutschland seit 1951 erforscht.[11] Damals gibt das Scheitern von Kindern, das sog. Sitzenbleiben in der Grundschule, Anlass für die pädagogische Reflexion. Entsprechend der Zeit ist der Ausgangspunkt die feststehende Institution, in die das Kind eingepasst werden muss. Zudem wird dieses weitgehend auf endogene Reifungsprozesse reduziert, der Interaktion mit der Umwelt kaum Beachtung geschenkt.

Inzwischen ist dieser Ansatz auf Grund verschiedener Probleme wie defizitärer Prognosetauglichkeit zum Konzept der *„Schulfähigkeit“* weiterentwickelt worden. Es werden umfassender auch die Motivation und vor allem ökosoziale Gesichtspunkte berücksichtigt, also die soziokulturellen Gegebenheiten, innerhalb deren das Kind aufwächst und interagiert. Von daher geht es jetzt konzeptionell nicht mehr einseitig um eine Anpassung des Kindes; vielmehr kommen auch Veränderungen von Schule in den Blick.

Bei den Diagnoseverfahren werden vor allem folgende drei Bereiche berücksichtigt: Körperlicher Entwicklungsstand, kognitive Leistungsfähigkeit und soziales Ver-

10 Eine knappe schulpädagogische Erläuterung dieser Begriffe bietet W. Rauer, Schulfähigkeit, in: Enzyklopädie Erziehungswissenschaft, Bd. 7, Stuttgart 1995 (1985), 455–458.

11 A. Kern, Sitzenbleiberelend und Schulreife, Freiburg 1951.

halten, vor allem emotionale Stabilität. Dabei sind – je nach Bundesland etwas unterschiedlich – verschiedene Prozeduren zu durchlaufen, von denen einige bereits genannt sind. Für Kinder, bei denen Zweifel an der Schulfähigkeit besteht, werden aufwändige sonderpädagogische Gutachten erstellt. Dazu werden neben Schuleignungs-Tests des Kindes die Erzieherinnen und Eltern befragt.

Einschulung als Ritual

So hat jedes Kind bei der Einschulung bereits einige Begutachtungen hinter sich. Ritualtheoretisch gesprochen: *Die Einschulungsfeier ist nach durchlaufener Phase der Vorbereitung die Phase der Liminalität, der dann die der Integration in die Schule folgt.*

Politische Tendenz zu früherer Einschulung

In der Vergangenheit ist ein gewisser Trend zu späterer Einschulung unübersehbar – Ausdruck der Zurückhaltung der Eltern, ihr Kind an die Schule zu übergeben. Dem steuern heute die politisch Verantwortlichen in den meisten Bundesländern entgegen. In Vergleichen ergibt sich, dass deutsche Kinder länger als andere die Schule besuchen und deshalb später als junge Erwachsene im internationalen Wettbewerb benachteiligt sind. Ein Senken des Einschulungsalters soll – zusammen mit Verkürzung von Schul- und Studienzeiten – dieses Problem beheben. Gilt seit 1968 der 30. Juni als Stichtag – Kinder, die bis dahin das 6. Lebensjahr vollendet haben, sind schulpflichtig –, so verschiebt Berlin diese Grenze z. B. auf 5,5 Jahre (Vollendung des 6. Lebensjahres zum 31.12.), andere Länder folgen gegenwärtig mit sukzessiven Vorverlegungen. Es ist zu vermuten, dass diese Veränderung den Übergang im Leben anlässlich der Einschulung dramatisieren wird.

Umstellungen für das Kind

2.3 Auf Grund häufiger Probleme in der Praxis ist der *Übergang vom Elementar- zum Primarbereich* Gegenstand intensiver pädagogischer Forschung. Verschiedene Übergänge gilt es hier für das Kind zu bewältigen:

Der Wechsel der Bezugsperson, wobei Lehrerinnen eine andere Rolle als Erzieherinnen verkörpern;

die Anpassung an schulische Verhaltensregeln, wobei besonders das striktere Zeit-Reglement ein Problem darstellt;

der jedenfalls grundsätzliche Wechsel von spielerischen zu ergebnisorientierten Lernformen;

das Zusammensein mit bisher nicht bekannten Kindern.

Für Kinder, die keinen Kindergarten besuchen, ist der Übergang noch größer. Denn die familialen Umgangsformen sind stärker auf das einzelne Kind bezogen als die im Kindergarten üblichen.

## 3. Entwicklung der Einschulung als Kasualie

Profilierung der Einschulung als christliches Ritual

3.1 Angesichts der skizzierten Situation bei der Einschulung überrascht es nicht, dass hier zunehmend rituelle Begleitung gesucht wird. Und wenn die Pfarrer und Pfarrerinnen vor Ort bereit sind, sich auf den besonderen Kasus einzulassen, profiliert sich die Einschulung als neue Kasualie.

Zwar liegen mir hierzu keine Untersuchungen vor, doch legt sich der Eindruck nahe, dass dieser Prozess in mehrfacher Weise dynamische Züge trägt. Dies lässt das im Folgenden kurz skizzierte *Praxisbeispiel* der Einführung eines Einschulungsgottesdienstes an einer Schule am Rand des Ruhrgebiets vermuten:

Dort war es bis in die 90er Jahre hinein üblich, dass die Einschulung als schulischer Akt in der Turnhalle begangen wurde. Dem ging ein vom Gemeindepfarrer gestalteter Gottesdienst voraus, der aber nur wenig besucht wurde. Seit Beginn der 90er Jahre nahm die Teilnahme von Verwandten der Kinder an der Einschulungsfeier zu. Waren es früher nur die Mütter, die ihre Kinder begleiteten, finden jetzt auch Väter, Großeltern und sonstige Verwandte den Weg in die Schule. Verwandte reisen von weiter an. Jetzt fragen Eltern und andere Verwandten ohne engere Beziehung zur Kirchengemeinde an, ob auch sie am Gottesdienst teilnehmen könnten. Binnen weniger Jahre verändert sich in Folge der verstärkten Nachfrage der Schulgottesdienst grundsätzlich:

- Er wird zu einer von fast allen (teilweise sogar muslimischen Schülerinnen und Schülern) besuchten Veranstaltung;
- die Lehrerinnen beteiligen sich an seiner Gestaltung;
- dadurch verstärkt sich der Einfluss der Schule auf die Gestaltung – z.B. wandert jetzt die Begrüßung der Erstklässler durch die in die zweite Klasse Aufgestiegenen aus der Veranstaltung in der Turnhalle in die Kirche;
- auch der Kindergarten als abgebende Institution tritt auf – die Kinder werden verabschiedet.
- Tritt durch diese Veränderungen der Pfarrer bei der Vorbereitung und Durchführung etwas zurück, so gewinnt er in den letzten Jahren an Bedeutung. Denn er spendet den bisher allgemein erteilten Segen jetzt jedem Erstklässer persönlich mit Handauflegung – ein eindrückliches Erlebnis auch für kirchlich nicht sozialisierte Kinder.
- Schließlich erhalten die Schulanfängerinnen und -anfänger im Gottesdienst ein Symbol, das sie an diesen Tag erinnern soll. (GRETHLEIN 14f; nach einem Bericht von Astrid Lück)

3.2 Versucht man solche sich gegenwärtig vielerorts vollziehenden Entwicklungen zu *verstehen*, so helfen Einsichten, die bei der Analyse der „klassischen“ Kasualien gemacht wurden:

Verschiedene liturgisch Beteiligte

Die von Fechtner handlungsorientierend bei der Trauung herausgestellte „liturgische Arbeit mit den Beteiligten“ (→ § 26 1.) ergibt sich beim Einschulungsgottesdienst in mehrfacher Hinsicht. Lehrer und Lehrerinnen, Schulkinder und dann auch Erzieherinnen und Kindergartenkinder wirken oft aktiv an der Vorbereitung und Durchführung des Rituals mit. Von daher ist es auch wenig sinnvoll, hierfür fixe agendarische Vorgaben zu erstellen. Es geht vielmehr darum, auf dem Hintergrund allgemeiner Regeln ritueller Gestaltung den Prozess der Vorbereitung angemessen zu gestalten. Da die Einschulung fast unmittelbar auf die Ferien folgt, gilt es, terminlich rechtzeitig vor den Ferien zu planen und zu üben.

Beim Gottesdienst selbst fällt auf: Der den Einzelnen durch Handauflegung applizierte Segen gewinnt an Gewicht. Dabei muss aber die Inhomogenität der die Einschulung Feiernden beachtet werden. Die sich hier speziell bei Menschen anderer Religionszugehörigkeit zu bedenkenden Probleme werden in § 38 2. thematisiert.

Das Geschenk symbolisiert den prozessualen Charakter des Übergangs, insofern es über den Ritus hinausreicht. Insgesamt ist in dem genannten Beispiel die Entsäkularisierung eines Rituals zu beobachten: Zentrale Handlungen des Übergangs rücken von der Turnhalle in den Raum der Kirche.

Michael Wermke konstatiert: „Es ist mehr als der Wunsch nach der festlichen Gestaltung eines Übergangs zwischen zwei bedeutsamen Lebensabschnitten. Der Gottesdienst bietet den Ort der Einkehr, des Sich-Seiner-Selbst-Bewusst-Werdens, der Rückschau und Vorausschau, des Dankes; es ist der Ort, wo Schülerinnen und Schüler, ihre Eltern und ihre Lehrkräfte sich und ihre Zukunft unter den Segen Gottes stellen.“[12]

Konvergenz von Entwicklungen

3.3 Die an einem Beispiel skizzierte Genese eines Einschulungsgottesdienstes als Kasualie zeigt, dass hier *mehrere Entwicklungen* konvergieren, u. a.:

die zunehmend krisenhafter empfundene Einschulung;

die – bei der Trauung bereits beobachtete größere – aktive Beteiligung Erwachsener an der Vorbereitung kirchlicher Handlungen;

die zunehmende Aufgeschlossenheit der Lehrerinnen und Lehrer gegenüber rituellen und religiös-kirchlichen Formen;

die Öffnung von Pfarrerinnen und Pfarrern für kasuelle Vollzüge.

So stellt sich die Frage nach der konzeptionellen Integration dieser verschiedenen Impulse.

## 4. Zusammenfassung

Die Entwicklung von Einschulungsgottesdiensten zu Kasualien ist ein sich seit kurzem vielerorts vollziehender Prozess. Verschiedene Veränderungen konvergieren dahin, dass die bisher üblichen innerschulischen Feiern manchen von der Einschulung Betroffenen nicht mehr ausreichen.

12 M. Wermke, Religion in Gottesdienst und Unterricht. Von den zwei Seiten einer Medaille, in: Ders. (Hg.), Aus gutem Grund: Religionsunterricht, Göttingen 2002, 198–206, 199.

Die aktive Teilnahme verschiedener Gruppen am Einschulungsgottesdienst gibt ihm ein besonderes Gepräge. Rituell kommt dem persönlich durch Handauflegung zugeeigneten Segen große Bedeutung zu. Eine Tauferinnerung, zu der auch die Einladung zur Taufe für Ungetaufte gehört, kann ihn theologisch vertiefen.

## § 38 Innovative Modelle

Literatur: Evangelische Kirche von Westfalen (Hg.), Multireligiöse Feiern zum Schulanfang. Hinweise und Vorschläge zur Gestaltung, o. O. Juli 2004 – Ch. Grethlein, Rituale im Schulleben – religionspädagogische Überlegungen zu Chancen und Grenzen, in: M. Wermke (Hg.), Rituale und Inszenierungen in Schule und Unterricht (Grundlegungen 2), Münster 1997, 48–59 – H. B. Kaufmann, Nachbarschaft von Schule und Gemeinde, Gütersloh 1990 – Liturgische Konferenz (Hg.), Mit Anderen feiern – gemeinsam Gottes Nähe suchen. Eine Orientierungshilfe der Liturgischen Konferenz für christliche Gemeinden zur Gestaltung von religiösen Feiern mit Menschen, die keiner christlichen Kirche angehören, Gütersloh 2006

Konkrete Bedürfnisse führen – wie gezeigt – zur Entstehung von Einschulungsgottesdiensten als Kasualien. Die konzeptionelle Erfassung dieser Entwicklung und damit das Bemühen, die an einzelnen Orten begonnenen Aufbrüche zu fördern und auf eine breitere Basis zu stellen, stehen erst in den Anfängen. Entsprechend der doppelten Verankerung des Rituals in Schule und Gemeinde erfordert dies pädagogische und theologische Überlegungen.

Das Konzept „Nachbarschaft von Schule und Gemeinde“ bietet einen guten (gemeinde)pädagogischen Rahmen, um die Bedeutung von Gottesdiensten für Schule zu zeigen. Die liturgische Publikation „Mit Anderen feiern“ orientiert theologisch angesichts der bei Einschulungsgottesdiensten besonders wichtigen Herausforderung durch die Teilnahme von Angehörigen nichtchristlicher Religionen.

### 1. „Nachbarschaft von Schule und Gemeinde“

Schulpädagogische Impulse

1.1 Ende der 80er Jahre machen Pädagogen auf die Zunahme von Problemen einer Schule aufmerksam, die sich vom sonstigen Leben isoliert. Die Herausbildung großer Schulkomplexe wird dabei ebenso kritisch gesehen wie die exklusive Fixierung auf formal abprüfbare Leistungen und die Überbetonung der Allokationsfunktion gegenüber der Aufgabe personaler Bildung. Nach dem offenkundigen Scheitern groß angelegter struktureller Schulreformen (Stichwort: Gesamtschule) und didaktischer Innovationen (Stichwort: Curriculumreform) konzentriert sich das schulpädagogische Augenmerk zunehmend auf die einzelne Schule (Stichwort: selbstständige Schule) und deren konkretes Umfeld.

Gemeindepädagogischer Impuls

Gemeindepädagogisch werden diese Impulse im *Konzept „Nachbarschaft von Schule und Gemeinde“* aufgenommen, wie es z. B. eine Projektgruppe des Comenius-Instituts erarbeitete.

Der Begriff Nachbarschaft macht darauf aufmerksam, dass es sich bei Schule und Gemeinde um selbstständige Größen handelt, die aber durch ein gemeinsames Anliegen verbunden sind:

> Nachbarn leben – entsprechend dem ursprünglichen Wortsinn („nahe“ und „bauer“; der Nachbar als der, der in der Nähe gebaut hat) – nahe beieinander. Daraus ergeben sich mannigfaltige, gegenseitige Berührungspunkte. In früheren Zeiten ohne staatliche bzw. allgemein gesellschaftliche Absicherungen wie Sozialhilfe, Versicherungen u.Ä. war Nachbarschaft wesentlich eine institutionalisierte und damit auch streng reglementierte Form gegenseitiger Hilfsbereitschaft. Über die Kontaktpflege hinaus stand man sich – nach genau einzuhaltenden und vom Sozialverband kontrollierten Regeln – z. B. beim Haus- und Wegebau, bei besonderen Belastungen etwa durch anfallende Feste und bei Unglücksfällen bei. [...] Die Trennung von Wohn- und Arbeitswelt und die gesellschaftliche bzw. staatliche Organisation von Hilfeleistungen lockerten aber die gegenseitige, nachbarschaftliche Verpflichtung. Nachbarschaft wurde vor allem in größeren Städten zu einer frei eingegangenen Sozialbeziehung, die unterhalb der Freundschaftsebene liegt. (KAUFMANN 26)

Schule und Gemeinde sind insofern moderne Nachbarn, als sie durchaus je für sich existieren können, aber doch durch eine gemeinsame Aufgabe verbunden sind, nämlich die nachfolgende Generation zu einem selbstständigen Leben zu befähigen. Hier kommt der Einschulung grundlegende Bedeutung zu. Sie eröffnet dem Kind den Zugang zu der in vielerlei Hinsicht entscheidenden Bildungsinstitution gegenwärtiger Gesellschaft und konfrontiert es mit neuen Anforderungen. Auf ritueller Ebene treffen sich anlässlich dieses Übergangs Schule und Gemeinde im Einschulungsgottesdienst – jeweils bemüht, den Kindern und deren Familien den Übergang zu erleichtern.

1.2 Für eine dauerhafte Etablierung des Einschulungsgottesdienstes als Kasualie ist – auch (!) – eine *pädagogisch relevante Begründung* wichtig. Kasualtheoretisch tritt dadurch die lebensweltliche Perspektive komplementär zur kirchlichen hinzu. Schultheoretisch gilt, dass die Pädagogik das für die öffentliche Schule entscheidende Wissen repräsentiert und deshalb jede Schulveranstaltung pädagogisch begründet werden muss.

Integration durch ein Ritual

Zuerst verdient pädagogisch die Integrationsfunktion eines Rituals Aufmerksamkeit. Der Übergang vom Elementar- zum Primarbereich und von der Familie zur Schule ist zu gestalten. Im Einschulungsgottesdienst werden die Erstklässer im Vorgriff auf die Zukunft in die Schulgemeinschaft aufgenommen. Die beginnende Ablösung vom Elternhaus und der Abschied vom Kindergarten werden ebenso wie die Begrüßung durch die neuen Mitschüler und Mitschülerinnen inszeniert.

Relativierung der Schulhierarchie

Ein Blick in die Geschichte des Konzepts Schulleben als des schulpädagogischen Rahmens, in den auch Einschulungsgottesdienste gehören, macht auf eine weitere Funktion des Rituals aufmerksam, die zwar theologisch begründet, zugleich aber pädagogisch bedeutsam ist (→ § 36 4.). Im Gottesdienst stehen grundsätzlich die Menschen gemeinsam und gleichberechtigt vor Gott. Von daher wird die für demokratische Schule konstitutive funktionale Relativierung der Schulhierarchie in einem umfassenderen Bezugsrahmen zur Darstellung gebracht.

Erweiterung der Lebensmöglichkeiten von Kindern

Schließlich erweitert der Einschulungsgottesdienst als christliches Ritual den Horizont und damit die Lebensmöglichkeiten der Kinder (und auch Lehrer und Lehrerinnen). Die Perspektive des Evangeliums ist zwar pädagogisch nicht einholbar, sie hat aber pädagogisch relevante Folgen. Sie ermöglicht eine Relativierung der Konfrontation mit der Leistungsgesellschaft. Das Evangelium weist auf die Differenz zwischen dem von Gott Geschenkten und dem durch Leistung zu Erwerbenden hin. Im persönlich durch Handauflegung applizierten Ritus des Segens kommt das Prae des Handelns Gottes eindrücklich zum Ausdruck.

Einschulung zwischen primärer und sekundärer Religionserfahrung

1.3 Daran schließt sich unmittelbar die *theologische Reflexion* an. Bei der – angesichts fehlender empirischer Befunde nur vorläufigen – Rekonstruktion der Entstehung des Einschulungsgottesdienstes als neuer Kasualie fällt auf, dass dem Segen große Bedeutung zukommt. Hier begegnet – wieder – die primäre Religionserfahrung als grundlegend. Die erwachsene Generation wünscht der nachfolgenden das erdenklich Beste und Schutz auf dem weiteren Lebensweg, der in eine Leistungsgesellschaft mündet.

Diese Ebene ist wichtig, ein Verbleiben auf ihr aber theologisch problematisch. Denn dadurch würde die vom Evangelium her mögliche Horizonterweiterung ausgeblendet. Die auch pädagogisch relevante Differenz zwischen durch eigene Leistung Erreichbarem und durch Gott zu Empfangendem macht erst ein Bezug auf das Evangelium deutlich. Damit wird ein den menschlichen Wünschen nach Erfolg und Gelingen gegenüber kritischer Horizont eröffnet. Die Erwartung an den Schulbesuch wird dadurch relativiert, dass Gottes zuvorkommende Zuwendung zur Sprache kommt und rituell in Szene gesetzt wird. Das klingt schon in dem jussivisch bzw. optativisch formulierten Segen an (→ § 7 5.2).

Hier liegt noch weiteres handlungsorientierendes Potenzial: Beim Ernstnehmen der eben skizzierten, pädagogisch relevanten Begründung des Einschulungsgottesdienstes stellt sich schnell die Frage, warum nur die Schulanfänger und -anfängerinnen gesegnet werden. Warum nicht auch die Lehrer und Lehrerinnen? Zumindest erscheint es sinnvoll, ihnen bei der Vorbereitung ein entsprechendes Angebot zu machen. Eine gemeinsame Segnung von Schulanfängern und -anfängerinnen und deren Lehrerinnen und Lehrern bringt eindrücklich den pädagogisch wichtigen Gesichtspunkt der Lerngemeinschaft zwischen ihnen im religiösen Kontext zur Anschauung. Beide sind in ihrem Tun auf Gottes Hilfe angewiesen.

Tauferinnerung als Ausdruck des Evangeliums

Einen deutlicheren Hinweis auf das Evangelium spielt bei den bisherigen Kasualien die Tauferinnerung ein. Sie ist vielerorts, wo die Mehrzahl der Kinder getauft ist, auch bei der Einschulung zu empfehlen. Der durch die Tauferinnerung ermöglichte Biographiebezug eröffnet kommunikativ gute Möglichkeiten, anschaulich die Kinder mit einzubeziehen. Ein mit Wasser gefüllter Taufstein oder ein Hinweis auf die angezündete Osterkerze bieten die notwendige Konkretion. Vielleicht können Kinder, die vor kurzem getauft wurden, von ihrem Erleben berichten.

Allerdings ist dabei zu berücksichtigen, dass heute wohl nur selten alle Schulanfänger und -anfängerinnen getauft sind. Von daher ist eine Tauferinnerung zugleich mit einer Einladung zur Taufe zu verbinden.

## 2. „Mit Anderen feiern"

Situationsbezogener Taufbezug im Einschulungsgottesdienst

2.1 Das eben genannte Problem einer tauftheologisch begründeten Gestaltung begegnet ebenfalls bei den anderen Kasualien; am deutlichsten bei der Trauung eines Ehepaars mit einem ungetauften Partner, aber hinsichtlich der Gottesdienstgemeinde auch bei den anderen Kasualien. Bei allen Kasualien ist heute damit zu rechnen, dass Ungetaufte oder mitunter Angehörige einer anderen Religion zugegen sind. Von daher gilt kasualtheoretisch allgemein der Grundsatz, dass die Tauferinnerung mit einer Einladung zur Taufe zu verbinden ist.

Bei der Einschulung stellt sich das *Problem eines expliziten Taufbezugs* aber zugespitzt: Die Einschulung ist ein staatlicher Zwangsakt, an dem alle Kinder eines entsprechenden Alters teilnehmen müssen. Zwar ist der Besuch des Einschulungsgottesdienstes freiwillig. Wenn jedoch viele Kinder und deren Familien fehlen, verliert das Ritual die Integrationsfunktion und damit seine Bedeutung für Schule.

Deshalb sind die konkreten Gegebenheiten vor Ort genau zu analysieren. Es ist sorgfältig abzuwägen, in welcher Form das Evangelium unter den gegebenen Umständen zum Ausdruck kommen kann. Konkret: Wenn Kinder aus muslimischen Familien eingeschult werden, können diese nicht von einem Pfarrer bzw. einer Pfarrerin persönlich gesegnet werden. Hinsichtlich der Frage nach einer Einladung zur Taufe werden potenzielle Konflikte dadurch entschärft, dass die Einladung zum Einschulungsgottesdienst präzise gefasst wird. Dann können sich die Familien darauf vorbereiten und, wenn sie sich nicht in diesen Rahmen begeben möchten, fernbleiben. Eine Hilfe kann sein, mit den Leitern nichtchristlicher Religionsgemeinschaften in Kontakt zu treten und mit deren Beratung eventuelle Problembereiche so zu gestalten, dass möglichst viele Kinder und deren Familien teilnehmen können.

2.2 Bei dieser Problemstellung hilft die bereits in § 33 1.2 erwähnte Orientierungshilfe der Liturgischen Konferenz weiter, die die „Gestaltung von religiösen Feiern mit Menschen, die keiner christlichen Kirche angehören" thematisiert. Hier kommt auch das gemeinsame Leben in der Schule in den Blick. Mehrere *Gestaltungsformen religiöser Feier* werden – wie erwähnt – unterschieden:

Liturgische Gastfreundschaft: Dieses Modell

Liturgische Gastfreundschaft

> wurde besonders von interreligiösen Gesprächskreisen (Christen und Juden, Christen und Muslime) entwickelt und ermöglicht den Ausdruck menschlicher Verbundenheit, aber auch das Markieren von Differenzen. In der Regel handelt es sich um zweiseitige Begegnungen. So kann z.B. eine bestimmte Gruppe in der Schule einen Gottesdienst vorbereiten und die Anderen dazu einladen. Damit ist ein klar erkennbares christliches (oder auch muslimisches) Profil gegeben, das aber in einem gemeinsamen Lebenszusammenhang mit besonderer Rücksichtnahme zum Tragen kommt. Der besondere Charakter solcher Gottesdienste ergibt sich aus dem *Bild der Gastfreundschaft*: Es ist ein großer Unterschied, ob man jemanden bewirtet oder ob man selbst zum Essen eingeladen wird. Ähnlich muss sich auch im liturgischen Bereich eine Kultur der Einladung entwickeln. Man wird mit dem zugemuteten Fremden für den Gast vorsichtig sein, aber auch nicht seine Wünsche zu kopieren suchen, weil das sowieso misslingt. [...] Man versteckt das Eigene nicht, betont es aber auch nicht, um den Gast nicht zu verletzen. (LITURGISCHE KONFERENZ 28, 30; Kursivsetzung durch Ch. G.)

In manchen (west)deutschen Schulen dürfte der Einschulungsgottesdienst diesem Modell folgen. Hier kann dem Vertreter einer anderen Religion, etwa einem Imam, Raum für einen eigenen Beitrag eingeräumt werden. Ansonsten sind die Angehörigen anderer Religionen aber bei einem christlichen Gottesdienst anwesend. Bei der persönlichen Segnung zum Abschluss muss dann strikt auf Freiwilligkeit geachtet werden, etwa durch Vortreten in den Altarraum. Eine Tauferinnerung kann durchaus inszeniert werden; die damit verbundene Einladung zur Taufe muss aber so formuliert werden, dass sich die Gäste nicht bedrängt fühlen.

Multireligiöse Feier:

Multireligiöse Feier

> Bei einer multireligiösen Feier kommen Vertreter verschiedener Religionen nebeneinander zu Wort, ohne dass sie gemeinsame Gebete sprechen. Es kann jedoch ‚nebeneinander gebetet' werden, so wie es von der EKD und von der Katholischen Deutschen Bischofskonferenz befürwortet wird. In der multireligiösen Feier werden unterschiedliche Texte, Gebete etc. nebeneinander und hintereinander gestellt. Dabei ist eine profilierte liturgische Äußerung der jeweiligen Glaubensgemeinschaft – evtl. auch in liturgischer Kleidung – möglich, ohne dass andere vereinnahmt werden bzw. ohne dass das eigene Proprium aufgegeben wird. (LITURGISCHE KONFERENZ 31)

Dieses Modell legt sich nahe, wenn viele Kinder mit nichtchristlicher Religionszugehörigkeit eingeschult werden und sich ein entsprechender Vertreter dieser Religionsgemeinschaft an der Feier beteiligt. Um Verletzungen bei Gläubigen zu vermeiden, ist darauf zu achten, dass die religiöse Herkunft der einzelnen Beiträge klar zu erkennen ist.

Solche Feierformen markieren den *Rand evangelischer Kasualien-Praxis*. Der gemeinsame Anlass, die Einschulung, und damit die primärreligiösen Erfahrungen stehen im Vordergrund; der Horizont des Evangeliums kann durch Lesungen, aber auch Lieder und Symbole eröffnet werden. Eine explizite Einladung zur Taufe dürfte meist anstößig wirken und sollte unterbleiben. Dagegen erscheint eine symbolbezogene Erinnerung an die Taufe für die getauften Kinder möglich. So können diese – vielleicht in der Nachbereitung im Religionsunterricht – den Einschulungsgottesdienst als Etappe auf dem ihr Leben umfassenden Taufweg entdecken. Eine wenig aufdringliche, aber eindrückliche Form der Tauferinnerung ist, wenn der Pfarrer bzw. die Pfarrerin die Begrüßung am Taufstein beginnt und diesen den Kindern erklärt.

Interreligiöse Feier

Das dritte Modell, das sog. interreligiöse Gebet, eignet sich nicht für den Bereich der Schule.

> Die interreligiöse Feier bietet ein gemeinsames Programm, auf das man sich inhaltlich einigt (gemeinsame Texte, Gebete etc.). Dabei wird das Verbindende der verschiedenen religiösen Standpunkte gesucht, so dass man zu gemeinsamen Texten oder Handlungen (Gebeten, Lesungen und Liedern) kommt. Die Gefahr dabei ist die Vermischung von religiösen Vorstellungen, woraus sich Unklarheiten oder sogar Verletzungen für Mitwirkende oder Besucher ergeben können. (Liturgische Konferenz 31)

Es sind Grenzfälle, bei denen sich ein multireligiöses Gebet im Zuge langjähriger Vertrautheit oder extremer Betroffenheit durch ein Ereignis (etwa 11. September 2001) in ein die Grenzen zwischen den Religionen negierendes gemeinsames Beten transformiert. *Bei einem Einschulungsgottesdienst liegt solch ein Sonderfall nicht vor.* Vielmehr steht der dortige Gottesdienst auch im Kontext des schulischen Religionsunterrichts, in dem Kinder eine klare Vorstellung der jeweiligen Religion erhalten sollen.

## 3. Zusammenfassung

Gemeindepädagogisch ist das Konzept der „Nachbarschaft von Schule und Gemeinde" ein guter Bezugsrahmen für den Einschulungsgottesdienst als Kasualie. Es vermittelt pädagogische und theologisch-ekklesiologische Perspektiven und bietet die Möglichkeit, das Ritual in einen umfassenden Prozess der Begleitung zu integrieren (theologisch: Stationen auf dem Taufweg).

Besondere Anforderungen stellt die Tatsache, dass die Zahl der Schulanfänger und -anfängerinnen mit nichtchristlicher Religionszugehörigkeit steigt. Bei der Vorbereitung und Gestaltung eines Einschulungsgottesdienstes muss man sich klar machen, welches Modell der Kooperation zwischen den unterschiedlichen Religionen in der Situation vor Ort am angemessensten ist. Beim Modell der multireligiösen Feier kommt das Konzept der Kasualien an seine Grenzen.

## § 39 Anhang: Schulgottesdienst

Literatur: CH. GRETHLEIN, Abriß der Liturgik. Ein Studienbuch zur Gottesdienstgestaltung, Gütersloh $^{2}$1991, 221–230 – W. NEUSER, Gottesdienst in der Schule. Grundlagen – Erfahrungen – Anregungen, Stuttgart 1994 – H. RUPP, Einmal zur Mitte und zurück. Der Schulgottesdienst als Weg und Bewegung, in: entwurf 1995/2, 72–74 – B. SCHRÖDER, Schulgottesdienst – ein vernachlässigtes liturgisches Handlungsfeld in multiperspektivischer Reflexion, in: JLH 38 (1999), 99–124.

Im Vorhergehenden versuchte ich, den Einschulungsgottesdienst als neue Kasualie zu profilieren. Zugleich gehört er aber auch zu den Schulgottesdiensten. Manche von ihnen könnten unter einen (weiteren) Kasualien-Begriff subsumiert werden, vor allem Gottesdienste anlässlich der Schulentlassung. Dagegen lassen sich wöchentliche Andachten in kirchlichen Schulen o.Ä. praktisch-theologisch besser in einem anderen Kontext erschließen. Doch besteht nicht nur im Erleben der Schüler und Schülerinnen sowie Lehrer und Lehrerinnen ein Zusammenhang. Allen diesen liturgischen Feiern ist gemeinsam, dass die Beteiligten auf die Begleitung Gottes in der Schule hoffen und sich deren vergewissern wollen.

### 1. Historischer Vorlauf

Die folgenden Ausführungen skizzieren einen auch für die Einschulungsgottesdienste wichtigen Hintergrund und könnten daher in § 36 platziert werden. Dadurch würde aber verdeckt, dass Einschulungsgottesdienste als Kasualien eine neue Entwicklung sind, die die bis in die 60er Jahre des 20. Jahrhunderts vorherrschende, einseitig kirchliche Bestimmtheit des Schulgottesdienstes überwindet.

Schulgottesdienste als Selbstverständlichkeit

1.1 Wie bereits angedeutet, gehören lange Zeit liturgische Feiern selbstverständlich zur Schule. Bernd Schröder fasst knapp, aber die wichtigsten Entwicklungen benennend die *durch die Reformatoren angestoßene Entwicklung* zusammen:

Bei den anfänglichen evangelischen Schulgottesdiensten, die Martin Luther für die städtischen Lateinschulen vorgesehen hatte, handelte es sich um prinzipiell wohl für alle Gemeindeglieder offene, predigtlose Gottesdienste im Kirchraum der örtlichen Gemeinde unter Leitung des Pfarrers. Alsbald jedoch, erstmals bezeugt in der „Wittenberger Schulordnung vom Jahre 1533“ wird dieser kirchliche Gottesdienst um eine „selbständig in der Schule veranstaltete[n] evangelische[n] Schulandacht“ zu Beginn des täglichen Unterrichts ergänzt. Schließlich sahen maßgebliche Kirchen- und Schulordnungen des 16. und 17. Jahrhunderts an allen Wochentagen zu Beginn und Ende des Unterrichts Andachten in den Räumlichkeiten der Schule vor, die vom Lehrer (bzw. Küster) geleitet wurden. Bestärkt wurde diese Tendenz, Andachten bzw. Gottesdienste für Schüler als schulische Veranstaltung auszurichten, etwa durch die pietistische Praxis in den Stiftungen August Hermann Franckes zu Beginn des 18. Jahrhunderts, der große Ausstrahlungskraft zukam. (SCHRÖDER 103 f)

Autonomisierung von Schule gegenüber Kirche

1.2 Im *19. Jahrhundert* bringt die regional unterschiedlich voranschreitende Verselbstständigung der Schule gegenüber der Kirche mit sich, dass die Selbstverständlichkeit der Schulgottesdienste zurückgeht. Mehrere Veränderungen fördern diese Entwicklung:

Der Religionsunterricht wird zunehmend zu einem eigenen Fach neben anderen. Damit wird der Anteil des Religiösen und Kirchlichen am Unterricht (und am Schulleben) beschränkt.

Im Zuge der aufkommenden Nationalreligiosität treten teilweise patriotische Feierstunden an die Stelle der kirchlichen Andachten bzw. Gottesdienste.

Die Lehrer beginnen sich – im Kampf gegen die geistliche Schulaufsicht – von der Kirche zu emanzipieren.

Es bahnt sich auf dem Hintergrund der Herausbildung eines eigenen Jugendalters die Differenzierung zwischen „Jugendgottesdiensten", also von der Kirche für Heranwachsende durchgeführten Gottesdiensten, und im Raum der Schule gehaltenen „Schulandachten" an (Schröder 104).

Zunehmende Probleme des Schulgottesdienstes

1.3 Spätestens bei der Neuordnung des Schulwesens nach der Niederlage im Ersten Weltkrieg verliert der Schulgottesdienst im *20. Jahrhundert* in Deutschland seine Selbstverständlichkeit. Die praktischen Probleme scheinen teilweise seine Chancen zu überwiegen. So resümiert Jakob Schoell im einschlägigen Artikel der ²RGG:

> Ihr (sc. der Schulandachten, Ch. G.) Sinn kann nur der sein, die Schularbeit und das ganze Schulleben dadurch zu weihen, dass sich alle zur Schule Gehörigen gemeinsam vor Gott stellen, auf Gottes Wort und Weisung hören und um Gottes Segen beten. Wo das mit Ernst und Andacht geschieht, gewinnt die Schulgemeinschaft, die unter den Schülern und die zwischen Lehrern und Schülern, erst ihre volle Tiefe. Daß trotzdem eigentliche Schulgottesdienste, wie es scheint, sehr selten sind, hat äußere und innere Gründe: Fehlen eines größeren und festlicheren Raums; Verschiedenartigkeit der Schüler nach Alter, religiöser Stellung, Konfession; Ratlosigkeit hinsichtlich der richtigen Gestaltung; Befürchtung, daß die ganze Einrichtung zu einer leeren und darum freiere Naturen abstoßenden Zeremonie werde; bewußte Abneigung von Lehrern und Schülern oder Schulpolitikern.[13]

Im Dritten Reich kommt es zu einem generellen Verbot von Schulandachten und -gottesdiensten; nationalsozialistische Feiern treten an ihre Stelle.

Als Reaktion auf die kirchenfeindliche Politik der Nazis öffnen sich – neben der (Wieder-)Einführung des Religionsunterrichts – viele Schulen in der Bundesrepublik wieder für die Schulgottesdienste (→ § 37 1.). Doch werden diese unter dem konzeptionellen Vorzeichen der Evangelischen Unterweisung einseitig kirchlich begründet. Helmuth Kittel konstatiert z. B. in seinem wirkungsvollen katechetischen Programm: „Gott hat seine Schöpfung weislich geordnet. Unser Gottesdienst muß

13 J. Schoell, Schulandachten, in: RGG² Bd. 5 (1931), 277 f, 277.

sich dieser Ordnung fügen, wenn er nicht unfromm sein will. Der Sonntag, der Herrentag, gliedert den Ablauf unserer Arbeitszeit. Deshalb beginnen wir und schließen wir unsere Arbeitswoche mit einer gottesdienstlichen Feier.“[14]

So wenig wie es im kirchlichen Leben gelingt, mit der Agende 1 die (meisten) Evangelischen zu regelmäßigen sonntäglichen Kirchgängern zu machen, so wenig glückt dies in der Schule.

Spätestens Ende der 60er, Anfang der 70er Jahre in den weiterführenden Schulen und etwas später in den Grundschulen entfallen Schulgottesdienste vielerorts gänzlich. *In einer Schule, die konzeptionell schülerorientiert ist, hat eine exklusiv kirchlicher Binnenlogik folgende Veranstaltung keinen Platz.* Dazu dominiert ein grundsätzlich traditions- und ritualkritischer Impetus weithin Schultheorie und -pädagogik. Funktionalität (Stichwort: Curriculumtheorie) und Wissenschaftlichkeit (Stichwort: Wissenschaftspropädeutik) bestimmen deren Ausrichtung.

## 2. Religionspädagogische Zugänge

2.1 *Unterschiedliche Entwicklungen* führen seit dem Ende der 70er Jahre wieder zu einem Anstieg der Schulgottesdienste. Die statistischen Beilagen des Amtsblattes der EKD geben für 1974 nur 39.784 Schul- (oder Schüler-)Gottesdienste an, für 1984 schon 50.360 (Grethlein 227).

Auf schulischer Seite erweist sich die an Wissenschaft ausgerichtete Orientierung in Schultheorie und -pädagogik als einseitig.

Veränderungen in der Schule – neue Bedeutung von Ritualen

Zunehmende Probleme an großen Schulen inner- und außerhalb des Unterrichts lassen nach Integrationsmöglichkeiten suchen; dabei stößt man auf die Bedeutung von Ritualen.

Schulische Religionsdidaktiker entdecken, dass eine exklusive Orientierung an den „Problemen“ der Schülerinnen und Schüler nicht nur hermeneutische Schwierigkeiten aufwirft – woher kennen die Erwachsenen die Probleme der Heranwachsenden? –, sondern auch der Gegenstand „Religion“ im Religionsunterricht verloren zu gehen droht.

Veränderungen in der Praktische Theologie – neue Einsicht in die Bedeutung von Ritualen

Diesen Einsichten korrespondieren auf praktisch-theologischer Seite folgende Entwicklungen:

Die Fixierung auf die Predigt in pastoraler Ausbildung und kirchlicher Praxis erscheint zunehmend unverbunden mit der Lebenswelt und dysfunktional.

Empirische Zugänge in den verschiedenen praktisch-theologischen Disziplinen öffnen den Blick für die Logik der alltäglichen Lebensführung.

Auch Homiletik und Liturgik orientieren sich um. Die sog. Adressaten bzw. die „Situation“ kommen programmatisch in den Blick.

14 H. Kittel, Vom Religionsunterricht zur Evangelischen Unterweisung, Hannover [2]1949, 106.

Schließlich gibt lebensweltlich das öffentliche Interesse an „Religion“ einen wesentlichen Impuls dafür, dass liturgische Formen wieder im schulischen Bereich Eingang halten.

Doch stehen jetzt die Schulgottesdienste unter neuem Vorzeichen. Nicht kirchliche Sitte oder die sonntägliche Agende, sondern die Anliegen (sowie ästhetischen Präferenzen) der Schülerinnen und Schüler, manchmal auch der Lehrerinnen und Lehrer sowie von Eltern (bei Grundschulkindern) sind ihr Ausgangspunkt. Schulgottesdienste orientieren sich heute thematisch und gestalterisch primär an den Bedürfnissen der Teilnehmenden. Erst so kann das Evangelium kommunikativ erschlossen werden.

2.2 Mittlerweile nehmen in der *Religionspädagogik* erste Theorieansätze diese Entwicklung auf. „Liturgische Bildung“ entwickelt sich als programmatisches Stichwort, das methodische und didaktische Überlegungen umfasst und den Raum der Schule berücksichtigt, aber nicht auf diesen beschränkt bleibt.

Erkenntnisse aus der Ritualtheorie

Vor allem Erkenntnisse aus der Ritualtheorie werden rezipiert und religionspädagogisch fruchtbar gemacht:[15] Wissenssoziologisch zeigt sich, dass besonders wichtiges Wissen besser durch Rituale als bloße Worte ein- und nachdrücklich vermittelt wird.

Sozialpsychologisch gesehen sind – wie in anderem Zusammenhang in § 6 entfaltet – Rituale unverzichtbar in Situationen der Verunsicherung.

Spieltheoretisch gehören – zweckfreie – Rituale offensichtlich zur biologischen Grundausstattung menschlicher Verhaltensweisen.

Angeregt durch die Gestaltpädagogik bemüht sich zuerst Christoph Bizer darum, die Kluft zwischen Didaktik und Liturgik zu überwinden.[16] Dass dabei auch die Schulgottesdienste in den Blick kommen, ist unvermeidlich. Allerdings fehlt bis heute deren überzeugende monographische Erschließung.

## 3. Pluriformität der Schulgottesdienste

Wie angedeutet ist die auf Schule bezogene liturgische Landschaft vielgestaltig, wobei sich je nach Blickwinkel verschiedene Szenarien bieten:

Schulartspezifische Feierpraxis

3.1 *Aus schulischer bzw. pädagogischer Sicht* wird zuerst zwischen liturgischen Formen in unterschiedlichen Schularten zu unterscheiden sein. Grundschüler feiern anders als Gymnasiasten oder junge Erwachsene im Berufskolleg. Besondere Herausforderungen stellen sich bei den verschiedenen Formen von Förderschulen.

15 Ch. Grethlein, Rituale im Schulleben – religionspädagogische Überlegungen zu Chancen und Grenzen, in: M. Wermke (Hg.), Rituale und Inszenierungen in Schule und Unterricht (Grundlegungen 2), Münster 1997, 48–59, besonders 51–53.

16 Ch. Bizer, Liturgik und Didaktik, in: JRP 5 (1988), Neukirchen-Vluyn 1989, 83–111.

Verschiedene Anlässe für Schulgottesdienste

3.2 *Liturgisch* ist zuerst der Anlass der Feiern ein Differenzierungsmerkmal: Vorzüglich sind Schulanfang und -schluss Termine für liturgische Feiern, wobei – wie gezeigt – dem Einschulungsgottesdienst in der Grundschule eine besondere Bedeutung zukommt.

Manche Schulabschlussgottesdienste kommen dem teilweise nahe. Das in der gegenwärtigen deutschen Gesellschaft weit verbreitete Empfinden einer unsicheren Zukunft lässt sich mit Händen greifen, z. B. wenn Hauptschülerinnen und -schüler oder Abiturienten und Abiturientinnen verabschiedet werden.

Weiter feiern Schulen gerne zu bestimmten Jahreszeiten Gottesdienst, häufig vor Weihnachten (oft verbunden mit einer Spendenaktion) oder vor Ostern. Dabei werden die kirchlichen Jahreszeiten entsprechend der Ferienregelungen transformiert: In der Adventszeit wird Weihnachten, in der Passionszeit Ostern gefeiert. Erst ansatzweise werden die damit verbundenen Herausforderungen für die kirchliche Feierpraxis wahrgenommen. Ein innovativer Vorstoß ist hier das Dokument „Kirchenjahr erneuern" der Liturgischen Konferenz. Es eröffnet durch den Biographiebezug eine neue Perspektive, die aus sonst vorherrschenden Abgrenzungen herausführt: „Individualisierung und Pluralisierung der Zeitrhythmen sind nicht nur ‚Abnutzungserscheinungen' des traditionell verbürgten Kirchenjahres. Sie sind zugleich auch die Art und Weise, wie das Kirchenjahr heute biographisch zugänglich wird ..."[17]

Schulgottesdienste finden auch zu besonderen Ereignissen statt: angefangen von Schuljubiläen bis hin zu Ereignissen, die die Schule aufrütteln und die nur in liturgischer Form angemessen zu kommunizieren sind (→ § 33).

Während die bisher genannten Gottesdienste sich – in der Regel – an die ganze Schule (bzw. Schulstufen) richten, finden sich in Schulen auch kleinere liturgische Formen. Sie reichen vom Friedensgebet in der großen Pause über eine „Stille Zeit" vor Schulbeginn bis hin zu gelegentlichen Kasualgottesdiensten wie der Bestattung eines verstorbenen Schülers oder Lehrers.

3.3 Einen dritten Gesichtspunkt, die Pluriformität von Schulgottesdiensten wahrzunehmen, eröffnet die *Frage nach Leitung und Vorbereitung.*

Kooperation bei der Durchführung von Schulgottesdiensten

Pfarrer oder Pfarrerin (bzw. auch Vertreter einer nichtchristlichen Religionsgemeinschaft), Lehrerinnen und Lehrer sowie Schüler und Schülerinnen können jeweils allein oder in Kooperation mit den anderen Personen bzw. Gruppen einen Gottesdienst vorbereiten.

Ähnlich steht es mit der Leitung. Dabei verleiht die Leitung des Schulgottesdienstes durch einen Pfarrer bzw. eine Pfarrerin diesem größeres öffentliches und kirchliches Gewicht. Zugleich wird dadurch, falls der Pfarrer bzw. die Pfarrerin nicht selbst

17 Liturgische Konferenz, Kirchenjahr erneuern. Gottesdienstliche Praxis im Rhythmus des Jahreskreises, in: PrTh 41 (2006), 48–58, 54.

Unterricht an der Schule erteilt, ein schulfremder Akzent eingetragen. Hinsichtlich des Lernens am Modell ist es gewiss günstig, wenn Lehrer und Lehrerinnen oder auch Mitschülerinnen und Mitschüler liturgisch (mit)leitend agieren. Christsein wird dann – zugespitzt formuliert – aus seiner Reduktion auf kirchliche Hauptberufliche gelöst.

3.4 Schließlich begegnen – wie beim Einschulungsgottesdienst – unterschiedliche Möglichkeiten, der konfessionellen und meist auch religiösen Pluralität in der Gestaltung gerecht zu werden. Meist werden Schulgottesdienste wohl heute ökumenisch gefeiert, bisweilen auch im Sinne liturgischer Gastfreundschaft oder als multireligiöse Feier (→ § 38 2.).

## 4. Beispiel: Abschlussgottesdienst

4.1 Dadurch dass Schulgottesdienste in der Regel von mehreren Menschen gestaltet werden, bedarf es einer guten Strukturierung der *Vorbereitung.*

Checkliste Abschlussgottesdienst

Michael Wermke hat am Beispiel eines Abschlussgottesdienstes aus der Perspektive eines Religionslehrers eine „Checkliste" für den Planungsweg erstellt:

November – sechs Monate vor dem Abschlussgottesdienst
– Klärung offizieller Termine (Prüfungen, Entlassung etc.)
– Absprache mit Kolleginnen und Kollegen über Vorbereitung
– Festlegung des Gottesdiensttermins
– Mitteilung an Schulleitung über Termin des Gottesdienstes
– Mitteilung an die interessierten Schülerinnen und Schüler über Vorbereitungstermine und Gottesdiensttermin
– Klärung des Vorbereitungsortes (z. B. Gemeindehaus)
– Ökumene
– Kontakt zu Kirchengemeinde/Klärung der Termine

Anfang März – erstes Treffen der Vorbereitungsgruppe
– Brainstorming zum Thema und Auswahl eines Bibeltextes
– Aufgabenverteilung (Wer macht was bis wann?)
– liturgischer Ablauf [...]
– Bildung von thematischen Arbeitsgruppen
– Arbeitsaufträge an die einzelnen Gruppen, was bis zum nächsten Treffen zu tun ist
– Protokolle und Adressenliste

Ende März/Anfang April – Zwischentreffen
– Zusammentragen der Arbeitsergebnisse der Arbeitsgruppen
– Detaillierte Planung des Gottesdienstes
– Stand der Organisation (Musiker etc.)
– Protokoll

Mitte/Ende Mai – letztes Treffen
– Abfrage des Standes der Dinge (steht alles? inhaltlich und organisatorisch)
– Erstellen eines Plakates, der Liederzettel, der Einladungen
– Kopieren der Texte für alle
– Kollekte
– Benachrichtigung der Presse
– Protokoll

Generalprobe
– Sprech- und Bewegungsproben aller Beteiligten
– 1–2 Tage vor dem Gottesdienst
– Klärung letzter offener Fragen

Abschlussgottesdienst
– Treffen etwa 2 Stunden vor Beginn
– letzte Prüfung der technischen Anlage (Mikrofon etc.)
– Auslegung der Zettel mit den Liedern und Gebeten
– innere Einstimmung, Orgelvorspiel
– anschließendes Nachtreffen.[18]

Schon ein kurzer Blick auf diese Liste zeigt, wie anspruchsvoll, aber auch wie gewinnbringend eine solch gründliche Vorbereitung eines Abschlussgottesdienstes ist. Im Laufe dieses Prozesses ergeben sich vielfältige Möglichkeiten zu Glaubensgesprächen; durch die Notwendigkeit der Operationalisierung verbleiben diese auch nicht im Allgemeinen. Dazu lernen allgemein pädagogisch gesehen die Schüler und Schülerinnen viel über die Organisation einer Veranstaltung; ihre Fähigkeit, mit anderen zu kooperieren, wird gefördert. In einzelnen Schulen sind die Jugendlichen stärker initiativ; an den in der Checkliste dargestellten, zu berücksichtigenden Vorbereitungsschritten ändert sich dadurch aber nichts.

Bei Feiern im Modell der liturgischen Gastfreundschaft oder der multireligiösen Feier ist von Anfang an – entsprechend ökumenischer Kooperation – ein Vertreter der anderen Religion einzubinden.

Klare Struktur des Gottesdienstes

4.2 Bei der Gestaltung hat sich der *liturgische Aufbau* bewährt, der auch für das Evangelische Gottesdienstbuch grundlegend ist (ausgenommen den Abendmahlsteil):

„Der für christliche Gottesdienste (ohne Abendmahl) übliche Dreischritt Eröffnung und Einstimmung, Verkündigung/Hören auf Gottes Wort und Segen/Sendung kann die Grundstruktur für […] religiöse Feiern abgeben. Er entspricht der Grundstruktur der Kommunikation mit Gott in Christentum und Islam."[19]

Wenn eine solche Struktur gut markiert ist, etwa durch Instrumentalmusik am Übergang von einem zum anderen Teil, wird den häufig liturgisch wenig erfahrenen Schülern und Schülerinnen die Mitfeier erleichtert. Je nach konkretem Anlass kann dann bei der Schwerpunktsetzung variiert werden. Bei einem Gottesdienst anlässlich

18 Wermke, Religion 204 f; ohne Kursivsetzungen im Original.

19 Ch. Grethlein, Fachdidaktik Religion, Göttingen 2005, 316 f.

der Schulentlassung legt es sich z. B. nahe, den Sendungsteil ausführlicher zu gestalten usw.

Bei der Beteiligung von Vertretern einer oder mehrerer anderer Religionen ist zum einen darauf zu achten, dass die Schülerinnen und Schüler die jeweilige Verantwortung für einen Text bzw. Beitrag klar erkennen. Manchmal wird dies schon dadurch gegeben sein, dass z. B. ins Deutsche übersetzt wird. Zum anderen ist der Zusammenhang zwischen den verschiedenen Beiträgen herzustellen. Hier hat sich gezeigt, dass naturale Symbole nicht nur für Anschaulichkeit und Verständlichkeit günstig sind. Sie können der gemeinsame Bezugspunkt etwa für Lesungen aus Bibel oder Koran sein. Zugleich sind solche Symbole konsensfähiger als in einer Religion fest verwurzelte Symbole.

### 5. Zusammenfassung

Die Kasualie Einschulungsgottesdienst führt in die pluriforme Landschaft der Schulgottesdienste ein. Als zweiseitige liturgische Handlungen eröffnen sie jungen Menschen an einem wesentlichen Ort ihres Lebens, der Schule, die Möglichkeit zur Kommunikation des Evangeliums. Die notwendigen Planungen sind anspruchsvoll, doch bereits der Planungsprozess selbst ist theologisch und pädagogisch bedeutsam. Besondere Möglichkeiten liegen bei den Gottesdiensten zur Schulentlassung.

## 8. Kapitel: Krankensalbung – rituelles Handeln angesichts von Krankheit

„Gesundheit" als ein Schlüsselthema der Gegenwart

Schon ein rascher Blick in heutige Medien zeigt, dass Gesundheit in mehrfacher Hinsicht ein zentrales Thema gegenwärtiger Gesellschaft ist:

Anzeigen und Artikel in Zeitschriften und Zeitungen sowie zahlreiche Fernseh- und Radiosendungen und Bücher umkreisen den Themenbereich Gesundheit und Krankheit.

Politisch und ökonomisch wird seit Jahren in den verschiedensten Ländern um die Organisation und Finanzierung des Gesundheitswesens gerungen.

Die meisten Menschen geben in Form von Krankenversicherungsbeiträgen einen beträchtlichen Teil ihres Einkommens für medizinische Behandlung und Vorsorge vor Krankheit aus.

Die umgangssprachliche Aussage „Gesundheit ist doch das Wichtigste" findet in den unterschiedlichen Milieus Zustimmung.

Schließlich blüht jenseits der Schulmedizin eine Fülle von Heilungsmethoden und -formen, deren Wirkung unter naturwissenschaftlicher Perspektive zweifelhaft ist. Ins Magische reichende Vorstellungen finden – wie der Zulauf zu entsprechenden Kursen und Heilern sowie die Auflage entsprechender Publikationen zeigen – reges Interesse.

*So wichtig also das Thema Umgang mit Krankheit ist, so strittig ist das „Wie“.* Ist die technisch-naturwissenschaftliche Medizin der europäisch-nordamerikanischen Zivilisation tatsächlich chinesischer Medizin, schamanistischen Riten oder Ayurveda-Praktiken überlegen?

Von Anfang an hat sich die Kirche um die Begleitung Kranker bemüht. Dadurch ist sie in den Diskurs zum Krankheitsverständnis und zu Heilungsmöglichkeiten eingebunden. Der folgende Blick in das Programm eines kirchlichen Erwachsenenbildungs-Werks zeigt exemplarisch, in wie hohem Maß sich die verschiedenen Zugänge mittlerweile auch in der kirchlichen Arbeit widerspiegeln:

So offeriert z. B. das Katholische Bildungswerk im württembergischen Kreis Böblingen im Frühjahr 2006 ein besonderes, 27 Veranstaltungen umfassendes Angebot „Kurse zum Heil und Heilwerden“.

Einleitend heißt es auf einem diesbezüglichen Faltblatt: „Die Veranstaltungen in diesem Bereich zielen vor allem daraufhin, die Gesundheit insgesamt zu fördern und umfassen eine Vielzahl von Heilungsansätzen, die in der Art einer ‚Salutogenese‘ zusammengefasst werden können. Die Kurse verstehen sich jeweils als ergänzende Möglichkeiten zur Schulmedizin oder einer anderen ärztlichen Behandlung oder als Lebenshilfe auch für gesunde Menschen.“

U. a. finden sich folgende Einzelkurse:

Heilungsgottesdienst (mit einem früher in Afrika tätigen Pfarrer und einem amerikanischen „Reverend“, der zugleich Jazzmusiker ist).

„Christus – mein Arzt. Konturen einer christlichen Spiritualität des Heilens“

„‚Erschöpft, ausgebrannt.‘ Wie komme ich zu neuer Kraft? – Der verwundete Helfer und der Engel der Stärkung“

„‚Hauptsache gesund – oder?‘ Der Heilungsauftrag einer christlichen Gemeinde“

„Heilende Berührungen im Alltag. Basale Stimulationen – Strömen – Handauflegen“

„Segnen und Salben. Heilungshandlungen der Kirchen: Taufe, Sterben, Hochzeit …“

„Licht- und Heilkreis“

„Worte Christi – Yoga für das 21. Jahrhundert“

„Die Gaben des Heiligen Geistes und die Rolle der Gottesmutter“

„Buchinger-Heilfasten“

„Fastengruppen“

„Jin Shin Jyutsu“

„Zen-Shiatsu und Krebs“

„Kochen Sie sich gesund“

„Heilen im Gebet – Einführungskurs“

„Singen macht heil – Heilender liturgischer Gesang“

„Tanz dich frei“

„Die Heilkräfte der Träume – Spirituelle Erfahrungen mit unseren Seelen“

„Ergänzende Naturheilverfahren am Beispiel der Traditionellen Chinesischen Medizin“.

In dieser Situation ist sorgfältige praktisch-theologische Reflexion wichtig:

Ein geschichtlicher Rückblick in Kultur- und Religionsgeschichte bringt schnell die große Bedeutung des mit den Begriffen Krankheit und Gesundheit erst tastend umschriebenen Problemkomplexes zu Tage. In der biblischen Tradition begegnen besondere Akzentuierungen hinsichtlich des Umgangs mit Krankheit. Sie erhalten vor dem Hintergrund des allgemeinen religionsgeschichtlichen Kontextes ihr Profil und enthalten theologisch wichtige Grundeinsichten.

Sodann sind die gegenwärtige Situation hinsichtlich des Umgangs mit Krankheit und die heutige kirchliche Praxis in Deutschland nur auf dem Hintergrund einer langen und komplexen Entwicklung zu verstehen.

Wichtige Impulse kommen für eine Neubestimmung kirchlichen Handelns angesichts von Krankheit gegenwärtig aus der Ökumene, und zwar sowohl in konfessioneller als auch in internationaler Hinsicht. Zunehmend finden sie Beachtung auch in den evangelischen Kirchen Deutschlands.

Auf dieser Grundlage entwickle ich einige Hinweise zur konzeptionellen Entwicklung der Krankensalbung als Kasualie.

## § 40 Biblische Einsichten

Literatur: P. Gerlitz, Krankheit I. Religionsgeschichtlich, in: TRE Bd. 19 (1990), 675–680 – U. Heckel, Der Segen im Neuen Testament. Begriff, Formeln, Gesten (WUNT 150), Tübingen 2002, 342–346 – M. Honecker, Christus Medicus, in: KuD 31 (1985), 307–323 – K. Seybold/U. B. Müller, Krankheit und Heilung, Stuttgart 1978 - W. Schrage, Heil und Heilung im Neuen Testament, in: EvTh 46 (1986), 197–214 – H. W. Wolff, Anthropologie des Alten Testaments, München [3]1977, 211–220.

Die biblische Einstellung zu Krankheit und Heilung ist nur auf dem Hintergrund der entsprechenden antiken Vorstellungen und der damaligen, in heutiger Perspektive äußerst geringen medizinischen Möglichkeiten zu verstehen. Es begegnen aber bereits Problemstellungen und Einsichten von bleibender kulturübergreifender Bedeutung für den Umgang von Christen mit Krankheit.

### 1. Religionsgeschichtliche Grundlagen

Zwar gehören Krankheit und Heilung zum menschlichen Leben. Der Versuch, diese Begriffe genauer zu bestimmen, zeigt aber schnell, in wie hohem Maß ihr Verständnis kulturbezogen ist (Seybold/Müller 7 f).

Krankheit als Identitätsverlust

Allgemein kann konstatiert werden, dass Kranksein als zur Hilfsbedürftigkeit führender „Identitätsverlust" (Gerlitz 676) erlebt wird, der wiederum *verschiedene Ursachen* haben kann:

Dämonen gelten als Krankheitserreger; sie können sich z. B. in Tieren verkörpern. Dazu tritt die Krankheit als Folge des Zorns der Götter.

Damit hängt eng zusammen, dass Krankheit als Strafe gedeutet wird, wobei unterschiedlichste Vergehen bzw. Verstöße gegen die göttliche Ordnung die Ursache sein können.

Schließlich wird Krankheit als Zeit der Erprobung und Bewährung interpretiert.

Der jeweils angenommenen Krankheitsursache korrespondiert die Heilungsprozedur. Abwehr bzw. Austreibung von Dämonen finden sich ebenso wie Entsühnungsriten, um die zuständige Gottheit gnädig zu stimmen. Empirisch orientierte Kenntnisse sind auch in der Umwelt Israels selten und ungenau (Seybold/Müller 17–28).

Für die Antike ist eine Unterscheidung zwischen Priestern und Ärzten nicht bzw. nur schwer möglich. Dies liegt darin begründet, dass in dem damals vorherrschenden einheitlichen Weltbild die in der Moderne geläufige Unterscheidung von Bereichen wie Religion und Medizin unbekannt ist. So gehen z. B. in den Asklepios-Heiligtümern physische Anwendungen und religiös-rituelle Praxis ineinander über. Der Priester fungiert – in moderner Sprache – zugleich als Arzt.

Öl als Heilmittel

Auf der praktischen Ebene begegnen Heilmittel wie vor allem Öl, das in unterschiedlicher Weise Verwendung findet. Es dient – neben seiner Funktion als Nahrungsmittel und Lichtspender – der desinfizierenden Versorgung von Wunden; dazu erfrischt es Ermattete und ihm wird apotropäische Wirkung zugeschrieben. Öl gilt – anschaulich auf Grund des Herstellungsprozesses in der Ölmühle – als Extrakt von Kraft. Menschen werden mit Öl gesalbt, um sie zu kräftigen und zu schützen. Die große Bedeutung von Öl in der antiken Heilkunst geht etymologisch daraus hervor, dass die babylonische Bezeichnung für Arzt, „asû", Ölkundiger bedeutet.

## 2. Krankheit und Heilung im Alten Testament

2.1 Der philologische Befund, dass es im Alten Testament keine Begriffe gibt, die eindeutig „Krankheit" und „Heilung" entsprechen, nötigt zur Vorsicht (Seybold/Müller 7f). Es findet sich eine Fülle von Hinweisen auf Krankheiten, wobei diese meist nicht genau in heutiger medizinischer Terminologie identifizierbar sind. Meist geht es um „einen Zustand der Schwäche, der Schlaffheit und Erschöpfung, also der irgendwie gebrochenen Lebenskraft" (Wolff 211).

Tun-Ergehens-zusammenhang

Die genannten, damals üblichen Deutungsmuster begegnen auch im Alten Testament, so die im Tun-Ergehenszusammenhang begründete Auffassung von der Krankheit als durch Gott verhängter Strafe (Ex 9,14f; Num 12,9–14 u. a.). Darauf reagieren die Erkrankten mit Bußriten (z. B. Ps 38). Zugleich äußern sie Hoffnung auf Jahwes Hilfe (z. B. Ps 103,2–5). In späteren Texten finden sich Versuche, solche Schematismen zu überwinden und direkte Schuldzuweisungen zu problematisieren (vor allem Hi). Daneben begegnen weisheitliche Sentenzen, die Lebensmaximen als gesundheitsfördernd empfehlen (z. B. Spr 3,7f).

Geringe Bedeutung von Ärzten

2.2 *Differente Akzentuierungen zwischen Israel und anderen Völkern* finden sich hinsichtlich der Heilung. Dies zeigt sich an der offenkundig unterschiedlichen Verbreitung und Bedeutung von Ärzten und Heilungsriten. Zwar wird im Alten Testament von Orakelbefragungen (2 Kön 1) u.Ä. berichtet, aber in ablehnender Weise. Auch hinsichtlich der Ärzte begegnet deutliche Reserve. Vielmehr gilt: „Ich bin der Herr (Jahwe), dein Arzt." (Ex 15,26) Das Wichtigste in der Krankheit ist demnach die Bitte an Jahwe um Hilfe, nicht der Gang zu Ärzten (2 Chr 16,12).

Grundsatzproblem: Verhältnis Freiheit Gottes – medizinisches Handeln

Diese Entgegensetzung spiegelt ein grundsätzliches Problem: Wie können Medizin und Religion einander zugeordnet werden, wenn bei letzterer die Freiheit Gottes eine wichtige Glaubenseinsicht ist und von daher magische, also direkt das Handeln Gottes beeinflussende menschliche Praktiken ausgeschlossen (oder zumindest zweitrangig) sind?

Schöpfungstheologischer Vermittlungsversuch

Erst allmählich zeichnet sich hier eine gewisse Entspannung ab. So heißt es bei Jesus Sirach (2. Jahrhundert v. Chr.):

> Ehre den Arzt, seinen Diensten gemäß,
> denn auch ihm hat Gott sein Teil zugewiesen.
> Von Gott ist der Arzt unterrichtet,
> und vom König erhält er Geschenke.
> Das Wissen des Arztes erhöht sein Haupt
> und bei Fürsten hat er Zutritt.
> Gott bringt aus der Erde die Heilmittel hervor,
> und ein verständiger Mensch verschmäht sie nicht. […]
> Mein Sohn, in der Krankheit säume nicht,
> bete zu Gott, denn er macht gesund.
> Fliehe den Frevel und reinige dein Herz.
> Spende Weihrauch und ein Gedächtnisopfer,
> mache reichlich die Gabe, so gut wie du vermagst.
> Doch auch dem Arzt gewähre Zutritt,
> nicht soll er weichen, denn auch er ist nötig.
> Denn es gibt Zeiten, da hat seine Hand Erfolg,
> denn auch er betet zu Gott,
> daß er ihm die Untersuchung gelingen lasse
> und die Heilung zur Erhaltung des Lebens.
> Wer gegen seinen Schöpfer sündigt.
> Der fällt in die Finger des Arztes. (38,1–4.9–15; Übersetzung: Wolff 216)

Selbst hier, am Rande des Alten Testaments, gilt eindeutig die Präferenz Gottes vor dem ärztlichen Tun, dessen Leistung eher widerstrebend genannt wird. Theologisch ermöglicht der Bezug auf die Schöpfung einen gewissen Ausgleich zwischen dem Handeln Jahwes und dem des Arztes. Denn aus Gottes Schöpfung stammen die Heilmittel des Arztes. Allerdings macht selbst dieser singuläre Text deutlich, wie schwer es fällt, neben dem Jahwe-Glauben dem ärztlichen Handeln Bedeutung einzuräumen.

Dem entspricht die vorwiegend theologische Semantik des Öls im Alten Testament. So bildet das Substrat aus Oliven eine Brücke zwischen dem Glauben an Gott und der Medizin. Es dient im Alten Testament vor allem der Kennzeichnung besonderer Verbundenheit einzelner Menschen mit Gott: Priester, Propheten und Könige werden gesalbt. Zugleich ist es – wie erwähnt – bevorzugtes Mittel der antiken Medizin.

So ist zu resümieren:

> Die medizinischen Kenntnisse des alten Israel waren allem Anschein nach minimal, zuerst historisch-geographisch-kulturell, dann religiös bedingt. […] Bis zuletzt trat dem Jahweglauben Medizin immer als fremdreligiös gebundene, mit Zauber und Magie vermischte, heidnische Kunst ins Gesichtsfeld […] Vielleicht sah es im Lebensalltag ganz anders aus. Aber die offizielle Theologie vermochte bis in die hellenistische Zeit kein positives Verhältnis zur Medizin zu gewinnen. (Seybold/Müller 78)

## 3. Krankheit und Heilung im Neuen Testament

3.1 Im Neuen Testament gehen das historisch nur schwer rekonstruierbare heilende Handeln Jesu, dessen gedeutete Überlieferung durch die Urgemeinde sowie das heilende Handeln der Christen eine kaum entwirrbare Verbindung ein. Grundlegend sind dämonologisch geprägte Krankheitsvorstellungen; praktisch wird immer wieder auf volksmedizinische Hilfsmittel zurückgegriffen.

Hellenistische Heilkunst

Die hellenistische Heilkunst wird nicht bzw. kaum rezipiert. Hier bestehen *vier Institutionen*, *an die sich Kranke wenden können* (Seybold/Müller 80–86):

Ärzte, die eine empirisch orientierte Medizin als Kunst ausüben; sie arbeiten – wie aus dem hippokratischen Eide hervorgeht – diätetisch und pharmakologisch (nicht aber chirurgisch). Sie grenzen sich klar von der Magie ab, begründen ihr Handeln vielmehr naturphilosophisch.

Kultische Heilstätten, z. B. Asklepios-Tempel, bieten die Möglichkeit, sich in Krankheitsnot an die Gottheit zu wenden und etwa im Tempelschlaf Hinweise auf Heilung zu erhalten. Teilweise sind hier auch Ärzte tätig.

Offiziell verboten, deshalb insgeheim tätig sind Zauberer. Sie versprechen durch magische Praktiken, wozu auch Exorzismen gehören, Linderung.

Schließlich gibt es Wundercharismatiker, deren Heiltätigkeit öffentlich, ja missionarisch ausgerichtet ist. Hier wird innerhalb einer Weltanschauung Heilung versucht, wobei in der Praxis die Grenzen zur Zauberei fließend sind.

Jüdische Distanz zu Medizin und Ärzten

In jüdischen Kreisen herrscht weithin die bereits aus dem Alten Testament bekannte Reserve gegen Medizin und Ärzte. Das Rabbinat lehrt einen *Kausalzusammenhang von Schuld und Krankheit*: „Dieses Vergeltungsdogma kann sogar konkrete Sünden als Ursache für bestimmte Krankheiten angeben. So ist z. B. die Wassersucht, bei welcher der Leib ‚hart' ist, auf Unzucht zurückzuführen; infolge von Zauberei magert der Leib ab. Bei der Geburt bereits bestehende Gebrechen beruhen auf Sünden im Mutterleib.“ (HONECKER 308 f)

Heilungen Jesu

3.2 Bei Jesus passen sich auf den ersten Blick die von ihm überlieferten Wundertaten gut in Berichte über andere zeitgenössische Wundertäter ein. Er ist exorzistisch tätig, treibt also aus Besessenen Dämonen aus (s. z. B. summarisch Lk 11,20; sehr drastisch z. B. Mk 5,1–20), und heilt mancherlei Gebrechen (s. z. B. summarisch Mt 11,5): Blindheit (z. B. Mk 8,22–26), Stummheit (z. B. Lk 11,14), Taubstummheit (Mk 7,31–37), Lähmung (z. B. Mk 2,1–12), Auszehrung (z. B. Mk 3,1–6), Blutungen (z. B. Mk 5,25–34), Aussatz (z. B. Mk 1,40–45), Fieber (z. B. Mk 1,29–31), Wassersucht (Lk 14,1–6) und Rückgratverkrümmung (Lk 13,10–17). Auch verwendet er mit Speichel (z. B. Mk 7,33) als intensivem Ausdruck des eigenen Atems ein damals volksmedizinisch übliches Mittel.

Eschatologische Ausrichtung des Handelns Jesu

Das Besondere an seinem Handeln liegt in dessen eschatologischer Ausrichtung begründet. *Jesus rückt die Dämonenaustreibungen und Heilungen in den Horizont des Reiches Gottes.* Mit diesen Taten beginnt eine neue Zeit: „In der Zeit der anbrechenden Gottesherrschaft demonstriert Jesus durch seine Heilungen, daß die Krankheit als Unheilsmacht des Todes besiegt wird.“ (SEYBOLD/MÜLLER 105). Von daher erklärt sich der enge Zusammenhang zwischen seinen Heilungen und dem Glauben der Geheilten (z. B. Mk 5,34). Das Therapeutische tritt in seiner Bedeutung hinter die Botschaft vom Reich Gottes zurück.

Bei genauerem Hinsehen ist der Interpretationsrahmen, innerhalb dessen Jesus nach neutestamentlichem Zeugnis Krankheit versteht, durchaus spannungsvoll. In manchen Taten setzt Jesus selbstverständlich einen Zusammenhang zwischen Sünde und Krankheit voraus (Mk 2,5); er grenzt sich aber anderweitig von dieser im damaligen Judentum üblichen Anschauung deutlich ab (Joh 9,2 f). Bei Jesus ist also keine eindeutige Lehre von Heilungen zu finden. Vielmehr nimmt er je nach Situation damals übliche Vorstellungen von Krankheit und Heilung auf; sie dienen ihm zur Plausibilisierung des anbrechenden Reiches Gottes.

Diese Besonderheit kann begrifflich durch die Unterscheidung (nicht Trennung) von Heilung und Heil ausgedrückt werden. Primär verfolgt Jesus das Anliegen, den Menschen durch die Kommunikation des Evangeliums den Zugang zu Gott als ihrem Vater, also zum Heil, zu eröffnen. Die Heilungen sind hier als Konkretionen zu verstehen.

Totensalbung

Schließlich erwähnen die Berichte von Heilungen durch Jesus keine Verwendung von Öl, ohne dass diese aber ausgeschlossen wäre. Jesus selbst wird – in Vorwegnahme seines Todes und damit in Aufnahme des Ritus der Totensalbung – von einer Frau gesalbt (Mk 14,3–9; vgl. Mk 16,1).

Heilungen der ersten Christen

3.3 Auch bei den ersten Christen sind unterschiedliche Auffassungen zu beobachten.

Die *Jünger* treten in die Heilungstätigkeit und Exorzismen Jesu ein (Mk 6,7–13; Apg 5,12). Dabei scheint aber von Beginn an zwischen der Heilungstätigkeit Jesu und der seiner Jünger unterschieden zu werden. So spricht z. B. Petrus bei der Heilung eines seit acht Jahren Bettlägerigen: „Jesus Christus macht dich gesund [...]" (Apg 9,34). Zugleich erleben die von Jesus zum Heilen bevollmächtigten Jünger Probleme mit der Realität ihres Handelns. Mk 9,18.28 nennt wohl ein in die Zeit des irdischen Wirkens Jesu zurückprojiziertes Erlebnis, bei dem der Heilungstätigkeit der Jünger kein Erfolg beschieden ist (SEYBOLD/MÜLLER 159). Inhaltlich wird das Gebet in den Mittelpunkt gerückt (Mk 9,29).

Die Bedeutung des heilenden Handelns für die ersten Christen geht aus den entsprechenden Äußerungen von Paulus hervor. Er spricht explizit vom Charisma der Heilung (1 Kor 12,28 f). An anderer Stelle setzt der Apostel den Zusammenhang von Krankheit und Sünde voraus. So deutet er die Krankheit von Gemeindegliedern als Konsequenz aus dem Missbrauch des Herrenmahls (1 Kor 11,30).

Krankheit Pauli

Interessante Aufschlüsse zum Umgang mit Krankheit gibt auch das von *Paulus* biographisch Überlieferte (z. B. 2 Kor 12,7 f). Zwar ist dessen Krankheit nicht genau in heutiger medizinischer Terminologie rekonstruierbar, doch handelt es sich offenkundig um eine chronische Einschränkung. Der Apostel führt sie auf „Satans Engel" zurück. Sein dreimaliges Gebet um Heilung wird nicht erhört. Vielmehr interpretiert Paulus seine Krankheit jetzt als Willen Gottes, dass sich die Macht des Herrn in seiner Schwachheit zeige. Somit wird die Krankheit nicht von ihm genommen, er bekommt aber die Möglichkeit, mit ihr weiterzuleben, ihr sogar einen Sinn im Kontext seiner apostolischen Existenz zu unterlegen.

Heilung im Horizont sekundärer Religionserfahrung

Religionstheoretisch gesprochen begegnet also sowohl bei Jesus als auch bei Paulus eine Horizonterweiterung über den an körperlicher Heilung interessierten Bereich primärer Religionserfahrung hinaus. Dabei wird körperliche Heilung keineswegs gering geachtet. Jesus heilt selbst und Paulus betet nachdrücklich um eigene Heilung – doch steht dies jeweils in einem weiteren eschatologischen Horizont. Bei Jesus sind die Exorzismen und Heilungen als Zeichen der anbrechenden Gottesherrschaft Ausdrucksformen der Kommunikation des Evangeliums, bei Paulus stärkt das Behaftet-Sein mit Krankheit paradoxerweise die Überzeugungskraft seines Apostolats. Die Differenz zwischen eigenem kreatürlichen Wünschen und dem tatsächlichen Handeln Gottes wird in einen eschatologischen Horizont gerückt.

„Im Namen des Herrn" als Raum der Krankensalbung

3.4 Wirkungsgeschichtlich bedeutungsvoll ist noch der Bericht über die Krankensalbung in *Jak 5,13–18*, der ebenfalls in dieser Perspektive interpretiert werden kann. Entgegen dem späteren Verständnis als sog. „Letzte Ölung" handelt es sich hier eindeutig um einen Ritus mit dem Ziel der Heilung. Das bestätigt die summarische Notiz in Mk 6,13. Das – wie erwähnt – damals verbreitete Heilmittel Öl wird von den Presbytern (und vorher Jüngern) selbstverständlich beim Heilen eingesetzt, allerdings wohl nicht als unmittelbar wirkendes Medikament. Die im Text – neben dem Gebet – zentrale Wendung „im Namen des Herrn“ (Jak 5,14) weist auf den bei Jesus und Paulus aufgewiesenen eschatologischen Horizont hin. Dabei sind tauftheologische Assoziationen möglich, insofern die Taufe auf bzw. im Namen Christi erfolgt (vgl. HECKEL 344–346).

Hinsichtlich der überkommenen Sündenvorstellung ist ebenfalls eine gewisse Distanz unübersehbar. Zwar wird auf die Möglichkeit der Sündenvergebung hingewiesen, aber nur wenn sich diese als notwendig erweist (V. 15b).

Gebet als hermeneutischer Schlüssel christlicher Heilungspraxis

Schließlich steht bei Jak das Gebet der Ältesten im Mittelpunkt des Ritus. Zum einen spiegelt sich hier die Entwicklung am Beginn des zweiten Jahrhunderts von Charismatikern zu eingesetzten Funktionsträgern; zum anderen nimmt Jak damit die synoptische Heilungstradition auf, bei der das Gebet einem möglichen Automatismus zwischen Heilungsbitte und erfolgter Heilung entgegensteht. Das Gebet wird so – neben der Salbung „im Namen des Herren“ – zum hermeneutischen Schlüssel christlicher Heilungspraxis, das sich zwischen kreatürlichem Wunsch und Vertrauen auf Gottes Handeln bewegt. Das Öl mit seiner mehrfachen Semantik drückt dies taktil erlebbar aus. Auch mit der Salbung wird – wie die Anknüpfung an den antiken Brauch der Totensalbung in Mk 14,3–9 zeigt – eine über den biologischen Tod hinaus reichende Perspektive eröffnet.

## 4. Zusammenfassung

Die biblischen Texte zum Umgang mit Krankheit zeigen einen engen Zusammenhang mit den damaligen Vorstellungen, aber auch theologisch begründete Besonderheiten. Im Alten Testament ist die Skepsis gegenüber den Ärzten und ihrer Heilkunst unübersehbar. Die Heilung liegt – ebenso wie die Krankheit – allein in Jahwes Hand. Erst schöpfungstheologisch kann dieser Gegensatz gemildert werden.

*Jesus* – und in seiner Nachfolge Paulus und andere – *weitet die primäre, unmittelbar an körperlicher Heilung interessierte Religionspraxis. Heilung wird der Ankunft des Reiches Gottes ein- und untergeordnet*, ja Krankheit kann sogar – so die Selbstinterpretation Pauli – der Kommunikation des Evangeliums dienen.

In der Krankensalbung bei Jak begegnet dieser neue Ansatz in einem kirchlichen Ritus. Er hat seine sachliche und rituelle Mitte in Gebet und Salbung „im Namen des Herrn“ und ist so in der durch die Taufe eröffneten, über den biologischen Tod hinausreichenden Gemeinschaft mit Christus verortet.

## § 41 Geschichtliche Entwicklung

Literatur: CH. GRETHLEIN, Benediktionen und Krankensalbung, in: H.-CH. SCHMIDT-LAUBER/M. MEYER-BLANCK/K.-H. BIERITZ (Hg.), Handbuch der Liturgik, Göttingen [3]2003, 551–574 – M. HONECKER, Christus Medicus, in: KuD 31 (1985), 307–323 – O. JORDAHN, Erneuerung der Feier der Krankensegnung und Krankensalbung in ökumenischer Perspektive, in: D. SATTLER/G. WENZ (Hg.), Sakramente ökumenisch feiern. Vorüberlegungen für die Erfüllung einer Hoffnung (FS Th. Schneider), Mainz 2005, 445–466 – R. KACZYNSKI, Feier der Krankensalbung, in: Sakramentliche Feiern I,2 (GdK 7,2), Regensburg 1992, 241–343 – E.J. LENGELING, Die Entwicklung des Sakraments der Kranken in der Kirche. Krankensalbung oder Todesweihe, in: M. PROBST/K. RICHTER (Hg.), Heilssorge für die Kranken und Hilfen zur Erneuerung eines mißverstandenen Sakraments, Freiburg 1975, 39–54 – M. PROBST/K. RICHTER, Exorzismus oder Liturgie zur Befreiung vom Bösen, Münster 2002.

Diese Impulse für den Umgang mit Kranken werden in der Christentumsgeschichte unterschiedlich aufgenommen. Eine wichtige Rolle spielt dabei der Exorzismus. Er findet einen festen Ort im Taufritual (→ § 11.1.2) und in den Benediktionen (GRETHLEIN 555–559); daneben wird er – allerdings immer wieder umstritten – als eigene Handlung angesichts von Besessenheit durchgeführt (PROBST/RICHTER).

Unterschiedliche Entwicklungen im Osten und Westen

Die rituelle Zuwendung zu den Kranken entwickelt sich im Osten und Westen unterschiedlich.

Im *Osten* begegnen sowohl völliger Wegfall als auch Integration ins Gemeindeleben. So geht die Krankensalbung im syrischen Bereich verloren. Im byzantinisch geprägten Raum breitet sie sich dadurch aus, dass der Ritus am Nachmittag des Mittwochs der Karwoche einen festen liturgischen Ort findet. Daneben tritt die Spendung bei konkretem Bedarf wegen Erkrankung.

Im *Westen* ist dagegen nach weitgehendem Vergessen in der pastoralen Praxis eine Reduktion auf ein Sterberitual, die sog. Letzte Ölung, zu beobachten. Biblisch begründete Proteste im 15. und 16. Jahrhundert nutzen wenig. Erst im 20. Jahrhundert kommt es in verschiedenen Konfessionen der westlichen Tradition zu einer Neuentdeckung der Krankensalbung im Sinne des Jak.

### 1. Entwicklung bis zur Karolinger Zeit

Konkurrenz zur kirchlichen Handlung

1.1 Grundsätzlich muss bei der Rekonstruktion der historischen Entwicklung der Krankensalbung berücksichtigt werden, dass diese wohl ständig in Konkurrenz zu anderen Riten steht. So berichtet z.B. Bischof Caesarius von Arles Anfang des 6. Jahrhunderts davon, dass die Menschen bei Krankheiten *Wahrsager und Zauberer* aufsuchen; etwa drei Jahrhunderte später findet sich diese Klage fast gleich lautend bei Bischof Jonas von Orléans (KACZYNSKI 274). Schon im Alten Testament begegnet eine ähnliche Problematik, wenn Kranke ihr Heil bei den fremdreligiös eingestellten „Ärzten“ und nicht bei Jahwe suchen. Die hier zu Tage tretende Spannung begleitet den christlich rituellen Umgang mit Kranken bis in die Gegenwart. Verständlicherweise ist die primär-religiöse Hoffnung auf kreatürliches Wohlergehen besonders stark. Die Suche nach Praktiken, die Endlichkeit des Lebens zu verdrängen, durchzieht die ganze Kulturgeschichte.

Zurücktreten der Krankensalbung

1.2 Die genaue altkirchliche Form der Krankensalbung ist nicht mehr durchgehend zu eruieren. Lange Zeit, wohl bis ins 9. Jahrhundert – entsprechende Verbote legen dies nahe –, führen auch Laien die Salbung und die Gebete durch. Priester ziehen erst langsam diese Aufgabe an sich. Zugleich weisen wiederholte bischöfliche und synodale Ermahnungen, Kranke rituell zu begleiten, darauf hin, dass im Laufe der Jahrhunderte die Krankensalbung vielerorts in *Vergessenheit* gerät.

Für die Wiederbelebung der Krankensalbung in der westlichen Tradition ist dieser Prozess deshalb wichtig, weil er indirekt ein wichtiger Grund für die sich ab dem letzten Jahrzehnt des 8. Jahrhunderts abzeichnende Reduktion auf die Begleitung der Sterbenden ist. Für viele Priester erscheint nämlich die Krankensalbung als neue Pflicht. Dadurch, dass sich die Kleriker bei Spendung auf Sterbende beschränken, kommen sie den episkopalen Anordnungen nach, halten aber den eigenen Aufwand in Grenzen.

Krankensalbung – Taufe

1.3 Interessant ist eine Durchsicht der wenigen schriftlichen Äußerungen zur Krankensalbung. Vor allem *Papst Innozenz I.* setzt sich in einem Schreiben an Bischof Decentius von Gubbio (Umbrien) genauer mit dem Ritual auseinander und gibt so einen Einblick in die damalige Praxis und Theorie. Er bezieht sich direkt auf Jak 5,14 f. Neben dem Hinweis auf die Weihe des Öls durch den Bischof und der Tatsache, dass offenkundig Priester und Laien die Handlung vollziehen, verdient ein theologischer Hinweis Interesse. Der Empfang der Salbung ist auf kranke Getaufte beschränkt, wobei Exkommunizierte ausgeschlossen sind. Hier begegnet also noch ein Wissen um den Zusammenhang mit der Taufe, das dann erst im 20. Jahrhundert wieder entdeckt wird.

## 2. Karolingische Reform bis zu Reformation und Tridentinum

Von der Krankensalbung zur Letzten Ölung

2.1 Ab dem *Ende des 8. Jahrhunderts* begegnen Aufrufe an die Priester, sich (stärker als bisher) um die Krankensalbung zu kümmern. Schon 769 ordnet Karl d. Gr. in einem Capitulare an, „daß die Sterbenden nicht ohne Salbung mit dem gesegneten Öl, Versöhnung und Wegzehrung sterben sollen“ (zitiert nach KACZYNSKI 274). Durch solche Äußerungen wird die Umwandlung des Ritus an Kranken zu einem Ritual beim Sterben gefördert. In den Sakramentaren rücken die Formulare für die Krankensalbung in den Zusammenhang der Sterbe- und Begräbnisliturgie. Es bildet sich ein großes, Buße, Viatikum (→ § 29 2.1) und Salbung umfassendes Ritual heraus. Dadurch dass die Salbung noch hinter das Viatikum rückt, ist sie endgültig zur „Letzten Ölung“ (lateinisch: extrema unctio) geworden.

Ausgestaltung der Letzten Ölung

2.2 Diese Entwicklung stärkt die *Bedeutung der Salbung*, die auch rituell reichhaltiger ausgestaltet wird.

Zum einen ergeben sich aus der Verbindung von Buße und Letzter Ölung bei unerwarteter Genesung weit reichende Folgen: „Verzicht auf das Essen von Fleisch und, nachdem der Unterleib einmal gesalbt war, auf den ehelichen Verkehr (darum mußte der Ehegatte bisweilen die Erlaubnis für die Salbung geben [...]); Verbot, mit den einmal gesalbten und somit gleichsam ‚konsekrierten‘ Füßen zu tanzen oder barfuß zu gehen oder die einmal gesalbten Hände zum Eid zu erheben.“ (Kaczynski 282). Der Genesene gilt als aus dem Jenseits Zurückgekehrter, der Welt abgestorben.

Zum anderen führt die reichere Ausgestaltung des Sterberituals zu höheren Unkosten (Stolgebühren). Je mehr die Bedeutung des Rituals für das Heil im Jenseits wächst, desto reichhaltiger wird die Handlung ausgestaltet. Teilweise sind mehrere Priester beteiligt (bis zu sieben), die jeweils entlohnt werden müssen. Zunehmend wird das „Sakrament“ Armen vorenthalten.

Dogmatisierung der Letzten Ölung

2.3 In den ersten Jahrhunderten des zweiten Jahrtausends finden sich kaum lehramtliche Äußerungen zur Letzten Ölung. Doch animiert das eindrückliche Ritual die scholastischen Theologen zur Interpretation. Dabei beziehen sie sich nur auf die praktizierte Gestalt der Salbung am Lebensende, ohne die auf Heilung zielende biblische Grundlage zu beachten. Sie konzentrieren sich auf die seelischen Wirkungen der Handlung. Die Krankensalbung wird als „sacramentum exeuntium“ (lateinisch: Sakrament der Weggehenden, Sterbenden) der Taufe als „sacramentum intrantium“ (lateinisch: Sakrament der Eintretenden) entgegengesetzt. Auch die sich entwickelnde „ars moriendi“ (→ § 29 2.3) wirkt auf diese Deutung ein.

Schließlich legt das sog. Armenierdekret des Konzils von Florenz (1439) fest, dass die Salbung nur Menschen gespendet werden darf, deren Tod bevorsteht. Die Sorge um die Seele dominiert die um den Körper.

2.4 Nicht erst die Reformatoren formulieren einen *Protest* gegen diese Entwicklungen. Aus ostkirchlicher Perspektive weist im 15. Jahrhundert der Erzbischof von Thessaloniki, Symeon, auf die Verfälschungen hin, die durch die Reduktion auf die Sterbenden entstehen (Kaczynski 285) – ohne Erfolg.

Reformatorische Kritik

Noch grundsätzlicher und schroffer fällt die Kritik *Martin Luthers* aus. In seiner sakramentstheologischen Schrift „De captivitate babylonica ecclesiae praeludium“ (1520; WA 6,567–573) macht er auf den Widerspruch zwischen Jak 5,14 f und den nach wie vor auf Heilung zielenden, (in lateinischer Sprache) gebeteten Texten und der Umdeutung zum Sterbesakrament aufmerksam. Zudem betont er in seiner grundsätzlichen Kritik am Verständnis der Handlung als Sakrament, dass sich die Verheißung der Heilung nur selten erfüllt. Positiv streicht er die Bedeutung des Gebets heraus, ohne jedoch grundsätzlich die Ölsalbung als Zeremonie (nicht Sakrament!) zu bestreiten (Jordahn 448 f).

Während hier Calvin der gleichen Meinung ist (Inst. IV,21), äußert sich *Melanchthon* in der Apologie der Confessio Augustana offener. Zwar lehnt auch er die Bezeichnung des Ritus als Sakrament ab, doch unterstreicht er die besondere Bedeutung der Zeichenhandlung: „Wie aber das Wort in die Ohren gehet, also ist das äußerliche Zeichen für die Augen gestellet, als inwendig das Herz zu reizen und zu bewegen zum Glauben. Denn das Wort und äußerliche Zeichen wirken einerlei im Herzen" (BSLK 292 f).

In den evangelischen Kirchen setzt sich Luthers und Calvins Sicht durch. Abgesehen von einer kurzen Aufnahme der „apostolischen" Salbung bei Lutheranern im 16. Jahrhundert wird die Krankensalbung bis zum 20. Jahrhundert vergessen.

Lediglich in der anglikanischen Kirche enthält die erste Fassung des Common Book of Prayer (von 1549) Ordnungen für Krankenbesuch und -kommunion, wobei anhangsweise eine Krankensalbung Aufnahme findet. In der 1552 erschienenen Auflage fehlt dieser Zusatz. Erst die Oxford-Bewegung im 19. Jahrhundert macht hier einen Vorstoß, der im 20. Jahrhundert gewisse Früchte trägt (Kaczynski 324–326).

Widersprüche bei Letzter Ölung

2.5 Die Auseinandersetzung mit dem reformatorischen Einspruch auf dem *Tridentinischen Konzil* bringt keine wesentliche Änderung der römisch-katholischen Position mit sich. Die Konzilsbestimmungen konzentrieren sich auf die Abwehr der Kritik Luthers. Die Sakramentalität des Rituals wird verteidigt; seine Einsetzung durch Christus (Mk 6,13) und die Promulgation durch Jakobus werden dogmatisiert.

Allerdings halten die Konzilsväter das Verhältnis zwischen dem Ritus des Jakobus und der Letzten Ölung in der Schwebe. Neben „extrema unctio" (lateinisch: Letzte Ölung) spricht das Konzil auch von „unctio infirmorum" (lateinisch: Krankensalbung). So wird das Ritual also nicht exklusiv auf die Sterbestunde beschränkt, doch bleibt de facto das Lebensende der vorausgesetzte Bezugspunkt.

Im Rituale Romanum wird folgerichtig die „Letzte Ölung" an das Ende der Begleitung von Sterbenden platziert. Dabei bleibt der Widerspruch bestehen, dass in den aus der Tradition stammenden Texten um die körperliche Genesung gebetet wird, die tatsächliche Situation aber die des Sterbens ist.

Dieses Problem wird dann im 19. Jahrhundert von einzelnen Theologen dadurch beseitigt, dass die Letzte Ölung – in Anknüpfung an genannte scholastische Interpretationen – zur „Todesweihe" stilisiert wird. Damit ist jeder Kontakt zur biblischen Tradition und zur Entwicklung des 1. Jahrtausends verloren.

## 3. Neue Impulse

Exegetische Erkenntnisse und patristische Studien geben der Aufgabe eines christlichen Umgangs mit Krankheit im 19. und 20. Jahrhundert neue Impulse. Dazu treten im Rahmen der Ökumene Begegnungen mit Menschen, in deren Herkunftsreligionen Heilungsriten eine große Rolle spielen.

Ein lutherischer Vorstoß

3.1 Auf evangelischer Seite entdeckt vor allem *Wilhelm Löhe* die Krankensalbung als liturgischen Vollzug. Nach konkreter Erprobung in der Praxis veröffentlicht er 1857 ein entsprechendes Ritual unter dem Titel „Der apostolische Krankenbesuch. Ein liturgischer Versuch".[20] Allerdings verbietet die kirchliche Obrigkeit aus konfessionalistischen Gründen diesen Vorstoß (JORDAHN 452 f).

Im 20. Jahrhundert nehmen dann evangelische Gemeinschaften und Kommunitäten diesen Impuls auf und führen ihn weiter. 1949 unterbreitet die Michaelsbruderschaft einen „Vorschlag für eine Ordnung der Krankensalbung", wobei sie sich von der Engführung auf die Sterbestunde distanziert, vielmehr jeden ernsthaft Kranken als Empfänger empfiehlt. Dieses Formular greift dann 1958 die Lutherische Liturgische Konferenz auf, wobei in der 1966 herausgegebenen Neuauflage ihrer „Handreichung für den seelsorgerlichen Dienst" das Formular der Krankensalbung wieder fehlt (JORDAHN 455–457).

Neubestimmung in der römisch-katholischen Kirche

3.2 Ökumenisch günstig wirkt sich aus, dass die römisch-katholische Kirche im Zuge des *II. Vaticanum* die Salbung grundlegend neu bestimmt. Während in den vorbereitenden Diskussionen die Konzilsväter des II. Vaticanum zu einer klaren Abkehr vom Fehlweg der Letzten Ölung entschlossen scheinen, kommt es in der Liturgie-Konstitution zu eher vorsichtigen, aber insgesamt doch eindeutigen Korrekturen (einen instruktiven Vergleich zu den Veränderungen zwischen der Vorlage und der verabschiedeten Fassung bringt KACZYNSKI 300–302). Der Begriff „Letzte Ölung" wird nicht völlig zurückgewiesen, allerdings „Krankensalbung" als angemessener empfohlen (SC 73). Ihre Spendung soll bei „Todesgefahr" (lateinisch: periculum mortis) erfolgen. Eine erneute Spendung ist möglich, wenn nach Genesung eine neue Erkrankung erfolgt oder eine weitere Verschlechterung des Zustandes eintritt.

Tauferinnung bei der Krankensalbung

Bei dem heute in der deutschen römisch-katholischen Kirche gültigen Formular wird die Feier der Krankensalbung mit einer Tauferinnerung eingeleitet (Besprengung mit Weihwasser). Sie soll – wie das Begleitwort deutlich macht – die Taufe als das grundlegende Sakrament in Erinnerung rufen. Damit ist eine biblisch begründbare neue Aus-

20 W. LÖHE, Gesammelte Werke, Bd. VII,2, hg. v. K. GANZERT, Neuendettelsau 1960, 539–542.

gangsposition zum Gesamtverständnis geschaffen. Sie ist – abgesehen von der Frage nach dem Sakramentsbegriff – auch für evangelische Kirchen gangbar.

Weiterentwicklung in USA und Kanada

3.3 Einen kräftigen Impuls – dann auch für die lutherischen Kirchen in Deutschland – gibt der 1982 erschienene Begleitband zum Gottesdienstbuch der *amerikanischen und kanadischen Lutheraner*, „Occasional Services". Hier werden jahrzehntelange positive Erfahrungen in der Seelsorge liturgisch fruchtbar gemacht. Das Formular „Laying on of Hands and Anointing the Sick" hebt die heilende Dimension des Rituals hervor. Als Spender wird – „normally" – der Pfarrer vorgesehen.

## 4. Zusammenfassung

*Die Krankensalbung ist eine biblisch begründbare Handlung, die im Laufe der Christentumsgeschichte vielfältigen, teilweise gegensätzlichen Wandlungen unterliegt.*

Es gelingt kaum, das primärreligiöse Drängen auf körperliche Heilung mit der eschatologischen Horizonterweiterung der Reich-Gottes-Botschaft Jesu zu vermitteln.

Die Reduktion auf die Letzte Ölung auf der einen sowie die Streichung des Ritus wegen offensichtlicher Nutzlosigkeit auf der anderen Seite sind die beiden Extreme, die jeweils in theologische und pastorale Sackgassen führen.

Erst im 20. Jahrhundert begegnen verstärkte Bemühungen, das Leib und Seele umfassende Hoffnungspotenzial der Krankensalbung Gestalt gewinnen zu lassen und so einen verantwortlichen rituellen Umgang mit Krankheit zu finden.

# § 42 Heutige Praxis

Literatur: M. Ferel, „Willst du gesund werden?" – Das systemische Verständnis von Krankheit und Heilung als Orientierung für die Seelsorge, in: WzM 48 (1996), 359–374 – F. D. Goodman, Ekstase, Besessenheit, Dämonen. Die geheimnisvolle Seite der Religion, Gütersloh 1997 (am. 1988) – H.-G. Heimbrock, Magie, Alltagsreligion und die Heilkraft des Glaubens. Etappen und Probleme theologischer und kulturwissenschaftlicher Magiediskussion, in: Ders./H. Streib (Hg.), Magie. Katastrophenreligion und Kritik des Glaubens (Innen & Außen 1), Kampen 1994, 17–59 – Kirchenleitung der Vereinigten Evangelisch-Lutherischen Kirche Deutschlands (Hg.), Agende für Evangelisch-Lutherische Kirchen und Gemeinden, Bd. III T. 4. Dienst an Kranken, Hannover [3]1996 – M. Klessmann, Was ist der Mensch – in Krankheit und Gesundheit? Anthropologische Ansätze verschiedener Krankheits- und Gesundheitsverständnisse, in: WzM 51 (1999), 396–410 – A. M. K. Müller, Wende der Wahrnehmung. Erwägungen zur Grundlagenkrise in Physik, Medizin, Pädagogik und Theologie, München 1978, 54–99 – J. Neumann, Medizin, in: RGG[4] Bd. 5 (2002), 971–975.

Wie eingangs zu diesem Kapitel skizziert, besteht gegenwärtig ein großes Spektrum an Formen und Diskursen hinsichtlich des Umgangs mit Krankheit. Im Folgenden kann lediglich an wenigen Stellen auf Zusammenhänge und Problemlagen hingewiesen werden, die eine praktisch-theologisch verantwortete Praxis der Krankensalbung zu beachten hat.

Zuerst muss der Blick auf das gegenwärtige dominierende naturwissenschaftliche Krankheits- und dann auch Heilungsverständnis gerichtet werden.

Organisatorisch ist dieses Konzept in den Krankenhäusern gleichsam zu Stein geworden. Praktisch-theologisch reagiert darauf die Ausbildung einer eigenen Krankenhaus-Seelsorge. Seelsorgerliche Erfahrungen sind – neben historischen und ökumenischen Anregungen – ein wesentlicher Impuls für den vor gut zehn Jahren in den lutherischen Kirchen eingeführten Agendenvorschlag zum „Dienst am Kranken". Hier findet sich, wenn auch nur fakultativ, das erste kirchenamtliche Formular einer Krankensalbung in den evangelischen Kirchen Deutschlands.

Schließlich muss wenigstens skizzenartig auf die zunehmend stärker öffentlich wahrgenommene Attraktivität moderner „Heiler" für viele Menschen hingewiesen werden. Hier artikulieren sich unüberhörbar die Anforderungen primärer Religionserfahrung.

## 1. Krankheit als naturwissenschaftliches Konzept

1.1 Das heute allgemein verbreitete naturwissenschaftliche Verständnis von Krankheit geht ins 19. Jahrhundert zurück. Grundlegend hierfür ist die cartesianische Unterscheidung von „res cogitans" (Seele) und „res extensa" (Körper).

Körper als Gliedermaschine

Sie ermöglicht es, den Körper als eine Art Gliedermaschine wahrzunehmen, die aus „Knochen, Nerven, Muskeln, Adern, Blut und Haut so eingerichtet und zusammengesetzt ist, dass, auch wenn gar kein Geist in ihr existierte, sie doch genau dieselben Bewegungen hätte, die jetzt in ihm nicht durch die Herrschaft des Willens und also nicht durch den Geist erfolgen." (R. Descartes, Meditationen über die Grundlagen der Philosophie, zitiert bei: Klessmann 399) Krankheit kann nach diesem Konzept vom Kranken abgelöst und damit die jeweilige Krankheitsart abstrahiert vom konkreten Menschen bestimmt werden. So werden z. B. „Leber" oder „Lunge" extrapoliert und das jeweils statistisch normierten Ansprüchen nicht genügende Funktionsdefizit des Organs einer hoch spezialisierten Behandlung unterzogen.

Diese *Abspaltung des Körpers* bzw. einzelner Organe oder Zellen von der Person ermöglicht deren genauere physikalisch-chemische Analyse und die Entwicklung entsprechender Einwirkungsmöglichkeiten auf die so rekonstruierten Prozesse. Die Erfolge der modernen Medizin vor allem bei der Bekämpfung der Infektionskrankheiten verhalfen diesem Ansatz zum Durchbruch. Seine Plausibilität ist wissenschaftlich im System der universitären Medizin (s. Neumann), ökonomisch in der Organisation der Krankenkassen und sozial im Netz der Krankenhäuser und Arztpraxen fest verankert.

Krankheit und Schuld

1.2 Für die Interpretation einer Krankheit kann die strikte Trennung zwischen den naturwissenschaftlich erfass- und analysierbaren Befunden und der Person des Kranken befreiend wirken. Die aus dem Konzept des Tun-Ergehenszusammenhangs sich ergebende Frage nach der Schuld des Kranken hat hier nämlich zumindest auf den ersten Blick keinen Raum. Die Krankheit wird nicht in Zusammenhang mit der Person gesehen, sondern nur hinsichtlich physikalisch-chemisch zu erhebender Faktoren analysiert, die eben auf dieser Ebene an die Norm anzugleichen sind.

Tatsächlich ist diese Extrapolation der Schuldfrage aber nur teilweise gelungen. Ihr steht der ebenfalls statistisch konstruierte Zusammenhang zwischen bestimmten Krankheiten und Lebensformen entgegen. Wer denkt heute z. B. nicht bei der Diagnose von Lungenkrebs an Tabak-Konsum oder bei einer Lebererkrankung an eventuellen Alkohol-Missbrauch? Dass es sich dabei nur um errechnete Wahrscheinlichkeiten handelt, die sich der Ausklammerung vieler Faktoren verdanken und deshalb nur einen beschränkten Aussagewert für ein individuelles Leben in seiner Komplexität haben, ist nur Wenigen bewusst.

Grenzen der naturwissenschaftlichen Perspektive

Dazu kommt ein weiteres Problem, auf das *psychosomatische Krankheits-Modelle* hinweisen.[21] Demnach stehen Persönlichkeit und Krankheit in engem Zusammenhang und müssen gemeinsam bei Bemühungen um Heilung Beachtung finden.

Noch stärker betonen *bio-psycho-soziale Krankheitsmodelle* diesen Konnex. Sie spielen zunehmend in der Krankheits-Prophylaxe eine Rolle. Hier wird z. B. versucht, durch bestimmte Lebens- und Arbeitsumstände mögliche krankheitserregende Faktoren auszuschließen. Die Kehrseite dieses Ansatzes ist aber wiederum von neuem die Schuldfrage, jetzt aber teilweise an die Sozialität überwiesen.

Schließlich und vor allem besteht eine grundlegende Spannung zwischen der allgemein an Statistiken und damit am Durchschnitt orientierten, Diagnose und Therapie umfassenden medizinischen Behandlung und der Individualität der Patienten.

Der Philosoph A. M. Klaus Müller führt diese Problemlage drastisch anhand eines Fallbeispiels vor Augen:

> In der Praxis sieht das etwa so aus: Nicht der kranke Herr Meier im Zimmer 7 ist im Blickfeld, sondern eine Anomalie an seiner Herzklappe; die Maschine ‚Herz' ist zu reparieren, sie soll vielleicht ein Ersatzteil bekommen. Bei Herrn Lehmann auf Zimmer 12 einer anderen Station ist es nicht sein subjektives Erschöpfungsgefühl, seine aufgestaute und verdrängte Wut über erlittene berufliche Demütigungen, die behandelt wird, sondern sein Magen, der Geschwüre ausgebildet hat. Herr Meier und Herr Lehmann leben ein konkretes Leben, das heißt ein Leben, das vielfältig mit allem, was ihnen begegnet, zusammengewachsen ist. Ihre Behandlung ist aber abstrakt; nur ein Herz, nur ein Magen stehen zur Debatte – und nicht einmal Herrn Meiers Herz oder Herrn Lehmanns Magen. Denn für die naturwissenschaftliche Medizin ist es ganz irrelevant, ob gerade dieses Herz oder dieser Magen geheilt werden können oder nicht. Sie kennt gar keine substantielle Konkretion auf den Einzelfall, ihre Kriterien,

21 Grundlegend: T. v. UEXKÜLL, Psychosomatische Medizin, München 1990.

die über Erfolg oder Nichterfolg entscheiden, sind wesentlich statistischer Natur. [...] Ob ein Medikament Erfolg hat, ob eine Behandlungsmethode sich bewährt, stets gilt der Tatbestand nur dann als objektiviert, nämlich als gesichert kommunizierbar, wenn eine Häufigkeitsaussage, basierend auf einer großen Zahl von Fällen, ihn untermauert. Herr Meier mag an den Folgen seiner Herzoperation sterben; wenn dafür ein anderer unter vergleichbaren Bedingungen überlebt und weiterlebt, ist es für die Befunde der Medizin genauso gut – nicht aber für Herrn Meier! Das ist die Diskrepanz, welche sich beim Zusammenprall des naturwissenschaftlichen Verfahrens und der individuellen Begrenztheit des hilfebedürftigen Menschen an jedem Krankenbett auftut. (Müller 84 f)

1.3 Mittlerweile werden die eben genannten Perspektiven in die sog. Schulmedizin integriert – und dann teilweise durch entsprechende psychologische Behandlung anfallende Kosten von der Krankenkasse erstattet oder Verbesserungen in der Arbeitswelt gesetzlich verordnet. Jedoch leitet auch hier das statistisch naturwissenschaftliche Paradigma. Die aus möglichst großen sog. Fallzahlen gewonnenen Erkenntnisse werden auf den konkreten Kranken übertragen. Die Dauer der voraussichtlichen Genesung wird daraus ebenso abgeleitet wie die prozentual formulierten Heilungschancen bzw. eventuelle Rückfallquoten.

Über das eben anhand eines Fallbeispiels Genannte zeigen sich in der Praxis noch *zwei weitere Probleme*:

Spontanheilungen

Zum einen unterscheiden sich die Krankheitsverläufe teilweise erheblich und nicht vorhersehbar. Am spektakulärsten geschieht dies in Form sog. Spontanheilungen, etwa bei der medizinisch nicht erklärbaren Rückbildung eines Tumors. Zwar sind solche Vorkommnisse selten, weisen aber auf Lücken des naturwissenschaftlichen Paradigmas von Medizin hin.

Begleitung am Lebensende

Zum anderen ist der heutige Medizin-Betrieb wesentlich auf die Heilung von Menschen konzentriert. Die Begleitung von Todkranken und Sterbenden ist hier offenkundig nicht oder nur schwer zu integrieren. Angesichts der demographischen Veränderungen kommt dieser Aufgabe aber zunehmend Bedeutung zu. Bei Hochbetagten nimmt die Multimorbidität rasch zu. Linderung tritt an die Stelle von Heilung, Begleitung beim Ertragen von Hinfälligkeit und Behinderung an die Stelle von Wiederherstellung und Fitness (zur Hospiz-Bewegung, die sich diesen Herausforderungen ausdrücklich stellt, → § 30 4.1).

## 2. Kranken(haus)seelsorge

Dominanz der Medizin gegenüber religiöser Praxis

2.1 Das *Verhältnis zwischen Religion und Medizin* hat sich seit dem 19. Jahrhundert vollständig verschoben. Schon Äußerlichkeiten zeigen den Herrschaftswechsel im Umgang mit Krankheit; zwei Beispiele hierfür:

Im Mittelalter unterzieht sich ein Kranker bei Eintritt ins Spital zuerst einer Beichte, die mit Sündenvergebung und Empfang der Eucharistie endet; heute stehen am Anfang einer Behandlung medizinische Anamnese und Analysen von Blut usw.

In den Hospitälern des Mittelalters sind die Krankensäle auf die Kapelle hin ausgerichtet; architektonisch tritt teilweise direkt an deren Stelle im 19. Jahrhundert der Operationssaal.

Kurz: Beim Umgang mit Krankheit steht heute die physische Heilung, nicht das umfassende Heil des Menschen im Mittelpunkt des Interesses. Die Seelsorge erscheint als ein – auch verzichtbarer – Appendix der körperlichen Behandlung.

Doch darf dieser Befund nicht einseitig interpretiert werden. Die Heilungswunder Jesu lehren, dass dieser die physische Not von Menschen ernst nimmt und nicht gegen ein davon irgendwie abgelöstes seelisches Heil ausspielt. Zugleich wird deutlich, dass Jesus Personen mit deren konkretem Empfinden und nicht Krankheiten im abstrahierten Sinn begegnet.

Seelsorge in der modernen Organisation Krankenhaus

2.2 Ein näherer Blick zeigt, dass auch die moderne Organisation Krankenhaus *Öffnungen für religiöse Kommunikation* hat. Rechtlich ist an die im Grundgesetz Art. 140 stehende, aus der Weimarer Reichsverfassung Art. 141 übernommene Garantie für Seelsorge und Gottesdienst in Krankenhäusern zu erinnern: „Soweit das Bedürfnis nach Gottesdienst und Seelsorge im Heer, in Krankenhäusern, Strafanstalten oder sonstigen öffentlichen Anstalten besteht, sind die Religionsgesellschaften zur Vornahme religiöser Handlungen zuzulassen, wobei jeder Zwang fernzuhalten ist."

Dementsprechend unterhalten die Kirchen in vielen Krankenhäusern eigene Planstellen von Seelsorgerinnen und Seelsorgern; es gibt Beratungszimmer, Andachtsräume oder Kapellen. Je nach persönlichem Kontakt zum Pflegepersonal bzw. den Ärztinnen und Ärzten sind Pfarrer und Pfarrerinnen bzw. Mitglieder eines Besuchdienstes mehr oder weniger in ein Stations-Team eingebunden. In den zahlreichen kirchlich bzw. diakonisch getragenen Krankenhäusern sind die Bedingungen für Seelsorge meist wohl besonders günstig.

Chancen und Grenzen von Diakonie-Stationen

Auf der Ebene der Pflege von Kranken und Betagten außerhalb von Krankenhäusern und Pflegeheimen bieten die vielfach von den Kirchen bzw. Diakonie und Caritas vorgehaltenen Diakonie-Stationen eine gute Basis für seelsorgerliche Kontakte. Allerdings be- bzw. verhindert die zunehmende Ökonomisierung die Möglichkeiten der Pflegenden zu die medizinisch-technischen Verrichtungen übersteigenden Kontakten in quantitativer und qualitativer Hinsicht. Angesichts der demographischen Veränderungen ist bei der Pflege und Begleitung multimorbider Menschen ein starkes Ansteigen der Anforderungen zu erwarten. Bei Demenz-Kranken kommt Kommunikationsformen, die jenseits verbaler Verständigung liegen, besondere Bedeutung zu.

## 3. Liturgischer „Dienst am Kranken"

3.1 In dieser Situation ist es bedeutsam, dass die VELKD 1994 – bei Ablösung der seit 1957 gültigen „Handreichung für den seelsorgerlichen Dienst" – als vierten Teil des den „Amtshandlungen" gewidmeten 3. Band ihres Agendenwerks das Bändchen *„Dienst an Kranken"* herausgegeben hat.

Vorsichtiger Hinweis auf Krankensalbung

Eine gewisse konfessionell, aber nicht theologisch begründete Unentschiedenheit hinsichtlich der Krankensalbung kommt im Vorwort zum Ausdruck:

> Neu ist in diesem Agendenband die Möglichkeit der Krankensalbung in Verbindung mit der Krankensegnung. Manchen wird sie fremd sein. Lange gehörte sie zu den wichtigsten konfessionellen Unterscheidungsmerkmalen. Die Kritik der Reformatoren richtete sich gegen ihren Mißbrauch. Die Krankensegnung mit -salbung soll durch diese Agende nicht allgemein eingeführt werden. Hier wird lediglich eine Form angeboten für solche, die sie nutzen wollen. (Kirchenleitung der VELKD 8)

Überhaupt ist eine gewisse Distanz gegenüber einer kasualtheoretischen Fundierung der Agende spürbar. So betont der damalige Leitende Bischof der VELKD, Horst Hirschler, den Bezug der Handlungen am Krankenbett zum „Gottesdienst der Gemeinde" als wichtiges Kriterium (Kirchenleitung der VELKD 7f). Von daher wird ausdrücklich an das Krankenabendmahl als erprobte Form der liturgischen Begleitung erinnert. Doch waren offensichtlich die Erfahrungen in der Praxis mit Salbungen so gut, dass sich die Autoren der Agende dem nicht mehr verschließen konnten. Explizit wird auf die entsprechende Agende der amerikanischen Lutheraner sowie Vorschläge einzelner Gliedkirchen verwiesen (Kirchenleitung der VELKD 22f).

3.2 Ausdrücklich beziehen sich die Einleitung zum Formular *„Die Segnung der Kranken"* (84–102; 84f) sowie die agendarische Hinführung selbst auf Jak 5,14–16.

Unterscheidung Salbung eines Kranken und eines Sterbenden

Es werden zwei Formen angeboten: die erste hat die Feier mit Kranken, die zweite die mit Sterbenden im Blick. Das Formular ist folgendermaßen aufgebaut:

Friedensgruß oder Salutation
Hinführung: u.a. Lesung von Jak 5,14–16
Psalm: etwa Ps 23
Fakultativ: Beichte
Lesung: etwa Mt 5,3–10
Bei einem bzw. einer Kranken:
Gebet
Segnung, eventuell mit Salbung
Fakultativ: Abendmahl
Dankgebet: etwa Ps 103,1–4
Vaterunser
Segen
Bei einem bzw. einer Sterbenden:

Fakultativ: Abendmahl
Gebet
Vaterunser
Segnung (Valetsegen), eventuell mit Salbung

Offenkundig gelingt es nicht, die für die Praxis wichtige Unterscheidung zwischen einer Feier mit einem Kranken und einem Sterbenden in eine plausible Gestalt umzusetzen. Denn auch bei der Handlung an einem Sterbenden soll eingangs Jak 5,14–16 gelesen werden, obwohl dieser Text eben gerade nicht in diese Situation gehört. Dazu rückt die eventuelle Salbung bei einem Sterbenden ganz an den Schluss der Handlung, wird also zur „Letzten Ölung" mit anschließendem Valetsegen. Bei der Handlung an einem Kranken geht stattdessen die Salbung dem (fakultativen) Abendmahl vorher, dem wiederum Dankgebet, Vaterunser und Segen folgen.

Ist das eben vorgestellte Ritual für ein Krankenzimmer konzipiert, legt die Agende auch Anregungen für einen „Gottesdienst mit Krankensegnung [und Krankensalbung]" (103–109) vor. Über das bisher Ausgeführte hinaus findet sich hier nur noch der Hinweis auf die Möglichkeit eines Klagepsalms bzw. eine Kyrie-Litanei. Ein eigenes Formular fehlt.

Probleme der agendarischen Vorschläge

3.3 Die *Unentschiedenheit der Vorschläge* ist unübersehbar: Die Salbung wird gleichsam als ein bonum superadditum angeboten. Deren besonderer, nicht durch Worte oder andere Zeichen ersetzbarer Wert kommt nicht in den Blick. Gerade bei körperlich leidenden Menschen ist aber eine direkte, taktil vermittelte Zuwendung nicht durch bloße Worte zu ersetzen.

Theologisch und seelsorgerlich bedauerlich ist das Fehlen der Tauferinnerung. Schon der liturgiegeschichtliche Ort der Salbung, ursprünglich – und in der Orthodoxie bis heute – der Taufgottesdienst, legt einen Taufbezug nahe. Dazu tritt die von Luther herausgestellte, kasualtheoretisch grundlegende Bedeutung der Taufe als das ganze Leben umspannender Prozess, der ein biographienahes liturgisches Handeln ermöglicht.

Zudem ist die Unterscheidung zwischen dem Ritual hinsichtlich der Adressaten genauer zu klären. Die Gefahr, dass sich mit den VELKD-Vorschlägen wieder „Letzte Ölungen" einschleichen, ist nicht ganz von der Hand zu weisen.

## 4. Moderne Heiler

Alternative Methoden der Heilung

4.1 Bereits der Blick in die Geschichte der Krankensalbung in der Alten Kirche lässt in Form von Verboten und Polemiken erkennen, dass es von Anfang an auch für Gemeindeglieder Konkurrenzangebote zum kirchlichen Handeln gibt. Und dies hält sich durch. Hinter Begriffen wie Zauberei oder Hexerei verbirgt sich in der Vergangenheit nicht selten eine Volksmedizin für Menschen, die keinen Zugang zu Ärzten haben. Nicht nur in abgelegenen ländlichen Bezirken wirken – bis heute – Heilkundige, von denen eine besondere Kraft ausgeht. Teilweise verwenden sie volksfromme Medien wie Marienmedaillons, aber auch pflanzliche Medikamente usw. Der volkstümliche Name „Besprecher" weist auf die besondere Bedeutung des heilkräftigen Wortes in ihrer Praxis hin. Dazu tritt meist die Berührung in Form der Handauflegung – alles Charakteristika, die sich ebenfalls in anderen Kulturkreisen, z. B. bei südamerikanischen Schamanen finden (GOODMAN 52–54).

Zwar haben sich die Verhältnisse mittlerweile erheblich geändert. Jeder Mensch in Deutschland kann einen Arzt konsultieren und wird – abgesehen von seinen Vermögensverhältnissen – im Krankenhaus behandelt. Seit der Mitte des 19. Jahrhunderts breitet sich die naturwissenschaftlich begründete und technisch ausgerichtete Medizin aus. Doch daneben halten sich – oft vor der Öffentlichkeit verborgen – *traditionelle Praktiken des Umgangs mit Krankheit.*

Versuche, solches Handeln rational-naturwissenschaftlich zu erklären, erreichen meist nicht ihr Ziel, diesen vermeintlichen Obskurantismus abzuschaffen. Nicht zuletzt das Ungenügen an den schulmedizinischen Heilungsmethoden lässt Menschen in unserem Kulturkreis bei sog. Heilern, Schamanen o. Ä. Zuflucht suchen.

4.2 Anscheinend gewinnen gegenwärtig sogar zur Schulmedizin *alternative Heilungsformen* an Bedeutung; zumindest treten sie entschiedener als noch vor zwanzig Jahren in der Öffentlichkeit auf. Die Globalisierung wirkt sich auch hier aus. Publizistisch und damit meinungsbildend spielen weniger die im hiesigen Kulturkreis überkommenen Heilungsformen des Besprechens u.Ä. eine Rolle, sondern eher aus asiatischem, afrikanischem oder südamerikanischem Kontext stammende Praktiken. Entsprechende Seminare werden – wie der Blick in das Veranstaltungsprogramm eines kirchlichen Erwachsenenbildungs-Werks am Beginn dieses Kapitels zeigt – auch von kirchlichen Trägern angeboten.

Dämonologischer Hintergrund

Ein genauerer Blick zeigt schnell, dass es sich bei solchen Alternativen keineswegs nur um Methoden handelt. Vielmehr steht dahinter meist ein ganzheitliches Weltbild, nicht selten mit dualistischer Struktur, etwa in Form der Unterscheidung von Körper und Seele, von verschiedenen Weltprinzipien oder guten und schlechten Dämonen. Gerade Letzteres ist weltweit gesehen keineswegs ungewöhnlich, sondern eher die Regel. Ethnologische Forschungen[22] ergeben die weite Verbreitung von Heilungspraktiken, die ein dämonologisches Weltbild voraussetzen und entsprechende Heilungsformen ausführen. Dabei begegnet in den meisten Kulturen außerhalb der europäisch-nordamerikanischen das Konzept der Besessenheit (GOODMAN); Heilung besteht dann wesentlich darin, die Beeinträchtigungen durch außerweltliche Mächte zu lindern bzw. zu beseitigen, oft durch das Verbünden mit guten Geistern, Göttern o. Ä. Auch

22 Z. B. die Überblicksstudien in E. BOURGUIGNON (Hg.), Religion, altered states of consciousness, and social change, Ohio 1973.

aus der Christentumsgeschichte bekannte Kommunikationsformen wie der Exorzismus haben dann eine wichtige Funktion im Heilungsprozess.

Spannung: modernes Weltbild – moderne Heiler

4.3 Die *Beurteilung solcher moderner Heiler-Formen* fällt schwer:
Zum Ersten handelt es sich um weltweit verbreitete Verfahren, bei denen zumindest nicht grundsätzlich die Wirksamkeit bestritten werden kann. Schon aus ökonomischen Gründen hat die Mehrzahl der Menschen nur Zugang hierzu; naturwissenschaftliche Medizin ist für sie unerreichbar. Zum Zweiten handelt es sich religionstheoretisch gesehen um Anschauungen auf der Ebene primärer Religionserfahrung, die in unterschiedliche Religionsformen (kritisch) integriert werden können. Auch das Christentum ist in seinen Anfängen deutlich durch ein dämonologisches Weltbild geprägt und seine Anhänger praktizierten lange Zeit Methoden, die heute als magische Praktiken erscheinen. Zum Dritten erschüttert ein Ernstnehmen des Heilertums den die europäisch-nordamerikanische Zivilisation prägenden technisch-naturwissenschaftlichen Weltzugang. Denn demnach präsentieren religiöse Praktiken Mächte und Wirkungen, die direkt den Bereich des Körperlichen betreffen und deren Existenz in der modernen, technisch-naturwissenschaftlich geprägten Zivilisation ausgeschlossen ist.

### 5. Zusammenfassung

*Der Umgang mit Krankheit und die damit zusammenhängenden Vorstellungen von Heilung sind gegenwärtig nicht unumstritten.* Jenseits der beachtlichen Leistungen sind die Defizite der sich als Naturwissenschaft präsentierenden Schulmedizin nicht zu leugnen. Nicht zuletzt die demographischen Veränderungen mit der Zunahme multimorbider Hochbetagter werfen neue Probleme auf, die eher in den Bereich der Pflege als der Diagnose bzw. Therapie gehören. Zugleich treten alternative Heilungsformen zunehmend offensiver an die Öffentlichkeit. Sie inkludieren aber Weltbilder, die dem vorherrschenden naturwissenschaftlich-technischen Weltzugang widersprechen.

In dieser Situation entwickelt sich neues Interesse an dem bereits neutestamentlich bezeugten Ritual der Krankensalbung. Ein erster agendarischer Vorstoß zeigt aber noch deutliche Schwächen.

## § 43 Ökumenische Anregungen

Literatur: M. Felde, Summary on Healing Rites, in: A. Stauffer (Hg.), Baptism, Rites of Passage, and Culture, Genf 1998, 145–150 – R. Kaczynski, Feier der Krankensalbung, in: Sakramentliche Feiern I,2 (GdK 7,2), Regensburg 1992, 241–343, 298–343 – P.R. Nelson, Healing Rites for Serious Chronic Illness in the North American Cultural Context, in: A. Stauffer

(Hg.), Baptism, Rites of Passage, and Culture, Genf 1998, 93–104 – K. Richter, Die Feier der Krankensakramente und die Ordnung der Krankenpastoral, in: M. Probst/K. Richter (Hg.), Heilssorge für die Kranken und Hilfe zur Erneuerung eines mißverstandenen Sakraments, Freiburg 1975, 71–85.

Die entscheidenden Impulse für eine Entwicklung der Krankensalbung als Kasualie gehen von der Ökumene in internationaler und konfessioneller Hinsicht aus.

Der Lutherische Weltbund hat sich in seinem bereits mehrfach zitierten Forschungsprogramm „Baptism, Rites of Passage, and Culture“ eingehend mit der Krankensalbung befasst. In verschiedenen seiner Mitgliedskirchen liegen hierzu teilweise langjährige Erfahrungen vor.

In der römisch-katholischen Kirche gibt das II. Vaticanum einen wichtigen Impuls zu einer biblisch orientierten Reform des Rituals, also zu einer Abkehr von der „Letzten Ölung“.

## 1. „Healing rites" (Lutherischer Weltbund)

Ziel: „healing", nicht „cure"

1.1 Eine wichtige Klärung der *Grundausrichtung* ermöglicht die englische Differenzierung zwischen „healing“ und „cure“ (Nelson 100). Bei der Krankensalbung im Verständnis der lutherischen Studienkommission geht es um „healing“, was in diesem Abschnitt mit „Heilung“ wiedergegeben wird. In der rituellen Handlung soll demnach die ganzheitliche Zuwendung Gottes durch seine Kirche zum Ausdruck kommen. Die Herstellung der Gesundheit („cure“) ist nicht Ziel des Rituals. Damit unterscheidet sich dieses Verständnis grundlegend von den Veranstaltungen anderer, auf spektakuläre Wunderheilungen zielender Denominationen.

Gott als Heiler

Es wird fest gehalten, dass Gott, nicht der amtierende Liturg bzw. Seelsorger der im Entscheidenden Handelnde ist: „Heilung wird gesehen als eine Offenbarung von Gottes, nicht unseres Siegs. Sie ist Teil des Handeln Gottes an der ganzen Schöpfung, in Christus. Die Heilung wird durch die Gemeinschaft vermittelt, die Gott geschaffen hat, die Kirche.“ (Felde 146; Übersetzung durch Ch. G.)

Ekklesiologische Grundlage dieses Konzepts von Heilung ist die in der Taufe initiierte und in der Feier des Abendmahls zum Ausdruck kommende Beziehung Gottes zu den einzelnen Menschen. Um dieses besondere Verhältnis geht es in dem Ritual. Dazu gehört auch, die Vereinsamung des Kranken zu durchbrechen. Denn Gott hat den Menschen auf Gemeinschaft hin geschaffen; die Zugehörigkeit der Getauften zu Christus initiiert eine neue Zusammengehörigkeit, die im Abendmahl ihren rituellen Ausdruck findet. Heilung ist so „eine Funktion der christlichen Gemeinschaft“ (Felde 147).

1.2 Allerdings zeigt sich bei näherem Hinsehen durchaus noch *Klärungsbedarf* in den Berichten aus der Studienkommission.

Offene Fragen bei „healing rites"

So bleibt das Verhältnis zwischen Heilung und Sünde bzw. deren Vergebung in der Schwebe. Auf der einen Seite wird ein Zusammenhang konstatiert, auf der anderen aber festgehalten, dass Sünde nicht notwendig Krankheit nach sich zieht.

Auch hinsichtlich der Personengruppe, an der die Salbung vollzogen wird, bleiben Fragen offen. Auf der einen Seite wird betont, dass alle Menschen der Heilung bedürftig sind (Felde 147). Auf der anderen Seite stellt der Berichterstatter aus den USA, wo mittlerweile etwa ein Viertel aller lutherischen Gemeinden „healing rites" anbietet, die besondere Herausforderung beim Handeln an Schwerkranken heraus, für die es medizinisch keine Hilfe mehr gibt (Nelson 93). Soll man also Salbungen für alle oder nur für Schwerkranke anbieten?

Schließlich wird auf den gegenkulturellen Aspekt der Handlung hingewiesen, der mit exorzistischem Handeln verbunden ist. In vielen Gegenden der Erde gehört der Exorzismus bis heute selbstverständlich zu einer Heilung dazu, in anderen erscheint dieses liturgische Element obskur. Dass dieses Problem nicht einfach abgetan werden kann, verhindert der Hinweis auf die Taufe, in der traditionell dem Bösen abgeschworen wird, etwa in Form eines Exorzismus oder einer Absage an den Bösen (lateinisch: „abrenuntiatio diaboli").

## 2. Krankensalbung (römisch-katholische Kirche)

Spannung kirchliches Verständnis – volksfomme Praxis

2.1 Rainer Kaczynski konstatiert wohl zu Recht: „Bei der Krankensalbung handelt es sich um die Liturgiefeier, die sich hinsichtlich des Verständnisses und ihrer Ausprägung durch die nachkonziliare Reform am einschneidendsten verändert hat." (Kaczynski 307) Zugleich räumt er ein, dass diese *Reform* erst teilweise in den Gemeinden angekommen ist. Das mittelalterliche, im Tridentinum bestätigte Verständnis als „Letzte Ölung" ist noch vielfach anzutreffen. In der Praxis wird deshalb die Krankensalbung eher gemieden (Todesurteil!) als erbeten. Von daher bieten zur Zeit weniger die tatsächliche Praxis in den römisch-katholischen Gemeinden als die kirchlichen und liturgischen Bestimmungen Anregungen.

Neues Verständnis der Krankensalbung

2.2 Die heutige Feier der Krankensalbung fußt auf der Apostolischen Konstitution „Sacram Unctionem infirmorum" durch Paul VI. (1972). Sie legt in deutlicher Anlehnung an Jak 5,15 fest:

> Das Sakrament der Krankensalbung wird jenen gespendet, deren Gesundheitszustand bedrohlich angegriffen ist, indem man sie auf der Stirn und auf den Händen mit ordnungsgemäß geweihtem Olivenöl oder, den Umständen entsprechend, mit einem anderen ordnungsgemäß geweihten Pflanzenöl salbt und dabei einmal folgende Worte spricht: „Per istam sanctam unctionem et suam piissimam misericordiam adiuvet te Dominus gratia Spiritus Sancti, ut a peccatis liberatum te salvet atque propitius allevet." („Durch diese heilige Salbung

helfe dir der Herr in seinem reichen Erbarmen, er stehe dir bei mit der Kraft des Heiligen Geistes: Der Herr, der dich von Sünden befreit, rette dich, in seiner Gnade richte er dich auf.“) (zitiert nach Kaczynski 304).

Die Salbung auf Stirn und die Innenseite der Hände symbolisiert die Zuwendung Gottes zu dem Menschen gleichermaßen als Denkendem und Handelndem.

Pastoraltheologisch wird die Krankensalbung in den Kontext der Begleitung Kranker eingeordnet. Besuche beim Kranken, Kommunionsfeier, im Benediktionale vorgesehene „Segnungen im Leben der Familie“ (Kap. 53) und eben Krankensalbung gehören zusammen. Dabei ist die Tauferinnerung, konkret durch die Verwendung von Weihwasser vollzogen, ein wichtiges Element.

Pastorale Probleme

Allerdings wird dieses Konzept dadurch behindert, dass kirchenrechtlich als Spender ein Priester vorgeschrieben ist (CIC 1983 can. 1003 § 1). Weil in Krankenhäusern und Pflegeheimen aber häufig die Krankenpastoral in Händen von Diakonen oder Pastoralreferentinnen und Pastoralreferenten liegt, ist die konzeptionell sinnvolle Integration der Krankensalbung in den sonstigen Umgang mit Kranken vielerorts schwer zu verwirklichen.

Aus ökumenischer Perspektive ist noch die Bestimmung hinsichtlich der Empfänger bzw. Empfängerinnen beschwerlich. Nach CIC 1983 can. 844 § 4 dürfen Nichtkatholiken, für die kein Spender ihrer Glaubensgemeinschaft erreichbar ist, nur dann die Krankensalbung von einem Priester empfangen, wenn sie sich zum katholischen (also sakramentalen) Verständnis des Ritus bekennen. Der wohltuende Charakter der Salbung wird hier kognitiven Bestimmungen untergeordnet; de facto ist aber die Seelsorge in vielen Kliniken ökumenisch organisiert.

Zusammenhang Krankensalbung – sonstiger Gottesdienst

2.3 Eine in einzelnen Diözesen durchaus offene Frage ist, inwieweit die Krankensalbung auf einen kleineren Kreis der Feiernden, etwa in einem Krankenzimmer, beschränkt bleiben soll oder auch in sonstige Gottesdienste Eingang findet. Die Verbindung der Salbungsfeier mit der Gesamtkirche kann durch die Weihe des Öls am Gründonnerstag sinnenfällig werden. Vom Sakramentscharakter des Rituals her soll aber deutlich zwischen nichtsakramentalen Handlungen, etwa in einem allgemeinen Heilungsgottesdienst, und der Krankensalbung unterschieden werden.

Dies erscheint – abgesehen von dem hier verwendeten Sakramentsbegriff – auch aus evangelischer Perspektive sinnvoll, insofern Jak 5,14 f die biblische Grundorientierung der Handlung abgibt. Denn hier wird eindeutig an einem im Bett liegenden Kranken gehandelt, nicht eine allgemeine liturgische Feier für Menschen abgehalten, die grundsätzlich alle der Heilung bedürftig sind.

### 3. Zusammenfassung

Der Blick in die internationale und konfessionelle Ökumene zeigt ein *Ringen um eine biblisch und seelsorgerlich verantwortliche liturgische Gestaltung des Umgangs mit Krankheit und dem Wunsch nach Heilung.* Frühere Missdeutungen, völlige Ablehnung oder Reduktion auf ein Sterbesakrament, belasten die Praxis bis heute.

Hinsichtlich der Adressaten der Handlung zeichnet sich eine Konzentration auf Schwerkranke ab; inhaltlich steht das Gebet im Vordergrund; die Salbung drückt die Zuwendung Gottes zum ganzen Menschen aus. Die wohl die meisten Kranken bedrängende Frage nach körperlicher Heilung wird so nicht abgewiesen, aber dem Willen Gottes untergeordnet.

## § 44 Hinweise zur konzeptionellen Weiterentwicklung

Literatur: D. Greiner, Segen und Segnen. Eine systematisch-theologische Grundlegung, Stuttgart 1998, 360–367 – W. Hollenweger, Nicht Privatsache, sondern Sache der Liturgie. Heil und Heilung als Gabe und Aufgabe der Gemeinde, in: WzM 41 (1989), 408–419 – M. Josuttis, Segenskräfte. Potentiale einer energetischen Seelsorge, Gütersloh 2000 – W. Pisarski, Gott tut gut. Salbungsgottesdienste. Grundlagen und Modelle, München 2000 – K. Richter, Die Feier der Krankensakramente und die Ordnung der Krankenpastoral, in: M. Probst/K. Richter (Hg.), Heilssorge für die Kranken und Hilfen zur Erneuerung eines mißverstandenen Sakraments, Freiburg 1975, 71–85 – H. Stiller, Kasalien im Kontext eines Krankenhauses, in: WzM 50 (1998), 396–404 – I. Wulfhorst (Hg.), Ancestors, Spirits and Healing in Africa and Asia: A Challenge to the Church, Genf 2005.

Angesichts des in Deutschland erst beginnenden Prozesses, die Krankensalbung als eine Kasualie zu entwickeln, trage ich im Folgenden einige Gesichtspunkte und Argumente für eine entsprechende praktisch-theologische Konzeptualisierung zusammen. Ihre Weiterentwicklung wird im Wesentlichen von den Erfahrungen in der Praxis abhängen.

### 1. Krankensalbung als Kasualie

1.1 Sowohl ein Blick in die Geschichte als auch in die gegenwärtige öffentliche Diskussion zum Themenbereich Krankheit und Heilung zeigt, wie verworren die Gemengelage ist. Auf der einen Seite begegnet heute ein technisch perfektionierter Einsatz für Gesundheit und schönes Aussehen, der in der Modellierung des eigenen Körpers durch Training und chirurgische Hilfe seinen Gipfel erreicht; auf der anderen Seite ein manchmal blindes Vertrauen auf „Heiler“, Schamanen oder Wundermittel. Gemeinsam ist diesen Unternehmungen ein *funktionaler Zugang zum Thema Gesundheit/Krankheit.* Physische Gesundheit wird allem Anderen übergeordnet. Religionstheoretisch formuliert herrscht hier absolut die primäre Religionserfahrung, die allerdings teilweise in säkularisierter Gestalt auftritt.

Krankensalbung zwischen primärer und sekundärer Religionserfahrung

Das hier zum Ausdruck kommende Bedürfnis ist ernst zu nehmen, aber in einen weiteren Horizont, konkret den des Evangeliums zu rücken. Vielleicht stellt sich angesichts von Krankheit diese für die Kasualien grundsätzlich wichtige Aufgabe am nachdrücklichsten.

Inhaltlich geht es darum, mit der Endlichkeit menschlichen Lebens umzugehen. Die vielfältigen Versuche, dieser Begrenztheit zu entkommen, führen letztlich in die Flucht vor der Wirklichkeit menschlichen Lebens. Die Krankensalbung ist ein biblisch fundiertes rituelles Angebot für eine realitätsbezogene Lebensgestaltung an einem schwierigen Übergang. Sie fördert die Unterscheidung zwischen eigenen Wünschen und Gottes Handeln. Zugleich werden der Wunsch nach Heilung von der Krankheit und die Hoffnung auf Begleitung durch Gott aufeinander bezogen.

Krankensalbung als Ritual am Übergang im Lebenslauf

1.2 Die Krankensalbung als Kasualie verstanden, nimmt den Wunsch nach gesundem und langem Leben auf. Sie erinnert aber zugleich in der *durch schwere Krankheit gegebenen prekären Situation* daran, dass Gott seine Beziehung zu dem Menschen auch über den biologischen Tod hinaus beibehält.

Insofern markiert sie einen Übergang im Leben in doppelter Hinsicht: Zum einen begleitet die Handlung in den mannigfachen Veränderungen des Lebens, die schwere Krankheit mit sich bringt: Verlust der Selbstbestimmung, Trübung des Bewusstseins durch Schmerzen oder schmerzstillende Mittel, Isolierung von der vertrauten lokalen und sozialen Umgebung usw. Sie versucht, zu lindern und neue Kräfte zu verleihen. Zum anderen bereitet sie auf den grundsätzlichen Übergang vor, der im Sterben jedem Menschen bevorsteht. Denn in schwerer Krankheit begegnet der Mensch seinem zukünftigen Geschick, das ihn in völlige Passivität und Verhältnislosigkeit führt, der Auflösung seiner leiblichen Existenz.

Von daher legt es sich nahe, die Krankensalbung als Kasualie für schwere Krankheiten zu konzeptualisieren. Schon in dem in Jak 5,14f berichteten Ritus ist der Kranke nicht mehr gehfähig, also in einer wesentlichen menschlichen Bewegungsform mit den daraus folgenden sozialen Konsequenzen eingeschränkt. Salbungen in sonstigen Gottesdiensten, wie etwa der Thomas-Messe, können eine gute Vorbereitung für die Krankensalbung sein. Sie sind aber durch die Gesamtanlage nur in Ausnahmen für die Teilnahme Schwerkranker geeignet und deshalb kein Ritual am Übergang im Leben anlässlich schwerer Erkrankung.

Krankensalbung und Tauferinnerung

1.3 Das Verständnis der Krankensalbung als Kasualie legt es nahe, diese mit einer Tauferinnerung zu verbinden. Die Verwendung von *Wasser* bietet sich in den meisten Fällen an. Wasser kühlt und erfrischt beim Benetzen der Haut. Es kann so gut die Salbung vorbereiten helfen.

Theologisch erinnert die Taufe in einer solchen Situation des Übergangs im Leben biographiebezogen an den Horizont der anbrechenden Gottesherrschaft, unter dem sich christliches Leben vollzieht. Gott kann – wie vom Wirken Jesu berichtet – heilen, aber auch zum Sterben führen.

Die Krankensalbung wird so als Stationsgottesdienst auf dem Taufweg begangen, der im Tod seine Vollendung findet.

## 2. Theologische Grundlage der Krankensalbung

Gottes Handeln in der Krankensalbung

2.1 Um diesem Charakter der Krankensalbung als Ritual an einem Übergang im Leben gerecht zu werden, ist es von grundlegender Wichtigkeit, die Handlung als *Ausdruck des Handelns Gottes* zu kommunizieren. Das alttestamentlich bezeugte Arzt-Sein Gottes sowie die Ausrichtung der Heilungspraxis der ersten Christen an Jesu Handeln legen eine solche Ausrichtung des Rituals nahe. Unter Bezug auf Jak 5,14 formuliert: Die Wendung „in dem Namen des Herrn“ ist liturgisch zu inszenieren.

Krankensalbung als kirchliches Handeln

2.2 Nicht nur ein Blick in Länder, in denen Heilertum und Schamanismus bis heute üblich sind (Wulfhorst), weist auf die unvermeidliche Missverständlichkeit eines solchen Rituals hin: die Dominanz der Person des Heilenden. Grundsätzlich birgt – wie leidvolle Praxiserfahrungen zeigen – die intime Situation auch die Gefahr von Übergriffen in sich (Greiner 364).

Hier führt der Bericht des Jak weiter. Es treten dort *mehrere „Presbyter“*, also Funktionsträger, als Vertreter der Gemeinde auf. Sie besuchen gemeinsam den Kranken, beten über ihm und salben ihn. Das macht deutlich: Gott handelt durch seine Kirche, nicht einzelne Wundertäter. Erfahrungen mit liturgischen Salbungen bestätigen die Angemessenheit dieser Praxis (Hollenweger 408). Von daher ist die kanonistische Fixierung der Krankensalbung auf den Priester in der römisch-katholischen Kirche problematisch. Es empfiehlt sich, dass mehrere Christen mit einem Schwerkranken die Krankensalbung begehen.

## 3. Gebet und Segen im Kontext moderner Medizin

3.1 Besonders bei der Durchführung von *Krankensalbungen im Krankenhaus* stellt sich die grundsätzliche Frage nach dem Verhältnis dieses Rituals zur Medizin und ihren Bemühungen. Dabei geht es weniger um ein wissenschaftstheoretisches als vielmehr ein praktisches Problem. Wie kann die mit der Krankensalbung verbundene Bitte um Heilung („healing“) in einem Kontext platziert werden, der Heilung naturwissenschaftlich-technisch auf messbare Äußerungen reduziert („cure“)?

Verschiedene Wirkungen der Krankensalbung

Walter Hollenweger erläutert eine pragmatische Lösung anhand eines Beispiels aus einer englischen Klinik:

Dort ist es eingeführt, dass der anglikanische Krankenhauspfarrer vor schweren Operationen

den Chirurgen, die Krankenschwestern, die Angehörigen des Kranken und einige Kirchgemeinderäte zu einer kurzen Abendmahlsfeier mit anschließender Handauflegung und Salbung mit Öl ein(lädt) [...].

Er erzählte mir (sc. Hollenweger, Ch. G.), daß er drei verschiedene Resultate beobachtet habe:

- Im ersten Fall geht die Operation gut aus. Das hat positive Wirkung. Der Chirurg ist zufrieden und der Patient beruhigt. Das ist auch einer der Gründe, warum die Ärzte bei dieser Liturgie mitmachen, und zwar unabhängig davon, ob sie engagierte Christen sind oder nicht. Sie haben entdeckt, daß sich der kurze Zeitaufwand lohnt, weil der Patient dann besser disponiert ist. Gebet und Eingriff wirken zusammen.
- Der zweite Fall tritt ein, wenn der Patient während oder kurz nach der Operation stirbt. Dies wird nicht als Versagen betrachtet, da die Heilung weder vom Glauben des Patienten noch des Pfarrers noch von der Heiligkeit der übrigen beteiligten Personen abhängig ist, sondern allein von der unberechenbaren Gnade Gottes. So ist auch der Tod des Patienten nicht als Versagen oder Schuld eines der Beteiligten zu verstehen, weder des Arztes noch des Geistlichen noch des Kranken. Im Gegenteil, es ist sinnvoll, einen Menschen auf dem letzten schweren Gang vom Leben zum Tod zu begleiten [...].
- Der dritte Fall tritt ein, wenn die Operation überflüssig wird, weil der Patient während des Gebets geheilt wurde. Das ist natürlich für die Ärzte und Patienten der interessanteste, aber auch der seltenste und der am schwersten erklärbare Fall. Vorläufig haben wir lediglich festzustellen, dass er gelegentlich eintritt. (Hollenweger 409 f)

Ambiguität des Gebets

3.2 Die in dem Fallbeispiel genannte, mehrfache Interpretation der Krankensalbung setzt einen rituellen Vollzug voraus, in dem deutlich Gott als der Handelnde herausgestellt wird. Dabei ist die Bitte um Heilung jedenfalls sinngemäß mit dem Hinweis auf Jesu Bitte am Ende seines Lebens in *Lk 22,42b* („doch nicht mein, sondern dein Wille geschehe") zu schließen. So bestimmt die durch die Taufe empfangene und im Leben zu realisierende Christusförmigkeit das Gebet. Entgegen den Versprechungen von Heilungsgruppierungen ist biblisch daran festzuhalten: Es gibt keinen Anspruch auf körperliche Gesundheit. Heilung kann im evangelischen Sinn sehr unterschiedlich aussehen, bis hin zur Ermöglichung getrosten Sterbens.

Der Vollzug der Salbung ist angesichts dieser gebetstheologisch unhintergehbaren Ambiguität des Gesamtrituals wichtig. Denn sie bringt die liebevolle Zuwendung Gottes zum ganzen Menschen zum Ausdruck.

## 4. Modifikationen in der Praxis

Pluriformität der Krankensalbung

4.1 Sogar in den sonst strikt regulierenden liturgierechtlichen Vorschriften der römisch-katholischen Kirche besteht für die Feier der Krankensalbung ein weiter Gestaltungsspielraum (RICHTER). Je nach Gesundheitszustand des Kranken, aber auch je nach dessen Glaubenserfahrungen unterbleiben einzelne Teile der Handlung oder werden besonders betont. Der besprochene Agendenvorschlag der VELKD entspricht dem z.B. dadurch, dass Beichte und Abendmahl als fakultative Bestandteile der Feier genannt werden. Besteht ein seelsorgerliches Vertrauensverhältnis zwischen Pfarrer bzw. Pfarrerin und dem Kranken und ist dieser dazu in der Lage, sollte der Ablauf gemeinsam besprochen werden. Ansonsten ist ein vorbereitender Kontakt zu Angehörigen bzw. Freunden des Erkrankten wichtig, um eine angemessene Feier zu gestalten.

Liturgische Herausforderungen

4.2 Erfahrungen in der Praxis zeigen, dass es dabei zur Konstruktion *ungewohnter Konstellationen* kommen kann: So berichtet ein Krankenhauspfarrer von einer Situation, in der es zwar zu keiner Salbung des Sterbenden, aber zur Salbung von dessen Frau und Tochter kommt:

Durch eine Schwester benachrichtigt, stößt der Pfarrer vor dem Krankenzimmer auf Frau und Tochter des Patienten:

„Ach, Herr Pfarrer, gut, daß sie kommen, geben Sie meinem Mann die Krankensalbung.“ […] Ich vereinbarte mit der Frau und der Tochter, daß wir versuchen, offen und ehrlich mit dem Mann selbst darüber zu reden. Als ich das Zimmer betrat, sah ich einen schwerkranken, abgemagerten, vom Krebs gekennzeichneten, erschöpften und sterbenden Mann.

S: „Guten Tag, mein Name ist H.S. Ich bin Klinikseelsorger. Ihre Frau ließ mich rufen, sie möchte, daß ich Ihnen die Krankensalbung spende. Ich weiß jedoch nicht, ob Sie das möchten und ob es Ihnen jetzt eine Hilfe sein kann?“

P: „Schön, daß Sie da sind.“

Patient winkt mich mit seiner rechten Hand zu sich. Ich beuge mich über sein Gesicht und er flüstert mir ins Ohr:

„Ich brauche die Krankensalbung nicht, der da oben nimmt mich auch so. Ich hab schon mit ihm gesprochen. Aber […]“ er deutet auf seine Frau und seine Tochter und fällt schwer in sein Kissen zurück.

Zunächst verstand ich nicht, was der Patient wollte. Nachdem er noch mehrmals auf seine Frau und seine Tochter gezeigt hatte, fragte ich ihn:

S: „Möchten Sie, daß ich Ihre Frau und Ihre Tochter salbe?“

Er nickte. […].

Ich las den Psalm 23 und sprach ein Gebet. Dann salbte ich die Hände der Frau und der Tochter. „Mit diesen Händen halten Sie sich gegenseitig und halten Ihren Mann und Vater. Mit diesen Händen wischen Sie ihm den Schweiß von der Stirn und streicheln ihm durch das Haar. Diese Hände sind oft hilflos und ohnmächtig. Dafür brauchen Sie den Segen Gottes.“

> Dann salbte ich die Stirn der Frau und der Tochter als Zeichen dieses Segen Gottes. „Der Herr salbt dein Haupt mit Öl und füllt dir reichlich den Becher des Lebens“ (Psalm 23). […].
> Abschließend beteten wir gemeinsam das Vaterunser. (Stiller 402 f)

Diese Salbung findet sich in keinem liturgischen Buch. Sie ist kein Vorbild für die Konstruktion eines neuen Ritus. Vielmehr macht sie darauf aufmerksam, dass das kasualtheoretische Kriterium „Liturgische Arbeit mit den Beteiligten“ (→ § 26 1.) auch und in besonderem Maß für die Krankensalbung gilt. Das bedeutet nicht, dass die gerade in der Notsituation hilfreiche Orientierung an gebundener Sprache wegfällt; vielmehr konstruiert der Pfarrer aus Bestandteilen des traditionellen Rituals situationsadäquat einen Ritus, der dem Anliegen der Krankensalbung als Kasualie in dieser Situation entspricht: der Ermöglichung und Förderung der Kommunikation des Evangeliums an einem gravierenden Übergang im Leben.

## 5. Zusammenfassung

Erfahrungen in der Praxis zeigen: *Die Krankensalbung bewährt sich auch im Kontext moderner Medizin als eine wichtige Form der Begleitung angesichts eines Übergangs im Leben anlässlich einer schweren Erkrankung.* Das am nicht vorhersehbaren Willen Gottes orientierte Gebet und die zugleich seine liebende Zuwendung symbolisierende Salbung nehmen die Wünsche des Menschen um Gesundung auf und stellen sie in den Horizont des Evangeliums, dessen Verheißungen über den biologischen Tod hinaus reichen.

Darüber hinaus bietet das Ritual mit seinen Grundelementen Psalm, Gebet und Salbung einen Fundus, um situationsgerecht an einem durch Krankheit bedingten Übergang im Leben auch für die Angehörigen hilfreich zu agieren.

## Zusammenfassung und Ausblick: Kasualien als Stationen auf dem Taufweg

Die Kasualien sind bis in die Gegenwart für die große Mehrzahl der Evangelischen und darüber hinaus attraktive Rituale, auf die gerne an Übergängen im Leben zurückgegriffen wird. Allerdings darf die hohe Inanspruchnahme nicht darüber hinweg täuschen, dass sich – auch – die Kasualpraxis in einem tief greifenden Wandel befindet. Die hierin für die Kommunikation des Evangeliums liegenden Chancen erfordern kommunikative und inhaltliche Profilierungen.

Problem: Konzept Kasualien – konkrete Handlungen

Bei den folgenden Überlegungen hierzu steht im Hintergrund die eingangs besprochene Problematik, dass das praktisch-theologische Konzept „Kasualien" keinen klar abgrenzbaren Gegenstandsbereich hat. Meine Bestimmung von sechs Ritualen als Kasualien ist – abgesehen von der theologisch fundamentalen Bedeutung der Taufe für christliches Leben – vor allem lebensweltlich durch die Bedeutung der sie begleitenden Übergänge im Leben und kirchlich durch die vorhandenen liturgischen Feiern begründet. Inhaltlich ergeben sich bei ihnen besonders günstige Kontaktmöglichkeit zwischen dem Evangelium und den Einzelnen.

Zugleich differieren aber diese Handlungen in mehrfacher Hinsicht. Schon die Gliederung des vorliegenden Buchs in Hauptteile bringt dies zum Ausdruck:

Taufe und Konfirmation werden unter dem Begriff des Initiationsrituals zusammengefasst, wobei die Taufe sich aus theologischen, aber auch empirischen Gründen als grundlegend erweist.

Trauung und Bestattung beziehen sich auf besondere Übergänge im privaten Leben.

Einschulungsgottesdienst und Krankensalbung begleiten prekäre Situationen im Übergang zu Großorganisationen.

Darüber hinausgehend sind Entstehung, Alter und gegenwärtige Inanspruchnahme der einzelnen Rituale unterschiedlich. Die Aufnahme der beiden zuletzt behandelten Rituale in den Komplex „Kasualien" verdankt sich ebenso analytischen wie handlungsorientierenden Überlegungen. Sie macht die Offenheit dieses Konzepts augenfällig und will einen Beitrag zur zeitgemäßen Gestaltung der Kommunikation des Evangeliums leisten.

Wegen der Unterschiedlichkeit der Handlungen ist eine gewisse Ungenauigkeit unvermeidlich, wenn jetzt abschließend die bisher erarbeiteten Differenzierungsgrade hinter dem allgemeinen Begriff „Kasualien" zurücktreten. Positiv soll dadurch die zweiseitige Verankerung der Rituale in der Logik der Kirche und der Menschen in ihren Chancen, aber auch Problemen fokussiert werden. Dies ermöglicht, den

Stellenwert der Kasualien für kirchliches Handeln und die Daseins- und Wertorientierung der Menschen genauer zu bestimmen.

Je konkreter die Überlegungen hierzu werden, desto stärker treten aber wieder einzelne Kasualien hervor. „Kasualien“ ist eben ein Konzept, das auf den grundsätzlichen Sachverhalt der Kontaktmöglichkeit zwischen Evangelium und einzelner Person bzw. Kirche und Lebenswelt an Übergängen im Leben hinweist; die Übergänge selbst sind ebenso wie die konkreten kommunikativen Vollzüge an ihnen unterschiedlich.

## § 45 Wandel in der Kasualpraxis

Literatur: K. Engelhardt/H. v. Loewenich/P. Steinacker (Hg.), Fremde Heimat Kirche. Die dritte EKD-Erhebung über Kirchenmitgliedschaft, Gütersloh 1997, 67–146 – Ch. Grethlein, Die Kasualien. Empirische Aspekte, in: H.-Ch. Schmidt-Lauber/M. Meyer-Blanck/K.-H. Bieritz (Hg.), Handbuch der Liturgik, Göttingen ³2003, 463–470 – R. Schloz, Kontinuität und Krise – stabile Strukturen und gravierende Einschnitte nach 30 Jahren, in: W. Huber/J. Friedrich/P. Steinacker (Hg.), Kirche in der Vielfalt der Lebensbezüge. Die vierte EKD-Erhebung über Kirchenmitgliedschaft, Gütersloh 2006, 51–88 – U. Wagner-Rau, Lebensgeschichten im Raum des Segens, in: Lernort Gemeinde 18 (2000/2), 5–10.

Die Kasualien sind, sieht man auf ihre Verwurzelung in der Lebenswelt und die kirchliche Statistik, eine gelungene Form der Inkulturation und Kontextualisierung des Evangeliums.

Deshalb ist die Kasualpraxis auch unmittelbar von kulturellen und gesellschaftlichen Veränderungen betroffen. *Rechtlich* löst 1875 die *Personenstandsgesetzgebung* die Verbindung von Staat und Kirche, besonders umstritten für die Trauung. *Lebensweltlich* verändert die spätestens seit dem Ende der 60er Jahre des 20. Jahrhunderts unübersehbare *Individualisierung des Lebens* die Grundlagen der Kasualpraxis tief greifend. Die Kasualien beginnen – auch in Deutschland – Angebote auf dem Markt der Rituale zu werden. Dabei treffen demographische, rituell-organisatorische und soziale Veränderungen zusammen bzw. überlagern und verstärken sich – allerdings je nach konkreter örtlicher Situation sowie dem jeweiligen Lebensstil der an der Kasualie Beteiligten in unterschiedlicher Ausprägung.

### 1. Zurückgehende Häufigkeit der Kasualien

Statistischer Rückgang der Kasualhandlungen

1.1 Bereits ein flüchtiger Blick in die Statistiken der letzten vierzig Jahre – seit 1963 liegen für die Bundesrepublik einigermaßen vergleichbare Daten vor – zeigt einen erheblichen Rückgang von drei der vier traditionell kirchenamtlich erfassten Rituale in absoluten Zahlen:

*Weitgehend in Entsprechung zur allgemeinen demographischen Entwicklung* sinkt die Zahl der Taufen und Konfirmationen um etwas über die Hälfte. Bei Letzteren zeichnet sich regional ein weiteres Nachlassen ab. Bei den Trauungen ist der Rückgang noch stärker ausgeprägt, offensichtlich treten hier besondere Hinderungsgründe hinzu.

Bei der Bestattung sinken die absoluten Zahlen am geringsten. Doch zeigt sich bei genauer Analyse auch hier ein relativer Verlust. Vor allem wächst der Anteil der Nichtkirchenmitglieder und der Angehörigen anderer Religionen bei den Verstorbenen.

Seltenere Partizipation an Kasualien

1.2 Für die Partizipation der meisten Kirchenmitglieder am liturgischen Leben hat diese Veränderung *nachhaltige Folgen.* Der zeitliche Abstand, in dem Evangelische durchschnittlich an einer Kasualie teilnehmen, vergrößert sich unter diesem Gesichtspunkt um etwa das Doppelte.

Insgesamt fällt für die meisten Menschen diese Entwicklung noch gravierender aus als dies die statistischen Zahlen nahe legen. Dazu führen die zurückgehende Größe der Familien sowie die größere räumliche Mobilität der Menschen. Der durch Umzüge und Pendeln zwischen Wohnort und Arbeitsstätte zunehmende Verlust traditioneller Nachbarschaftsbeziehungen unterstützt diese Entwicklung. Überhaupt scheint die Trennung zwischen Öffentlichkeit und Privatheit stärker zu werden. Dies betrifft auch von außen traditionsgeleitet wirkende Verhältnisse.

So berichtet der österreichische Theologe Werner Wehrenpfennig[1] von einer interessanten Veränderung in einem Tiroler Dorf. Bis zum Anfang der 80er Jahre des 20. Jahrhunderts sind dort sog. Versehgänge üblich: Ein Sterbender wird vom Priester aufgesucht. Dem gehen zwei Ministranten voraus und läuten eine kleine Glocke. So weiß jeder Mensch im Dorf um das Sterben. Der neue, stärker an Effektivität des Handelns ausgerichtete Pfarrer benutzt ein Auto, um zur Salbung zu fahren. Die bisherige, durch den Versehgang mit Ministranten gegebene Öffentlichkeit der Handlung fällt dadurch weg. Die Krankensalbung wird von einem öffentlich wahrgenommenen zu einem privaten Akt.

Von daher ist der auch in der 4. EKD-Mitgliedschaftsumfrage bestätigte Befund der Hochschätzung der vier genannten Kasualien (Schloz 59f) in sozialer Hinsicht zu relativieren. Zwar spielen sie für die Einstellung der Evangelischen zu ihrer Kirche eine herausragende Rolle; tatsächlich nehmen die Menschen aber – aus den dargelegten – Gründen seltener an ihnen teil.

Zusammenhang Kasualien – Familie

Besonders verlieren die Kasualien für die Menschen ohne Kinder an Gewicht. Denn die für die Partizipation an den Kasualien typische und deren Wirkung für die Daseins- und Wert-

1 W. Wehrenpfennig, Theologisches Grundverständnis, Geschichte und Funktion der Ordnung kirchlicher Amtshandlungen und deren Praxis: Das Beispiel Österreich, in: Studienabteilung Lutherischer Weltbund (Hg.), Ordnung und Praxis kirchlicher Amtshandlungen, Genf 1984, 13–33, 17.

orientierung verstärkende Wirkung der wiederholten Feier – zuerst im Rahmen der Herkunftsfamilie, dann der selbst gegründeten Familie und schließlich der Familie der Kinder – reduziert sich für diese Menschen erheblich. Bei der gegenwärtigen Lebenserwartung kann bei Menschen mit zwei Kindern davon ausgegangen werden, dass sie bereits im engsten Familienkreis, also emotional involviert, etwa zwanzig Kasualien im Laufe ihres Lebens feiern. In der nach einer „Normalbiographie“ zu erwartenden Reihenfolge:

Eigene Taufe;
eigene Konfirmation
und die des Bruders bzw. der Schwester;
eigene Trauung und
die des Bruders bzw. der Schwester;
Taufe der beiden Kinder;
Konfirmation der beiden Kinder;
Bestattung der Eltern;
Trauung der beiden Kinder;
Taufe der Enkelkinder;
Einschulungsgottesdienste;
Konfirmation der Enkelkinder;
Krankensalbung bei schwerer Erkrankung;
Eventuell Bestattung des Ehepartners.
Bei einem Einzelkind, das nicht heiratet und keine Kinder hat, reduziert sich diese Zahl auf vier Kasualien:
eigene Taufe;
eigene Konfirmation;
Bestattung der Eltern.

*Die Kasualien sind – mit teilweiser Ausnahme der Krankensalbung – in direkter Weise mit Familie verbunden.* Ihre besondere Chance, Kontakte zwischen Evangelium und den einzelnen Personen zu knüpfen, reduziert sich weitgehend auf die Menschen, die selbst eine Familie gründen. Dies ist zwar die deutliche Mehrheit; doch wächst gegenwärtig die Zahl der Menschen ohne eigene Nachkommen.

Grenzen der Kasualien

1.3 Die Vorschläge, diesem Dilemma durch eine Vergrößerung des Angebots an Kasualien zu begegnen, leuchten nur auf den ersten Blick ein (→ § 1 2.). Denn Rituale lassen sich nicht funktional konstruieren, sondern sie kristallisieren sich – wie an der Geschichte der Kasualien gut studiert werden kann – in langwierigen und oft verschlungenen Prozessen heraus. Dazu tritt als grundlegende Bedingung für die Wirkung von Kasualien in sozialpsychologischer Perspektive eine gewisse Regelmäßigkeit des Lebens, die sich generationenweise wiederholt. Sie ist inhaltlich Grundlage für die primäre Religionserfahrung und vertieft im Laufe der Zeit und Wiederholung die rituelle Kommunikation. Bei den Menschen, die nicht Eltern werden, kommt dieser Prozess zu einem Ende.

Von daher *muss festgehalten werden, dass das Konzept Kasualien eine wachsende Bevölkerungsgruppe nicht oder nur wenig erfasst* – etwa als Onkel, Tanten u.Ä. Praktische Theologie und kirchliche Arbeit stehen hier vor einer neuen Herausforderung, die aber den Komplex der Kasualien-Theorie überschreitet.

Die Tatsache, dass die primäre Religionserfahrung wesentlich mit der Abstammungsgemeinschaft und damit auch der eigenen Fortpflanzung zusammenhängt, weist darauf hin, dass die genannten Veränderungen eine die Grundlagen der Kommunikation des Evangeliums betreffende Herausforderung sind, die nicht mit einfachen methodischen Innovationen zu bewältigen ist. Schon ein Blick in die Entstehungsgeschichte der Kasualien zeigt, dass sie – abgesehen von der Taufe (und der Konfirmation) – im Raum der Familie verwurzelt sind. Erst in jahrhundertelangen Prozessen übernehmen die Gemeindeleiter von den Familienvätern die Leitung der Riten.

## 2. Zurückgehende Selbstverständlichkeit der Kasualien

Zerdehnung der kasuell begleiteten Übergänge

2.1 Eng mit der eben skizzierten Entwicklung hängt zusammen, dass sich der sozialpsychologische Ort der Kasualien zu verändern beginnt. In der Terminologie des Ethnologen Victor Turner wandelt sich der Charakter der begleiteten Übergänge vom liminalen zum liminoiden Ritual. Bei allen Kasualien ist eine Zerdehnung des Übergangs zu beobachten:

Auf den ersten Blick erscheint sie bei Konfirmation und Trauung am ausgeprägtesten – der Übergang vom Kind zum Erwachsenen erstreckt sich mittlerweile über mehr als ein Jahrzehnt, die Partnerfindung ist ebenfalls meist ein jahrelanger Prozess. Doch auch bei der Bestattung dauert angesichts der vielfältigen Formen der Lebensverlängerung bei gleichzeitigem Siechtum zumindest für die Angehörigen und dann Trauernden der Übergang vom Leben zum Tod oft mehrere Monate oder gar Jahre. Bei der Taufe ist eine Ablösung des Rituals von der Geburt zu beobachten. Die in der römisch-katholischen Kirche diskutierte Frage nach der Wiederholbarkeit der Krankensalbung ist auch ein Resultat der Erfolge moderner Medizin, die manch Schwerkrankem Heilung oder zumindest jahrelanges Überleben ermöglicht. Schließlich dehnen die vorgeschriebenen Anmeldungs- und Testverfahren die Einschulung zu einem mehrere Monate umfassenden Vorgang.

Alternativen zu den Kasualien

2.2 Dazu breiten sich seit der zweiten Hälfte des 19. Jahrhunderts Alternativen zu den kirchlichen Handlungen im Kontext der freigeistigen Bewegung aus:

Die Jugendweihe wird später von verschiedenen politischen Gruppen zu einem vor allem in der DDR wirksamen Instrument des Kampfes gegen die Kirchen funktionalisiert.

Es entstehen im Umfeld der Kremation Bestattungsformen ohne kirchlichen Beistand.

In der Zwischenzeit haben sich Jugendweihe und entweder anonyme oder durch einen Redner vollzogene Bestattung in Ostdeutschland zum Regelfall entwickelt.

Die bei diesen Ritualen jeweils in Ansätzen zu beobachtende *Privatisierung der Feiern* ist bei der Trauung, jetzt auch in Westdeutschland, noch stärker ausgebaut. Hier ist in den letzten Jahren eine reichhaltigere rituelle Ausgestaltung der rechtsverbindlichen Ziviltrauung zu beobachten – bei gleichzeitigem Rückgang des Anteils der kirchlichen Trauungen am Gesamt der Eheschließungen.

Am wenigstens offenkundig, vielleicht aber am tief greifendsten ist die Alternative bei der Begleitung der Geburt. Die moderne Medizin hat hier wenigstens teilweise die traditionell lange der Taufe zugeschriebene Schutz-Funktion durch ein dichtes Netz von Vorsorge-Untersuchungen übernommen. Der prozentuale Anteil der Taufen ist zwar bezogen auf die Kinder aus Familien mit getauften Eltern etwa gleich geblieben, doch ist das Taufalter pluriformer geworden. Nur selten wird noch in den ersten Tagen oder Wochen nach der Geburt getauft. Ritualtheoretisch bahnt sich dadurch der Übergang von einer „age group initiation" zu einer „esoteric initiation" (→ Einleitung zum Zweiten Teil) an.

Die Entwicklung von Konkurrenzangeboten wird indirekt durch die *konfessionelle Spaltung* unterstützt. Je mehr sich die Menschen unterschiedlicher Konfession seit Beginn des 19. Jahrhunderts auf Grund verschiedener politischer Konstellationen mischen, desto stärker werden die Kasualien relativiert. Taufe in der katholischen oder evangelischen Kirche, Erstkommunion und Firmung oder Konfirmation, evangelische oder katholische Trauung bzw. Bestattung sind in konfessionell gemischten Familien keine abstrakten Fragen. Sie sprengen die in konfessionell einheitlichen Gegenden früher gegebene Selbstverständlichkeit der rituellen Partizipation und transformieren sie in den Modus der Option. Es ist nicht auszuschließen – die Entwicklung im Bereich der Trauung könnte dafür sprechen –, dass diese binnenkirchlicher Logik folgenden Unterscheidungen bei nicht wenigen Menschen zu einem Rückzug von Kirche führen.

Noch gravierender ist die Spannung in Familien mit Mitgliedern, die sich zu einer nichtchristlichen Religion bekennen.

Von daher verdient besonderes Interesse, dass die beiden „neuen" Kasualien wesentlich konfessionsübergreifend gefeiert werden. Bei der Einschulung nehmen Menschen verschiedener Konfessions- und Religionszugehörigkeit teil; bei Krankensalbungen im Krankenhaus führt die weitgehend ökumenische Kooperation in der Krankenhausseelsorge dazu, dass nicht selten die persönliche Beziehung zwischen Seelsorger bzw. Seelsorger und Patienten eine etwaige konfessionelle Differenz in den Hintergrund treten lässt.

## 3. Zusammenfassung

Insgesamt kann festgehalten werden: *Die Häufigkeit und Selbstverständlichkeit der Kasualien gehen zurück.* Nicht zuletzt Veränderungen in der Lebensgestaltung (Stichwort: Kinderlosigkeit) reduzieren die Zahl der Kasualfeiern. Dazu weiß inzwischen jeder Mensch in Deutschland, dass das Leben ohne Taufe, Konfirmation oder kirchliche Trauung geführt werden und die Bestattung ohne kirchliche Beteiligung erfolgen kann.

Auch Einschulung und Krankheit können ohne Pfarrer bzw. Pfarrerin bewältigt werden. Doch wird gerade hier von Vielen eine kirchliche Begleitung gerne angenommen. Dabei tritt aber die konfessionelle – und vielleicht ansatzweise auch die religiöse – Unterschiedenheit zurück.

So bieten die Kasualien zwar für die Mehrzahl der Menschen in Deutschland attraktive, aber nicht mehr selbstverständliche Angebote. Aus dieser sich zwar seit fast zweihundert Jahren anbahnenden, aber erst seit kurzem allgemein wahrgenommenen neuen Situation ergeben sich kommunikative und inhaltliche Herausforderungen.

# § 46 Kommunikative Profilierung: Liturgische Arbeit mit Beteiligten

Literatur: K. Fechtner, Kirche von Fall zu Fall. Kasualpraxis in der Gegenwart – eine Orientierung, Gütersloh 2003 – L. Friedrichs, „Gott freiphantasieren" – Ästhetische Impulse für biographische Bestattungspredigten, in: ZThK 101 (2004), 358–378 – Ch. Grethlein, Religionspädagogik ohne Inhalt? Oder: Was muß ein Mensch lernen, um als Christ leben zu können, in: ZThK 100 (2003), 118–145 – K. Wiefel-Jenner, „... Sie werden mir gleich sagen, worüber wir sprechen müssen ..." Das Kasualgespräch – Funktion, Möglichkeiten, Chancen, Grenzen, in: Lernort Gemeinde 18 (2000/2), 40–43.

Kristian Fechtner entwickelt aus der Analyse von Konfliktkonstellationen bei der Trauung überzeugend als grundlegende kasualtheoretische Handlungsmaxime die „liturgische Arbeit mit den Beteiligten" (Fechtner 142; → § 26 1.). Dies legt nicht nur das reformatorisch ekklesiologische Konzept des allgemeinen Priestertums aller Getauften nahe. Vielmehr stellt sich die damit gegebene Aufgabe pragmatisch angesichts der zurückgehenden Traditionsleitung in einer Gesellschaft, in deren Schulen Mündigkeit ein oberes Bildungsziel ist. Menschen sind zunehmend gewohnt, in Schule, Beruf und sonstigem Leben beteiligt zu werden und sich nicht einfach in Vorgegebenes einzufügen. Aus dem *Ineinander von geringer werdender Traditionsverhaftung und gleichzeitigem Anspruch auf eigenständiges Handeln* erwächst für die Vorbereitung und Gestaltung eines Rituals eine erhebliche Bildungsaufgabe – und zwar gleichermaßen für die die Kasualien Begehrenden wie die Pfarrer und Pfarrerinnen.

## 1. Zurückgehende Selbstverständlichkeit von Traditionen

Unwissenheit und Unsicherheit

1.1 Berichte von Pfarrerinnen und Pfarrern aus ihrer Kasualien-Praxis stimmen darin überein, dass früher selbstverständliches Traditionswissen im Umfeld der Kasualien oft nicht mehr zur Verfügung steht – und zwar auch bei den Menschen, die eine Kasualhandlung begehren.

Das beginnt beim pastoralen Kasualbesuch in der Familie, wo entweder – wie eine Hamburger Pfarrerin berichtet – eine gedeckte Kaffee-Tafel oder ein laufendes Fernsehprogramm auf sie wartet (Wiefel-Jenner 42). Hier stellt sich zuerst die Aufgabe, überhaupt eine Gesprächsatmosphäre herzustellen, in der die gewünschte Feier vorbesprochen werden kann. Dann fehlt nicht selten die Vorstellung, was überhaupt zu besprechen oder vorzubereiten ist: „[...] Sie werden mir gleich sagen, worüber wir sprechen müssen [...]" (Wiefel-Jenner 40). Auch Fragen nach der angemessenen Kleidung, Bitten um möglichst genaue Regie-Anweisungen usw. verraten Unsicherheit. Die Taufeltern oder die Hinterbliebenen wissen nicht, wie man sich bei dem Ritual verhält und wollen keinen Fehler machen. Dies war in dörflichen Verhältnissen anders, in der die ganze Nachbarschaft an jeder der Kasualien teilnahm, die in den kinderreichen Familien anfielen. Dadurch wussten die Menschen um das angemessene Verhalten. Sie waren auch sonst gewohnt, sich in vorgegebene Traditionen einzupassen.

Individualisierung der Kasualien

1.2 Allerdings kann die konstatierte Unsicherheit auch darin einen Grund haben, dass die Pfarrerinnen und Pfarrer selbst in pluriformer Weise die Kasualien gestalten und so kaum eine Feier der anderen entspricht. Das ist nur teilweise Ausdruck einer – positiv formuliert – liturgischen Experimentierfreudigkeit. Mittlerweile bieten auch die *kirchenoffiziellen Bücher zu den Kasualien* unterschiedliche Formen und nicht nur textlich reichhaltige Variationen an. Die traditionelle Agende ist vom Gottesdienstbuch abgelöst worden, das z.B. in der Variante der EKU bzw. UEK für die Taufe im Jahre 2000 159 Seiten, für die Bestattung 2004 bereits 416 Seiten umfasst. Für Menschen, die keinen liturgischen Grundkurs mit Einführung in die jeweiligen Grundstrukturen durchlaufen haben, resultieren hieraus ständig wechselnde liturgische Abläufe, bei denen der Wandel als das einzig Beständige erscheint.

Doch diese Entwicklung ist nicht hinreichend als Resultat der Arbeit von Kommissionen erklärt, die anstehende Entscheidungen über Texte und Alternativen durch ein additives Verfahren unterlaufen. Vielmehr steht dahinter das positive Bemühen, den pluralen Situationen in der Praxis gerecht zu werden. Sowohl die Familien, aber auch die lokalen und regionalen Gegebenheiten und die jeweiligen individuellen Konstellationen unterscheiden sich bei den Kasualien so sehr, dass einheitliche liturgische Formulare nicht mehr angemessen erscheinen.

## 2. Kasualien als Bildungsaufgabe

2.1 In der von Pfarrerinnen und Pfarrern genannten und oft beklagten Unkenntnis der eine Kasualie Begehrenden äußern sich bei genauerem Hinsehen schwere religionspädagogische Defizite. Die Menschen, die für sich oder ihre Kinder um eine Kasualie nachsuchen, sind – abgesehen von den früheren DDR-Bürgern – in einem Land beheimatet, in dem der *konfessionell erteilte Religionsunterricht* während der ganzen Schulzeit ein zwei Wochenstunden umfassendes Unterrichtsfach ist. Dazu haben sie meistens noch zwei Jahre den Konfirmandenunterricht besucht. Nur durch konzeptionelle Fehlentwicklungen in schulischer Religionsdidaktik und Gemeindepädagogik ist zu erklären, dass in diesen langen Jahren des Unterrichts die (meisten) Heranwachsenden nicht zur selbstverantwortlichen Partizipation an den üblichen liturgischen Formen ihrer Kirche befähigt werden.

Religionsdidaktische Defizite

Die von Fechtner überzeugend geforderte „liturgische Arbeit mit den Beteiligten“ könnte bereits im Unterricht grundgelegt werden. Dies sei kurz am Beispiel eines in der Sekundarstufe 1 häufig behandelten Themenbereichs skizziert. Hier beschäftigen sich die Schülerinnen und Schüler u. a. mit Themen wie „Liebe“, „Sexualität“ und dem Verhältnis der Geschlechter, und zwar meist im Allgemeinen. In einem Religionsunterricht, der den Heranwachsenden die Möglichkeit eröffnen will, als Christen leben zu können – und damit eben auch an den Kasualien zu partizipieren –, bietet sich ein anderer Ansatz an. In seinem Mittelpunkt steht der rituelle Vollzug, in dem die Kirche eine konkrete Liebesgeschichte zwischen zwei Menschen in den Horizont des Evangeliums rückt, nämlich die Trauung. Bei der Beschäftigung mit ihr würden traditionell bibeldidaktisch, problemorientiert und historisch traktierte Inhalte vorkommen – sie sind in den Trauagenden enthalten –, jetzt aber fokussiert auf konkretes kirchliches Handeln und die Bewältigung eines Übergangs im Leben.

Pädagogisch ist solch ein konkreter Bezug zu tatsächlicher Praxis von Nutzen, weil dadurch die Anschaulichkeit der Lernprozesse wächst und der lebenspraktische Nutzen des Erarbeiteten unmittelbar vor Augen tritt.

Noch gravierender, weil das grundlegende Verständnis der Kasualien betreffend, ist die weitgehende Aussparung der Taufe aus dem schulischen Religionsunterricht. Vielleicht ließ früher eine einseitige Sicht des Rituals als Sakrament eine Zuweisung zum kirchlichen Unterricht gerechtfertigt erscheinen. Doch dem steht mittlerweile das sich biblisch nahe legende und reformatorisch ausgearbeitete Konzept von der Taufe als einem lebenslangen Prozess entgegen. Christliches Leben ist demnach nur von hier aus zu verstehen und zu gestalten. Seit langem blendet also das – verbreitete – Übergehen der Taufe die wesentliche Grundlage christlicher Existenz und Kirche aus dem evangelischen Religionsunterricht aus.

Erst langsam beginnen religionsdidaktische Konzepte (Grethlein) auf diese Problematik hinzuweisen und neue Zielstellungen und Unterrichtsformen anzuregen.

Gemeindepädagogische Defizite

Auch im *Konfirmandenunterricht* sind ähnliche Defizite unübersehbar. Zwar hat hier der Sakramenten-Unterricht seinen traditionellen Platz; doch die anderen Kasualien kommen häufig nicht in den Blick. Nicht selten führen methodisch umständliche Lern-Arrangements in Themenbereiche ein, die bei einer Thematisierung der Kasualien lebensnah und ohne großen Aufwand in einer Gemeinde erschlossen werden können.

Ein Beispiel gibt hier ein neueres, didaktisch ambitioniertes Konzept der Konfirmandenarbeit für das Thema „Tod – und was dann?“ ab.[2] Hier werden die Jugendlichen animiert, sog. Jenseits-Kisten zu basteln, in die hinein sie ihre Hoffnungen, Ängste, Träume gestalterisch einfügen sollen. Nach einer Unterbrechung werden biblische Hoffnungstexte eingespielt, deren Inhalt mit den Hoffnungen der Jugendlichen verglichen wird.

Dies geschieht in dem Unterricht einer Organisation, die mehrere hunderttausend Menschen jährlich beim Übergang zum Tod begleitet. Warum erschließt man mit den Konfirmandinnen und Konfirmanden nicht das Bestattungs-Ritual und stößt so in den Bereich des realen Lebens vor?

Ähnliches ließe sich für die *kirchliche Erwachsenenbildung* zeigen.

Gründe für die Fehlentwicklung

Die hier genannten Defizite sind nicht zufällig, sondern machen auf zwei grundlegende Probleme aufmerksam:

Zum einen zeigen sie einen tiefen Hiatus zwischen schulischer Religionsdidaktik und Gemeindepädagogik auf der einen und dem kirchlichen Handeln auf der anderen Seite. Weithin sind die religionspädagogischen Zielstellungen durch allgemeine soziologische bzw. pädagogische Diskurse bestimmt. Die auf der Hand liegende, sowohl theologisch als auch pädagogisch verantwortete Intention, den Heranwachsenden (und Erwachsenen) die Möglichkeit zu eröffnen, als Christen zu leben, ist dabei oft aus dem Blick geraten.

Zum anderen steht theologisch die lange Zeit dominierende Geringschätzung der primären Religionserfahrung im Hintergrund. Die Bedürfnisse der Menschen, die grundlegend im Wunsch um Wohlergehen und Schutz zum Ausdruck kommen, wurden lange Zeit übergangen. Im Unterricht (und in der Predigt) dominierten zuerst offenbarungstheologische Aussagen und dann später Bezüge zu scheinbaren Aktualitäten.

Kasualien als religionspädagogisches Thema

Demgegenüber gilt es, die Kasualien in der Spannung zwischen primärer und sekundärer Religionserfahrung religionspädagogisch zu erschließen. „Lernen, als Christ leben zu können“ (Grethlein) – bei einem solchen religionsdidaktisch und gemeindepädagogisch unterschiedlich zu akzentuierenden Ziel kommt den Kasualien große Bedeutung zu. Denn abgesehen von Auseinandersetzungen darüber, ob die gelegentliche Partizipation an Kasualien für evangelisches Christein ausreichend ist oder nicht, steht fest: Auf jeden Fall, sowohl nach den Kirchenordnungen als auch der Einstellung der Evangelischen, gehört zum evangelischen Christsein die

2 H.-U. Kessler/B. Nolte, Konfis auf Gottsuche. Praxismodelle für eine handlungsorientierte Konfirmandenarbeit, Gütersloh 2003, 114–120.

Feier der Kasualien. Sie rückt einen Übergang im eigenen Leben oder bei anderen Menschen, denen man familiär, freundschaftlich oder anderweitig verbunden ist, in die Perspektive des Evangeliums.

Pragmatisch gesehen werden die Heranwachsenden zugleich in zwei grundlegende Kommunikationsformen christlichen Glaubens eingeführt, das Beten und Gesegnet-Werden bzw. Segnen (GRETHLEIN 132–145). Beide sind in der primären Religionserfahrung fundiert, führen aber – wie exemplarisch am aaronitischen Segen bzw. am Vaterunser gezeigt – zur Begegnung mit Gott, wie ihn die Bibel vorstellt.

Die – vorher abgesprochene und vorbereitete – Teilnahme an einer Kasualie, deren Analyse sowie die Bearbeitung der hier verwendeten Texte und Symbole eröffnen den Heranwachsenden die Möglichkeit, Glaubenspraxis im Ernstfall – und nicht in einer pädagogisch fingierten Situation – kennen zu lernen. Dazu bereitet solcher Unterricht auf die spätere „liturgische Arbeit" als Beteiligte vor.

2.2 Die gemeinsame liturgische Arbeit bei der Vorbereitung von Kasualien stellt auch *Bildungsanforderungen an die beteiligten Pfarrer bzw. Pfarrerinnen*, und zwar vor allem in poimenischer und homiletischer Hinsicht.

Kasualgespräch als poimenische Aufgabe

Angesichts des eben besprochenen Traditionsrückgangs bei vielen, die eine Kasualie begehren, wird die früher übliche Trennung zwischen informativen und explorativen Gesprächsphasen fließend (WIEFEL-JENNER 41). Vielmehr geht es zuerst darum, die bisweilen durch Abwehr bzw. Distanz gekennzeichnete Situation – Stichworte: Sahnetorte oder Fernsehen – so zu öffnen, dass es zu einer wirklichen Begegnung kommen kann. Echtes Interesse des Pfarrers bzw. der Pfarrerin an den Menschen und Offenheit für deren Anliegen sind wichtige Voraussetzungen hierfür. Sie sind die Grundlage für ein Gespräch, das methodisch den einschlägigen Regeln der Seelsorge folgt.

Parallelität Kasualgespräch – Kasualhandlung

Für die Strukturierung und Bestimmung der Aufgabe des Kasualgesprächs gibt Katharina Wiefel-Jenner einen wichtigen Hinweis. Sie beobachtet einen parallelen Aufbau von Kasualgespräch und Kasualhandlung. Dadurch entpuppt sich das *Kasualgespräch als gleichsam probeweiser Vorlauf des Rituals*, bei dem der jeweilige Übergang im Leben in den Horizont des Evangeliums eingestellt wird:

> Beide – Kasualgespräch und liturgischer Ablauf – beschreiten nacheinander drei Stufen, die formal unterschiedlich, aber thematisch jeweils um die gleiche Mitte kreisen.
>
> Im ersten Schritt bestimmen [...] Weinen und Klagen (Bestattung), Freude und Sorge (Taufe) oder Vorfreude und Aufgeregtheit (Trauung) den Gesprächsverlauf. Diese Emotionen begegnen auch in den (agendarischen) einleitenden Gebeten und Lesungen der Liturgie. [...]
>
> Im zweiten Schritt, der in der Liturgie sein Zentrum in der biblisch ausgerichteten Ansprache finden wird, beruhigen und klären sich die Gefühle, die Tränen trocknen, die Aufgeregtheit legt sich. Es wächst eine Wachheit für das von außen Gesagte. [...]
>
> Im abschließenden Teil des Gesprächs, dem in der Liturgie die Segenshandlung (Aussegnung/Versenken des Sargs, Vollzug der Taufe, Traufragen und Trausegen) entspricht, finden die emotionalen Prozesse einen äußeren Ausdruck. Einerseits entsteht eine Art Belebung:

Neue Kraft erfüllt diejenigen, die sich mit dem Ablauf und Sinn der Amtshandlung und mit der darin zum Ausdruck kommenden Lebensdeutung auseinandersetzen. [...] Andererseits werden organisatorische Fragen wichtig und die gegenseitige Versicherung, nun auf den liturgischen Vollzug der Handlung vorbereitet zu sein. (WIEFEL-JENNER 42)

Ohne Schwierigkeiten ist dieser Verlauf auch auf die Vorbesprechung einer Krankensegnung oder die Vorbereitung eines Einschulungsgottesdienstes übertragbar.

Ein so geführtes Kasualgespräch ist einerseits klar projektbezogen und dient der liturgischen und homiletischen Gestaltung; es gibt durch seine ritualbezogene Struktur Raum, um die vielfältigen Impulse der liturgischen Handlung poimenisch fruchtbar zu machen. Manches, was in einem solchen Gespräch geäußert wird, eignet sich nicht für die Erwähnung im Ritual. Es ist aber, nachdem es ausgesprochen ist, für die Beteiligten bei der Rezeption der liturgischen Vollzüge (einschließlich der Predigt) präsent.

Spätmoderne Biographik als homiletischer Impuls

Ebenfalls neue Herausforderungen stellen sich der *Kasualhomiletik.* Die zunehmende Distanz der meisten Menschen zu traditionell kirchlicher Sprache und Frömmigkeit erschwert direkte Verbindungen zwischen Lebensgeschichte und Evangelium. Ihnen muss erst auf die Spur gekommen werden. Dazu tritt das geradezu klassische Problem eines homiletisch angemessenen Umgangs mit der Biographie der direkt Beteiligten. Unwahre Lobrede und lieblose Gesetzlichkeit markieren zwei Gefahren, die es zu vermeiden gilt.

Lutz Friedrichs gibt hierzu einen anregenden Impuls. Er wertet – im Zusammenhang mit Überlegungen zur Bestattungspredigt – spätmoderne Biographien aus. Dabei entdeckt er vier Aspekte, die den homiletischen Umgang mit Biographien Beteiligter befruchten können (FRIEDRICHS 364–368):

1. Aspekt: Kindheitswelten: Es ist auffallend, daß in Autobiographien wie denen von Bergman, Handke oder Koeppen das Motiv der Rückkehr in die Kindheit eine zentrale Rolle spielt. Auf der Suche nach lebensgeschichtlichem Sinn werden Kindheitswelten geradezu beschworen. (FRIEDRICHS 364)

2. Aspekt: Fragment: Im Gegensatz zur Biographie bis zum Endes 19. Jahrhunderts lösen sich Konstanz und Kontinuität in der Darstellung auf. „Der auktoriale Ich-Erzähler tritt in den Hintergrund, der chronologische Handlungsverlauf wird aufgegeben.“ (FRIEDRICHS 365)

3. Aspekt: Erfinden: An die Stelle der Darstellung dessen, was „war“, tritt die phantasievolle Konstruktion des Möglichen. Peter Handke verwendet hierzu den Begriff des „Freiphantasierens“ (FRIEDRICHS 366); dabei bildet das Erleben den Ausgangspunkt, das dann zur Schilderung eines Lebensgefühls führt.

4. Aspekt: Produktive Beunruhigung: Hier geht es darum, im Leser gleichsam den Schriftsteller zu wecken, also ihn bzw. sie zu Eigenproduktivität zu führen. (FRIEDRICHS 367)

Besonders für die Kasualien, in denen ein Rückblick auf bisheriges Leben angezeigt ist, also vor allem Trauung und Bestattung – und in auf das seelsorgerliche Gespräch bezogenem Sinn Krankensalbung –, führen diese Hinweise weiter. Eine die genannten Aspekte berücksichtigende Kasualpredigt vermeidet die Skylla der Lebensferne, aber auch die Charybdis der bloßen Wiederholung des Bestehenden. Durch das Einspielen des Evangeliums eröffnet sich den Hörenden die Möglichkeit, ihr Leben – unter Rückgriff auf eigene Erfahrungen – neu wahrzunehmen.

Für die anderen Kasualien bieten – wie am Beispiel der Taufpredigt gezeigt (→ § 14 2.) – die grundlegenden Symbole der Taufe eine gute Basis, Evangelium und persönliches Leben in Kontakt zu bringen.

### 3. Zusammenfassung

*Die angesichts der Veränderungen in der Kasualpraxis notwendige und theologisch wünschenswerte „liturgische Arbeit mit den Beteiligten" ist mit Bildungsanforderungen verbunden.*

Bei den die Kasualien Begehrenden hinterlassen religionsdidaktische und gemeindepädagogische Defizite Spuren. Sie sind nur bei einer klaren religionspädagogischen Konzentration auf das Ziel zu korrigieren, dass die Heranwachsenden „lernen, als Christen leben zu können".

Für das pastorale Handeln eröffnet die Einsicht in die Parallelität von Kasualgespräch und Ritual neue poimenische Möglichkeiten. Beobachtungen zur spätmodernen Biographik regen die Kasualhomiletik an.

## § 47 Inhaltliche Profilierung: Kasualien als Rituale auf dem Taufweg

Literatur: Ch. Grethlein, Kasualien. Überlegungen zu einem praktisch-theologischen Konzept, in: ThLZ 130 (2005), 895–914 – H. Lutterbach, Erste Taufe, Zweite Taufe, Wiedertaufe – Im Ringen um entschiedenes Christentum. Ein kulturhistorischer Durchblick, in: B. Kranemann/G. Fuchs/J. Hake (Hg.), Wiederkehr der Rituale. Zum Beispiel die Taufe, Stuttgart 2004, 17–46 – M. Stufflesser, Liturgisches Gedächtnis der einen Taufe. Überlegungen im ökumenischen Kontext, Freiburg 2004.

Frage nach der Identität des Christlichen

Die zurückgehende Selbstverständlichkeit und der Rückgang der Traditionen bei den Kasualien fordern deren inhaltliche Profilierung heraus. Denn hinter diesen Entwicklungen steht ein Zurücktreten der Selbstverständlichkeit des Christlichen. Die lange Zeit in unserem Kulturraum gültige Gleichsetzung von „Religion" und „Christentum", bereits gelockert durch die konfessionelle Spaltung, gleichwohl bis heute allgemein präsent, löst sich auf. Dadurch bekommt die Frage nach der Identität des Christlichen neues Gewicht.

Allerdings ist dies im Kontext der Lebenswelt und damit der Kasualien keine vornehmlich kognitive Frage. Sie stellt sich für die Menschen vielmehr angesichts der Aufgabe, sich in der Optionsgesellschaft zu orientieren, und ist damit wesentlich eine pragmatische Herausforderung. In einer Zeit, die sich unter dem Vorzeichen des Pluralismus und der Globalisierung in manchem der Situation der Alten Kirche im multikulturellen römischen Großreich annähert, verdient die Taufe besonderes Interesse. In ihr leg(t)en die Christen ihren Glauben auf die Biographie eines einzelnen Menschen hin aus, dessen Zugehörigkeit zu Jesus Christus begangen wird. Hier kommt in ritueller Verdichtung und zugleich konkret auf einen Menschen bezogen zum Ausdruck, woran sich Christen orientieren.

Allerdings ist diese Initiation nicht auf den Augenblick des Wasserritus beschränkt. Sie markiert den Eintritt in einen lebenslangen Prozess. Von daher liegt es nahe, die Kasualien als hervorgehobene Stationen auf diesem Taufweg zu profilieren. Pointiert formuliert: *Die Kasualien sind ein Teil der Taufpraxis.*

## 1. Kasualien und Taufe

Kasualien als Ausdruck primärer Religionserfahrung

1.1 Praktisch-theologisch haben die Kasualien eine Besonderheit darin, dass sie in hervorragender Weise die im Kreatürlichen angesiedelte primäre Religionserfahrung für die Botschaft des Reich Gottes öffnen und so eine lebenswelt- und biographienahe Kommunikation des Evangeliums ermöglichen.

Bei *Trauung und Bestattung* übernimmt die Kirche eine Aufgabe, die lange Zeit den Familien obliegt. Im Interesse eindeutiger Sozialbeziehungen, wozu auch das Erbrecht gehört, haben Sippen von früh an Interesse an eindeutigen Formen der Eheschließung. Auch angesichts des Todes ist eine Notwendigkeit unübersehbar: Die Leiche muss – nicht zuletzt aus hygienischen Gründen – beiseite geschafft werden. Erst in jahrhundertelangen Prozessen ersetzt in diesen Übergängen im Leben der christliche Gemeindeleiter den Familienvater. Bei beiden Ritualen geht es ganz handgreiflich um den Fortbestand der Familie.

Die *Krankensalbung* knüpft angesichts einer allgemein menschlichen Situation, der Krankheit, an Erfahrungen aus der allgemeinen Kulturgeschichte an. Ein Schwerkranker wird besucht; er wird mit dem Heilmittel der Antike, Öl, gesalbt und gestärkt.

Ebenfalls an einem prekären Übergang, jetzt aber neuzeitlicher Provenienz steht der *Einschulungsgottesdienst.* Auch hier trägt eine allgemeine Notwendigkeit, nämlich Kinder in die vom Staat eingerichtete Bildungsinstitution Schule und damit in die Leistungsgesellschaft einzuführen, die Handlung. Die Hoffnungen der Eltern und Verwandten für das Kind, verbunden mit Sorgen über dessen Zukunft, stehen im Raum.

Gemeinsam ist diesen Handlungen eine Verwurzelung im Bereich der primären Religionserfahrung (→ § 5 1.). Es geht um das Wohlergehen in den Bereichen Abstammungsgemeinschaft, Erde und Zeit.

Weitung der Perspektive durch das Evangelium

Die *Perspektive des Evangeliums* weitet den dabei gegebenen kreatürlichen Horizont in doppelter Weise:

Zum einen öffnet es die Menschen für die Hoffnung auf das Handeln Gottes jenseits der Endlichkeit menschlichen Lebens.

Dies kommt besonders deutlich bei der Bestattung zum Ausdruck. Die Verheißung des Evangeliums, dass Gott über das biologische Ende hinweg den mit Christus Verbundenen die Treue hält, steht in direktem Widerspruch zu dem sinnlich Wahrnehmbaren. Bei der Krankensalbung führt das Gebet um Heilung zur Vermittlung von eigenem Wunsch und Gottes Willen, die jenseits magischer Praktiken und frommer Projektionen liegt. Die Salbung appliziert dabei leiblich die Zuwendung Gottes zum Erkrankten.

Zum anderen relativiert das Evangelium den jeweiligen Übergang im Leben, und zwar im wörtlichen Sinn: Es setzt das Gefeierte in Beziehung zur Botschaft vom Reich Gottes. Besonders deutlich tritt dies bei der Trauung hervor. Hier erinnert z. B. Luther hellsichtig bei aller Dankbarkeit für Gottes Schöpfungsgaben an das Vorläufige und Begrenzte dieser Lebensform. Auch beim Einschulungsgottesdienst begegnet deutlich ein kritischer Impuls, der auf die Vorläufigkeit der übermächtig erscheinenden Großorganisation Schule hinweist.

Beide Horizont-Erweiterungen lassen sich ebenfalls bei den anderen christlichen Ritualen an Übergängen im Leben beobachten. Dabei ist es wichtig, diese nicht doktrinär zu vermitteln, sondern biographiebezogen zu kommunizieren: *Es geht um Relativierung, also um In-Beziehung-Setzen, nicht um Konfrontation.*

Taufe als biographie- und christusbezogener Grund der Kasualien

1.2 Bisher blieben Taufe und Konfirmation noch aus dem Blick. Beide Handlungen, die ursprünglich – und in der Ostkirche sowie zunehmend bei Erwachsenentaufen – ein Ritual bilden, unterscheiden sich dadurch von den bisher genannten, dass sie originär christlichen Ursprungs sind. Zwar gibt es in der Antike Lustrationsriten mannigfaltiger Art, doch keine mit der Taufe rituell und inhaltlich vergleichbare Handlung.

Von Anfang des Christentums an gilt die *Taufe*, die ursprünglich neben dem Wasserritus Salbungen und Feier des Abendmahls umfasst (→ § 11 1.2), als grundlegend für Christsein und bestimmend für den weiteren Lebensvollzug.

Im Laufe der Zeit entwickelt sie sich zu einem Ritual, das Symbole integriert, die aus anderen Kontexten stammen. Hier verläuft also der Prozess umgekehrt zu den bisher bedachten Kasualien. Das Geschick Jesu, religionstheoretisch gesprochen: eine sekundäre Religionserfahrung steht am Anfang und zieht im Lauf der Zeit kulturgeschichtlich geformte Symbole an: neben dem unverzichtbaren Wasser die Namensnennung, das Kreuz, das Licht und die Handauflegung, dazu bei Feier des Abendmahls Brot und Wein. Durch sie wird die seit dem Kreuzestod nicht mehr in zwischenmenschlich üblicher Weise mögliche personale Begegnung mit Jesus sinnlich erfahrbar und erinnerbar inszeniert. Die Zeichen drücken die Eingliederung des Menschen in den Leib Jesu Christi aus.

Kasualien als Formen der Tauferinnerung

Allerdings erfolgt dies prozesshaft. Paulus weist darauf hin, dass die Taufe mit dem Tod des Menschen und der dann erfolgenden Auferweckung vollendet wird. Erst dann ist der Getaufte vollkommen mit Christus gleichgestaltet. Von daher beginnt mit der Taufe ein das ganze Leben umfassender Prozess, der Taufweg. Besonders an Übergängen im Leben ist es wichtig, sich der durch die Taufe eröffneten Orientierung des Lebens zu erinnern. Denn hier geht es um Weichenstellungen im Leben, also Weggabelungen auf dem Taufweg. Die Kasualien lassen dies rituell Gestalt werden.

Zugleich ermöglicht die Tauferinnerung im Rahmen der Kasualien, diese inhaltlich präziser zu bestimmen. Der jeweilige Übergang im Leben wird unter das Vorzeichen der Taufe gerückt. Dabei ist festzuhalten: Dies ist keine von außen an den Vorgang herangetragene Interpretation, sondern eine Erinnerung an das Getauftsein dessen, der in dem jeweiligen Ritual gesegnet wird. Der für die Kasualien grundlegende Biographiebezug begründet deren Charakter als Tauferinnerung.

Das Ineinander von Biographie- und Christusbezug ist einmalig bei der Taufe und bietet die Chance zu theologischer Klarheit bei gleichzeitiger Nähe zu den Menschen.

Die sich nicht unproblematischen Entwicklungen verdankende *Konfirmation* kann in diesem Konzept ebenfalls als Ritual auf dem Taufweg verstanden werden, das durch die Kindertaufe und die damit verbundene Abspaltung des Katechumenats notwendig wird. Bei der Taufe eines Erwachsenen, der für sich selbst die Taufe begehrt, macht sie keinen Sinn. Dann ist das Initiationsritual in seiner Wasserritus, Salbung und Abendmahl umfassenden Grundform zu feiern.

Problem Ungetaufter bei Kasualien

Allerdings ist noch auf das *Problem* hinzuweisen, das sich für eine tauforientierte Kasualien-Praxis dadurch stellt, dass Ungetaufte teilnehmen. Vor allem bei der Trauung und bei der Einschulung empfangen auch Menschen den persönlich applizierten Segen, die nicht getauft sind. Der Segen in einem christlichen Gottesdienst ist inhaltlich auf Christus bezogen (Eph 1,3) und impliziert von daher eine Einladung zur Taufe. Falls dies an der Feier Teilnehmenden nicht zumutbar ist und keine Möglichkeit für sie offen steht, sich zu entziehen, ist die Grenze des Kasualien-Konzepts erreicht. Dann kann – unter Verzicht auf Segen und Taufeinladung – eine gemeinsame Feier begangen werden, bei der auf religiöse Traditionen zurückgegriffen wird o. Ä. Doch ist dies keine Kasualie in dem Sinne, dass ein Kontakt zwischen persönlichem Leben und Evangelium bzw. Lebenswelt und Kirche angebahnt wird. Ein Auftreten des Pfarrers bzw. der Pfarrerin ohne Talar macht dies allgemein deutlich.

Taufsymbole in den Kasualien

1.3 Die praktisch-theologische Einsicht in die fundamentale Bedeutung der Taufe für die Kasualien wird in der Regel am besten durch die Verwendung von Taufsymbolen in diesen Ritualen kommuniziert:

Die in ihrer Zeit angesichts der vielfältigen Missstände berechtigte Kritik der Reformatoren am sog. Weihwasser erschwert in den evangelischen Kirchen bis heute den nahe liegenden Gebrauch von *Wasser* zur Tauferinnerung. Erfahrungen in sog. alternativen Gottesdiensten zeigen aber, dass die konfessionalistische Abwehr einem unbefangenen Erleben des Wassers weicht. Allerdings ist vor allem im Zusammenhang mit der Konfirmation darauf zu achten, dass eine Tauferinnerung mit Wasser (etwa in Form einer Bekreuzigung an Stirn und/oder Händen) nicht mit der Taufe selbst verwechselt wird.

Auch die anderen Taufsymbole bieten – bei entsprechender Inszenierung – die Möglichkeit zur Tauferinnerung. Angesichts der Aussagekraft empfiehlt sich bei der Tauferinnerung jeweils nur ein Symbol in den Vordergrund zu stellen.

In den Kasualien wird auf jeden Fall der *Namen* des bzw. der Beteiligten ausdrücklich genannt. Es kann daran erinnert werden, dass dies zugleich der Taufname ist.

Die *Kerze* hat mittlerweile Eingang in die meisten evangelischen Taufen gefunden. Von daher kann sie auch gut bei der Tauferinnerung verwendet werden. Ursprünglich aus der Osternacht stammend weist sie durch den Bezug auf die Auferstehung auf den prozesshaften Charakter der Taufe hin. Von daher bietet es sich z. B. an, die Tauferinnerung bei der Bestattung bzw. Gedenkgottesdiensten mit einer Kerze zu inszenieren. Denn von dem Verstorbenen wird gehofft, dass Gott seine Taufe vollendet und ihn in die Gemeinschaft mit sich aufnimmt.

Die mit der Taufe verbundene segnende *Handauflegung* begegnet ebenfalls in den anderen Kasualien, insofern dort eine Segnung im rituellen Mittelpunkt steht. In Einschulungsgottesdiensten kann diese Handauflegung gleichermaßen als Erinnerung an die Taufe und als Einladung zu ihr interpretiert werden. Allerdings ist Letzteres nur bei religiös Ungebundenen möglich. Einen besonderen Nachdruck bekommt die Handauflegung durch die Salbung bei liturgischen Feiern mit Kranken. Liturgiegeschichtlich erinnert auch das Öl selbst an die Taufe. Da aber in evangelischen Taufen gegenwärtig keine Salbung üblich ist, fehlt diesem Symbol die Anschaulichkeit auf die Taufe hin.

Schließlich weist das *Kreuz* auf die Taufe hin. Es steht – heute zumindest fakultativ – am Beginn der Taufe als „obsignatio crucis“ (lateinisch: Bezeichnung mit dem Kreuz). Liturgiegeschichtlich wird damit zum einen dem Bösen abgesagt, zum anderen wird der Täufling dem Machtbereich Christi unterstellt („du gehörst Christus, dem Gekreuzigten“ o. Ä.). Keine Kasualie kommt ohne das Zeichen des Kreuzes aus. Es bezeichnet in dichter Weise Zu- und Anspruch der Taufe.

## 2. Kommunikation des Evangeliums als Begleitung des Taufwegs

Eine tauftheologisch fundierte Theorie der Kasualien bietet schließlich konzeptionell folgenden Vorteil: Sie ist für Entwicklungen offen, die zu einer reduzierten Bedeutung der Kasualien führen. Diese bahnt sich – wie gezeigt – heute besonders für Menschen an, die dauerhaft ohne Nachkommen bleiben.

Weitere Formen der Tauferinnerung

Vor dieser Herausforderung treten weitere Formen der Tauferinnerung in den Blick:

Zuerst ist die Feier des *Abendmahls* als für Kirche unverzichtbarer Ritus zu nennen. Allerdings wird diese theologisch am nächsten liegende Form der Tauferinnerung in der Praxis durch konfessionelle Differenzen behindert.

Die römisch-katholische Kirche schließt die evangelischen Christen von der Eucharistie aus und untersagt ihren Mitgliedern die Teilnahme am evangelischen Abendmahl. Tauftheologisch ist dies aber insofern inkonsequent, als die römisch-katholische Kirche die Taufe in evangelischen Kirchen anerkennt und im Vollsinn der Taufe als Initiationsritual zu dieser auch das Abendmahl gehört. Doch muss selbstkritisch eingeräumt werden, dass die Vollgestalt des Initiationsrituals in den evangelischen Kirchen Deutschlands erst vereinzelt bei Erwachsenentaufen zurück gewonnen ist. Auf jeden Fall leuchtet in dem unbestrittenen engen Zusammenhang von Taufe und Abendmahl das ökumenische Potenzial auf, das in einer tauforientierten Kasualien-Praxis liegt (aus katholischer Perspektive: Stuflesser, 64 f, 287–298).

Daneben begegnet die Erinnerung an die Taufe in diversen *liturgischen Stücken.* Im Einzelnen ist zu nennen:

das ursprünglich im Taufgottesdienst platzierte *Glaubensbekenntnis* und das altkirchlich in der Taufe übergebene *Vaterunser*;

die auf Taufvorbereitung und Initiation zurückgehenden besonderen Zeiten des *Kirchenjahres*, nämlich die Advents- und Passionszeit als Taufvorbereitungszeiten sowie Epiphanias und Ostern als die traditionellen Tauftermine;

die Tauferinnerung beim *Morgen- und Abendgebet*, wie sie durch die Bekreuzigung in Luthers Morgen- und Abendsegen zum Ausdruck kommt.

So führt das prozessuale Verständnis der Taufe weit über das Gebiet der Kasualien hinaus. Dadurch soll aber nicht deren herausragende Bedeutung für die Kommunikation des Evangeliums bei der großen Mehrzahl der heutigen Evangelischen geschmälert werden. An Übergängen im Leben sind Menschen besonders empfänglich für Erfahrungen mit Gott.

## 3. Zusammenfassung

Die Kasualien eröffnen an Übergängen im Leben auf der Grundlage primärer Religionserfahrung wichtige und vielfach bewährte Kontaktstellen zur Kommunikation des Evangeliums. Theologisch und biographisch grundlegend sowie durch ihre Symbole ästhetisch anregend ist dabei die Taufe (bzw. die Einladung zur Taufe). Von daher sind die Kasualien als Stationen auf dem Taufweg zu verstehen.

*Eine solche tauftheologische Konzeption der Kasualien reicht aber über diese Rituale hinaus.* Sie bietet eine gute Grundlage für die Bewältigung der praktisch-theologischen Herausforderung durch soziale und vor allem familiäre Veränderungen.

# Personenregister

Herausgeber, biblische Personen und der Verfasser dieses Buchs bleiben unberücksichtigt. Nennungen in der jeden Paragraphen einleitenden Literaturübersicht werden fett gedruckt.


Abdullah, M. 303
Achelis, E. 16, **20**, 21, 63, 165, 168, 189, 287, 288
Adam, G. 157, **184**, 187
Albertz, R. **42**, 45, 46
Albrecht, Ch. **15**, 16, **20**, 29, 30, **323**
Alt-Saynisch, B. **263**, 267
Andrieu, M. 278
Angenendt, A. **87**, 90, 91
Ariès, Ph. **274**, 279
Augustin 77, 112
Avemarie, F **101**

Bacchus 264
Bader, G. **52**, 53
Bäcker, R. **334**, **339**, 340
Bärsch, J. **304**, 306
Bäumler, Ch. **36**, 39
Barth, G. **101**, 102, 104
Barth, K. 24, 103, 112
Basilius d. Gr. 334
Battes, R. **229**, 230
Baudy, G. 268, **269**, 270
Becker, J. 35, **42**, 46, 47
Belgrader, M. 283
Bendrath, Ch. 299
Bertram, H. 82
Beutel, A. 166
Bidembach, F. 282
Bismarck, O.v. 68, 230
Bizer, Ch. 354
Bloth, P. **203**, 204
Bode, J. 174
Boehlke, H.-K. **274**, 279, 283, 285
Böhme, M. **339**
Böhme-Lischewski, Th. 180
Bohren, R. **20**, 25, 26, 42, 45, 83
Boswell, J. 264
Bourgeois, D. **184**, 185
Brecht, M. 114
Browning, R. **184**, 188, 189
Bucer, M. 164, 165, 166
Bucher, A. **36**

Caesarius v. Arles 367
Calvin, J. 164, 225, 226, 284, 370
Caspari, W. 165
Colpe, C. **42**
Cornehl, P. **15**, **120**, 123, 124, **140**, 141, 148, **172**, 180, 181, **318**, 320, 321
Crasselius, B. 167
Cromwell, O. 226

Dahm, K.-W. 94
Daiber, K.-F. 301, 328
Decentius v. Gubbio 368
Dehn, G. **20**, 25
Demel, S. **218**, 220
Descartes, R. 373
Dethlefsen, T. 301
Diana (of Wales) 94, 299, 319
Dietrich, W. **269**, 271, 272, 273
Dinkler, E. 112
Döhnert, A. **172**, 177, **203**, 205, 206, 207, 209
Domsgen, M. 13, 47, **74**, 75, 339
Dozon, J.-P. 248

Ebertz, M. **52**, 59, 61
Eisenhofer, L. 264, 281
Eliade, M. 99
Elsenbast, V. 208
Engemann, W. **31**, 33
Engstler, H. **74**, 81, 82, 83, **229**, 232, 233, 234
Erasmus v. Rotterdam 163, 166
Erikson, E. 145
Eulenberger, K. **172**, 177, 178, 180, **252**, 258
Evans, A. 72, 324
Eyselein, Ch. 38
Failing, W. **15**, 17, 27

Fechtner, K. **20**, 31, **251**, 253, 254, 298, 299, 303, **323**, 325, 343, **396**, 398
Feige, A. 197
Felde, M. **248**, 249, **304**, 305, **380**, 381, 382
Feldtkeller, A. **42**, 43, 44, 49, 50, 51
Fend, H. **330**
Ferel, M. **372**
Fichte, J. 204
Fischer, A. 207
Fischer, K. 247
Fischer, N. **290**, 300
Fleischer, R. 108
Flemmig, W. 170, **172**, 183
Förster, T. **52**
Fowler, J. 188
Franz, Adolf 67
Franz, Ansgar 278, 293
Frettlöh, M. **63**, 69, 72
Friedrich d.Gr. 78
Friedrich Wilhelm III. 312
Friedrichs, L. 13, 43, **63**, 73, **120**, **251**, 255, 256, 257, **263**, 265, **318**, 321, **396**, 401

Gennep, A. van 27, **52**
Gerlitz, P. **360**
Gerson, J. 280
Gertz, J. **52**, 56
Gessel, W. **274**, 276, 277
Glick, P. 33
Goethe, J.v. 204, 287, 300, 301
Goodman, F. **372**, 379
Gossmann, E. **334**, **339**, 340
Gräb, W. **20**, 29, 30, 195
Grassmann, F. 197
Greiner, D. **63**, 64, 65, 68, 69, 70, 72, **384**, 386
Grevel, J. **251**, 257
Grohmann, R. 200
Gronemeyer, M. 280
Großgebauer, Th. 166
Haeckel, E. 287

Härle, W. 273
Hahn, F. **87**, 88, 89, **101**, 104, 113, **214**, 216, 272
Hallberg, B. 151, 167, **203**, 204, 205, 206
Hareide, B. **160**, 163
Harnack, Th. 312
Hastedt, H.-W. 199
Hauke, R. **203**, 210
Hauschild, W.-D. 153, **160**, 164, 165
Hauschildt, E. 259
Hauschildt, K. **160**, 168, 169
Hausmann, N. 164
Haydn, F. 204
Heckel, U. **63**, 65, 66, **148**, 149, 150, **360**, 366
Heiler, F. 42, 301
Heimbrock, H.-G. **36**, 39, **372**
Heinz, A. **275**, 281, 286
Hell, S. **218**, **229**
Herder, J. 204, 205
Hermelink, J. 13
Herrlitz, H.-G. **330**, **334**, 336
Heymel, M. **252**, 259, 260
Hippolyt 57, 106
Hirschler, H. 377
Höfling, J. 205
Hörisch, J. 33
Hoffmann, J.v. 169
Hofmeister, Ph. 316
Hofrichter, C. **135**, 137
Hollenweger, W. **384**, 386, 387
Holtz, G. **87**
Home 334
Honecker, M. **360**, 364, **367**
Hopf, W. **330**, **334**, 336
Hosselmann, B. 299
Hubmaier, B. 118
Hubbard, W. 292
Hubert, H. 118
Hufeland, Ch. 285
Hugo v. St. Victor 162

Ignatius v. Antiochien 219
Innozenz I. 161, 368

Janzen, W. 193
Jenssen, H.-H. 225
Jeremias, U. **203**, 207, 208
Jetter, W. 54
Jilek, A. **105**
Johannes Paul II. 94, 299
Jonas v. Orléans 367

Jordahn, B. 116
Jordahn, O. **275**, 285, 287, **367**, 370, 371
Joseph II. 226, 285, 286
Josuttis, M. 86, **384**
Julian Apostat 275

Kaczynski, R. **15**, **63**, **275**, 278, 281, **367**, 368, 369, 370, 371, **380**, 382, 383
Kammer, O. **252**, 258
Karl d.Gr. 287, 368
Kaufmann, F.-X. **74**, 79, 84
Kaufmann, H.B. 143, 170, **345**, 346
Kehrer, G. 214
Kemper, R. 231, 232
Kern, A. 341
Kessler, H. **172**, 177
Kessler, H.-U. 208, 399
Kiefer, Th. **135**, 137
Kimura-Andres, H. 117
Kiper, H. **330**, 331
Kittel, H. 352, 353
Klahm, M. 241
Kleinheyer, B. **105**, 112, **160**, 161, **184**, 186, **218**, 219, 221, 222, 226, 227, 261, 267
Klessmann, M. **372**, 373
Kliefoth, Th. 16, 165
Koerrenz, R. 335
Krämer, O. 293
Kramer- Abebe, M. **52**, 61
Krech, H. **304**, 305
Krengel, L. 13
Kretschmar, G. **105**, 106, **251**, 257
Kübler-Ross, E. 301, 302, 311
Kühn, U. 132
Kuhl, L. **190**

Lachmann, R. 337
Lämmermann, G. **218**
Lammer, K. **290**, 292, 293, **307**, 310, 311, 312
Lange, E. 34
Lasswell, H. 33
Lathrop, G. **135**, 136
Laukemper-Isermann, B. 238
Leimgruber, St. **184**, 185, 186
Lengeling, E. **367**
Lenke, J. **252**, 257, 258
Lessing, G. 204, 301
Lindloge, U. 300
Lindner, H. **20**, 28, 29, **87**, 88
Lipphardt, W. 283
Löhe, W. 371
Luckmann, Th. 17
Ludwig XVI. 226, 285
Lübking, H.-M. **172**, 179, 182
Lück, A. 343
Lück, Ch. 13
Lüddeckens, D. **52**, 56, 61, 69
Lütcke, K.-H. 228
Luther, M., 67, 68, 78, 91, 106, 115, 116, 117, 120, 127, 163, 164, 224, 225, 227, 251, 256, 260, 264, 266, 282, 283, 284, 335, 336, 351, 369, 370, 404, 407
Lutterbach, H. **105**, 113, 117, **402**

Macholdt, T. **339**
Marchlowitz, B. 118
Markschies, Ch. 106
Marx, K. 205
Masset, C. 213
Matthes, J. **20**, 27, 28
Maurer, W. **160**, 162
McLaine, S. 301
Melanchthon, Ph. 284, 336, 370
Mennig, S. **74**, 81, 82, 83, **229**, 232, 233, 234
Merkel, F. **275**, 281, 282
Messner, R. 99, 101, **106**
Meuss, E. **20**, 24
Meyer-Blanck, M. 13, 157, **160**, 166, 167, 169, **190**, 200
Mezger, M. **15**, 16, 25
Modrow, H. 209
Möller, Ch. 92
Moody, R. 301
Mozart, W. 204
Mühlen, K.-H. zur 118
Müller, A. **372**, 374, 375
Müller, U. **360**, 361, 363, 364, 365
Münchmeier, R. **172**, 175, 176

Napoleon 290
Naumann, B. 312
Nave-Herz, R. 55, **74**, **229**, 242, 243, 244, 253

Nehring, A. **214**
Neidhart, W. 170
Nelson, P. **380**, 381, 382
Neumann, J. **372**, 373
Neuser, W. **351**
Niebergall, A. **218**, 219
Niebergall, F. 16, **20**, 22, 92
Niederwimmer, K. **214**
Nikolaus I. 219
Nitzsch, C. **20**, 21, 74
Noll, P. 299
Nolte, B. 399

Obst, H. 164
Ohler, N. **275**, 279, 280
Osmer, R. **184**, 187, 188

Paul VI. 382
Paul, E. **334**, 335
Pesch, O. 114
Peters, A. 115
Peuckert, R. **74**, 84
Pfennigsdorf, E. 16
Pisarski, W. **384**
Pittkowski, W. 128
Pohl-Patalong, U. **87**, 88, 91, 97, 98, 243
Post, P. **52**, 60
Preul, R. **31**, 35, **52**, **87**
Probst, M. 262, **304**, 306, **367**
Prössdorf, D. 216, 226, 256
Puza, R. 219

Raabe, G. **263**, 267
Rabert, A. 244
Rambach, J. 166f
Ratschow, C. **214**
Ratzmann, W. **74**
Rau, G. **20**, 25
Rauer, W. 341
Reed, R. **184**, 188, 189
Reichertz, J. 246
Reid, Ch. 75
Reller, H. 200
Rendtorff, T. 178
Richter, K. 13, **248**, 249, 250, 262, 275, **367**, **381**, **384**
Riedel-Spangenberger, I. **120**, 127
Rissi, M. 277
Rössler, D. **20**, 22, 23
Ronge, J. 205
Roosen, R. **87**, 89, **106**, 108, 109
Roth, U. **290**, 303
Rüdiger, C. 14
Rupp, H. **351**

Sachau, R. **290**, 301
Salzmann, Ch. 337
Saß, M. **191**, 195, 196, 197, 198
Sauer, R. 192
Sauter, U. 309
Scharfenberg, J. 70
Scharffenorth, G. **106**, 114
Scheibert, C. 332
Scheilke, Ch. **330**, 333
Schempp, P. 113
Schian, M. 16
Schieder, R. **318**, 319
Schiffler, H. 336
Schirr, H. 208
Schleiermacher, F. **15**, 16, 18, **20**, 21, 53, 167, 168
Schloz, R. **391**, 392
Schnelle, U. **101**, 103, 104
Schoell, J. 352
Schopenhauer, A. 301
Schrage, W. **214**, 217, **360**
Schröder, B. 13, **36**, 39, **330**, 332, **351**, 352
Schroeter-Wittke, H. **252**, 259
Schütz, A. 17
Schulz, F. **63**, 66, **218**, 224, 228, **275**, 281, 284, 286
Schwarz, F. 92
Schwerin, E. 157
Sergius 264
Severus, E.v. **263**
Seybold, K. 65, **360**, 361, 363,364, 365
Siegel, H. **191**
Siemens, Fr. 288
Söderblom, N. 42
Sörries, R. **290**, 291
Spalding, J. 68
Spener, Ph. 166
Sperling, E. 291
Spiegel, Y. **20**, 27, 310, 311

Steck, W. 195
Steiner, R. 301
Stiller, H. **384**, 389
Stuhlmann, R. **148**, 150
Sulze, E. 92
Sundermeier, Th. **42**, 43, **52**, 54
Steck, W. 23
Steymans, H. 65
Strauch, S. 198
Student, J.-Ch. 298
Stufflesser, M. **402**, 407
Sturm, W. 166

Tebartz-van Elst, F.-P. **135**, 137, 138
Tertullian 219, 277
Thalmann, R. 287
Thiel, Th. **339**
Thomas v. Aquin 109, 162
Tittelbach-Helmrich, W. 287
Titze, H. **330**, **334**, 336
Trillhaas, W. 16
Turner, V. **52**, 55, 323, 394
Tyrell, H. **74**, 78

Uexküll, T.v. 374
Uhlhorn, G. 16

Veijola, T. 65
Völker, A. **290**, 294
Vogel, H. 252
Vollenweider, S. **269**, 271, 272, 273
Volp, R. **15**, 119, **191**, 193, 194
Volp, U. 270
Vorgrimler, H. 279

Wagner-Rau, U. 18, **20**, 28, 30, **63**, **120**, **290**, 300, **391**
Weber-Kellermann, I. **74**, 77, 79
Wehrenpfennig, W. 392
Wendebourg, D. 127
Wenner, R. 242
Wenz, G. 89
Wermke, M. 344, 357
Weyel, B. **203**, 209
Wiefel-Jenner, K. **396**, 397, 400, 401
Wieland, Ch. 204
Wiesmann, M. 244
Winkeler, R. 336
Winkler, E. **15**, 16, **20**, 28, 282, **323**, 324, 325
Winnicott, D. 30
Winterhager-Schmid, L. **172**, 175, 177
Wissmann, H. 270
Wölber, H.-O. 124
Wolff, H. **360**, 361, 362
Wu, M. 248

Yarnold, E. **106**, 111

Zeddies, H. 133
Zenger, E. **269**
Ziebritzki, H. **229**, 246, **252**
Zimmermann, P. **307**, 313, 314
Zinnecker, J. 207
Zschoch, H. 78
Zugehör, T. 197
Zwingli, H. 115, 164, 284

# Sachregister

Das Sachregister dient zum Hinweis auf vertiefte Darstellungen und zur Erschließung von Zusammenhängen. Deshalb ist es an Themen, nicht an Stichworten orientiert. Bei häufig vorkommenden Sachverhalten wird nur auf besonders wichtige Stellen hingewiesen.
Bei Behandlung des Themas auf zwei Seiten steht hinter der Seitenzahl „f", bei Behandlung auf drei Seiten „ff", ansonsten wird der genaue Textumfang in Zahlen angegeben.


Abendmahl 115, 129, 133, 164, 168 f, 182, 187, 195, 219, 249, 251, 277, 281, 305 f, 365, 381, 406 f
Abitur 336 f
Abschlussgottesdienst 356 f
Ästhetisierung 60, 125
Amtshandlungen 17 f
Anamnese 250, 257
Anglikanismus 69, 286, 319, 370
Ars moriendi 280, 369
Arzt 361 f
Auferstehung 272 ff, 282, 295, 300

Behinderung 130, 144, 159, 189
Beichte 164, 182, 278, 376
Benediktionen 57, 63, 66 f
Benediktionale 71 f
Bestattung 19, 58, 212, 268–317, 399, 403
Bestattung, anonyme 294, 303
Bestattungsagende 294–297
Bestattungsformel 286 f
Bestattungskultur 308 ff
Bestattungsstatistik 293
Beteiligung 85 f, 254, 258, 343, 389, 396, 398
Bildung 38, 78, 80, 87, 93, 193, 325 f, 334 f
Biographik 401
Brauttorvermählung 222
Brautübergabe 247
Buddhismus 50

Christentum, neuzeitliches 22, 178, 195, 402
Confirmations 188 f

Dämonen 379 f
Diakonie 26, 83, 93, 279

Ehe 214–217, 224 f
Ehejubiläen 261 f
Ehelosigkeit s. Zölibat
Ehenichtigkeit 241 f
Eherecht 219, 221 f, 226 f, 230 ff
Ehezahlen 233 f
Einschulung 19, 59, 325, 403
Einschulungsgottesdienst 328–345
Einsegnung 152
Einweihung 38, 72
Empirie 39
Endgericht 273, 280
Endlichkeit 72
Epiklese 250, 257
Erbsündenlehre 77
Erfahrungswissenschaft 40
Erwachsenentaufe 121
Esoterik 51
Eucharistie s. Abendmahl
Evangelium 34 ff
Ewigkeitssonntag 312
Exorzismus 66, 113, 382

Familie 21, 47, 71 f, 74–85, 86 f, 176, 216, 269, 276, 341, 393 f
Familiengottesdienst 85 f
Familienreligion 45 f
Familienzyklus 33
Fegfeuer 279 ff
Feier, interreligiös 319 f, 350
Feier, multireligiös 319 f, 349, 357
Feuerbestattung 22
Firmalter 162, 186
Firmkritik 163
Firmung 161 ff, 185 f, 208, 306
Formpflicht 223
Fotografie 147, 257 f

Freidenker 205
Friedhof 279 f, 282, 285, 290 f
Friedwald 309
Fürbitte 165, 277, 284, 289,

Gastfreundschaft, liturgische 319, 349, 357
Gebet 338, 365 f, 387, 400, 407
Geburtenrückgang 81, 83, 174
Geburtstag 324
Gemeindeaufbau 28, 92, 131, 151
Gemeindehaus 92
Geschichte 39
Gestaltpädagogik 354
Gesundheit 358 f
Gläubigentaufe 118
Gottesdienst 183 f, 191 ff, 196 f, 383
Grundschule 337 f
Gütertrennung 232

Handauflegung 143, 161, 164, 344
Haushalt 81
Healing rites 87, 96, 326, 381
Heiler 378 ff
Heilung 69 f, 90, 96, 359, 364 ff
Heilungsgottesdienst 359
Hochzeit 216, 220, 244–247
Homiletik 27, 401
Homosexualität 264 ff
Hospiz-Bewegung 298

Individualisierung 34, 60, 79, 198, 214, 302, 308, 391, 397
Initiationsritual 99 f, 138 f, 185, 188, 271, 307
Internatskonfirmation 189 f
Internet 61, 192
Islam 50, 303, 357

Johannestaufe 103 f
Jugend 175 ff
Jugendweihe 167, 203–211
Jungfrauenweihe 264

Kasualgespräch 400 f
Kasualien (Begriff) 15 ff, 323–326, 328
Kasualien (Gegenstand) 18
Kasualien (Kritik) 24
Kasualkirche 97 f
Kasualpredigt 25
Katastrophe 318, 320
Katechese 134, 146, 165, 169 f
Katechetik 26, 338, 352 f
Katechumenat 110, 137
Katholizismus 17, 40, 58 f, 70 f, 126, 185 f, 210 f, 227, 238, 241 f, 249 f, 289, 306, 370 ff, 382 f
Kerze 144, 255, 297, 313 f, 321, 406
Kinder 83 ff, 266, 392
Kinderarmut 83
Kinderevangelium 149 f
Kindersegnung 148–152
Kindertaufe 123, 166
Kirche 34 f, 74, 88 ff, 93 ff, 190
Kirchenaustritt 127 f, 187, 242, 295 f
Kirchenjahr 28, 47, 50, 86, 93, 110, 135, 137, 139, 147, 200, 355, 407
Klosterschule 335
Kommunikation 32 f, 331
Komparation 39
KonfiCamp 197 f
Konfirmandeneltern 180 f
Konfirmandenfreizeit 194–199
Konfirmandentaufe 122 f, 145 f, 159, 174
Konfirmandenzeit 153
Konfirmation 19, 151, 152–203, 206, 208, 210, 405
Konfirmationsagende 156–160
Konfirmationsgelübde 167 f, 170
Konfirmationsjubiläen 158
Konfirmiertenstatistik 173 f
Konsens 219, 224 f
Kopulation 220, 223 f, 227 f, 237
Krankenhaus 376
Krankensalbung 19, 278, 326 f, 358–389, 392, 403
Krankheit 360–366, 373 ff, 385
Kremation 287 f, 294
Kulturkritik 96, 133, 251, 305, 322, 332, 347
Kyrogenisation 302

Lebenswelt 17
Leichenpredigt 282, 286
Leviratsehe 215
Lieder 283

Liminalität 55, 342, 394
Liturgiehermeneutik 95 f, 305, 332

Magie 43, 65 ff
Medien 35 f, 78, 93, 246 f, 299, 321 f
Medizin 38, 80, 87, 285, 287, 325, 358 f, 363 f, 373, 375, 380, 386 f, 394
Mehrgenerationenfamilie 82
Methodologie 39
Moseskörbchen 314 f
Mukyokai-Bewegung 117
Musik 86, 192, 259 f, 300

Nachbarschaft 345 f
Name 143, 313, 316 f, 406

Ökonomie 80, 85, 279 f, 306
Ökumene 39, 100, 126, 139, 239 f, 320, 371, 381, 383
Öl 109, 136, 163, 361, 363 f, 406
Ölung s. Salbung
Ölung, Letzte 369 f, 382
Okkultismus 192 f
Orthodoxie 127
Osternacht 107 f, 110, 200

Paideia 334
Parochie 90 ff, 94, 97, 198
Pascha-Liturgie 278
Pastoraltheologie 30
Patenamt 77 f, 126, 137, 168
Pest 280
Pfarrer 91, 94, 178 ff, 246, 254, 289, 324, 372, 383, 400
Pluralismus 81, 83 f, 133, 177, 182, 263 f, 307 f
Polygamie 215
Predigt 68

Rechtfertigung 29, 103, 167, 282
Reich Gottes 41, 46 f, 62, 217, 273, 364
Reinkarnation 301 f
Religion 35, 94, 182
Religion (primär/sekundär) 42–45, 47–52, 59, 63 f, 73, 77 f , 86, 90, 96, 102, 124, 130, 136, 213, 221 f, 223, 236, 270 f, 282, 287, 289, 308, 312, 314, 320 f, 346, 349, 365, 385, 394, 399 f, 403 f
Religionssoziologie 27
Religionsunterricht 134, 398
Rite de confirmation 55, 243
Rite de passage 17, 55, 243
Ritual 52–63, 141, 181, 192 f, 353 f

Säuglingssterblichkeit 292
Sakrament 17, 284, 369
Sakramentalien 17
Salbung 111 f, 138, 161, 284, 368, 382 f, 385, 387 ff
Salbungsagende 377 f
Scheidung 215, 217, 230, 232, 234, 267
Schule 330–333
Schulgottesdienst 351–358
Schulleben 332, 346
Schulrecht 340
Schultüte 337
Schwellenritual 27, 54–58, 108, 123, 136, 181
Sechswochengedenken 297, 313
Seelsorge 25, 27
Segen 30, 48, 63–73, 84, 94, 103, 150, 222, 249 f, 257, 261, 266 f, 344, 346, 400, 405
Segen (aaronitischer) 65, 69 f, 73
Segensgottesdienst 69
Sexualität 213 ff, 263 ff
Sintflutgebet 115 f, 130
Sozialpsychologie 145, 175 f
Spättaufe 121 f
Spontanheilung 375, 387
Stationengottesdienst 157 f, 254 f, 350, 386
Sterbeort 293
Stolgebühr 67, 91, 369
Symbol 86, 107, 141, 144, 300, 402

Taufagende 129 ff
Taufalter 113, 145 f
Taufaufschub 111
Taufbüchlein 115
Taufe 19, 24, 26, 37, 48, 51, 56 ff, 66 f, 73, 87, 96, 100, 101–148, 155, 158 ff, 168 f, 182, 184, 238 ff, 249, 251, 254–257, 261, 274, 279, 297, 303, 306, 326, 381, 386, 398, 403–407
Tauferinnerung 132, 136, 141, 147, 151 f, 305, 348, 350, 371, 378, 404–407

Taufeucharistie 108 f, 112 f
Taufform 118
Taufgespräch 125
Taufmotive 124 f
Taufort 119
Taufsymbole 142 ff, 405 f
Tauftermin 110, 118, 147, 152
Taufstatistik 58, 122 f
Tod 268 ff
Totengedenken 312 ff
Totenmahl 276 f
Totensalbung 316, 364, 366
Totgeburt 291 f, 314 ff
Trauagende 236–240
Traubüchlein 224 f
Trauerbegleitung 310 ff
Traugespräch 254
Traupredigt 226, 255 ff
Trauung 19, 58, 212–263, 398, 403
Trauungsstatistik 235
Tridentinum 223, 370

Vaticanum II 17, 71, 185, 289, 371
Verlobung 219
Viatikum 278, 281, 304, 369
Vorkonfirmandenunterricht 199–202

Waldenser 163
Wasser 66, 101 f, 109, 116, 130, 142 f, 385
Weihe 204 f
Weihnachten 79
Weihwasser 67, 240, 279, 306
Wiedergeburt 105, 167
Wiedertaufe 127
Wiederverheiratung 220, 223, 240 ff

Zivilehe 68, 226 f, 230
Zivilreligion 43, 318 f
Zölibat 78, 214, 217 f, 229
Zwangstaufe 111